江原　絢子　編・解説

食材別　料理書集成

第一巻　米・麦の料理

クレス出版

『食材別 料理書集成』刊行によせて

東京家政学院大学名誉教授　江 原 絢 子

明治以降刊行が盛んになった代表的な料理書は、ジャンル別に年代を追ってすでに『近代料理書集成』（第1巻～第13巻）として刊行した。今回は、食材に視点をおいた料理書を編集して五巻にまとめて影印本とし、各巻に解説を付した。

食材別の料理書の原点といえるものは江戸時代にある。『豆腐百珍』（一七八二）は、豆腐料理を百種集めた料理書で、料理の内容、名称などに楽しみの要素を取り入れた新しい自由なアイデアを盛り込んだ画期的なものだった。それは「百珍もの」とも呼ばれ、大根、鯛、卵・鶏肉、蒟蒻料理など、その後も相次いで刊行された。同じ食材で調理法を考案する中で料理の幅も広がった。

近代では、西洋料理書や家庭向け料理書の刊行が主流とはいえ、食材別料理書も引き続き刊行された。今回の集成では、伝統的な調理法を受け継ぎながらも西洋料理や中国料理の影響を受けて新しい食材や調味料なども活用して新たな料理を工夫した様子やその時代性をみることが期待できるであろう。

第一巻は、主食である米・麦など穀類の料理書をとりあげ、第二巻は主食、副食、菓子類にも利用されたいも類、蛋白源として重要な大豆製品を取り上げた。また、第三巻は、ほとんどの料理に使われた野菜類、新しいジャムや飲料も紹介した果物類を収載し、第四巻は、動物性食品として重用されてきた魚介類の料理書を取り上げた。また、第五巻は、江戸時代には禁忌とされた牛肉など獣肉類や卵・鶏肉、乳・乳製品な

ど比較的新しい動物性食品の料理書を収載した。江戸時代、握りずしを考案したとされる与兵衛三代目による『家庭鮓のつけかた』、バターを使った和食料理も紹介した『和洋バター料理之栞』など、伝統を継承した内容と新たな食材の和食化への挑戦の両面がうかがえる料理書が多い。

ユネスコ無形文化遺産として登録された「和食」は、「日本人の伝統的な食文化」を指している。近代の料理書には、新しい食材、調理法などを日本の食生活に取り入れるための様々な工夫がみられ、時代とともに「和食」の内容が変化していることを感じ取ることができる。伝統的な基本的特徴を生かしつつ、新しく「再創造」することはユネスコ無形文化遺産の趣旨にもかなっている。これらの料理書から具体的な工夫内容はもちろん、当時の人々の思いをくみ取っていただければ幸いである。

収録一覧

※書籍名はカバー並びに表紙の表記に基づき、一部奥付とは違うものがあります。

第一巻　米・麦の料理

家庭 鮓のつけかた

小泉清三郎／大倉書店／明治43年／味の素食の文化センター所蔵

家庭応用 飯百珍料理

赤堀峯吉・菊子／朝香屋書店／大正２年／不鮮明部分は味の素食の文化センター所蔵書による

家庭で出来る 珍らしいお鮨の拵へ方二百種

服部茂一／服部式茶菓割烹講習会／大正８年

お寿司のこしらへかた

鈴木又吉／古谷商会／昭和４年

寿司と変り御飯の作り方

主婦之友社編輯局編／主婦之友社／昭和５年／国立国会図書館ＷＥＢより転載

第二巻　いも・豆の料理

さつま芋お料理

屋中定吉／宝永館／明治38年（※収録書は：訂正復興一版／六合館／大正14年）

豆腐のお料理

菊池専吉／宝永館／明治38年（※収録書は：訂正復興一版／六合館／大正14年）

豆腐三百珍

横山彦太郎編／敷島屋書房／明治39年

馬鈴薯の料理

東京割烹講習会編／東京割烹講習会／大正9年

第三巻　野菜・果物の料理

家庭実用 野菜菓物料理法

藤村棟太郎／大学館／明治38年

毎日の御惣菜 野菜と摘草の炊法

九州家庭乃顧問社編／九州家庭乃顧問社出版部／大正6年

果物の調理と飲物の作り方

亀岡泰躬／大日本雄弁会講談社／昭和6年

おいしい 漬物のつけかた

川崎　甫／泰文館／昭和6年

第四巻　魚介類の料理

魚貝調味法集 全

池内猪三郎／有隣堂／明治30年／国立国会図書館ＷＥＢより転載

欧米 魚介新料理

赤堀峯吉／博文館／明治45年／味の素食の文化センター所蔵

魚介料理 ―材料の選び方と調理法―

一戸伊勢子編／水産社／昭和12年

第五巻 肉・卵・乳の料理

肉料理大天狗 全

橘井山人／自然洞／明治5年／国立国会図書館ＷＥＢより転載

玉子料理鶏肉料理二百種及家庭養鶏法

村井寛・尾崎密蔵／報知社出版部／明治37年

牛肉料理 全 附 豚肉料理

村井弦齋夫人談・齋藤鹿山編／西川嘉門／明治44年／東京都立中央図書館特別文庫室所蔵

家庭向 牛乳料理 全

津野慶太郎／長隆舎書店／大正10年

和洋 バター料理之栞

北海道製酪販売組合連合会編／北海道製酪販売組合連合会／昭和7年

国民栄養の増進と煉乳

国民栄養保健研究会編／国民栄養保健研究会／昭和10年

※所蔵表記のないものは個人蔵

家庭　鮨のつけかた

與兵衛寿し主人著

家庭鮓のつけかた

東京　大倉書店發行

小序に代へて

△鮓《すし》は古《ふる》くから行《おこな》はれていろ〳〵變遷《へんせん》をしてをりますが、飯《めし》(米《こめ》)を應用《あうよう》した料理《れうり》の内《うち》では、最《もつと》も進歩《しんぽ》したもので、且《か》つ美術的《びじゆつてき》の食品《しよくひん》でございます。

△然《しか》るに從來《じゆうらい》、鮓《すし》として、家庭《かてい》に行《おこな》はれてゐるのは、極《ご》く變則《へんそく》な五《ご》目飯《もくめし》や、海苔《のり》巻《まき》位《ぐらゐ》に限《かぎ》られて、握《にぎ》り鮓《すし》となると極《きは》めて面倒《めんだう》なやうに思《おも》はれてをりますが、握鮓《にぎりずし》や巻《まき》鮓《ずし》の類《るゐ》でも必《かなら》ずしも素人《しろと》に製《こしら》へることが能《で》きぬとは限《かぎ》らないのです。

△つまり材料《ざいれう》さへ調《とゝの》へれば、甚《はなは》だ簡易《かんい》に製《こしら》へることが能《で》きるので、道具《だうぐ》の如《ごと》きものは、大抵《たいてい》有合《ありあは》せの臺所《だいどころ》道具《だうぐ》で事足《ことた》りるのです。

△近來《きんらい》、料《れう》理《り》や菓子《くわし》の製造《せいざう》は和洋《わやう》とも廣《ひろ》く家庭《かてい》に行《おこな》はれるやうになりましたが、鮓《すし》に於《おい》てはなほ、前《ぜん》申《まふ》す五目《ごもく》や海苔《のり》巻《まき》のやうなもののみに限《かぎ》られてをるのは、常《つね》に著者《ちよしや》の遺憾《ゐかん》とするところでございます。

△そこで本篇《ほんぺん》はなるべく家庭《かてい》に適《てき》するやう、簡易《かんい》を旨《むね》としまして、極《きわ》めてむづかしい漬《つ》け方《かた》も能《で》きるだけ易《やす》く述《の》べましたから、隨分《ずゐぶん》本職《ほんしよく》の眼《め》から見《み》れば非難《ひなん》も起《おこ》るでありませうが、一讀《どく》して直《すぐ》に之《これ》を行《おこな》ふことが能《で》きさへすれば、著者《ちよしや》の望《のぞ》みは足《た》りたのでございます。

* * * * * * * * * * * *

△本書《ほんしよ》の編纂《へんさん》に就《つ》いては宮澤《みやざは》朱明《しゆめい》君《くん》が終始《しうし》尠《すくな》からぬ援助《えんじよ》を寄《よ》せられたのと、淺倉屋《あさくらや》主人《しゆじん》が未見《みけん》の珍書《ちんしよ》を貸與《たいよ》せられ變遷史《へんせんし》

執《しゆつ》筆《ぴつ》上《じやう》多大《だい》の益《えき》を得《え》た好《かう》意《ゐ》とを謹《つゝし》んで感《かん》謝《しや》致《いだ》します。

明治四十三年三月雛祭の夜
淺草銀杏ヶ岡の假寓にて

著　者　識

家庭
鮓のつけかた目次

第一章

第二章

第三章

第三　握《にぎり》鮓《すし》小《こ》魚《うを》の部《ぶ》

第五 握《にぎり》鮓《ずし》切《きり》づけの部《ぶ》

第六 握《にぎり》鮓《ずし》貝《かひ》類《るゐ》の部《ぶ》

第四章

第一　壓《お》し鮓《すし》

第二　巻《ま》き鮓《すし》

第五章

第一　精進《せつじん》ずし

第二　いろ〳〵鮓《すし》

附録

鮓の變遷

要目

(三)名物としての鮓……(四六)
釣瓶鮓――雀鮓――飯鮓――鯖鮓――鮒鮓――小鯛雀鮓――宇治丸――長門鮓――はたく鮓――其他數件
(四)江戸の鮓……(一五二)
貞享時代――元祿時代――寛延時代――寶曆時代――天明時代――文化時代
(五)握鮓の流行……(一五八)
文政時代――天保時代――嘉永時代――大阪の握鮓――鮒の昆布卷
(六)鰶の鮓賣及び稻荷鮓……(一六三)
其の時代――イナセの實例――其季節――稻荷鮓の初期――次郎公
(七)吉原及び芝居の鮓……(一六六)
天明、安永、文化時代の吉原鮓――通ひ鮓――今日の吉原――天保時代の芝居鮓――芝居鮓の種材――附り角力の鮓
(八)現代の鮓店……(一六八)
明治初期――新繁昌記――安鮓――毛拔鮓――魚河岸の鮓――鮓重の述懷――細工鮓及

び新式の鮓

(九)屋臺鮓と高町師……(一七二)

屋臺の種類――同材料――同職人――高町の意義――同各種――同材料――詐欺手段

(十)家庭と握鮓……(一七四)

専問家の欠乏――實習會と鮓科――家庭鮓の昨今

家庭 鮓のつけかた

小泉迂外著

第一章

第一 飯《めし》

〔米《こめ》の撰《えら》び方《かた》〕何《なん》の鮓《すし》に限《かぎ》らず、第《だい》一に肝要《かんえう》なのは飯《めし》です。鮓《すし》に用《つか》ふ米《こめ》はなるべく、粒《つぶ》の揃《そろ》つた佳《い》いのを望《のぞ》みますが、それも必《かなら》ず、世《せ》上《じやう》でいふやうな鮓米《すしまい》を用《もち》ゐなければならぬといふのではありません。二等米《こうまい》乃至《ないし》は三等米《こうまい》でも炊《た》き方《かた》に依《よ》つては用《つか》ふことが能《でき》るのです。

〔炊《た》き方《かた》〕飯《めし》の炊《た》き方《かた》は、平常《ふだん》何《いづ》れの家《いへ》でも行《おこな》はれるのですから、管々《くだくだ》しく申《まを》しませんが、たゞ水《みづ》加減《かげん》の事《こと》を少《すこ》しく申《まを》しませう。

水《みづ》の分量《ぶんりやう》は新米《しんまい》ならば米《こめ》一升《しやう》につき水《みづ》一升《しやう》、古米《ひね》ならば米《こめ》一升《しやう》につき水《みづ》一升《しやう》

一合《がふ》の割《わり》合《あひ》です。 これは磨《と》ぎたての時《とき》の量《りやう》ですが、磨《と》ぎ置《お》きの米《こめ》は上記《まへ》の量《りやう》よりは、水《みづ》一合《がふ》を減《へ》らすのです。 それで、なるべく釜《かま》の湯《ゆ》の沸《にゑ》立《た》つた時《とき》に米《こめ》を入《い》れるのです。

それから佳《よ》く炊《た》くには、質《しつ》の軟《やはらか》い薪《まき》で焚《た》くよりも、堅木《かたぎ》の薪《まき》の方《はう》が佳《よ》く出來《でき》ます。 常《ひた》陸《ち》地《ち》方《はう》から産《で》ます櫟《くのぎ》の寒伐《かんきり》を用《つか》ひますと、他《た》の薪《まき》と異《ちが》つて稍《すこ》し高價《かうか》ですが、焚《た》き落《おと》しが、普通《なみ》の炭《すみ》の代用《かはり》となるので、却《かへ》つて經濟《とくよう》なのです。

又《また》、水車《すゐしや》で搗《つ》いた米《こめ》はいくらか水分《すゐぶん》を含《ふく》んでゐて、味《あぢ》も惡《わる》く、殖《ふ》ゑ方《かた》も少《すく》なうございますが、手搗《てづき》の米《こめ》は水分《すゐぶん》を含《ふく》みませんから、その心《こゝろ》で少《すこ》しく餘分《よぶん》に水《みづ》を張《は》らないと硬《こは》過《す》ぎます。

近來《きんらい》は小《こ》人《にん》數《ず》の家庭《かてい》では、炭《すみ》炊《だ》きの竈《かま》を用《つか》ひますが、薪《まき》と異《ちが》つて、炭《すみ》で炊《た》くのはどうしても湯《ゆ》炊《だ》きにしませんと好《よ》く出來《でき》ません。 先《ま》づ一升《しやう》の米《こめ》なら、一升《しやう》二合《がふ》位《くらゐ》の水《みづ》を釜《かま》へ張《は》つて、グラ〱沸《にゑ》立《た》つた際《とき》に米《こめ》を入《い》れます。 それで十分《ぶん》間《かん》程《ほど》經《た》つて、泡《あわ》を吹《ふ》くやうになりましたら、直《す》ぐに火《ひ》の口《くち》を閉《と》ぢ、釜《かま》の鍔《つば》を下《お》ろしませんと、底《そこ》が多《おほ》く焦《こ》げます。

炭炊《すみた》きに用《つか》ふ炭《すみ》は土釜《どがま》が適當《てきたう》です。堅炭《かたすみ》ですと、焦《こ》げつく憂《うれい》があります。

〔調和方《あはせかた》〕飯《めし》が焚《た》けまして、廿分《ぶん》間《かん》程《ほど》蒸《む》らしましたら、釜《かま》から飯盤《はんだい》へ移《うつ》すのです。もし飯盤《はんだい》の用意《ようい》がなければ、適當《てきたう》の大《たほ》きさの盆《ぼん》か、又《また》は膳《ぜん》を代《かは》りに用《つか》ひます。移《うつ》した飯《めし》は、直《す》ぐ用意《ようい》してある酢《す》と鹽《しほ》を同時《どうじ》に撒布《ふりか》け傍《そば》から團扇《うちわ》で風《かぜ》を送《をく》りながら、杓子《しやもじ》を持《も》つて、ムラの生《で》きぬやうに、よく混和《こんわ》するのです。

酢《す》と鹽《しほ》(次《ぢ》章《せう》をも參照《さんしよう》)の割合《わりあい》は、米《こめ》二升《しやう》に對《たい》し、酢《す》一合《がう》、鹽《しほ》一合弱《がうじやく》です。

飯《めし》を混和《こんわ》し了つたらば、なるべく飯櫃《めしびつ》へ入《い》れて置《そ》くのです。これは飯《めし》の硬《こは》ばらぬためです。

〔注意〕團扇及《をよ》び杓子は、なるべく大《たほ》きい方《はう》が、混《ま》ぜ易《やす》く、ムラの生《でき》る憂《うれい》が少《すく》いのです。

飯《めし》に酢《す》を合《あは》すのは、釜《かま》から移《うつ》したてに限《かぎ》ります。冷飯《ひやめし》にはムラが生《せう》じて、ろのうへ、ボロ〳〵して握《にぎ》り惡《に》くなります。

第二　酢《す》と鹽《しほ》

〔酢《す》〕酢《す》は飯《めし》と共《とも》に鮓《すし》には無《な》くてならぬものですが、種々《いろ〳〵》類《るゐ》がございまして、先《ま》づ普《ふ》通《つう》五段《だん》ほど上下《じやうげ》があるのです。　鮓《すし》に使《つか》ひますのは尾《び》州《しう》半《はん》田《だ》で醸造《じやうざう》します「山吹」に限《かぎ》ります。

これは俗《ぞく》に三ツカンの最上品《さいじやうひん》と申《まう》しまして之《これ》を三ツカンの三ツ判《はん》ともいひます。樽《たる》に中字《ち》の焼印《やきいん》が三ツ捺《を》してあるものです。　併《しか》し此《この》酢《す》は、東京京橋富島町《とうきやうきやうはしかみじまちやう》（霊《れい》岸《がん》橋際《はしぎは》）の中井《なかゐ》半《はん》三郎《らう》といふ店《みせ》の専賣《せんばい》で、他店《たてん》にはあまり無《な》いと申《もう》しますから、同《どう》店《てん》で買求《かひもと》める方《はう》が確《たしか》です。　代價《だいか》は四合入《がうゐり》、一瓶《びん》が十八錢位《せんぐらい》です。

酢《す》は夏季《かき》は少《すこ》しく利《き》き過《す》ぎますす位《くらい》ですから、其《その》つもりで、時季《さき》によつて分量《ぶんりやう》を加《か》減《げん》しませんと失敗《しつぱい》致《いた》します。

又《また》、夏季《かき》は酢《す》の腐敗《ふはい》も早《はや》うございますから、之《これ》を防《ふせ》ぐには、一つまみの鹽《しほ》を入《い》れて置《を》けば貯《たくわ》へられます。

〔鹽《しほ》〕鹽《しほ》は大概《たいがい》、有《あ》り合《あわ》せで差支《さしつかへ》ありませんが、もし之《これ》を撰《えら》みますれば、新齋《しんさい》といふのが宜《よ》いのです。　之《これ》は魚類《ぎよるゐ》には、赤穂《あかほ》ほど利《き》きませんが、飯《めし》には恰當《かつたう》です。　商買《しやうばい》

人《にん》は飯《めし》と魚類《ぎよるい》とを區別《くべつ》して用《もち》ゐますが、れ素人《しろと》は一種《いろ》で間《ま》に合《あ》ひます。

第三　醬油《しやうゆ》と味淋《みりん》

〔醬油《しやうゆ》〕醬油《しやうゆ》は煮物《にもの》の外《ほか》に、二杯酢《はいす》とか三杯酢《はいず》とかに用《もち》うので、有合《ありあは》せのものでも宜《よろ》しうございますが、なるべく龜甲萬とか、山サとか、ヒゲ田とか、山十とか上等《じやうとう》の樽《たる》を吟味《ぎんみ》して、用《もち》ひます方《はう》が、總《すべ》ての點《てん》に於《おい》て、得用《とくよう》です。

又《また》、夏季《かき》になりますと、醬油《しやうゆ》にカビを生《せう》じて不潔《ふけつ》のやうに見《み》ゑますが、是《こ》れを防《ふせ》ぐには、醬油樽《しやうゆだる》の上部《うへ》へ孔《あな》を明《あ》けずに、横《よこ》の下《した》の方《はう》へ孔《あな》を明《あ》けて、呑口《のみぐち》を付《つ》けて、なるべく其樽《そのたる》を動《うご》かさないやうにしてれくか、或《あるひ》はカラシを小袋《こぶくろ》に入《い》れて、その袋《ふくろ》を樽《たる》の中《なか》へ漬《つ》けて置《お》くのですが、少《すこ》し面倒《めんだう》でも、用《つか》う先《さき》に立《た》つて小《ち》さい水嚢《すゐのう》で漉《こ》しますのが最《もつと》も簡單《かんたん》です。

〔味淋《みりん》〕醬油《しやうゆ》と同《をな》じく味淋《みりん》も、甘酢《あます》や、煮物《にもの》には是非《ぜひ》欠《か》く事《こと》の出來《でき》ぬものですから、日常《ふだん》、キラせずに貯藏《ちよぞう》して置《お》きませんと不都合《ふつかう》が生《せう》じます。

味淋《みりん》の種類《しゆるい》にも、白味淋《しろみりん》と赤味淋《あかみりん》等《など》と區別《くべつ》がありますが、どちらでも、佳《い》い品《しな》を

選《ゑら》べば、差支《さしつかへ》はありません。　近頃《ちかごろ》では酒《さけ》でも味淋《みりん》でも粗悪《そあく》な、廉價《れんか》なのには多《た》くサルチル散《さん》を澤山《たくさん》交《まじ》えてありますので、此《こ》の憂《うれい》を避《さ》けるには、升賣《ますうり》で買《か》ひになるより高價《かうか》でも『天晴』とか『萬上』等《など》あたりの流山《ながれやま》の上等品《たうひん》の瓶詰《ひんづめ》を使用《しよう》する方《はう》が至《し》極《ごく》安《あん》心《しん》です。

よく料理《れうり》の方《はう》では、味《み》淋《りん》の匂《にほ》ひを消《け》す爲《た》めに一度《ど》沸《に》立《た》たせて用《もち》ひますが、それは各自《かくじ》の適宜《てきぎ》で強《しゐ》て此《こ》の方法《はつはふ》に依《よ》らなければならぬと云《い》ふわけではないのです。

第四　砂《さ》糖《ごう》

〔砂糖《さごう》〕　砂糖《さごう》は一般《はん》に灰汁《あく》を引《ひ》いて使用《しよう》する時《とき》は、大《おほい》に風味《ふうみ》も宜《よ》ろしく、煮《に》物《もの》等《など》に試《こゝろ》みましても、俗《ぞく》に云《い》ふ砂糖臭《さごうくさ》い憂《うれ》ひも無《な》く、それ故《ゆへ》に必《かなら》ず此《こ》方法《はう》を行《をこな》つて置《お》く方《はう》が便利《べんり》ですから次《つぎ》に説《ご》きます。

〔灰汁引《あくひ》き方《かた》〕　灰汁《あく》の引《ひ》き方《かた》にも種々《いろ〱》ありますが、極《ご》く手輕《てがる》な法《はう》を述《の》べますれば先《ま》づ水《みづ》一升《しよう》を鍋《なべ》（或《あるひ》は釜《かま》）に入《い》れ、別《べつ》に鶏卵《たまご》一個《こ》を割《わ》り、其《そ》の蛋白《しろみ》を器《うつわ》にとり、箸《はし》

にて能《よ》く攪拌《かきまは》し、前《さ》きの鍋《なべ》に加《くは》へ、直《すぐ》に其鍋《そのなべ》を火《ひ》に懸《か》け、一貫目《くわんめ》の砂糖《さたう》を投《たう》じ、其《うの》の沸騰《ふつたう》しました際《さい》、二三勺《しやく》の水《みづ》を加《くわ》へ、沸騰《ふつたう》して、鍋《なべ》の上面《うへ》に浮《う》きました白《しろ》い泡《あわ》は、灰篩《はいふるひ》でよく掬《すく》ひ去《と》り、火加減《ひかげん》を弱《よは》めて、鍋《なへ》を片《かた》はしに寄《よ》せ更《さら》に二三勺《しやく》の水《みづ》を加《くは》へ、再《ふた》び白《しろ》い泡《あわ》を掬《すく》ひ、斯《か》く致《いた》す事《こと》が四五回《くわい》で、少許《しはら》く氣《き》を抜《ぬ》き（五分間《ふんかん》經《へ》て）今度《こんど》は鍋《なべ》の上面《うへ》に乾《かは》いた美濃紙《みのがみ》を覆掩《かぶ》せ、鍋《なべ》の兩耳《りやうみ》をしつかり持《も》つて、靜《し》かに他《た》の器《うつわ》に漉《こ》し移《うつ》すのです。

漉《こ》すには適宜《てきぎ》な水嚢《すゐなう》を使用《しやう》しますので、移《うつ》す器《うつは》は大《おほ》きな鉢《はち》か丼《さんぶり》或《あるひ》はカメが宜《よ》ろしく、貯《たくは》へ置《おく》には塵埃《ごみ》の這入《はい》らぬやう常《つね》に蓋《ふた》をして置《お》くのが肝要《かんよう》です。

第五　副品《ふくひん》

（一）生姜《せうが》

鮓《すし》に副《そ》へる生姜《せうか》は極《ご》く薄《うす》くうつたもので、到底《たうてい》素人《しろと》には作《つく》れません、故《ゆへ》に鮓屋《すしや》なども大抵《たいてい》、千住《せんじゆ》又《また》は魚河岸《かし》に赴《おもむ》いて之《これ》を買出《かひだ》します。それですから多勢《おほぜい》の客《きやく》を招《まね》く場合《はあい》などは、是非《ぜひ》、市場《いちは》に行《い》つて之《これ》を求《もと》めなければなりません。けれども

急《きう》な來客《らいきやく》などで之《これ》を求《もと》めたいときは、近隣《きんじよ》の八百屋《やほや》から、根生姜《ひねしやうが》を若干《いゝかげん》買求《かひもと》めて、よく土《つち》を洗《あら》ひ落《おと》しまして、庖刀《はうてう》で皮《かは》を搔《む》きむしり、左手《ゆんで》の指先《ゆびさき》で輕《かろ》く押《おさ》へ、薄刄《うすは》で纖並《せんなり》に小口《こぐち》からなるべく薄《うす》く刻《う》ちます。次《つぎ》に水《みづ》に浸《ひた》してアクを除《だ》し、笊《ざる》に揚《あ》げ水氣《すゐぶん》を切《き》つて丼《どんぶり》か鉢《はち》に酢《す》をくみ一《ひと》つまみの鹽《しほ》を投《たう》じ、刻《う》つた生姜《せうが》を漬《つ》けて置《を》きます。

之《こ》を盛《もる》るには、輕《かる》く指先《ゆびさき》でつまみ酢《す》を切《き》つて使《つか》ひます。

〔新生姜《しんせうが》〕夏季《かき》は新生姜《しんせうが》がありますから、根生姜《ねせうが》の代《かは》りに新生姜《しんせうが》を使《つか》ひます、之《こた》を刻《う》つには、先《ま》づ莖《くき》の元《もと》から、薄紅《あか》い處《ところ》を二分《ぶ》程《ほど》殘《のこ》して切《き》り、前《まへ》の如《やう》に刻《きざ》みます。

〔筆生姜《ふでせうが》〕これは鮎《あゆ》又《また》は鯖《さば》の壓鮓《をしずし》などに附合《つけあ》はせるのです。先《ま》づモヤシ生姜《せうが》をざッと洗《あら》ひ、篠《しの》に剝《む》き莖《くき》とも三寸《すん》程《ほど》に切《き》り沸立《にだ》つた湯《ゆ》をとはし、笊《ざる》へ取《と》つて水《みづ》をかけ少量《しようりやう》の鹽《しほ》をふつて、淸酢《せいす》に漬《つ》けてれきます。

〔紅生姜《べにせうが》〕梅《うめ》酢に漬《つ》けた生姜《せうが》は、上方風《かみがたふう》の鮓《すし》や、精進鮓《しようじんずし》に用《もち》ゐますが、品《ひん》の宜《よろ》しくないのみならず、味《あぢ》もたゞ苦《にが》いばかりですから、あまり用《もち》ゐません。

〔生姜《せうが》の功《かう》〕生姜《せうが》は魚《うを》の腥《なまぐさ》みを消《け》し、毒氣《どつき》を避《さ》けるために用《もち》ゐるので、昔《むかし》から用《もち》ゐ

來《きた》つたものです。

（二）山《わ》葵《さび》

山葵《わさび》は伊豆《いづ》に產《さん》するものを本場《ほんは》として、辛味《からみ》がピンとする處《ところ》によき香《かほ》りがあります。又《また》、場《は》違《ちがひ》といつて伊豆《いづ》以外《いぐわい》のものは辛《から》く苦《にが》いのみです。

〔用方《つかひかた》〕まづ根《ね》を切《き》り、鰺切《あぢきり》か小刀《ないふ》を逆《ぎやく》にして、瘤《こぶ》のゴチ〱したところを落《おと》し、庖《はう》刀《てつ》で搔《か》いて薄《うす》く皮《かは》を剝《む》き、水《みづ》を滿《みた》した小《こ》丼《どんぶり》に入《い》れて、少時《しはらく》して揚《あ》げ水《みづ》を切《き》り、細《こま》かき卸金《をろしかね》にて廻《まは》しながら擂《す》ります。若《も》し卸金《をろしがね》の目《め》が粗《あら》いときは、擂《す》つた山葵《わさび》を庖《はう》刀《てう》の背《みね》で叩《たた》いて用《もち》ゐます。

山《わ》葵《さひ》は毒消《どくけし》として生姜《せうが》と同《おな》じやうに用《もち》ゐますから、生魚《なまうを》を用《もち》ゐる醬油漬《しやうゆづけ》などには無《な》くてならぬものです。

（三）笹《さゝ》

笹《さゝ》は裝飾《さうしよく》として鮓《すし》一般《はん》に必要《ひつよう》です、殊《こと》に壓鮓《おしずし》は笹《さゝ》がなくては、作《こしら》へ惡《にく》いもので

すから料理《れうり》にかゝる以前《いぜん》に用意《ようゐ》しなければなりません。さて笹《さゝ》も生姜《せうが》と同《おな》じやうに、市中《しちう》では魚河岸《うをがし》まで赴《おもむ》かなければ求《もと》められません。然《しか》し田舎《いなか》や市中《しちう》でも大《おほ》きい庭園《には》を有《いう》してゐる家《うち》では自由《じゆう》に得《え》られますから、なるべく之《これ》を用《もち》ゐるやうに致《いた》したいのです、若《も》し之《こ》を得《う》るのが面倒《めんだう》であれば、笹《さゝ》の代《かは》りに葉蘭《はらん》でも、籔射《やぶしよ》干《うぎ》でも、適宜《てきぎ》に切《き》つて用《もち》ゐます。又《また》芭蕉《はせう》の葉《は》なども茶事《さじ》の鮓《すし》などに適《てき》し、若《も》し端《たん》午《ご》ならば菖蒲《せうぶ》、七夕《たなはた》ならば梶《かぢ》の葉《は》なども應用《あふよう》したらば、却《かへ》つて興趣《きようしゆ》が深《ふか》いでせう。

〔笹《さゝ》の用方《つかいかた》〕 笹《さゝ》の葉《は》は一枚《まい》毎《ごと》に莖《くき》のまゝむしり、若干《すこし》づゝ重《かさ》ね、よく揃《そろ》へて、葉先《はさき》と莖《くき》の附根《つけね》を少《すこ》しく切《き》り、水《みず》に浸《ひた》し、布巾《ふきん》をよく絞《しぼ》り、水《みず》から揚《あ》げた葉《は》を一枚《まい》毎《ごと》に、表《ひよう》裏《り》をよく拭《ふ》きます。

夏季《かき》新笹《しんざゝ》を用《もち》ゐるときは葉先《はさき》だけを切《き》らず、前《まへ》のやうにして用《もち》ひます。

〔剣《けん》笹《さゝ》〕 笹《さゝ》の周圍《しゆうゐ》の白《しろ》い部分《ぶぶん》を切《き》り落《おと》し、斜《なゝめ》に庖刀《はうてう》を入《い》れ、三角形《かくけい》に二つに切《き》ります。これは鮓屋《すしや》などで大皿《おほざら》に盛《も》るに、三葉位《はぐらひ》立《た》てゝ使《つか》ひますがあまり卑《いやし》いものですから却《かく》て之《これ》を用《つか》はぬ方《はう》が宜《よ》いでせう。

〔化《け》粧笹《しようざゝ》〕 笹《さゝ》をよく露《しめ》して、同《おな》じ大《おほ》きさのもの三枚《まい》を重《かさ》ね、俎上《まないた》に一文字《もんじ》に置《お》いて

第一圖

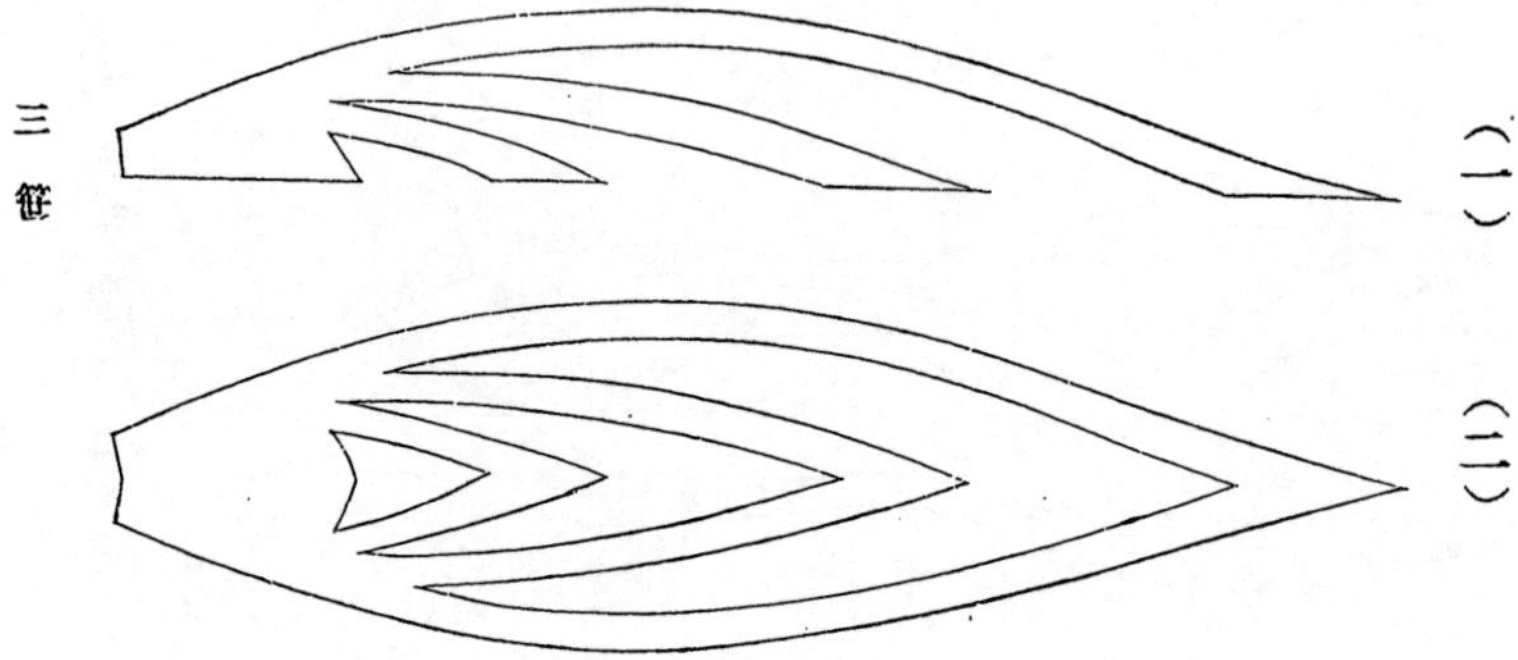

葉《は》脈《すじ》の中《ちう》心《しん》から二つに折《を》り、葉《は》脈《すじ》に準《なら》つて葉《は》尖《さき》を少《すこ》し尖《とが》らせるやう櫛《くし》形《がた》に切《き》り、次《つぎ》に庖《はう》丁《てう》の尖《さき》を第《だい》一圖《づ》の(一)の如《ごと》く入《い》れて切《きり》拔《ぬ》き折《をり》返《かへ》して開《ひら》けば第《だい》一圖《づ》の(二)のやうに仕《し》上《あ》げます。

用《もち》ゐますのは三枚《まい》を扇《あふぎ》のやうに組《く》み開《ひら》いて合《あ》はせ(第《だい》四圖《づ》參《さん》照《せう》)重《ぢう》箱《はこ》か折《をり》の一隅《ぐう》に飾《かざ》り生《せう》姜《が》を押《お》さへに乘《の》せます。

〔同別法《おなじくべつはふ》〕前《ぜん》記《き》の化《け》粧《せう》笹《ざゝ》は普《ふ》通《つう》行《おこな》はれますが、別《べつ》法《はう》として前《ぜん》記《さ》の切《きり》方《かた》を應《あつ》用《よう》して初《はつ》春《はる》及《およ》び端《たん》午《ご》ならば矢羽根(第《だい》二圖《づ》參《さん》照《せう》)花《はな》時《どき》ならば櫻花(第《だい》三圖《づ》及《およ》び第《だい》四圖《づ》參《さん》照《せう》)なども存《ぞん》外《ぐわい》面《おも》白《しろ》からうと思《おも》ひます。

〔注意〕新《しん》笹《ざゝ》は葉《は》が軟《やは》かく手《て》返《がへし》が樂《ら》くですが、古《ひね》笹《ざさ》は硬《こは》く破《やぶ》れ易《やす》い弊《へい》がありますから一寸《ちよつと》温《ぬる》湯《ゆ》を懸《か》けて切《き》ります。

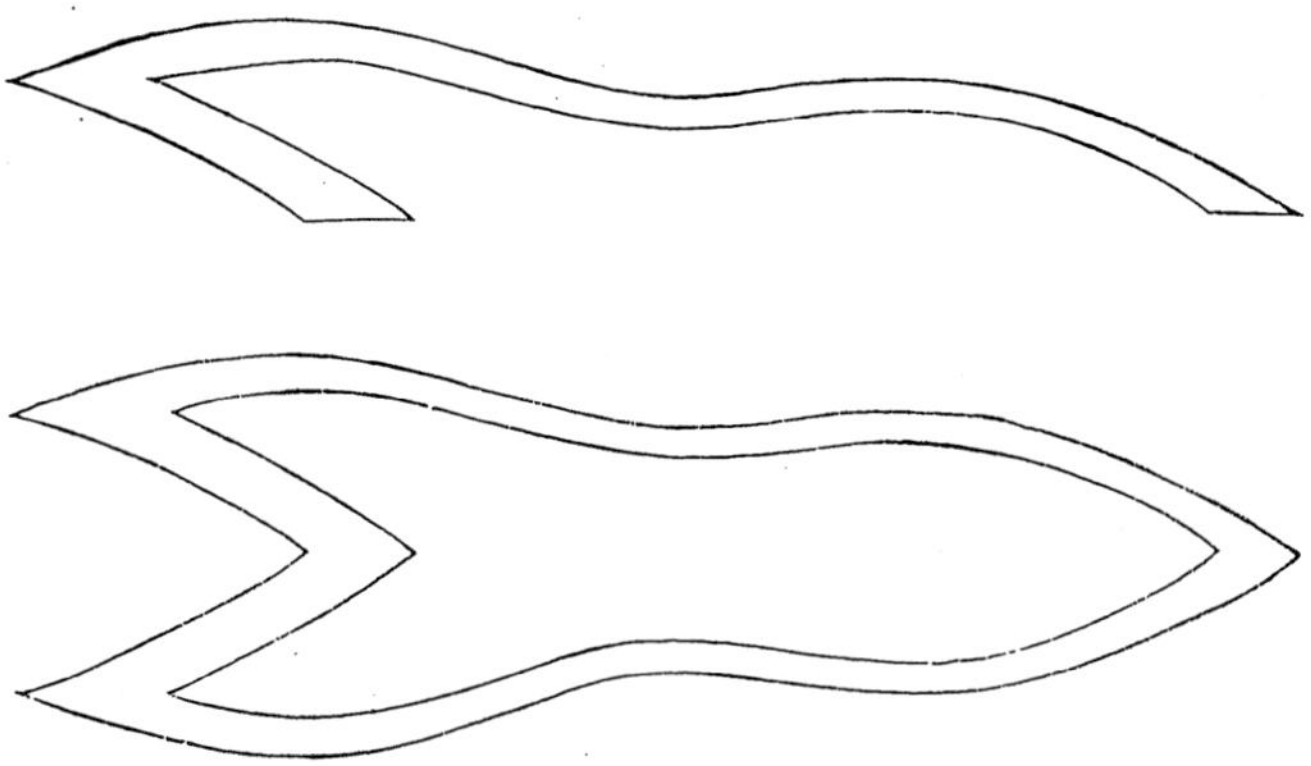

第二圖 （一） （二）

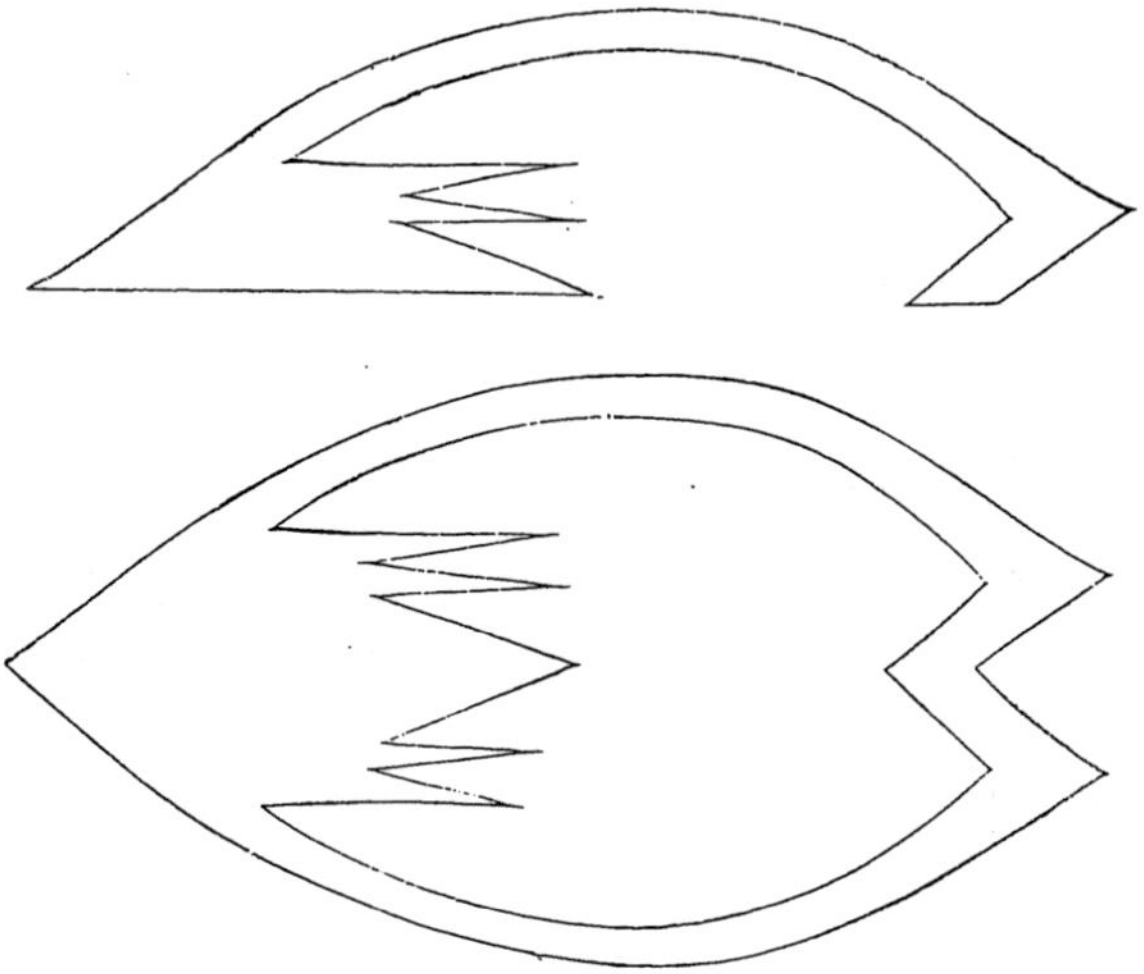

第三圖 （一） （二）

第四圖

第六　材料《ざいれう》と貯藏法《ちよざうはふ》

〔海苔《のり》〕淺草海苔《あさくさのり》は東京灣《とうけうわん》で採《と》れるのを最上《さいじやう》としてありますが、それを採《と》る日《ひ》によつて甲乙《かうたつ》があります。其中《そのうち》でも陰暦《いんれき》の正月《せうぐわつ》十五日《にち》と二十六日《にち》とを松汐《まつしほ》と云《い》ひまして、此日《このひ》に採《と》つたのを香味《かうみ》とも一等《とう》だとしてございます。其他《そのた》にも節句《せつく》汐《じほ》釋迦汐《しやかしほ》などいふのもあります。又、海苔《またのり》の色《いろ》の黒《くろ》く艶《つや》のない一體《たい》に曇《くも》りのあるのがありますが、此《これ》は一日中《にちちう》に干上《びあが》らなかつた品《しな》で簀泊《すだまり》といふのです。又、品《またしな》がよくても表《をもて》に擦《す》り切《き》れがあるのがあります、これは干《ほ》す最中《まいちう》に雨《あめ》などに逢《あ》ふか或《あるひ》は初《はじめ》から表面《ひようめん》を出《た》して干《ほ》したのです。併《しか》し味《あぢ》には變《かは》りはないのです。海苔《のり》の形《かたち》は七五と六八と俗《ぞく》に申《まう》します。七五は七寸《すん》五分《ぶ》に七寸《すん》、六八は六寸《すん》八分《ぶ》に六寸《すん》のもので、前者《ぜんしや》を大判《おほはん》、後者《かうしや》を小判《こはん》としてあります。

さて海苔《のり》の貯藏法《ちよざうはふ》は種々《いろ〳〵》ありますが、最《もつ》も簡易《かんい》なのは、ブリキの鑵《かん》に炒麥《いりむぎ》を底《そこ》に敷《しき》き、其上《そのうへ》に海苔《のり》を入《い》れ蓋《ふた》を密閉《みつぺい》して置《お》きます。又炭《またすみ》の粉《こ》を敷《し》いても宜《よ》いさうですが、これは粉《こ》が海苔《のり》に附着《ふちやく》することが多《をほ》いので宜《よろ》しくありません。焼《やい》い

た海苔《のり》の火《ひ》を戻《もど》させぬやうにするには錫《すゞ》の壺《つぼ》へ入《い》れて置《を》くのがいゝのです。

【玉子《たまご》】鮓《すし》に使用《しよう》する鶏卵《たまご》は第《だい》一に大《おほ》きく、新鮮《しんせん》なものを撰《えら》むのが肝要《かんよう》です。之《これ》を鑑別《かんべつ》するには皮《かは》の光澤《かうたく》あるのは古《ふる》いもので、光澤《かうたく》なく、胡粉《ごふん》を塗《ぬ》つやうなものが新《あた》らしいのです。

それで夏季《かき》は腐敗《ふはい》し易《やす》いのですから殊《こと》に注意《ちうい》して、なるべく使《つか》ひ殘《のこ》さぬやう買入《かひい》れます。若《も》し之《これ》を貯《たくは》へやうとする時《とき》は、平《ひらつ》たい笊《ざる》へ一つ一つ離《はな》して、涼《すゞ》しい處《ところ》へ吊《つる》して置《を》きます。日《ひ》の射《さ》さぬ暗《くら》い處《ところ》に限《かぎ》ります。

冬《ふゆ》は籾殻《もみがら》の中《なか》に玉子《たまご》と玉子《たまご》とを附《つ》けぬやふに藏《しま》つておきます。冬《ふゆ》もあまり長《なが》く置《を》かぬやうしたいのです。

【生姜《せうが》】刻《う》つた生姜《せうが》を貯《たくは》へるには、鹽《しほ》を薄《うす》くふり、よくもみ、鉢《はち》又は桶《をけ》へ移《うつ》して、蓋《ふた》を密閉《みつぺい》して置《を》きます。夏《なつ》は極《ご》く腐敗《ふはい》し易《やす》いものですから、なるべく新生姜《しんせうが》のみを用《もち》ゐます。これは酢《す》を丼《どんぶり》に移《うつ》し、此中《このなか》へ浸《ひた》して貯《たくは》へます。

【山葵《わさび》】山葵《わさび》を貯《たくは》へるには、箱《はこ》又《また》は鉢《はち》へ粗砂《あらすな》を入《い》れ、濕氣《しつけ》を含《ふく》ませて根《ね》を下《した》にして植《うへ》るやうに立《た》て並《なら》べておきます。

〔生魚《なまうを》〕鮓《すし》使《つか》ひの生魚《なまうを》は、何《ど》んなものでも新《あた》らしいのを望《のぞ》みますから、なるべく宵《よひ》越《こ》しにせぬやう、材料《ざいれう》を最初《さいしよ》から豫定《よてい》して、餘《あま》りのないやうに致《いた》します。殊《こと》に夏《か》季《き》はなるべく之《これ》を避《さ》けますが、萬《まん》一貯《たくは》へ置《を》かなければならぬやうなれば、是非《ぜひ》冷《れい》藏《ざう》庫《こ》に納《い》れて置《を》かねばなりません。冷《れい》藏《ざう》庫《こ》が無《な》ければ、冷《ひや》し氷《こうり》を當《あ》てゝ、充分《ぢうぶん》涼《すゞ》しい處《ところ》へ置《を》かなければならないのです。

〔酢《す》魚《うを》〕作《つく》つた魚《うを》を酢《す》にして貯《たくは》へるには、一度《ど》下酢《したず》にくゞらせ酢《す》をよく切《き》つて、深《ふか》い鉢《はち》の縁《ふち》に尾《を》の部分《ところ》を下《した》にして懸《か》け並《なら》べます。さうして鮓《すし》に使《つか》ふ時《とき》に新酢《しんず》に浸《した》します。

かうすれば、冬《ふゆ》ならば二三日《にち》はもちます。

〔注意〕新酢《しんず》に浸《ひた》してから、魚《うを》を保存《ほぞん》すれば必《かなら》ず其味《そのあぢ》が劣《をと》りますから、魚《うを》を保存《ほぞん》するには下酢《したず》のみでなければなりません。

夏《なつ》は此鉢《このはち》を冷《れい》藏《ざう》庫《こ》に納《い》れるか、氷《こほり》の上《うへ》に載《の》せて置《お》きます。

〔笹《さゝ》〕葉《は》を莖《くき》から放《はな》さず一把《は》のまゝ蓆《むしろ》のやうなものに包《つゝ》むで貯《たくは》へます。

第七　道《だう》具《ぐ》

鮓《すし》をつけるのに大略《たいりやく》次《つぎ》のやうな道具《だうぐ》が必要《ひつえう》です。

(一)　俎板《まないた》二枚《まい》

魚《うを》を作《つく》るのと鮓《すし》を漬《つ》けるときに、用《もち》うるのと區別《くべつ》します。いづれも檜材《ひのき》で足《あし》を附《つ》けず、なるべく厚《あつ》いもの。

(二)　庖刀《はうてう》及《および》刄物《はもの》

簿刄《うすは》。これは巻鮓《まきすし》又《また》は壓鮓《おしすし》などを切《き》るに用《もち》ひます。

刺身庖刄《さしみはうてう》。主《をも》に醤油漬《しやうゆづけ》のやうな魚肉《ぎよにく》を切《き》るに用《もち》ひます。

小簿刄《こうすは》。剝物《かきもの》や生姜《せうが》などを刻《う》つに用《もち》ゐます。

出刄《では》。魚《うを》を卸《おろ》す時《とき》などに用《もち》ひます。

鯵切《あぢきり》。小魚類《こざかなるゐ》を作《つく》るに用《もち》ひます。

柳刃《やなぎは》。小メジを卸《をろ》したり、さよりの如《ごと》き長細《ながほそ》い魚《うを》を作《つく》るため。

肉挽器《にくひきき》。伊勢海老《いせゑび》のやうなものを細末《さいまつ》にするため。

貝剝《かひむき》。貝類《かひるゐ》の大《たほ》きいものを剝《む》くため。

皮剝《かはむき》。野菜物《やさいもの》の皮《かは》を剝《む》く。

卸金《をろしがね》。山葵《わさび》を卸《をろ》す。目《め》の細《こま》かいのを撰《ゑら》みます。

鱗《こけ》ヒキ。鯛《たい》の鱗《こけ》を除《のぞ》くため用《もち》ゐます。金《かね》のブラシのやうなもので、金物店《かねものや》にあります。

毛抜《けぬき》。魚《うを》の骨抜《ほねぬき》に用《もち》ゐるもので、普通《ふつう》より大《をほ》きなもの。料理用《れうりやう》の骨抜《ほねぬき》として買《か》へば得《ゑ》られます。

魚錐《うをぎり》。あなごを割《さ》くに用《もち》ゐる三寸位《すんぐらゐ》の錐《きり》。

(三) 鍋類《なべるゐ》

鐵鍋《てつなべ》。大小《だいせう》二種《しゆ》、煑《に》物《もの》、茹物《うでもの》に使用《しよう》します。

セトヒキ鍋《なべ》。雑多《ざつた》な煑《に》物《もの》に用《もち》ゐます。

王子《たまこ》焼《やき》鍋《なべ》。種々《しゆく》ありますが、形《かたち》が角《かく》なものなれば有合《ありあひ》せで間《ま》に合《あ》ひます。銅《あか》の厚《あつ》い大《をほ》きなものならば適好《てきかう》です。

(四) 杓子《しやくし》類《るゐ》

飯《めし》杓子《しやもじ》。大《だい》小《せう》二種《しゆ》。大《だい》はすし飯《めし》を交《ま》せ合《あ》はすため。小《せう》は煮《に》物《もの》に用《もち》ひます。

汁《しる》杓子《しやくし》。

金《かな》杓子《じやくし》。れぼろを作《つく》るとき用《もち》ひます。

(五) 笊《ざる》類《るゐ》

目《め》笊《ざる》。數《すう》枚《まい》。

平《ひら》笊《ざる》。數《すう》枚《まい》。

敷《しき》笊《ざる》。鮑《あはび》などの煮《に》物《もの》用《よう》。

毛《すゐ》篩《なふ》。大《だい》小《せう》。アク引《ひき》醤油《しやうゆ》などを漉《こ》すのに用《もち》ゐます。

すくひだま。茹《ゆで》物《もの》をすくひあげるとき用《もち》ゐます。

（六） 鉢《はち》皿《ざら》桶《をけ》類《るゐ》

摺鉢《すりはち》。摺小木《すりこぎ》。

兜鉢《かぶとはち》。大小《だいせう》二三個《こ》。小魚《こざかな》や海老《えび》類《るゐ》を浸《ひた》すに使用《しよう》します。

砂皿《すなざら》。數枚《すうまい》。煮物《にもの》を移《うつ》しとるため。

丼《どんぶり》。大小《だいせう》數種《すうしゆ》。

皿《さら》。大小《だいせう》數枚《すうまい》。

小桶《こをけ》。二三個《こ》。材料《ざいれう》を洗《あら》ふものと、鮓《すし》を漬《す》けるに座《そ》側《は》に置《た》いて手《て》を洗《あら》ふものと。

桶《をけ》。魚《さかな》や野《や》菜《さい》を入《い》れおくもの。

櫃《ひつ》。飯《めし》をうつすもの

半臺《はんだい》。飯《めし》を冷《ひや》し、又《また》は交《ま》せ合《あは》すため。

（七） 雑《ざつ》品《ぴん》

蒸籠《せいらう》。 鮑《あはび》などを蒸《む》す。

味噌漉《みそこし》。 卯《う》の花鮓《はなすし》に用《つか》う。

壓箱《をしはこ》。 普通《ふつう》七八寸《すん》四方《はう》の箱《はこ》で、蓋《ふた》も底《そこ》も取《と》り外《はづ》すやう造《つく》つて、底《そこ》へ棧《さん》を附《ふ》したもの。 壓鮓《をしすし》用《よう》。

ブリキ筒《づゝ》。 海苔《のり》を貯《たくは》へ置《お》くに使用《しよう》します。

茶筒《ちやづゝ》。 もみ海苔《のり》を貯《たくは》へれくもの。

鐵網《かなあみ》。

鐵弓《てつきう》。

竹篦《たけべら》。 玉子《たまご》を燒《や》くに使《つか》ひます。 一尺《しやく》ばかりの長《なが》さで、尖《さき》を圓《まる》く削《けづ》つたもの。

竹串《たけぐし》。 數本《すうほん》。 蒲《かは》燒《やき》に用《つか》うるものにて間《ま》に合《あ》ひます。

竹箸《たけはし》。 二本《ほん》位《ぐらい》。 太《ふと》くて長《なが》さ一尺程《しやくほど》のもの。 海苔《のり》飯《めし》を交《ま》ぜ合《あ》はせるに使用《しよう》します。

菜箸《さいはし》。 竹箸《たけはし》の小《ちい》さいもの。

杉箸《すぎはし》。 白魚《しらうを》やキヽミヽ鮓《すし》に用《もち》ゐます。

竹簾《すだれ》。大小《だいせう》二枚《まい》。大《だい》は長《なが》さ八寸《すん》、横《よこ》九寸位《すんぐらゐ》大《おほ》巻《まき》を巻《ま》くに用《つか》ゐ、小《せう》は長《なが》さ四寸《すん》五分《ぶ》、横《よこ》九寸《すん》、これは細巻《ほそまき》に用《もち》ゐます。

大《おほ》團扇《うちは》。飯《めし》を冷《さま》すに用《もち》ゐます。

澁團扇《しぶうちは》。煮物《にもの》や茹物《うでもの》を冷《さ》ますため。

布巾《ふきん》。數枚《すうまい》。

此他《こた》茶碗《ちやわん》、猪口《ちよこ》、小皿《こざら》、ブラシ等《など》の類《るゐ》はすべて有合《ありあは》せでよろしいのです。

第二章

第一　海苔巻の部

鮓《すし》のつけ方《かた》を説《こ》くには、どうしても海苔《のり》巻《はき》から初《はじ》めねばなりません。この海苔《のり》巻《まき》は鮓屋《すしや》でも年中《ねんぢう》つけますし、家庭《かてい》の料理《れうり》としても、材料《ざいれう》も道具《だうぐ》も頗《すこぶ》る簡易《かんい》に出《で》來《き》ますので、一般《はん》に行《たこな》はれてをります。併《しか》し、鮓《すし》として手際《てぎは》好《よ》く製《こしら》へるには、多少《たせう》熟練《じゆくれん》も要《い》りますし、殊《ここ》に大巻《たほまき》(又《また》は厚巻《あつまき》)となりますと、一寸《ちよつこ》、複雑《ふくざつ》になりますから、以下《いか》なるべく委《くわ》しく説《ご》きませう。まづ普通《ふつう》の細巻《ほそまき》の方《はう》から述《の》べます。

(一)細巻《ほそまき》

材料《ざいれう》　乾海苔《ほしのり》　干瓢《かんぴやう》　すし飯《めし》

道具《だうぐ》　竹簾《すだれ》

よき海苔《のり》(大判《たほはん》と小判《こはん》とあれども細巻《ほそまき》には小判《こはん》がよろし)を燒《や》き、一枚《まい》を二つに截《き》り、表裏《おもてうら》をよく撿《あらた》め、表《おもて》を下《した》にして、簾《すだれ》を敷《し》きたる上《うへ》に載《の》せ、なるべく海苔《のり》を己《をのれ》の前《まへ》の方《はう》へ寄《よ》せ、すし飯《めし》を掬《すく》ひて二分《ぶ》位《ぐらゐ》の厚《あつ》みに平坦《たひら》に敷《し》きます。この飯《めし》の熨《の》し方《はう》は、海苔《のり》の全面《ぜんめん》へ被《つ》けずに、上端《うははぢ》を五分《ぶ》ほど明《あ》けて置《た》きます。これは卷上《まきあ》げた際《こき》に飯《めし》のはみ出《だ》さぬためです。

さて、飯《めし》の中央《なかほど》へ指《ゆび》にて溝《みぞ》の如《ごと》く少《すこ》し凹《くぼ》ませ、其處《そこ》へ干瓢《かんぴやう》を適宜《てきぎ》に布《し》き、簾《すだれ》の端《はじ》を把《と》つて卷《ま》くのです。

〔卷《ま》き方《かた》〕まづ簾《すだれ》の下端《したはじ》を兩手《りやうて》に持《も》つて、心《しん》の干瓢《かんぴやう》の隱《かく》れる位《くらゐ》までの處《ところ》へ折《を》り上《あ》げ、輕《かる》く押《をさ》へて海苔《のり》のみをそのまゝにし簾《すだれ》の端《はじ》は手《て》より放《はな》して簾《すだれ》を開《ひら》き、次《つぎ》に海苔《のり》全部《ぜんたい》を己《をのれ》の前《まへ》へやゝ辷《すら》し、又簾《またすだれ》の端《はじ》と共《とも》に卷《ま》き持《も》ちて、今度《このたび》は全部《ぜんぶ》を卷《ま》き、やゝ強《つよ》く指《ゆび》にて締《し》めるのです。

卷《ま》き締《し》めるには食指《しよくし》を上部《うへ》へ當《あて》て、拇指《をやゆび》と他《ほか》の指《ゆひ》を前後《ぜんご》の兩面《りやうめん》へ當《あ》てゝ締《しめ》めます。

卷《ま》き了《をは》つたものを器《うつは》に盛《も》りますには、兩端《りやうはじ》を二分《ぶ》程《ほど》切《き》り落《をと》し、一本《はん》を二つに切《き》つ

て盛《も》ります。

〔海苔《のり》〕 海苔《のり》は漉《す》き切《ぎ》れのない、なるべく佳《よ》いものを用《もち》ひます。焼《や》きますには強《は》烈《げ》しい炭火《すみび》で、両面《りやうめん》を炙《あぶ》り、青色《あをいろ》になつた位《くらゐ》を度《ど》と致《いた》します。

〔干瓢《かんぴやう》〕 干瓢《かんぴやう》は洗《あら》はざる前《さき》に、一尺《しやく》位《ぐらゐ》づゝに切《き》り置《お》き温湯《ぬるゆ》(又《また》は水《みづ》)にて両手《りやうて》でよく揉《も》みながら洗《あら》ひ、節《ふし》を除《の》き去《さ》り、能《よ》く水氣《すゐき》を絞《しぼ》り、水《みづ》七分《ぶ》味淋《みりん》三分《ぶ》の割合《わりあひ》にて、竹箸《たけはし》を以《もつ》て攪《か》きまはしながら、茹《ゆ》で柔《やわらか》くなりましたら、「アク引」を加《くわ》へて煮詰《につ》め、又鹽油《またしやうゆ》を加《くは》へて煮詰《につ》め、鍋《なべ》の中《なか》が乾《かは》くやうになつたのを度《ど》として鍋《なべ》を下《お》ろします。

干瓢《かんぴやう》の分量《ぶんりやう》五十目《め》につき、水《みつ》二合《かう》味淋《みりん》五勺《しやく》アク引《ひき》醤油《しやうゆ》各《かく》五勺《しやく》の割合《わりあひ》です。

〔簾《すだれ》〕 簾《すだれ》は普通《ふつう》、竹《たけ》のを用《もち》ゐますが、葭《よし》でも間《ま》に合《あ》ひます。又《また》、熟練《じゆくれん》すれば呉《ご》服《ふく》紙《がみ》のやうな厚《あつ》い紙《がみ》でも巻《ま》けます。

(二) おぼろ細《ほそ》巻《まき》

乾海苔《ほしのり》

材料《ざいれう》　芝海老《しばえび》(又《また》は伊勢鰕《いせえび》)　道具《だうぐ》　簾《すだれ》

すし飯《めし》

細巻《ほそまき》の別法《べつはふ》としてれぼろ細巻《ほそまき》を述《の》べませう。海苔《のり》、飯《めし》ののし方《かた》、巻《まき》き方《かた》等《など》はすべて干瓢《かれびやう》の細巻《ほそまき》と同《おな》じでありますが、こゝにはれぼろの作《こしら》へ方《かた》を説《と》きませう。

〔芝海老《しばえび》〕材料《ざいれう》を水《みづ》にてザット洗《あら》ひ、頭《かしら》を去《さ》り、腹《はら》から背《せ》にかけて皮《かは》を剝《む》き、尾《を》を除《のぞ》き、背腸《せわた》を抜《ぬ》き(指《ゆび》にて摘《つ》まみてもよく、小揚子《こようじ》を用《もち》ひてもよろし)味淋《みりん》ばかりにてザット煮上《にあ》げます。煮上《にあ》げた海老《えび》は其汁《そのつゆ》をきり、摺鉢《すりはち》でよく摺《す》るのです。

〔注意〕此摺《このす》り方《かた》が充分《ぢうぶん》でないと、煎《い》り上《あが》つたとき、バラ〳〵し過《す》ぎ味《あぢ》を損《そ》じますから、摺《す》り方《かた》が肝要《かんえう》です。

〔伊勢海老《いせえび》〕もし伊勢海老《いせえび》を用《つか》うときは、まづ、海老《えび》の皮《かは》に附着《ふちやく》してをります砂《すな》を水《みづ》にてよく洗《あら》ひ落《おと》し、赤《あか》くなるまで茹《う》で上《あ》げ、水《みづ》にて一寸《ちよつと》冷《ひ》やし、頭尾《とうび》を除《ご》り、皮《かは》を剝《む》き背《せ》から腸《はら》にかけて庖丁《はうてう》を加《い》れて二つになし、背腸《せわた》を除《のぞ》き、肉《み》を賽《さい》の目《め》に細《ほそ》く切《き》り、味淋《みりん》少量《すこし》を加《くは》へながら摺鉢《すりはち》で摺《す》ります。

もし、肉《にく》挽器《ひきき》が備《そな》へてあれば、一旦《たん》、挽《ひ》き肉《にく》とし更《さら》に摺鉢《すりはち》で摺《す》れば労《らう》が少《すく》ない

でせう。摺《す》り方《かた》は芝《しは》海《ゑ》老《び》と同《おな》じです。

〔煎《い》り方《かた》〕 摺《す》り上《あが》りました材料《ざいれう》は之《これ》を鍋《なべ》に移《うつ》し、火《ひ》に懸《か》けずに置《お》きて、味淋《みりん》を加《くは》へながら杓子《しやもぢ》にて解《ご》きほごし、解《ご》けてベト〱になりました時《とき》、鍋《なべ》を火《ひ》に懸《か》け炭火《すみび》を強《つよ》くして煎《い》るのです。少時《しはらく》して鍋中《なべなか》の材料《ざいれう》が、ブク〱と音《おと》を立《た》て始《はじ》める頃《ころ》、アク引《ひき》を加《くは》へ、杓子《しやもじ》を用《つか》つて攪《かきま》はすこと数分《すうふん》で、よく撈《かきまは》りましたら、更《さら》に醤油《しやうゆ》を加《くは》へ又《また》絶《た》ゑず攪《かきまは》しながら煎《い》りつめ、鍋《なべ》の底《そこ》の乾《かは》くのを度《ど》合《あひ》として鍋《なべ》を下《お》ろします。

〔分量《ぶんりやう》〕 芝《しは》海《ゑ》老《び》五十につき、味淋《みりん》一合《がう》、アク引《ひき》五勺《しやく》、醤油《しやうゆ》二勺《しやく》の割《わり》です。 但《たゞ》し、芝《しは》海《ゑ》老《び》は茹《う》でるときに味淋《みりん》一合《がう》を用《つか》へば、其《その》汁《しる》を絞《しは》つて、置《お》いて煎《い》るときに再《ふた》び適《てき》宜《ぎ》に用《つか》へます。

伊勢《いせ》海《ゑ》老《び》は三尾《び》位《ぐらゐ》で芝《しは》海《ゑ》老《び》五十に當《あた》りますから、其《その》割合《わりあひ》で加減《かげん》します。

〔海《ゑ》老《び》以外《いぐわい》のおぼろ〕 れいぼろは芝《しは》海《ゑ》老《び》又《また》は伊勢《いせ》海《ゑ》老《び》を最上《さいじやう》としますが、此等《これら》の材料《ざいれう》の揃《そろ》はぬときは、比目魚《ひらめ》を用《つか》つても宜《い》いのです。 又《また》下《さが》つては鱈《たら》、蟹《かに》などを用《つか》ひますけれども、大抵《たいてい》以上《いじやう》の方法《はうはふ》を適宜《てきぎ》に應用《あふよう》すれば容易《ようい》なので、説明《せつめい》いた

しません。

（三）椎《しひ》茸《たけ》細《ほそ》巻《まき》

材料《ざいれう》　乾海苔《ほしのり》　椎《しゐ》茸《たけ》　すし飯《めし》

道具《だうぐ》　竹簾《すだれ》

やはり細巻《ほそまき》の別法《べつはふ》ですからすべて干瓢《かんぴやう》の細巻《ほそまき》の通《ごう》りの漬《つ》け方《かた》です。　椎《しゐ》茸《たけ》の煮《に》方《かた》を次《つぎ》に述《の》べます。

〔椎《しゐ》茸《たけ》〕茎《くき》を去《こ》り、水《みづ》に浸《ひた》しますこと一時間《じかん》ばかりで、よく水《みづ》を絞《しぼ》り鍋《なべ》に入《い》れ、味淋《りん》を加《くは》へて煮《に》つめ、鍋《なべ》の中《なか》が乾《かは》くやうになりましたら、アク引《ひき》を加《くは》へ、よく攪拌《かきまは》して再《ふた》び鍋《なべ》の乾《かは》くやうになつたとき、醤油《しやうゆ》を加《くは》へて煮《に》上《あげ》げるのです。

煮《に》上《あ》げた材料《ざいれう》は他《た》の器《うつは》に移《うつ》し、團扇《うちは》にて風《かぜ》を送《おく》りながらよく冷《さま》し、庖刀《はうてう》にて中央《ちうあふ》より二分《ぶん》し、之《これ》を重《かさ》ねて端《はし》より細長《ほそなが》く薄《うす》く刻《きざ》み、飯《めし》の上《うへ》へ適宜《てきぎ》に列《なら》べて巻《ま》くのです。

【分量《ぶんりやう》】大《だい》なる椎茸《しひたけ》二十個《こ》につき、味淋《みりん》猪口《ちよこ》に五杯《はい》、アク引《ひき》二杯《はい》、醤油《しやうゆ》二杯《はい》の割合《わりあひ》です。

椎茸《しひたけ》はすし屋《や》使《づかひ》ひといつて求《もと》めれば、佳《よ》いものがあります。

(四) 山葵《わさび》細巻《ほそまき》

材料《ざいれう》

乾海苔《ほしのり》
まぐろ
山葵《わさび》
すし飯《めし》

道具《だうぐ》　竹簾《すだれ》

これは普通《ふつう》の鮓《すし》としては行《おこな》はれませんが、精進《せうじん》の細巻《ほそまき》と異《こさな》つて、酒家《しゆか》などに向《む》くものです。その漬方《つけかた》も大略前《たいりやくぜん》のものと同《おな》じですが、たゞ材料《ざいれう》が魚《うを》であるだけ、飯《めし》を幾分《いくぶん》か減《げん》じて薄《うす》く熨《の》しませんと、奇麗《きれい》に巻《ま》けません。

巻《ま》き方《かた》は最初《さいしよ》に山葵《わさび》を適宜《てきぎ》に飯《めし》の窪《くほ》み干瓢《かんぴやう》の細巻《ほそまき》の條參照《じよっさんせう》)に布《し》き、そこにマグロ(或《あるひ》は比目魚《ひらめ》)を細引《ほそびき》(やゝ長《なが》めに細《ほそ》く刻《きざ》みたるもの)たるものを隙《すき》の出來《でき》ぬや

うに置《お》き、前《まへ》の如《ごと》く簾《すだれ》を用《つか》つて卷《ま》くのです。

〔注意〕心《しん》になる材料《ざいれう》の多《おほ》さに過《す》ぎるときは卷《ま》き締《じ》めの合《あ》はぬものですから、注意《ちうい》を要《よう》します。

〔山葵《わさび》及《およ》び鮪《まぐろ》〕第《だい》三章《しやう》握《にぎ》り鮓《すし》の「醬油《しやうゆ》づけ」の條《じやう》に詳《くは》しく記《しる》します。

（五）肉類《にくるゐ》細卷《ほそまき》

材料《ざいれう》　ハム（又はコールドミート）
乾海苔《ほしのり》
西洋胡椒《せいやうこしやう》
すし飯《めし》

道具《だうぐ》　竹簾《すだれ》

家庭《かてい》などに適用《てきよう》したり、野遊《のあそび》の行厨《べんたう》などに手輕《てがる》く出來《でき》れば好《よ》いものです。

卷《ま》き方《かた》は山葵《わさび》細卷《ほそまき》のやうに材料《ざいれう》が肉《にく》でありますから多少《たしやう》手加減《てかげん》を要《えう》します。

〔ハム及《およ》びコールドミート〕材料《ざいれう》は肉《にく》の纖維《せんゐ》にならつて、なるべく細《ほそ》く切《き》り、西洋胡椒《せいやうこしやう》を少《すこ》し振《ふ》りかけます。

（六）大《おほ》巻《まき》

材料《ざいれう》

乾海苔《ほしのり》
椎茸《しひたけ》
木耳《きくらげ》
干瓢《かんぴやう》
海老《ゑび》
すし飯《めし》

道具《だうぐ》

竹簾《すだれ》

（第五圖い）

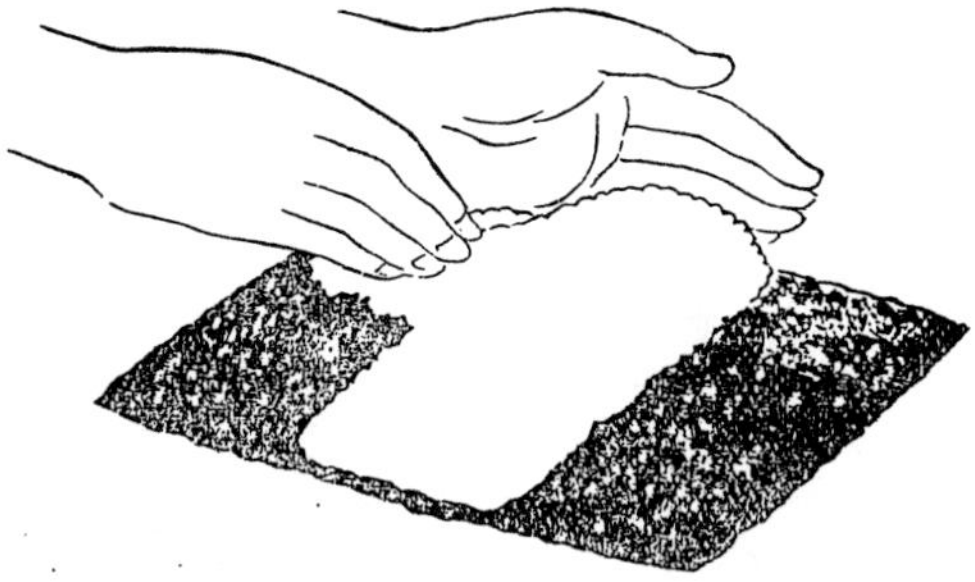

（第五圖ろ）

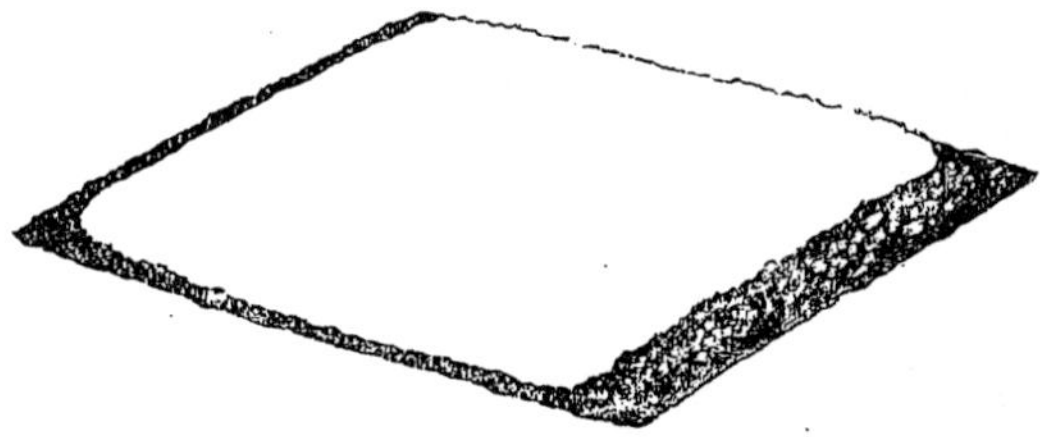

大《おほ》巻《まき》は又《また》、厚《あつ》巻《まき》とも、上海苔《じやうのり》ともいひます。これは前記《ぜんき》の材料《ざいれう》で二重《ぢう》に巻《ま》き重《かさ》ねるのです。今《いま》、下《した》巻《まき》と上巻《うはまき》とに別《わ》けて説明《せつめい》します。

〔下《した》巻《まき》〕大《おう》判《はん》のよき、海苔《のり》一枚《まい》を俎《まないた》の上《うへ》に置《お》き海苔《のり》の上《うは》端《はし》から凡《およ》そ七分《ぶ》ほどあけて、飯《めし》を二分《ぶ》位《ぐらゐ》の厚《あつ》みに平坦《たひら》に熨《の》し、指先《ゆびさき》にて群《むら》の生《で》きぬやうにならし、（第五圖い

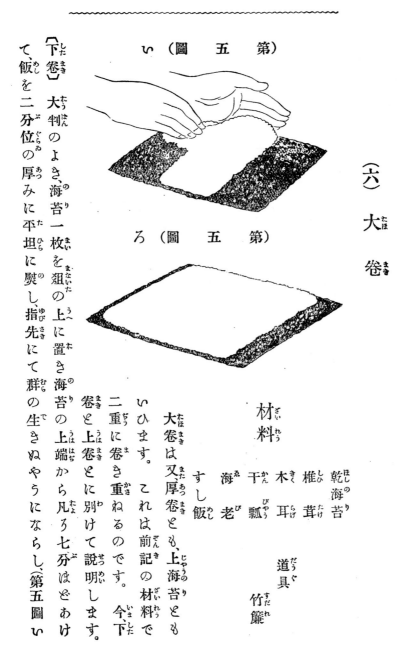

(第五圖は)

(第五圖に)

(第五圖ほ)

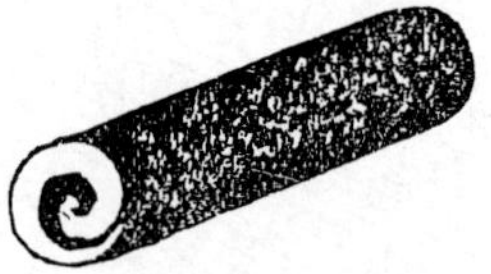

ろ參照)飯《めし》の上端《うははち》から一寸《すん》ばかり隔《へだ》てゝ干瓢《かんぴやう》を十數本《すふほん》平《たひ》らに置《お》き(但《たゞ》し細巻《ほそまき》の如《ごと》く溝《みぞ》を作《つく》らず)更《さら》に二三分《ぶん》を隔《へだ》てゝ、椎《しゐ》茸《たけ》一個《つ》半位《はんぐらゐ》と木耳《きくらげ》とを細末《さいまつ》に截《き》りたるを混交《こんがう》して適宜《てきぎ》に布《し》き、(第五圖は參照)さて海苔《のり》の下端《したはち》を持《も》つて、まづ下端《したはち》を椎茸《しゐたけ》と木耳《きくらげ》の上《うへ》に被《き》ふやうに合《あは》せ、順次《じゆんぢ》上部《じやうぶ》へ巻《まき》き上《あげ》けて締《し》めるのです。(第五圖にほ參照)

下巻《したまき》は別《べつ》に簾《すだれ》を用《つか》はず、指先《ゆびさき》で形《かたち》を付《つ》けながら巻《ま》くのです。

【上巻《うはまき》】下巻《したまき》が出來《でき》ましたら、之《これ》を爼板《まないた》の端《はし》なり、他《た》の器《うつは》なりへ移《うつ》しまして、爼《まないた》の中《ちう》央《あふ》に更《さら》に一枚《まい》の海苔《のり》(大判《おほはん》)を置《お》き其中央《そのなかほど》に半截《はんさい》したる海苔《のり》一枚《まい》を重《かさ》ね、(これは巻《ま》き上《あが》りの時、海苔《のり》の破《やぶ》れぬため大巻《おほまき》にのみ特《とく》に二枚《まい》重《かさ》ねるのです)之《これ》に下巻《したまき》のや

うに飯《めし》を布《し》き、よく群《むら》のなきやうになし、静《しづか》に竹簾《すだれ》の上《うへ》に移《うつ》し戴《の》せます。

第六圖（い）

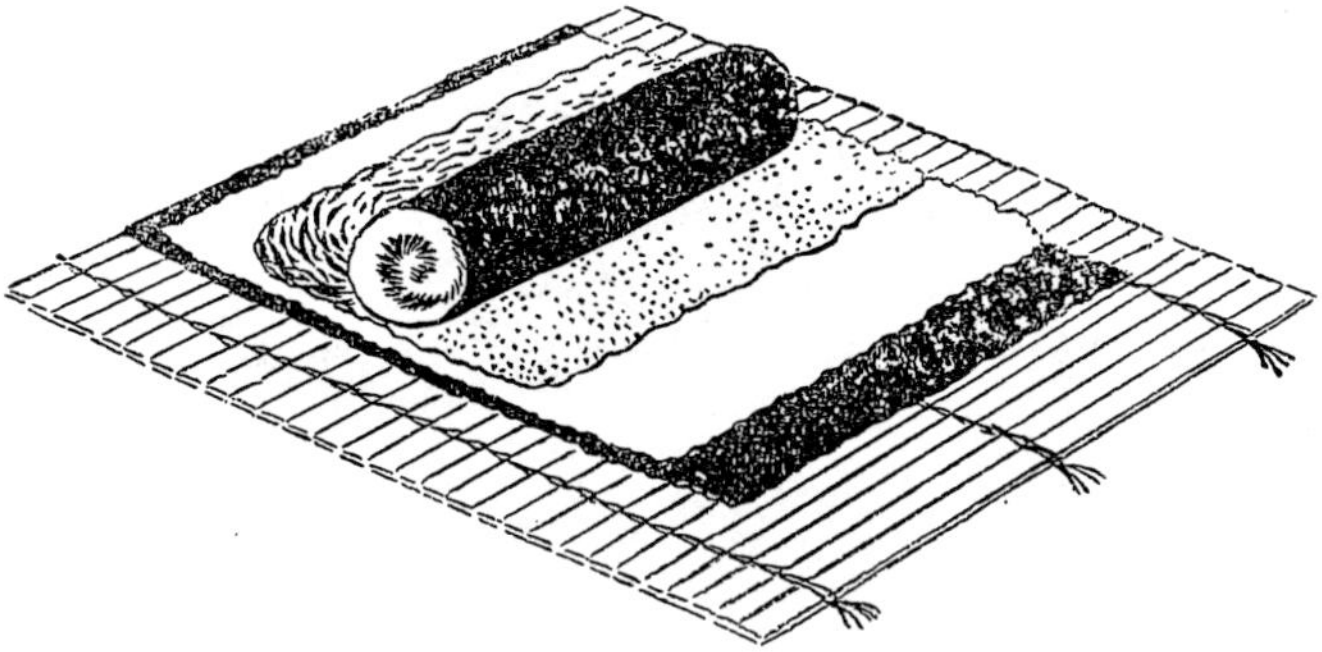

さて、竹簾《すだれ》を爼《まないた》の中《ちう》央《あふ》に置《お》きまして、飯《めし》の上《うは》端《はじ》から一寸程《ほど》離《はな》してればろを平《たひ》らに二寸位《すんぐらゐ》の巾《はゞ》に布《し》きます。　その次《つぎ》に干《かん》瓢《びやう》を下《した》巻《まき》位《ぐらゐ》の量《りやう》だけ平《たひ》らに布《し》きます。

〔上《うは》巻《まき》の巻《まき》き方《かた》〕　からして干《かん》瓢《びやう》の上《か》位《み》のところに下《した》巻《まき》を戴《の》せ、（第六圖い參照）簾《すだれ》の下《した》端《はし》を把つて其《その》上《うへ》を被ふやうに巻《ま》きればろの

第六圖（ろ）

上《うへ》へ此《この》下《した》端《はじ》の就《つ》く位《くらゐ》にして兩手《りやうて》で簾《すだれ》の上《うへ》から輕《かる》く締《し》めます。（第六圖ろ參照）好《よ》き位《くらゐ》で簾《すだれ》を持《れも》ちた

る手《て》を放《はな》し、(第六圖は參照)半《なか》ば卷《ま》きかけた材料《ざいれう》を手《て》にて五分《ぶ》程《ほど》、自分《ぶん》の前《まへ》の方《はう》へ辷《ず》らし、再《ふた》び簾《すだれ》を懸《か》けて今度《こんど》は全部《せんぶ》を包《くる》むやうに堅《かた》く卷《ま》きます。(第六圖に參照)

第六圖(は)

第六圖(に)

〔注意〕細卷《ほそまき》には海苔《のり》を半截《はんさい》したものを用《つか》ひますから横縦《よこたて》は自《おの》づと分《わか》りますが、大卷《おほまき》では大判《おほはん》の海苔《のり》の折《をれ》目《め》を堅《たて》にして用《つか》うのです。

すし飯《めし》を海苔《のり》の上《うへ》に布《し》くには先《ま》づ豫《あらかじ》め適宜《てきぎ》の量《りやう》だけを、兩手《りやうて》にて輕《かろ》く丸《まる》め置《お》き、之《これ》を海苔《のり》の中央《まんなか》へ置《お》き次第《しだい》に兩端《りやうはじ》へのすやうにするのです。

盛《も》り方《かた》は、一本《こん》の太巻《たほまき》の兩端《りやうたん》二三分《ぶ》を切《き》り落《おと》し、一本《ほん》を七個《こ》位《ぐらゐ》(一個《こ》の厚《あつ》み七分《ぶ》位《ぐらゐ》)に薄刄《うすは》にて截《き》つて盛《も》ります。(第七圖參照)

第七圖

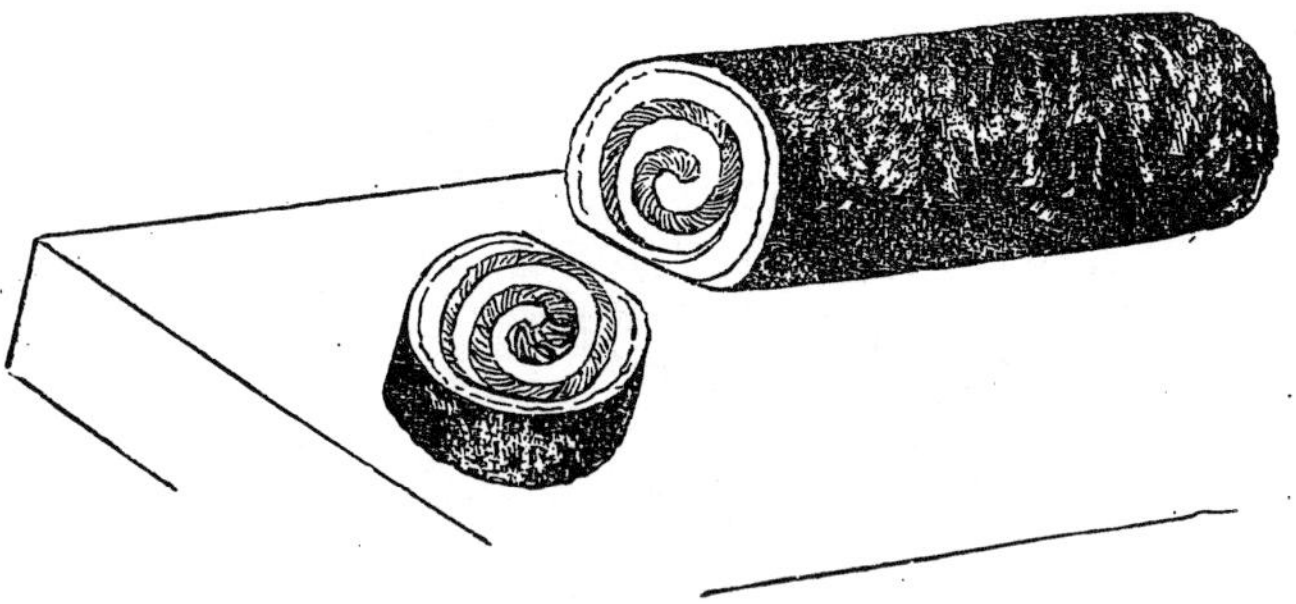

〔椎茸《しひたけ》〕椎茸《しひたけ》細卷《ほそまき》の條參照《じやうさんしやう》。

〔木耳《きくらげ》〕材料《ざいれう》の莖《くき》を去《さ》り、水《みづ》に一晩《ばん》浸《ひた》し置《お》き、椎茸《しひたけ》と混《ま》ぜて煑《に》ます。分量《ぶんりやう》は椎茸《しひたけ》の十分《ぶん》の一ほどあればいゝのです。又、木耳《きくらげ》を混《こん》じても椎茸《しゐたけ》の汁加減《つゆかげん》は違《ちが》へる程《ほど》ではないのです。

木耳《きぐらげ》を刻《きざ》むにはなるべく纎《こまか》く、糸《いと》のやうになるのが好《よ》いのです。

〔干瓢《かんぴやう》〕細卷《ほそまき》の條參照《じようさんせう》。

〔海老《ゑび》〕れぼろ細卷《ほそまき》の條參照《じようさんせう》、

第二　五もく鮓《すし》の部《ぶ》

海苔《のり》卷《まき》の次《つぎ》に一般《はん》に簡易《かんい》に作《つく》られますのは五もくです。五もくには魚類《ぎよるゐ》を

用《つか》うのと、精進《せうじん》との二種《ふたいろ》あります。

（一）ちらし五もく

材料《ざいれう》

椎茸《しひたけ》
木耳《きくらげ》
玉子《たまご》
芝海老《しばゑび》（れぼろ）
小魚《こざかな》及《およ》び貝類《かいるゐ》（其季節《そのきせつ》のもの一種《しゆ》）
海苔飯《のりめし》
生姜《せうが》

道具《だうぐ》　竹箸《たけはし》

以上《いじやう》の材料《ざいれう》を調《こしら》へまして（次《つぎ》に細説《さいせつ》す）まづ海苔飯《のりめし》を適宜《てきぎ》に輕《かろ》く器《うつは》に盛《も》り、椎茸《しひたけ》（大巻《たほまき》に用《つか》うものと同《おな》じで、一人前《にんまへ》凡《およ》そ椎茸《しひたけ》半個《はんこ》の割《わり》に致《いた》します）と木耳《きくらげ》少量《せうりやう》（之《これ》も大巻《たほまき》のやうな割合《わりあい》）を混《ま》ぜて、海苔飯《のりめし》の上《うへ》へ振《ふ》りかけ、其上《そのうへ》へ薄焼《うすやき》の玉子《たまご》（握鮓《にぎりずし》の玉子《たまご》の部《ぶ》參照《さんせう》を短冊形《だんざくかた》に細《ほそ》く截《き》りたるを適宜《てきぎ》に布《し》き、尚《な》ほ玉子《たまご》を被ふてれいいぼろを

撒《し》き、上《うは》ぶき(小《こ》魚《うを》或《あるひ》は貝類《かひるゐ》をかく申《まう》します)を掛《か》け生姜《せうが》を添《そ》へて侑《すゝ》めます。

〔海苔飯《のりめし》〕薄《うす》き海苔《のり》(海苔巻《のりまき》に用《つか》う海苔《のり》よりも粗《あら》きもの)を強《つよ》き火《ひ》にて青《あを》くなるまで焼《や》き冷《さ》めぬうちに細《こま》かく折《を》り裂《さ》き、兩掌《りやうて》にてよく摺《す》り揉《も》み細末《さいまつ》にして、すし飯《めし》に混《こん》じ、竹箸《たけはし》を用《つか》つてよく攪《かき》まはして合《あは》せるのです。

飯《めし》に混《ま》ぜる海苔《のり》の分量《ぶんりやう》は五合《がう》の飯《めし》につき前記《ぜんき》の海苔《のり》五枚《まい》の割《わり》です。

〔上《うは》ぶき〕五目《もく》に用《つか》ひます魚類《ぎよるゐ》貝類《かいるゐ》の略稱《りやくせう》です。これは季節《しゆん》によつて次《つぎ》の種《しゆ》類《るゐ》のうち、一品《しな》を撰《えら》み、細《ほそ》く短冊形《たんざくがた》などに切《き》つて用《つか》ひます。白魚《しらうを》は江戸前《えどまへ》ならば六七尾《び》位《ぐらゐ》づゝ一人前《にんまへ》に用《つか》ひます。(白魚《しらうを》の煮方《にかた》は握酢《にぎりずし》の白魚《しらうを》の條參照《じやうさんせう》)

小鯛《こだい》。さより。きす。鰺《あぢ》。白魚《しらを》。

赤貝《あかがひ》。みる貝《がひ》。

〔器《うつは》〕普通《ふつう》、小丼《こどんぶり》を用《つか》ひますが、薄手《うすで》のやゝ深《ふか》い小皿《こざら》に盛《も》ります方《はう》が上品《じやうひん》になります。

〔注意〕(一)上《うは》ぶきの上《うへ》へ更《さら》に少《わず》かの木耳《きくらげ》をふりかけますと體裁《ていさい》がよく見《み》えます。(二)又《また》上《うは》ぶきの他《ほか》に、せいまき(握鮓《にぎりずし》の海老《ゑび》の條參照《ぜうさんせう》)を適宜《てきぎ》に切《き》つてあしら

へば色彩《いろどり》よく見《み》えます。(三)鮓店《すしや》で蒲鉾《かまぼこ》、烏賊《いか》、章魚《たこ》、あなご等《など》を上《うは》ぶきに用《つか》ひますが下品《げひん》で、家庭《かてい》の鮓《すし》には行《おこな》はれません。

(二) あられ鮓《すし》

材料《ざいれう》

もみ海苔《のり》

貝《かひ》はしら

木耳《きくらげ》

すし飯《めし》

生姜《せうが》

あられ鮓《すし》は冬季《ふゆ》、酒客《しゆきやく》などに侑《すゝ》めて好《よ》いもので、極《きは》めて淡泊《たんぱく》なところを賞翫《しようくわん》するのです。ちらし五もくのやうに海苔飯《のりめし》を用《もち》ゐず、普通《ふつう》のすし飯《めし》をなるべく薄手《うすで》の淺《あさ》い丼《どんぶり》に輕《かろ》く盛《も》りまして、もみ海苔《のり》(もみ方《かた》前條《ぜんじやう》と同《おな》じ)をザッと振《ふり》かけ、はしらを中《まんなか》へよせて、大《だい》なるものならば十粒位《つぶぐらゐ》、小《ちい》さなものなれば二十位《ぐらゐ》布《し》き列《なら》べまして、その上《うへ》へ木耳《きくらげ》の細末《さいまつ》にしたのを極《ご》く少量《すこし》だけぱらりとかけて侑《すゝ》めます。

〔はしら〕清水《せいすゐ》に一つまみの鹽《しほ》を投入《なげい》れて、材料《ざいれう》をザッと洗《あら》ひ、目笊《めざる》にすくひ上《あ》げて水《みづ》を切《き》り、二杯酢《はいず》にくゞらせて使《つか》ひます。なほ握鮓《にぎりずし》の貝類《かひるゐ》の部《ぶ》いろべの條參照《ぜうさんせう》。

（三）精進《しやうじん》五もく

材料《ざいれう》

椎茸《しひたけ》
胡蘿蔔《にんこん》
蓮《れん》根《こん》
みつ葉《は》
防風《ばうふう》
もみ海苔《のり》
すし飯《めし》

道具《だうぐ》　皮剝具《かはむき》

以上《いじやう》の材料《ざいれう》を豫《あらかじ》め調《こしら》へ置《お》き、すし飯《めし》を釜《かま》より移《うつ》して、熱《あつ》きうちに、椎茸《しひたけ》、胡蘿蔔《にんじん》、蓮《は》根《す》の三品《しな》を適宜《てきぎ》に撒布《ふりか》けるやうにして混《ま》ぜ合《あは》せ、杓子《しやもじ》でよくこの飯《めし》を攪《か》きまわ

し、ムラの無《な》いやうに、材料《ざいれう》がゆき渉《わた》りましたら、冷《さ》まして、皿《さら》なり、丼《どんぶり》なり又《また》は重箱《ちつはこ》等《など》に移《うつ》して盛《も》り、其飯《そのめし》の上《うへ》に色彩《いろどり》に、みつ葉《は》を少《すこ》し撒《ふ》りかけ、更《さら》に其上《そのうへ》をもみ海苔で覆《たほ》ひ防風《はうふ》をホンの少《すこ》しパラリと乗《の》せて侑《すゝ》めます。

【椎茸《しひたけ》】前項《ぜんかう》椎茸《しひたけ》細巻《ほそまき》の條参照《じやうさんせう》。

【胡蘿蔔《にんじん》】材料《ざいれう》を水《みづ》で洗《あら》ひ、皮《かは》を剝《む》き、二寸位《すんぐらゐ》の管《くだ》に切《き》り二つ割《わり》にして中央《まんなか》の芯《しん》を去《こ》り、薄匁《うすは》を使《つか》つて、よき程《ほど》に繊《せん》に切《き》り、ザット茹《う》でゝ目笊《めざる》に移《うつ》し、醤油《しやうゆ》と味淋《みりん》にて淡味《うすしほ》に煮《に》て皿《さら》に取《と》りよく冷《さ》まして用《つか》ふのです。

【蓮根《はす》】材料《ざいれう》の皮《かは》を剝《む》き水《みづ》で洗《あら》ひ、細《ほそ》き時《とき》は二つ割《わり》になし、太《ふと》ければ四つ割《わり》にして俎上《まないた》に一文字《もんじ》に置《お》き、小口《こぐち》より薄匁《うすは》を用《つか》つて薄《うす》く打《う》ち、水《みづ》でザツと洗《あら》ひ、目笊《めざる》に移《うつ》して能《よ》く水氣《すゐけ》を斷《き》り、酢《す》を少量《すこし》滴《たら》したる熱湯《ねつたう》に投《い》れ、蓋《ふた》をせずに茹《う》で、湯《ゆ》が沸騰《ふつたう》して、材料《ざいれう》が軟《やはら》かになりましたら、目笊《めざる》に揚《あ》げて水《みづ》をかけて、ぬめり氣《け》を流《なが》し、水氣《みづけ》を搾《しぼ》つてから、丼《どんぶり》か鉢《はち》に甘酢《あまず》を充分《たつぷり》拵《こしら》へて置《お》き、その材料《ざいれう》を二三十分間《ぶんかん》漬《つ》け浸《ひた》します。飯《めし》に交《ま》ぜる時《とき》は酢《す》をよく斷《き》つて一度《ど》皿《さら》に取《と》つて箸《はし》でほごして後《のち》用《もち》ひます。

〔みつ葉《は》〕材料《ざいれう》を洗《あら》ひ、沸騰《ふつたう》して熱湯《ねつとう》に投《い》れて、ザット茹《う》で茎《くき》の端《はし》を一寸《ちよつと》落《おと》し、五六分程《ぶぐらゐ》の長《なが》さに葉《は》の先《さ》き迄《まで》切《き》り、胡蘿蔔《にんじん》のやうに淡味《うすじほ》に煮《に》て、皿《さら》にとり能《よ》く冷《さ》まして用《つか》ゐます。

〔防風《ばうふ》〕よき材料《ざいれう》を撰《えら》び、沸騰《ふつたう》して熱湯《ねつとう》にて極《ご》くザット茹《う》で、三杯酢《ばいず》に漬《つ》け、三分《ぶ》位《ぐらゐ》に細《こま》かく切《き》つて撒《ふ》りかけます。

右説明致《みぎせつめいいた》しました精進《しやうじん》五もくは、最《もつと》も簡易《かんい》な方法《はうはふ》を採《と》つたのですから、之《こ》れで意《い》に満《み》たぬ時《とき》は、加藥《かやく》（具《ぐ》とも云《い》ふ）に竹《たけ》の子《こ》、くわゐ、金糸《きんし》湯婆《ゆば》、簾麩《すだれぶ》を混《ま》ぜてもよろしうございます。

侑《すゝ》める時《とき》は添へももに生姜《せうが》を付《つ》けます。しかし此生姜《このせうが》は普通《ふつう》のか、さなくば、もやしの筆生姜《ふでせうが》にとゞめて、紅生姜《べにせうが》は避《さ》けた方《はう》がよいと思《おも》ひます。

第三章

第一　握鮓《にぎりずし》の心得《こゝろえ》

握鮓《にぎりずし》は附録《ふろく》の「鮓《すし》の變遷《へんせん》」にも委《くは》しく記《しる》してありますやうに、近頃《ちかごろ》漸《やうや》く發達《はつたつ》したものですから、昔《むかし》の握《にぎ》り方《かた》や、當時《たうじ》諸方《しよはう》の鮓店《すしみせ》や屋臺《やたい》などで、職人《しよくにん》の行《や》つてをりますものは、極《ご》く粗雑《そざつ》で締《しま》りませんから、之《これ》を客《きやく》に侑《すゝ》めます時《とき》などに、飯《めし》がぼろ〳〵と崩《くづ》れて不體裁《ふていさい》なものが多《おほ》いのです。

さて握《にぎ》り方《かた》は柔《やはらか》くなく、硬《かた》きに過《す》ぎぬやう、中庸《ちうよう》を得《え》なくてはならないのです。

併《しか》し其中庸《そのちうよう》のうちにも二種《いろ》あつて、皿《さら》へ盛《も》つて其場《そのは》で客《きやく》に侑《すゝ》めるにはやゝ柔《やはらか》く握《にぎ》り、折詰《をりづめ》、重詰《ぢうづめ》のやうな配《くば》り物《もの》のときはやゝ硬《かた》く握《にぎ》らねばなりません。これは皿《さら》へ盛《も》つたときは箸《はし》にかゝる度數《どすう》が少《すくな》く、折詰《をりづめ》、重詰《ぢうづめ》の時《とき》は、取箸《とりはし》などで度々《たび〳〵》器《うつは》から器《うつは》に移《うつ》されるのと、配《くば》り歩《ある》きなどで時間《じかん》の長《なが》くを經《た》たせなければならぬからであります。

〔握《にぎ》り方《かた》〕家々《いへ〳〵》の風《ふう》に從《よ》つて精粗《せいそ》種々《いろ〳〵》ありますが、こゝには極《ご》く簡單《かんたん》で最《もつと》も着實《ちやくじつ》な握《にぎ》り方《かた》を説《と》きませう。

先《ま》づ爼又《まないたまた》は卓《たく》に對《むか》ひ眞直《まつすぐ》に正《たゞ》しく端坐《たんざ》致《いた》し、(爼《まないた》はなるべく、机又《つくゑまた》は卓位《たくぐらゐ》の高《たか》さにするのです)右《みぎ》の膝《ひざ》の近《ちか》くに水桶《みづをけ》(夏《なつ》は水《みづ》、冬《ふゆ》は湯《ゆ》を用《もち》う)飯櫃《めしびつ》(すし飯《めし》を盛《も》る)を配《はい》

第八圖(い)

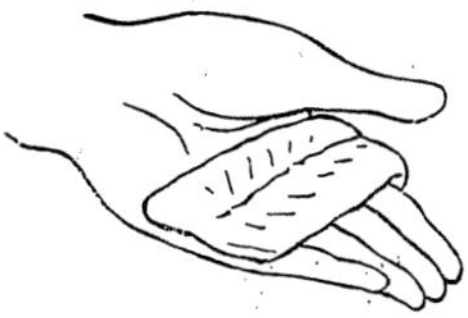

第八圖(ろ)

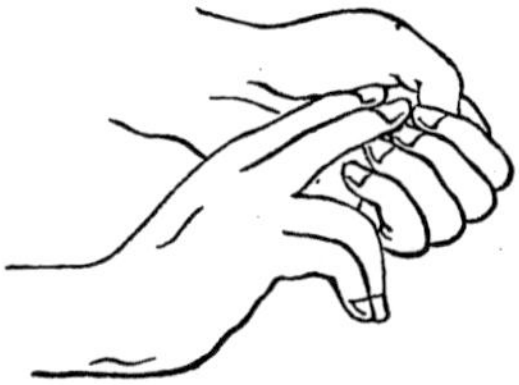

拾八圖(は)

第八圖(に)

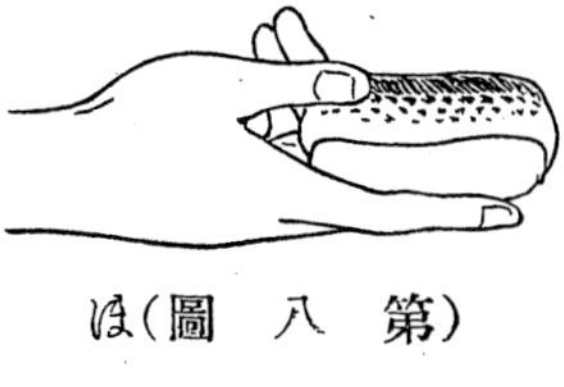

第八圖(ほ)

置《ち》します。 爼《まないた》の上《うへ》には材料《ざいれう》を左《ひだり》に寄《よ》せておき、右《みぎ》に清酢《せいす》を盛《も》りたる小丼《こどんぶり》(握《にぎ》る際《さい》は絶《た》えず、此丼《このどんぶり》の酢《す》にて指頭《ゆびさき》を霑《しめ》し、飯《めし》の附着《ふちやく》を防《ふせ》ぐのです)を置《を》きます。

準備《じゆんび》が調《とゝの》ひましたら、兩手《りやうて》を清《きよ》め、指先《ゆびさき》と掌《たなごゝろ》を酢《す》にてよく霑《し》めしておきます。

(五指《し》の爪《つめ》はなるべく深《ふか》く除《と》り、爪垢《つまあか》などの決《けつ》してなきやうにします)

さて、材料《ざいれう》の魚介《ぎよかい》を左手《ゆんで》の指《ゆび》にて取《と》り、左掌《さしやう》に裏返《うらがへ》して戴《の》せ（第八圖い參照）同時《どうじ》に右手《めて》は飯櫃《めしびつ》の中《うち》より飯《めし》を適宜《てきぎ》に握《つか》み取《と》ります。飯《めし》の量《りやう》はやゝ多《おほ》めに取《と》りまして、右《みぎ》の掌《てのひら》で輕《かろ》く握《にぎ》りながら豫《あらかじ》め形《かたち》を細長《ほそなが》くし、次《つぎ》に左掌《さしやう》の材料《ざいれう》に輕《かる》く落《おと》して附着《ふちやく》させます。（第八圖ろ參照）

（第八圖へ）

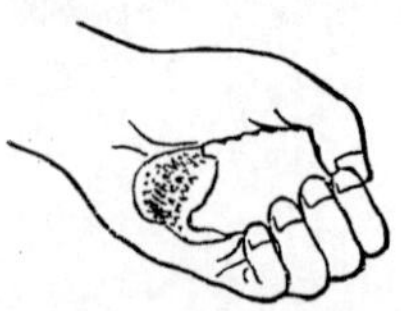

（第八圖と）

（第八圖ち）

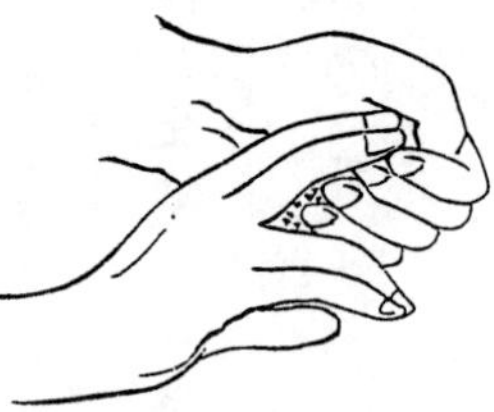

（第八圖り）

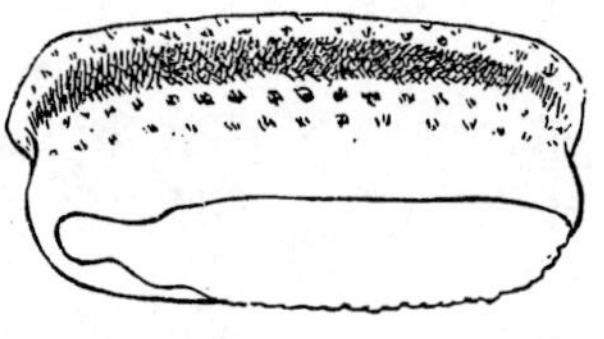

（第八圖ぬ）

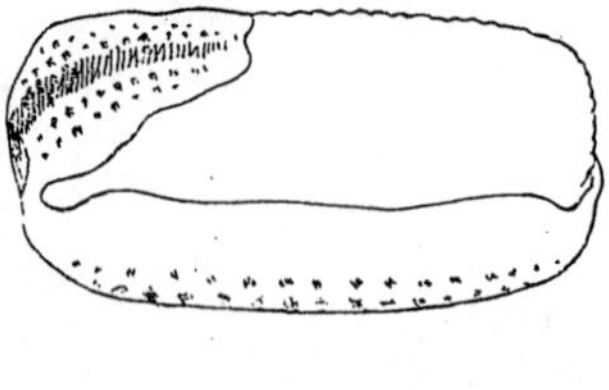

それから材料《ざいれう》の大《おほき》さと飯《めし》の大《おほき》さとを較《くら》べて、飯《めし》の多《おほ》い時《とき》は減《へ》らして、材料《ざいれう》の上《うへ》下《した》の兩端《りやうはじ》は五分位《ぶぐらゐ》あけるやうにして、置《お》きます。

次《つぎ》に左《ひだり》の拇指《おやゆび》を飯《めし》の上端《うへはじ》へ曲《ま》げて押《おさ》へ、右《みぎ》の食指《ひとさしゆび》と中指《なかゆび》で飯《めし》の上《うへ》から、全體《ぜんたい》へ當《あ》てながら、よく押《お》し、（第八圖は參照）右掌《うしやう》を上《うへ》へ向《む》けて開《ひら》き、其食指《そのひとさしゆび》と中指《なかゆび》の上《うへ》へ

鮓《すし》を戴《の》せ、左掌《さしやう》を放《はな》します。(第八圖に參照)而《しかう》して鮓《すし》を左掌《さしやう》に前《まへ》と反對《はんたい》に上下《うへした》を轉換《てんかん》して戴《の》せ、(第八圖はへ參照)左《ひだり》の拇《たや》指《ゆび》と右《みぎ》の食中《しよくちう》二指《し》とを用《つか》つて輕《かろ》く押《を》すこと前《まへ》のやうにし、次《つぎ》に右《みぎ》の指先《ゆびさき》にて鮓《すし》を飜《かへ》し、魚《うを》の方《はう》を表《おもて》にし、(第八圖と參照)又左《またひだり》の拇《をや》指《ゆび》、右《みぎ》の食中指《しよくちうし》にて壓《お》します。これから魚《うを》を表《をもて》にしたまゝ左掌《さしやう》の上《うへ》にて左《ひだり》の拇《たや》指《ゆび》と四指《し》とで形《かたち》を整《とゝの》へ、前後《ぜんご》左右《さいう》から數回《ごろくたび》轉換《てんかん》させながら、右《みぎ》の二指《し》を用《つか》つて締《し》めます。(第八圖ちりぬ參照)

鮓《すし》によつて此《この》握《にぎ》り方《かた》に異同《いどう》がありますから、委《くは》しくは各條《かくぜう》の下《もと》に述《の》べます。

第二　握鮓《にぎりずし》玉子《たまご》の部《ぶ》

部類分《ぶるゐわ》けと、其漬方《そのつけかた》の簡易《かんい》なところから、こゝにはまづ玉子《たまご》の握鮓《にぎりずし》から申《まう》します。

(一)　薄焼玉子《うすやきたまご》

材料《ざいれう》　鷄卵《たまご》

道具《だうぐ》　玉子焼鍋《たまごやきなべ》

すし飯《めし》　　竹《たけ》べら

〔調和方《あはせかた》〕佳良《かれう》の大《だい》なる鶏卵《たまご》三個《こ》を器《うつは》に割《わ》り、味淋《みりん》、アク引《ひき》、醬油《しやうゆ》、各々《おの〱》小《ちいさ》き猪口《ちよこ》に半杯程《はいほど》を混《ま》ぜ、箸《はし》にてよく攪拌《かきまは》して置《お》きます。

〔焼《や》き方《かた》〕胡麻《ごま》の油少量《あぶらすこし》を布片《ねの》又《また》は紙《かみ》にて玉子焼鍋《たまごやきなべ》に塗《ぬ》りてよく拭《ふ》き、さて鍋《なべ》を火《ひ》に懸《か》け、鍋《なべ》の熱《ねつ》するを待《ま》つて、前《まへ》の材料《ざいれう》を器《うつは》より鍋《なべ》に手早《てはや》く流《なが》し込《こ》みます。鍋《なべ》の玉子《たまご》が漸《やうや》く泡立《あはた》つて來《き》ましたら、竹《たけ》ベラを使《つか》つて下端《したはし》から切《き》れぬやうに巻《ま》き上《あ》げながら、玉子《たまご》の表裏《ひやうり》を速《はや》く轉《てん》じて鍋蓋《なべふた》にて強《つよ》く壓《お》し、鍋《なべ》を轉《かへ》して玉子《たまご》を蓋《ふた》に取《と》り之《これ》を他《た》の平《たひ》らな板《いた》又《また》は膳《ぜん》に移《うつ》します。

〔握《にぎ》り方《かた》〕焼《や》きたる玉子《たまご》のよく冷《さめ》るのを待《ま》つて四方《よすみ》の耳《みゝ》を薄《うす》く落《おと》し（油臭《あぶらくさ》さを避《さ》けるため、）巾《はゞ》一寸《すん》五分《ぶ》、長《なが》さ二寸《すん》二三分《ぶ》位《くらゐ》づゝに切《き》ります。握《にぎ》りますには色《いろ》の薄《うす》い方《はう》を上《うへ》にし、焦色《こげいろ》の方《はう》を飯《めし》につけて、なるべく材料《ざいれう》を切《き》り損《そん》じないやうに輕《かる》く握《にぎ》るのです。

〔玉子《たまご》焼《やき》鍋《なべ》〕鮓職《すししよく》の方《はう》では一定《てい》の鍋《なべ》を用《つか》ひますが、家《か》庭《てい》では有合《ありあは》せの玉子《たまご》焼《やき》鍋《なべ》でよく、フライ鍋《はん》でも間《ま》に合《あ》ひます。

〔注意〕玉子《たまご》を焼《や》くにはビンチヤウのやうな堅《かた》い炭《すみ》を強《つよ》くします。又《また》、瓦斯《がす》で焼《や》くときは、鍋《なべ》の下《した》に鐵葉《ぶりき》を一枚《まい》敷《し》いて焼《や》きますと焦《こ》げません。

(二) 柏玉子《かしはたまご》

材料《ざいれう》 道具《だうぐ》 前《まへ》と同《おな》じ。

材料《ざいれう》の調和《こしらへ》方《かた》と焼《や》き方《かた》は前《まへ》と同《おな》じです。

〔握《にぎ》り方《かた》〕一枚《まい》の玉子《たまご》焼《やき》を薄焼《うすやき》玉子《たまご》の二つがけ(二寸《すん》五分《ぶ》四方《はう》の大《おほき》さ)に切《き》り、飯《めし》を薄焼《うすやき》玉子《たまご》よりやゝ少《すく》なく握《にぎ》つて置《お》きます。次《つぎ》に左掌《さしやう》へ玉子《たまご》を戴《の》せ、薄色《うすいろ》の方《はう》が外部《そご》へ出《で》るやうにして飯《めし》を付《つ》け、柏餅《かしはもち》のやうに玉子《たまご》を折《を》つて飯《めし》を包《つゝ》み、上《うへ》から輕《かる》く締《し》めます。

(三) 茹玉子《うでたまご》

材料《ざいれう》 鷄卵《たまご》
海老《えび》(れぼろ)

海苔《のり》飯《めし》

これは普通《ふつう》に行《おこな》はれるものではないのですが、花《はな》見《み》、觀劇《くわんげき》などの行厨《べんたう》用《よう》として恰當《かうたう》なものです。

まづ、なるべく大《おほき》な鷄卵《たまご》を撰《えら》み、よく茹《う》で、水《みづ》にて冷《ひや》し、シロミの疵《きづ》のつかぬやう注意《ちうい》して皮《かは》を剝《む》き、庖刀《はうてう》にて縱《たて》に半截《はんさい》してキミをくり拔《ぬ》き、キミを他《た》の器《うつは》に移《うつ》し、之《これ》におぼろをキミと同量位《おなじぐらゐ》よく交《まぜ》せて置《お》きます。

〔握《にぎ》り方《かた》〕半截《はんさい》した白《しろ》ミを左掌《さしやう》に戴《の》せ、前記《ぜんき》のキミ（おぼろを交《まぜ》たもの）を白《しろ》ミの穴《あな》に充《み》たし、それに海苔《のり》飯《めし》を白《しろ》ミの截斷面《さいだんめん》の全體《ぜんたい》へ二三分《ぶ》ほどの厚《あつ》みにつけて、白《しろ》ミを損《そん》せぬやうに握《にぎ》ります。

第三　握鮓《にぎりずし》小魚《こうを》の部《ぶ》

（一）　こはだ（鰶）

材料《ざいれう》　こはだ
すし飯《めし》

〔魚《うを》の作方《こしらへかた》〕一尾《び》づゝ鱗《こけ》を排《はら》ひ、鰭《ひれ》を切《き》り、頭《かしら》を落《おと》し、腴腹部《つちすりはらのぶ》を四分《ぶ》程《ほど》切《き》り取《と》りて、腹《はら》より庖刀《はうてう》を入《い》れ、割《ひら》きて骨《ほね》を去《さ》り(同時《だうじ》に尾《を》も除《と》る)腹皮《はらかは》を剝《そ》ぎ取《と》ります。

かく作《つく》りましたら、別《べつ》に平笊《ひらざる》へ鹽《しほ》を撒《ふ》り布《し》いて置《お》いて、之《これ》に材料《ざいれう》を列《なら》べ、更《さら》に強《つよ》く鹽《しほ》を撒《ふ》りかけます。一時《じ》間《かん》ほど經《た》つて後《のち》、水《みづ》でざッと洗《あら》ひ附着《ふちやく》した鹽《しほ》だけを落《おと》し、下酢《したず》にて更《さら》に洗《あら》ひ、一時《じ》間《かん》ほど新酢《しんず》に浸《ひた》して置《お》きます。

〔握方《にぎりかた》〕前記《ぜんき》の材料《ざいれう》を酢《す》から上《あ》げて目笊《めざる》に移《うつ》し、酢《す》を切《き》り置《お》きます。少時《しばらく》經《たつ》て一尾《び》づゝ布巾《ふきん》にてよく酢《す》を拭《ふ》き、魚《うを》を裏返《うらがへ》して肉《にく》の方《はう》を表《おもて》に、尾《を》を上部《うへ》にして左掌《さしやう》に戴《の》せ右掌《うしやう》に飯《めし》を握《にぎ》り、之《これ》を左掌《さしやう》の魚《うを》に付《つ》け、尾《を》を折《を》り曲《ま》げ、四五回《くわい》よく締《し》めて握《にぎ》ります。

〔下酢《したず》と新酢《しんず》〕新酢《しんず》は一度《ど》も魚《うを》を漬《つ》けぬ酢《す》をいふのです。下酢《したず》は一度《ど》魚《うを》を漬《つ》けた新酢《しんず》を保存《ほぞん》して、魚《うを》の鹽《しほ》を洗《あら》ふ爲《ため》に使《つか》ふものです。下酢《したず》で魚《うを》を洗《あら》ふのは腥《なまぐ》さみを除《のぞ》くためです。

（一）さより（細針魚）

さより

すし飯《めし》

材料《ざいれう》

〔魚《うを》の作方《つくりかた》〕大《だい》なる佳《よ》き品《しな》を撰《えら》み、背腹《せはら》の鰭《ひれ》を切《き》り、箔《はく》の落《お》ちぬやう注意《ちうい》して鱗《うろこ》を排《はら》ひ、頭《かしら》を落《おと》し、腹《はら》から庖刀《はうてう》を入《い》れて割《ひら》き、骨《ほね》及《およ》び尾《を》を除《のぞ》き、薄《うす》く腹皮《はらかは》をそぎ、こはだと同《おな》じやうに三十分《ぶん》程《ほど》鹽《しほ》をふりれき、水《みづ》にてザット洗《あ》ひ、更《さら》に下酢《したず》にて洗《あら》ひ、三十分《ぶん》程《ほど》新酢《しんず》に浸《ひた》しておきます。

〔握方《にぎりかた》〕材料《ざいれう》を目笊《めざる》に上《あ》げ、布巾《ふきん》にてよく酢《す》を拭《き》ることこはだと同《おな》じやうにし、斜《はす》に庖丁《はうてう》を入《い》れて二分《ぶん》し適宜《てきぎ》に飯《めし》をつけ、こはだのやうにして握《にぎ》ります。

〔注意〕二分《ぶん》した材料《ざいれう》のうち、魚《うを》の上半《かみはん》はやゝ斜《はす》にして飯《めし》をつけます。下半《しもはん》の尾《を》の方《はう》は眞直《まつすぐ》にして尾《を》の邊《へん》を折《を》り曲《ま》げて握《にぎ》ります。

（三）さより別法《べつぱふ》

材料《ざいれう》　前《ぜん》と同《おな》じ。

〔魚《うを》の作方《つくりかた》〕前《ぜん》と同《おな》じ。

〔握方《にぎりかた》〕酢《す》を拭《き》りたる材料《ざいれう》の薄皮《あまかは》を上部《じやうぶ》より尾《を》へかけ、なるべく注意《ちうい》して箔《はく》の落《お》ちぬやう剝《む》き除《ご》り片身《かたみ》づゝに致《いた》します。さて右手《めて》の指先《ゆびさき》に載《の》せ、左《ひだり》の指《ゆび》にて二つに肉《み》を折《を》り曲《ま》げるやうにし、腹《は》部《ら》の肉《にく》を衣紋《ゑもん》のやうに合《あは》せ、肉《み》の損《そん》じぬやう合《あは》せ目《め》を上部《うへ》に向《む》けて飯《めし》と握《にぎ》り合《あは》せるのです。（挿圖參照）

〔注意〕此漬方《このつけかた》は専門《せんもん》の職人《しよくにん》でも至《おつ》難《か》しいのですから、熟練《じゆくれん》を要《よう》します。

又《また》さよりの酢《すし》に山葵《わさび》とおぼろを飯《めし》に狭《はさ》んで握《にぎ》るものもありますが却《かへ》つて鄙《いやし》く、見劣《みをと》りが致《いた》しますのみならず、折角肉《せつかくみ》の美味《びみ》なるを減却《げんきやく》するものです。

（第九圖）

表　　裏

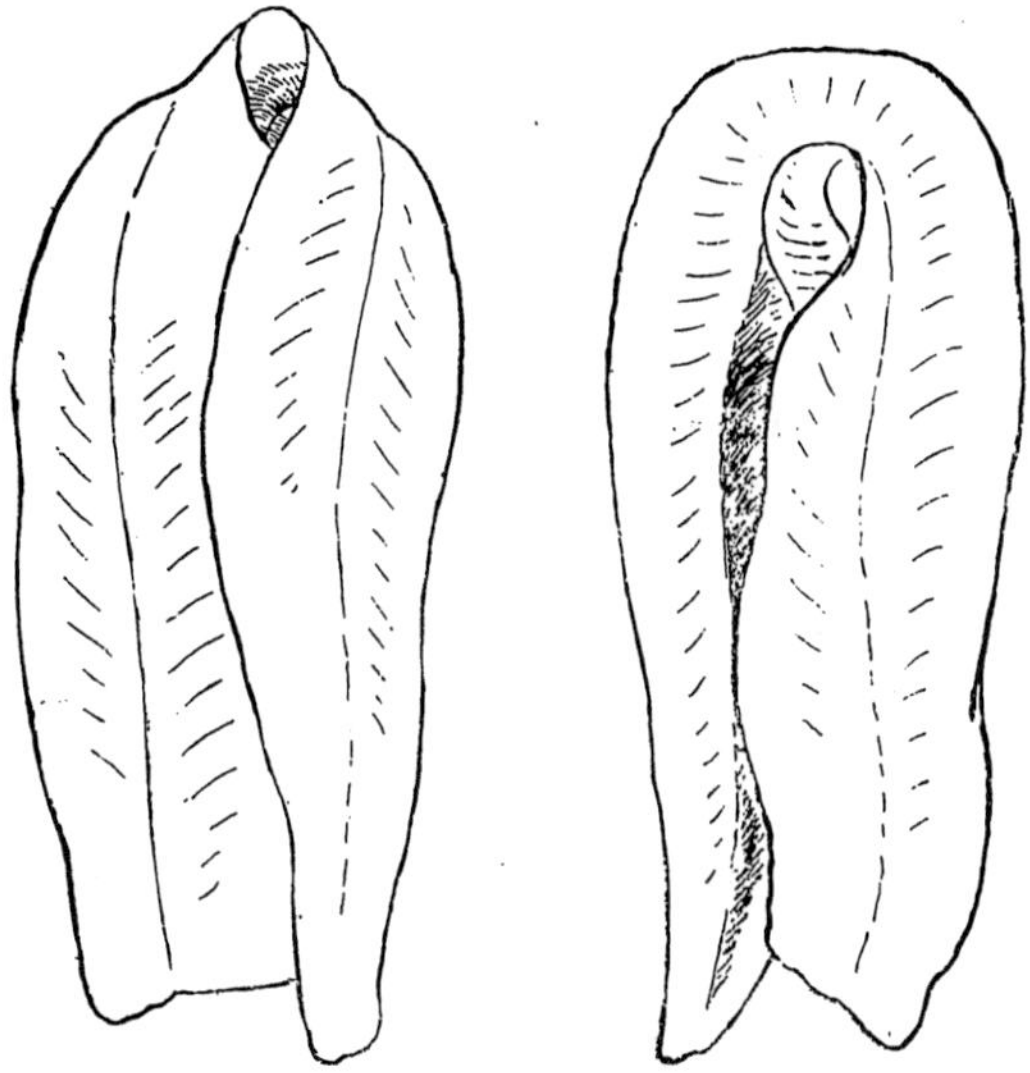

（四）きす（鱚）

きす

材料《ざいれう》　すし飯《めし》

〔魚《うを》の作方《つくりかた》〕佳《よ》き材料《ざいれう》を撰《えら》み、鱗《こけ》を排《はら》ひ腹鰭《はらひれ》を切《き》り、頭《かしら》を落《おと》し、背開《せびら》きになし、骨及《ほねおよ》び尾《を》を除《のぞ》き腹皮《はらかは》を薄《うす》くろぎ、腸《はらわた》を抜《ぬ》き、薄《うす》く鹽《しほ》をふりかけ、平笊《ひらざる》に列《なら》べて三十分《ぶん》程置《ほどお》き、清水《せいすゐ》で鹽《しほ》を落《おと》し、下酢《したず》でざづと洗《あら》ひ、二十分《ぶん》ほど新酢《しんず》に浸《ひた》して置《お》きます。

〔握方《にぎりかた》〕材料《ざいれう》を酢《す》より出《だ》して目笊《めざる》へ移《うつ》し、酢《す》を切《き》ること前條《ぜんじやう》と同《おな》じく、少時《しばらく》の後《のち》、布巾《きん》にて酢《す》を拭《ふ》き、こはだの如《ごと》く尾《を》を折曲《をりま》げて握《にぎ》ります。

（五）きす片身漬《かたみづけ》

材料《ざいれう》　前《ぜん》と同《おな》じ。　道具《だうぐ》　毛抜《けぬき》

〔魚《うを》の作方《つくりかた》〕材料《ざいれう》の佳良《かりやう》で、なるべく大《だい》なるものを撰《えら》みて、三枚《まい》におろし、腹皮《はらかは》を薄《うす》く剝《そ》ぎ、薄《うす》く鹽《しほ》をふりかけ、平笊《ひらざる》に列《なら》べて前《ぜん》の如《ごと》く時間《じかん》を經《へ》て後《のち》、鹽《しほ》を落《おと》し、下酢《したず》に

てザッと洗《あら》ひ、料理用《れうりよう》の毛抜《けぬき》をもつて肉《み》の崩《くづ》れぬやう小骨《こほね》を抜《ぬ》き、二十分《ぷん》程《ほど》新酢《しんず》に浸《ひた》して置《お》きます。

〔握方《にぎりかた》〕材料《ざいれう》を笊《ざる》から取出《とりだ》し、酢《す》をよく切《き》りて片身《かたみ》を裏返《うらがへ》しにして腹部《はら》の方《はう》から薄《うす》く庖刀《はうてう》を入《い》れ脊《せ》へかけて開《ひら》きます。これは魚《うを》の巾《はゞ》を大《おほ》きく見《み》せるためです。握《にぎ》り方《かた》は前《まへ》と同《おな》じやうにして、開《ひら》いた内部《うちがは》の方《はう》を飯《めし》につけ握《にぎ》ります。

（六）あぢ（鰺）

材料《ざいれう》

あぢ

すし飯《めし》

〔魚《うを》の作方《つくりかた》〕小鰺《こあぢ》のなるべく新鮮《あたら》しきものを撰《えら》み、赤身《あかみ》の出《で》ぬやうゼンゴを剥《そ》ぎ、首尾《しゆび》を切《き》り落《おと》し、背《せ》より庖刀《はうてう》を入《い》れて割《ひら》き、骨《ほね》を除《のぞ》き、腹皮《はちかは》を薄《うす》く剥《そ》ぎ、強《つよ》く鹽《しほ》をふりかけ、平笊《ひらざる》に列《なら》べて三十分《ぷん》程《ほど》れき、清水《せいすゐ》にて鹽《しほ》を落《おと》し、下酢《したず》でザッと洗《あら》ひ、三十分《ぷん》程《ほど》新酢《しんず》に浸《ひた》して置《お》きます。

〔握方《にぎりかた》〕材料《ざいれう》を酢《す》よりあげて、目笊《めざる》に移《うつ》し、布巾《ふきん》にて酢《す》を切《き》ること前條《ぜんじやう》の如《ごと》くしま

す。さて左掌《さしやう》に材料《ざいれう》を横《よこ》にし（前《まへ》に説《と》きたるこはだ、さす等《など》は尾《を》を上《うへ》にして縱《たて》に置《お》くと反對《はんたい》なり）頭部《かしら》を手首《てくび》の方《はう》へ向《む》け尾《を》を四指《し》の先《さき》へ載《の》するやうに持《も》ちます。次《つぎ》に飯《めし》を細長《ほそなが》く握《にぎ》ること他《た》と同《おな》じやうにし、之《これ》を魚《うを》と十字《じ》をなすやうに附《つ》け、指《ゆび》を加減《かげん》して尾《を》を折曲《をりま》げ飯《めし》を包《つゝ》むやうにして握《にぎ》ります。

〔注意〕鰺《あぢ》は他《た》の魚《うを》に比《くら》べて皮《かは》が柔軟《やはらか》ですから、ゼンゴを剝《す》くときは、なるべく庖刀《はうてう》を輕《かる》く使《つか》ふのです。又頭《またかしら》はあまり深《ふか》く切《き》らず、斜《なゝ》めに切《き》り落《おと》しませんと、握《にぎ》るときに魚《うを》が小《ちひさ》くなります。

（七）鰺の片身漬《かたみづけ》

材料《ざいれう》　前《ぜん》と同《おな》じ。

〔魚《うを》の作方《つくりかた》〕小鰺《こあぢ》のうちでもやゝ大《おほき》く、新鮮《しんせん》なものを撰《えら》み、赤身《あかみ》の出《で》ぬやうゼンゴを剝《す》き三枚《まい》にをろし、腹皮《はらかは》を薄《うす》く剝《そ》ぎ、強《つよ》く鹽《しほ》をふり、平笊《ひらざる》に列《なら》べて三十分程《ぷんほど》おき、水《みづ》にて鹽《しほ》を落《おと》し、下酢《したず》にくゞらせ、又《また》三十分程《ぷんほど》新酢《しんず》に浸《した》します。

〔握方《にぎりかた》〕材料《ざいれう》の酢《す》をよく拭《き》り、こはだの如《ごと》く材料《ざいれう》の尾《を》を上《うへ》にして縱《たて》に左掌《さしやう》へ載《の》せ、

尾《を》を少《すこ》し折《を》り曲《ま》げて握《にぎ》ります。

〔注意〕鯵《あぢ》の腥《なまぐさ》いのを厭《いと》ふときは山葵《わさび》を少《すこ》しはさむで握《にぎ》ります。

（八）しまあじ（島鯵）

しまあぢ

材料《ざいれう》　すし飯《めし》

山葵《わさび》

〔魚の作方《うをのつくりかた》〕恰當《てごろ》の材料《ざいれう》を撰《えら》み、三枚《まい》におろし、節取《ふしど》りてよく血合《ちあい》を剝《か》き、兩面《りやうめん》に鹽《しほ》をふり三十分程《ぶんほど》れき、水《みづ》にて鹽《しほ》を落《おと》し下酢《したず》にくぐらせ、又《また》三十分《ぶん》新酢《しんず》に浸《ひた》します。

〔握方《にぎりかた》〕材料《ざいれう》を裏返《うらがへ》し、庖刀《はうてう》を斜《はす》に使《つか》ひて、脊節《せぶし》の方《はう》は五切位《きれぐらゐ》腹節《はらぶし》は三切位《きれぐらゐ》に切《き》ります。握《にぎ》るときは、左掌《さしやう》に皮《かは》つきの方《はう》を裏《うら》にして載《の》せ、斜《はす》に飯《めし》へ付《つ》けるやうにして、山葵《わさび》を挿《はさ》むで握《にぎ》ります。

（九）かすごだい（棘鬣魚）

材《ざい》料《れう》

かすご

すし飯《めし》　　道《だう》具《ぐ》　毛《け》抜《ぬき》

【魚《うを》の作方《つくりかた》】なるべく佳《よ》き材《ざい》料《れう》を撰《えら》み箔《はく》の落《を》ちぬやう注《ちう》意《い》して鱗《こけ》を排《はら》ひ、斜《はす》に庖《はう》丁《てう》を使《つか》ひ、頭《かしら》を落《をと》し、尾《を》を去《さ》り、脊《せ》割《びら》きになし、骨《ほね》を除《のぞ》き(骨《ほね》をとれば庖《はう》丁《てう》の順《じゆん》で自《し》然《ぜん》に鰭《ひれ》も放《はな》れます腹《はら》皮《かは》を剝《す》き、平《ひら》笊《ざる》に列《なら》べ、魚《うを》の表《ひやう》裏《り》に稍《やゝ》強《つよ》く鹽《しほ》をふり、三十分《ぶん》程《ほど》經《へ》て清《せい》水《すゐ》で鹽《しほ》を落《をと》し、下《した》酢《ず》にくゞらせ、毛《け》抜《ぬき》を使《つか》つて肉《み》の損《そん》じぬやう小《こ》骨《ほね》を抜《ぬ》き、更《さら》に三十分《ぶん》程《ほど》、新《しん》酢《ず》に浸《ひた》してれきます。

【注意】かすごの脊《せ》割《びら》きはなるべく小《ちい》さい魚《うを》を用《もち》ひます。　もし魚《うを》が大《おほ》きい時《とき》は次《つぎ》のかすご片《かた》身《み》漬《づけ》に用《もち》ひるのです。

【握方《にぎりかた》】例《れい》の如《ごと》く材《ざい》料《れう》の酢《す》を切《き》り庖《はう》刀《てう》にて腹《はら》のところを二分《ぶ》程《ほど》切《き》り落《をと》し其《その》切《きり》口《くち》を重《かさ》ねて、鰺《あぢ》の如《ごと》く横《よこ》に左《さ》掌《しやう》に載《の》せ飯《めし》を縦《たて》に附《つ》けて、尾《を》の部分《ところ》が裏《うら》にかゝるやう握《にぎ》ります。

(十)　かすごだい片《かた》身《み》漬《づけ》

八　しまあぢ、九　かすごだい、十　かすごだい片身漬

材料《ざいれう》　道具前《だうぐまへ》と同《たな》じ。

【魚《うを》の作方《つくりかた》】完漬《まるづけ》と反《はん》してやゝ大《だい》な魚《うを》を撰《えら》み、首尾《しゆび》を去《さ》り、三枚《まい》にれろし、腹皮《はらかは》を剥《す》き、平笊《ひらざる》に並《なら》べて、鹽《しほ》を強《つよ》くふり、一時《じ》間程《かんほど》を經《へ》て清水《せいすゐ》で鹽《しほ》を洗《あら》ひ、下酢《したす》にくゞらせ、毛《け》拔《ぬき》を用《つか》つて肉《み》を損《そん》せぬやうよく小《こ》骨《ほね》を拔《ぬ》き、更《さら》に一時《じ》間程《かんほど》新酢《しんず》に漬《つ》けます。

【握方《にぎりかた》】材料《ざいれう》の酢《す》をよく拭《き》り、鯵《あぢ》の片身《かたみ》漬《づけ》の如《ごと》くにして、材料《ざいれう》の頭尾《たうび》を折曲《そりまげ》げ握《にぎ》ります。

【注意】かすごの片身《かたみ》漬《づけ》は材料《ざいれう》の魚《うを》がたつぷりして居《をり》ますから、飯《めし》を加減《かげん》して握《にぎ》りませんと失敗《しつぱい》します。

（十二）こだい（小鯛）切漬《きりづけ》

材料《ざいれ》

小鯛《こたい》　　道具《だうぐ》
すし飯《めし》　　毛拔《けぬき》
山葵《わさび》

【魚《うを》の作方《つくりかた》】なるべく佳《よ》き材料《ざいれう》を撰《えら》み、かすご鯛《だい》片身《かたみ》漬《づけ》の如《ごと》く三枚《まい》におろし、其《その》ま

ま鹽《しほ》になし、一時間《じかん》程《ほど》經《た》ちて、下酢《したず》にくゞらせ、鹽《しほ》を落《をと》し毛拔《けぬき》を用《もち》ひて小骨《こほね》を拔《ぬ》き新酢《しんず》に漬《つ》けますこと一時間《じかん》ばかり經《たつ》て、目笊《めごろ》におげ酢《す》を切《き》つて置《お》きます。

〔握方《にぎりかた》〕材料《ざいれう》の酢《す》を拭《き》りまして、刺身《さしみ》庖刀《はうてう》を用《つか》つて、皮《かは》を下《した》にして肉《み》の方《はう》から中央《まんなか》より斜《はす》に二つにろぎます。

尾《を》の部分《ごころ》は、尾《を》を上《うへ》にし左掌《さしやう》に載《の》せ、肉《み》の中央《まんなか》へ山葵《わさび》を挿《はさ》み、常《つね》の通《とほ》り端《はし》を折《を》り曲《ま》げて握《にぎ》ります。

腹《はら》の部分《ごころ》は、やゝ斜《はす》に左掌《さしやう》に載《の》せ、矢張《やつはり》山葵《わさび》を挿《はさ》み、左右《さゆう》の端《はし》を折《を》りて矢筈《やはず》のやうに握《にぎ》ります。

〔注意〕 山葵《わさび》の附《つ》け方《かた》は醤油《しやうゆ》づけいの部《ぶ》に說《と》きますから參照《さんせう》してください。

小鯛《こだい》の切漬《きりづけ》に山葵《わさび》を用《つか》うのは、肉《み》が厚《あつ》いので酢《す》や鹽《しほ》が利《き》かぬため、腥《なまぐさ》みを消すためにするのです、

（十二） いぼたい（疣鯛）片身漬《かたみづけ》

いぼだい

材料《ざいれう》　すし飯《めし》　　道具《だうぐ》　毛抜《けぬき》

山葵《わさび》

【魚《うを》の作方《つくりかた》】中邊《ちうへん》の疣鯛《いぼだい》の新鮮《あたらし》きものを撰《ゑら》み、首尾《しゆび》を落《おと》し、三枚《まい》になし腴《つちすり》を深《ふか》く切《き》り落《おと》し、一時《じ》間《かん》程《ほど》鹽《しほ》になして下酢《したず》にくゞらせ、毛抜《けぬき》にて小骨《こほね》を抜《ぬ》き、三十分《ぶん》程《ほど》二杯《はい》酢《ず》に浸《ひた》します。

【二杯酢《はいず》】酢《す》に一割《わり》五分《ぶ》程《ほど》の醬油《しやうゆ》を混合《こんがふ》したものです。

【握方《にぎりかた》】かすゞの片身漬《かたみづけ》のやうにして、山葵《わさび》を挿《はさ》んで握《にぎ》ります。

（十三）いぼだい切漬《きりづけ》

材料《ざいれう》　道具《だうぐ》　前《まへ》と同《おな》じ。

【魚《うを》の作方《つくりかた》】これは片身漬《かたみづけ》の魚《うを》よりやゝ大《おほ》きなものを撰《ゑら》みまして、片身漬《かたみづけ》のやうにこしらへます。

【握方《にぎりかた》】小《こ》鯛《だい》切漬《きりづけ》に同《おな》じで、山葵《わさび》を挿《はさ》みます。

(十四) こさば(小鯖)

こさば

材料《ざいれう》　すし飯《めし》　道具《だうぐ》　毛抜《けぬき》
山葵《わさび》

〔魚《うを》の作方《つくりかた》〕小鯖《こさば》の五寸位《すんぐらゐ》なものを撰《えら》み、首尾《しゆび》を落《おと》し、三枚《まい》になし、腹皮《はらかは》を極《こ》く薄《うす》くろぎ、やゝ強《つよ》く鹽《しほ》をふり、一時間程《じかんほど》經《へ》て清水《せいすゐ》にて鹽《しほ》を落《おと》し、下酢《したず》にくゞらせ、毛抜《けぬき》にて腹《はら》の小骨《こぼね》を抜《ぬ》き、新酢《しんず》に二時間程《じかんほど》浸《ひた》して置《お》きます。

〔握方《にぎりかた》〕よく酢《す》を切《き》りまして魚《うを》の亞皮《あまかは》を上《うべ》から尾《を》にかけて銀色《ぎんいろ》の剝《は》げぬやう靜《しづか》に剝《む》き取《と》ります。(若《も》し中途《ちうと》で亞皮《あまかは》の切《き》れて意《い》の如《ごと》く剝《む》けませんときは、指先《ゆびさき》で小口《こぐち》に少《すこ》しく酢《す》を塗《ぬ》り濡《ぬら》せばすぐ取《と》れます)

皮《かは》を剝《む》いた材料《ざいれう》は、鰺《あぢ》の片身漬《かたみづけ》のやうにして山葵《わさび》を挿《はさ》んで握《にぎ》ります。

(十五) しらを(白魚)

材料《ざいれう》

白魚《しらを》
干瓢《かんぴやう》
海苔飯《のりめし》

一概《がい》に白魚《しらを》といつても江《え》戸《ご》前《まへ》と旅《たび》廻《まわ》り(場《は》違《ちがひ》)とは甚《はなはだ》しい懸《けん》隔《かく》がありますから、鮓《すし》に用《つか》うのは是《ぜ》非《ひ》江《え》戸《ご》前《まへ》に限《かぎ》ります　併《しか》し江《え》戸《ご》前《まへ》は半《はん》寒《かん》と申《まう》して、當《たう》時《じ》では正《せう》月《がつ》廿日《か》前《ぜん》後《ご》でなければ市《いち》に上《のぼ》りませんので、其《その》以《い》前《ぜん》に作《つく》らうと思《おも》へばどうしても旅廻《たびまわり》を用《つか》はなければなりません。　又、江《え》戸《ご》前《まへ》とても節《せつ》が過《す》ぎて、花《はな》の咲《さ》く頃《ころ》になりますと子《こ》を持《も》ちますから、鮓《すし》にしてあまり外見《みかけ》が宜《よ》くなく、味《あぢ》も劣《をと》りますから、寧《むし》ろ子《こ》持《もち》は使《つか》はぬ方《はう》が好《い》いでせう。

【煮方《にかた》】江《え》戸《ご》前《まへ》の佳《よ》きものを撰《えら》み清《きよ》き水《みづ》にてザッと滌《そゝ》ぎ、杉《すぎ》箸《はし》にて身《み》を突《つゝ》かぬやう平笊《ひらざる》にすくひあげ、一尾《び》毎《ごと》になるべく丁《てい》寧《ねい》に、首《しゆ》尾《び》を揃《そろ》へて並《なら》列《ら》べて、水《みづ》を切《き》つて置《お》きます。　さて白魚《しらを》二樗《ちよ》蒲《ぼ》(四十尾《び》に就《つ》き、味《み》淋《りん》一合《がふ》、醬油《しやうゆ》半勺《しやく》、鹽《しほ》一つまみの分《ぶん》量《りやう》にて汁《つゆ》を調合《ちようごう》して、まづ汁《つゆ》を少《すこ》しく煮《に》立《た》たせ、笊《ざる》から白魚《しらを》を、靜《しづか》に兩手《りやうて》にて移《うつ》し入《い》れ、落《おと》し蓋《ぶた》をなし身《み》の曲《まが》らぬやうに煮《に》上《あげ》ます。

〔注意〕白魚《しらを》を煮《に》ますには、火《ひ》はあまり強《つよ》くない方《はう》が宜《よろし》く、汁《つゆ》はなるべく、充分《たつぷり》にします。又煮《またに》てをります際《うち》、鍋《なべ》の中《うち》に泡《あは》が立《た》ちましたら、其都度《そのつご》輕《かろ》く蓋《ふた》をつまみあげ、泡《あは》を口《くち》にて吹《ふ》き、魚《うを》の煮《に》色《いろ》の加《か》減《げん》を見《み》、あまり色《いろ》の付《つ》かぬうちに鍋《なべ》を下《を》ろします。

〔握方《にぎりかた》〕煮《に》上《あ》げた魚《うを》は皿《さら》に移《うつ》して、よく冷《さま》し、曲《まが》らぬもののみを撰《ゑら》むで、鮓《すし》一個《つ》につき四五本《ほん》の宛《あて》にて、左《ひだり》の四つの指《ゆび》の腹《はら》に魚《うを》の腹《はら》を上向《うはむけ》にして正《たゞ》しく揃《そろ》へ、海苔《のり》飯《めし》をやゝ小《こ》握《ぶり》に握《にぎ》りて、魚《うを》を損《そん》せぬやう輕《かろ》く握《にぎ》り干瓢《かんひやう》を帶《をび》のやうに締《し》めて侑《すゝ》めます。

（白魚《しらを》の握鮓《にぎり》は魚《うを》の崩《くづ》れ易《やす》いので、斯《し》界《かい》には最《もつと》も至《し》難《なん》なものと致《いた》してあります。本《ほん》書《しよ》に依《よ》つて作鮓《さくし》を試《こゝろ》みやうとするには、他《た》の鮓《すし》によく熟練《じゆくれん》した後《のち》、之《これ》を試《こゝろみ》れば、さまで困《こん》難《なん》を感《かん》じますまい）

（十六）あなご（海鰻）完《まる》漬《づけ》

材《ざい》料《れう》　あなご　　道《だう》具《ぐ》　錐《きり》

すし飯《めし》

【魚《うを》の作方《つくりかた》】 あなごは生《いき》魚《うを》とハジメ(新《あた》らしき魚《うを》を殺《ころ》したるもの)と二種《いろ》あります。其職《そのしよく》のものは生《いき》魚《うを》を扱《あつか》ひますが、素人《しろと》にはやゝ難《むづ》かしく思《おも》はれますから、なるべく本場《ほんば》の佳《よ》きハジメを撰《えら》むで用《つか》うのです。

完漬《まるづけ》に用《つか》うあなごは大《おほき》さ一尺位《しやくぐらい》のものを撰《えら》むで、爼板《まないた》の上《うへ》に戴《の》せ、頭《かしら》を右手《めて》の方《はう》にし、腹《はら》を前《まへ》にし、脊《せ》を自分《じぶん》の方《はう》へ向《む》け、錐《きり》を魚《うを》の眼《め》の下《した》の處《ところ》へ打《う》ち、庖刀《はうてう》の刄《は》を平《たひら》にして錐《きり》を叩《たゝ》き、顋《ゑら》の所《ところ》から肩《かた》へかけて庖刀《はうてう》を入《い》れ、頭《かしら》を切《き》り落《をと》さずに、肩《かた》から尾《を》へかけて割《さ》き、庖刀《はうてう》の尖《さき》を注意《ちうい》して、腹《はら》を突《つ》き破《やぶ》らぬやうに骨《ほね》と肉《にく》を放《はな》します。次《つぎ》に又《また》肩《かた》の所《ところ》から庖刀《はうてう》を入《い》れて骨《ほね》をそぎ取《と》り、尾《を》の所《ところ》から脊《せ》へかけ庖刀《はうてう》を逆《ぎやく》に使《つか》つて肉《にく》を損《そん》せぬやう鰭《ひれ》を除《のぞ》き頭《かしら》を切《き》り落《をと》します。 それから庖刀《はうてう》の刄《は》元《もと》又《また》は尖《さき》を使《つか》つて腹皮《はらかは》を破《やぶ》らぬやう注意《ちうい》して、腸《わた》を殘《のこ》りなく除《と》ります。

さて拵《こしら》へ上《あ》げた魚《うを》を桶《をけ》に入《い》れ、清水《せいすゐ》で揉《も》みながら、二三度《ど》水《みづ》を代《か》へてよく洗《あら》ひ、笊《ざる》へ上《あ》げて、更《さら》に之《これ》を平笊《ひらざる》の裏《うら》へ一本《ほん》宛《づゝ》丁寧《ていねい》にのし並《なら》べて水《みづ》を切《き》ります。

【煑方《にかた》】 あなご凡《およ》そ二十尾《び》に對《たい》し、味淋《みりん》一合《がふ》五勺《しやく》、アク引《ひき》一合《がう》、醤油《しやうゆ》七勺《しやく》の割《わり》で汁《つゆ》を

こしらへ置《お》き、火《ひ》にかけて沸騰《ふつとう》させ、之《これ》に前記《まへ》の材料《ざいれう》を入《い》れて箸《はし》を使《つか》つて肉《にく》を崩《くづ》さぬやろ心《こゝろ》して、度々《たび〳〵》かへし十五分位《ふんぐらゐ》煮《に》て薄《うす》く色《いろ》のつくのを程度《ていど》として鍋《なべ》を下《おろ》します。

〔注意〕汁《つゆ》は可成《なるべく》充分《たつぷり》にして、魚《うを》の隠《かく》れる位《くらゐ》にして火《ひ》にかけます。

〔握方《にぎりかた》〕煮《に》上《あ》げた材料《ざいれう》は皿《さら》へ移《うつ》し、よく冷《さま》して、腹部《はら》の肉《にく》の端《はじ》を二分《ぶ》程《ほど》切《き》り落《おと》し、尾《を》の方《はう》を五分《ぶ》程《ほど》落《おと》し、中央《まんなか》から二つに斜《はす》に折《を》り重《かさ》ね、（斜《はす》に折《を》れば端《はし》は重《かさ》ならずして、魚《うを》の巾《はゞ》が倍《ばい》になるのです）それを裏返《うらがへ》し折目《をりめ》を上《うへ》にして左掌《さしやう》に戴《の》せ、兩端《りやうはし》を五六分位《ぶぐらゐ》あけて飯《めし》を合《あは》せ、拇指《おやゆび》にて飯《めし》だけ形《かたち》をつけ魚《うを》の兩端《りやうたん》は折《を》り曲《ま》げずにれきます。

〔注意〕（一）あなごの上《うへ》に煮つめといつて、濃《こ》い汁《つゆ》を塗《ぬ》る方法《はうはふ》もありますが、あまり下品《げひん》に見《み》ゑて、却《かへつ》て魚《うを》の眞味《しんみ》を害《そこな》ひます。

（二）あなごを握《にぎ》るときは酢《す》をあまり手《て》に塗《ぬ》らず、魚《うを》の端《はじ》などに附《つ》けぬやうに注意《ちうい》しなくてはなりません。これは煮《に》た魚《うを》は大抵《たいてい》此《この》注意《ちうい》を要《よう》します。

（三）あなごは非常《ひじやう》に脂《あぶら》が多《おほ》い魚《うを》ですから、之《これ》に使用《しよう》した布巾《ふきん》、湯桶《をけ》のやうなもの

は注《ちう》意《い》して一度《ど》よく洒《ゆす》いだ後《のち》、他《ほか》の鮓《すし》に使《つか》うやうに致《いた》しませんと其《その》臭《くさ》みが染《し》みます。

（十七）あなご切漬《きりづけ》

材料《ざいれう》　道具《だうぐ》　前《まへ》と同《おな》じ。

〔魚《うを》の作方《つくりかた》〕材料《ざいれう》は完漬《まるづけ》より稍《やゝ》大《おほき》く、一尺《しやく》二寸位《すんぐらゐ》の肥《こ》えたるものを撰《えら》むで、前記《まへき》の如《ごと》く割《さ》いて拵《こしら》へ、よく洗《あら》ひ上《あ》げて水《みづ》を切《き》ること前《まへ》のやうに致《いた》します。

〔煮方《にかた》〕矢張《やはり》前記《まへき》と同《おな》じでありますが、材料《ざいれう》が大《おほ》きいのですから汁《つゆ》によつて魚《うを》の數《かず》を加減《かげん》致《いた》します。

〔握方《にぎりかた》〕煮上《にあが》つた材料《ざいれう》をよく冷《さま》し、尾《を》の方《はう》は二寸位《すんぐらゐ》長《なが》くなるやう二つに切《き》り、上半《じやうはん》は前記《まへき》の如《ごと》く二分《ぶ》程《ほど》端《みゝ》を落《おと》し、腹《はら》の皮《かは》のある方《はう》を左掌《さしやう》に伏《ふ》せて端《はし》を曲《ま》げずに握《にぎ》ります。握《にぎ》り上《あ》げれば腹《はら》の皮《かは》のある方《はう》は表面《おもて》に現《で》ます。

下半《げはん》は、尾《を》の端《みゝ》を五分《ぶ》程《ほど》落《おと》し、尾《を》の方《はう》を上《うへ》にし、上半《じやうはん》と反對《はんたい》に、腹《はら》の皮《かは》のある方《はう》を上《うへ》にして左掌《さしやう》に戴《の》せ尾《を》の方《はう》だけを折《を》り曲《ま》げて握《にぎ》ります。握《にぎ》り上《あが》れば腹《はら》の皮《かは》の

方《はう》は下《した》になつてしまひます。

若《も》し又《また》、一尾《び》を二ッ切《ぎり》にしたものはあまり大《おほき》くて握《にぎ》り悪《にく》ければ三ッ切《ぎり》に致《いた》してもよろしいのです。三ッ切《ぎり》にするには、庖《はう》刀《てう》を斜《はす》に入《い》れて切《き》ります。握方《にぎりかた》は略《ほゞ》同《おな》じです。

（十八）あなご切《きり》漬《づけ》別《べつ》法《はふ》

材《ざい》料《れう》　あなご　すし飯《めし》　わさび

道《だう》具《ぐ》　錐《きり》、金《かな》網《あみ》

〔魚《うを》の作方《つくりかた》〕前《まへ》の切漬《きりづけ》と同《おな》じ。

〔握方《にぎりかた》〕材《ざい》料《れう》を前《まへ》の如《ごと》く煮《に》ず、熱《ねつ》湯《たう》を鍋《なべ》に沸《に》立《た》てゝザツと茹《う》で腥《なまぐさ》みを去《さ》り之《これ》を笊《ざる》に上《あ》げて湯《ゆ》を切《き》り冷《さま》して置《おき》きます。

さて握《にぎ》る前《まへ》に鐵《かな》鋼《あみ》(又《また》は鐵《てつ》弓《きう》)の上《うへ》にかけて、ちよつと炙《あぶ》つて、焼《やき》目《め》をつけ切《き》り方《かた》は前《まへ》記《き》の通《たう》りにして、握《にぎ》るとき山葵《わさび》を挿《はさ》んでおきます。

此鮓《このすし》は天保《てんぽう》時代《じだい》に贅澤《ぜいたく》であると云《い》はれたもので、今《いま》はあまり行《おこな》ひませぬが、酒《しゆ》客《かく》などに適好《てきかう》です。

第四　握《にぎり》鮓《すし》、醬油《しやうゆ》づけの部《ぶ》

醬油漬《しやうゆづけ》は魚《うを》の肉《にく》をそひで、之《これ》を一度《ど》醬油《しやうゆ》にくぐらし漬《つ》けるものですからかく名《なづ》けられたのです。然《しか》るに當今《たうこん》は一度《ど》も醬油《しやうゆ》を用《もち》ゐないで漬《つ》けるものもあるやうです。これでは醬油漬《しやうゆづけ》といふ名《な》は全然《まるで》無意味《むいみ》です。

さて此鮓《このすし》は一般《はん》に、前掲《ぜんけい》の小魚《こうを》の酢漬《すづけ》、煑物《にもの》などゝ違《ちが》つて、簡單《かんたん》でありますが、本《ほん》書《しよ》が何故《なにゆゑ》、繁《はん》を先《さき》にして簡《かん》を後《あと》にしたかと、申《まう》しますと、元來《ぐわんらい》、握鮓《にぎりすし》をつける呼吸《こきう》は、其握《そのにぎ》り加減《かげん》にあるので、本章《ほんしやう》の頭《はじめ》にも申《まう》しましたやうに、飯《めし》の硬軟《かうなん》は度《ど》のあるものですから、よく握《にぎ》らうと思《おも》つて、あまり長時間《ちやうじかん》を握《にぎ》り方《かた》に費《つゐや》すと醬油漬《しやうゆづけ》の如《ごと》きは材料《ざいれう》に掌《て》の温《ぬく》みが染《うつ》つて、魚《うを》によつては變色《へんしよく》を來《きた》す恐《おそ》れがあります。併《しか》し小《こ》魚《うを》の方《はう》は、ある特別《とくべつ》なもの(白魚《しらを》やあいなどの如《ごと》き)を除《のぞ》いては、あまり此憂《このうれい》がなく、初《しよ》心《しん》にも思《おも》ふだけ握《にぎ》ることが能《で》きます。

つまり醬油漬《しやうゆづけ》の至難《むつか》しいのは、此邊《このへん》のところで、かなり握《にぎ》り馴《な》れた上《うへ》でなければ、一寸《ちよつと》試《こゝろみ》るといふことは覺束《おほつか》ないのです。　本書《ほんしよ》を御覽《ごらん》になる方《かた》は、茲《こゝ》によく心《こゝろ》をして、必《かなら》ず先《ま》づ小魚《こうを》の握《にぎ》り鮓《すし》に熟《じゆく》し、次《つぎ》に醬油漬《しやうゆづけ》に移《うつ》つていたゞきたいのです。

それから、當今《たうこん》醬油漬《しやうゆづけ》と申《まう》しますと、世間《せけん》では鮪《まぐろ》に限《かぎ》つたやうに思《おも》はれてゐますが、これは甚《はなは》だ不見識《ふけんしき》です。　現今《いま》から七十餘《よ》年《ねん》も前《まへ》には、醬油漬《しやうゆづけ》と申《まう》しますと、鯛《たい》か比目魚《ひらめ》に限《かぎ》つたもので、これは八百善《ぜん》其他《そのた》一流《りう》の料理《れうり》店《てん》で今《いま》も尙《な》ほ刺身《さしみ》に鮪《まぐろ》を用《もち》ゐず比目魚《ひらめ》や鯛《たい》に限《かぎ》られてゐるのと同《おな》じです。　鮪《まぐろ》の醬油漬《しやうゆづけ》が行《おこな》はれたのは、天保《てんほう》の末年《まつねん》江戸《えど》馬喰《ばくろ》町《ちやう》の惠比須《ゑびす》鮓《すし》といふ店《うち》で、其頃《そのころ》まぐろの漁《れう》が夥《おびたゞ》しく、非《ひ》常《じやう》に價《あたへ》が廉《やす》かつたので、之《これ》を醬油漬《しやうゆづけ》に試《こゝろ》みましたところ、奇《き》を好《この》む市人《しじん》の口舌《こうぜつ》に上《のぼ》りまして、終《つひ》に一般《はん》の鮓屋《すしや》に鮪《まぐろ》を見《み》るやうになつたのです。

かういふ次第《しだい》ですから、今《いま》も正《たゞ》しい鮓《すし》の侑方《すゝめかた》をする場《は》合《あい》には鮪《まぐろ》は避《さ》けなければならぬことになつてをります。

（一）　鯛《たい》

まだひ

材料《ざいれう》　すし飯《めし》
山葵《わさび》

〔魚《うを》の作方《つくりかた》〕まだひの鮮《あたら》しきものを撰《えら》み、鱗《こけ》をひき節卸《ふしおろ》しにし、(なるべく肉《み》を損《そん》せぬやう)腹《はら》の節《ふし》は庖刀《はうてう》を輕《かろ》く使《つか》ひながら腹皮《はらかは》を剝《す》き、他《た》の節《ふし》もよく血合《ちあい》を除《のぞ》いて、庖刀《はうてう》にて皮《かは》を引《ひ》き、尾《を》の部分《ところ》より、肉《み》の目《め》に逆《さから》はぬやう、斜《はす》に庖刀《はうてう》を入《い》れて二分位《ぶぐらゐ》の厚《あつ》みにへぎとります。作《つく》りました材料《ざいれう》は肉《み》の崩《くづ》れ易《やす》いものですから極《きは》めて注意《ちうい》して、爼《まないた》の上《うへ》に揃《そろ》へてれきます。次《つぎ》に小丼《こどんぶり》に新酢《しんず》を酌《く》みまして材料《ざいれう》を一つヅヽ、此中《このなか》にくゞらせます。これも崩《くづ》れるのを恐《おそ》れますから、丼《どんぶり》に入《い》れるのは一つに限《かぎ》つて、直《たゞち》に上《あ》げ、目笊《めざる》又《また》は平笊《ひらざる》に列《なら》べ酢《す》を切《き》ります。

〔注意〕菊《きく》の頃《ころ》は此鮓《このす》に料理用《れうりよう》の小菊《こぎく》を二三輪《りん》入《い》れて用《もち》ゐますと其香《そのか》を佳《よ》くします。

〔握方《にぎりかた》〕材料《ざいれう》の酢《す》の切《き》れるのを待《ま》つて、醬油《しやうゆ》にちよッとくゞらせ、山葵《わさび》を挿《はさ》むで、兩《りやう》端《はし》を曲《ま》げて輕《かろ》く握《にぎ》ります。

〔醤油《しやうゆ》〕醤油《しやうゆ》漬《づけ》に用《つか》ふ醤油《しやうゆ》は、普通《ふつう》の醤油《しやうゆ》に味淋《みりん》一割《わり》五分《ぶ》の割《わり》で混合《こんがふ》したものを、よく煮《に》つめて、之《これ》を冷《さ》ましたものに限《かぎ》ります。

(二) 鯛《たい》別法《べつはふ》

材料《ざいれう》 前《まへ》と同《おな》じ。

〔魚《うを》の作方《つくりかた》〕前《まへ》と同《おな》じく節卸《ふしおろ》しにしまして、皮《かは》を上《うへ》にして一節《ふし》づゝ適宜《てきぎ》の板《いた》に戴《の》せ、沸騰《ふつたう》した湯《ゆ》を、柄杓《ひしやく》にてザッと皮《かは》の上《うへ》に滌《そゝ》ぎ、之《これ》を俎《まないた》に移《うつ》して、皮付《かはつき》のまゝ尾《を》の部分《ころ》より、肉《み》の目《め》にならつて、斜《はす》に庖刀《はうてう》を入《い》れ、二分《ぶ》程《ほど》づゝへぎ取《と》ります。次《つぎ》に肉《み》の冷《さめ》るのを待《ま》ちて前《まへ》の如《ごと》く酢《す》にくゞらせ笊《ざる》に上《あ》げてれきます。

〔注意《●●》〕熱湯《ねつたう》を皮《かは》に滌《そゝ》ぐのは鯛《たい》の皮《かは》を柔《やは》らげるためですから、皮《かは》の縮《ちゞ》れる位《ぐらゐ》の極《ご》く熱《あつ》い湯《ゆ》でなければ利《き》きません。

〔握方《にぎりかた》〕皮付《かはつき》の方《はう》を表面《ひやうめん》として、山葵《わさび》を挿《はさ》み前《まへ》のやうに握《にぎ》ります。

(三) ひらめ(比目魚)

材料《ざいれう》

ひらめ
すし飯《めし》
わさび

【魚《うを》の作方《つくりかた》】鮮《あた》らしき材料《ざいれう》を撰《えら》み、表裏《へうり》をザッと糸瓜《へちま》(又《また》はブラシの類《るゐ》)にて洗《あら》ひ、爼上《まないた》に白皮《しろかは》を表《をもて》にしてのせ、左手《ゆんで》に尾《を》を堅《かた》く握《にぎ》り持《も》ち右手《めて》にサシミ庖刀《はうてう》を把《こ》りて、尾《を》の方《はう》より庖刀《はうてう》を薄《うす》く平《たい》らに入《いれ》れて、漸次《ぜんじ》頭部《たうぶ》に至《いた》るまでの鱗《こけ》をすき排《はら》ひ、又《また》反覆《かへ》して黒《くろ》き方《はう》を右《みぎ》の如《ごと》く同《おな》じ方法《はうはふ》にて鱗《こけ》をすき、腹《はら》の處《ところ》を切《き》り腸《わた》を抜《ぬ》き、鮞《はらご》あれば引《ひ》き出《だ》して、よく切口《きりくち》を洗《あら》ひ、なるべく骨《ほね》に肉《み》の殘《のこ》らぬやう、庖刀《はうてう》を輕《かろ》く使《つか》ひて、節卸《ふしおろ》しに致《いた》します。おろしたる肉《み》は鯛《たい》の如《ごと》く皮《かは》をすき取《と》り、尾《を》の方《はう》より肉《み》の目《め》なりに斜《はす》に庖刀《はうてう》を入《い》れて、二分位《ぶぐらゐ》の薄《うす》さにへぎとります。

【注意】比目魚《ひらめ》の潑溂《はつらつ》として扱《あつか》ひに困《こま》るときは、出及《では》庖刀《はうてう》の背《みね》で、魚《うを》の目《め》の下《した》を強《つよ》く打《う》ちますと直《すぐ》に死《し》にます。

【握方《にぎりかた》】前記《ぜんき》の材料《ざいれう》を鯛《たい》の如《ごと》く醤油《しやうゆ》にくゞらせ山葵《わさび》を挿《はさ》むで握《にぎ》ります。

（四）さはら（鰆）

材料《ざいれう》

さはら
すし飯《めし》
わさび

〔魚《うを》の作方《つくりかた》〕此魚《このうを》は非常《ひじやう》に肉割《みわれ》のし易《やす》い魚《うを》ですから餘程《よほど》取扱《とりあつかい》に注意《ちうい》しませんと崩《くづ》れます。さて材料《ざいれう》を節卸《ふしおろし》にしまして、腹皮《はらかは》、血合《ちあい》等《など》をよくすき、三十分《ぶん》程《ほど》平笊《ひらざる》に列《なら》べ鹽《しほ》をふりかけておきます。次《つぎ》に一節《ふし》づゝ下酢《したず》でザッと洗《あら》ひ、皮《かは》をすき、尾《を》の部分《ところ》から肉《み》の目《め》なりに斜《はす》に庖刀《はうてう》を入《い》れて、二分位《ぶぐらい》の厚《あつ》みにへぎ取《と》ること、鯛《たい》と同《おな》じく致《いた》します。

〔注意《ちうい》〕魚《うを》が大《おほ》きく長過《ながす》ぎて、節卸《ふしおろ》しに致《いた》し惡《にく》いときは、一旦《いつたん》中央《まんなか》から筒切《つぎ》りにして節取《ふしど》つてもよいのです。

〔握方《にぎりかた》〕一つヅヽ、醬油《しやうゆ》にくゞらせ、崩《くづ》れを注意《ちうい》して、山葵《わさび》をはさみ鯛《たい》の如《ごと》く握《にぎ》ります。

（五）しまあぢ（島鰺）

しまあぢ

材料《ざいれう》　すし飯《めし》

わさび

〔魚《うを》の作方《つくりかた》〕材料《ざいれう》を三枚《まい》におろし、節取《ふしど》りてよく血合《ちあい》を除《のぞ》き、両面《りやうめん》に鹽《しほ》をふりて二十分程《ぷんほど》おき、下酢《したず》にてザッと洗《あら》ひ鹽《しほ》を落《おと》し、皮《かは》をすき、肉《み》を薄《うす》くへぎます。これは腹《はら》の方《はう》は三切位《きれぐらい》、背《せ》の方《はう》は四分位《きれぐらい》に取《ど》ります。

〔握方《にぎりかた》〕皮《かは》をすいた方《はう》を表《おもて》に出《だ》すやうに握《にぎ》ります。山葵《わさび》も適宜《てきぎ》に挿《はさ》みます。

（六）きはだ鮪《まぐろ》

きはだまぐろ

材料《ざいれう》　すし飯《めし》

山葵《わさび》

〔魚《うを》の作方《つくりかた》〕　材料《ざいれう》の鮮《あたら》しきを撰《えら》み、血合《ちあい》をかき、厚《あつ》み五六分《ぶ》巾《はゞ》二寸《すん》若《も》くは二寸《すん》五分《ぶ》位《ぐらい》に肉《み》の損《そん》せぬやう身取《さくどり》をなし、爼板《まないた》の上《うへ》に斜《なゝめ》に置《お》き先《ま》づ端《み》を斜《はす》に三角《かく》に切《き》り落《をと》し、肉《み》の理《め》に逆《さか》らはぬやう、庖刀《はうてう》をなるべく横《よこ》に使《つか》ひて、二分位《ぶぐらゐ》の薄《うす》さに小口《こぐち》から順《じゆん》にへぎとります。

〔注意〕　鮪《ぐろ》には俗《ぞく》にチリメンと申《まう》して、肉《み》の縮《ちゞ》んだところがありますが、かういふ處《こころ》や皮《かは》ギシ肉《かは》に接近《せつきん》した肉《み》の處《こころ》は扱《あつか》ひ馴《な》れない者《もの》には至難《しなん》ですから、なるべく避《さ》けて使《つか》はぬ方《はう》が宜《よろし》うございます。

〔握方《にぎりかた》〕　前記《まへ》の材料《ざいれう》を醤油《しやうゆ》にくゞらせ、材料《ざいれう》に白《しろ》い筋《すじ》のあるものは、之《これ》を裏《うら》にして握《にぎ》り上《あ》げて見《み》えぬやうにし、山葵《わさび》を挿《はさ》むで握《にぎ》ります。

〔注意〕　鮪類《まぐろるゐ》は漬《つ》けた後《のちじ》、時間《かん》を過《す》ごせば醤油漬《しやうゆづけ》は肉《み》の色《いろ》が變《へん》じ、又《また》味《あぢ》も劣《をご》つてきますから、なるべく早《はや》く客《きやく》に侑《すゝ》めるやうにするのです。　又《また》、園遊會《ゑんいうくわい》其他《そのた》會集《くわいしゆう》の多《たほ》い席《せき》で多數《たすう》を準備《じゆんび》しなければならぬときは、どうしても時間《じかん》を要《えう》しますからそれには、市中《しちう》の鮓屋《すしや》などのやうに、醤油《しやうゆ》にくゞらせずに握《にぎ》ります。　味《あぢ》は醤油漬《しやうゆづけ》に劣《をご》りますが比較的《ひかくてき》變色致《へんしよくいた》しません。

（七）かじき

材料《ざいれう》

かじき

すし飯《めし》

山葵《わさび》

〔魚《うを》の作方《つくりかた》〕かじきには數種類《いろ〱しゆるい》がありまして、何《ど》れも多少相違《たせうさうゐ》がありますが、其中《そのうち》肉《にく》の白色《しろいろ》な白《しろ》かじきは、味《あぢ》はさまで劣《をと》りませんが、握鮓《にぎりずし》として體裁《ていさい》があまり好《よ》くありません。鮓《すし》に作《つく》るにはどうしても淡紅《うすあか》のものでなくては外觀《みかけ》が惡《わる》うございます。又《また》かじきはきはだに比《くら》べると筋《すじ》が多《おほ》く、よほど注意《ちうい》しませんと此筋目《このすじめ》から割《わ》れ易《やす》いものですから、之《これ》を身取《さくどり》した後《のち》は、極《ご》く靜《しづか》に取扱《とりあつか》はなければなりません。

さて之《これ》を作《つく》りますのは、前記《まへ》のきはだと同《おな》じで、筋目《すじめ》に逆《さか》らはぬやう庖刀《はうてう》を入《い》れ、二分位《ぶぐらゐ》の薄《うす》さにへぎます。

〔握方《にぎりかた》〕前記《まへ》と同《おな》じで、やはり白《しろ》い筋目《すじめ》の見《み》えぬやう握《にぎ》ります。

〔注意〕かじきは醤油《しやうゆ》をくゞらしても、割合《わりあい》に變色《へんしよく》せず、其上《そのうへ》夏季《なつは》は三日位《かぐらゐ》、冬《ふゆ》ならば七日位《かぐらゐ》は手置《ておき》が能《で》きますから、素人《しろうと》の握鮓《にぎりずし》としては極《ご》く便利《べんり》です。又《また》多《た》人數《にんず》集會《しゆうくわい》した席《せき》でも、醤油漬《しやうゆづけ》として之《これ》を用《もち》ゐることが出來《でき》ますから一般《はん》に用《もち》ゐられます。

〔八〕めじ鮪《まぐろ》

材料《ざいれう》

めじまぐろ

すし飯《めし》

山葵《わさび》

〔魚《うを》の作方《つくりかた》〕新鮮《あたら》しき本場《ほんは》の魚《うを》を撰《ゑら》み、一尾《び》のまゝならば、先《ま》づ材料《ざいれう》をよく洗《あら》ひ、腹《はら》を割《さ》きて腸《わた》を引出《ひきだ》し、斜《はす》に頭《かしら》を落《おと》し、身《み》の割《わ》れぬやう注意《ちうい》して節卸《ふしおろし》にし、腹皮《はらかは》をすき、血合《ちあい》をよく除《のぞ》き、中邊《ちうへん》の魚《うを》ならば一節《ふし》を六切《きれ》位《らゐ》に身取《さくど》ります。次《つぎ》に前《まへ》記のきはだの條《じやう》のやうに理《め》に逆《さから》はぬやう庖刀《はうてう》を入《い》れて、二分位《ぶぐらい》の厚《あつ》みにへぎとります。もし身取《さくご》つたものに巾狹《はばぜま》いものが生《せう》じましたら、剝《へ》ぐ際《さい》に手加減《てかげん》して、やゝ長《なが》め

に庖刀《はうてう》を入《い》れます。

〔握方《にぎりかた》〕さいはだ鮪《まぐろ》と同《おな》じです。

（九）小めじ

材料《ざいれう》　こめじ
すし飯《めし》
わさび

〔魚《うを》の作方《つくりかた》〕新鮮《あたら》しき材料《ざいれう》の両面《りやうめん》をよく洗《あら》ひ、前記《まへ》の如《ごと》く腹《はら》を割《さ》いて腸《わた》を出《だ》し、切口《きりくち》をよく滌《そゝ》ぎ、頭《かしら》を斜《はす》に落《おと》し、三枚《まい》又《また》は節卸《ふしおろ》しにして、血合《ちあい》をかき、腹皮《はらかは》をすき、尾《を》の部分《ところ》から庖刀《はうてう》を入《い》れて皮《かは》を剝《す》き、（鯛《たい》、比目魚《ひらめ》の如《ごと》くに身《み》の割《わ》れ易《やす》い魚《うを》ですから注意《ちうい》して庖刀《はうてう》を使《つか》ひ、小口《こぐち》を斜《はす》に落《おと》し、魚《うを》の普通《ふつう》より稍《やゝ》大《おほ》きいものは、手頃《てごろ》に身《さく》取《ど》り二分位《ぶぐらゐ》の薄《うす》さにへぎ取《と》つて用《もち》ゐます。　又《また》、極《ご》く小《ちい》さく一尺《しやく》五六寸位《すんぐらゐ》の魚《を》を節卸《ふしおろ》しにしたときは背《せ》節《ぶし》は九切位《きれぐらゐ》、腹《はら》節《ぶし》は六切位《きれぐらゐ》にすれば宜《よ》いでせう。

〔握方《にぎりかた》〕前記《まへ》と同《おな》じです。　但《たゞ》し鮪《まぐろ》類《ゐ》のうちで最《もつと》も崩《くづ》れ易《やす》く、變色《へんしよく》し易《やす》いものです

が、味《あぢ》に於《おい》ては上位《じやうい》です。

〔注意〕小めじは魚《うを》が小《ちい》さいだけに庖《はう》刀《てう》屑《くづ》が自《し》然《ぜん》多《おほ》く生《せう》じますから、これは前《ぜん》掲《けい》の海《の》苔《り》巻《まき》の山《わさ》葵《び》巻《まき》などに宛《あ》てます。

（十）むつ（鯥）

材《ざい》料《れう》　むつ
　すし飯《めし》
　山《わさ》葵《び》

〔魚《うを》の作方《つくりかた》〕手《て》ごろの佳《よ》きむつを撰《えら》み、鱗《こけ》をひき、頭《かしら》を斜《はす》に落《おと》し、肉《み》割《わ》れのせぬやう注《ちう》意《い》して三枚《まい》に卸《おろ》し、（鯿《こ》あらば崩《くづ》さぬやう引《ひき》出《だ》して他《た》に移《うつ》し置《おく》く）節《ふし》取《ど》りて、血《ち》合《あい》と中《なか》骨《はね》を除《のぞ》き、腹《はら》節《ぶし》は腹《はら》皮《かは》を手《て》奇《き》麗《れい》に剝《す》き、表《へう》裏《り》に薄《うす》く盬《しほ》をふりかけて平《ひら》笊《ざる》にならべ二十分《ぶん》程《ほど》經《た》ちましたら下《した》酢《ず》にくゞらせ盬《しほ》を落《おと》し他《た》の器《うつは》に移《うつ》し酢《す》を切《き》り置《お》きます。次《つぎ》に之《これ》を俎《まな》上《いた》に取《と》り鯛《たい》の如《ごと》く皮《かは》を引《ひ》き、尾《を》の部分《ところ》より肉《み》の目《め》に逆《さか》らはぬやう、庖《はう》刀《てう》を入《い》れて二分位《ぶぐらゐ》の厚《あつ》みにへぎとります。

【握方《にぎりかた》】作《つく》り上《あ》げた材料《ざいれう》は身《み》割《わ》れのせぬやう一つ宛《づゝ》醤油《しやうゆ》にくゞらせ山葵《わさび》を挿《はさ》むで、輕《かろ》く握《にぎ》ります。

【注意】むつは普通《ふつう》惣菜《さうさい》に多《おほ》く用《つか》つて、鮓《すし》としては、あまり高尚《かうしやう》なものではありませんが、他《ほか》の魚材《たね》に乏《とぼ》しい時《とき》は用《つか》つても差支《さしつかへ》はありません。又《また》むつの鮞《こ》は料理《れうり》としてはその肉《にく》より却《かへ》て賞翫《しやうくわん》致《いた》されますから、魚《うを》を作《つく》る際《さい》注意《ちうい》を拂《はら》つて戴《いたゞ》きたいのです。

次《つぎ》に此魚《このうを》は隨分《ずゐぶん》油《あぶら》つ濃《こ》いものですから、一旦《たん》之《こ》れに用《つか》つた醤油《しやうゆ》は再《ふた》び他《ほか》の魚類《ぎよるゐ》に使用《しよう》する事《こと》を避《さ》けて布巾《ふきん》、手水《てみづ》の類《るゐ》もなるべく變《か》へるやうに致《いた》します。

第五　握鮓《にぎりずし》切漬《きりづけ》の部《ぶ》

切漬《きりづけ》は小《こ》魚《うを》の酢《す》漬《づけ》と略々《ほゞ》同《おな》じ作《つく》り方《かた》ですが、これは材料《ざいれう》を醤油《しやうゆ》漬《づけ》と同《おな》じやうに切肉《きりみ》に致《いた》しますので、小《こ》魚《うを》の酢《す》漬《づけ》に比《ひ》較《かく》すれば、やゝ握《にぎ》り方《かた》にも手練《しゆれん》を要《えう》します。殊《こと》に酢《す》の加減《かげん》に於《おい》て專《もつぱ》ら手腕《しゆわん》を示《しめ》すものです。

（一）ます（鱒）

材料《ざいれう》 ます
すし飯《めし》
わさび

道具《だうぐ》 毛拔《けぬき》

〔魚《うを》の作方《つくりかた》〕あまり大《たほき》に過ぎぬ中邊《ちうへん》の魚《うを》を撰《えら》み鰭《ひれ》を切《き》り鱗《こけ》を排《はら》ひ、頭《かしら》を落《おと》し、肉割《みわ》れのせぬやう注意《ちうい》して三枚《まい》に卸《おろ》し、腹皮《はらかは》を薄《うす》くすき、やゝ強《つよ》めに鹽《しほ》をふりかけ、凡《およ》そ三十分程《ぶんほど》おき、ザット下酢《したず》にて鹽《しほ》を洗《あら》ひ、毛《け》拔《ぬき》にて中骨《なかほね》を殘《のこ》りなく拔《ぬ》き、指先《ゆびさき》にて上端《じやうたん》より尾《を》へかけて亞皮《あまかは》を剝《む》き、尾《を》の方《はう》より庖刀《はうてう》を入《い》れて肉《み》の割《わ》れぬやう二分程《ぶほど》の厚《あつ》みにへぎとります。

〔握方《にぎりかた》〕前《まへ》記の材料《ざいれう》を十分間程《ぶんかんほど》、三杯酢《はいず》にくゞらせおきまして、一つヾ、布巾《ふきん》にて鮓《す》を切《き》り山葵《わさび》を挿《はさ》み、兩端《りやうはじ》を折曲《をりま》げて輕《かろ》く握《にぎ》ります。

〔三杯酢《はいず》〕清酢《せいす》に味淋《みりん》二割《わり》、アク引《ひき》一割《わり》、醬油《しやうゆ》一割《わり》を交《ま》せて作《つく》ります。

（一）鯛《たい》

まだい

材料《ざいれう》　すし飯《めし》

山葵《わさび》

〔魚《うを》の作方《づくりかた》〕まだいの手頃《てごろ》のを撰《えら》み、鱗《こけ》をひき、肉《み》を損《そん》ぜぬやう節卸《ふしおろし》にしまして腹《はら》の節《ふし》は腹皮《はらかは》をすき、やゝ強《つよ》めに表裏《へうり》に鹽《しほ》をして平笊《ひらざる》に列《なら》べ、二十分《ぷん》程《ほど》經《た》ちて、下酢《したず》でザット洗《あら》ひ、鹽《しほ》を落《おと》し、庖刀《はうてう》にて皮《かは》をすき、醤油《しやうゆ》漬《づけ》の鯛《たい》の條《じやう》に説《と》きし如《ごと》く、二分《ぶ》程《ほど》の厚《あつ》みにへぎとります。さて新酢《しんず》に二十分《ぷん》程《ほど》浸《ひた》しおきます。

〔握方《にぎりかた》〕材料《ざいれう》の酢《す》をよく布巾《ふきん》で、切《き》り山葵《わさび》を挿《はさ》み、兩端《りやうはじ》を曲《ま》げて握《にぎ》ります。

（二）ひらめ（比目魚）

ひらめ

材料《ざいれう》　すし飯《めし》

わさび

〔魚《うを》の作方《つくりかた》〕醬油《しやうゆ》漬《づけ》の(三)ひらめの條《じやう》を參照《さんせう》しまして、材料《ざいれう》を節卸《ふしおろ》しに致《いた》し、皮《かは》をすき取《と》り表裏《へうり》にザツと鹽《しほ》をふり、(大《だい》なる比目魚《ひらめ》は節卸《ふしおろ》にしたものを更《さら》に斜《はす》に庖刀《はうてう》を使《つか》つて、中央《まんなか》から縦《たて》に二分《ぶん》して後《のち》、鹽《しほ》を致《いた》します)三十分《ぶん》程《ほど》おきまして、下酢《したず》で鹽《しほ》を落《おと》し、醬油漬《しやうゆづけ》の如《ごと》く、尾《を》の方《はう》から、理《め》なりにへぎ取《と》ります。さてそれを味淋酢《みりんず》に三十分《ぶん》程《ほど》浸《ひた》しておきます。

〔握方《にぎりかた》〕材料《ざいれう》を笊《ざる》に上《あ》げ肉《み》の延《の》びぬやう布巾《ふきん》にて酢《す》を切《き》り、筋目《すじめ》の隱《かく》れるやうに飯《めし》につけ、山葵《わさび》を挿《はさ》んで前《まへ》のやうに握《にぎ》ります。

〔味淋酢《みりんす》〕清酢《せいす》に味淋《みりん》二割《わり》を交《ま》ぜるのです。

(四) さば(鯖)

材料《ざいれう》　さば
すし飯《めし》
山《わ》葵《さび》

道具《だうぐ》　毛抜《けぬき》

〔魚《うを》の作方《つくりかた》〕一尺程《しやくほど》の腹部《はら》の脹《ふく》れ過《す》ぎぬ材料《ざいれう》を撰《えら》み、頭《かしら》を斜《はす》に落《おと》し、三枚《まい》に卸《おろ》し、腹《はら》皮《かは》をそぎ、強《つよ》く鹽《しほ》をふりかけ、一時間程《じかんほど》經《た》ちて下酢《したず》にくゞらせ塩《しほ》を落《おと》し、毛抜《けぬき》にて中骨《なかほね》を抜《ぬ》き、上部《じやうぶ》より尾《を》へかけて指先《ゆびさき》を酢《す》で濡《ぬら》しながら亞皮《あまかは》をむき、尾《を》の方《はう》より庖刀《はうてう》を入《い》れて、七切位《きれぐらゐ》にへぎ新酢《しんず》に一時間程《じかんほど》浸《ひた》します。

〔握方《にぎりかた》〕皮附《かはつき》の方《ハう》が表《おもて》に出《で》るやうに、山葵《わさび》を挿《はさ》み兩端《れうはし》を曲《ま》げて握《にぎ》ります。

第六　握鮓《にぎりずし》、貝類《かいるゐ》の部《ぶ》

（一）あかがひ（赤貝）完漬《まるづけ》

材料《ざいれう》　赤貝《あかがひ》　すし飯《めし》　わさび

道具《だうぐ》　貝剝《かひむき》

〔貝《かひ》の作方《つくりかた》〕赤貝《あかがひ》は堀江《ほりえ》、撿見川《けみがは》邊等《へんなど》の本場《ほんば》ものと場違《はちがひ》のものと非常《ひじやう》に相違《さうゐ》がありますが、本場《ほんば》のものは身《み》がふつくりとして、色合《いろあひ》も美《うつく》しいのですが、場違《はちがひ》は身《み》が

うす黒《くろ》く扁《ひらた》いものですから、素人《しろと》でも一見《けん》して直《すぐ》に判《み》別《わけ》が能《で》きます。併《しか》し本場《ほんば》の赤貝《あかゞひ》でも初冬《しよとう》から寒中《かんちう》へかけての間《あひだ》は、鮓《すし》に握《にぎ》つて味《あぢ》が宜《よ》うございますが、花《はな》時《どき》ごろになりますと、そろ〳〵兒《こ》を持《も》つて味《あぢ》が劣《おと》りますから、品《しな》は多《おほ》く見《み》えても此《この》時《じ》分《ぶん》は使《つか》はぬ方《はう》が好《い》いのです。

第十圖（い）

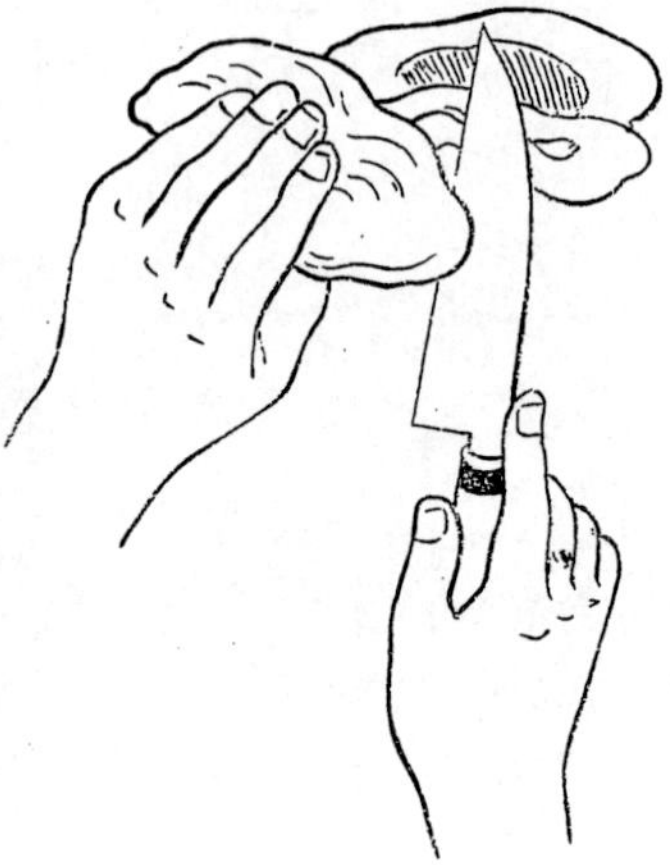

第十圖（ろ）

さて材料《ざいれう》の穀《から》を放《はな》しますには、左手《ひだり》で貝《かひ》の口《くち》を下《した》にし靭帯《じんたい》を上《うへ》にして確《しか》と握《にぎ》り、右手《みぎ》に貝剝《かひむき》を把《と》つて靭帯《じんたい》に刄《は》を當《あ》てゝ、横《よこ》にこじり、再《ふた》び貝剝《かひむき》を持替《もちか》へて、筋膜《ひも》と穀《から》の隙間《すきま》に刄《は》を挿入《さしい》れ柱《はしら》の取《と》れぬやう注意《ちうい》して肉《み》を剝《む》き放《はな》します。

次《つぎ》に俎板《まないた》の上《うへ》にて、庖刀《はうてう》の脊《みね》で柱《はしら》の處《ところ》を輕《かろ》く押《おさ》へ、左《ひだり》の指先《ゆびさき》で舌《した》を引出《ひきだ》しますと自然《しぜん》に筋膜《ひも》が取《と》れます。（第十圖い參照）次《つぎ》に舌《した》の尖《さき》から庖刀《はうてう》を横《よこ》に入《い》れて切《きり》

開《ひら》き、(第十圖ろ參照)庖刀《はうてう》を斜《はす》にして腸《わた》をよく剝《そ》ぎ取り、(第十圖はに參照)なほ庖刀《はうてう》の脊《みね》にて腸《わた》の跡《あと》に殘《のこ》る液《しる》をよく扱《こ》き落し、之《これ》を覆《かへ》して舌《した》を左右《さいう》に開《ひら》きおき(第十圖は參照表面《ひやうめん》に細《こまか》く縱《たて》に筋《すぢ》を入《い》れ、(庖刀《はうてう》を立《た》てゝ刄《は》元《もと》にて肉《み》を破《やぶ》り裂《さ》かぬやう)(第十圖へと參照)鹽《しほ》を適宜《てきぎ》にふりかけます。次《つぎ》に目《め》笊《ざる》に移《うつ》してよく揉《も》み、笊《ざる》を旋《せん》回《くわい》させてヌラヽの出《で》るのを待《ま》つて水《みづ》を少《すこ》しづゝ滌《そゝ》ぎ次《し》第《だい》に水《みづ》を増《ま》して、笊《ざる》を旋《めぐ》らしながらヌラの失《う》せるまで洗《あら》ひ上《あ》げます。

(第十圖は)

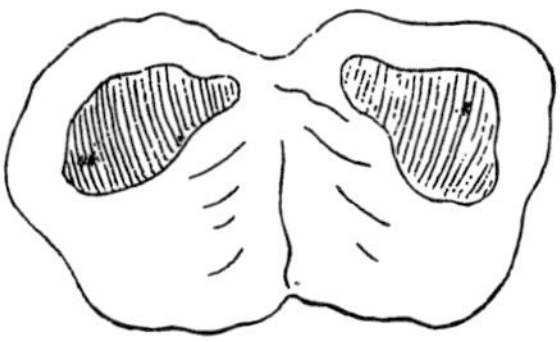

(第十圖に)

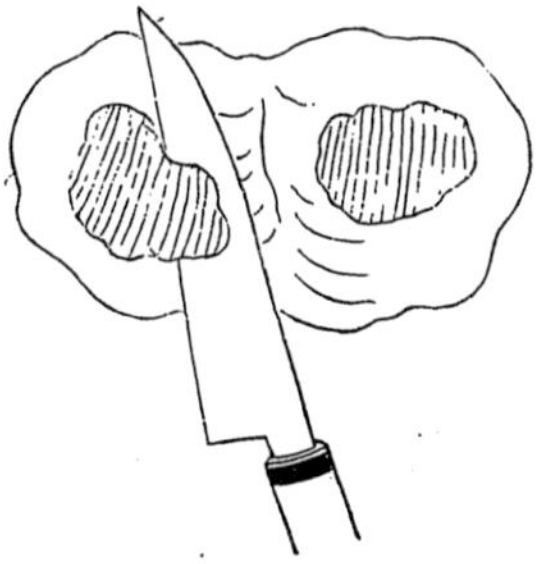

(第十圖ほ)

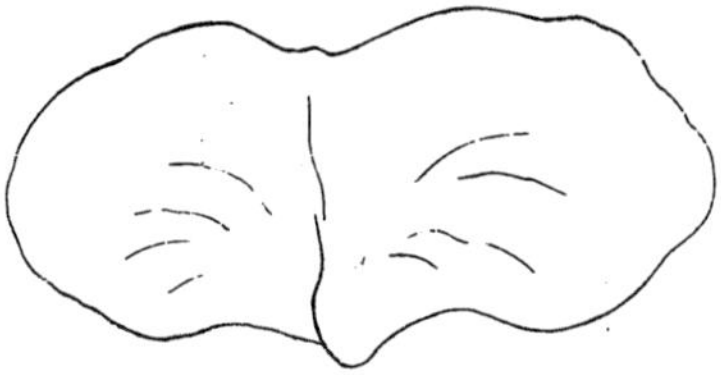

【握方《にぎりかた》】前記《ぜんき》の材料《ざいれう》は水《みづ》をよく切《き》り、二杯酢《はいず》にザツトくゞらせ、布巾《ふきん》にてよく酢《す》を切《き》り、左掌《さしやう》に材料《ざいれう》を縱《たて》に裏返《うらがへ》して持《も》ち、山葵《わさび》をつけて握《にぎ》ります。

【二杯酢《はいす》】清酢《せいす》に醬油《しやうゆ》一割《わり》を混《ま》せます。　また貝《かひ》を之《これ》に浸《ひた》すのは握《にぎ》る前《まへ》に限《かぎ》る

のでー寸《ちよつと》くゞらせて、直《すぐ》に握《にぎ》りませんと肉《み》の色《いろ》が變《へん》じます。

〔注意〕世上《せじやう》では赤貝《あかがひ》を割《さ》くのに本書《ほんしよ》の仕様《しかた》と反對《はんたい》に舌《した》の元《もと》から庖刀《はうてう》を入《い》れ、面《おもて》の庖刀目《はうてうめ》も舌《した》の尖《さき》を除《のぞ》いて横《よこ》に入《い》れますから老人《らうじん》などの歯《は》に合《あ》ひません。

第十圖(へ)

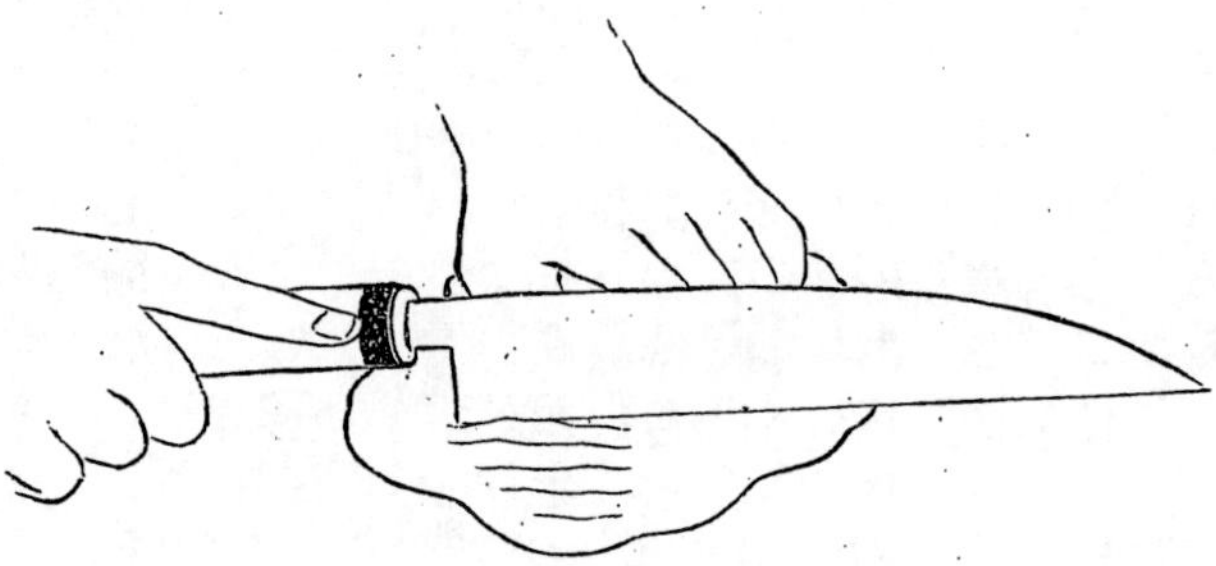

第十圖(と)

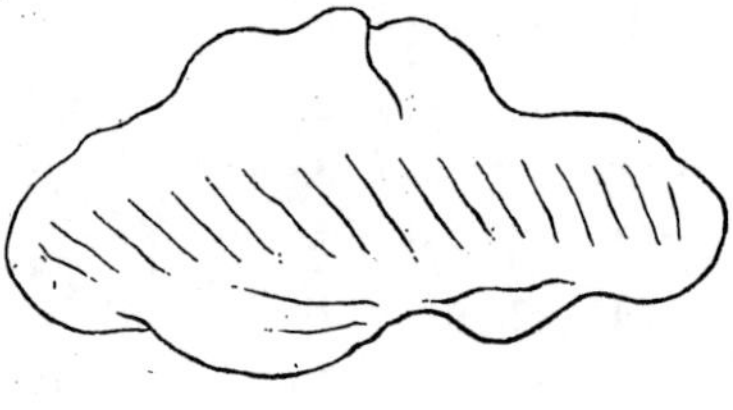

(二)　あかがひ(赤貝)片身《かたみ》漬《づけ》

材料《ざいれう》　道具《だうぐ》　前《まへ》と同じ

〔貝《かひ》の作方《つくりかた》〕なるべく大《おほき》なる貝《かひ》を撰《ゑら》み前《まへ》條のやうに殼《から》を放《はな》しヒモを除《のぞ》き、前《まへ》の如《ごと》く舌《した》の尖《さき》より横《よこ》に庖刀《はうてう》を入《い》れて二ツに割《さ》き切《き》り、片身《かたみ》づゝ裏返《うらがへ》して前《まへ》の如《ごと》く腸《わた》と液《しる》をよく除《のぞ》き、片肉《かたみ》の裏《うら》の中央《まんなか》あたりより、横《よこ》に庖刀《はうてう》を

入《い》れてそぐやうにして舌《した》の尖《さき》にて止《こ》め左右《さいう》へ開《ひら》きます。洗《あら》ひ方《かた》は前《まへ》のとほりです。

【握方《にぎりかた》】前《まへ》と同《おな》じ。

(三) あかがひのひも(赤貝筋膜)

材料《ざいれう》　道具《だうぐ》　前《まへ》と同《おな》じ。

赤貝《あかがひ》のヒモは元來《ぐわんらい》鮓《すし》としては變則《へんそく》なものですが、又《また》捨《す》て難《がた》い味《あぢ》の存《そん》するものですから、眞《まこと》の鮓通《すしつう》は却《かへつ》て之《これ》を賞玩《しやうぐわん》いたします。

【作方《つくりかた》】前條《まへ》の如《ごと》くヒモを放《はな》し、ヒモの切《き》れ放《はな》れぬやう柱《はしら》に附着《ふちやく》した、淡黒《うすぐろ》いものを除《のぞ》き、ヒモの上《うへ》に被《た》ふてある薄《うす》き膜《まく》を切《き》り、よく鹽《しほ》にて揉《も》みながら、ヌラの落《たら》ちるまで洗《あら》ひ水《みづ》を切《き》つておきます。

【握方《にぎりかた》】材料《ざいれう》を二杯酢《はいす》に投《たう》じ、よく揉《も》み、酢《す》を切《き》り、更《さら》に布巾《ふきん》に包《つゝ》みて輕《かろ》く絞《しぼ》り、二個《こ》のヒモを柱《はしら》と柱《はしら》にて交叉《かうさ》するやう組《く》み合《あは》せ、之《これ》を心《しん》としヒモの端《はし》を曲《ま》げて綰《たが》ね、山葵《わさび》を挿《はさ》み、握《にぎ》ります。

〔注意〕ヒモはなるべく大《だい》なる貝《かひ》より出《で》たものを使《つか》ひます。

（四）とりがひ（鳥貝）

材料《ざいれう》　とりがひ
すし飯《めし》
わさび

〔貝《かひ》の作方《つくりかた》〕鳥貝《とりがひ》は材料《ざいれう》を貝《かひ》のまゝ購《あがな》ふのは其職《そのしよく》のものでなければ一寸《ちよつと》面倒《めんだう》です。殊《こと》に當今《たうこん》は三州邊《しゆうへん》から剝肉《むきにく》を箱入《はこいれ》にして多《おほ》く出《だ》すので鮓屋《すしや》でも大抵《たいてい》は此《この》品《しな》を用《もち》ゐます。ですから家庭用《かていよう》としては矢張之《やはりこれ》を用《つか》ふ方《はう》が至便《しべん》でせう。若《も》し海邊《かいへん》などで貝《かひ》のまゝの材料《ざいれう》を得《え》た場合《ばあひ》はみる貝《かひ》の剝方《むきかた》を應用《おうよう》すれば宜《よろ》しいのです。

さて殻《から》を放《はな》したまゝの材料《ざいれう》は、腸《わた》と筋膜《ひも》を切《き》り、鹽《しほ》に一つまみの灰《はい》を混《ま》ぜまして、よく揉《も》みながら洗《あら》ひ、身《み》の窪《くぼ》んでをります方《はう》から庖刀《はうてう》を入《い》れて開《ひら》き、なほ切口《きつくち》に殘《のこ》つてゐます腸《わた》をこき落《おと》します。

又《また》、箱《はこ》入《いり》の材《ざい》料《れう》を用《つか》ひますときには、既《すで》に前《ま》記《へ》のやうに拵《こしら》へてありますから、たゞ箱《はこ》から出《だ》して一度《ど》、水《みづ》で洗《あら》へばよいのです。

次《つぎ》に之《これ》を熱《ねつ》湯《とう》の中《なか》へ入《い》れ茹《う》で、直《す》ぐ揚《あ》げて平《ひら》笊《ざる》か目《め》笊《ざる》に列《なら》べ、薄《うす》く鹽《しほ》をふつて四五分《ふん》おきます。

〔注意〕茹《う》で方《かた》はたゞ湯《ゆ》をくゞらすだけで、手《て》早《はや》く揚《あ》げませんと、硬《こは》くなりますし味《あぢ》も損《そん》じます。此《この》茹《うで》方《かた》一つが此《この》鮓《すし》の善《ぜん》悪《あく》の分《わけ》目《め》です。

〔握方《にぎりかた》〕鹽《しほ》にした材《ざい》料《れう》を下《した》酢《ず》で洗《あら》ひ、握《にぎ》る前《まへ》に一《ちよ》寸《つと》、二杯《はい》酢《ず》(前出《ぜんしゆつ》)にくゞらせ身《み》の尖《さき》を頭《かしら》にして左《さ》掌《しやう》にのせ、山《わさ》葵《び》をはさみ、尖《さき》だけ少《すこ》しく折《をり》曲《まげ》て握《にぎ》ります。

〔注意〕鳥《とり》貝《かひ》は身《み》の硬《こは》いものですから、もし老《らう》人《じん》などの歯《は》の悪《わる》い人《ひと》に侑《すゝ》めるには握《にぎ》り上《あ》げてから、刺《さし》身《み》庖《はう》刀《てう》などで三ッ程《ほど》、横《よこ》に刻《はうてう》目《め》を入《い》れるやうに致《いた》します。

〔五〕みるがひ(海松貝)

材料《ざいれう》　みるがひ
すし飯《めし》

〔貝《かひ》の作方《つくりかた》〕貝《かひ》の肉《み》の露出《で》てゐる方《はう》を頭《かしら》にして左掌《さしやう》に持《も》ち、貝《かひ》の口《くち》を拇《おや》指《ゆび》にて確《しつか》り押《おさ》へ、貝《かひ》剝《むき》を靭《じん》帯《たい》の下《した》の柱《はしら》の際《きは》から挿《さ》し込《こ》むで、柱《はしら》をこじり、貝《かひ》の向《むき》を上下《じやうげ》に轉《てん》じて舌《した》の出《で》た方《はう》を下《した》にし、靭《じん》帯《たい》の下《した》の今《いま》一つの柱《はしら》のある處《ところ》から、貝《かひ》剝《むき》を突《つき》込《こ》むで、舌《した》を傷《きづつ》けぬやう、貝《かひ》の下《した》側《かは》に貝《かひ》剝《むき》をあてながら、逆《ぎやく》にこじつて貝《かひ》を開《ひら》き、右手《めて》で舌《した》の尖《さき》を引出《ひきだ》して肉《み》を放《はな》します。

次《つぎ》にヒモ、腸《わた》を毟《むし》り取《と》つて、水《みづ》にてよく洗《あら》ひ砂《すな》を落《おと》して、熱湯《ねつたう》でザッと茹《う》でます。それから他《た》の笊《ざる》に移《うつ》して水《みづ》をかけてよく冷《さま》し、外部《そと》の黒《くろ》き薄皮《うすかは》を指先《ゆびさき》にて剝《む》き、肉《み》を横《よこ》に俎板《まないた》に置《お》き、刺身《さしみ》庖刀《はうてう》で肉《み》の上端《うはとし》の淡《も》紅色《いろ》の分部《ところ》を二分《ぶ》程《ほど》切《き》り落《おと》し、其《その》切口《きりくち》から平《たひ》らに庖刀《はうてう》を入《い》れて二枚《まい》にそぎ放《はな》し、其《その》一片《ぺん》を縦《たて》に置《おき》なほし、更《さら》に前《まへ》の如《ごと》く二枚《まい》にそぎ、他《た》の一片《ぺん》も同《おな》じやうにそぎます。之《これ》を笊《ざる》に列《なら》べまして、薄《うす》く鹽《しほ》をふりかけ、四五分間《ふんかん》程《ほど》れきます。　さて材料《ざいれう》の鹽《しほ》を水《みづ》でよく洗《あら》ひ、二杯酢《はいず》に投《たう》じ五分《ふん》程《ほど》れき、之《これ》を笊《ざる》に揚《あ》げて酢《す》を切《き》つておきます。

〔握方《にぎりかた》〕肉《み》尖《さき》の淡《も》紅《いろ》の部分《ところ》を頭《うへ》にして左掌《さしやう》にのせ、山葵《わさび》をはさみ、端《はし》をすこし曲《ま》げ

て握《にぎ》ります。

（六） たいらぎ（玉珧貝）

材料《ざいれう》　たいらぎ
海苔飯《のりめし》
わさび（干瓢《かんぴやう》を使《つか》ふものもあり）

【貝《かひ》の作方《つくりかた》】たいらぎは材料《ざいれう》を得《う》るのが、やゝ困難《こんなん》ですが順序《じゆんじよ》としてこゝに述《の》べませう。これは貝《かひ》の小《ちい》さいものは鮓《すし》に使《つか》ひ悪《にく》いのですから、なるべく貝《かひ》の長《なが》さ二寸《すん》五分《ぶ》、三寸《すん》以上《いじやう》、巾《はゞ》二寸位《すんぐらゐ》以上《いじやう》のものを撰《えら》みます。此貝《このかひ》は魚河岸《うをがし》で商《あきな》ふものは大抵《たいてい》、貝《かひ》を開《ひら》いて一片《ぺん》だけしか附《つ》いてゐません。これを放《はな》すには使《つか》ひ古《ふる》しの薄刀《うすは》かナイフなどの尖《さき》で肉《にく》を傷《きづ》つけぬやう注意《ちうい》して貝《かひ》を除《のぞ》きます。さて清水《せいすゐ》でよく洗《あら》つて砂《すな》を落《おと》し、肉《にく》を刺身庖刀《さしみはうてう》で二分位宛《ぶぐらゐづゝ》の厚《あつ》さにへぎ、五分間程《ふんかんほど》薄《うす》く鹽《しほ》をふりおき、水《みづ》にてザツと鹽《しほ》を洗《あら》ひ落《おと》し、笊《ざる》に揚《あ》げて水《みづ》を切《き》つてれきます。

〔握方《にぎりかた》〕握《にぎ》る前《さき》に材料《ざいれう》を三杯酢《はいず》(前出《ぜんしゆつ》)にくゞらせ、山葵《わさび》を挿《はさ》んで海苔飯《のりめし》を附《つ》けて握《にぎ》ります。

〔注意〕若《も》し材料《ざいれう》が海苔飯《のりめし》に附《つ》かぬときは、白魚《しらを》のやうに干瓢《かんぴやう》の煮《に》たので、帯《たび》をします。

(七) たいらぎ(玉珧貝)鞍掛《くらかけ》

材料《ざいれう》 前《まへ》と同《おな》じ。

〔貝《かひ》の作方《つくりかた》〕たいらぎの材料《ざいれう》の大《おほ》きいものが得《え》られないときは、俗《ぞく》に鞍掛《くらかけ》といふ握《にぎ》り方《かた》を用《もち》ゐます。これは貝《かひ》が小《ちい》さくても差支《さしつかへ》ないので、通例《つうれい》まつ一寸《すん》七八分《ぶ》位《ぐらゐ》までの大《おほき》さのものならば使《つか》はれます。

まづ貝《かひ》を放《はな》し、清水《せいすゐ》でよく洗《あら》つて砂《すな》を落《おと》し、肉《にく》を刺身庖刀《さしみはうてう》で三分位《ぶぐらゐ》の厚《あつ》さにへぎ、更《さら》に庖刀《はうてう》を入《い》れて蝶番《ちやうつがひ》のやうに開《ひら》き、五分程《ふんほど》薄鹽《うすしほ》にしてれき、水《みづ》でザツと鹽《しほ》を洗《あら》ひ落《おと》し、笊《ざる》に揚《あ》げて水《みづ》を切《き》ります。

〔握方《にぎりかた》〕握《にぎ》る前《まへ》に三杯酢《はいず》にくゞらせ、蝶番《ちやうつがひ》を開《ひら》いて書《しよ》を伏《ふ》せるやうに左掌《さしやう》に載《の》せ

内《うち》へ山葵《わさび》を挿《はさ》み海苔《のり》飯《めし》を附《つ》け、握《にぎ》つて鮓《すし》を上向《うへむけ》にしますと、恰度《ちやうど》馬《うま》の鞍《くら》のやうに見《み》ゑます。これへ干瓢《かんぴやう》を結《むす》むでよく押《おさ》へます。

（八）あわび（鮑）

材《ざい》料《れう》

あわび
干《かん》瓢《ぴやう》
すし飯《めし》

〔貝《かひ》の作方《つくりかた》〕あわびは江戸前《ゑどまへ》といつて東京《とうけう》近海《きんかい》で漁《と》れるものと、他《た》の常陸邊《ひたちへん》のものなどとでは味《あぢ》の差《さ》が甚《はなはだ》しいものですから、鮓《すし》に用《つか》うにはなるべく江戸前《ゑどまへ》の上《じやう》品《ひん》を撰《えら》まなければなりません。

貝《かひ》を放《はな》すには、先《ま》づ貝《かひ》を左手《ゆんで》で確《しつか》り押《おさ》へ肉《み》の上部《じやうぶ》を鹽水《しほみづ》で洗《あら》ひ、卸金《おろしがね》の柄《え》を貝《かひ》と肉《にく》の隙《すき》にさし込《こ》むで、肝《きも》を崩《くづ》さぬやう注意《ちうい》して、グルリを剝《む》き、柱《はしら》を放《はな》し腸《わた》を除《のぞ》き、肝《きも》は別《べつ》に除《のぞ》いて他《た》の器《うつは》に取《と》りれき、肉《にく》は冷《れい》水《すゐ》にてよく洗《あら》ひます。次《つぎ》に之《これ》を笊《ざる》に移《うつ》して水《みづ》をよく切《き》り、別《べつ》に鍋《なべ》に味《み》淋《りん》と清《せい》酒《しゆ》を等《とう》分《ぶん》したものを煮《に》立《た》てゝ鮑《あはび》を之《これ》

に投《とう》じ、三十分《ぷん》ばかり茹《う》でゝ肉《にく》の和《やは》らかになるのを待《ま》つて醬油《しやうゆ》、アク引《ひき》を加《くは》へ前《まへ》より火《ひ》を弱《よは》めて氣《き》長《なが》に煑《に》つめ、金串《かねぐし》が肉《にく》に通《とう》るやうに柔《やはらか》くなつたとき鍋《なべ》を引《ひ》きます。

〔分量《ぶんりやう》〕中邊《ちうへん》の鮑《あはび》二個《こ》、小《ち》ひさきものならば三個《こ》につき味淋《みりん》、酒各《さけおの〳〵》一合《がう》、醬油《しやうゆ》二勺《しやく》、アク引《ひさ》三勺《しやく》の割《わり》ですが、なほ貝《かひ》の大《おほき》さにより加減《かげん》があります。

さて煑《に》上《あげ》た材料《ざいれう》を皿《さら》に移《うつ》してよくあふぎながら冷《さま》し、刺身《さしみ》庖刀《はうてう》にて周圍《まはり》の端《みゝ》を切落《きりおと》し、肉《にく》の扁《たひら》な面《めん》を下《した》にして、裏《うら》の凸面《ごつめん》のある方《はう》を出《だ》し、輕《かろ》く指《ゆび》をかけて、中央《まんなか》の凸所《こつしよ》を庖刀《はうてう》にて、二分位《ぶぐらゐ》づゝの厚《あつ》さにそぎ、凸所《こつしよ》の失《う》せて平《たひ》らになつたとき、今《こん》度《ど》は片端《かたはし》のやゝ尖《とが》りめの所《ところ》から庖刀《はうてう》を斜《はす》に入《い》れて巾《はゞ》一寸《すん》五分《ぶ》程《ほど》、厚《あつ》さ二分位《ぶぐらゐ》の割《わり》にそぎます。

〔注意〕鮑《あはび》の大《だい》なるものは、切《き》る時《とき》にまづ凸所《こつしよ》を落《おと》し、次《つぎ》に中央《まんなか》から縦《たて》に半截《はんさい》して更《さら》に前《まへ》のやうにそぎます。

〔握方《にぎりかた》〕一片《ぺん》の肉《にく》は端《はし》が煑汁《につゆ》で色《いろ》の附《つ》いた方《はう》を上《うへ》になるやうに握《にぎ》り、兩端《りやうはし》を折《を》り、干瓢《かんぴやう》で帶《たび》を致《いた》します。

（九）あわび鹽《しほ》蒸《むし》

あわび

材料《ざいれう》　海苔《のり》飯《めし》　道具《だうぐ》　蒸籠《せいろう》
干《かん》瓢《びやう》

〔貝《かひ》の作方《つくりかた》〕前記《まへ》と同《おな》じく本場《ほんば》の生《い》きの宜《よ》ろしき材料《ざいれう》を撰《ゑら》び、前《まへ》の如《ここ》く売《から》より放《はな》し、冷水《れいすゐ》によく洗《あら》ひ、笊《ざる》に移《うつ》して水《みづ》を切《き》り置《お》き、別《べつ》に、清水《せいすゐ》に酒《さけ》一割《わり》鹽《しほ》一つまみを加減《げん》して混《ま》ぜたる鍋《なべ》を懸《か》け置《お》き、材料《ざいれう》の大小《だいせう》を見計《みはから》つて之《これ》に投《ごう》じ、湯《ゆ》の引《ひ》くまで茹《う》で詰《つ》め、よく茹《うだ》りたれば、之《こ》れを蒸籠《せいろう》に移《うつ》し取《と》り、しばらく熱火《ねつくわ》にて蒸《む》し、金串《かなぐし》を一《ちよ》寸《つと》刺《さ》して、肉《にく》が軟《やはら》かくなつたらば蒸籠《せいろう》より出《だ》して、他《た》に移《うつ》して冷《さ》まします。

さてよく冷《さ》めましたら、前記《まへ》のやうに周圍《まはり》の端《み》を切落《きりおと》し、刺身庖丁《さしみはうてう》を前記《まへ》のやうに使《つか》つて二分位《ぶぐらゐ》の厚《あつ》さに長手《ながて》にへぎます。

〔握方《にぎりかた》〕前記《まへ》のやうにして海苔飯《のりめし》を用《つか》つて握《にぎ》り、干瓢《かんびやう》で帯《おび》を締《し》めます。

〔注意〕鮑《あはび》と海苔飯《のりめし》は他《た》に較《くら》べて、ちよつと密着《つき》が悪《わる》うござりますから、指《ゆび》の數《かず》

を多《たほ》く掛《か》けて叩《た》くやうにして締《し》めるとよろしいでせう。

(十) はまぐり(蛤)

材料《ざいれう》　はまぐり
　　　　　すし飯《めし》

〔貝《かひ》の作方《つくりかた》〕 蛤《はまぐり》は貝《かひ》から放《はな》して用《つか》ひますのですが市中《しちう》で賣《うつ》て居《ゐ》ります貝《かひ》の儘《まゝ》のは大概《たいがい》少《ちい》さ過《す》ぎて鮓《すし》には使《つか》ひ途《みち》になりませんので、どうしても剝身《むきみ》に致《いた》した大《たほ》きいのをよく撰《よ》つて用《つか》つた方《はう》が便利《べんり》で且《か》つ貝《かひ》を剝《む》く手數《てすう》もかゝらず却《かへつ》て手輕《てがる》に濟《す》みます。

拵《こし》らへ方《かた》は、剝身《むきみ》の腸《わた》を指先《ゆびさき》で摘《つま》み除《ご》つて、後《の》ち清水《せいすゐ》でよく洗《あら》ひ(幾度《いくど》も肉《にく》を振つて小砂《こすな》もよく除《ご》る)笊《ざる》に揚《あ》げて水《みづ》をちよつと斷《き》り、別《べつ》に鍋《なべ》に湯《ゆ》を掛《か》け置《お》き、その沸騰《ふつたう》するを待《ま》つて材料《ざいれう》を投《たう》じザツト茹《う》でゝ、笊《ざる》にとり揚《あ》げ湯《ゆ》を斷《き》つて置《お》きます。

次《つぎ》に材料《ざいれう》を冷《さま》まし、舌《した》の尖《さき》から刺身《さしみ》庖丁《はうてう》を入《い》れて、ハカマを破《き》らぬやうに靜《しづ》かに開《ひら》き、小數《すこし》宛《づゝ》重《かさ》ねて列《な》らべ置《お》きます。　さて別《べつ》に味淋《みりん》一合《がう》、アク引一合《がう》、醬油《せうゆ》五勺《しやく》

〔精《よ》く製らば酒五勺を加へ〕の割合《わりあひ》で煮汁《つゆ》を調合《ちやうがう》し、鍋《なべ》でよく汁《つゆ》を沸騰《ふつたう》させ、少時《すこし》經《た》ちて丼《どんぶり》か鉢《はち》のやうな深《ふか》い滋器《うつは》に移《うつ》し入《い》れます。

次《つぎ》に前記《まへ》の開《ひら》いた材料《ざいれう》を此《こ》の汁《つゆ》に丁寧《ていねい》に投《い》れて浸《ひた》し置《お》きます。

〔握方《にぎりかた》〕三十分間《ぶんかん》程經《ほどた》ちましたら、前記《まへ》の材料《ざいれう》を直《す》ぐ今握《いまにぎ》りますだけ引《ひき》揚《あ》げて〔殘《のこ》りの材料《ざいれう》は其儘《そのまゝ》に浸《つ》け置《お》く〕布巾《ふきん》で裏表《うらおもて》の汁氣《つゆけ》をちよつと輕《かろ》く押《おさ》へて拭《ふ》き、左掌《さしやう》の指裏《ゆびうら》に材料《ざいれう》の裏《うら》を上《うへ》に向《む》けて縦《たて》に載《の》せ、飯《めし》を常《つね》のやうに附《つ》け、飯《めし》に汁《つゆ》の色《いろ》づかぬやうに手早《てはや》く握《にぎ》ります。

（十二）いそべ

材料《ざいれう》

はしら
乾海苔《ほしのり》
山葵《わさび》
すし飯《めし》

〔はしら作方《つくりかた》〕はしらの大《だい》なるを撰《えら》み、鹽水《しほみづ》（水《みづ》に一つまみの鹽《しほ》を入《い》れし水《みづ》でちよ

つと洗《あら》ひ、平笊《ひらざる》に上《あ》げ杉箸《すぎはし》でその中《なか》の更《さら》に大《おほ》きいのと、形《かた》ちの破《か》けてない粒《つぶ》を撰《ゑ》り分《わ》けて置《お》きます。

〔握方《にぎりかた》〕材料《ざいれう》は握《にぎ》る前《まへ》に、ちよつと三杯酢《はいず》にくゞらせ、目笊《めざる》に揚《あ》げ置《お》きます。別《べつ》に漉《す》き斷《ぎ》れのない燒海苔《やきのり》を一枚《まい》八つ切宛《ぎりづゝ》に截《き》り置《お》き、其《その》一片《ぺん》を左掌《さしやう》の指裏《ゆびうら》に裏返《うらがへ》して握《にぎ》り工《ぐ》合《あい》の宜《よ》きやうに斜《はす》に載《の》せ、次《つぎ》に材料《ざいれう》を一つ宛《づゝ》右手《めて》にて摘《つ》まんで、此海《このの》苔《り》の中央《まんなか》の部分《ごころ》へ八つ位《ぐらゐ》楕《だ》圓形《ゑんけい》を畫《ゑが》くやうに隙間《すきま》を作《つく》らずに載《の》せ、海苔《のり》に濕《しめ》りの來《こ》ぬうちに手《て》早《はや》く山葵《わさび》を狹《はさ》んで常《つね》のやうに握《にぎ》ります。

〔注意〕本職《ほんよく》の方《はう》の握《にぎ》り方《かた》は海苔《のり》を付《つ》けずに初《はじ》めはいしらのみで握《にぎ》つて、後《のち》海苔《のり》をはいしらに覆伏《かぶせ》て、又《また》握《にぎ》るのですが、熟練《じゆくれん》を要《えう》さなくてはトテモ至難《むづかし》いので、特《とく》に變則《へんそく》に依《よ》つたのです。此酢《このすし》は冬《ふゆ》から餘寒《よかん》迄《まで》を季節《きせつ》とするので、材料《ざいれう》は有《あ》つても季外《しゆんはづ》れは避《さ》けるのです。

(十二) いか(烏賊)

材料《ざいれう》 まいか

十一 いそべ、十二 いか

すし飯《めし》

烏《い》賊《か》の種《しゆ》類《るゐ》はいろ〱有《あ》りますが大《たい》別《べつ》して、まいか、もんがういか、やりいか、するめいか、おふりいかと致《いた》します。何《いづ》れでも鮓《すし》にして用《つか》へますが、其《その》中《うち》で最《もつと》も握《にぎ》鮓《すし》として適《てき》當《たう》なのはまいかですから、之《これ》を用《つか》つて説《せつ》明《めい》致《いた》します。

〔まいか作《つくり》方《かた》〕 材《ざい》料《れう》の新《あた》鮮《ら》しく、なるたけ肉《み》の厚《あつ》き大《だい》なるを撰《ゑら》び、甲《かう》羅《ら》を拔《ぬ》き、脚《あし》や臟《ざう》物《もつ》を放《はな》しとり肉《み》をぐるりと裏《うら》返《がへ》して、清《み》水《づ》で二三回《くわい》(指《ゆび》先《さき》で肉《み》を撫《な》でゝ)洗《あら》ひ、黒《くろ》い汚《を》物《ぶつ》が悉《すつ》皆《かり》とれて肉《み》が奇《き》麗《れい》になりましたら耳《みゝ》(肉《み》の端《はじ》のいら〱してゐる部《とこ》分《ろ》)から爪《つめ》を入《い》れ、指《ゆび》先《さき》を注《ちう》意《い》して上《じやう》端《だん》より靜《しづ》かに肉《み》の表《おも》面《て》の薄《あま》皮《かは》を剝《む》きとります。

〔注意〕 甲《かう》を拔《ぬ》くには、材《ざい》料《れう》を倒《さかさ》にして尖《さき》を俎《まな》板《いた》に當《あ》て、脚《あし》の附《つ》着いてゐる邊《へん》から胴《だう》に左《さ》右《いう》の拇《おや》指《ゆび》をさし込《こ》み、四指《し》で胴《だう》の外《そと》側《がは》を押《おさ》へてちよつと壓《お》しますと、脚《あし》や墨《すみ》袋《ぶくろ》は自《し》然《ぜん》に共《とも》に離《はな》れて拔《ぬ》けます。

右《みぎ》の材《ざい》料《れう》は平《ひら》笊《ざる》に並《な》例《ら》べて、水《みづ》氣《け》を斷《き》り置《お》き、別《べつ》に味《み》淋《りん》三杯《はい》、醬《しやう》油《ゆ》、アク引《ひき》各《おの〱》二杯《はい》の割《わり》合《あひ》で煮汁《つゆ》を調《ちやう》合《がう》し置《お》いて鍋《なべ》を懸《か》け、ろの汁《つゆ》の沸《ふつ》騰《たう》し初《はし》めましたら前《まへ》記の材《ざい》

料《れう》を之《こ》れに投《い》れてあまり色《いろ》の着《つ》かぬ程《ほど》に煑《に》上《あげ》げます。

次《つぎ》に煑《に》上《あ》げました材料《ざいれう》を皿《さら》に移《うつ》しとり風《かぜ》を送《お》くつてよく冷《さ》まし、後《の》ち肉《み》を縦《たて》に二つ切《ぎ》りになし、其《その》一片《ぺん》を横《よこ》に置《お》き裏《うら》から刺身《さしみ》庖丁《はうてう》を斜《は》すに入《い》れて適宜《てきぎ》にそぎます。

〔注意〕肉《み》のそぎ方《かた》は大小《だいしやう》により手心《てこゝろ》をしますが、握手《にぎりて》の握《にぎ》りよきやうにせば四寸位《すんぐらゐ》の縦幅《たてはゞ》ならば二つ切《ぎり》にして一片《ぺん》を三切位《きれぐらゐ》、五寸位《すんぐらゐ》のならば四切位《ぎれぐらゐ》にそぎます。烏賊《いか》は煑《に》ると縮《ちゞ》むものですから、此《この》寸法《すんはふ》は煑《に》上《あ》げた後《のち》を申《まう》したのです。

〔握方《にぎりかた》〕材料《ざいれう》を左掌《さしやう》の指裏《ゆびうら》に置《お》き、裏返《うらがへ》しに飯《めし》を附着《つ》けて常《つね》のやうに握《にぎ》ります。

(十三) いか五もくづけ

材料《ざいれう》　まいか
　　　　干瓢《かんぴやう》
　　　　五もく飯《めし》

【まいか作方《つくりかた》】前記《まへ》の如《ごと》くよき大《だい》なる材料《ざいれう》を撰《えら》び、甲羅《かうら》を抜《ぬ》き、前《まへ》のやうに洗《あら》つて薄皮《あまかは》を剝《む》いて平笊《ひらざる》に並《な》列《ら》べて水《みづ》を斷《き》り置《お》き、表面《へうめん》に刺身《さしみ》庖丁《はうてう》を輕《かろ》く使《つか》つて二分《ぶ》位《ぐらゐ》づゝに間《あひだ》を置《お》て、縦横《すぢかひ》に網《あみ》の如《ごと》く庖丁目《はうてうめ》を一面《めん》に入《い》れ(俗《ぞく》に松笠烏賊《まつかさいか》と云《い》ふ)前《まへ》條の如《ごと》く煮《に》上《あ》げます。

次《つぎ》に材料《ざいれう》をよく冷《さ》まして、縦《たて》に二つ切《ぎり》になし、更《さら》に其《その》一片《ぺん》を横《よこ》に置《お》いて庖丁《はうてう》を斜《はす》に入《い》れて二つ切《ぎり》になします。

【注意】材料《ざいれう》の煮《に》上《あが》つて四五寸《すん》位《ぐら》ひ縦《たて》幅《はゞ》のあるものは右《みぎ》の如《ごと》く致《いた》しますが、三寸位《すんぐらゐ》のは肉《にく》を二つ切《ぎり》にせずに完《まる》を縦《たて》てに三切位《ぎれぐらゐ》にそぎ、二寸《すん》五分位《ぶぐらゐ》の少《ちい》さな肉《み》ならば完《まる》を二つ切《ぎり》にしたばかりで其儘《そのまゝ》用《つか》ひます。

【握方《にぎりかた》】右《みぎ》の材料《ざいれう》を前《まへ》のやうに裏返《うらがへ》して左掌《さしやう》に斜《はす》に載《の》せ、五もく飯《めし》を附《つ》けて握《にぎ》り、干瓢《かんぴやう》で帶《たび》を致《いた》して仕上《しあ》げます。

【五もく飯《めし》】海苔《のり》飯《めし》に推茸《しひたけ》(推茸《しひたけ》卷《まき》の條參照《じやうさんせう》)を簀《さい》の目《め》に細《ほそ》く截《き》つたのと、海老《ゑび》のおぼろ(れぼろ細卷《ほそまき》の條參照《ぜうさんせう》)を少《すこ》し交《ま》ぜよく攪廻《かきまわ》し混《こん》じたのを五もく飯《めし》と云《い》ひます。

（十四）いか酢《す》漬《づけ》

材料《ざいれう》　まいか
　　　　すし飯《めし》

〔まいか作方《つくりかた》〕前記《まへ》の如《ごと》きよき大《たい》なる材料《ざいれう》を撰《えら》び、前《まへ》のやうな手順《てじゆん》にして甲《がう》を抜《ぬ》いて肉《み》をよく洗《あら》ひ薄皮《あまかは》を剝《む》いて平笊《ひらざる》にとりて水《みづ》を斷《き》り、表裏《へうり》に薄《うす》く鹽《じほ》をふりかけて置《お》き、二十分《ぷん》ほど經《へ》て、清水《みづ》で鹽《しほ》を洗《あら》ひ落《お》とし、前記《まへ》の如《ごと》く二つ切《ぎり》にして、いか（十二）の如《ごと》く適宜《てきぎ》に握《にぎ》りよきやう庖丁《はうてう》して、三十分《ぷん》程《ほど》、味淋酢《みりんす》に漬《つ》け置《お》きます。

〔味淋酢《みりんす》〕清酢《せいす》に味淋《みりん》一割半《わりはん》ばかり混《ま》ぜ合《あ》はしたる酢《す》をみりん酢と云《い》ひます。

〔握方《にぎりかた》〕前記《まへ》の材料《ざいれう》を目笊《めざる》に揚《あ》げて酢《す》を斷《き》り、布巾《ふきん》でちよつと拭《ぬぐ》ひ、裏返《うらがへ》して左掌《さしやう》に斜《はす》に載《の》せ、飯《めし》を適宜《てきぎ》に付《つ》けて握《にぎ》ります。

（十五）くるまゑび（車海老）

材料《ざいれう》　くるまゑび　　道具《だうぐ》　竹串《たけぐし》

海苔《のり》飯《めし》

【ゑび作方《つくりかた》】五六寸位《すんぐらゐ》の新《あた》らしき良《よ》き材料《ざいれう》を撰《ゑ》らみ。ザット水《みづ》をかけて洗《あら》ひ、深《ふか》き笊《ざる》(海老《ゑび》の躍《おど》り出《い》でぬため)にとりて、腹《はら》の上手《かみて》から尾《を》に突《つ》き抜《ぬ》けるやうに、肉《にく》を損《きづ》つけぬ程度《ていど》に、腹部《はら》と皮《かは》の間《あひだ》の處《ところ》に細《ほそ》き竹串《たけぐし》をさし、湯《ゆ》を充分《たつぷり》にして鹽《しほ》一抓《つま》み入《い》れた鍋《なべ》に、串付《くしつ》きの儘《まゝ》投《たう》じ、烈火《れつくわ》にて茹《う》で、湯《ゆ》の沸騰《ふつたう》して泡《あは》のこぼるゝ位《ぐらゐ》(凡《およ》そ二十分間《ぶんかん》前後《ぜんご》)になつたらば鍋《なべ》を下《お》ろし、材料《ざいれう》を笊《ざる》に揚《あ》げ、冷水《れいすゐ》に暫《しば》らく浸《ひた》し(五分間位《ぶんかんぐらゐ》)冷《ひ》やして又《また》笊《ざる》に揚《あ》げ水《みづ》を斷《き》ります。

【注意】ゑびの作方《つくりかた》の最《もつと》も至《む》難《づ》かしいのは此《この》茹加減《うでかげん》で、茹加減《うでかげん》によつて眞紅《しんく》燃《も》ゆるやうな良《よ》きものともなれば淡紅《うすあか》く、見《み》るから懶《ものう》げな厭《いと》ふべきものともなります。若《も》し茹方《うでかた》が早《はや》きに失《しつ》すると、肉《にく》がさゝくれて色《いろ》が剝《は》げて紅白《かうはく》斑《まだ》らとなつて使《つか》ひ途《みち》にならぬやうに了《おは》ります。昔時《むかし》は職人《しよくにん》を傭《やと》ふ際《さい》に先《ま》づ車海老《くるまゑび》を茹《う》でさせて其技倆《そのうで》を試驗《しけん》し可否《かひ》を定《さだ》めたろうです。右《みぎ》のわけですから此《この》茹加減《うでかげん》は切《せつ》に御注意《ごちうい》を望《のぞ》みます。

さて茹《う》でゝ冷《さ》ました材料《ざいれう》は竹串《たけぐし》を抜《ぬ》きとり、頭《かしら》をもぎ、皮《かは》を剝《む》き、尻尾《しつぽ》の殼《から》も奇《き》

麗《れい》に摘《つ》まみ除《と》ります。次《つぎ》に俎《まな》板《いた》にとり、腹《は》部《ら》を右《みぎ》に向《む》けて縦《た》てに置《お》き、左《ゆん》手《で》で動《うご》かぬやう軽《かろ》く押《お》さへ、腹《はら》から庖《はう》丁《てう》(鯵《あぢ》切《きり》でも刺《さし》身《み》庖《はう》丁《てう》でも)を縦《たて》に入《い》れて左《さ》右《いう》に開《ひら》き(背《せ》を断《き》らぬやう注《ちう》意《い》して背《せ》腸《わた》の部《とこ》分《ろ》あたりで庖《はう》丁《てう》を留《と》めます)別《べつ》に小《こ》丼《どんぶり》に清《み》水《づ》を汲《く》みて、指《ゆび》先《さき》を、ちよいちよい霑《しめ》し乍《なが》ら、右《みぎ》の指《ゆび》先《さき》で背《せ》腸《わた》(赤《あか》き筋《すぢ》)を除《の》ぞき、上《かし》部《ら》の端《はじ》の毟《むし》れてゐる部《とこ》分《ろ》を四五分《ぶ》程《ほど》切《き》り落《おと》し、表《へう》裏《り》に鹽《しほ》を撒《ふり》布《か》け十五分《ふん》間《かん》乃《ない》至《し》二十分《ぶん》間《かん》程《ほど》(肉《み》の大《だい》小《せう》厚《か》薄《はく》により加《か》減《げん》をなす)平《ひら》笊《ざる》に並《なら》列《ら》べて置《お》きます。

別《べつ》に大《おほ》丼《どんぶり》又《また》は鉢《はち》に新《しん》酢《ず》を汲《く》み堪《た》ゝ、(材《ざい》料《れう》の冠《かぶ》るぐらいに加《か》減《げん》して充《たつ》分《ぷり》に汲《く》む)前《まへ》の材《ざい》料《れう》を鹽《しほ》を洗《あら》ひ落《おと》さずに投《たう》じ二十分《ぶん》間《かん》程《ほど》浸《ひた》し置《お》きます。

〔握方《にぎりかた》〕前《ま》記《へ》の材《ざい》料《れう》を笊《ざる》に揚《あ》げて酢《す》を断《き》り、別《べつ》に小《こ》丼《どんぶり》に三杯《はい》酢《ず》を作《つく》り置《お》き、握《にぎ》るだけの材《ざい》料《れう》を其《その》丼《どんぶり》に投《たう》じ、一二分《ふん》経《た》ちて揚《あ》げ、布《ふ》巾《きん》でよく酢《す》を拭《ぬ》ぐひ、尾《を》を上《う》部《へ》に、裏《うら》を出《だ》して左《さ》掌《しやう》に斜《はす》に載《の》せ、海《の》苔《り》飯《めし》を付《つ》け、尾《を》を少《すこ》し折《を》り曲《ま》げて握《にぎ》ります。

（十六）ゑび片《かた》身《み》づけ

材《ざい》料《れう》　くるまゑび

海苔《のり》飯《めし》

【ゑび作方《つくりかた》】前《まへ》記の材料《ざいれう》より一二寸大《すんだい》なる肉《み》の肥《こ》ゑたるを撰《えら》び、竹串《たけぐし》を挿《さ》ゝずに、前《まへ》より稍長時間《やゝながく》茹《う》で、ちよつと肉《み》を摘《つ》まみ押《お》さへて茹《う》で締《しま》つたらば、前《まへ》の如《ごと》く冷《れい》水《すゐ》に浸《ひた》して冷《さ》まし、頭尾《たうび》及《およ》び皮《かは》を奇麗《きれい》に剝《む》き背部《せのとこ》を右《みぎ》に向《む》けて俎上《そじやう》に置《お》き、左手《ゆんで》で押《お》さへ、背《せ》から庖丁《はうてう》を入《い》れて片身《かたみ》宛《づゝ》に切《き》り放《はな》し、上部《かしら》の毟《むし》れた部分《ところ》を四五分《ぶん》切《き》り落《おと》して、背腸《せわた》を前《まへ》のやうに除《と》り、やゝ強《つよ》めに表裏《へうり》に鹽《しほ》を撒布《ふりか》けて笊《ざる》に並列《なら》べ二十分間程置《ぶんかんほどお》きます。

次《つぎ》に前《まへ》記と同《おな》じ手順《てじゆん》で新酢《しんず》に浸《ひた》します。

【握方《にぎりかた》】材料《ざいれう》の酢《す》を斷《き》り、握《にぎ》る先《さ》きに二三分《ぶん》三杯酢《はいず》に浸《つ》け、揚《あ》げたらば布巾《ふきん》でよく酢《す》を拭《ぬぐ》ひ、半輪形《はんりんけい》の丸《まる》みの處《ところ》を右《みぎ》にして裏返《うらがへ》して左掌《さしやう》に載《の》せ、海苔飯《のりめし》を豫《あらかじ》め普通《ふつう》の如《ごと》く形《かた》ちを作《つく》り置《お》いて附《つ》け、表《おもて》を出《た》して片輪車《かたはぐるま》のやうに見《み》ゆる如《ごと》く握《にぎ》り上《あ》げます。

（十七）サエマキ

材料《ざいれう》

サヱマキ海老《えび》
海苔飯《のりめし》

〔サヱマキ作方《つくりかた》〕サヱマキとは車鰕《くるまえび》の少《ちい》さなもので、さやまき或《あるひ》は略《りやく》してマキとも云《い》ひます。此《こ》れはなるべく新《あた》らしい材料《ざいれう》を撰《えら》んで、二三度《ど》清水《みづ》を變《か》へて、よく洗《あら》ひ沸騰《ふつたう》した熱《あつ》き湯《ゆ》で十五分間程《ふんかんほど》茹《う》で、前條《まへ》の如《ごと》く水《みづ》に浸《ひた》してよく冷《さ》まし、頭尾《たうび》と皮《かは》を剝《む》き、背《せ》から庖丁《はうてう》を入《い》れて片身宛《かたみづゝ》に切《き》り放《はな》し、背腸《せわた》を去《と》つて表裏《へうり》を薄鹽《うすしほ》にして平笊《ひらざる》に並列《なら》へ、十五分間程《ふんかんほど》置《お》き、前《まへ》と同《おな》じ手順《てじゆん》で十五分間程《ふんかんほど》新酢《しんず》に浸《ひた》します。

〔握方《にぎりかた》〕材料《ざいれう》の酢《す》を斷《き》り握《にぎ》る先《さ》きにちよつと三杯酢《はいず》に浸《つ》け、揚《あ》げて布巾《ふきん》でよく酢《す》を拭《ね》ぐひ、片身宛《かたみづゝ》のを二つ、腹《はら》と尾《を》の部分《ところ》とを二つ巴《ともゑ》のやうに組《く》み合《あは》せ、左掌《さしやう》に裏返《うらがへし》に載《の》せ海苔飯《のりめし》をつけ、表《をもて》を輕《かろ》く叩《たゝ》き材料《ざいれう》の崩《くづ》れぬやうに注意《ちうい》して握《にぎ》ります。

（十八）おぼろ

材料《ざいれう》

芝《しば》ゑび
すし飯《めし》

〔れぼろ作方《つくりかた》〕 れぼろを作《つく》る手順《てじゆん》は、第《だい》二章《しやう》おぼろ細巻の條《くだり》を參照《さんせう》して下《くだ》さい。れぼろは作《つく》り上《あ》げましたら、鍋《なべ》から平《たひ》らな皿《さら》に移《うつ》して、杓子《しやもじ》でよくほぐし、風《かぜ》を送《おく》つて冷《さま》まします。

〔握方《にぎりかた》〕 左手《ゆんで》の四指《し》を内《うち》に稍《やゝ》折《を》り曲《ま》げるかげんになして其《その》凹《くぼ》んだ部分《ところ》から左掌《さしやう》へかけて斜《なゝめ》に二分位《ぶぐらゐ》の厚《あつ》さに材料《ざいれう》をやゝ丈《た》け長《なが》く敷《し》き載《の》せ、飯《めし》を右掌《うしやう》にて豫《あらかじ》め固《かた》くれ《にぎ》りれき、之《こ》れに付《つ》けよく壓《お》し、轉《てん》じて、材料《ざいれう》のボロ〳〵落《お》ちぬやう手《て》早《はや》く握りしめます。

〔注意〕 れぼろは、白魚《しらを》と共《とも》に握鮓中《にぎりずしちう》の難物《なんぶつ》で、よほど熟練《じゆくれん》を要《よう》するものですから、初心者《しよしんしや》で試《こゝろ》みやうと云《い》ふ方《かた》は、最初《さいしよ》に縦《たて》二寸《すん》、横《よこ》一寸《すん》三分位《ぶぐらゐ》の鮓形《すしがた》に笹《さゝ》か竹皮《たけのかは》を切《き》り置《お》き、握《にぎ》る際《せつ》に左掌《さしやう》に其笹《そのさゝ》（竹皮《たけのかは》）を載《の》せ、笹《さゝ》の上《うへ》に材料《ざいれう》を敷《し》き熨《の》し、飯《めし》を普《ふ》通《つう》の如《ごと》く付《つ》けて、笹《さゝ》ぐるみ握《にぎ》り上《あ》げて、終《をは》つて笹《さゝ》を脱《の》けますと容易《ようい》にやれます。

第四章

第一《だい》　壓《おし》ずしの部《ぶ》

壓鮓《おしずし》は握鮓《にぎりずし》に較《くら》べて其作方《そのつくりかた》も古《ふる》くから傳《つた》はつて居《を》りますだけに種類《しゆるゐ》も多《おほ》くありますが、其製法《そのせいはふ》は大概《たいがい》複雑《ふくざつ》で道具《だうぐ》も多《おほ》く入用《いり》、簡易《かんい》を専一《せんいつ》とする家庭《かてい》の鮓《すし》には、どうも向《む》き難《がた》く、且《かつ》衛生《ゑいせい》を重《おもん》じます今日《こんにち》に於《おい》て腐敗《ふざい》したものや、腐敗《ふはい》を故意《わざ》とさせるやうな鮓《すし》はなるべく避《さ》けた方《はう》がよいと思《おも》ひますので、此《こ》の部《ぶ》には家庭《かてい》向きの容易《ようい》なものゝみを擧《あ》げて、たとへ善味《うま》くあつても手數《てすう》のかゝるのは悉省略《みなせうりやく》致《いた》しました。

(一)　あゆ(鮎)

材料《ざいれう》　あゆ　すし飯《めし》

道具《だうぐ》　壓箱《おしはこ》

鮎《あゆ》は四五月頃《ぐわつころ》から盛《さか》んに市《いち》に見《み》ねまして八月《ぐわつ》になりますと形《かたち》も大《たほき》く、秋《あき》の頃《ころ》

第十一圖い)

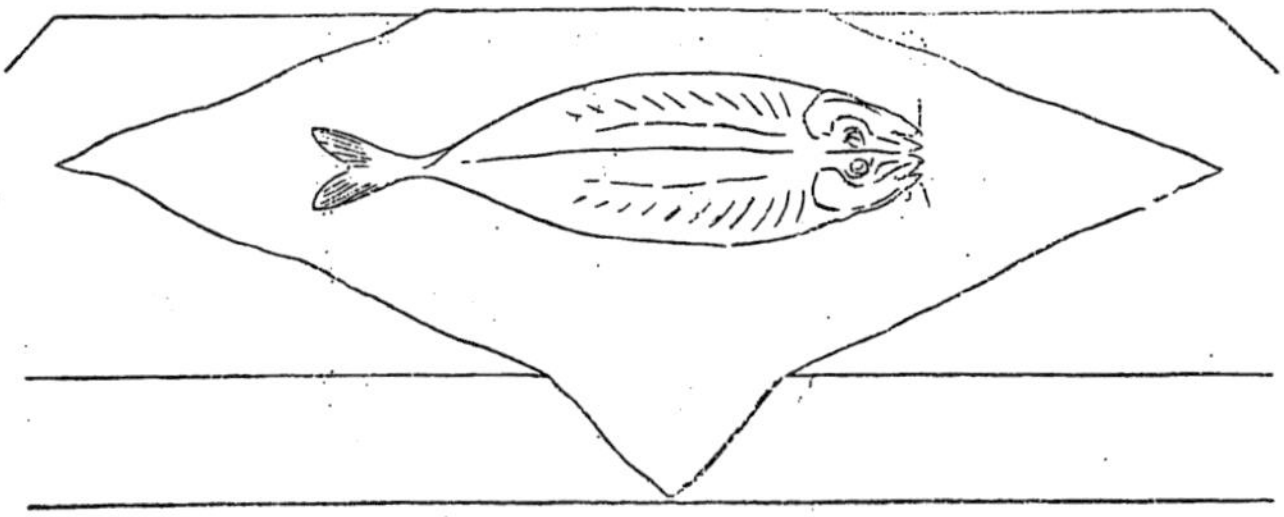

第十一圖ろ)

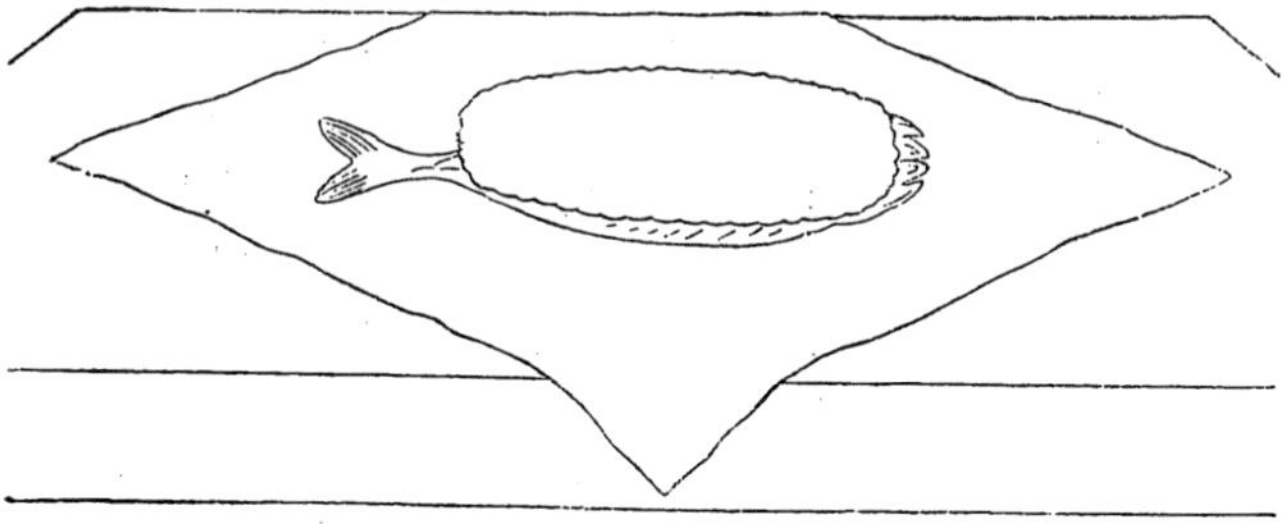

は子《こ》を持《も》つて落鮎《おちあゆ》、澁鮎《しぶあゆ》と云《い》つて冷氣《れいき》と共《とも》に味《あぢ》を失《うしな》ひますから、鮓《すし》に壓《お》して最《もつと》もよろしいのは、夏至《げし》小暑《せうしよ》の頃《ころ》です。殊《こと》に輕淡《けいたん》な點《てん》では夏季《なつ》の鮓《すし》として第《だい》一に推《お》すべきものです。

【魚《うを》の作方《つくりかた》】手《て》ごろのよき魚《うを》を撰《えら》び、ザッと洗《あら》つて、背鰭《せひれ》を切《き》り、鱗《こけ》を排《はら》ひ、頭《あたま》と尾《を》を殘《のこ》して腹開《はらびら》きになし中骨《なかほね》を切《き》り放《はな》し、鰓《えら》を奇麗《きれい》にのぞき、腹皮《はらかは》は極《ご》く薄《うす》くろぎ去《ご》ります。　から拵《こしら》へました材料《たね》は、表裏《へうり》に薄《うす》く鹽《しほ》をふつて平笊《ひらざる》に丁寧《ていねい》に並《なら》べて三十分間《ぶんかん》程置《ほどお》き、後《のち》下酢《したず》でザット鹽《しほ》

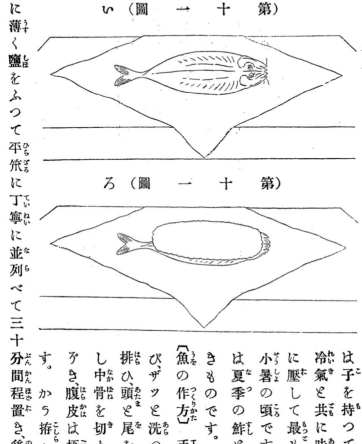

を洗《あら》ひ落《おと》し、更《さら》に小魚《こうを》のやうに二十分間《ぶんかん》程《ほど》新酢《しんず》に浸《つ》け置《お》きます。

（第十一圖は）

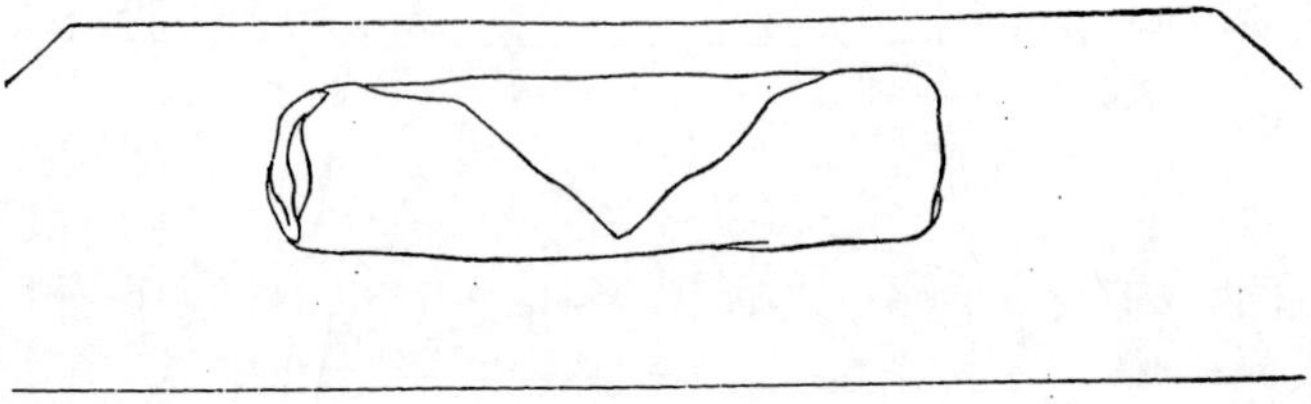

（第十二圖）

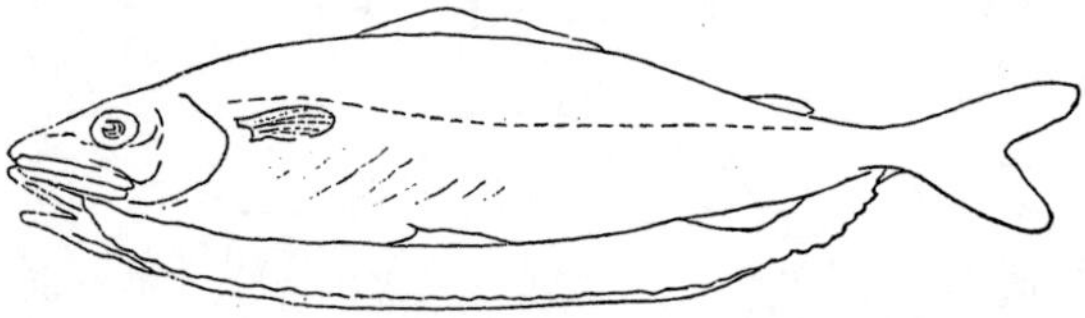

〔壓方《おしかた》〕前記《ぜんき》の材料《ざいれう》を目笊《めざる》に靜《しづ》かに揚《あ》げて酢《す》を斷《き》り、布巾《ふきん》で又《また》よく魚《うを》の酢《す》を拭《ふ》き、別《べつ》に新《あた》らしき布巾《ふきん》を水《みづ》ですゝぎ堅《かた》く絞《しぼ》つて、爼上《まないた》に菱形《ひしがた》に擴《ひ》ろげて敷《し》き、その中央《まんなか》に材料《ざいれう》を裏返《うらがへ》しして載《の》せ（第十一圖い參照）さて右手《みぎて》にて一つかみの飯《めし》をやゝ長《なが》めに輕《かる》く握《にぎ》りれいて、魚《さかな》の頭《あたま》の方《はう》から左手《ひだりて》の指先《ゆびさき》で、押《お》し乍《なが》ら右手《みぎて》にて飯《めし》を尾《を》の先迄《さきまで》適宜《てきぎ》に付《つ》け終《を》へ（第十一圖ろ參照）布巾《ふきん》の下端《したはし》から卷《まき》き初《はじ》めて、次《つぎ》に左右《さいう》の端《はし》を折《を》り、丁寧《ていねい》に包《つゝ》んで卷《ま》き締《し》めて、魚形《うをがた》を造《つく》ります。

（第十一圖は及第十二圖參照）

一　あゆ

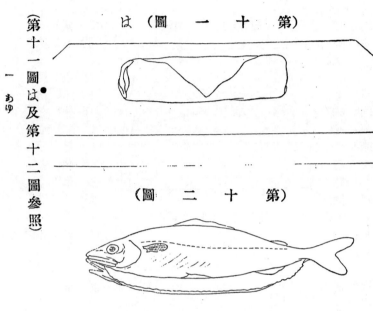

次《つぎ》に押箱《おしはこ》を水《みづ》でよく洗《あら》ひ、布巾《ふきん》でよく拭《ふ》き、箱《はこ》の中《なか》は底《そこ》から四隅《よすみ》まで悉《こと／＼》く笹《さゝ》を敷《し》きつめ、充分《じうぶん》酢《す》を撒布《ふりか》けて置《お》き、前記《ぜんき》の材料《ざいれう》の布巾《ふきん》を取《と》り脱《の》けて、丁寧《ていねい》に兩手《りやうて》にて箱《はこ》に容《い》れ、（魚《さかな》は頭尾《とうび》を互違《たがひちがひ》にして並《なら》べる尚《なほ》一尾《び》毎《ごと》に飯《めし》の密着《くつゝか》ぬやうに間《あひだ》に笹《さゝ》

（第十三圖）

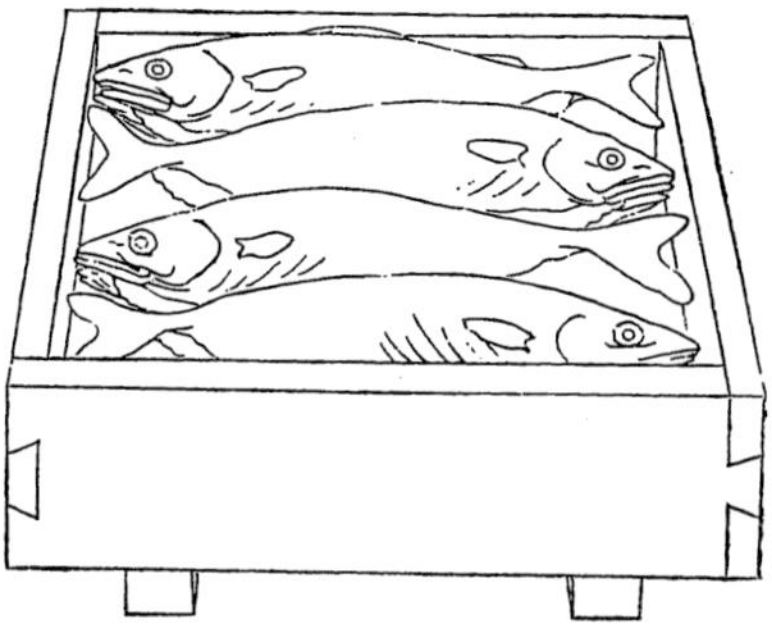

（第十四圖）

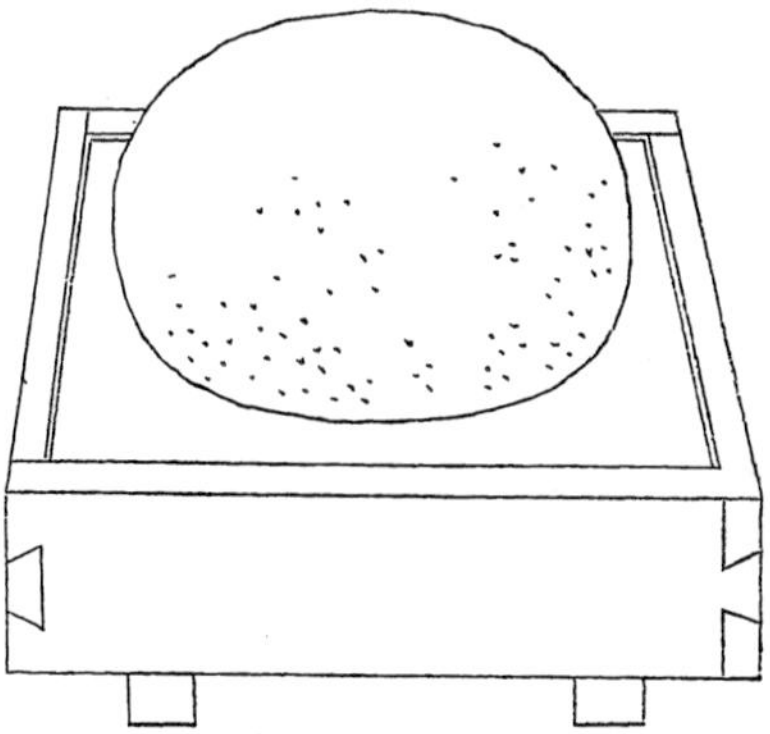

を折《を》つて挾《はさ》み、魚《うを》を容《い》れ了《をは》つて、箱《はこ》の中《なか》の隙《す》く時《とき》は、其隙間《そのすきま》に、すし飯《めし》を詰《つ》めます。（第十三圖參照）

斯《か》う致《いた》して魚《うを》の上《うへ》には又笹《またさゝ》を一面《めん》に敷《し》いて覆《おふ》ひ伏《ふ》せ、堅《かた》く蓋《ふた》を致《いた》して砥石《といし》でも何《な》んでも有合《ありあは》せの重石《おもし》を乘《の》せて三時間程壓《じかんほどお》して置《おき》ます。（第十四圖參照）

〔脩《すゝ》め方《かた》〕 時間《じかん》が來《き》ましたら、壓石《おしいし》を取《と》つて蓋《ふた》を明《あ》け、箱《はこ》のワクを靜《しづ》かに放《は》なし笹《さゝ》をのけ材料《ざいれう》を出《だ》し、薄刄《うすは》庖丁《はうてう》によく酢《す》を霑《しめ》して、魚《うを》なりに飯《めし》の周圍《しうゐ》を切《き》り落《おと》し、完《まる》

の儘《まゝ》、蓼《たで》をあしらひ、生姜《しやうが》を添《そ》へて侑《すゝ》めます。

（第十五圖）

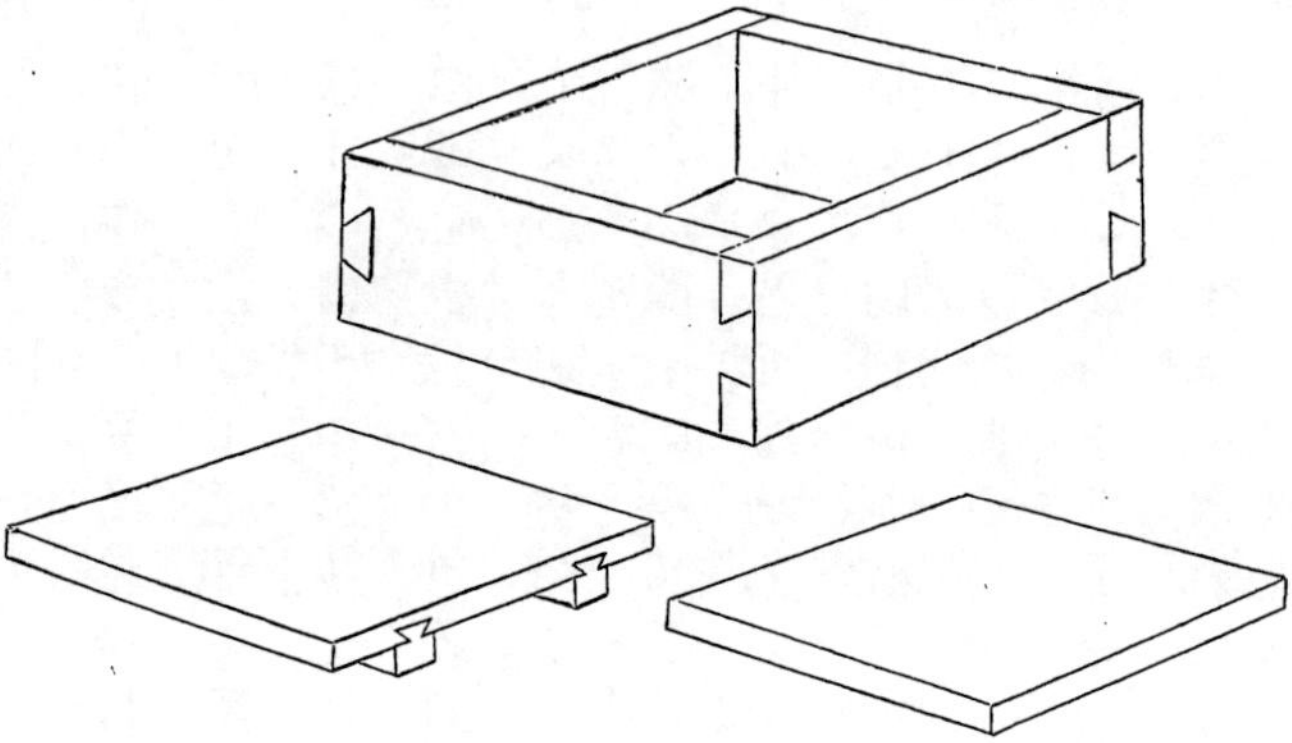

〔壓箱《たしはこ》〕箱《はこ》は普通《ふつう》上方《かみがた》風《ふう》の鮓屋《すしや》で用《もち》ひます、天《てん》地《ち》抜《ぬ》き放《はな》しの自由《じゆう》に出來《でき》ますものがよろしく、箱《はこ》なき時《とき》は飯櫃《めしびつ》の蓋《ふた》にても空折《あきをり》でも差支《さしつかへ》無《な》いのです。（第十五圖參照）

（二）あゆの卯《う》の花《はな》ずし

材料《ざいれう》　あゆ　豆腐粕《から》

道具《だうぐ》　壓箱《たしはこ》

〔魚《さかな》の作方《つくりかた》〕前記《ぜんき》あゆの鮓《すし》と同《おな》じです。

〔壓方《たしかた》〕すし飯《めし》と豆腐粕《から》と變《かは》つただけで漬《つ》け方《かた》押《お》し方《かた》は同《おな》じです。只《たゞ》豆腐粕《から》の方《はう》は飯《めし》に較《くら》べて腰《こし》がないので、其《その》つもりで手《て》加減《かげん》をして下《くだ》さい。

〔侑《すゝ》め方《かた》〕前條《ぜんでう》と同《おな》じです。

〔豆腐粕《から》の作方《つくりかた》〕豆腐粕《から》の拵《こし》らへ方《かた》は種々《いろ〳〵》かわつて本式《ほんしき》でゆきますと、豆腐粕《から》を擂鉢《すりはち》でよく擂《す》つて、毛節《すゐのう》で裏漉《うらごし》にかけ、直《す》ぐ水《みづ》に移《うつ》し取《ご》つて、よく攪拌《かきまは》して毛篩《すゐのう》にあげ、その儘《まゝ》布《ふ》巾《きん》で少《すこ》しづゝ堅《かた》く水氣《みづけ》を搾《しほ》り、それを鍋《なべ》に移《うつ》して煮出汁《にだし》と味《み》淋《りん》及《およ》び鹽《しほ》を少量《すこし》ばかり入《い》れて、中火《ちうび》でよく攪拌《かきまわ》して煎《い》り、少《すこ》し經《た》つて酢《す》を少量《すこし》入《い》れて又《また》かき廻《まわ》し、後《の》ち玉子《たまご》のしろみを少《すこ》し割《わ》つて交《まじ》ね、火《ひ》をとろくしてまた煎《い》り、味《あぢ》の加《か》減《げん》を試《こゝろ》みて、程《ほど》よく炒《い》れましたらば鍋《なべ》を下《お》ろして、直《す》ぐ皿《さら》に移《うつ》してよく平《たひ》らにして冷《さ》まして用《つか》ひます。

分量《ぶんりやう》は豆腐粕《から》が茶碗《ちやわん》三杯位《はいぐらゐ》ならば、煮出汁《だし》一杯《はい》、味《み》淋《りん》一杯《はい》、鹽《しほ》二勺《しやく》、酢《す》半《はん》杯《はい》、鶏卵《たまご》一個《こ》のしろみでよいでせう。

攪拌《かきまは》すのは、杓子《しやもじ》でも杉箸《すぎはし》六七本共《ほんいつしよ》に持《もつ》ても何《いづ》れでもよく、要《えう》するに鍋底《なべそこ》のこげぬやう手早《てはや》くすればよいのです。

又《また》毛篩《すゐのう》で漉《こ》さず直《す》ぐ鍋《なべ》に容《い》れて、鹽《しほ》の代《かは》りに醤油《しやうゆ》をさして鶏卵《たまご》を別《わ》けずに完《まる》でと入《い》れても差支《さしつかへ》は無《な》く、なるたけ行《や》り宜《よ》い方《はう》を望《のぞ》みます。

（三）さば（鯖）

材料《ざいれう》　さば
わさび　道具《だうぐ》　毛拔《けぬき》、壓箱《おしはこ》
すし飯《めし》

鯖《さは》は押《おし》酢《すし》として最《もつと》も善味《うま》く、七月《がつ》中《なか》頃《ごろ》から九月《がつ》中《なか》頃《ごろ》までは分《わ》けて眞味《しんみ》と致《いた》します。又《また》此《この》魚《うを》は俗《ぞく》に活《い》き腐《ぐさ》れと云《い》つて、腐《くさ》り易《やす》いものですから、鮓《すし》には極《ご》く新鮮《あたら》しいのを用《もち》ゐなければ失敗《しくじ》ります。

〔魚《うを》の作方《つくりかた》〕腹《はら》のふくれざる手頃《てごろ》の材料《ざいれう》を撰《えら》み、鰭《ひれ》を切《き》り鱗《こけ》をザツと排《は》らひ、頭《かしら》を斜《はす》に落《おと》し、尻尾《しつぽ》を切《き》り、身《み》の割《わ》れぬやう、注意《ちうい》して背開《せびら》きになし、中骨《なかはね》を去《さ》り、魚《うを》を持《もち》ち轉《かへ》て腹皮《はらかは》をすき、ちよつと洗《あら》つて、表裏《へうり》にやゝ強《つよ》く鹽《しほ》を撒布《ふり》かけ、一時間程《じかんほど》平笊《ひらざる》に並《なら》べ置《お》き、後《の》ち下酢《したず》で鹽《しほ》を洗《あら》ひ落《おと》し、毛拔《けぬき》を使《つか》つて腹部《はら》の小骨《こはね》を殘《のこ》らぬやうに悉皆《すつかり》拔《ぬ》き、新酢《しんず》に二時間程《じかんほど》浸《つ》け置《お》きます。

〔壓《お》し方《かた》〕前記《ぜんき》の材料《ざいれう》を笊《ざる》に揚《あ》げてよく酢《す》を切《き》り、握《にぎ》り鮓《ずし》の鯖《さは》のやうに、今用《いまつか》ふだ

け の魚《うを》の薄《あま》皮《かは》を剥《む》きます。

次《つぎ》に鮎《あゆ》の如《ごと》く、新《あた》らしき布《ふ》巾《きん》を絞《しぼ》つて俎《そ》上《じやう》に菱《ひし》形《がた》に擴《ひろ》げ置《お》き、その中《まん》央《なか》に材《ざい》料《れう》を裏《うら》返《がへ》して一文《もん》字《じ》に置《お》き、鮎《あゆ》のやうにして飯《めし》を敷《し》き詰《つ》め、布《ふ》巾《きん》の下《した》端《はし》から巻《ま》き初《はじ》めて二つに材《ざい》料《れう》を折《を》つて、堅《かた》く巻《まき》締《し》め、形《かた》ちのちよつと付《つ》きし頃《ころ》布《ふ》巾《きん》を外《はづ》し、前《ぜん》記《き》鮎《あゆ》の條《くだり》を參《さん》照《せう》して箱《はこ》に詰《つ》めて、三時《じ》間《かん》程《ほど》壓《おし》石《いし》を置《お》きます。

〔脩《すゝ》め方《かた》〕箱《はこ》から出《だ》して頭《かしら》の方《はう》の端《みゝ》を二三分《ぶ》落《おと》し、刺《さし》身《み》庖《はう》丁《てう》によく酢《す》を霑《つ》けて、一寸《すん》宛《づゝ》位《ぐらゐ》に輪《わ》切《ぎり》にして、立《た》てゝ皿《さら》に盛《も》ります。

〔注意〕短《たん》時《じ》間《かん》で材《ざい》料《れう》の鮓《すし》を作《つく》らうとした時《とき》は酢《す》の利《き》かぬために、布《ふ》巾《きん》で巻《ま》く際、材《ざい》料《れう》の腹《はら》に山《わさ》葵《び》を一文《もん》字《じ》に挿《はさ》み塗《ぬ》つて用《もち》ゐます、さすれば腥《くさ》氣《み》を去《さ》ります。

〔四〕車《くるま》ゑび黄《き》身《み》ずし

材《ざい》料《れう》 車《くるま》ゑび　鶏《けい》卵《らん》　山《わさ》葵《び》

道《だう》具《ぐ》 竹《たけ》串《ぐし》、壓《お》し箱《はこ》

〔ゑび作方《つくりかた》〕第《だい》三章《せう》第《だい》六の中《うち》くるまゑびの條《ぜう》を參照《さんせう》して下《くだ》さい。

〔壓《お》し方《かた》〕作《つく》つて置《お》いた材料《ざいれう》を三杯酢《はいず》に二三分間《ぶんかん》浸《つ》け、あげて布巾《ふきん》で酢《す》を拭《ぬぐ》ひ、別《べつ》に新《あた》らしき布巾《ふきん》を俎上《まないた》に菱形《ひしがた》にのして置《お》き、その中央《まんなか》に材料《ざいれう》を裏返《うらがへ》して横《よこ》に一文字《もんじ》に置《お》いて山葵《わさび》を背《せ》の凹《くぼ》んだ部《ところ》に塗《ぬ》り、右手《めて》と左手《ゆんで》の掌《てのひら》で黄身《きみ》を丸《ま》ろめて握《にぎ》りおき、材料《ざいれう》にのし乍《なが》らつけ、布巾《ふきん》で輕《かろ》く卷《ま》き押《お》さへて、羽子板《はごいた》のやうに材料形《ざいれうなり》の癖《くせ》を付《つ》けて置《お》き、壓《お》し箱《はこ》に笹《さゝ》を敷《し》き、よく酢《す》を撒《ふ》布つて、互《たが》ひ違《ちがひ》に、よき程《ほど》に崩《くづ》れぬやうに材料《ざいれう》を移《うつ》し入《い》れ、笹《さゝ》を覆伏《おほひかぶ》せて蓋《ふた》をなし、一時間程《じかんほど》輕《かる》い壓石《おしいし》を置《お》きます。

〔黄身《きみ》の製方《こしらへかた》〕鷄卵《けいらん》を假《かり》に十個《こ》としたらば、先《ま》づ適《てき》宜の器《うつは》に七個《こ》は普通《ふつう》に割破《わりこ》はし、三個《こ》は白身《しろみ》を拔《ぬ》き取《と》つて黄身《きみ》だけにして、前《まへ》のとよく交《ま》ぜ、味淋《みりん》五勺《しやく》、鹽《しほ》二勺《しやく》、砂糖《さとう》十五匁《もんめ》、酒《さけ》五勺《しやく》酢《す》三勺《じやく》ぐらいの割《わり》で、玉子《たまご》とよく攪拌《かきまは》し、鍋《なべ》に入《い》れて火《ひ》に懸《か》け、ぶく〳〵泡立《あはだ》つて、かたまりかける迄《まで》は杓子《しやもじ》で攪拌《かきまは》し、やゝかたまつた時《とき》、湯煎《ゆせん》に懸《か》けて箸《はし》十本《ほん》ほどを持《も》つて、攪拌《かさまは》し乍《なが》ら煎《い》り上《あ》げ、裏漉《うらごし》にかけて冷《さ》まして用《つか》ひます。

〔侑《す》め方《かた》〕時間《じかん》が經《た》ちましたら材料《ざいれう》を箱《はこ》から出《だ》して、海老《ゑび》なりに庖丁《はうてう》をして（海老《ゑび》

のまわりにはみ出《だ》した黄身《きみ》を截《き》り落《おと》します）侑《すゝ》めます

（五）くるまゑび卯《う》の花《はな》鮓《すし》

くるまゑび

材料《ざいれう》　山葵《わさび》　道具《だうぐ》　竹串《たけぐし》、壓箱《おしはこ》

豆腐粕《から》

〔ゑび作方《つくりかた》〕前條《ぜんじやう》に同《おな》じです。

〔壓《お》し方《かた》〕黄身《きみ》と豆腐粕《から》と變更《かは》つただけで、總《すべ》て同《おな》じで

〔侑《すゝ》め方《かた》〕前條《ぜんじやう》に同《おな》じです。

（六）こけらずし

材料《ざいれう》　小鯛《こだい》　鷄卵《けいらん》　椎茸《しひたけ》

木耳《きくらげ》　　道具《だうぐ》　毛拔《けぬき》鮓函《すしはこ》

みつば

すし飯《めし》

こけらずしは昔京阪地方《むかしけいはんちはう》で古《ふる》くから行《おこな》はれた方法《はうはふ》で、別《べつ》に小倉鮓《をぐらずし》、千倉鮓《ちぐらずし》、若狹《わかさ》鮓《すし》、淀川鮓《よどがはずし》等《など》と申《まう》します。今其《いまそ》れ等《ら》の古書《こしよ》を參照《さんせう》して、なるべく明治式《めいじしき》に手輕《てかる》に誰《だれ》にでも製《で》きるやうに説明致《せつめいいた》しますから。多少古法《たせうこはふ》と相違《さうゐ》して居《ゐ》るかも知《し》れませんが、其《その》れつもりで御覽下《ごらんくだ》さい。

さて以上《いじやう》の材料《ざいれう》を調《とゝの》へまして、煮《に》たるものはよく冷《さま》し置《お》き、壓鮓《おしずし》に使《つか》ふ鮓箱《すしはこ》を用意《ようい》し、壓鮓《おしずし》の如《ごと》く、箱《はこ》の底《そこ》に笹《さゝ》なり竹皮《たけのかは》なり、飯粒《めしつぶ》の附《つ》かぬやうに敷《し》き、すし飯《めし》を適宜《てきぎ》に薄《うす》く置《お》き、よく指頭《ゆびさき》に酢《す》を付《つ》けて手《て》にて飯《めし》の高低《かうてい》なきやうにならします。次《つぎ》に椎茸《しひたけ》、木耳《きくらげ》、みつばをパラリと撒布《ふりか》け、其上《そのうへ》に薄燒玉子《うすやきたまご》と小鯛《こだい》を適宜《てきぎ》に列《な》らべ、更《さら》に其材料《そのざいれう》を覆《お》ふやうに、一面《めん》にやゝ厚《あつ》めにすし飯《めし》を敷《し》きつめ、清酢《せいす》をちよつと撒布《ふりか》け、竹《たけ》の皮《かは》にて飯《めし》の上《うへ》を覆《おほ》ひ箱蓋《はこぶた》を成《な》し、壓石《おもし》を載《の》せて二時間程置《じかんほどお》きます。侑《すゝ》める際《さい》に箱《はこ》を取《と》り除《のぞ》き、飯《めし》の上《うへ》の竹《たけ》の皮《かは》を去《さ》り、薄刃庖丁《うすはほうてう》によく酢《す》を塗《ぬ》つて、

サンドヰッチのやうに適宜《てきぎ》の大《おほ》きさに截《き》り、皿《さら》には杉形《すぎなり》に盛《も》ります、

【小鯛《こだい》】握鮓《にぎりすし》の條《じやう》に說《と》きたるやうに三枚《まい》に卸《おろ》して中骨《なかほね》を拔《ぬ》き、前《まへ》の如《ごと》く酢《す》に漬《つ》け、賽《さい》の目《め》か或《あるひ》は短冊《たんざく》に細《ほそ》く切《き》つて用《もち》ゐます。

【鷄卵《けいらん》】薄燒《うすやき》にして、ちらし五もくの種《たね》の如《ごと》くに庖丁《はうてう》致《いた》します。

【椎茸《しひたけ》】及《およ》び【木耳《きくらげ》】海苔《のり》卷《まき》の部《ぶ》を參照《さんせう》して其《そ》れに準《じゆん》じて刻《きざ》みます。

【みつば】莖《くき》の端《はし》を切《き》り落《おと》し、ザツと茹《う》で、水《みづ》をかけて冷《さま》し、五分《ぶ》程《ほど》の長《なが》さに切《き》り。味淋《みりん》酢《ず》若《も》しくは三杯《はい》酢《ず》にくゞらせ、目《め》笊《ざる》に揚《あ》げて酢《す》をちよつと切《き》つて用《つか》ひます。

（七）こけらずし別法《べつはふ》

こけら鮓《ずし》は前述《ぜんじゆつ》の如《ごと》く、正式《せいしき》は鯛《たい》を主《しゆ》として用《つか》ふのですが、鯛《たい》に乏《とぼ》しき折《をり》或《あるひ》は變則《へんそく》として鰺《あぢ》、細針魚《さより》、鯖《さば》、鰶《こはだ》等《など》何《な》んでも有合《ありあは》せの小魚《こうを》を一種《いろ》擇《えら》んで用《つか》つても宜《よ》ろしく、尚《なほ》色彩《いろどり》に赤貝《あかがひ》を細《ほそ》ろく切《き》つて加《くは》へても面白《おもしろ》からうと思《おも》ひます。

副材《そへもの》も、椎茸《しひたけ》、みつばと限《かぎ》らず、其季節《そのきせつ》に品《しな》を變《か》へて使《つか》へば、年中《ねんぢう》飽《あ》きずに漬《つ》けら

れませう。

(八) おこしずし

材料《ざいれう》　道具《だうぐ》　こけら鮓《すし》に同《おな》じ。

壓《お》し方《かた》をこけら鮓と同《おな》じに製《つく》り、箱《はこ》を取《と》り除《の》け、竹皮《たけのかは》或《あるひ》は笹《さゝ》の葉《は》を去《さ》つて、庖丁《はうてう》を加《くは》へず、悉皆《そつくり》飯《めし》を崩《くづ》さぬやう、平《たひ》らな皿《さら》に移《うつ》し取《と》つて其儘《そのまゝ》、侑《すゝ》め、匕《さぢ》か箸《はし》(フォークでもよし)を以《もつ》て小口《こぐち》から、鋤《す》き發《くづ》して喰《た》べます。

此鮓《このすし》は昔大阪《むかしおほさか》の堂島邊《だうじまへん》ではすくひ鮓とも云《い》つたろうです。

(九) あたゝめずし

材料《ざいれう》　道具《だうぐ》　こけらずしに同《おな》じ。

温煦《あたゝめ》ずしは、古《ふる》く京阪地方《けいはんちはう》に行《おこなは》れて、當今《たうこん》では廢《すた》れて顧《かへりみ》る者《もの》がありません。作《つく》り方《かた》はこけらずしと同《おな》じ材料《ざいれう》を用意《ようい》して置《お》き、釜《かま》から飯《めし》を移《うつ》して、熱《あつ》きうちに調合《てうがう》し、冷《さめ》ぬうちに手早《てはや》くこけらずしのやうに飯《めし》を鮓箱《すしはこ》に敷《し》きならし、混交《まぜ》ます。

核肉《たね》も薄《うす》玉子《たまご》、推茸《しひたけ》の如《ごと》きは冷《さ》まさぬうちに敷《し》きつめ、こけらずしの通《とほ》り蓋《ぶた》をなし、毛布《けつと》か布團《ふとん》によく包《つゝ》み置《お》き、冷《さ》めたからず熱《あつ》からず、恰度《ちやうど》其《その》中邊《ちうへん》を採《と》つて蓋《ふた》を取《と》り、こけらずしのやうに庖丁《はうてう》して侑《すゝ》めます。

第二　巻《まき》ずしの部《ぶ》

巻鮓《まきずし》は握鮓《にぎりずし》、壓鮓《おしずし》に較《くら》べて至難《しなん》な方法《はうはふ》ですから、熟練《じゆくれん》をした上《うへ》でなければ多《おほ》く失敗《しくじ》ります、巻鮓《まきずし》も壓鮓《おしずし》と同《おな》じで、種類《しゆるゐ》は此欄《このらん》に掲《かゝ》げた外《ほか》、和布《わかめ》巻鮓《まきずし》、昆布《こんぶ》巻鮓《まきずし》、魚巻《ぎよまき》ずし、蒲鉾巻《かまぼこまき》）竹皮巻《たけのかはまき》等《など》ありますが、皆《みな》ちよつと面倒《めんだう》で秘術《こつ》を要《えう》しますので、とても書《か》いた處《ところ》で御會得《ごゑとく》がむづかしいので、悉皆《そつくり》省《はぶ》き、僅《わづか》に極《ご》く簡易《かんい》なのを二種《いろ》だけ説《と》きます。

（一）　玉子《たまご》渦巻《うづまき》

材料《ざいれう》　鶏卵《けいらん》　海苔《のり》飯《めし》

道具《だうぐ》　竹箸《たけはし》、布巾《ふきん》

【鷄卵《たまご》作方《つくりかた》】 鷄卵《たまご》は第《だい》二章《せう》薄《うす》燒《やき》玉子《たまご》の條《ぜう》を參《さん》照《せう》して、斷《き》れぬやう、燒《や》き過《す》ぎぬやうに注意《ちうい》して燒《や》き、四隅《すみ》の端《みゝ》油臭《あぶらくさき》を避《さ》けるため)を二三分《ぶ》切落《きりおと》し、よく平《たひら》な板《いた》か、飯櫃《めしびつ》の蓋《ふた》の表《をもて》に移《うつ》して冷《さ》まします。

【卷《ま》き方《かた》】 材料《ざいれう》の薄《うす》燒《やき》玉子《たまご》の色《いろ》づいた方《はう》を仰向《あふむ》けにして爼板《まないた》に角《かく》に置《お》き、之《こ》れに大卷《おほまき》海苔《のり》卷《まき》のやう(第《だい》二章第《しやうだい》一大卷《おほまき》下卷《したまき》參照《さんせう》)に豫《あらかじ》め左右《さいう》の兩掌《りやうて》で海苔《のり》飯《めし》を輕《かろ》く丸《まる》め置《お》き、玉子《たまこ》の中央《まんなか》から、材料《ざいれう》の斷《き》れぬやう丁寧《ていねい》に飯《めし》を熨《の》し(大卷《おほまき》よりやゝ厚《あつ》く五寸《すん》程《ほど》に飯《めし》を敷《し》く)左右《さいう》の指頭《ゆびさき》に、よく酢《す》を霑《しめ》して飯《めし》に高下《むら》の無《な》きやうに輕《かろ》く押《お》し、大卷《おほまき》の下卷《したまき》(第《だい》二章《せう》大卷《おほまき》參照《さんせう》)のやうな手順《てじゆん》にして、ぐるりと卷《ま》き上《あ》げ、兩手《りやうて》で輕《かろ》く押《お》さへて、一寸形《ちよつこかたち》を付《つ》けます。

次《つぎ》に爼上《まないた》に、壓鮓《おしずし》の如《ごと》く布巾《ふきん》をよく絞《しぼ》つて菱形《ひしがた》に擴《ひ》ろげ、之《こ》の上《うへ》に前記《ぜんき》の玉子《たまご》卷《まき》を卷締《まきじ》めを上《うへ》にして載《の》せ、布巾《ふきん》でぐるりと包《つゝ》み、三四度《たび》轉《ころ》がして爼上《まないた》で丸《まる》みを付《つ》けてよく締《し》めます。

【侑《すゝ》め方《かた》】 卷《ま》き上《あ》げた材料《ざいれう》は三十分《ぷん》程《ほど》經《た》ちて布巾《ふきん》を取外《とりは》づし、ちよつと小口《こぐち》の端《みゝ》を落《おと》して七分位《ぶぐらゐ》の厚《あつ》みに輪切《わぎり》にして(鯖《さば》の壓鮓《おしずし》の如《ごと》く)侑《すゝ》めます。

(二)　玉子厚巻《たまごあつまき》

是《こ》れは現今《たゞいま》、與兵衛《よへゑ》ずしで行《や》つて居《を》ります方法《はうはふ》で、一寸《ちよつこ》オックーで、家庭《かてい》では行《おこな》はるべきものでありませんが、參考品《さんかうひん》として書《か》き添《そ》ゐて置《お》きますから、さやうな方《かた》は是《こ》れを御覧《ごらん》になつて省略《せうりやく》して試《こゝろ》みてもよいのです。

材料《ざいれう》
鶏卵《けいらん》
海苔《のり》飯《めし》

道具《だうぐ》　竹箸《たけはし》、布巾《ふきん》

〔鶏卵《たまご》作方《つくりかた》〕厚焼《あつやき》一枚《まい》につき、鶏卵《たまご》七個《こ》、味淋《みりん》、アク引《ひき》、醤油《しやうゆ》各《おの〳〵》猪口《ちよこ》に一杯宛《はいづゝ》の分量《ぶんりやう》でよく撈《かきまは》して置《お》きます。

さて七輪《りん》に烈《れつ》火《くわ》を起《お》こし、角鍋《かくなべ》を懸《か》け、よく鍋《なべ》を胡麻《ごま》の油《あぶら》で拭《ふ》き鍋《なべ》の熱《あつ》くなる頃《ころ》、前記《ぜんき》の玉子《たまご》を流《なが》し込《こ》み、鍋《なべ》の四《す》隅《み》がブク〳〵漸《やうや》く泡《あはだ》つて來《き》ましたら、七輪《りん》から一寸《ちよつこ》鍋《なべ》を手《て》元《もと》に引《ひ》き竹ベラを平《たひら》に鍋《なべ》と玉子《たまご》の間《あひだ》に挿《さ》し込《こ》み下端《したはじ》からぐるりと巻《ま》き上《あ》げ、三分《ぶん》の二位《くらゐ》ほど折込《をりこ》むで、其《そ》の玉子《たまご》(鍋《なべ》の三分《ぶん》の二の面積《めんせき》)の上面《うへ》に、鍋《なべ》より幅《はゞ》の長《なが》き金鋼《かなあみ》を橋《はし》のやうに渡《わた》して乘《の》せ、網《あみ》の上《うへ》には猛《はげ》しく起《お》つた火《ひ》を五六片《へん》

並《な》らべ戴《の》せて、玉子《たまご》を天地《てんち》で焼《や》き、凡《およ》そ二分《ふん》間《かん》程《ほど》經《た》つて網《あみ》を排《はら》ひ取《と》り、再《ふたゝ》び鍋《なべ》を元《もと》のやうに七輪《りん》に懸《か》け、鍋《なべ》蓋《ふた》で引《つよ》く壓《お》し、一旦《たん》ちよつと他《ほ》器《か》に移《うつ》し、裏《うら》返《がへ》して再《ふたゝ》び靜《しづ》かに鍋《なべ》に容《い》れ、又《また》鍋《なべ》蓋《ふた》で強《つよ》く壓《お》して焼《や》き上《あ》げ、鍋《なべ》を下《お》ろして他《ほか》に移《うつ》しとり、風《かぜ》を送《お》くつて冷《さ》まします。

〔鍋《なべ》〕之《こ》れに用《もち》ゐます角《かく》鍋《なべ》は、縱《たて》が九寸《すん》、幅《はゞ》が八寸《すん》、深《ふか》さが一寸《すん》で銅《あか》の厚《あつ》さが二分《ぶ》位《ぐらゐ》あつて、重量《じやうれう》がザット一貫目《くわんめ》あります。　蓋《ふた》は、手《て》があつて板《いた》の厚《あつ》さが六分《ぶ》程《ほど》あります。

〔巻《ま》き方《かた》〕布《ふ》巾《きん》をよく絞《しぼ》つて爼《まな》上《いた》に菱《ひし》形《がた》に擴《ひ》ろげ、材《ざい》料《れう》を裏《うら》返《がへ》し（表《をもて》は色《いろ》のよき方《はう》裏《うら》はやゝ黒《くろ》き方《はう》）て一文《もん》字《じ》に戴《の》せ、端《はじ》から順《じゆん》に海《の》苔《り》飯《めし》を一寸《すん》位《ぐらゐ》の厚《あつ》さに附《つ》着け、指《ゆび》先《さき》で一《ちよ》寸《つと》中《まん》央《なか》を凹《くぼ》ませ、布《ふ》巾《きん》の下《した》端《はじ》から之《こ》れを包《つゝ》み乍《なが》ら丸《まる》め、包《つゝ》み終《をは》つて更《さら》に三四回《くわい》爼《まな》上《いた》に轉《ころ》がし、丸《まる》みを付《つ》け乍《なが》ら巻《ま》き締《し》めます。

〔侑《すゝ》め方《かた》〕凡《およ》そ三十分《ぷん》間《かん》經《た》つて布《ふ》巾《きん》を脫《とり》外《はづ》し、薄《うす》刄《は》によく酢《す》を濡《ひた》して小《こ》口《ぐち》の端《はし》を薄《うす》く落《おと》し、五六分《ぶ》程《ぐらひ》の厚《あつ》さ（一本《ほん》を十切《き》れ）に輪《わ》切《ぎ》りに致《いた》して侑《すゝ》めます。

（三）いか五もく巻

材料《ざいれう》　あふりいか
五もく飯《めし》
道具《だうぐ》　布巾《ふきん》

〔烏賊《いか》の作方《つくりかた》〕まいかでも宜《よ》ろしいが、なるべく巻鮓《まきずし》には、あふり烏賊《いか》の新《あた》らしき肉《にく》の厚《あつ》いのを適當《てきたう》と致《いた》します。あふり烏賊《いか》は、まいか（第《だい》二章《せう》第《だい》六握鮓《にぎりずし》貝類部《かひるゐぶ》參《さん》照《せう》）を參考《さんかう》して、それに少《すこ》し手《て》加《か》減《げん》をして洗《あら》ひ上《あ》げ、味淋《みりん》三割《わり》、醬油《しやうゆ》アク引《ひき》各《おの〳〵》二割《わり》、煑《だ》出汁《し》三割《わり》の分量《ぶんれう》で、なるべく汁《つゆ》を充分《たつぷり》拵《こし》らへ鍋《なべ》を懸《か》け、汁《つゆ》の沸立《にたつ》た時《とき》、材料《ざいれう》を投《い》れてよく表裏《ひやうり》を返《かへ》し、色《いろ》の薄《うす》く付《つ》いた頃《ころ》鍋《なべ》を引《ひ》き、皿《さら》に移《うつ》して、よく風《かぜ》を送《たく》つて冷《さ》まします。

〔注意〕巻鮓《まきずし》の烏賊《いか》は、表《おもて》に網《あみ》の目《め》を入《い》れずに原《もと》の儘《まゝ》で宜《い》いのです。

〔巻《ま》き方《かた》〕よく布巾《ふきん》を絞《しぼ》つて俎上《まないた》に菱形《ひしがた》に擴《ひ》ろげ、此《こ》の上《うへ》に材料《ざいれう》を裏返《うらがへ》して戴《の》せ（横《よこ》に）五もく飯《めし》を豫《あらかじ》め左右《さゆう》の掌《てのひら》で丸《まる》めて、玉子《たまご》巻《まき》のやうに五六分位《ぶぐらゐ》の厚《あつ》さに平坦《たひら》に熨《の》し、下端《したはし》の布巾《ふきん》から包《つゝ》み始《はじ》め、左右《さゆう》の兩端《りやうはじ》（布巾《きん》の）は其儘《そのまゝ》にして巻《ま》き上《あ》げ、次《つ》ぎ

に左《さ》右《ゆう》の兩端《りやうはし》(布《ふ》巾《きん》)を中央《まんなか》で堅《かた》く結《むす》び、尙《なほ》幾度《いくど》もグル〳〵爼上《まないた》で轉《ころ》がして締《しめ》め乍ら丸《まろ》みを付《つ》けます。

〔脩《すゝ》め方《かた》〕巻《ま》き上《あが》つた材料《ざいれう》は一時《じ》間《かん》程《ほど》經《た》つて布《ふ》巾《きん》を外《は》づし、薄刄《うすは》によく酢《す》を濕《しめ》して小《こ》口《ぐち》の端《みゝ》を落《おと》し、五分《ぶ》位《ぐらゐ》宛《づゝ》の厚《あつ》みに輪切《わぎり》にしてすゝめます。

〔五もく飯《めし》〕握鮓《にぎりずし》いか五もくづけ參照《さんせう》。

第五章

第一 精進《しようじん》ずしの部《ぶ》

精進《しやうじん》ずしも魚類《ぎよるゐ》と同《おな》じやうに、昔《むかし》から傳《つたは》つて居《を》ります漬《つ》け方《かた》は、夥《おびたゞ》しく種類《しゆるゐ》がありますが、一々說《と》き擧《あ》げますと、中《なか》には今日《こんにち》家庭《かてい》で一寸《ちよつと》能《で》き難《にく》いのも見《み》ゑますから、爰《こゝ》には其中《そのうち》で最《もつと》も簡易《かんい》で初心《しよしん》な方《かた》でも直《す》ぐ應用《あふよう》されるもの丶みを五六種《しゆ》掲《かゝ》げて、煩《わづら》はしきは大概《たいがい》省《はぶ》いておきました。

ですから精進《しようじん》ずしは寔《まこと》に微々《びゞ》たるものに終《をは》りましたが、前述《ぜんじゆつ》の次第《しだい》ですから其《その》おつもりで讀《よ》んで下《くだ》さい。

（一）海苔卷《のりまき》

材料《ざいれう》 乾海苔《ほしのり》 干瓢《かんぴやう》

椎茸《しひたけ》　道具《だうぐ》　竹簾《すだれ》

すし飯《めし》

〔巻《ま》き方《かた》〕は第《だい》二章《せう》第《だい》一海苔卷《のりまき》の部《ぶ》の(六)大卷《おほまき》の條《ぜう》を參照《さんせう》して、大卷《おほまき》の下卷《したまき》と云《い》ふのを製《つく》り、竹簾《すだれ》にて卷《ま》き締《し》め、俎《まないた》に一文字《もんじ》に置《お》き、薄刄《うすは》によく酢《す》を浸《ひた》して小口《こぐち》の端《はし》を切《き》り落《おと》し、一本《ほん》を八つ位《ぐらゐ》に切《き》りて侑《す》めます。

〔二〕細卷《ほそまき》

材料《ざいれう》　乾海苔《ほしのり》

干瓢《かんぺう》若しくは椎茸《しひたけ》　道具《だうぐ》　竹簾《すだれ》

すし飯《めし》

〔巻《ま》き方《かた》〕〔侑《す》め方《かた》〕第《だい》二章《せう》第《だい》一海苔卷《のりまき》の部《ぶ》の(一)細卷《ほそまき》及《およ》び(三)椎茸《しひたけ》細卷《ほそまき》の條《ぜう》參照《さんせう》。

〔三〕鳴門卷《なるごまき》（渦卷蕎麥《うづまきそは》）

乾海苔《ほしのり》

材料《ざいれう》　蕎麥《そば》　道具《だうぐ》　竹簾《すだれ》
山葵《わさび》

普通《ふつう》の下卷《したまき》を卷《ま》くやうに、先《ま》づ漉《す》き切《ぎ》れの無《な》き、よき乾海苔《ほしのり》（大判《おほはん》）を裏《うら》を見《み》せて俎上《まないた》に置《お》き、飯《めし》のやうに、普通《ふつう》の蕎麥《そば》を二分位《ぶぐらゐ》の厚《あつ》みに平坦《たひら》に熨《の》し、指先《ゆびさき》で高下《かうげ》のなきやうにならし、下端《したはじ》より順次《じゆんじ》上部《じやうぶ》に卷《ま》き上《あ》げ、手先《てさき》で一寸《ちよつと》丸《まる》みを付《つ》け、更《さら》に竹簾《すだれ》を使《つか》つて卷《ま》き締《し》めます。

〔侑《すゝ》め方《かた》〕前《まへ》の海苔卷《のりまき》の如《ごと》く、端《みゝ》を落《おと》し、一本《ほん》を八つに切《き》り、山葵《わさび》醬油《じやうゆ》を添《そ》へて侑《すゝ》めます。

〔注意〕材料《ざいれう》の蕎麥《そば》は手近《てぢか》の蕎麥屋《そばや》より『もり』を取寄《とりよ》せれば手輕《てがる》に能《で》きます。又《また》贅澤《ぜいたく》にすれば『茶蕎麥』を望《のぞ》みます。

（四）松茸《まつだけ》ずし

材料《ざいれう》　まつだけ
干瓢《かんびやう》

海苔飯《のりめし》

【茸《たけ》の作方《つくりかた》】笠《かさ》のひらかぬ、なるたけ大《おほき》なる新《あたら》しき材料《ざいれう》を撰《えら》び、石付《いしづき》の部分《ところ》を切去《きりさ》り、薄皮《あまかは》を剝《む》き取《と》つて、笠《かさ》を注意《ちうい》して、短冊《たんざく》に薄《うす》く切《き》り、殺蟲《さつちう》の爲《た》めに少時《しばらく》鹽水《しほみづ》に浸《つ》け置《お》き、次《つぎ》に沸騰《ふつたう》した熱湯《ねつたう》に投《とう》じてザッと茹《う》で、目笊《めざる》に揚《あ》げ冷水《れいすゐ》をかけて冷《ひ》やし、水《みづ》を斷《き》つて三十分《ぶん》程《ほど》三杯《ばい》酢《ず》に浸《つ》けて置《お》きます。

【握方《にぎりかた》】酢《す》より揚《あ》げて目笊《めざる》に移《うつ》し、握《にぎ》る際《さい》、一枚宛《まいづゝ》布巾《ふきん》で酢《す》を拭《ふ》き、材料《ざいれう》の短冊《たんざく》が幅《はゞ》廣《ひろ》ければ一枚《まい》、狹《せま》ければ二枚《まい》を重《かさ》ねて鮓《す》一個《こ》に宛《あ》て、海苔飯《のりめし》を用《つか》つて握《にぎ》り、干瓢《かんぴやう》を帶《たび》とし押《おさ》へて侑《すゝ》めます。

(五)　ゆばずし

材料《ざいれう》
　金糸《きんし》乾《ゆ》豆腐皮《は》
　すし飯《めし》

【ゆゝば作方《つくりかた》】金絲《きんし》乾《ゆ》豆腐皮《は》の佳《よ》きものを撰《えら》び、一寸《ちよつと》温湯《ぬるゆ》に浸《ひた》して塵《ちり》を浮《う》かせて落《おと》し、平笊《ひらざる》に移《うつ》して水氣《みづけ》を斷《き》り、一枚《まい》を四つに折《を》つて敷笊《しきざる》に適《てき》宜《ぎ》に並列《なら》べ、別《べつ》に味淋《みりん》

三割《わり》アク引《ひき》二割《わり》醤油《しやうゆ》一割《わり》の汁《つゆ》を調合《てうがう》した鍋《なべ》を掛《か》け、汁《つゆ》の沸騰《ふつたう》した頃《ころ》を見《み》て、敷笊《しきざる》の儘《まゝ》鍋《なべ》に投《い》れ、中火《ちつび》で落《おと》し蓋《ぶた》を用《つか》つて汁《つゆ》の引《ひ》く迄《まで》煮《に》上《あ》げ、鍋《なべ》を下《お》ろします。
次《つぎ》に材料《ざいれう》を鍋《なべ》より皿《さら》にとつて、一枚《まい》宛《づゝ》破《や》ぶけぬやう折《を》りたる材料《ざいれう》を丁寧《ていねい》に再《ふたゝ》び擴《ひ》ろげ風《かぜ》を送《おく》つて冷《さま》します。斯《か》く冷《さ》ますと材料《ざいれう》に光澤《つや》が出《で》て來《き》ます。さて冷《さ》めましたら一枚《まい》を四つ宛《づゝ》に切《き》ります。

〔握方《にぎりかた》〕四つに切《き》つた材料《ざいれう》は、爼《まないた》に縦《たて》に置《お》き、後《の》ち、飯《めし》を普通《ふつう》の鮓《すし》の如《ごと》く豫《あらかじ》め形《かたち》を作《こし》らへて此《こ》の乾《ゆ》豆腐皮《は》の中央《まんなか》に横《よこ》に付《つ》け、さて乾《ゆ》豆腐皮《ほ》の下端《したはじ》から飯《めし》を包《つゝ》んでぐるぐると巻《ま》き、裏《うら》の合《あは》せ目《め》に乾《ゆ》豆腐皮《は》の兩端《れうはじ》を折《を》り重《かさ》ね、次《つぎ》に兩手《れうて》の指先《ゆびさき》を使《つか》つて、兩端《れうはし》の處《ところ》を一寸《ちよつと》つまんで飯《めし》をなるべく中央《まんなか》に平坦《たひら》になるやうになします。

斯《か》うしたら別《べつ》に握《にぎ》らなくつてよいのです。

〔注意〕鮓種《すしだね》の金糸《きんし》乾《ゆ》豆腐皮《は》はあまり市中《しちう》の乾物屋《かんぶつや》には見當《みあた》らぬので、之《こ》れは魚河岸《うをがし》へ往《ゆ》つてお購求《もとめ》になる方《はう》が便利《べんり》です。

（六八）筍巻《たけのこまき》ずし

材料《ざいれう》

はちく
昆布《こんぶ》
椎茸《しひたけ》
海苔《のり》飯《めし》

〔筍作方《たけのこつくりかた》〕はちくの六七寸《すん》計《ばか》りの大《おほ》きさを撰《えら》び、泥《どろ》を落《おと》して皮《かは》を剝《む》かずに釜《かま》に入れ、糠《ぬか》を澤山《たくさん》入《い》れた水《みづ》を充分《たつぷり》張《は》つて茹《ゆ》で、よく茹《うだ》りたらば釜《かま》の中《うち》で蒸《む》らして置《お》き冷《さ》めてから皮《かは》を剝《む》き根《ね》の端《はじ》を適宜《てきぎ》に切落《きりおと》し、庖丁《はうてう》を輕《かろ》く用《つか》つて節《ふし》だけくり拔《ぬ》いて置《お》きます。

次《つぎ》に此《こ》の材料《ざいれう》を昆布《こぶ》と共《とも》に、味淋《みりん》、アク引《ひき》、醬油《しやうゆ》に少量《すこし》の湯《ゆ》を加《くは》へたもので淡味《うすあぢ》にザツト煮上《にあ》げ、皿《さら》に取《と》つてよく冷《さ》まして置《お》きます。

〔巻《ま》き方《かた》〕前記《ぜんき》の材料《ざいれう》を布巾《ふきん》でザツト水氣《みづけ》を拭《ふ》き、(節《ふし》を去《さ》りし袋《ふくろ》の部分《ところ》は殊《こと》によく拭《ふ》く)椎茸飯《しひたけめし》(後《のち》に說《と》く)を拵《こし》らへて、材料《ざいれう》の節《ふし》の部分《ところ》に、袋《ふくろ》に詰《つ》めるやうに手《て》を働《はたら》かして、飯《めし》を堅《かた》く澤山《たくさん》壓《お》し詰《つ》めます。

さて布巾《ふきん》をよく桶《をけ》にて滌《いす》ぎ、かたく絞《しぼ》つて俎上《まないた》に菱形《ひしがた》にひろげ、その中央《まんなか》に前《ぜん》

記《き》の材料《ざいれう》を一文字《もんじ》に置《お》き、手前《てまへ》の方《はう》の下端《したはじ》を取《と》つて材料《ざいれう》を一轉《てん》する位《くらゐ》に密着《つけ》て巻《ま》き、次《つぎ》に莖《くき》の方《はう》から布巾《ふきん》を折《を》つて其布端《そのはじ》が中央《ちうあふ》に着《つ》くくらいになし、第《だい》三に頭《さ》尖《き》の方《はう》の布巾《ふきん》の端《はし》を取《と》つて折《を》り、三方《はう》より材料《ざいれう》を覆《おほ》つたらば、今度《こんど》は兩手《れつて》にて兩《れう》端《はう》を押《おさ》へて上部《じやうぶ》にぐるりと材料《ざいれう》を轉《ころ》がし、全《まつた》く布巾《ふきん》にて巻《ま》き覆《おほ》つたら、更《さら》に轉《ころ》がして布巾《ふきん》をなじませ、尚《なほ》三四度《ど》轉々《てんてん》して其都度《そのつど》強《つよ》く巻《ま》き押《おさ》へるやうに締《し》め、布巾《ふきん》に色《いろ》が染《し》みて來《き》ましたら、其儘《そのまゝ》爼《まないた》に置《お》いて、三十分《ぶん》乃至《ないし》一時間《じかん》程《ほど》、放擲《うつちやつ》て手《て》を付《つ》けずに置《お》きます。

【侑方《すゝめかた》】 よく巻《ま》き締《しま》りましたら、布巾《ふきん》を剝《は》がして小口《こぐち》(莖《くき》の部分《ところ》)を薄《うす》く落《おと》し、五分位《ぶぐらゐ》の厚《あつ》みに薄《うす》刄《は》庖丁《はうてう》で輪切《わぎり》りにして、皿《さら》に盛《も》つて出《だ》します。

【椎茸飯《しひたけめし》】 五もく種《だね》に用《つか》ふ椎茸《しひたけ》を、尚《なほ》細《ほそ》く織《き》つて海苔《のり》飯《めし》に少《すこ》し交《ま》ぜ合《あは》したものを椎茸飯《しひたけめし》と云《い》ひます。

(七) 稲《い》荷《なり》ずし(又《また》は信田《しのだ》ずし)

油揚《あぶらげ》豆腐《とうふ》

材料《ざいれう》

紫蘇《しそ》の實《み》
煮《に》蓮根《はす》
すし飯《めし》

以上《いじやう》の材料《ざいれう》を調《こしら》へましたら、油揚《あぶらげ》豆腐の腹《はら》の斷《き》れぬものを撰《よ》つて二つ切《ぎり》になし、沸騰《ふつたう》した湯《ゆ》の鍋《なべ》に投《い》れてザット茹《う》で、笊《ざる》に移《うつ》して湯《ゆ》を斷《き》り、よく冷《さ》まして兩《れう》手《で》の指先《ゆびさき》を注意《ちうい》して使《つか》つて、切口《きりくち》を袋《ふくろ》のやうに隙《すき》を拵《こし》らへれきます。次《つぎ》に味淋《みりん》(酒《さけ》でもよろしい)と薄醤油《うすじやうゆ》で汁《つゆ》を鹽梅《あんばい》し置《た》き、ろの鍋《なべ》を火《ひ》に懸《か》けて、前記《まへき》の油揚《あぶらげ》を投《い》れ、ザット下煮《したに》を致《いた》します。

〔飯《めし》の調合方《あはせかた》〕普通《ふつう》の飯《めし》より稍硬《やゝこ》はめに焚《た》いて、半臺《はんだい》(若《も》しくは丸盆《まるぼん》)に移《うつ》して鹽酢《しほす》を普通《ふつう》の如《ごと》く調合《てうがふ》して攪《かきまわ》しましたら、熱《あつ》きうちに紫蘇《しそ》の實《み》と煮《に》蓮根《はす》をよくほぐして、バラ〳〵と撒《ま》いてよく交《ま》せ、杓子《しやもじ》で飯《わし》のベタ付《つ》かぬ程度《ていど》に攪《かき》まわして、冷《ひや》して置《た》きます。

〔紫蘇《しそ》の實《み》〕よく水《みづ》で洗《あら》つて、ザット薄味《うすじほ》に煮《に》上《あ》げ、皿《さら》にとりて箸《はし》でほごしてよく冷《さ》まし、汁《つゆ》を搾《しほ》つて用《つか》ひます。

〔煮《に》蓮《は》根《す》〕材料《ざいれう》の皮《かは》を剝《む》き、四つ割《わり》にして小口《こぐち》から薄《うす》く打《う》ち、熱湯《ねつたう》に投《い》れて軟《やはらか》くなるやうに茹《う》で、目《め》笊《ざる》に揚《あ》げ水《みづ》をかけ一旦《たん》ぬめりを洗《あら》し、淡《うす》味《じほ》で煮《に》上《あ》げて、よく擴《ひろ》げて冷《さ》まし、汁《つゆ》を搾《しは》つて飯《めし》に撒《ふり》布《か》けます。

〔つけ方〕下煮《したに》をなし置《お》いた油揚《あぶらげ》の口《くち》をよく廣《ひろ》げて左手《ゆんで》にとり、右手《めて》で前《まへ》の交《ま》ぜ混《あは》した飯《めし》を袋《ふくろ》の中《なか》へほどよくつめ、口《くち》の部分《ところ》をちよつと裏《うら》に折《を》り返《かへ》して閉《し》め、斯《か》う作《で》きた鮓《すし》は、重《ぢう》箱《はこ》か切だめに容《い》れて、ちよつと輕《かつ》く押《お》して形《かたち》を馴《な》らし、少《すこ》し經《た》ちて、取《と》り箸《はし》で一つ宛《づゝ》丁寧《ていねい》に取《とり》出《だ》し、生姜《せうが》を添《そ》へて侑《すゝ》めます。

〔注意〕油揚《あぶらげ》の袋口《ふくろぐち》を裏《うら》に返《かへ》して、よく切口《きりぐち》の密着かぬ時《とき》は、押《お》さへに干瓢《かんぺう》で帶《おび》を結《むす》んでも差支《さしつかく》ありません。

（八）稻荷《いなり》ずし別法《べつはふ》

前記《ぜんき》の『稻荷《いなり》ずし』は普通《ふつう》の方法《はうはふ》ですが、少《すこ》し贅澤《ぜいたく》に致《いた》す時《とき》は、飯《めし》も海苔《のり》飯《めし》がよろしく、飯《めし》に交《ま》ぜ混《こん》じます野菜《やさい》種《だね》も前記《ぜんき》の外《ほか》、酢《す》蓮《は》根《す》（第《だい》二章《せう》精進《せうじん》五もく參照《さんせう》）みつ葉《は》（同上《おなじ》）胡蘿蔔《にんじん》（同上《おなじ》）椎茸《しひたけ》（第《だい》五章《せう》精進《せうじん》ずし筍《たけのこ》ずし參照《さんせう》）等《など》を用《つか》ひ、尚《なほ》季節《きせつ》によつては筍《たけのこ》

を甘酢《あまず》にして細《こま》かく打《う》つて用《つか》ひ、栗《くり》も淡味《うすしほ》に下煮《したに》して二つ位《ぐらゐ》に少《ちい》さく切《き》つて入《い》れても面白《おもしろ》いと思《おも》ひます。

又斯《またか》やうに野菜《やさい》の澤山《たくさん》交《ま》ぜ混《こん》じた時《とき》は、油揚《あぶらげ》の袋《ふくろ》につめる飯《めし》も餘程《よほど》加減《かげん》致《いた》しませんと、袋《ふくろ》がはじけたり破《やぶ》れたりして、よく袋口《ふくろぐち》が密《つ》着《き》ません憂《うれい》がありますから、よく注意《ちうい》しないと失敗《しつぱい》を招《まね》きます。

（九）防《ばう》風《ふう》

材《ざい》料《れう》

ばうふう

干瓢《かんぴやう》

海苔《のり》飯《めし》

【ばうふう作方《つくりかた》】材料《ざいれう》の新《あた》らしきを撰《ゑら》び、上部《じやうぶ》の青《あを》き部分《ところ》を二三分《ぶ》殘《のこ》して、二寸《すん》五分《ぶ》程《ほど》の長《なが》さに莖《くき》を切《き》り（葉《は》の處《ところ》も切落《きりおと》す）水《みづ》でよく洗《あら》ひ、笊《ざる》に揚《あ》げ、沸騰《ふつたう》したる熱湯《ねつたう》を材料《ざいれう》に滌《そゝ》ぎ掛《か》け、しばらく三杯酢《はいず》に浸《ひた》し置《お》きます。

【握《にぎ》り方《かた》】材料《ざいれう》を笊《ざる》に移《うつ》して酢《す》を斷《き》り、更《さら》に布巾《ふきん》でちよつと拭《ぬぐ》ひ、左掌《さしやう》の指裏《ゆびうら》の處《ところ》

に白魚《しらを》のやうに、八九本《ほん》筏《いかだ》に並《なら》べ、海苔飯《のりめし》を用《つか》つて材料《ざいれう》の折《を》れぬやうに注意《ちうい》して握《にぎ》り、干瓢《かんぺう》で帯《たび》を致《いた》します。

第二　いろ〳〵鮓《すし》の部《ぶ》

此欄《このらん》には餘《よ》興《けふ》と云《い》ふ格《かく》で、二三の變則《へんそく》な漬《つ》け法《かた》を紹介致《せうかいいた》します。之《こ》れは本職《ほんしよく》の方《はう》では試《こゝろ》みませんが、家庭《かてい》に專《もつぱ》ら行《おこな》はるべきものです。

（一）　肥前風《ひぜんふう》の押《たし》鮓《すし》

材料《ざいれう》

鯛《たい》　鷄卵《けいらん》　椎茸《しひたけ》　午蒡《ごぼう》　紅生姜《べにせうが》　すし飯《めし》

道具《だうぐ》　壓《た》し箱《はこ》

肥《ひ》前《ぜん》風《ふう》の押《おし》鮓《すし》にも種々《いろ〳〵》ありますが最《もつと》も手《て》輕《がる》なのを説《せつ》明《めい》致《いた》します。先《ま》づ新《あた》らしき鯛《たひ》を白《しら》燒《やき》にして、骨《ほね》を避《さ》けて上《じやう》等《とう》の肉《にく》だけをよくほごし、別《べつ》に午《ご》蒡《ぼう》を刻《きざ》んで此《こ》れに椎《しひ》茸《たけ》の刻《きざ》んだのを少《すこ》し加《くわ》へ、前《まへ》の鯛《たひ》の肉《にく》と共《とも》に淡《うす》味《じほ》に下《した》煮《に》して置《お》きます。

【午《ご》蒡《ぼう》】午《ご》蒡《ぼう》の作《つくり》方《かた》は、材《ざい》料《れう》を水《みづ》でよく洗《あら》つて、薄《うす》刄《は》の背《せ》にてころげ皮《かは》をすりむき、一旦《たん》洗《あら》つて細《ほそ》く庖《はう》丁《てう》目《め》を夥《たく》多《さん》入《い》れて、先《さき》の方《はう》から庖《はう》丁《てう》を輕《かる》く使《つか》つて削《けづ》り、水《みづ》に落《おと》してアクを脱《ぬ》き一《ちよ》寸《つと》熱《あつ》湯《ゆ》を見《み》せます。

【椎《しひ》茸《たけ》】木《き》乾《ぼし》の佳《よ》いのを擇《えら》んで水《みづ》に浸《ひた》し、五分《ふん》位《ぐらゐ》經《たつ》てから能《よ》く洗《あら》ひ、水《みづ》氣《け》を搾《しぼ》つて細《こま》かく賽《さい》の目《め》に截《き》つて用《つか》ひます。

次《つぎ》に別《べつ》の鯛《たい》(生《なま》魚《うを》)を卸《お》下《ろ》し、切《きり》漬《づけ》の鯛《たい》の肉《み》(第《だい》五握《にぎり》鮓《すし》切《きり》漬《づけ》の部《ぶ》參《さん》照《せう》)のやうに酢《す》に浸《ひた》し置《お》きます。

さて前《ぜん》記《き》の下《した》煮《に》した野《や》菜《さい》及《およ》び煮《に》た肉《み》をすし飯《めし》に混《ま》ぜ、むらの出《で》來《き》ぬやう萬《まん》遍《べん》なく攪《かき》廻《まは》し、其《そ》れを壓《お》し箱《はこ》(若《も》しくは飯《めし》櫃《びつ》の葢《ふた》)へ一面《めん》に酢《す》を撒《ふ》つて入《い》れ、一寸《すん》位《ぐらゐ》の厚《あつ》さに固《かた》く押《お》して指《ゆび》先《さき》でムラを直《な》ほし、其《その》飯《めし》の上《うへ》に、前《まへ》記の酢《す》に浸《ひた》せし鯛《たい》の肉《み》と薄《うす》燒《やき》玉《たま》子《ご》(五もく鮓《すし》參《さん》照《せう》)を短《たん》冊《ざく》に切《き》つて飯《めし》を覆《おほ》ふやうに敷《し》いて戴《の》せ、色《いろ》彩《どり》に紅《べに》生《せう》

姜《が》を薄《うす》くうつて、處々《ところ〴〵》に置《お》き、押鮓《おしすし》のやうに竹皮《たけのかは》か笹《さゝ》で覆《おほ》ひ、蓋《ふた》をして二時間《じかん》壓石《おしいし》を置《お》きます。

【侑方《すゝめかた》】よく材料《ざいれう》が飯《めし》に馴染《なじ》んだら箱《はこ》を除《の》けて、材料《ざいれう》を二寸《すん》角位《かくぐらゐ》に切《き》つて侑《すゝ》めます。

（二）牡丹《ぼたん》のすし

材料《ざいれう》　牡丹《ぼたん》の花瓣《はなびら》　豆腐粕《から》

牡丹《ぼたん》は毛莨科《まうこんくわ》の植物《しよくぶつ》ですが喰《た》べても毒《どく》にはなりません。のみならず支那《しな》では立派《りつぱ》に食料《しよくれう》として珍重《ちんちよう》して居《お》ります。此鮓《このすし》なども遊食會《いうしよくくわい》とか、澁《しぶ》がつた俳席《はいせき》等《など》に侑《すゝ》めたら、所謂《いはゆる》通人《つうじん》などから存外喝采《ぞんぐわいかつさい》を受《う》けるでせう。

【花瓣《はなびら》の作方《つくりかた》】食用《しよくよう》の花瓣《はなびら》は必《かなら》ずしも咲《さ》きごろのを無慘《むざん》に千切《ちぎ》らずに、充分《ぢうぶん》眺《なが》めた後《のち》で花瓣《はなびら》がグッタリとした際《さい》でも差支《さしつかへ》なく、其《その》花瓣《はなびら》を幾枚《いくまい》か入用《いりやう》だけ採《と》つて笊《ざる》に並《な》らべ、熱湯《ねつとう》を注《そゝ》ぎかけて四五分《ふん》放擲《ほうちや》つて置《お》きますと、濃艶《なうゑん》な色素《しきそ》は大概《たいがい》と

れて了《しま》いますから、それを固《かた》く絞《しぼ》つて二杯酢《はいず》か三杯酢《はいず》に十分《ぶん》間位《かんぐらゐ》浸《した》して置《お》きます。

〔握方《にぎりかた》〕材料《ざいれう》を酢《す》から笊《ざる》に揚《あ》げて、一枚宛《まいづゝ》布巾《ふきん》で酢《す》を斷《き》り、材料《ざいれう》を普通《ふつう》の握《にぎ》り鮓《すし》のやうにし、豆腐粕《うのはな》(第《だい》四章《せつ》鮎《あゆ》の卯《う》の花鮓《はなずし》の條參照《じやうさんせう》)を飯《めし》の代《かは》りとして材料《ざいれつ》の周圍《まはり》を折《を》り加減《かげん》に握《にぎ》ります。

〔注意〕花瓣《はなびら》は齒切《はぎ》れがよろしく、甘味《あまみ》もありますが、少《すこ》し臭味《くさみ》が致《いた》しますから此《この》臭味《くさみ》を去《さ》るには、熱湯《ねつとう》を注《そゝ》ぎかけた時《とき》、更《さら》に一時間程《じかんほど》冷水《れいすゐ》で洒《さら》せばよいのです。
但《たゞ》し牡丹通《ぼたんつう》は却《かへつ》て臭味《くさみ》を悦《よろ》ぶさうです。

(三) 卯《う》の花《はな》ずし

材料《ざいれう》
鰶《こはだ》(或《あるひ》は鯵《あぢ》)
豆腐粕《から》

〔魚《うを》の作方《つくりかた》〕卯《う》の花《はな》ずしに握《にぎ》る魚材《ぎよざい》は鯵《あぢ》か鰶《こはだ》に限《かぎ》つたもので、あまり上品《じやうひん》なものは却《かへつ》て避《さ》けます。又素人方《またしろうとがた》は鰯《いわし》や鰯子《しこ》を試《こゝろ》みますがどうも感心《かんしん》致《いた》しません。

材料《ざいれう》の魚《うを》は握鮓《にぎりずし》の種《たね》のやう(第《だい》二章《せう》第《だい》三小《こ》魚《うを》の條《せう》(一)(六)(七)參照《さんせう》)に作《つく》ればよいのです。

〔握方《にぎりかた》〕飯《めし》の代《かは》りに豆腐粕《から》を用《つか》つて握鮓《にぎりずし》のやうに握《にぎ》りますのですが、此《こ》の豆腐粕《から》は右掌《うしやう》で豫《あらかじ》め固《かた》めに握《にぎ》つて形《かたち》を付《つ》けて置《た》きませんと熟練《じゆくれん》しないうちは崩《くづ》れ易《やす》いものです。

豆腐粕《から》は第《だい》四章《せう》鮎《あゆ》の卵《う》の花鮓《はなずし》を參照《さんせう》して製《こし》らへるのです。

(四) 海苔《のり》巻《まき》焼《やき》

材料《ざいれう》　乾海苔《ほしのり》　福神漬《ふくじんづけ》　冷飯《ひやめし》　　道具《だうぐ》　竹簾《すだれ》、金網《かなあみ》

焼《や》かない乾海苔《ほしのり》を二つ切《ぎり》にして、普通《ふつう》の細巻《ほそまき》のやうに竹簾《すだれ》に載《の》せ、是《こ》れに細巻《ほそまき》の方法《はうはふ》を參照《さんせう》して冷飯《ひやめし》(すし飯《めし》に非《あら》ず普通《ふつう》の飯《めし》)を敷《し》き熨《の》し、芯《しん》に福神漬《ふくじんづけ》をほどよく入《い》れて巻《ま》き。これを三つ切位《ぎりぐらゐ》にして、金網《かなあみ》に載《の》せて烈火《れつくわ》で焼《や》きます。

斯《か》う致《いた》しますと、海苔《のり》の焼《や》けると同時《いつしよ》に。なかの冷《ひや》飯《めし》も熱《あ》つくなつて頗《すこぶ》る美《おい》味いものが出來《でき》ます。

之《こ》れは冷《ひや》飯《めし》の利《り》用《よう》法《はふ》で、晩餐《ばんさん》などには面白《おもしろ》く、芯《しん》は福神漬《ふくじんづけ》と必《かなら》ずしも限《かぎ》つたわけではなく、梅干《うめぼし》でも、デンブでも何《な》んでも有合《ありあは》せのもので宜《よろ》しく、若《も》し面倒《めんだう》なれば芯《しん》の代《かは》りに冷《ひや》飯《めし》に醤油《しやうゆ》を薄《うす》くかけて巻《ま》いてもよいのです。

（完）

家庭 鮓のつけ方 了

附録

鮓の變遷

迂外述

(一) 鮓の起原

●鮓《すし》と云《い》ふ文字《もじ》は『和漢三才圖會』などによりますと、鮓の外《ほか》、⿰魚昔とも、鮨とも、鮬とも、又《また》は鱃とも書《か》き、『本草綱目』には和《わ》名《めい》須之也《なり》と出《で》て居《ゐ》ります。その他《た》白《はく》石《せき》の『東雅』には和名抄等《など》を引《ひ》いて、鮓《すし》は酢屬也《なり》などゝ註《ちう》が説《ご》かれて見《み》ゑます。

●當《たう》今《こん》では重《おも》に、鮓と鮨の二つが一般《はん》に行《おこな》はれて、又《また》中《なか》には氣《き》取《と》つて壽司などゝアテ字を看《かん》板《はん》に書《か》く鮓《すし》屋《や》などもあります。しかし此《こ》の壽《す》司《し》と云《い》ふ文《も》字《に》は、無《む》暗《やみ》に縁《えん》喜《ぎ》をかつぐ水《みづ》商《しやう》賣《ばい》の常《じやう》套《こう》手《しゆ》段《だん》の名《めい》稱《せう》で。別《べつ》段《だん》深《ふか》い意《い》味《み》のあるものではないのです。

●鮓《すし》の起《き》原《げん》はいつ頃《ごろ》である、と云《い》ふ問《もん》題《だい》に觸《ふ》れると今《いま》ちよつと確《かく》證《しやう》すべき材《ざい》料《れう》に

乏《こぼ》しいので、具《ぐ》體《たい》的《てき》に申上《まうしあ》げる事《こと》はむづかしいが、漢書《かんしよ》の『山堂肆考』(叢書《さうしよ》)などに「唐の安祿山が玄宗帝より玄猪の鮓を賜つた」と記《しる》されてある處《ところ》から推《を》して考《かんが》へますと支《し》那《な》では千五六百年《ねん》前《ぜん》、既《すで》に鮓《すし》が作《つく》られてあつたかと思《おも》はれます。

●我國《わがくに》では醍醐《だいご》天皇《てんのう》の延《ゑん》喜《ぎ》時《じ》代《だい》(凡《およ》そ千餘《よ》年《ねん》前《ぜん》)に『はや鮓』と云《い》ふ名目《めいもく》で記《き》錄《ろく》に出《で》て居《を》ります。しかし此《この》時《じ》代《だい》の鮓《すし》といふものは鯛《たい》のやうな魚《ぎよ》類《るい》や、二三の貝《かひ》類《るゐ》などのほか、鹿《しか》とか兎《うさぎ》とか云《い》ふ獸《けもの》の肉《にく》で作《つく》りまして、飯《めし》は更《さら》に使用《つか》はなかつたやうです。

此《こ》の作《つく》り法《かた》は、足利《あしかゞ》時《じ》代《だい》の末《すゑ》あたり迄《まで》傳《つた》へられたので、其《その》後《ご》慶長《けいちやう》の頃《ころ》に到《いた》つて、初《はじ》めて魚《ぎよ》類《るゐ》に飯《めし》を混《ま》交《ぜ》て、之《これ》を壓《お》して釀《かも》し、其《その》熟《な》れたものを指《さ》して、鮓《すし》と稱《とな》へたのです。して見《み》ますと、此《こ》の時《じ》代《だい》を以《もつ》て鮓《すし》の創《さう》始《し》時《じ》代《だい》と云《い》つて差支無《さしつかへな》いだらうと思《おも》ひます。

(二) 古代の鮓

『日本紀』や『景行紀』に載《さい》錄《ろく》されてありますみさご鮓と云《い》ふのは、覺《み》賀《さ》鳥《ご》と云《い》つて、鷹《たか》に似《に》た鳥《とり》(水《すゐ》禽《きん》にはあらず)が常《つね》に水《すゐ》邊《へん》に魚《うを》を捕《ほ》食《しよく》し、或《あるひ》は掠《かす》めた魚《うを》を貯《たくは》へ、秘《ひそ》かに

岸《きし》の岩石《がんせき》の間《あひだ》などに積《つ》み置《お》きますと、それに自然《しぜん》と海水《かいすゐ》が浸《したゝ》りまして、よくなれたのを漁師達《れうしたち》が發見《はつけん》して、鹽醬《ゑんせう》を加《くは》へずに其儘《そのまゝ》喰《た》べますると、味《あぢ》が恰《あだか》も人間《にんげん》の作《つく》つた鮓《すし》のやうであると云《い》ふので、みさご鮓と稱《よ》んだのです。是《こ》れは彼《か》の馬琴《はきん》も『秋坪新語』中《ちう》の猿酒《さるさけ》と共《とも》に『椿說弓張月』にも道具《だうぐ》にしたと記憶《きおく》致《いた》します。

●『土佐日記』にある、ほやのつまのいずし、と云《い》ふのは石勃卒《ほや》の鮓《すし》です。　石勃卒《ほや》は四國《こく》あたりでも採《と》れますが、昔《むかし》は能登《のと》の名物《めいぶつ》として傳《つたは》つたものです。

●『枕の草紙』に、名おそろしきもの、いにすし、それも名のみならず見るもおそろし、とあるのは海膽《うに》を材料《ざいれう》とした鮓《すし》です。

●それから、昔《むかし》の早鮓《はやずし》又《また》は一夜鮓《ひとよずし》と云《い》ふものは重《おも》に、鮎《あゆ》のやうな魚《さかな》を苞《つと》に入《い》れて燒火《たきび》に炙《あぶ》り、石《いし》で壓《お》すか、或《あるひ》は柱《はしら》に卷《ま》きつけて締《し》めましたもので、今《いま》の箱鮓《はこすし》とか、押鮓《おしずし》とか云《い》ふのは、之《こ》の法《はう》から脫化《だつくわ》して變遷《へんせん》したものです。　安永頃《あんえいごろ》の句《く》に

鮓《すし》の石《いし》に五更《かう》の鐘《かね》の響《ひゞき》かな　蕪《ぶ》村《そん》

なれきとやいざ解《と》け眞木《まき》の柱鮓《はしらずし》　几《き》董《たう》

とあるのは之《こ》れを咏《よ》んだのです。

『にせ物語』になまなりをつける女有りけり云々《しか》と出《で》て居《ゐ》るのは、早ずしをなまなりと云《い》つたからです。

其他《そのた》『雍州府志』などには、鹽魚《しほうを》や干魚《ほしうを》を鮓《すし》にしたと云《い》ふ事《こと》が書《か》かれてあります。

(三) 名物としての鮓

●昔《むかし》から其《そ》の國《くに》の名物《めいぶつ》として作《つく》り出《だ》す鮓《すし》は、各地《かくち》を仔細《しさい》に調《しら》べましたら數多《あまた》ありませうが、一々説《と》きますのも、些《いさ》か煩《わづら》はしいので、其《そ》のうちの最《もつと》も舊記《きうき》に現《あら》はれて、話《はなし》の面白《おもしろ》ろうなのを二三擧《あ》げて見《み》ます。

●釣瓶鮓。と云《い》ふのは大和《やまとの》國《くに》下《しも》市村《いちむら》で作《つく》る名産《めいさん》で、之《こ》れは吉野川《よしのがは》で取《と》れる鮎《あゆ》を鮓《すし》に作《つく》り、其《そ》れを容《い》れる器《うつは》は深《ふか》い曲物《まげもの》を用《もち》ゐ、籐《とう》をからげ台《あ》はせて手《て》を製《つく》ります。ろの曲物《まげもの》の形状《かたち》が宛《あだか》も釣瓶《つるべ》のやうに見《み》ゆる處《ところ》から斯《か》く名《な》づけたのです。

昔《むかし》は毎年《まいねん》初夏《しよか》に京都《きやうと》に献上《けんじやう》して、畏《かしこ》くも主上《しゆじやう》の叡覽《ゑいらん》に入《い》れたもので『五畿内産物圖會』などを見《み》ますと、覆面《ふくめん》を被《か》けて献上《けんじやう》の鮓《すし》を漬《つ》けて居《ゐ》る處《ところ》を描《か》いた古圖《こづ》がありますが、いかにも古雅《こが》なものです。

それから此《こ》の釣瓶鮓《つるべすし》が江戸《えど》に迄《まで》其名《そのな》を擴《ひろ》めて、私達《わたくしたち》の幼《をさな》い時分《じぶん》から深《ふか》く腦裡《のうり》に染《し》み込《こ》んで居《ゐ》ると云《い》ふのは、此鮓《このすし》の事《こと》を材料《ざいれう》とした、彼《か》の演劇《ゑんげき》『義經千本櫻』（延享四年作が大《だい》なる原因《げんいん》だらうと思《おも》はれます。

御《ご》承知《せうち》でもありませうが、此《こ》の淨瑠璃《じやうるり》は竹田出雲《たけだいづも》の傑作《けつさく》で、彼《か》の鮓屋《すしや》の條《くだり》には、平《たひら》の維盛《これもり》が亡命《ばうめい》して大和《やまと》に隱《かく》れ、彌左衞門《やざゑもん》の弟子《でし》と身《み》を變《へん》じ彌助《やすけ》と稱《よ》んだとして有《あ》ります。之《こ》れは元《もと》より荒唐《かうとう》無稽《むけい》の傳說《でんせつ》で、史學上《しがくじやう》から見《み》ましたなら實《じつ》に馬鹿氣《ばかげ》た話《はなし》ですが、所謂《いはゆる》雲井《くもゐ》に近《ちか》き落人《おちうど》が、袖《そで》の無《な》いお羽織《はをり》を被《き》る鮓屋《すしや》に姿《すがた》を扮《やつ》したと云《い》ふ落想《らくさう》が如何《いか》にも詩的《してき》で妙《めう》です。又世《またよ》に鮓《すし》の事《こと》を『ヤスケ』と洒落《しやれ》て云《い》ふのは、此《こ》の『千本櫻』から胚胎《はいたい》した詞《ことば》で、初《はじ》めは花柳界《かりうかい》から流行《はや》り出《だ》したのですが、今《いま》では一般《はん》に用《つか》つて居《ゐ》ります。

●雀鮓 と云《い》ふのは昔《むかし》攝津《せつつ》の名物《めいぶつ》として數《かぞ》へられたもので、今《いま》でも大阪《おほさか》地方《ちはう》では、此《こ》の名《な》を盛《さか》んに濫用《らんよう》して居《ゐ》ります。

之《こ》れは鮒鮓《ふなすし》ですが、鮒《ふな》の腹《はら》に飯《めし》を多《おほ》く詰《つ》め込《こ》んだのが、ふくれて雀《すゞめ》のやうな形狀《かたち》に見《み》ゆる處《ところ》から斯《か》く呼《よ》ばれたのです。

『後撰夷曲集』に

ちよちよとをどれどへらぬ我《わが》腹《はら》は飯《めし》の過《す》ぎたる雀鮓《すゞめずし》かも

と有《あ》り、又《また》『俳諧山井』には

羽《は》ねのはへた飯《めし》に漬《つけ》てや雀鮓《すゞめずし》　意《い》朔《さく》

など、見《み》えます。はねのはへた飯と云《い》ふのは硬《こは》き飯《めし》と云《い》ふ意味《いみ》なのです。

●飯鮓と云《い》ふのは貞享頃《じやうけふころ》、京都《けうと》の六條《じやう》で盛《さか》んに作《こし》らへて賣《う》つたもので、之《こ》れは重に名物《めいぶつ》の鱧《はも》を材料《ざいれう》として用《もち》ゐたやうで、

飯鮓《めしずし》の鱧《はも》なつかしき都《みやこ》かな　其《き》角《かく》

と云《い》ふ元祿頃《げんろくころ》の句《く》にあります。

●鯖の鮓も京都《けうと》の名産《めいさん》として喧傳《けんでん》されてゐます、之《こ》れは昔《むかし》（今《いま》でも）彼《か》の葵祭《あふいまつり》や稲《いな》荷祭《りまつり》の頃《ころ》を季節《きせつ》としたもので

下部《しもべ》等《ら》に酒盛《さかも》り過《す》ぎろ鯖《さは》の鮓《すし》　几《き》董《こう》

と云ふ安永《あんねい》百十余年前）時《じ》代《だい》の句《く》に咏《よ》まれて居《ゐ》ります。

又《また》西澤《にしざは》一鳳《ほう》が『皇都午睡』（天保《てんぽう》頃《ころ》の寫本《しやほん》）には

京師にては祇園會に鯖の鮓など漬けて客に出す、また鯖の鮓には鹽加減第一也。 加減は米壹舛に鹽四文目の割に入れ、飯に焚て至極能加減なりしなど、今にては鹽五文目入れても水嗅くて加減惡しゝ。諸人辛ひ好きになりしか、又鹽の利きの薄く成りしかさ云に、是全く左にあらず。近世一統奢の境なれば、前々の如く辛き鹽の下鯖は用ゐざる故なりと、京師の料理に心ある人の話にて知りたり。

と漬《つ》け方《かた》まで載《の》つて居《を》ります。

●鮒《ふな》の鮓《すし》　は近江《あふみ》の名産《めいさん》で、主《たも》に膳《ぜ》所《ぜ》、堅田《かただ》邊《へん》で作《つく》られます。　此鮓《こいすし》は維新前《いしんぜん》乃《すなは》ち舊《きう》幕時代《はくじだい》には彦根藩《ひこねはん》から、幕府《はくふ》に献上《けんじやう》したもので

鮒《ふな》ずしや彦根《ひこね》が城《しろ》に雲《くも》かゝる　蕪《ぶ》村《そん》

などゝ古《ふる》く詩《うた》はれて居《を》ります。

しかし、此鮒《このふな》の鮓《すし》でも季節《きせつ》によつて名義《めいぎ》が變《へん》じます。　即《すなは》ち近江人《あふみじん》が單《たん》に『鮒鮓』と云《い》ふのは秋《あき》に捕《こ》れるものは眞鮒《まふな》の鮓《すし》で、春《はる》に漁《こ》れますもので作《つく》り『紅葉鮒鮓』と云ふのは眞鮒《まふな》の鮓《すし》で、春《はる》に漁《こ》れますもので作《つく》り『紅葉鮒鮓』と云《い》ふので製《つく》るのです。

鮒鮓《ふなすし》の眞鮒《まふな》は又《また》タラリと云《い》つて、鮞《こ》を孕《はら》んで腹部《はら》の垂《た》れる處《こころ》から唱《とな》へますので、大《たほ》きさは一尺《しやく》五六寸《すん》の雌《め》魚《うを》が鮓《すし》にして恰當《かつたう》だそうです。　紅葉鮒鮓《もみぢふなずし》のは鮞《こ》の無《な》い、鱗《こけ》の赤《あか》い色《いろ》の鮒《ふな》で、俗《ぞく》に源五郎鮒《げんごらうぶな》と云《い》ふのです、

ろれで昔献上《むかしけんじやう》の鮓《すし》は、漁人《りやうし》から魚《うを》を藩《はん》の賄方《まかないかた》に持參《じさん》しますと、賄方《まかないかた》で鱗《こけ》や鮞《こ》を抜《ぬ》いて鹽漬《しほづけ》になして之《これ》を江戸《ゑど》の藩邸《はんてい》に送《たい》り、藩邸《はんてい》では更《さら》に又賄方《またまかないかた》で鹽《しほ》を洗《あら》ひ、米《こめ》を混《こん》交《かう》して、椹《さはら》の木《き》で作《つく》つた楕圓形《だゑんけい》の押蓋《おしぶた》のある脚付《あしつ》きの桶《をけ》に盛《も》つて献上《けんじやう》したろうです。

しかし是《こ》れでは食用《しよくよう》に向《む》き兼《か》ぬるので、詳《くは》しく眞鮒《まぶな》の方《はう》から說《と》きますと、鹽《しほ》にして四五十日《にち》過《す》ぎたら鹽《しほ》を洗《あら》ひ去《さ》つて、飯《めし》を能《よ》く冷《さ》まして、口中《こうちう》や腹中《はら》に詰《つ》め、桶《をけ》の底《そこ》には、一面《めん》に飯《めし》を敷《し》き、其上《そのうへ》に魚《うを》と魚《うを》と直《ぢ》かに觸《ふ》れませんやうに飯《めし》を又敷《またし》き、次第《しだい》に魚《うを》と飯《めし》とを重《かさ》ね、最上《さいじやう》を飯《めし》で覆《おほ》ひ、押蓋《おしぶた》をして重石《おもし》を置《お》いて貯《たくは》へます。斯《か》うすると六月土用《がつどよう》の中《うち》に能《よ》く釀成《じやうせい》して、冬《ふゆ》に到《いた》つて食《た》べられるやうになります。尤《もつと》も冬取《ふゆとり》出《だ》す時、飯《ごきめし》を去《さ》つて更《さら》に酒粕《さけがす》に漬《つ》けて食《た》べると一層味《そうあぢ》がよいさうです。

紅葉鮒《もみぢぶな》の頃《ころ》には、秋冷《しうれい》の爲《た》め釀成《じやうせい》が能《で》きないので、前同樣《ぜんどうやう》に鹽《しほ》を洗《あら》つた鮒《ふな》を一旦《たん》釀成《じやうせい》した古《ふる》い飯《めし》に漬《つ》け込《こ》み、翌年《よくねん》の夏《なつ》になつて、更《さら》に新《あた》らしい飯《めし》に漬《つ》けて鮓《すし》として侑《すゝ》めるのです。要《えう》するに鮒鮓《ふなすし》は飯《めし》を腐《くさ》らして、魚《うを》のみ食用《しよくよう》とするもので、今日《こんにち》でも關西《くわんさい》へ旅行《りよかう》する途次《とじ》、あの邊《へん》を過《す》ぎますと、汽車《きしや》の窓《まど》から此《こ》れを呼《よ》ぶ事《こと》が出來《でき》ます。

●小鯛雀鮓と云《い》ふのは、和《わ》歌《か》山《やま》、大《おほ》阪《さか》と二ヶ國《こく》の名《めい》產《さん》ですが、大《おほ》阪《さか》のは今《こん》日《にち》では鯛《たい》の切《きり》漬《づけ》を用《もち》ゐますから、雀《すゝめ》鮓《すし》の名《な》を冠《かぶ》す事《こゝ》は不《でき》可《ない》でせう。和《わ》歌《か》山《やま》のは昔《むかし》の通《とほ》り完《まる》で用《もち》ゐますので體《てい》裁《さい》が宜《よ》ろしう御《ご》座《ざ》います。

和《わ》歌《か》山《やま》が何《な》故《ぜ》古《こ》來《らい》から、酢《す》漬《づけ》とか、鮓《すし》とか云《い》ふ特《とく》產《さん》物《ぶつ》を出《だ》したかと云《い》へば、新《しん》鮮《せん》な魚《ぎよ》類《るゐ》を得《う》る便《べん》宜《ぎ》があるのも原《げん》因《いん》ですが、もう一は粉《こ》川《がは》酢《す》なる紀《き》州《しう》特《とく》產《さん》の淸《せい》酢《す》が釀《じやう》造《ざう》されるからです。

●宇治丸と云《い》ふのは昔《むかし》山《やま》城《しろ》宇《う》治《ぢ》地《ち》方《はう》で、宇《う》治《ぢ》川《がは》で捕《と》れます鰻《うなぎ》を材《ざい》料《れう》として、壓《お》して作《つく》つた鮓《すし》で、西《さい》鶴《かく》や其《き》磧《せき》時《じ》代《だい》の小《しよう》說《せつ》によく引《ひ》かれて出《で》て居《を》ります。

　宇《う》治《ぢ》丸《まる》を時《とき》の肴《さかな》や舟《ふな》遊《あそび》　靜《せい》波《は》

などの句《く》を見《み》ますと流《は》行《や》つたものと思《おも》はれます。

●長門鮓と云《い》ふのは鮎《あゆ》を押《お》して作つたもので、昔《むかし》は駿《する》河《が》の名《めい》物《ぶつ》とした鮓《すし》です。

蜀《しよく》山《さん》人《じん》の改元紀行(享《きやう》和《わ》元年《ねん》)に、

淸水へゆく道あり、三穗神社もみゆ、十七夜山千手禪寺も左のかたにみゆ、土橋をわたりて立場あり、左に草薙神社の道あり、村の名もまた草薙とよぶ、小吉田の立場にいたれば、酒家あり、小き桶に鮎

いいつけてひさぐ長門鮓さいふ味よろし。

など〻書《か》かれて居《を》ります。

●はたく鮓は羽前《うぜん》秋田《あきた》邊《へん》の名物《めいぶつ》で、夏《なつ》雷《ら》鳴《い》の夥《たびたゞ》しき頃《ころ》、雷魚《はた〱》といふ秋田《あきた》名産《めいさん》の魚《うを》や鰶《のしろ》其他《そのた》の小《こ》魚《うを》を以《もつ》て釀成《じやうせい》して、冬《ふゆ》に到《いた》つて初《はじ》めて蓋《ふた》を明《あ》け、雜煮《ざうに》と共《とも》に元旦《がんたん》侑《すゝ》める習慣《しうくわん》だろうです。

其他《そのた》、美濃の鮎鮓、岩代尾瀨沼の鮒鮓、同國伊南川の鱒鮓、和泉岸和田のみさご鮓及《およ》び鯖ずし、出雲松江の鱸鮒、若狹、飛彈、伊賀の若鮎鮓、山城淀の鮒鮓等《など》、皆《みな》昔《むかし》から著名《ちよめい》なものですが別《べつ》に說《と》きます程《ほど》の史料《しりやう》もないので略《りやく》します。

(四) 江戸の鮓

●江戸《えど》に鮓店《すしや》の出來《でき》ましたのは貞享頃《じやうきやうころ》の事《ここ》で、貞享《じやうきやう》四年《ねん》の刊本《かんぽん》『江戸鹿子』には、鮓並にいい食ずし四ッ谷《や》舟町《ふなまち》横町《よこてう》近江屋《あふみや》、同所《どうしよ》駿河《するが》屋《や》の二軒《けん》が載《の》つてあるばかりです。此《この》時代《じだい》には、只《たゞ》鮓と申《まう》しますのは、數日《すうじつ》漬《つ》け込《こ》むだ、古《ふる》い鮓《すし》を指《さ》したのです。

●其《そ》れから三四年後《ねんご》の元祿《げんろく》三年《ねん》に出《で》ました『江戸惣鹿子』や同十年《ねん》に出《で》ました『國家

萬葉記』等《など》にも、やはり此《この》二軒《けん》より外《ほか》、名《な》が載《の》つて居《を》りません。

●寛延頃《くわんえんころ》になりますと、人文《じんぶん》が發達《はつたつ》するに從《したが》て、鮓《すし》の需用者《じゆようしや》も殖《ふ》へたと見《み》へて、寛延《くわんえん》四年《ねん》の印本《いんほん》『増補江戸惣鹿子』には

深川鮓　深川《ふかがは》富吉町《とみよしてう》　柏屋《かしはや》

御膳箱鮓　本石町《ほんこくてう》二丁目《てうめ》南側《みなみがは》伊勢屋《いせや》八兵衛《べゑ》

交《ま》ぜ鮓《すし》、早漬《はやづけ》、切漬《きりづけ》、其外《そのた》御《お》望《のぞみし》次第《だい》云々

の二軒《けん》が追録《ついろく》されました。

此《こ》の交《ま》せ鮓《すし》と云《い》ふのは、こけらずし又《ふた》は起《おこ》し鮓《すし》などゝ同一《どういつ》で、今《いま》の五もくのやうな鮓《すし》で、早漬《はやづけ》と云《い》ふのは一夜《ひとよ》鮓《すし》の變化《へんくわ》したもので、切漬《きりづけ》と云《い》ふのは、魚《うを》の片身《かたみ》なり其《その》半分《はんぶん》なり截《き》つて漬《つ》けた鮓《すし》を云《い》つたのです。

此時代《このじだい》の草紙類《さうしるゐ》に兩國廣小路《れうごくひろこうぢ》の挿畫《さしゑ》が出《で》て居《を》りましたが、之れを見《み》ますと、今《いま》の涼臺《すゞみだい》めくものに賣手《うりて》が座《すは》り、傍《そば》に鮓筥《すしはこ》を幾《いく》つも並《なら》べて大行灯《おほあんどん》が置《お》かれて居《ゐ》る處《ところ》が描《か》かれてあります。思《おも》ふに之《こ》れなどが今《いま》の屋臺鮓《やたいずし》の嚆矢《はじめ》でせう。

●其後《そのご》ずつと經《た》つて、寶暦頃《はうれきごろ》になつて、京橋中橋《けうはしなかはし》に「れいまんが鮓」と云《い》ふのが出來《でき》て、非《ひ》

常《じやう》に賣《う》れたさうです。之《こ》れは鮓屋《すしや》の女房《にようほう》が當時《たうじ》の人氣《にんき》役者《やくしや》路《ろ》考《かう》(瀬《せ》川《がは》菊《きく》之《の》丞《じやう》)にろつくりだと云《い》ふので流行《はや》つたので、商《いへ》名《な》を云《い》はずに、女房《にようほう》の名《な》のいいまんと云《い》ふ處《ところ》から、いいまんが鮓《すし》と世《よ》にうたはれたのです。

いいまんが鮓の事《こと》は『後は昔物語』にも一寸《ちよつこ》出《で》て居《を》つたと記《き》臆《おく》されます。此《この》ころ迄《まで》の鮓《すし》は、當座《たうざ》鮓《すし》と云《い》つても、直《す》ぐ其場《そのば》で漬《つ》けて客《きやく》の求《もご》めに應《おほ》じたのではなく、鮓《すし》賣《うり》と云《い》ふのは、丸《まる》い薄《うす》桶《をけ》に古《ふる》傘《かさ》の紙《かみ》を蓋《ふた》になし、其《そ》の桶《をけ》を幾《いく》つも重《かさ》ね、鰺《あぢ》の鮓《すし》は鯛《たい》の鮓《すし》と呼《よ》び振《ふ》れて賣《う》りあるいたので、此《こ》の鮓《すし》は前《まへ》に申《まう》上《しあ》げた數日《すうじつ》漬《づ》け込《こ》むだ古《ふる》鮓《すし》です。

『五元集』に

明石《あかし》より雷晴《かみなりは》れて鮓《すし》の蓋《ふた》　其《き》角《かく》

とあるのは、晋其《しんき》角《かく》が永代橋《ゑいたいはし》で夕立《ゆうだち》に遇《あ》ひ、水茶屋《みづちやや》に寄《よ》つて雨宿《あまやど》りをした時《とき》の即興《そつけう》で鮓の蓋には明石《あかし》傘《がさ》の紙《かみ》を用《もち》ゐたから一寸《ちよつこ》明石《あかし》よりと江《ゑ》戸《ど》座《ざ》一流《りう》の洒落《しやれ》を遣《や》つたのです。

●天明《てんめい》時代《じだい》になりますと、非常《ひじやう》に鮓屋《すしや》も殖《ふ》ゑて、今迄《いままで》は飯鮓《めしずし》とか、交《ま》せ鮓《ずし》とか極《ご》く簡《かん》

單《たん》に稱《とな》へて居《を》りました看《かん》板《はん》も、追《たい》々〱複《ふく》雜《ざつ》になつて、天《てん》明《めい》七年《ねん》版《はん》の『七十五日』と云《い》ふ商《ふだ》標《かみ》を蒐《あ》集《つ》めた書《しよ》には、當《たう》時《じ》の名《めい》家《か》廿四軒《けん》を列《れつ》記《き》して、『きんとん鮓』『にしきずし』『折ずし』『蛇の目ずし』『江戸前地引鮓』などゝ鮓《すし》の名《な》にも非《ひ》常《じやう》な變《へん》化《くわ》を來《きた》しました。海《の》苔《り》卷《まき》、王《たま》子《ご》卷《まき》も此《この》時《じ》代《だい》には不《ふ》完《くわん》全《ぜん》乍《なが》ら能《で》きたと見《み》えまして、下谷池の端の敷島屋の商《ふだ》標《がみ》に名《な》が揭《かゝ》げてありました。

御膳御鮓とか、御鮓所何《なに》々〱と高《かう》尙《せう》がつて看《かん》板《はん》に書《か》いたのも此《この》時《じ》代《だい》で、之《こ》れは當《たう》時《じ》の菓《くわ》子《し》屋《や》が、越《ゑち》後《ご》椽《のじやう》とか、丹《たん》後《ご》椽《のじやう》とかいふ人《ひと》威《おど》しの名《な》を用《つか》つたのと同《ごう》一《いつ》手《しゆ》段《だん》で、此《この》時《じ》代《だい》の鮓《すし》屋《や》が特《とく》に高《かう》等《とう》であつたと云《い》ふのでは決《けつ》して無《な》いのです。

●笹卷鮓と云《い》ふのも此《この》時《じ》代《だい》に生《うま》れたので、之《こ》れは其《その》名《な》の如《ごと》く、切《きり》鮓《すし》を笹《さゝ》の葉《は》にぐる〱と卷《ま》いて壓《お》した鮓《すし》で、長《なが》い時《じ》間《かん》でも飯《めし》が硬《こは》ばらず、魚《うを》が變《へん》色《しよく》しない點《てん》が、普《ふ》通《つう》の鮓《すし》より改《かい》良《りやう》されたので、御《お》屋《や》敷《しき》方《がた》へ献《けん》物《もつ》に多《おほ》くなつたので、日本橋品川町の西村屋、同北鞘町の伊豆屋、同田所町のすし屋六右衛門の外《ほか》竈河岸の毛拔鮓等《など》で重《おも》に作《つく》つて賣《う》りました。

現《げん》今《こん》では皆《みな》廢《はい》絶《ぜつ》して僅《わづか》に竈《へつ》河《つい》岸《がし》の毛拔鮓一軒《けん》のみが存《そん》してあるばかりです。

家系《かけい》は一貫《くわん》して居《を》りませんが、毛拔鮓については西澤《にしざは》一鳳《ほう》が『皇都午睡』に

　　籠河岸に笹巻鮓とて一つ宛笹の葉に巻て賣家有り、此名を毛拔鮓と呼ぶ、上方者の口に合へば、毎度求め乍ら毛拔鮓とは魚の骨をよく拔たる故呼ぶかと思ひしに、よく考見れば、よう喰ふとの謎なるべしと悟りぬ。

と載《の》つて居《を》ります。　此時代《このじだい》の鮓屋《すしや》が、商號《せつごう》を謎《なぞ》より捉《とら》え來《きた》つたなどは、洒落《しやれ》文學《ぶんがく》旺《わう》盛《せい》の餘《よ》波《は》で、鮓屋《すしや》の如《ごと》き下層社會《かそうしやくわい》にも尚《なほ》一片《ぺん》の趣味《しゆみ》を重《おもん》じた太平《たいへい》の面影《おもかげ》が眼《め》に浮《うか》ぶやうです。

●吉野名物釣瓶鮓と云《い》つて、上方風《かみがたふう》の鮎《あゆ》の鮓《すし》を賣《う》る店《みせ》が、本家ハ和國吉野郡下市村彌左衞門を看板《かんはん》にして、横山町、日本橋通、淺草茅町の三ヶ處《しよ》に前後《ぜんご》して開業《かいげう》されました。

●又《また》、鮓屋《すしや》で鮒《ふな》の昆布《こぶ》巻《まき》を併《あは》せて賣《う》るやうになつたのも此時代《このじだい》で、銀座《ぎんざ》二丁目《てうめ》の長門鮓等《など》の商標《ふだがみ》に、ろれが書《か》き入《い》れてあります。

此時代《このじだい》は江戸《えど》鮓《すし》の勃興期《ほつかうき》で、菓子《くわし》にも『鮓まんぢう』と云《い》ふ、鮓《すし》と菓子《くわし》と折衷《せつちう》した妙《めう》なものがあつて、之《こ》れは十軒店《けんだな》の金澤丹後橡と云ふ有名《いうめい》な菓子《くわし》屋《や》で賣出《うりだ》したので

すが、どんな菓子《くわし》ですか一寸《ちよつと》判《はん》じかねます。

●其後《そのご》、寛政《くわんせい》、享和《きやうわ》と十五六年《ねん》經《た》ち文化時代《ぶんくわじだい》になつて、初《はじ》めて名代《なだい》の『松の鮓』が出來《でき》たのです。

『嬉遊笑覧』に

文化《ぶんくわ》の始《はじめ》深川《ふかがは》六間堀《けんはり》に松のすし出來《でき》て世上《せじやう》すしの風變《ふうへん》じ云々

と載《で》て居《ゐ》るのを見《み》ましても、開業當時《かいぎやうたうじ》既《すで》に他《た》の先輩《せんぱい》を壓《あつ》して、超然《てうぜん》として名聲《めいせい》が高《たか》かつたのを推知《すゐち》されます。『武總兩岸考』に

伊豆《いづ》山葵《わさび》隱《かく》しにいれて人《ひと》迄《まで》も泣《な》かす安宅《あたけ》の丸漬《まるづけ》のすし

とあるのは、同家《どうけ》特色《とくしよく》の、鯖《さば》の丸漬《まるづけ》を謳歌《おうか》したものです、松《まつ》の鮓《すし》は正《たゞ》しく云《い》ふと、砂子《いさご》鮓《すし》と云《い》ふ屋號《やごう》なのですが、居處《すまゐ》が深川《ふかがは》安宅町《あたけまち》(六間堀《けんほり》)で、主人《あるじ》が松《まつ》五郎《らう》と名乘《なの》る處《ところ》から、省略《せうりやく》して安宅とか、松のすしとか呼《よ》ばれるので、多《た》年《ねん》の慣習《かんしう》とは云《い》へ、明治《めいじ》の今日《こんにち》、淺草《あさくさ》平《へ》右衛《ゑ》門《もん》町《てう》所謂《いはゆる》第《だい》六天前《てんまへ》に移轉《いてん》してからも尙《なほ》其《そ》の看板《かんばん》に自《みづか》ら安宅松の壽司と附《つ》けて居《ゐ》るのは何《な》んだか可笑《をか》しいやうに思《おも》はれます。

●それで、此上《いじやうの》述べました江戸《えど》の鮓《すし》と云《い》ふのは、皆《みな》京阪《けつはん》から傳《つた》はりました押鮓《おしずし》ばかりで、當時《たうじ》迄《まで》は握鮓《にぎりずし》の影《かげ》を八百八町《ちやう》に物色《ぶつしよく》しても見《み》當《あた》らなかつたのです。

(五) 握鮓の流行

●江戸《えど》に握鮓《にぎりずし》の起《おこ》つたのは文政(今《いま》を距《さ》る九十年《ねん》前《ぜん》)の初《はじ》めで、今《いま》の與《よ》兵《へ》衛《ゑ》鮓《すし》の初代《しよだい》が此《この》新《しん》法《はふ》を案出《あんしゆつ》したと舊記《きうき》にあります。尤《もつと》も與《よ》兵《へ》衛《ゑ》以《い》前《ぜん》に之《こ》の法《はう》を企《くわだ》てた者《もの》も二三はありましたやうですが、皆《みな》失《しつ》敗《ぱい》に歸《き》して市《し》人《じん》の嗜《し》好《かう》に適《てき》さなかつたやうです。

して見《み》れば先《ま》づ此《こ》の與《よ》兵《へ》衛《ゑ》が握鮓《にぎりずし》の始《し》祖《そ》とも云《い》ふべきで、たとへ二三の先進があつても其眞價を紹介したと云ふ功は、恰も宗鑑以降の俳諧が元祿の芭蕉に依つて初めて文學的色彩を帶びたのと同じやうな譯けです。ちと話《はなし》が理《り》屈《くつ》に渉《わた》つて岐《し》路《ろ》に外《そ》れましたが、まあそんなものでせう。

さて與《よ》兵《へ》衛《ゑ》がどうして握鮓《にぎりずし》を工《く》夫《ふう》したかと云《い》ふに、文《ぶん》久《きう》子《し》の『またぬ青葉』(明治《めいじ》廿年《わん》頃《ごろ》寫《しや》本《ほん》)に

握鮓を初めしは、昔の鮓は飯多くして下品なれば之を改めんと斯くて之に至りぬ。又當時の鮓は、魚の油を絞りて握りたる飯に付け、箱の中に列らべ笹にて一つ宛しきり其上に蓋をなし、石を置き三四時間程經ちて蓋を取り、鮓べらと云ふ竹篦にて一つ宛へがし取る也。故に三日位置ても變ぜず、客來れば只今直ぐに出來ますなどゝ云ふ。翁は此の製方の悠長なるを厭ひ、又押鮓にては折角美味を持てる魚も油を絞りまずくする事本意に非ずと初めて握早漬を工夫せし也

(與兵衛傳抄錄)

と出《で》て居《ゐ》ります。

與《よ》兵《へ》衛《ゑ》の開業《かいげふ》當時《たうじ》の情況《ぜうけう》は『家庭割烹講義錄』第三(卅五年《ねん》八月《がつ》刊《かん》)に

當時世の鮓は皆壓鮓にして早漬と稱するものなし、翁の茶餅は遂に創案のこれに及び、本所横網町の裏家を貸し、手之を製し毎日岡持に鮓を入れ賣歩き、後元町に轉じ、毎夜屋臺見世を出したるに當時松井町岡場所(妓樓)ありて兩國の邊は夜深きまで賑はしきに、子に臥し寅に起き遂に長家一戸を購ひ客を迎へ得るに至れり。

(與兵衛傳抄)

と記《しる》されたのを見《み》れば略《ほ》ぼ推測《すゐそく》されます。

●當時《たうじ》江戸《ゑど》の食味《しよくみ》は殆《ほど》んど其《その》頂點《てうてん》に達《たつ》し、山谷《さんや》に八百善《やをぜん》起《おこ》り、深川《ふかがは》に平清《ひらせい》開《ひら》かれ、葛《か》西《さい》太《た》郎《らう》、百《もゝ》川《かは》等《など》の割烹店《かつぽうてん》が前後《ぜんご》して腕《うで》を競《きそ》つた時代《じだい》ですから、從《したが》つて日常《ふだん》口嗜《こうし》を論《ろん》じて、菓子《くわし》、蕎麥《そば》、天《てん》ぷらに至《いた》る迄《まで》、新奇《しんき》、新奇《しんき》と改良《かいれう》され、珍《めづ》らしい食物《くひもの》は、先《さき》を爭《あらそ》つて試《こゝろ》

みたと云《い》ふ風《ふう》でしたから、勢《いきほ》いオツクウで保守的《ほしゆてき》なる押鮓《おしずし》は、遂《つひ》に江戸《えど》趣味《しゆみ》の厭《いと》ふ處《ところ》となつて、之《こ》れに代《かは》るべき握鮓《にぎりずし》を多大《ただい》の好情《かうぜう》を以《もつ》て迎《むか》へたのです。

銅脈山人《だつみやくさんじん》の『江戸名物狂詩選』に

流《りう》行《かう》鮓《のすし》屋《や》町《まち》々在《〳〵にあり》　此《この》頃新開兩國東《ころあらたにひらくりやうごくのひがし》

路《ろ》次《ぢ》奧名與《のおくになづけてよ》兵衛《へゑといふ》　客來爭坐二間《きやくきたればあらそひざすふたまの》中《うち》

と出《で》て居《を》り、又《また》『武總兩岸考』には

鯛比良目《たひひらめ》いつも風味《ふうみ》は與兵衛《よへゑ》ずし買手《かいて》は見世《みせ》にまつて折詰《をりづめ》　菊成《きくなり》

こみあいて待《まち》くたびれる與平鮨客《よへゑずしきやく》も諸《もろ》とも手《て》を握《にき》りけり　生成《なまなり》

の外《ほか》二三首狂歌《しゆきやうか》がありますが、兎《と》に角流行《かくはや》つたものです。

おぼろの鮓と云《ふ》ふのも此時代《このじだい》に與兵衛《よへゑ》が創案《さうあん》したので、其《そ》れは定客《とくい》に食道樂《くひだうらく》の侍《さむらひ》（海賊橋牧野邸住《かいぞくはしまきのていじう》）があつて、一夜話次《やわぢ》の末《すゑ》、是《こ》れ迄《まで》になき變《かは》つた所謂《いはゆる》『おつな』鮓《すし》を喰《た》べさせてくれとの注文《ちうもん》なので、翁《おう》は種々《いろ〳〵》工夫《くふう》を巡《めぐ》らした末《すゑ》、小海老《こゑび》を煮《に》て摺《す》り『おぼろ』を拵《こし》らへ、之《これ》を握《にぎ》つて侑《すゝ》めた處《ところ》、いたく意《い》に適《てき》して獎賞《ほめ》られたので、更《さら》に之《これ》を公《おほやけ》にした處《ところ》、之《こ》れが一の呼物《よびもの》となつたろうです。

當時《たうじ》は小海老《こゑび》の需用者《じゆようしや》が尠《すく》なかつたので自然《しぜん》珍《ちん》とされたのでせう。其他家臺で山本の茶を汲んで侑めたと云《い》ふのも一つは人氣《にんき》に投《たう》じたのです。

しかし斯様《かやう》な奇抜《きはつ》な、珍《ちん》なものや、贅澤《ぜいたく》な鮓《すし》を賣《う》つた爲《た》め、遂《つひ》に彼《か》の天保《てうほう》の『御趣意』騒動《さうざう》には早《はや》くも町奉行《まちぶぎやう》の注視《ちつし》する處《ところ》となつて、喜多村信節翁《きたむらしんせつをう》の『聞のまに〳〵』に、

天保十三年四月十八日照降町に種々高價の衣類を仕立て商ふ店有贅澤屋と云ふ、又乗物町河岸に六門屋と云ふ下駄などを售るもの高價なる品多し時好に叶ひて行はれぬ、又本町邊には丸利と云ふ小間物屋流行て種々高價のもの多し、是等皆召捕れ土藏に封印付て御咎有(中略)大橋安宅の松の鮓、兩國元町の與兵衞が鮓是等も召捕れたり　(下略)

とある如《ごと》く咎《とがめ》を蒙《かうむ》つたのです。

與兵衞《よへゑ》が他《た》の古《ふる》き同業者《どうげうしや》を排《はい》して新進《しんしん》ながら松の壽司と並《なら》んで檢擧《けんきよ》に遭《あ》つたのは却《かへつ》て市人《しじん》の好奇心《かうきしん》に投《たう》じて握鮓《にぎりずし》の流行《りうかう》を促《うなが》す潜勢力《せんせいりよく》となつたのです。

●それから握鮓《にぎりずし》が僅《わづか》に十數年《すうねん》の間《あひだ》に流行《りうかう》し、長足《てうそく》の進歩《しんぽ》をなしたかは喜多村季莊《きたむらきそう》の『守貞漫稿』(寫本《しやほん》嘉《か》永《ねい》頃《ころ》)に依《よ》つても解《わか》ります。

江戸今製するは握鮓也、鶏卵燒、車海老、海老そぼろ、白魚、まぐろさしみ、こはだ、あなご甘煮長のまゝ也

以上大略八文鮓也、其中玉子卷は十六文許也、添之に新生薑の酢漬、姫蓼等也、又隔等には熊笹を用ひ又鮓折詰などには鮓上に下圖(圖略す)の如く熊笹を斬て之を置き飾とす、京阪にては隔てにはらんを用ひ、添物には紅生姜と云て梅酢漬を用ふ。

江戸は鮓店甚だ多く毎町一二戸、蕎麥屋一二町に一戸あり。　鮓屋名あるは屋臺見世を置かず普通の見世は專ら之を置く、又屋臺見世のみにて賣も多し、江戸鮓に名あるは本所阿武藏松のすしを略して松の鮓と云天保以來は古を淺草第六天前に遷し東兩國元町與兵衛鮓最も名あり。

文中《ぶんちう》、本所《ほんぢよ》阿武藏松《あふむさしまつ》云々は深川御船藏松《ふかがはおふなぐらまつ》の鮓《すし》云々の誤《あやま》りです。

●尚《なほ》此握鮓《このにぎりずし》の流行《りうかう》は啻《たゞ》に江戸《えご》のみに留《とゞま》らずに、遂《つひ》に西下《さいか》して大阪《おほさか》に迄《まで》及《およ》ぼし『守貞漫稿』には

文政末比より戎橋南に松の鮓と號け江戸風の握り鮓を賣る、烟華の地なるを以て行はれ、後に大西芝居西隣の角に轉居し、是又今に存す、是大阪にて江戸鮓を賣るの始め也。　余在阪の時(天保頃)は此一戸なりしが今は諸々にて之を賣る云々

と記《しる》されてあります

●江戸《えご》の鮓屋《すしや》で鮒《ふな》の昆布卷《こぶまき》を賣《う》つたのは天明時代《てんめいじだい》に初《はじ》まつたので前《さき》に一寸《ちよつこ》說《こ》いて置《お》きましたが、天保《てんほう》から弘化《こうくわ》、嘉永《かえい》へかけては益《ます》々《〱》盛《さか》んになつたやうで『守貞漫稿』には。

凡そ鮓は冬之を食ふこと平常よりも減ずるが故に江戸にては十月以後鮓店にて專ら鮒の昆布卷を製し兼れ賣る蓋し前に云る如き名ある鮓屋（松の鮓、與兵衞）は是を賣らずと雖も普通の店にては必ず之を兼る也、京阪にては別店にて之を賣のみ、すし屋にては賣らず。

と出《で》て居《を》ります。竈河岸《へつついがし》の毛《け》拔《ぬき》鮓《すし》等《など》でも維《い》新《しん》前《ぜん》迄《まで》は、冬《ふ》季《ゆ》鮓《すし》を休《きう》業《げう》して昆《こ》布《ぶ》卷《まき》を賣《う》つたと云《い》ふ話《はなし》です。

（六）鮗の鮓賣と稲荷鮓

●鮗《こはだ》の鮓《すし》を市《し》中《ちう》に賣《う》り歩《ある》いたのも、握《にぎり》鮓《すし》に變《かは》つてからの風《ふう》俗《ぞく》で嘉《か》永《ゑい》、安《あん》政《せい》頃《ごろ》からだと思《おも》はれます。と云《い》ふのは今《いま》も人《じん》口《こう》に膾《かい》炙《しや》して居《ゐ》る『坊主欺して還俗させて小鰭の鮓でも賣らせたい』と云《い》ふ有《いう》名《めい》な小《こ》唄《うた》は、安《あん》政《せい》時《じ》代《だい》に潮《いた》來《こ》節《ぶし》が癈《すた》れて都々《とゞ》一《いつ》に轉《てん》じた頃《ころ》の流《は》行《やり》唄《うた》ですから、此《この》一種《しゆ》異《ゐ》様《やう》の鮓《すし》賣《うり》も此《この》時《じ》代《だい》の産《さん》物《ぶつ》だと云《い》ふ事《こと》がわかります。

昔《むかし》の人《ひと》は未《ま》だ記《き》臆《おく》に殘《のこ》つてゐませうが、その行《な》裝《り》を説《と》きますと、頭《あたま》に手《て》拭《ぬぐひ》を吉《よし》原《はら》冠《かぶ》りにして、着《き》附《つけ》は白《しろ》棧《さん》留《ごめ》か松《まつ》坂《ざか》木《も》綿《めん》の細《こまか》い縞《しま》のを尻《しり》端《は》折《しより》、上《うへ》は同《おな》じ物《もの》の少《すこ》し縞《しま》の

荒《あら》いのに襟《ゑり》に黑《くろ》八丈《じやう》を附《つ》けた半纏《はんてん》を着《き》て、帶《たび》は小倉《こくら》か又《また》は平ぐけを締《し》め、穿《は》いてゐるものは木綿《もめん》の股引《もゝひき》に白足袋《しろたび》、麻裏草履《あさうらざうり》という拵《こしら》へで、年格好《こしかつかう》は揃《そろ》いませんが、どの鮓賣《すしうり》も身奇麗《みぎれい》に粧《つくろ》い、清潔《さつはり》として居《ゐ》て、其時代《そのじだい》に流行《はや》つた『イキ』とか『イナセ』とか云《い》ふ風俗《ふうぞく》の實例《じつれい》を示《しめ》したのでした。

それで鮓賣《うりて》は白木《しらき》の一尺以上《しやくいじやう》の長手《ながて》の箱《はこ》を五六個《こ》重《かさ》ね、上《うへ》に淺黄《あさぎ》の巾《きれ》を覆《おほ》ひ、之《これ》を肩《かた》に擔《かた》げて、

『鮓《すし》や、すうし、小鰭のすうし』

と長《なが》く引《ひ》いて呼《よ》び步行《ある》いたもので、この呼聲《よびこゑ》がどれも大概《たいがい》誠《まこと》に美音《びおん》なので、その喰《た》べさせる鮓《すし》も嘸《さ》ぞ美味《びみ》であらうと、此《こ》の美音《びおん》と行裝《なり》の奇麗《きれい》なのに釣《つ》られて需用者《じゆようしや》が夥《をびただ》しかつたさうです。

而《さう》して之《こ》の行商《けうせう》は初春《はつはる》の晝間《ひるま》のうちで、點灯後《てんごうご》は影《かげ》を沒《ぼつ》します。それで松《まつ》の内《うち》を過《す》ぎれは暫《しはら》く絶《た》ゑて、又《また》花《はな》の頃《ころ》になりますと、小鰭《こはだ》の外《ほか》、海苔《のり》、玉子《たまご》、鮪等《まぐろなど》も仕込《しこ》んで上野《うへの》や向島等《むかうじまなど》に荷《に》を卸《おろ》し、白酒《しろざけ》の肴《さかな》として賣《う》つたさうです。

此《こ》の風俗《ふうぞく》は明治《めいじ》の初年《しよねん》迄《まで》遺《のこ》つて、晩年《はんねん》には羽織《はをり》や半纏《はんてん》なしの着流《きながし》で、行裝《なり》も多少《たせう》

崩《くづ》れました。

●晝商《ひるあきな》ひのこはだの鮓賣に對《たい》して、夜間《よる》のみ賣《う》り歩行《あり》く稲荷鮓と云《い》ふのが維新前《ゐしんぜん》には流行《りうかう》しました。『守貞漫稿』に

天保末年江戸にて油揚豆腐の一方裂きて袋形にし、木茸、干瓢等を刻み交へたる飯を納れて鮓として賣巡る。夜を專らとし、行燈に華表《とりゐ》を書き號て稲荷鮓、或は篠田鮓と云ふ。

と出《で》て居《を》りますのがそれです。

勿論《もちろん》天保《てんぽう》以前《いぜん》にも江戸《ゑど》に稲荷鮓《いなりずし》の店賣《みせうり》は有《あ》つて、兩國廣小路邊《れうごくひろこうぢへん》の田舍人《たびのもの》を專《もつは》ら定客《きやく》とした安店《やすみせ》では普通《なみ》の鮓《すし》と兼《か》ねて賣《う》つて居《を》つたやうですが、振賣《ふりうり》は天保末《てんぽうすゑ》から初《はじ》まつたのです。

此行商《このげうせう》のうちでは文久《ぶんきう》から慶應《けいあふ》へかけて、十軒店《けんだな》の次郎右衛門《ぢらうゑもん》、通稱《つうせう》『次郎公』と云《い》ふのが名代《なだい》でした、此《こ》の次郎右衛門《ぢろゑもん》は明治《めいじ》の初年《しよねん》に歿《ぼつ》しましたが、年中休《ねんぢうやす》みなしに荷箱《にはこ》を擔《かつ》いで十軒店附近《けんだなふきん》を賣《う》り歩《ある》き、常《つね》に荷箱《にはこ》の裡《うち》に一升德利《せうどくり》を貯《たくは》へ、荷《に》を卸《おろ》す毎《ごご》に酒《さけ》を仰《あふ》ぎ、醉歩《すゐほ》覺束《たぼつか》なく、呼《よ》び聲《こゑ》の尻《しまひ》にはいつも、兄弟《きやうでい》一服呑《ぷくの》みあな儸《そつ》ちの煙草《たばこ》で、と憎《にく》まれ口《ぐち》を叩《たゝ》きます。その聲《こゑ》を聞《き》きつけて、買手《かひて》が稲《い》荷鮓《なりずし》と印《しる》した赤行灯《あかあんさん》の

ほの暗《くら》き家《や》臺《たい》を圍《かこ》んで爭《あらそ》つて鮓《すし》を購《も》求《ご》めたので、鮓《すし》はさまで美味《びみ》ではなかつたが其《その》瓢逸《ひやういつ》な賣方《うりかた》が人氣《にんき》に投《たう》じて、稻荷鮓《いなりずし》と謂《い》へば、直《す》ぐ次《ぢ》郎《ろ》公《こう》を連想《れんそう》するくらひで、幕《ばく》末《まつ》の一名物《めいぶつ》と數《かぞ》へられました。

（七）吉原及び芝居の鮓

●吉原《よしはら》の遊廓《いうかく》で鮓《すし》の行《おこな》はれたのは何《い》年《つ》時《じ》分《ぶん》の頃《ころ》に始《はじ》まつたのですか、古《ふる》い處《ごこ》は究《きは》めませんが、天明時代には、揚屋町の蛇の目鮓、同所きんとん鮓等《など》の名《な》が顯《あら》はれて見《み》ゑます。

其後《そのご》、安永から文政時代《じだい》には前記《ぜんき》の外《ほか》『青柳鮓』と云《い》ふのが、竹村の最中《もなか》、山屋の豆《ごう》腐《ふ》と共《とも》に名物盡に出《で》て居《を》ります。

降《くだ》つて天保時代には仲《なか》の町《てう》に通ひずしと云《い》ふのが出來《でき》て流行《はや》りましたやうで、『江戸名物狂詩選』には、

吉《よし》原《はら》名《めい》物《ぶつ》兩《れう》三種《しゆ》　通鮓《かよひずし》此頃《このごろ》製《せい》尤《もつとも》奇《きなり》
遊《いう》客《かく》通來《かよいきたり》多《おほく》喰盡《くらひつくす》　樓《らう》中《ちうの》首《しゆ》尾《び》十分《ぶんに》宜《よろし》

と詩《うた》はれ家《いへ》の有様《ありさま》が描《ゑが》かれて挿畫《さしゑ》としてあります。畫《ゑ》によるとやはり舊式《きうしき》の壓《おし》鮓《すし》で、鮒《ふな》の昆布《こぶ》巻《まき》、隱《いん》元《げん》豆《まめ》、座《ざ》禪《ぜん》豆《まめ》等《など》も兼《か》ねて賣《う》る看板《かんばん》が見《み》えます。

しかし、之《こ》れもいつか癈絶《はいぜつ》されて、嘉永元年《かえいぐわんねん》版《はん》の『名物酒飯手引草』には當時《たうじ》の鮓店《すしみせ》九十六軒を撰《えら》んで掲《かゝ》げてありますが、これにはその名《な》が見《み》えません。

現今《げんこん》では、紅梅鮓、都ずし、濱ずし、松茂鮓、仲ずし、櫻ずし等《など》があるさうです。之《こ》の中《うち》で江戸《えど》町河岸《てうがし》の紅梅鮓を脱《のぞ》いては、他《た》は皆香《みなかん》ばしくない鮓《すし》だらうです。しかし廓《くるわ》の鮓《すし》は味《あぢ》の善惡《よしあし》よりも、皿《さら》に配置《はいち》して見《み》た目《め》の美《うるは》しいのが第《だい》一なので、俗《ぞく》に臺《だい》屋《や》物《もの》と稱《せう》して、價格《かかく》以上《いじやう》の大皿《おほざら》に小數《すこし》の鮓《すし》を排列《なら》べ、笹《さゝ》や何《なに》かで化粧《けしやう》を扮《ほさこ》して立派《りつぱ》に見《み》せる處《ところ》が職人《しよくにん》の苦心《くしん》する點《てん》です。

● 芝居《しばゐ》で鮓《すし》を出《だ》した起原《おこり》も一寸《ちよつと》說き難《がた》いのですが、天保時代堺町《さかひてう》より猿若町《さるわかまち》に移轉《いてん》せる時代《じだい》)の劇場《こや》では、茶屋《ちやや》の料理《りやうり》とか辨當《べんたう》とか云《い》ふものは、今《いま》とは到底《たうてい》比較《ひかく》し能《あた》はざる位《くらゐ》に發達《はつたつ》して、贅澤極《ぜいたくきは》まつたもので、當時《たうじ》の通客《つうかく》は市中《しちう》の割烹店《かつほうてん》を除《の》けて、芝居《しばゐ》茶屋《ちやや》の料理《れうり》をわざ〳〵喰ひに往つた位庖丁《くらゐはうてう》が精《く》はしかつたのでしたが、鮓《すし》は比較的《ひかくてき》嚴《や》かましく無《な》かつたやうで、茶屋《ちやや》から見物《けんぶつ》した客《きやく》には幕の内(辨當《べんたう》)の代《かは》りにち

らしを取つて、晝後《ひるすぎ》に今《いま》と同《おな》じく鮓《すし》を侑《すゝ》めたのです。其《その》鮓《すし》は今《いま》のやうな鉢盛《はちもり》に、玉《たま》子《こ》、海苔《のり》巻《まき》、鮪《まぐろ》、鰶《こはだ》等《など》で、長手《ながて》の楊子《やうじ》を挿《さ》した工合《ぐあひ》は昔《むかし》も今《いま》も變《かは》りはありません。たゞ其頃《そのころ》は今《いま》のやうに鰻飯《うなぎめし》が場内《こや》には這入《はい》りませんので、婦人客等《ふじんきやくなど》は大概《たいがい》ちらしを取寄《とりよ》せて喰《た》べられたと云《い》ふ話《はなし》です。

現今《いま》でも芝居《しばゐ》の鮓《すし》は前記《ぜんき》のやうな簡單《かんたん》な種材《たね》で、煮物《にもの》や鯛《たひ》、鱚魚《きす》等《など》は見當《みあた》りません。但《たゞ》し大入場《おほいりば》を賣《う》り歩《ある》く箱《はこ》の鮓《すし》や場末《はずゑ》の小劇場《こしばゐ》等《など》では、章魚《たこ》や鯥《むつ》を使用《しよう》致《いた》します。

相撲場《すまうば》は古來《こらい》から薄《うす》い桶《をけ》に鮓《すし》を盛《も》つて出《だ》します、之《こ》れは場中《じやうちう》が芝居《しばゐ》程《ほど》整頓《せいとん》して居《ゐ》ないのと、一は觀客《けんぶつ》が氣《き》が荒《あら》いので、陶器《せともの》類《るゐ》では碎《こ》はれて且《か》つ持運《もちはこ》びにも不便《ふべん》の爲《た》めなので斯《か》く習慣《しふくわん》が付《つ》いたので、常設館《じやうせつかん》に成《な》りましても場内《じやうない》の整《とゝの》はぬ事《こと》は大劇《だいげき》場等《じやうなど》の奇麗事《きれいごと》にはとても及《およ》びません。

（八）　現代の鮓店

●松の鮓、毛拔鮓、與兵衛等《など》を別《べつ》にして明治《めいじ》の初年頃《しよねんごろ》には京橋《けうはし》の玉壽司と、銀座《ぎんざ》尾張《をはり》

町《てう》の長門鮓が名高《なだか》かつたので、此《この》長門鮓は『芝八景』(須摩關守《すまのせきもり》著《ちよ》)と云《い》ふ慶應《けいおう》三年《ねん》の寫《しや》本《ほん》に、

> 神明の晴嵐―(前略)名にしおふ長門鮓、鐵砲巻のげんぢうに、ほとけは出前ないないは隱し山葵のぴんとして、月も朧に忍び入、圖にのり巻や玉子燒、君の惠みの厚燒にの丶字にまいり車海老、お丶こはだとて蜘蛛の子を散らし五もくの丼と海の水屑と思ひしに早や生捕し折詰は、繩目にかけて土産もの云々

など丶評判《へうばん》されて居《を》ります。

其次《そのつぎ》位の店《みせ》では横山町《よこやまてう》の惠比須、茅町《かやてう》のみさご、久保町《くほてう》の玉、茅町《かやてう》の蛇の目、南新堀《みなみしんほり》の入船、麴町《こうじまち》のうの丸、西河岸《にしがし》の松支店、大門通《たほもんどほり》の與兵衛支店、人形町《にんげうてう》のみさご、飯倉《いゝぐら》の鳴門、通《どほり》二丁目《てうめ》の小吉田、小《こ》網町《あみてう》の港、下谷《したや》のれふく、玄治店《げんやだな》のいろべ、村松町《むらまつてう》のあやめ、麴《こうぢ》町《まち》の日の出、新場《しんは》のあやめ、常盤町《ときはてう》の蛇の目、通《どほり》三丁目《てうめ》の浮世、通《どほり》一丁目《てうめ》の帆掛、今川橋《いまがははし》の千歳、麴町《こうじまち》の乙女、佐賀町《さがてう》の虎鮓等《など》が喧傳《けんでん》されました。

其後《そのご》年々《ねん〳〵》歳々《さい〳〵》に世《よ》の遷《うつ》りゆくと共《とも》に家々《いへ〳〵》にも盛衰《せいすゐ》があつて、長門鮓、玉鮓等《など》を初《はじ》めとして舊家《きうか》は大概《たいがい》歿落《ぼつらく》の悲運《ひうん》に墜《おちゐ》つて、前記《ぜんき》の中《うち》では、飯倉《いゝぐら》の鳴門、通町《どうりちやう》の帆掛、麴《こうじ》町《まち》のうの丸のみ尚存《なほそん》して居《ゐ》る計《はか》りです。

卅年《ねん》刊《かん》行《かう》の『東京新繁昌記』には代《だい》表《へう》的《てき》鮓《すし》屋《や》として、松の鮓、與兵衛、毛拔、帆掛、鮓の四軒《けん》のみ載《さい》錄《ろく》してある計《はか》りです。尚《なほ》此《この》前《ぜん》後《ご》に出《で》ました評《へう》判《はん》記《き》にも大《たい》概《がい》此《この》四軒《けん》の外《ほか》他《た》は省《はぶ》いてあります。

粗《そ》製《せい》ではありますが、廉《れん》價《か》で賣《う》り出《だ》したのが、土橋の大黑鮓と下谷の松の鮓で、この松の鮓は下《げ》品《ひん》ですが田《ゐ》舎《なか》向《むき》に受《う》ける處《こころ》で大《だい》分《ぶ》支《し》店《てん》が殖《ふ》ゑて居《を》ります。　しかしとても江《え》戸《ど》鮓《すし》として推《を》すべきものはないのです。

安宅松の鮓も毛拔鮓も代《だい》が幾《いく》度《ど》も變《かは》つて居《ゐ》るので、昔《むかし》日の俤《おもかげ》があるや否《いな》やは申《まうし》上《あ》げ兼《か》ねます。　しかし毛拔鮓は

笹《さゝ》卷《まき》の笹《さゝ》が散《ち》るなり毛《け》拔《ぬき》鮓《すし》　知《ち》十

と咏《うた》はれて相《あひ》變《かは》らず繁《はん》昌《じやう》致《いた》して居《を》ります。

魚《うを》河《が》岸《し》の屋《や》臺《たい》鮓《すし》は食《しよく》通《つふ》の寄《よ》るべき處《こころ》だなぞとよく素《しろ》人《こ》方《がた》は談《はな》されますが、實《じつ》に滑《こつ》稽《けい》で魚《うを》河《が》岸《し》と云《い》ふものが客《きやく》の頭《あたま》に先《せん》入《にう》して居《ゐ》るので、感《かん》情《じやう》的《てき》に美《おい》味《し》く見《み》ゑるので、屋《や》臺《たい》なぞに依《よ》て眞《しん》の鮓《すし》を要《えう》求《きう》するのは酷《こく》で、斯《か》樣《やう》な鮓《すし》通《つふ》が一雨《あめ》每《ごこ》に殖《ふ》ゑるかと思《おも》へば情《なさ》けないやうです。

平岡大盡《ひらなかだいじん》によつて推奬《すゐしやう》された浮世小路の蛇の目鮓、藤澤古雪《ふぢさはこせつ》(文學士《ぶんがくし》)氏《し》の好《す》きな神樂阪の華鳥鮓、などは現代《げんだい》の握鮓《にぎりずし》としては優《まさ》るもので、最《もつ》も繁昌《はんじやう》なのが箱崎の東鮓、一寸《ちよつこ》拈《ひね》つて俳味《はいみ》のあるのは浪花町のさだ鮓で、此《こ》店は芳町《よしてう》と云《い》ふ烟華《ゑんくわ》の地《ち》に按《せつ》して居《ゐ》るからでせう。

屋臺店《やたい》ですが握《にぎ》り方《かた》に江戸趣味《えごしゆみ》を傳《つた》へて居《ゐ》るのが馬喰町の鮓重で、此《こ》家の老人《らうじん》は口癖《くちくせ》のやうに、當今の鮓は只の握り飯で、眞の鮓は松と與兵衛の二軒で他は皆鮓と云つても名計りで喰へるものぢやありませんと述懐《じゆかい》して嘆《なげ》いてゐます。

●芝《しば》の愛宕《あたご》下邊《したへん》に細工鮓と云《い》つて、日露戰爭當時《にちろせんさうたうじ》に、よく軍人《ぐんじん》の似皃《にかほ》などを鮓《すし》に顯《あら》はしたり、どうかして風景《ふうけい》などを鮓《すし》で描《ゑが》き出《だ》すと云《い》ふ噂《うはさ》が新聞《しんぶん》に載《の》つて居《を》りましたが、今《いま》でも行《おこな》はれて居《ゐ》るや否《いな》やは知《し》りません。

そ の他《た》大阪風《おほさかふう》の蒸し鮓や、上方鮓《かみがたすし》の押鮓も二三軒《げん》は今《いま》でもあるやうですが更《さら》に聲譽《せいよ》を耳《みゝ》に致《いた》しませぬ。

要《えう》するに今《いま》の東京《こうけう》は昔《むかし》の江戸時代《えどじだい》程《ほど》、鑑舌《かんぜつ》が發達《はつたつ》して居《を》らぬのと、一つは昔程新《むかしほどしん》奇《き》なものを歡迎《かんげい》して騷《さわ》ぎませんので、兎角《ごかく》妙《めう》な少《すこ》し風《ふう》を變《か》へた鮓《すし》は、どうも受《う》けな

い傾向《けいかう》で、他《た》の風物《ふうぶつ》が刻々《こく〳〵》發達《はつたつ》し舊《きう》を捨《すて》て行《い》く今日《こんにち》に於《たい》て珍《めづ》らしく感《かん》じます。

（九）屋臺鮓と高町師

●屋臺鮓《やたいやし》の初《はじ》めは寛延頃《くわんゑんごろ》だらうと云《い》ふのは先《さ》きに江戸鮓《ゑどずし》の項で一寸《ちよつと》申上《まうしあ》げて置きました。それで維新《ゐしん》前《ぜん》は隨分《ずゐぶん》流行《りうかう》したもので、其余風《そのよふう》は卅年《ねん》前後《ぜんご》迄《まで》殘《のこ》つて居《を》りましたが、近來《きんらい》では時々《とき〴〵》市區《しく》改正《かいせい》があるのと、道路《だうろ》取締條例《とりしまりぜうれい》が嚴《やかま》しいので年々《ねん〳〵》に減《げん》少《せう》して、もう十年《ねん》廿年《ねん》も經《た》ちましたら東京《とうけう》に影《かげ》を拂《はら》ふだろうと考《かんが》へられます。

さて一口《くち》に屋臺鮓《やたいすし》と稱《とな》へますが、區別《くべつ》すると其組織《そのそしき》上《ぜう》に二種《いろ》あつて、一は普通《ふつう》の店《みせ》がありつゝ夜《よ》に入《い》ると殘物《ざんぶつ》を捌《さば》く爲《た》め、と云《い》ふ譯《わけ》でもないでせうが、子息《むすこ》なり、老《とし》人《より》なりが小遣取《こづかひとり》の爲《た》めに屋臺《やたい》を稼《かせ》ぎますのと、一は薄資《はくし》の爲《ため》に店《みせ》を堂々《だう〳〵》と張《は》る事《こと》の出來《でき》ぬ輩《もの》が、日歿《ひくれ》を合圖《あひづ》に屋臺《やたい》を曳《ひ》き出《だ》して營業《ゑいぎやう》するのとあります。

前者《ぜんしや》は鮓種《すしだね》から煮物《にもの》等《など》總《すべ》てが店賣《みせうり》と異《かは》りませんが、後者《こうしや》となりますと買出《かいだし》から一切《いつさい》違《ちが》つて、鮓種《すしだね》の如《ごと》きも、海苔《のり》、鮪《まぐろ》、赤貝《あかがひ》、鳥貝《とりがひ》、鰺《あぢ》、鰶《こはだ》、章魚《たこ》位《ぐらゐ》で、少《すこ》し上等《じやうとう》でア、ナ、ゴや蛤《はまぐり》も使《つか》ひますが、海老《ゑび》や、鯛《たひ》の贅《ぜい》は殆《ほと》んど無《な》いので、手《て》の略《りやく》せる丈《だけ》け簡易《かんゐ》にやるのです。

屋《や》臺《たい》店《みせ》でよく賣《う》れます鮓《すし》は鮪《まぐろ》で、仙《せん》臺《だい》だろうが馬《は》關《かん》だらうが赤《あか》くさへあれば通《と》過《う》るので、赤《あか》貝《がい》も土《ど》地《ち》によりますと筋《ひ》膜《も》の方《はう》が捌《さは》けます。

しかし實《じつ》の處《ところ》、屋《や》臺《たい》及《およ》び屋《や》臺《たい》で脩《しう》養《よう》した職《しよく》人《にん》は、手《う》腕《で》が粗《そ》雜《ざつ》一方《はう》に傾《かたむ》いて、一人《にん》として眞《しん》に握《にぎ》れる者《もの》は無《な》いやうです。

●高《たか》町《まち》師《し》とは祭《まつ》禮《り》とか大《おほ》緣《ねん》日《にち》とか花《はな》時《じ》分《ぶん》に、一日《にち》若《も》しくは七日《か》位《ぐらゐ》キワモノ的《てき》な賣《う》り方《かた》をする葭《よし》簾《ず》張《はり》の店《みせ》を指《さ》した通《ふ》詞《てう》で、是《こ》れは此《この》種《しゆ》の檜《ひのき》舞《ぶ》臺《たい》とも謂《い》ふべき招《せう》魂《こん》社《しや》或《あるひ》は池《いけ》上《がみ》本《ほん》門《もん》寺《じ》の如《ごと》きが其《そ》の地《ち》形《けい》の高《たか》臺《だい》である點《てん》から、下《した》町《まち》と云《い》ふ名《こと》詞《は》に對《たい》照《せう》して仲《なか》間《ま》裡《うち》で命《なづ》けたのです。

さて高町の客《きやく》種《だね》は、と云《い》へば多《おほ》く赤《あか》毛《げつ》布《と》式《しき》の田《ゐ》舍《なか》者《もの》か、さなくば通《とほ》り一遍《ぺん》の婦《を》人《ん》客《な》や小《こ》僧《ぞう》さん達《たち》で、味《あぢ》の精《せい》粗《そ》よりも口《くち》にさへ入《い》るれば足《た》れりと云《い》ふ格《かく》のテアイが多《おほ》いので、彼《かれ》等《ら》高《たか》町《まち》師《し》は、其《そ》の通《とほり》一遍《ぺん》と云《い》ふ弱《じやく》點《てん》に乘《じやう》じ驚《おどろ》くべき奸《かん》手《しゆ》段《だん》を用《もち》ゐて詐《さ》欺《ぎ》的《てき》な賣《う》り方《かた》を致《いた》します。

この材《ざい》料《れう》は概《おほむ》ねゴマカシ物で、場《は》違《ちがひ》の仙《せん》臺《だい》鮪《まぐろ》を使《つか》ふ方《はう》などは未《ま》だ罪《つみ》の輕《かる》い方《はう》で、豆《とう》腐《ふ》に色《いろ》をつけて玉《たま》子《ご》と見《み》せ、烏《い》賊《か》の代《かは》りに安《やす》半《はん》ペンをへぎて握《にぎ》り、鮫《さめ》を海《あな》鰻《ご》の如《ごと》

く作《つく》つたり、之《こ》れに塗《ぬ》る羹《に》汁《しる》には葛《くず》粉の代《かは》りに蕨《わらび》の粉《こ》を混《こん》じてドロ〳〵となしたり、殊《こと》に最《もつと》も酷《きび》しいのは、卯《う》の花《はな》に鹽《し》味《ほ》を付《つ》け、之《こ》れに洋《べ》紅《に》をさして海《ゑ》老《び》のオヽボヽロヽと瞞《ごま》かして賣《う》るに至《いた》つては、到《たう》底《てい》常《じやう》識《しき》を以《もつ》て判《はん》斷《だん》のつくものではないのです。

然《しか》かも彼《かれ》等《ら》は啻《たゞ》に原《げん》料《れう》に於《おい》て、斯《か》く不《ふ》正《せい》をなすに止《とゞ》まらずに、其《その》價《か》格《かく》の如《ごと》きも絞《しぼ》れるだけ絞《しぼ》つて、時《じ》價《か》一皿《さら》十錢《せん》位《ぐらゐ》のものも彼《かれ》等《ら》は平《へい》氣《き》で廿錢《せん》卅錢《せん》と註《ちう》して居《を》ります。之《これ》等《ら》の弊《へい》風《ふう》は何《いづ》れの社《しや》會《くわい》にも夥《をびたゞ》しいのです。

（十）家庭と握鮓

●赤《あか》堀《ほり》翁《たゞ》が福《ふく》羽《は》子《し》爵《しやく》に知《し》られて女《ぢよ》學《がつ》校《かう》の割《かつ》烹《ぽう》科《くわ》に敎《けう》鞭《べん》を執《と》られてから、家《か》庭《てい》と料《れう》理《り》との關《くわん》係《けい》は著《いちゞる》しく密《みつ》接《せつ》して、井《ゐの》上《うへ》さん、宇《う》野《の》さん、渡《わた》邊《なべ》さん、秋《あき》間《ま》さんとか或《あるひ》は故《こ》實《じつ》の方《はう》では石《いし》井《ゐ》さん等《など》と云《い》ふ有《いう》名《めい》な專《せん》門《もん》の先《せん》生《せい》方《がた》が親《した》しく指《し》導《だう》さるゝので、當《たう》今《こん》では却《かへつ》て品《しな》川《がは》町《てう》邊《へん》の專《せん》門《もん》に職《しよく》として居《ゐ》る者《もの》でも企《き》圖《と》能《で》きぬ位《くらひ》家《か》庭《てい》間《かん》の庖《はう》厨《ちう》は發《はつ》達《たつ》してまゐりましたが、何《な》故《ぜ》か鮓《すし》を製《つく》ると云《い》ふのは壓《たし》鮓《すし》以《い》外《ぐわい》には家《か》庭《てい》間《かん》に行《ゆき》渉《わた》らぬやうに見《み》受《う》けられます。

之《こ》れは一に專門家《せんもんか》に其《そ》の精《せい》を欠《か》く故《ゆゑ》もありませうが、一は鮓《すし》の方《はう》の先輩《せんぱい》には手《う》腕《て》はあつても他《た》を指導《しどう》するやうな人格《じんかく》を備《そな》へて居《ゐ》る者《もの》が絶無《ぜつむ》なので、家庭《かてい》とは遠《とほ》ざかつて居《ゐ》るのだらうと思《おも》はれます。

去《さ》る卅五年《ねん》に家庭割烹實習會が創立《さうりつ》された際《さいき》、機關誌《かんし》として『家庭割烹講義錄』を出《だ》され、料理《れうり》の方《はう》は各專門《かくせんもん》の大家《たいか》が講演《かうゑん》の勞《らう》を執《と》られましたが、新設《しんせつ》された鮓科は何《だ》人《れ》を撰《よ》るべきかと主幹《しゆかん》の岡野《をかの》知《ち》十氏《し》から相談《さうだん》を受《う》けましたが、どうも適當《てきたう》な人《じ》材《ざい》が見《み》當《あた》りませんので、潛越《せんえつ》乍《なが》ら脩養《しうやう》の淺《あさ》い私《わたくし》が無理《むり》から立《た》つて課外講演《くわぐわいかうえん》として筆《ふで》を執《と》る事《こゝ》になりました。

當時《たうじ》、女子職業學校《じよししよくげふがつかう》の割烹科《かつぽうくわ》に敎鞭《けふべん》を垂《た》れて居《を》られた岡野織江夫人《をかのをりにふじん》等《など》は熱心《ねつしん》な家《か》庭鮓《ていずし》の唱導者《せつごうしや》で、爾來《じらい》いくらか握鮓《にぎりずし》が家庭《かてい》に涉《わた》つて入《い》つたのは、此方《このかた》々《〲》のお力《ちから》だらうと思《おも》はれます。

●もう、お話《はなし》も爰《こゝ》までまゐりますと少々《せう〲》味噌《みそ》が出《で》て來《く》るので一先《ま》づ筆《ふで》を擱《た》きます。題目《だいもく》の變遷史は未《ま》だ十分《ぶん》の一も盡《つ》しませんが、洩《も》れた處《ところ》は他日《たじつ》『握鮓考』を出版《しつぱん》の際補《せつたきな》つて置《お》きますから其時《そのとき》御《ご》覽《らん》を願《ねが》ひます。

（了）

明治四十三年七月廿日印刷
明治四十三年七月廿四日發行

すしのつけ方奥附

著者　小泉清三郎
東京市日本橋區通一丁目十九番地

發行兼印刷者　大倉保五郎
東京市京橋區新榮町五丁目七番地

印刷所　大倉印刷工場
東京市日本橋區通一丁目十九番地

發行所　大倉書店
振替口座東京二二[illegible]番

正價金七拾錢

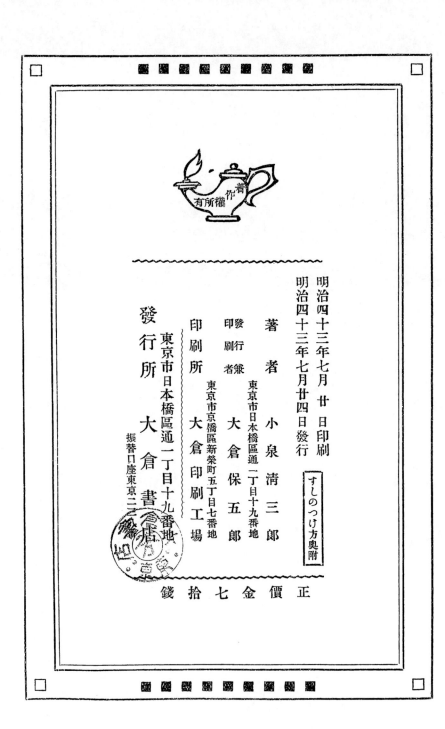

家庭応用　飯百珍料理

東京女子高等師範學校附屬高等女學校研究會教授
赤堀料理教場主　赤堀峯吉
日本女子大學校教授　赤堀菊子
共著

家庭應用 飯百珍料理

朝香屋書店發行

例《れい》言《げん》

近《ちか》頃《ごろ》諸《しよ》種《しゆ》の料《れう》理《り》法《はふ》に關《くわん》する書《しよ》籍《せき》の刊《かん》行《かう》は其《そ》數《すう》甚《はなは》だ乏《とぼ》しくありませんが未《いま》だ御《ご》飯《はん》の炊《た》き方《かた》に就《つい》ての著《ちよ》書《しよ》あるを聞《き》きませんのは斯《この》道《みち》の爲《た》め遺《ゐ》憾《かん》のことと存《ぞん》じますので本《ほん》著《ちよ》を世《よ》に公《おほやけ》に致《いた》す次《し》第《だい》で厶《ござ》います、各《かく》種《しゆ》の御《ご》飯《はん》の中《うち》には特《とく》に好《かう》適《てき》の副《ふく》食《しよく》物《ぶつ》即《すなは》ち副《そ》へ物《もの》が厶《ござ》いますそれで書《しよ》中《ちゆう》各《かく》御《ご》飯《はん》の下《もと》には夫《それ》々《〳〵》其《そ》の調《こし》理《らへ》法《かた》を記《き》載《さい》致《いた》しました

一　本《ほん》書《しよ》に記《き》載《さい》いたしました御《ご》飯《はん》の炊《たき》方《かた》は凡《すべ》て何《いづ》處《く》の家《か》庭《てい》に於《お》きましても應《おう》用《よう》の出《で》來《き》ます方《はう》法《はふ》でありまして、先《ま》づ第《だい》一に御《ご》注《ちう》意《い》申《まをし》上《あげ》ねばなりませんのは、御《ご》飯《はん》の水《みづ》加《か》減《げん》であります、例《たとへ》ば洗《ご》ぎたての白《を》米《こめ》で厶《ござ》いましたら、白《お》米《こめ》一升《しやう》に清《み》水《づ》が一升《しやう》二合《がふ》位《くらい》といふ割《わり》合《あひ》です、又《また》洗《ご》ぎ置《お》きの白《おこ》米《め》でありますれば、一升《しやう》のお白《こ》米《め》に一升《しやう》の清《み》水《づ》加《か》減《げん》でよろしふ厶《ござ》います、それから瓦《が》斯《す》でお炊《たき》になります塲《ば》合《あひ》でありますれば、最《さい》初《しよ》八分《ふん》間《かん》位《ぐら》いは烈《つよ》火《び》にいたしまして、それから二分《ふん》間《かん》ほど弱《よわ》火《び》の加《か》減《げん》にて炊《た》きますそれから十五分《ふん》間《かん》ほど蒸《む》らしまする と、恰《てう》度《ど》よろ

しい御《ご》飯《はん》が出《で》來《き》終《あが》ります

二

本《はん》書《しよ》に說《せつ》明《めい》して厶《ござ》います各《かく》地《ち》特《とく》有《いう》の御《ご》飯《はん》の炊《たき》方《かた》は、いづれもその材《ざい》料《れう》が一《き》定《まつ》てゐるやうに記《き》載《さい》いたして厶《ござ》いますが、强《あなが》ちその材《さい》料《れう》でなくては出《で》來《き》ないと申《まを》す事《わ》由《け》では厶《ざ》いません、例《たと》へば鯛《たひ》飯《めし》に鯛《た》肉《ひ》を用《もち》ゐますことは當《たう》然《ぜん》で厶《ござ》いますが、若《も》しそれがありません場《ば》合《あひ》には比《ひ》目《ら》魚《め》にても、又《また》魴《はう》鮄《ばう》乃《ない》至《し》鰈《かれい》にても、白《しろ》肉《にく》の魚《ぎよ》類《るゐ》なればその代《だい》用《よう》といたしても差《さし》支《つかへ》は厶《ござ》いません、併《しか》しその風《ふう》味《み》の點《てん》に於《お》きましては多《た》少《せう》の相《ち》異《がい》が厶《ござ》います

三

凡《すべ》て魚《ぎよ》飯《はん》類《るゐ》は甚《ど》麼《う》してもお淸《すま》汁《し》の如《ごと》きお吸《すひ》物《もの》とそれに適《てき》當《たう》の藥《やく》味《み》を添《そ》へなければ風《ふう》味《み》が惡《わる》ふ厶《ござ》います故《ゆへ》、豫《あらかじ》めその準《じゆん》備《び》をいたして置《お》いてから御《ご》飯《はん》の手《て》順《じゆん》にかゝるやうになさいませ

大正二年三月　著者識

家庭應用

飯百珍料理

目次

家庭應用飯百珍料理目次終

家庭應用 飯《めし》百《ひやく》珍《ちん》料《れう》理《り》

女子高等師範學校附屬高等女學校研究會教授
赤堀料理教場主 赤堀峯吉
日本女子大學校教授 赤堀菊子
共著

半《はん》麥《ばく》めしの炊《たき》方《かた》

說明 この御《ご》飯《はん》の炊《たき》方《かた》は寧《むし》ろ美《び》食《しよく》と申《まを》しますよりは、大《おほい》に經《けい》濟《ざい》的《てき》の食《しよく》品《ひん》でム《ござ》いまして農《のう》家《か》などには至《し》極《ごく》適《てき》當《たう》なる炊《たき》方《かた》と申《まを》されます、けれども決《けつ》してその風《ふう》味《み》は不《ま》美味《づ》くはム《ござ》いません、特《こと》に運《うん》動《どう》の足《た》らぬ家《か》庭《てい》にては專《もつぱ》ら恁《か》ふいふ御《ご》飯《はん》を炊《た》きまして召《めし》喰《あが》つて居《を》る方《はう》が衞《えい》生《せい》上《じやう》甚《はなは》だよろしいのでム《ござ》います

〔材料の分量〕

熟《うまし》麥《むぎ》 一升《しよう》
白《お》米《こめ》 一升《しよう》
清《み》水《づ》 適《てき》量《りやう》

炊方の手順

先《ま》づ右《み》記《ぎ》分《ぶん》量《りやう》の麥《むぎ》を前《まい》々《〳〵》より熟《うま》して置《ね》きまして、それより一升《しよう》の白《お》米《こめ》を桶《お》中《け》に加《い》れ、ほどよく清《み》水《づ》を加《く》へてよく洗《ご》ぎ、充《じう》分《ぶん》清《き》淨《れい》に洗《ご》げましたら笊《ざる》にあげ、水《みづ》氣《け》を斷《き》りまして直《たゞ》ちにお釜《か》中《ま》に加《い》れ、右《み》記《ぎ》の熟《うま》して置《お》きましたる麥《むぎ》を混《ま》ぜ、よくかきまはして常《つね》の加《か》減《げん》にて清《み》水《づ》を加《く》へ、手《て》早《はや》く蓋《ふた》をいたして火《ひ》を炊《た》きつけます、頓《やが》て蒸《む》れましたらお飯《は》櫃《ち》に移《うつ》取《しご》りまするが、若《も》し味《あぢ》を付《つ》けやうと思《おも》いましたら、最《さい》初《しよ》水《みづ》加《か》減《げん》をいたしまする時《とき》に小《こ》匙《さじ》に一杯《はい》ほどの鹽《しほ》を加《くは》へましてよくかきまはし、餘《あま》り鹹《から》過《す》ぎぬやうな加《か》減《げん》に鹽《あん》梅《ばい》をいたして炊《た》き終《あ》げるので厶《ござ》います、併《しか》し又《また》鹽《しほ》を加《くは》へませんでお清《すま》汁《し》を拵《こしら》へましてその上《う》部《へ》より灌《そゝ》ぎ注《か》け、お好《このみ》の加《か》藥《やく》を添《そ》へて召《めし》喰《あが》つても差《さし》支《つかへ》は厶《ござ》いません、その加《か》藥《やく》は微《み》塵《ぢん》に截《き》りましたる陳《ちん》皮《ぴ》、揉《も》み青《あを》海《の》苔《り》、刻《きざ》み葱《ねぎ》などが至《し》極《ごく》適《てき》當《たう》で厶《ござ》います、仍《そこ》で微《み》塵《ぢん》陳《ちん》皮《ぴ》を拵《こしら》へますには、本《ほん》來《らい》は柑《かう》子《じ》みかんの皮《かは》をサット火《ひ》に焙《あぶ》りまして、それを縦《たて》横《よこ》に細《こま》小《か》に刻《きざ》めばよろしいので厶《ござ》います、けれどもそれが厶《ござ》いません時《とき》には普《ふ》通《つう》の密《み》柑《かん》の皮《かは》にても差《さし》支《つかへ》は厶《ござ》いません

德《とく》用《よう》粟《あは》めしの炊《たき》方《かた》

說明　この御《ご》飯《はん》の炊《たき》方《かた》は經《けい》濟《ざい》上《じやう》非《ひ》常《じやう》に德《とく》用《よう》で且《か》つその風《ふう》味《み》もよろしく、それで使《つか》用《ひ》ます原《げん》料《れう》は粘《ねばり》氣《け》の厶《ござ》いますのを粟《もち》粱《あは》と申《まを》し、又《また》粘《ねばり》氣《け》の厶《ござ》いませんのを大《おほ》粟《あは》と申《まを》します、いづれにいたしても、それは各《かく》自《じ》のお好《このみ》にまかせまするが、その炊《たき》方《かた》は至《いた》つて簡《かん》易《い》で厶《ござ》います、それから炊《たき》終《あ》げましたら且《やは》尙《り》お清《すま》汁《し》を拵《こしら》へ、加《か》藥《やく》は刻《きざ》み葱《ねぎ》、おろし蔔《だい》蘿《こん》などを添《そ》へて召《めし》喰《あが》ります

〔材料の分量〕

白《こ》米《め》　六合《がふ》
粟《あは》　四合《がふ》
清《み》水《づ》　一升《しよう》三合《がふ》

炊方の手順　先《ま》づ右《み》記《ぎ》分《ぶん》量《りやう》の粟《あは》を桶《お》中《け》に加《い》れ、ほどよく清《み》水《づ》を加《くは》へまして塵《ちり》や芥《ごみ》を流《なが》し、それより再《さい》度《ご》水《みづ》を加《くは》へてよく洗《ご》ぎ、全《まつた》く清《き》淨《れい》になりましたら笊《ざる》に上《あ》げ、更《さら》に桶《お》中《け》に戻《もど》しまして又《また》も清《み》水《づ》を加《くは》へてそのまゝ一夜《や》ほど浸《ひた》して置《お》きます、仍《そこ》で翌《よく》朝《てう》になりまして白《お》米《こめ》を桶《お》中《け》に加《い》れ、清《み》水《づ》を

加《くは》へましてよく洗《ご》ぎ、全《まつた》く清淨《きれい》になりましたら水《みづ》氣《け》を斷《き》つて手《て》早《はや》くお釜《かま》中《ま》に加《い》れ、直《たゞ》ちに浸《つ》けて厶《ござ》います粟《あは》を笊《ざる》にあげて水《みづ》氣《け》を斷《き》つてこれをお釜《かま》中《ま》に加《い》れ、よくかきまはしまして常《つね》の御《ご》飯《はん》を炊《た》きます加《か》減《げん》に清《み》水《づ》を加《くは》へて焚《たき》付《つけ》ます、それより火《ひ》の引《ひき》方《かた》やむらし方《かた》等《こう》も別《べつ》段《だん》に異《ちがつ》たことは厶《ござ》いません、それから炊《た》き終《あが》りましたら飯《お》櫃《はち》に移《うつし》取《ご》り、お椀《わ》中《ん》にお清《すま》汁《し》を注《つ》ぎ込《こ》み、小《こ》皿《さら》に加《か》藥《やく》を添《そ》へて供《きよう》します

赤《あ》小《づ》豆《き》めしの炊《たき》方《かた》

説明　これは何《どな》人《た》も御《ご》存《ぞん》知《ぢ》のことで厶《ござ》いますから別《べつ》段《だん》に説《せつ》明《めい》を申《まをし》上《あ》げません、先《ま》づ左《さ》に記《の》述《べ》ますのは一升《しよう》五合《がふ》位《ぐらい》の分《ぶん》量《りやう》で厶《ござ》いますからその心《つも》得《り》にてなさいまし

〔材料の分量〕

赤《あ》小《づ》豆《き》	一合《がふ》
白《こ》米《め》	一升《しよう》五合《がふ》
食《し》鹽《ほ》	二匁《もんめ》

炊方の手順　先《ま》づ右《み》記《ぎ》分《ぶん》量《りやう》の赤《あ》小《づ》豆《き》を桶《お》中《け》に加《い》れ、ほどよく水《みづ》を加《くは》へま

してよく洗《ご》ぎ、清《き》淨《れい》になりましたら笊《ざる》に上《あ》げて直《たゞ》ちに釜《か》中《ま》に一升《しよう》ほどの清《み》水《づ》を加《くは》へまして火《ひ》に架《か》け、少《すこ》しく溫《あた》まりましたらそれを度《ど》といたして赤《あ》小《づ》豆《き》を加《い》れ、尚《な》ほ一二回《くわい》ほど沸《ふつ》騰《とう》いたしましたら更《さら》に二合《がふ》ほどの清《み》水《づ》を加《くは》へまして又《また》も沸《ふつ》騰《とう》させます、さうなりましたら亦《また》更《さら》に二合《がふ》ほどの清《み》水《づ》を加《くは》へましてそれより火《ひ》加《か》減《げん》を弱《よわ》くいたして四五十分《ぷん》間《かん》ほど煮《に》ます、斯《か》くいたしますると赤《あ》小《づ》豆《き》は軟《やわら》かになつてまいりますから、仍《そこ》で白《お》米《こめ》をよく洗《ご》ぎまして再《さい》三《さん》水《みづ》を替《か》へて清《き》淨《れい》にいたし、笊《ざる》にあけまして右《み》記《ぎ》のお釜《か》中《ま》に加《い》れ、二匁《もんめ》ほどの鹽《しほ》を加《くは》へまして手《て》早《はや》くかきまはし、直《たゞ》ちに炊《た》き込《こみ》まして充《じう》分《ぶん》に噴《ふ》き出《だ》してまいりましたらそれを度《ど》といたして火《ひ》を消《け》し、そのまゝ五分《ふん》間《かん》ほどむらして置《お》くので厶《ござ》います、頓《やが》てその時《じ》間《かん》がまいりましたら飯《お》櫃《はち》に移《うつし》取《ご》るのであります

雪《き》花《ら》菜《ず》飯《めし》の炊《たき》方《かた》

説明　これは豆《とう》腐《ふ》の粕《から》を御《ご》飯《はん》の中《なか》へ炊《た》き込《こ》みましたるものにて、寔《まこと》に經《けい》濟《さい》的《てき》のもので厶《ござ》います、それでこの御《ご》飯《はん》を炊《た》きまするには、常《つね》の御《ご》飯《はん》よ

りも稍《や》や水《みづ》加《か》減《げん》を多《おほ》くいたしまして少《すこ》しく軟《やわら》かめに炊《た》きます、それで白《お》米《こめ》一升《しよう》に對《たい》しまして四合《がふ》ほどの德《ごく》分《ぶん》が厶《ござ》います、それ故《ゆへ》西《さい》國《こく》邊《へん》では古《いにしへ》より行《おこな》はれて居《お》りますさうです

〔材料の分量〕

白《こ》米《め》	一升《しよう》
清《み》水《づ》	二升《しよう》一合《がふ》
雪《き》花《ら》菜《ず》	一升《しよう》
食《し》鹽《ほ》又《また》は醬《しやう》油《ゆ》	適《てき》量《りやう》

炊方の手順　先《ま》づ右《み》記《ぎ》分《ぶん》量《りやう》の雪《き》花《ら》菜《ず》を皿《さ》中《ら》に廣《ひろ》げ、よく芥《ごみ》の無《な》いやうに注《ちう》意《い》をいたしまして、それよりお白《こ》米《め》を桶《お》中《け》に加《い》れ、ほどよく清《み》水《づ》を加《く》へまして清《き》淨《れい》に洗《ご》ぎ、再《さい》三《さん》水《みづ》を替《かへ》まして笊《ざる》に上《あ》げ、直《たゞ》ちにお釜《か》中《ま》に加《い》れて右《み》記《ぎ》分《ぶん》量《りやう》の清《み》水《づ》を加《くは》へ、それより炊《た》きつけまして火《ひ》を引《ひか》んとする際《ごき》前《ま》記《へ》の雪《き》花《ら》菜《ず》をその上《う》部《へ》に載《の》せ、ほどよく鹽《しほ》又《また》は醬《しやう》油《ゆ》及《およ》び酒《さけ》などを加《くは》へ、あまり鹹《から》過《すぎ》ぬ加《か》減《げん》をいたして蓋《ふた》をいたし、そのまゝ蒸《む》して置《お》きまして、全《まつた》く蒸《む》れまして飯《お》櫃《はち》に移《うつ》し取《ご》らんといたします際《ごき》に手《て》早《はや》く御《ご》飯《はん》杓《しやく》子《し》にてかきまはして移《うつし》取《ご》り、なるべく熱《あつ》いうちを召《めし》喰《あが》るので厶《ござ》います、仍《そこ》でこ

の御《ご》飯《はん》の付合《つけあはせ》には馬鈴薯《じやがいも》の含《ふく》め煮《に》などがよろしふ厶《ござ》います

馬鈴薯《じやがいも》の含《ふく》め煮《に》

新馬鈴薯《しんじやがいも》　一升《しよう》
砂《さ》糖《たう》　三十匁《もんめ》
清水《みづ》　二合《がふ》
醤油《しやうゆ》　七勺《しやく》

先《ま》づ右記《みぎ》分量《ぶんりやう》の馬鈴薯《じやがいも》の皮《かは》を剥取《むきご》り、小《せう》なればそのまゝ乃至《ないし》二つに截《き》り、大《だい》なればほどよく截《き》りまして水中《みづ》に投《い》れ、それより鍋中《なべ》にうつしお薯《いも》に被《かぶ》るほどの清水《みづ》を加《い》れまして火《ひ》に架《か》け、よく沸騰《ふつとう》いたしましたらそれを度《ど》といたして右記《みぎ》のお薯《いも》を加《い》れ、落《お》ち蓋《ふた》をいたし、暫時《しばら》く煠《ゆ》でます、頓《やが》て軟《やはら》かになりましたらその煠《ゆ》で湯《ゆ》を去《さ》りまして新《あらた》に二合《がう》の清水《みづ》と三十匁《もんめ》のお砂《さ》糖《たう》に七勺《しやく》の醤油《しやうゆ》を加《くは》へまして再《ふた》びお鍋《なべ》を火《ひ》に架《か》けます、且尚《やはり》落《お》ち蓋《ふた》をいたして煮《に》込《こ》みますが、ほどよくその煮《に》汁《しろ》が染《し》み込《こ》みましたらお鍋《なべ》を下《お》ろし、お皿中《さら》に盛《も》つて供《きよう》します

蘿《だい》蔔《こん》めしの炊《たき》方《かた》

説明　この御《ご》飯《はん》の炊《たき》方《かた》はその地《ち》方《はう》地《ち》方《はう》によりまして多《た》少《せう》の違《ちがひ》が厶《ござ》います、玆《こゝ》に記《の》述《べ》ます炊《たき》方《かた》は普《ふ》通《つう》一《いっ》般《ぱん》に行《おこな》はれて居《お》ります方《はう》法《はふ》で厶《ござ》いますが、その仕《し》方《かた》は鹽《しほ》にて味《あぢ》を付《つ》けますのと、又《また》醤《しやう》油《ゆ》にて味《あぢ》の加《か》減《げん》をいたします兩《りやう》方《はう》が厶《ござ》います

〔材料の分量〕

白《こ》米《め》　一升《しよう》
清《み》水《づ》　一升《しよう》
蘿《だい》蔔《こん》　白《こ》米《め》の三分《ぶん》の一
煮《に》出《だ》汁《し》　適《てき》量《りやう》
醤《しやう》油《ゆ》　適《てき》量《りやう》

右《み》記《ぎ》の煮《に》出《だ》汁《し》と醤《しやう》油《ゆ》の分《ぶん》量《りやう》はお清《すま》汁《し》を拵《こしら》へるに使《もち》用《ゐ》ます

炊方の手順　先《ま》づ最《さい》初《しよ》に蘿《だい》蔔《こん》の兩《あご》端《さき》を截《きり》去《さ》り、直《たゞ》ちに水《みづ》洗《あらひ》をいたして水《みづ》氣《け》を布《ふ》巾《きん》にて拭《ぬぐ》ひ、二三寸《すん》ほどの長《なが》さに輪《わ》截《ぎり》にいたし、皮《かは》を剥《む》き去《さ》つて木《こ》口《ぐち》より一二分《ぶ》ほどの厚《あつ》さに輪《わ》截《ぎり》にいたして更《さら》に五六枚《まい》づゝ重《かさ》ね、端《はぢ》よ

り細《ほそ》く截《き》りまして恰度《ちやうど》千六本《ぽん》といふやうに刻《きざ》んで置《お》きます、今度《こんど》は白米《おこめ》を桶中《おけ》に加《い》れ、ほどよく清水《みづ》を加《くは》へてよく洗《こ》ぎ、再三《さいさん》水《みづ》を替《か》へて笊《ざる》にあけ、直《たゞ》ちにお釜中《かま》に移《うつし》加《いれ》て水《みづ》加減《かげん》をなし、それより炊付《たきつ》けましてそれがふきあがりましたら度《ご》といたして、手早《ではや》く前記《まへ》に截《き》つて厶《ござ》います蘿蔔《だいこん》をその上部《うへ》にほどよく載《の》せ、若《も》しお清汁《すまし》を使用《つかひ》ません際《ごき》にはその上部《うへ》に鹽《しほ》又《また》は醤油《しやうゆ》をほどよく加《くは》へて味《あぢ》の加減《かげん》をいたすので厶《ござ》いますが、茲《こゝ》に記述《のべ》ましたのは、お清汁《すまし》を注《か》けて召喰《めしあが》る方《はう》の炊方《たきかた》で厶《ござ》いますから、そのまゝ葢《ふた》をいたして炊《た》き終《あ》げます、頓《やが》て蒸《む》れましてお飯櫃《はち》に移《うつ》し取《こ》らんといたします際《ごき》に手早《てはや》く杓子《しやくし》にてかき混《ま》ぜましてお飯櫃《はち》に取《こ》り、なるべく熱《あつ》いうちを茶椀《ちやわん》に盛《も》り、お椀中《わん》にお清汁《すまし》の拵《こしら》へたのを加《い》れ、尚《な》ほその他《ほか》に刻《きざ》み葱《ねぎ》、粉山椒《こさんしよ》、陳皮《ちんぴ》などの加藥《かやく》を添《そ》へて供《きよう》します

清汁《すまし》の加減《かげん》

これは前條《まへ》にも記述《のべ》ました如《ごと》く、お鍋中《なべ》に要用《いりよう》だけの煮出汁《にだし》を入《い》れ、直《たゞ》ちに火《ひ》に架《か》けまして一《ひ》と沸騰《ふつとう》した處《ところ》で、ほどよく醤油《しやうゆ》を加《くは》へ、あまり淡《あ》味《ま》くもなく鹹《から》過《す》ぎぬやうに加減《かげん》をいたすので厶《ござ》います、けれどもこれに

使《つか》用《ひ》ますお清《すま》汁《し》は少《すこ》しく鹹《から》めの方《はう》がよろしふム《ござ》います、それからこの御《ご》飯《はん》の付合《つけあはせ》には海鼠《なまこ》の二杯《はい》酢《ず》などがよろしふム《ござ》いませう

海《なま》鼠《こ》の二《に》杯《はい》酢《ず》調《こし》理《らい》法《かた》(十人分)

海《なま》鼠《こ》　十尾《びき》
酢《す》　五勺《しやく》
醤《しやう》油《ゆ》　一勺《しやく》
古《ひ》根《ね》生《せう》姜《が》　一と塊《かけ》

先《ま》づ右《み》記《ぎ》分《ぶん》量《りやう》の海《なま》鼠《こ》を一尾《びき》づゝ俎《まな》上《いた》に載《の》せ、刺《さし》身《み》庖《はう》刀《てう》にてその兩《あご》端《さき》を截《きり》去《さ》り、それより縦《たて》に截《きり》開《ひら》きまして腸《わた》を除《のぞ》きます、尚《な》ほよく外《そ》部《こ》のえぼえぼを截《きり》去《さ》つて桶《お》中《け》に加《い》れ、ほどよく清《み》水《づ》を加《くは》へまして清《き》淨《れい》に洗《あら》ひ、直《たゞ》ちに笊《ざる》に上《あ》げましてよく水《みづ》氣《け》を斷《き》り、再《ふた》び俎《まな》上《いた》にとりまして二分《ぶ》ほど宛《づゝ》にポツ〳〵截《き》りまして清《き》淨《れい》なる重《ぢう》箱《ばこ》の中《なか》へ加《い》れ、二勺《しやく》ほどの酢《す》を加《くは》へましてその蓋《ふた》をいたし、手《て》早《はや》く兩《りよう》手《て》にてその重《ぢう》箱《ばこ》を持《も》ちながらよく振《ふ》り動《うご》かします、暫《しば》時《らく》いたしましてから笊《ざる》にあけまして酢《す》を斷《き》つて又《また》も小《こ》皿《さら》にとり、殘《のこ》分《り》三勺《しやく》の酢《す》と一勺《しやく》の醤《しやう》油《ゆ》を注《か》けてよくかきまはし、それより生《せう》姜《が》

の皮《かは》を剝《む》きまして水洗《みづあらひ》をいたし、水氣《みづけ》を拭《ぬぐ》ひまして擦金《おろしがね》にておろし、ほどよくそれを盛添《もりそ》へるので厶《ござ》います

越前《えちぜん》の蘿蔔《だいこん》飯《めし》炊方《たきかた》

說明　この御飯《ごはん》の炊方《たきかた》も前條《まへ》の炊方《たきかた》と大抵《たいてい》違《ちがひ》は厶《ござ》いませんが、この方《はう》は蘿蔔《だいこん》の量《かて》が多《おほ》く加《はい》りまして、その截方《きりかた》も稍《や》や違《ちが》つて居《お》ります、併《しか》しお清《すま》汁《し》を拵《こしら》へて注《か》けて召喰《めしあが》りますことは同一《おなじ》で厶《ござ》います

〔材料の分量〕

白米《こめ》　一升《しよう》
清水《みづ》　一升《しよう》二合位《がふぐらい》
蘿蔔《だいこん》　四分《ぶ》
煮出汁《にだし》　五合《がふ》
醬油《しやうゆ》　二勺《しやく》
淺草海苔《あさくさのり》　適量《てきりやう》

炊方の手順　これも前條《まへ》の如《ごと》く蘿蔔《だいこん》の兩端《あこさき》をきりまして水洗《みづあらひ》をいたし、二三寸《すん》ほどの長《なが》さに輪截《わぎり》にいたして皮《かは》を剝《む》き、更《さら》に二三分《ぶ》ほどに木口截《こぐちぎり》

にいたして五六枚《まい》づゝ重《かさ》ね、尚《な》ほ端《はじ》より細《ほそ》く刻《きざ》み、更《さら》にそれを横《よこ》に刻《きざ》んで桶中《け》に加《い》れ、ほどよく清《み》水《づ》を加《くは》へて灰《あ》汁《く》を脱《ぬ》いて置《お》きます、それより白《こ》米《め》を清《き》浄《れい》に洗《ご》ぎまして再《さい》三《さん》清《み》水《づ》を注《か》け、直《たゞ》ちにお釜《か》中《ま》に移《うつし》加《い》れ、水《みづ》加《か》減《げん》をいたして右《み》記《ぎ》の刻《きざ》んで厶《ござ》います蘿《だい》蔔《こん》をその中《なか》へ混《ま》せ、よくかきまはして蓋《ふた》をいたし、それより平《つ》素《ね》の御《ご》飯《はん》を炊《た》きます加《か》減《げん》にて炊《た》き終《あ》げます、それが蒸《む》れます間《あいだ》に、煮《に》出《だ》汁《し》をお鍋《な》中《べ》に加《い》れて火《ひ》に架《か》け、一と沸《ふつ》騰《とう》いたしましたらほどよく醤《しやう》油《ゆ》を加《くは》へまして味《あぢ》の加《か》減《げん》をいたしてお清《すま》汁《し》を拵《こしら》へます、今《こん》度《ど》は淺《あさ》草《くさ》海《の》苔《り》を火《ひ》にて焙《あぶ》りまして美《うつく》しく緑《みどり》色《いろ》になりましたら紙《かみ》を敷《し》きましたる上《う》部《へ》にて手《て》にてよく揉《も》みほぐして置《お》き、よく粉《こ》になりましたらお皿《さ》中《ら》に取《とつ》て終《しま》います、これにて御《ご》飯《はん》が蒸《む》れましたら直《たゞ》ちに飯《お》櫃《はち》に移《うつし》取《ご》り、なるべく熱《あつ》いうちを茶《ちや》碗《わん》に盛《も》り、右《み》記《ぎ》のお清《すま》汁《し》をお椀《わ》中《ん》に注《つ》ぎ加《い》れ、尚《な》ほ南《なん》蠻《ばん》おろしを添《そ》へて供《きよう》します

南《なん》蠻《ばん》おろしの調《こし》理《らへ》法《かた》

蘿《だい》蔔《こん》　適《てき》量《りやう》

葱《ねぎ》　少《せう》々く

醬《しやう》油《ゆ》　少《せう》々《〱》
酢《す》　少《せう》々《〱》
削《けづ》り鰹《かつ》節《ぶし》　少《せう》々《〱》

先《ま》づ前《ま》條《へ》の手《て》順《じゆん》にいたして蘿《だい》蔔《こん》を清《き》淨《れい》に水《みづ》洗《あらい》をいたし、布《ふ》巾《きん》にて水《みづ》氣《け》を拭《ぬぐ》ひ、二三分《ぶ》ほどの長《なが》さに截《き》つておろし金《がね》にて擦《おろ》し、直《たゞ》ちに毛《すい》篩《のう》の如《ごと》きものゝ裏《う》面《ら》に載《の》せまして輕《かる》く掌《てのひら》にておしまして水《みづ》氣《け》を搾《しぼ》ります、それより葱《ねぎ》の根《ね》端《ぎは》と青《あを》き部《とこ》分《ろ》とを截《き》去《さ》りまして上《うは》皮《かは》を剝《む》き、そのまゝ水《み》中《づ》に投《い》れましてよく洗《あら》ひ、布《ぶ》巾《きん》にて水《みづ》氣《け》を拭《ぬぐ》つて再《ふたゝ》び爼《まな》上《いた》に載《の》せ、なるべく細《こま》小《か》に刻《きざ》みまして更《さら》に庖《はう》刀《てう》の脊《せ》の方《はう》にてよく叩《たゝ》き、右《み》記《ぎ》の蘿《だい》蔔《こん》おろしの中《なか》へ混《ま》和《ぜ》ましてよくかきまはし、それより薄《うす》く削《けづ》りましたる鰹《かつ》節《ぶし》を混《ま》ぜほどよく醬《しやう》油《ゆ》と酢《す》とを混《こん》和《わ》いたして味《あぢ》の加《か》減《げん》をいたして供《きよう》します

蓮《はす》の葉《は》飯《めし》の炊《たき》方《かた》

説明　この御《ご》飯《はん》は蓮《はす》の葉《は》の香《かう》氣《き》を御《ご》飯《はん》に移《うつ》したものでありまして、この御《ご》飯《はん》の附《つ》屬《き》物《もの》は炒《いり》豆《どう》腐《ふ》で厶《ござ》います、それと御《ご》飯《はん》をほどよく盛《もり》合《あは》せまして、

その上《うへ》部よりパラリと蓮《はす》の葉《は》の調《てう》理《り》いたしたのをふりかけて召《めし》喰《あが》るので厶《ござ》います

〔材料の分量〕

白《こ》米《め》　一升《しよう》
清《み》水《づ》　一升《しよう》
蓮《はす》の若《わか》葉《は》　適《てき》量《りやう》
食《し》鹽《ほ》　少《せう》々《〱》

炊方の手順　之《これ》に使《つか》用《ひ》ます蓮《はす》の葉《は》はなるべく新《しん》鮮《せん》なる若《わか》葉《は》を擇《えら》びまして軸《ぢく》の部《ここ》分《ろ》を截《きり》去《さ》り、清《き》淨《れい》に水《みづ》洗《あらい》をいたしてなるべく細《こま》小《か》に刻《きざ》み、更《さら》によく庖《はう》刀《てう》の及《は》の方《はう》にて叩《たた》きまして全《まつた》く細《こま》小《か》になりましたらほどよく鹽《し》をふりかけてよくかきまはし、そのまゝ布《ふ》巾《きん》にとりましてその上《う》部《へ》よりよく沸《ふつ》騰《とう》いたして居《お》ります熱《ねつ》湯《とう》を灌《そゝ》ぎ注《か》け、なるべく堅《かた》く水《みづ》氣《け》を搾《しぼ》つて置《お》きます、それより白《お》米《こめ》を桶《お》中《け》に加《い》れ、ほどよく清《み》水《づ》を加《くは》へてよく洗《ご》ぎ、清《き》淨《れい》になりましたら笊《ざる》にとり、再《さい》三《さん》水《みづ》を注《か》けましてお釜《か》中《ま》に加《い》れ、平《つ》素《ね》の水《みづ》加《か》減《げん》にて炊《た》きます、頓《やが》て御《ご》飯《はん》が出《で》來《き》ましたらお飯《は》櫃《ち》に移《うつし》取《ご》ります際《ごき》に前《まへ》より拵《こしら》へ置《お》きましたる炒《いり》豆《どう》腐《ふ》をほどよく加《くは》へ、よく御《ご》飯《はん》杓《しやく》子《し》にてかき

まはして茶碗《ちやわん》に盛《も》り、その上部《うへ》より前記《まへ》の蓮《はす》の葉《は》をパラリとふりかけて供《きよう》します

炒《いり》豆腐《ごうふ》の調理法《こしらへかた》(十人分)

豆腐《ごうふ》	四箇《こ》
煮出汁《にだし》	二合《がふ》
砂糖《さたう》	二十匁《もんめ》
醬油《しやうゆ》	六勺《しやく》

右記《みぎ》のお豆腐《ごうふ》をお鍋中《なべ》に加《い》れ、それに被《か》ぶりますほどに清水《みづ》を加《くは》へて直《たゞ》ちに手《て》又《また》は御飯《ごはん》杓子《しやくし》にてよくかきまはし、よくほぐしまして火《ひ》に架《か》けます、それより御飯《ごはん》杓子《しやくし》にて絶《た》へずかきまはして沸騰《ふつごう》してまいりましたら、それを度《ご》といたしてお鍋《なべ》を下《お》ろし、今度《こんご》は目笊《めざる》の中《なか》へ清淨《きれい》なる布巾《ふきん》を敷《し》き、その中《なか》へあけまして布巾《ふきん》の四端《よすみ》を持《も》つて堅《かた》く水氣《みづけ》を搾《しぼ》りまして再《ふた》びお鍋中《なべ》に戻《もご》し、右記《みぎ》分量《ぶんりやう》の煮出汁《にだし》とお砂糖《さたう》に醬油《しやうゆ》とを加《くは》へまして又《また》も火《ひ》に架《か》けます、絶《た》へず御飯《ごはん》杓子《しやくし》にてかきまはして暫時《しばらく》炊《い》り、煮《に》汁《しる》がなくなりましたらお鍋《なべ》を下《お》ろしてお皿中《さら》に移取《うつしご》ります

栗《くり》飯《めし》の炊《たき》方《かた》

説明　この御《ご》飯《はん》は何《な》人《た》も御《ご》存《ぞん》知《ち》のことで厶《ござ》いますから別《べつ》段《だん》に申《まをし》述《のべ》ませんが、これに使《つか》用《い》ますにはなるべく新《しん》栗《ぐり》がよろしふ厶《ござ》います

〔材料の分量〕

新《しん》栗《ぐり》	三合《がふ》
白《こ》米《め》	五合《がふ》
清《み》水《づ》	五合《がふ》
煮《に》出《だ》汁《し》	二合《がふ》
酒《さけ》	五勺《しやく》
醬《しやう》油《ゆ》	三勺《しやく》

炊方の手順　先《ま》づ右《み》記《ぎ》分《ぶん》量《りやう》の栗《くり》の上《うは》皮《かは》を剝《む》き、それより澁《しぶ》皮《かは》をも清《き》淨《れい》に剝《むき》去《さ》つて水《みづ》洗《あらい》をいたし、ほどよく清《み》水《づ》と共《とも》にお鍋《な》中《べ》に加《い》れ、なるべく碎《くづ》さぬやうに軟《やはら》かに煠《ゆ》で、直《たゞ》ちに笊《ざる》に上《あ》げまして水《みづ》氣《け》を斷《き》ります、それから再《ふた》びお鍋《な》中《べ》に戻《もど》しまして二合《がう》の煮《に》出《だ》汁《し》と三勺《しやく》の醬《しやう》油《ゆ》とを加《くは》へまして又《また》も火《ひ》に架《か》け、暫《しば》時《ら》く煮《に》まして沸《ふつ》騰《ごう》いたしましたらお鍋《なべ》を下《おろ》して御《ご》飯《はん》の手《て》

順《じゆん》にかゝります、白米《おこめ》は例《れい》の如《ごと》く洗《と》ぎまして笊《ざる》に取《と》り、再《さい》三《さん》清《み》水《づ》を灌《そゝ》ぎ注《か》けまして釜《おか》中《ま》に加《い》れ、手《て》早《はや》くその栗《くり》の煮《に》汁《しる》と清《み》水《づ》とを加《くは》へましてその分量《ぶんりやう》を五合《がふ》五勺《しやく》ほどの加《か》減《げん》にいたして酒《さけ》を加《くは》へて炊《た》き終《あ》げるので厶《ござ》います、それで御《ご》飯《はん》を飯《お》櫃《はち》に移《うつし》取《と》らんといたします際《さい》に煮《に》て置《お》きましたる栗《くり》を混《ま》ぜるので厶《ござ》います、それでこの御《ご》飯《はん》には松《まつ》茸《だけ》の酒《さか》蒸《むし》などを添《そ》へればよろしふ厶《ござ》いませう

松《まつ》茸《だけ》の酒《さか》蒸《むし》調《こし》理《らへ》法《かた》(五人分)

小《せう》なる松《まつ》茸《だけ》　五本《ほん》

酒《さけ》　五勺《しやく》

食《し》鹽《ほ》　少《せう》量《りやう》

右《み》記《ぎ》の松《まつ》茸《だけ》の笠《かさ》の處《ところ》を箸《はし》にてポン〳〵と叩《たゝ》きますと砂《すな》や塵《ちり》がよく去《と》れますから爼《まな》上《いた》に載《の》せ、根《ね》端《ぎは》を截《きり》去《さ》りまして皮《かわ》を剝《む》き、それより縦《たて》に一本《ぽん》を六《む》片《きれ》ほどに截《き》りまして手《て》早《はや》く鹽《しほ》水《みづ》にて洗《あら》ひ、更《さら》に淡《ま》水《みづ》で洗《あら》ひまして水《みづ》氣《け》をよく斷《き》り、それより丼《どん》中《ぶり》に移《うつ》しまして五勺《しやく》のお酒《さけ》と少量《せうりやう》の鹽《しほ》とを加《くは》へてよくかきまはし、そのまゝ二十分《ぷん》間《かん》ほど浸《つ》けて置《お》きます、頓《やが》てその時《じ》

間《かん》が經《まい》過《り》ましたら引《ひき》上《あ》げまして蒸《せい》籠《ろう》の中《なか》へ、清《き》淨《れい》なる布《ふ》巾《きん》を敷《し》いてその上《う》部《へ》に列《なら》べ、蒸《むし》湯《ゆ》がよく沸《ふつ》騰《とう》してまいりましたらその上《う》部《へ》に蒸《せい》籠《ろう》を載《の》せまして十分《ぶん》間《かん》ほど蒸《む》せばよろしふ厶《ござ》います、それが蒸《むれ》終《をは》りましたら取《とり》出《いだ》して直《たゞ》ちにお皿《さら》中に盛《も》つて供《きよう》します

海《の》苔《り》めしの炊《たき》方《かた》

説明 この御《ご》飯《はん》の眞《しん》味《み》は四《し》季《き》共《ども》に何《い》時《つ》お拵《こしら》へになつても差《さし》支《つかへ》は厶《ござ》いませんが、專《もつぱ》ら春《はる》の季《き》の食《しよく》品《ひん》と定《さだ》められてあります、それでこれに使《し》用《よう》いたします淺《あさ》草《くさ》海《の》苔《り》はなるべく香《こう》氣《き》の厶《ござ》います上《じやう》等《とう》のものを使《もち》用《ゐ》なければいけません、それからこの御《ご》飯《はん》に取《とり》合《あはせ》ます献《こん》立《だて》には鹽《しほ》鱈《だら》に靑《あを》昆《こん》布《ぶ》などの茶《ちや》碗《わん》盛《もり》と加《か》藥《やく》には、晒《さら》し葱《ねぎ》、こま〳〵陳《ちん》皮《ぴ》、みぢん柚《ゆ》皮《ず》、罌《け》粟《し》、粉《こ》蕃《たう》椒《がらし》などを小《こ》皿《さら》に加《い》れて添《そ》へます

〔材料の分量〕

白《こ》米《め》　一　升《しよう》

清《み》水《づ》　一　升《しよう》

上《じやう》等《とう》淺《あさ》草《くさ》海《の》苔《り》　七　枚《まい》

葱《ねぎ》　半《はん》本《ぼん》

柑《こう》子《じ》蜜《み》柑《かん》の皮《かは》　少《せう》々〱

罌《け》粟《し》　少《せう》々〱

粉《こ》蕃《たう》椒《がらし》　少《せう》々〱

炊方の手順　先《ま》づ右《み》記《ぎ》分《ぶん》量《りやう》の白《お》米《こめ》を例《れい》の手《て》順《じゆん》にてよく洗《さ》ぎましたら笊《ざる》にあけてお釜《か》中《ま》に加《い》れ、ほどよく水《みづ》加《か》減《げん》をいたして焚《た》付《つけ》ます、常《つね》の加《か》減《げん》よりも少《せう》々〱硬《かた》めに炊《た》きまして、頓《やが》てそれが蒸《む》れます間《あひだ》に淺《あさ》草《くさ》海《の》苔《り》の片《かた》面《めん》を火《ひの》上《うへ》にて焙《あぶ》り。美《うつく》しく緑《みどり》色《いろ》になりましたら紙《かみ》の上《う》面《へ》になるべく細《こま》小《か》に揉《も》みほぐし、更《さら》にそれを粗《あら》き篩《ふるひ》に加《い》れて篩《ふる》ひ出《だ》して置《お》きます、それで御《ご》飯《はん》が出《で》來《き》ましたらその中《なか》へふり込《こ》みながら飯《お》櫃《ひつ》に移《うつし》取《こ》り、適《てき》宜《べ》のお茶《ちや》碗《わん》に盛《も》り、淡《うす》加《か》減《げん》に拵《こしら》へましたる清《おす》汁《まし》をお碗《わ》中《ん》に加《い》れ、各《かく》種《しゆ》の加《か》藥《やく》を添《そ》へて供《きよう》します

淡《うす》加《か》減《げん》清《すま》汁《し》の拵《こしらへ》方《かた》

鰹《かつを》節《ぶし》の煑《に》出《だ》汁《し》　八　分《ぶ》

上《じやう》等《とう》の醬《しやう》油《ゆ》　二　分《ぶ》

右《み》記《ぎ》分量《ぶんりやう》の鰹《かつ》節《ぶし》の煮《に》出《だ》汁《し》をお鍋《な》中《べ》に加《い》れ、直《たゞ》ちに火《ひ》に架《か》けまして、一二回《くわい》ほど沸《ふつ》騰《とう》いたしましたらほどよく醤油《しやうゆ》を注《さ》加《し》ましてなるべく淡《うす》味《あぢ》の加《か》減《げん》にいたして供《きよう》します

鹽《しほ》鱈《だら》の茶《ちや》碗《わん》盛拵方《もりこしらへかた》（十人分）

藻《も》汐《しほ》昆《こん》布《ぶ》　二袋《ふくろ》
煮《に》出《だ》汁《し》　八合《がふ》
食《し》鹽《ほ》　二匁《もんめ》
醤《しやう》油《ゆ》　一勺《しやく》
柚《ゆ》皮《ず》　少《せう》々〳〵
中位《ちうくらひ》の鹽《しほ》鱈《だら》　片《かた》身《み》

先《ま》づ鹽《しほ》鱈《だら》はなるべく塩《しほ》氣《け》の淡《うす》いのを擇《えら》びまして、ほどよく水《み》中《づ》に浸《つ》けて鹽《しほ》氣《け》を脱《ぬ》きます、併《しか》し浸《つ》け過《す》ぎますると肉《にく》がグチャ〳〵になりますからその心《つも》得《り》にて御《ご》注《ちう》意《い》なさらんといけません、それより三枚《まい》におろしまして骨《ほね》を去《さ》つて一寸《すん》四方《はう》ほどづゝの大《おほき》さに截《き》つてそのまゝ敷《しき》笊《ざる》の中《なか》へ列《なら》べ今《こん》度《ど》はお鍋《な》中《べ》にほどよく熱《ねつ》湯《とう》を沸《わか》して敷《しき》笊《ざる》のまゝ鱈《たら》をその中《なか》へ加《い》れ、落《お》

ち蓋《ふた》をいたして三四回《くわい》ほど沸騰《ふつとう》いたしましたら直《たゞ》ちにお鍋《なべ》を下《お》ろしてそのまゝにいたして置《お》きます、それから藻《も》汐《しほ》昆《こん》布《ぶ》で厶《ござ》いますが、これは何《いつ》處《れ》の昆《こん》布《ぶ》店《や》又《また》は乾《かん》物《ぶつ》店《や》にても賣《うつ》て居《を》りますから、それを購《もと》求《め》ましたら袋《ふくろ》から出《だ》してそのまゝ微《ぬる》溫《ま》湯《ゆ》の中《なか》に浸《つ》けます、暫《しば》時《ら》くして堅《かた》く水《みづ》氣《け》を搾《しぼ》りまして俎《まな》上《いた》に載《の》せ、庖《はう》刀《てう》にてほどよく截《きり》ましてお鍋《な》中《べ》に加《い》れ、一合《がふ》の煮《に》出《だ》汁《し》と二勺《しやく》の醬《しやう》油《ゆ》を加《くは》へまして火《ひ》に架《か》け、そのまゝ煮《に》ましてお鍋《なべ》を下《お》ろして置《お》きます、今《こん》度《ど》は清《つ》汁《ゆ》の加《か》減《げん》で厶《ござ》いますが、これは左《さ》の通《とほり》の割《わり》合《あひ》にて拵《こしら》へます

煮《に》出《だ》汁《し》	八	合《がふ》
食《し》鹽《ほ》	二	匁《もんめ》
醬《しやう》油《ゆ》	一	勺《しやく》

右《み》記《ぎ》分《ぶん》量《りやう》の煮《に》出《だ》汁《し》をお鍋《な》中《べ》に入《い》れて火《ひ》に架《か》け、一と沸《ふつ》騰《とう》いたしましたら二匁《もんめ》の鹽《しほ》を加《くは》へましてよくかきまはし、味《あぢ》の加《か》減《げん》を試《み》まして醬《じやう》油《ゆ》を加《くは》へるので厶《ござ》いますが、併《しか》し鱈《たら》の鹽《しほ》加《か》減《げん》によりまして多《た》少《せう》その鹽《しほ》や醬《しやう》油《ゆ》の分《ぶん》量《りやう》を加《か》減《げん》するので厶《ござ》います、それでこの清《おす》汁《まし》が出《で》來《き》ましたらお椀《わ》中《ん》に鱈《たら》

が二《ふた》片《きれ》と昆《こん》布《ぶ》を少《せう》々《〳〵》づゝ盛《もり》添《そ》へ、直《たゞ》ちにその中《なか》へ右《み》記《ぎ》の清《し》汁《る》を注《つ》ぎ込《こ》みます、それから柚《ゆ》皮《ず》の黄《き》色《いろ》の部《ごこ》分《ろ》を一《ちよ》寸《つと》片《そ》いで吸《すゐ》口《くち》に加《い》れるので厶《ござ》います

注意 右《み》記《ぎ》の海《の》苔《り》飯《めし》に使《つか》用《ゐ》ますお清《すま》汁《し》の加《か》減《げん》は、なるべく淡《うす》い方《はう》がよろしふ厶《ござ》います、けれどもあまり鹽《しほ》氣《け》の無《な》いのもいけません

枸《く》杞《こ》めしの炊《たき》方《かた》

說明 この御《ご》飯《はん》も春《はる》の季《き》の食《しよく》品《ひん》で厶《ござ》いまして、枸《く》杞《こ》と申《まを》す植《しよく》物《ぶつ》の葉《は》は諸《みな》君《さん》も御《ご》存《ぞん》知《ぢ》の如《ごと》く、主《おも》に河《かは》邊《べり》などの堤《どて》の所《ところ》に自《じ》生《せい》して居《を》ります一《ちよ》寸《つと》刺《とげ》が厶《ござ》いますが、秋《あき》になりますると美《うつくし》い赤《あか》い小《ちいさ》い果《み》が結《な》ります、それで三四月《ぐわつ》の頃《ころ》この若《わか》葉《ば》を摘《つ》みとりまして菜《な》飯《めし》の如《ごと》くほどよく鹽《しほ》加《か》減《げん》をいたしましたら御《ご》飯《はん》に炊《た》き込《こ》みまするど、寔《まこと》にその風《ふう》味《み》がよろしく甚《はなは》だ結《けつ》構《かう》なもので厶《ござ》います、尚《なほ》その添《そへ》物《もの》といたして赤《あか》味《み》噌《そ》仕《じ》立《たて》のふり蜆《しじみ》のお椀《わん》にかますの鹽《しほ》炙《やき》などを中《ちう》皿《ざら》に盛《もり》まして添《そ》へれば至《し》極《ごく》適《てき》當《たう》の御《ご》馳《ち》走《そう》になります

〔材料の分量〕

上等《じやうごう》の白米《おこめ》　一升《しよう》
清水《みづ》　一升《しよう》
食鹽《しほ》　少《せう》々
枸杞《くこ》の若葉《わかば》　米《こめ》の二十分《ぶん》の一

炊方の手順　先《ま》づ枸杞《くこ》の若葉《わかば》を摘《つ》み取《ご》りましたら桶《を》中《け》に加《い》れましてほどよく清水《みづ》を加《くは》へ、清淨《きれい》に洗《あら》ひまして笊《ざる》に上《あ》げ、二三回《くわい》清水《みづ》を灌《そゝ》ぎ注《か》けましてそのまゝ水氣《みづけ》を斷《き》つて置《お》きます、扨《さ》て水氣《みづけ》が斷《き》れましたら俎上《まないた》に載《の》せ、なるべく細小《こまか》に庖刀《はうてう》にて刻《きざ》み、編《あみ》めの細少《こまか》なる笊《ざる》に加《い》れ、その上部《うへ》より萬遍《まんべん》なく沸騰《にへ》湯《ゆ》を灌《そゝ》ぎ注《か》けまして、そのまゝ水氣《みづけ》を斷《き》つて置《お》きます今度《こんど》は右分量《みぎぶんりやう》の白米《おこめ》を桶中《をけ》に加《い》れ、ほどよく清水《みづ》を加《くは》へてよく洗《ご》ぎ、笊《ざる》にあけまして直《たゞ》ちに釜中《おかま》に移加《うつしい》れ、清水《みづ》を加《くは》へまして炊《た》き初《はじ》めます、その炊加減《たきかげん》は且尚《やつぱり》常《つね》の御飯《ごはん》の如《ごうり》でよろしふございますが併《しか》し水加減《みづかげん》をいたしまする際《さい》に鹽《しほ》を少《せう》々加《くは》へ、あまり鹹《から》くもなく又《また》淡味《あま》過《す》ぎぬやうによく加減《かげん》をいたして炊終《たきあ》げるので厶《ござ》います、仍で御飯《ごはん》を飯櫃《おはち》に移《ご》取《らん》といたします間際《まぎは》によく枸杞《くこ》の葉《は》の水氣《みづけ》を堅《かた》く搾《しほ》りましてその上部《うへ》にパラリとふ

りかけ、そのまゝ蓋《ふた》をいたして少《せう》々《〱》蒸《む》らしてから飯《は》櫃《ち》に移《うつ》取《しこ》るので厶《ござ》います、それから前《まへ》より拵《こしら》へて置《お》きましたふりの蜆《しゞみ》のお椀《わん》にかますの鹽《しほ》炙《やき》を添《そ》へて供《きよう》します

ふり蜆《しゞみ》の赤《あか》味《み》噌《そ》仕《じ》立《たて》拵《こしらへ》方《かた》(十人分)

三《さん》州《しう》味《み》噌《そ》　六十匁《もんめ》
煮《に》出《だ》汁《し》　八合《がふ》
蜆《しゞみ》　三錢《せん》程《ほど》

これを拵《こしら》へますには、先《ま》づ右《み》記《ぎ》分量《ぶんりやう》の蜆《しゞみ》を殼《から》のまゝ桶《をけ》中《け》に加《い》れ、ほどよく清《み》水《づ》を加《くは》へまして暫《しば》時《ら》く浸《つ》けて置《お》きまするど泥《どろ》を吐《は》いて終《しま》います、頓《やが》て泥《どろ》を吐《は》いて終《しま》いましたら今《こん》度《ど》は水《みづ》を去《さ》りまして擂《すり》鉢《ばち》に加《い》れ手《て》にてよくかきまはして清《き》淨《れい》に洗《あら》ひ直《たゞち》に笊《ざる》にあけまして再《さい》三《さん》水《みづ》を注《か》けます、それよりお鍋《な》中《べ》に熱《ねつ》湯《とう》を沸《わか》し、よく沸《ふつ》騰《とう》いたしましたらその中《なか》へ蜆《しゞみ》を投《い》れましてサット煠《ゆ》で、手《て》早《はや》くお鍋《な》中《べ》を下《お》ろして目《め》笊《ざる》にあけ、よく水《みづ》氣《け》を斷《き》りまして箸《はし》にて殼《から》より肉《にく》をほじり取《ご》つて置《お》きます、今《こん》度《ど》は味《み》噌《そ》汁《しる》の加《か》減《げん》で厶《ござ》いますが、この三《さん》州《しう》味《み》噌《そ》と申《まを》しますのは、俗《ぞく》に三《み》河《かは》の八丁《てう》味《み》噌《そ》とも申《まを》し

ます、これは摺《すり》鉢《はち》で摺《す》りますよりは、それを俎《まな》上《いた》に載《の》せ、薄《うす》刃《は》庖《はう》刀《ちやう》にてよく截《き》り、そのまゝ鍋《な》中《べ》に加《い》れまして八合《がふ》の羹《に》出《だ》汁《し》を加《い》れて火《ひ》に架《か》けます、一と沸《ふつ》騰《とう》いたしましたらお鍋《なべ》を下《お》ろしまして手《て》早《はや》く別《べつ》鍋《なべ》に毛《すい》篩《のう》又《また》は味《み》噌《そ》漉《こし》をあて、その中《なか》へあけ漉《こ》しまして直《たゞ》ちにお鍋《なべ》を火《ひ》に架《か》けます、その中《うち》より少々《せう〳〵》取《とり》分《わ》けまして小《こ》鍋《なべ》に取《と》り、前《まへ》に煠《ゆ》でましたる蜆《しゞみ》を加《い》れたまゝサット煮《に》込《こ》み、ほどよくお椀《わん》中に盛《もり》分《わ》けましてその上《うへ》より大《おほ》鍋《なべ》の味《み》噌《そ》を注《つぎ》込《こ》み、灰《あ》汁《く》脱《ぬき》の芥《から》子《し》を少々《せう〳〵》滴《たら》し込《こん》で供《きよう》します

灰《あ》汁《く》脱《ぬき》芥《から》子《し》の拵《こしらへ》方《かた》 先《ま》づ芥《から》子《し》を丼《どんぶり》又《また》は鉢《はち》の中《なか》へ加《い》れ、蘿《だい》蔔《こん》を卸《お》ろしてその汁《しる》を搾《しぼり》込《こ》み、指《ゆび》頭《さき》にてなるべく練《ね》り、それより二分《ぶ》ほどの厚《あつ》さにその中《なか》へ塗《ぬり》付《つけ》ましてその上《う》部《へ》に紙《かみ》をはり、手《て》早《はや》く沸《ふつ》騰《とう》いたして居《を》りまする熱《ねつ》湯《とう》を注《つ》ぎ込《こ》み、よく起《おこ》りましたる炭《すみ》火《び》を澤《たく》山《さん》に投《い》れ、ヂウ〳〵いたしながら湯《ゆ》を沸《ふつ》騰《とう》させましてその湯《ゆ》を冷《さ》却《ま》し、直《たゞ》ちに水《みづ》を棄《す》てましてそのまゝ器《うつは》をうつ伏《ぶ》せにいたし置《お》き暫《しば》時《ら》く經《た》過《ち》ましたら紙《かみ》を去《さ》り、要《いり》用《よう》だけ取《とり》分《わ》けまして乾《かは》きましたる板《いた》の上《うへ》に取《と》り、竹《たけ》篦《べら》の如《ごと》きものにてよく練《ね》りますると、ツン〳〵辛《から》味《み》が出《で》てまいりますそれを水《みづ》にて軟《やわら》かに溶《と》きまし

25 枸杞めしの炊き方

たものを水芥子《からし》と申《まを》しまして、これを右記《みぎ》のお椀《わん》の中《なか》へ少々《せう〱》づゝ滴《たら》し込《こ》むので厶《ござ》います

かゝますの鹽《しほ》炙《やき》調理法《こしらへかた》

かゝます(中位《ちうくらひ》のもの)十尾《ぴき》

食鹽《しほ》　六匁《もんめ》

先《ま》づ右記《みぎ》のかゝますを一尾《ぴき》づゝ俎上《まないた》に載《の》せ、庖刀《はうちやう》にて表裏《りやうめん》の鱗《こけ》をふき去《さ》りそれより鰓《えら》を除《のぞ》きまして腹部《おなか》を開《あ》けます、直《たゞ》ちに腸《わた》を脱《ぬ》き去《さ》つて清淨《きれい》に水洗《みづあらひ》をいたし、よく水氣《みづけ》を拭《ぬぐ》ひましてほどよく腹中《はら》に鹽《しほ》をいたします、尚《なほ》又《また》表裏《りやうめん》へも殘《のこり》の鹽《しほ》をふりかけましてそのまゝ二三十分《ぷん》間《かん》ほど置《お》きます頓《やが》てその時間《じかん》が經過《たち》ましたら手早《てはや》く水中《みづ》に投《い》れましてサツト腹中《ふくちう》を洗《あら》ひそれより引上《ひきあ》げまして布巾《ふきん》にてよく水氣《みづけ》を拭《ぬぐ》ひ、ほどよく二本《ほん》の金串《かなぐし》を刺《さ》して中火《ちうび》にて炙《や》き、片面《かためん》が炙《や》けましたら指頭《ゆびさき》にて串《くし》を捻廻《ひねりまは》して裏返《うらがへ》しをいたして表裏《りやうめん》共《とも》に炙《や》けましたら串《くし》を脱《ぬ》き、そのまゝお皿中《さら》に盛《も》つて供《きよう》します

紫《し》蘇《そ》めしの炊《たき》方《かた》

說明　この御《ご》飯《はん》を炊《た》きますにはなるべく青《あを》紫《し》蘇《そ》の極《ご》く香《かう》氣《き》のよろしいのを擇《えら》んで使《つか》用《ひ》ます、それからその添《そへ》物《もの》の献《こん》立《だて》には少《せう》々鹹《から》め加《か》減《げん》のお清《す》汁《まし》に加《か》藥《やく》には、微《み》塵《ぢん》葱《ねぎ》、刻《きざ》み青《あを》蕃《たう》椒《がらし》、線《せん》ぎり茗《みや》荷《うが》、おろし蘿《だい》蔔《こん》などを添《そ》へます、それで右《み》記《ぎ》のお清《す》汁《まし》はなるべく汁《しる》注《つ》器《ぎ》の中《なか》へ加《い》れて供《きよう》します

〔材料の分量〕

白《こ》米《め》　一升《しよう》

清《み》水《づ》　一升《しよう》

青《あを》紫《し》蘇《そ》　米《こめ》の二十分《ぶん》の一

炊方の手順　これも先《ま》づ青《あを》紫《し》蘇《そ》の葉《は》を一枚《まい》づゝもぎとり、直《たゞ》ちに桶《を》中《け》に入《い》れてほどよく清《み》水《づ》を加《くは》へて清《き》淨《れい》に洗《あら》ひます、それより笊《ざる》に上《あ》げ、再《さい》三《さん》水《みづ》を注《か》けてそのまゝ水《みづ》氣《け》を斷《きり》置《お》き、全《まつた》くよく斷《き》れましたら一枚《まい》づゝ硬《こは》き筋《すぢ》を去《さ》りまして五六枚《まい》づゝ重《かさ》ね、なるべく木《こ》口《ぐち》より細《こま》少《か》に刻《きざ》んで更《さら》によく刻《きざ》んで置《お》き、今《こん》度《ど》は編《あみ》めの細《こま》小《か》なる笊《ざる》に入《い》れまして手《て》早《はや》く熱《ねつ》湯《ごう》を灌《そゝ》ぎ注《か》けてそのまゝにいたして置《お》きます、それより右《み》記《ぎ》分《ぶん》量《りやう》の白《おこ》米《め》を桶《を》中《け》に

入《い》れて清《み》水《づ》を加《くは》へ、清《き》浄《れい》に洗《と》げましたら笊《ざる》にあけましてお釜《か》中《ま》に移《うつし》加《あ》けます、且《や》尚《はり》常《つね》の御《ご》飯《はん》を炊《た》きます如《ごと》く水《みづ》加《か》減《げん》をいたして炊《た》き終《あ》げるので厶《ござ》います、仍《そこ》で御《ご》飯《はん》が出《で》來《き》ましたら前《ま》記《へ》の紫《し》蘇《そ》の葉《は》を尚《な》ほよく水《みづ》氣《け》を搾《しぼ》りまして御《ご》飯《はん》の上《う》部《へ》にふりかけ、そのまゝ蓋《ふた》をいたして一《ちよつ》寸《と》むらし置《お》き、それより飯《お》櫃《はち》に移《うつし》取《と》つて茶《ちや》碗《わん》に盛《も》りお清《すま》汁《し》を添《そ》へて供《きよう》します

お清《す》汁《まし》の調《こし》理《らい》法《かた》

鰹《かつ》節《ぶし》の煮《に》出《だ》汁《し》　五合《がふ》
醤《しやう》油《ゆ》　二勺《しやく》

右《み》記《ぎ》分量《ぶんりやう》の煮《に》出《だ》汁《し》をお鍋《な》中《べ》に加《い》れて火《ひ》に架《か》け、一二回《くわい》ほど沸《ぶつ》騰《とう》いたしましたら二勺《しやく》の醤油《しやうゆ》を注《さ》しまして味《あぢ》の加《か》減《げん》をいたし、更《さら》に一と沸《ぶつ》騰《とう》いたさせましてお鍋《なべ》を下《お》ろして使《つか》用《ひ》ます、けれども醤油《しやうゆ》の種《しゆ》類《るゐ》及《およ》び召《めし》喰《あが》る方《かた》の都《つ》合《がふ》によりますれば、醤油《しやうゆ》の分量《ぶんりやう》は御《ご》隨《ずゐ》意《い》で厶《ござ》います、

ぎばめしの炊《たき》方《かた》

說明　この御《ご》飯《はん》の名稱《めいしよう》は寔《まこと》に詳《つまびら》かでは厶《ござ》いませんが、實《じつ》は十六さゝげを

加《くは》へて炊《た》きます一種《しゆ》の味《あぢ》付《つけ》御《ご》飯《はん》でム《ござ》います、それでその使《つか》用《ひ》ますさゝげはなるべく若《わか》莢《さや》のものを擇《えら》ばねばいけません、それから味《あぢ》の附《つけ》方《かた》は且《や》尙《はり》食《し》鹽《ほ》にて鹹《から》くもなく又《また》淡《あま》味《く》もなく恰《ちやう》度《ど》よろしい喰《くひ》加《か》減《げん》に加《つ》味《け》るのでム《ござ》います、それからこの飯《めし》に付《つけ》合《あは》せます献《こん》立《だて》には、茶《ちや》碗《わん》は鯖《さば》の醋《す》おとしに引《ひき》肴《さかな》は鰻《うなぎ》の蒲《かば》燒《やき》などが至《し》極《ごく》適《てき》當《たう》でム《ござ》います

〔材料の分量〕

白《お》米《こめ》　一升《しよう》
清《み》水《づ》　一升《しよう》
十六さゝげ　白《こ》米《め》の二十分《ぶん》一
食《し》鹽《ほ》　少《せう》々《〳〵》

炊方の手順　これも十六さゝげをよく水《みづ》洗《あらひ》いたして笊《ざる》に上《あ》げ、よく水《みづ》氣《け》を斷《き》りまして爼《まな》上《いた》にとり、兩《あご》端《さき》を截《きり》去《さ》つて木《こ》口《ぐち》よりなるべく薄《うす》く刻《きざ》み、そのまゝ笊《ざる》に戻《もど》して沸《ふつ》騰《ごう》湯《ゆ》を五六回《くわい》ほど灌《そゝ》ぎ注《か》けますか、乃《ない》至《し》は小《こ》鍋《なべ》に熱《ねつ》湯《ごう》を沸《わか》してその中《なか》へ投《ごう》じ、手《て》早《はや》く箸《はし》にてかきまはし直《たゞ》ちに笊《ざる》にあけ、よく冷《さ》却《ま》して置《お》いても差《さし》支《つかへ》はム《ござ》いません、これにてさゝげの下拵《したごしらへ》が出《で》來《き》ましたら今《こん》度《ど》は右《み》記《ぎ》分量《ぶんりやう》の白《お》米《こめ》をよく洗《ご》ぎまして笊《ざる》にあけ、お釜《か》中《ま》に加《い》

れまして常《つね》の如《ごと》き水加減《みづかげん》に鹽《しほ》を少々《せう〳〵》加《い》れて、そのまゝ炊《た》きまして暫時《しばら》くむらし置《お》き、それよりその上部《うへ》にさゝいげをふりかけて蓋《ふた》をいたし、又《また》もむらしてお飯櫃《はち》に移取《うつしご》つて供《きよう》します

鯖《さば》の酢《す》おとし拵方《こしらへかた》(十人分)

中位《ちうくらひ》の鯖《さば》　三尾《びき》
食鹽《しほ》　五匁《もんめ》
上等《じやうとう》の酢《す》　二勺《しやく》
煮出汁《にだし》　九合《がふ》
醬油《しやうゆ》　二勺《しやく》
蘿蔔《だいこん》　小半本《せうはんほん》

これは右記《みぎ》の鯖《さば》を一尾《びき》づゝ俎上《まないた》に載《の》せ、ほどよく出刄《では》庖刀《はうちやう》にて表裏《りやうめん》の鱗《こけ》を去《さ》りまして鰓《えら》を除《のぞ》きます、直《たゞ》ちに腹部《はら》を開《あ》けまして腸《わた》を脱《ぬ》き、清淨《きれい》に水洗《みづあらひ》をいたして水氣《みけ》を斷《き》り、又《また》も俎上《まないた》に載《の》せまして今度《こんど》は三枚《まい》におろします、それより腹骨《うすみ》を除《のぞ》いて尚《な》ほよく骨脱《ほねぬき》にて小骨《こほね》を拔《ぬ》き去《さ》りまして木口《こぐち》より小《ちい》さく截《き》り、右記《みぎ》分量《ぶんりやう》の鹽《しほ》を三匁《もんめ》ふりかけましてよくかきまはし

そのまゝにいたして置《お》きます、今《こん》度《ど》は蘿《だい》蔔《こん》の兩《あご》端《さき》を截《きり》去《さ》り、更《さら》に一二分《ぶ》ほどの輪《わ》截《ぎり》にいたし皮《かわ》を除《のぞ》き、更《さら》に木《こ》口《ぐち》より薄《うす》く截《き》つて五六枚《まい》づゝ重《かさ》ね手《て》早《はや》く木《こ》口《ぐち》より細《ほそ》く刻《きざ》みまして全《ぜん》部《ぶ》截《きり》終《をは》りましたら小《こ》鍋《なべ》に熱《ねつ》湯《とう》を沸《わか》しその中《なか》へ加《い》れまして軟《やわら》かに煠《ゆで》終《あ》げ、直《たゞ》ちに笊《ざる》に上《あ》げて水《みづ》氣《け》を斷《き》り、再《ふたゝ》びお鍋《な》中《べ》に戻《もど》しまして五勺《しやく》の煮《に》出《だ》汁《し》に一勺《しやく》ほどの醬《しやう》油《ゆ》を加《くは》へまして又《また》も火《ひ》に架《か》け、サット煮《に》ましてお鍋《なべ》を下《お》ろして置《お》きます、それより別《べつ》鍋《なべ》に二合《がふ》の清《み》水《づ》を加《い》れまして火《ひ》に架《か》け、よく沸《ふつ》騰《とう》してまいりましたら前《ま》記《へ》の鹽《しほ》をかけて厶《ござ》います鯖《さ》肉《は》をサット水《みづ》洗《あらひ》いたしてその鍋《な》中《べ》に投《い》れ、手《て》早《はや》くお鍋《なべ》を下《お》ろしまして笊《ざる》にあけて置《お》きます　それよりその空《から》鍋《なべ》の中《なか》へ八合《がふ》五勺《しやく》ほどの煮《に》出《だ》汁《し》を加《い》れまして又《また》も火《ひ》に架《か》けます、頓《やが》て一と沸《ふつ》騰《とう》いたしましたら二匁《もんめ》ほどの鹽《しほ》を加《くは》へ、味《あぢ》の加《か》減《げん》をいたして右《み》記《ぎ》の鯖《さ》肉《は》を投《い》れ、再《ふたゝ》び味《あぢ》の加《か》減《げん》を試《み》まして一勺《しやく》の醬《しやう》油《ゆ》を加《くは》へ、倘《な》ほ醋《す》を少《せう》々《〳〵》加《か》減《げん》して供《きよう》します又《また》この吸《すひ》口《くち》には胡《こ》椒《しよう》粉《こ》などがよろしふ厶《ござ》います

鰻《うなぎ》の蒲《かは》炙《やき》調《こし》理《らい》法《かた》

鰻《うなぎ》　適《てき》量《りやう》

醤油《しやうゆ》　六分《ぶ》
味淋《みりん》　四分《ぶ》

先《ま》づ右記《みぎ》分量《ぶんりやう》の味淋《みりん》と醤油《しやうゆ》とを鍋中《なべ》に加《い》れ、そのまゝ火《ひ》に架《か》けましてよく煮《に》詰《つめ》ます、暫時《しばら》く煮《に》込《こみ》ましたらお鍋《なべ》を下《お》ろして置《お》き、それより鰻《うなぎ》の頭《かし》部《ら》を右方《みぎ》に腹部《はら》を向《むかふ》にいたして俎上《まないた》に載《の》せ、眼《め》の下部《した》に錐《きり》を打《う》ち込《こ》み、直《たゞち》に首部《くび》の附《つけ》根《ね》の處《ところ》より截《きり》込《こ》み、だん〳〵に尾《を》の方《はう》へと截《きり》開《ひら》きまして、それより膓《わた》を除《のぞ》いて中骨《なかほね》を去《さ》り、今度《こんど》は頭部《かしら》を截《きり》放《はな》ち、ほどよく三本《ぼん》の金串《かなぐし》又《また》は竹串《たけぐし》を刺《さ》しまして炙《や》きにかゝります、その炙《やき》方《かた》は火《ひ》加減《かげん》を中火《ちうび》にいたし、その上部《うへ》に餅《もち》炙《やき》網《あみ》を架《か》け、よくそれを熱《ねつ》してその上部《うへ》に載《の》せ、片面《かためん》が炙《や》けましたら裏返《うらがへ》しをいたして表裏《りようめん》を炙《や》き、それより前記《まへ》に煮減《につめ》て置《お》きましたる煮汁《にしる》を表裏《りようめん》にぬりつけ、斯《か》くいたして四五回《くわい》ほど炙《や》くので厶《ござ》います、又《また》鰻《うなぎ》の代用《かはり》に鱧《はも》を使用《つかひ》ます際には、且尙《やはり》鰻《うなぎ》の如《ごと》く截《きり》開《ひら》きましたらそれより骨截《ほねぎり》をいたします、その骨截《ほねぎり》と申《もう》しますのは、そのまゝ一分《ぶ》づゝ距離《あひだ》をおいて横《よこ》に皮《かは》めに達《たつ》するまで截《きり》込《こむ》のです、斯《か》くいたしませんとこの魚《うを》は小骨《こほね》が多《おほ》くて喰《た》べられません又《また》どぜうで厶《ござ》いましたら鰻《うなぎ》

の如《やう》にいたせばよろしふム《ござ》います、それから餅《もち》炙《やき》網《あみ》を使《もち》用《ひ》ません際には、中《ちう》火《び》の兩《あご》端《さき》に一本《ぽん》づゝ煉《れん》瓦《ぐわ》を横《よこ》に置《お》きましてその上《うへ》に二本《ほん》の鐵《てつ》棒《きう》を渡《わた》し、その上《う》部《へ》に載《の》せて炙《や》きます、片《かた》面《めん》が炙《や》けましたら裏《うら》返《がへ》して、表《りやう》裏《めん》共《ごも》に炙《や》いてそれから煮《に》滅《つ》め置《お》きました煮《に》汁《しる》を四五回《くわい》ほど表《りやう》裏《めん》にぬりつけ、さういたして炙《やき》終《あ》げるのでム《ござ》います、仍《そこ》で炙《や》けましたら粉《こな》山《さん》椒《しよ》をふりかけますると至《し》極《ごく》結《けつ》構《かう》でム《ござ》います

蕎《そ》麥《ば》めしの炊《たき》方《かた》

説明　この御《ご》飯《はん》は秋《あき》の季《き》に屬《ぞく》します食《しよく》品《ひん》でム《ござ》いまして、一名《めい》を信《しな》濃《の》飯《めし》とも申《まを》します、その炊《たき》方《かた》にはいろ〳〵ム《ござ》いましてその地《ち》方《はう》地《ち》方《はう》によりまして多《た》少《せう》の相《ちが》違《ひ》がム《ござ》いますが、その原《げん》料《れう》に於《お》きましてはひね蕎《そ》麥《ば》と新《しん》蕎《そ》麥《ば》とを使《もち》用《ゐ》ますだけでム《ござ》います、それからこの御《ご》飯《はん》に添《そ》へます献《こん》立《だて》には茶《ちや》碗《わん》はうづみ豆《ごう》腐《ふ》、加《か》藥《やく》には線《せん》ぎりの葱《ねぎ》、陳《ちん》皮《ぴ》、山《わさ》葵《び》、みぢん柚《ゆ》皮《ず》、粉《こ》蕃《たう》椒《がらし》などがよろしふム《ござ》います。それからモー一ツ御《ご》注《ちう》意《い》申《まを》して置《お》きますのは、御《ご》飯《はん》の加《か》減《げん》でム《ござ》いますが、ほどよく硬《こは》めに炊《た》かねばいけません、そ

れでたゞ硬《こは》くばかりと申《まを》しても芯《しん》があるやうでもいけずその鹽《あん》梅《ばい》加《か》減《げん》はなるべくほろ〳〵といたすやうに炊《た》終《あ》げるので厶《ござ》います

〔材料の分量〕　白《お》米《こめ》　一升《しよう》

清《み》水《づ》　一升《しよう》

新《しん》蕎《そ》麥《ば》の引《ひき》ぬき米《こめ》の十分《ぶん》の一

炊方の手順　先づ右《み》記《ぎ》分量《ぶんりやう》の新《しん》蕎《そ》麥《ば》の引《ひき》ぬきを前《ま》條《へ》に記《の》述《べ》ましたる麥《ばく》飯《はん》の手《て》順《じゆん》にいたしてほどよくえまし、再《ふたゝ》び桶《を》中《け》に戻《もど》しまして清《み》水《づ》を加《くは》へ、手《て》早《はや》く洗《あら》ひまして笊《ざる》にあげ、そのまゝ水《みづ》氣《け》を斷《き》つて置《お》きます、それより右《み》記《ぎ》分量《ぶんりやう》の白《お》米《こめ》を桶《を》中《け》に加《い》れ、ほどよく清《み》水《づ》を加《くは》へまして清淨《きれい》に洗《ご》いでお釜《か》中《ま》に加《い》れ、分量《ぶんりやう》だけの清《み》水《づ》を加《くは》へまして火《ひ》を焚《た》き、前《ま》記《へ》に述《の》べましたる如《ごと》くほろ〳〵加《か》減《げん》に硬《こは》めに炊《た》きます、それが炊《た》き終《あが》りましたら淺《あさ》き桶《を》中《け》に移取《うつしご》り、前《ま》記《へ》に水《みづ》氣《け》を斷《き》つて置《お》きましたる蕎《そ》麥《ば》を加《くは》へて御《ご》飯《はん》杓子《しやくし》にてよく混《ま》和《ぜ》、充《じう》分《ぶん》に混《まじ》和《り》ましたら今《こん》度《ど》は蒸《せい》籠《ろう》の中《なか》へそれを加《い》れまして上《う》面《へ》を平《たひら》にならし、釜《かま》の蒸《むし》湯《ゆ》が沸《わ》きましたらその上《う》部《へ》に蒸《せい》籠《ろう》を載《の》せまして暫《しば》時《ら》く蒸《む》します、十分《ぶん》間《かん》も蒸《む》しましたら直《たゞ》ちにお飯《は》櫃《ち》に移取《うつしご》つて更《さら》に

茶《ちや》碗《わん》に盛《も》つて供《きよう》します

注意　恁《か》ふ説《せつ》明《めい》いたしまする と寔《まこと》に簡《かん》易《い》でム《ござ》いますが、其《その》實《じつ》は匆《なか》〳〵に面《めん》倒《だう》でム《ござ》います、餘《よ》程《ほど》よく熟《じゆく》練《れん》いたさぬと具《ぐ》合《あひ》よく出《で》來《き》ません、それから新《しん》蕎《そ》麥《ば》がム《ござ》いませんでも差《さし》支《つかへ》はありません

うづみ豆《こう》腐《ふ》の拵《こしらへ》方《かた》

豆《こう》腐《ふ》　一箇《こ》
煑《に》出《だ》汁《し》　七合《がふ》
醤《しやう》油《ゆ》　四勺《しやく》

これは先《ま》づ右《み》記《ぎ》分《ぶん》量《りやう》の煮《に》出《だ》汁《し》をお鍋《な》中《べ》に加《い》れ、直《たゞ》ちに火《ひ》に架《か》けまして沸《ふつ》騰《ごう》いたしてまいりましたら四勺《しやく》の醤《しやう》油《ゆ》を加《くは》へまして味《あぢ》の加《か》減《げん》をいたします、それより豆《こう》腐《ふ》をば俎《まな》上《いた》にとり、ほどよく賽《さい》形《がた》に截《き》りまして別《べつ》鍋《なべ》に清《み》水《づ》と共《とも》に加《い》れて火《ひ》に架《か》け、且《や》尚《はり》沸《ふつ》騰《ごう》いたしましたら碎《くだ》さぬやうに金《かな》杓《しやく》子《し》にて掬《すく》ひまして煮《に》汁《つゆ》の中《なか》へ掬《すく》ひ込《こ》み、更《さら》に一と沸《ふつ》騰《ごう》させまして前《ま》記《へ》の御《ご》飯《はん》を茶《ちや》碗《わん》に盛《も》り、その上《う》部《へ》より掬《すく》ひ注《か》けて供《きよう》します

別《べつ》種《しゆ》の蕎《そ》麥《は》飯《めし》の炊《たき》方《かた》

説明　この御《ご》飯《はん》の炊《たき》方《かた》は前《ま》條《へ》のよりも稍《や》や簡《かん》易《い》で厶《ござ》いまして、何《ど》人《なた》がお炊《た》きになつても左《さ》のみ面《めん》倒《だう》では厶《ござ》いません、それで添《そへ》物《もの》には且《や》尙《はり》前《ま》條《へ》と同《おな》じお清《す》汁《まし》に加《か》薬《やく》も同《おな》じで厶《ござ》いますが、尙《な》ほその他《た》に初《はつ》茸《だけ》の葛《くづ》煮《に》などを添《そ》へますればよろしふ厶《ござ》います

〔材料の分量〕

白《こ》米《め》　三合《がふ》五勺《しやく》
清《み》水《づ》　同《どう》量《りやう》
挽《ひき》ぬき蕎《そ》麥《は》　七合《がふ》

炊方の手順　これは右《み》記《ぎ》分《ぶん》量《りやう》の挽《ひき》ぬき蕎《そ》麥《は》をよく水《みづ》洗《あらひ》をいたして笊《ざる》に上《あ》げ、それより釜《かま》に湯《ゆ》を沸《わか》してその中《なか》へ投《とう》じ、二三回《くわい》ほど沸《ふつ》騰《とう》いたさせましたら直《たゞ》ちに下《お》ろしまして手《て》早《はや》く笊《ざる》にあげ、そのまゝ水《みづ》氣《け》を斷《き》つて置《お》きます、それより白《こ》米《め》を桶《をけ》中《け》に加《い》れ、ほどよく清《み》水《づ》を加《くは》へましてよく洗《ご》ぎ充《じう》分《ぶん》清《き》淨《れい》になりましたら且《や》尙《はり》笊《ざる》にあけましてお釜《か》中《ま》に移《う》加《つ》し、常《つね》の水《みづ》加《か》減《げん》にいたして炊《た》きます、頓《やが》て水《みづ》が引《ひ》きまする時《じ》分《ぶん》を計《はから》ひまして右《み》記《ぎ》の蕎《そ》

麥《は》をその上部《うへ》に載《の》せ、そのまゝ蒸《む》らして置《お》きまして、ほどよく蒸《むし》終《あが》りましたら飯《お》櫃《はち》に移取《うつしと》り、更《さら》に茶碗《ちやわん》に盛《も》つて供《きよう》します、それで蕎《そ》麥《ば》飯《めし》の喰方《くひかた》は、いづれもその上部《うへ》より煮出汁《にだし》を注《か》け、好《このみ》の加《か》藥《やく》を添《そ》へて喰《しよく》します

お清汁《すまし》の調理法《こしらへかた》

鰹節《かつぶし》の煮出汁《にだし》　七合《がふ》

醬油《しやうゆ》　四勺《しやく》

これも前條《まへ》の手順《てじゆん》にいたしまして拵《こしら》へます、それからうづみ豆腐《ごうふ》を仕立《した》てそれを掬《すく》ひ注《か》けても差支《さしつかへ》はム《ござ》いません、又《また》さういたしましたら加《か》藥《やく》は適宜《てきぎ》のを使用《もちゐ》てもよろしいのですが、先《ま》づ淺草海苔《あさくさのり》を二枚《まい》ほど火《ひ》に焙《あぶ》りまして、よく細《こまか》に揉《も》んだのをほどよくふりかけて供《きよう》します

豆腐《ごうふ》めしの炊方《たきかた》

說明　且《や》尙《はり》この御飯《ごはん》も秋《あき》の季《き》の食品《しよくひん》でム《ござ》いまして、その炊方《たきかた》も簡單《かんたん》でありまして且《か》つ風味《ふうみ》もよろしふム《ござ》います、それからその添物《そへもの》には且《や》尙《はり》普通《ふつう》のお清汁《すまし》と加《か》藥《やく》には揉《も》み淺草海苔《あさくさのり》、線截《せんぎり》蕃椒《ごうがらし》、おろし山葵《わさび》、陳皮《ちんぴ》、罌粟《けし》

等《ごう》でム《ござ》いますが、それは各《かく》自《じ》の嗜《たし》好《のみ》にまかせます

〔材料の分量〕

白《こ》米《め》　五合《がふ》
清《み》水《づ》　五合《がふ》
豆《こう》腐《ふ》　四箇《こ》
煮《に》出《だ》汁《し》　五合《がふ》
醬油《しやうゆ》　二勺《しやく》
酒《さけ》　少《せう》々く

炊方の手順　先《ま》づお豆《ごう》腐《ふ》をほどよく賽《さい》形《がた》に截《き》り、お鍋《な》中《べ》に加《い》れてよく煠《ゆ》で、笊《ざる》に布《ふ》巾《きん》を敷《し》きましてその上《う》部《へ》に孔《あな》明《あき》杓子《しやくし》にて掬《すく》ひ上《あ》げ、そのまゝ水《みづ》氣《け》を斷《き》つて置《お》きます、それより右《み》記《ぎ》分量《ぶんりやう》の白《こ》米《め》を桶《を》中《け》に加《い》れ、ほどよく水《みづ》を加《くは》へまして清《き》淨《れい》に洗《ご》ぎ、再《さい》三《さん》水《みづ》を替《か》へまして笊《ざる》に上《あ》げ、直《たゞ》ちにお釜《か》中《ま》に加《い》れて水《みづ》加《か》減《げん》をいたし、常《つね》の御《ご》飯《はん》より少《すこ》しく軟《やはら》かなる加《か》減《げん》に炊《た》き終《あ》げまして、飯《お》櫃《はち》に移取《うつしご》りましたら直《たゞ》ちに茶《ちや》碗《わん》に八分《ぶん》目《め》ほど盛《も》り、その上《う》部《へ》に前《ま》記《へ》に煠《ゆ》で置《お》きましたる豆《ごう》腐《ふ》をほどよく載《の》せ、煮《に》出《だ》汁《し》、酒《さけ》、醬油《しやうゆ》の三《み》品《しな》を加《くは》へましたる清《すま》汁《し》を注《か》け、加《か》藥《やく》は焙《あぶ》りましたる淺《あさ》草《くさ》海《の》苔《り》を細《こ》小《ま》

かに揉《も》みほぐし、その上部《うへ》よりふりかけて供《きやう》します、又《また》粉《こ》山椒《さんしよ》、刻《きざ》み葱《ねぎ》などもよろしふム《ござ》います、それから夏季《なつ》なれば茄子《なすび》の鍋《なべ》鴫《しぎ》焼《やき》などが至《し》極《ごく》よろしかろうと思《おも》ひます

茄《な》子《す》の鍋《なべ》鴫《しぎ》焼《やき》の拵方《こしらへかた》(十人分)

大茄子《おほなす》	十箇《こ》
胡麻油《ごまのあぶら》	五勺《しやく》
砂糖《さたう》	二十匁《もんめ》
醤油《しやうゆ》	五勺《しやく》
甘味噌《あまみそ》	十匁《もんめ》
煮出汁《にだし》	二合《がふ》

先《ま》づ右記《みぎ》分量《ぶんりやう》の茄子《なす》の蔕《へた》を截《き》り去《さ》り、皮《かは》を剝《む》き去《さ》つて直《たゞ》ちに水中《みづ》に投《い》れて灰汁《あく》を脫《ね》き、それより笊《ざる》に上《あ》げまして水氣《みづけ》を斷《き》つて俎《まな》上《いた》に取《ご》ります、今度《こんど》は三四分《ぶ》ほどの輪截《わぎり》にいたしまして鐵鍋《てつなべ》に胡麻油《ごまのあぶら》を加《い》れ、そのまゝ火《ひ》に架《か》けまして油《あぶら》より煙《けむり》が發《た》ちましたらそれを度《ど》といたして右記《みぎ》の茄子《なす》を投《い》れ箸《はし》にてかきまはしましてほどよく軟《やはら》かになりましたら十匁《もんめ》のお味《み》

噌《そ》を加《い》れ、二十匁《め》の砂《さ》糖《たう》と二合《がふ》の煮《に》出《だ》汁《し》とを加《くは》へまして尚《な》ほよくかきまはし、暫《しば》時《ら》く煮《に》込《こみ》まして味《あぢ》の加《か》減《げん》を試《み》て醤《しやう》油《ゆ》を加《くは》へ、再《ふた》び味《あぢ》の加《か》減《げん》を試《み》て一と沸《ふつ》騰《ごう》させてお鍋《なべ》を下《お》ろし、適《てき》宜《ぎ》の鉢《はち》に盛《も》つて供《きよう》します、又《また》春《は》季《る》なれば小《こ》松《まつ》菜《な》の芥《から》子《し》あゝへなどがよろしふム《ござ》います

小《こ》松《まつ》菜《な》の芥《から》子《し》あゝへ調《こし》理《らへ》法《かた》(十人分)

小《こ》松《まつ》菜《な》　壹　把《は》
あゝさり剥《むき》身《み》　五錢《せん》ほど
芥《から》子《し》　五厘《りん》ほど
醋《す》　三勺《しやく》
醤《しやう》油《ゆ》　五勺《しやく》

これは小《こ》松《まつ》菜《な》を俎《まな》上《いた》に載《の》せ、根《ね》端《ぎは》より截《きり》去《さ》りまして黄《き》色《いろ》なる枯《かれ》葉《は》の無《な》きやうに注《ちう》意《い》をいたし、清《き》淨《れい》に水《みづ》洗《あらひ》をいたして笊《ざる》に上《あ》げ、よく水《みづ》氣《け》を斷《き》りまして再《ふた》び俎《まな》上《いた》に載《の》せ、五分《ぶ》ほどの長《なが》さに截《き》り、それより鍋《な》中《べ》に菜《な》の被《か》ぶるほどに清《み》水《づ》を加《い》れて火《ひ》に架《か》け、よく沸《ふつ》騰《ごう》いたしましたら右《み》記《ぎ》の菜《な》を投《い》れまして、箸《はし》にて下《した》より上《うへ》へとかきまはし、ほどよく煠《ゆ》だりましたら

掬上《すくひあ》げまして直《たゞ》ちに水中《みづ》にと投《い》れます、よく冷却《さめ》ましたら堅《かた》く水氣《みづけ》を搾《しぼ》りましてお皿《さら》中に加《い》れ、その上部《うへ》より三勺《しやく》ほどの醬油《しやうゆ》を灌《そゝ》ぎ注《か》けまして箸《はし》にて、かきまはし置《お》き、今度《こんど》は右記《みぎ》分量《ぶんりやう》のあさりの剝身《ひきみ》を笊《ざる》に加《い》れましてそのまゝ水中《みづ》に加《い》れて笊《ざる》をふり動《うご》かしながらよく砂氣《すなけ》を去《さ》ります、尤《もつと》もその水中《みづ》には鹽《しほ》を少々《せう〱》混《こん》じた方《はう》がよろしふムいます、充分《じうぶん》よく砂氣《すなけ》を去《ご》りましてそのまゝ引上《ひきあ》げまして堅《かた》く水氣《みづけ》を搾《しぼ》り、お鍋《なべ》中にその剝身《ひきみ》を加《い》れまして火《ひ》に架《か》け、御飯《ごはん》杓子《じやくし》にてかきまはしながら空炒《からいり》にいたしますほどよくバラ〳〵になりましたらお皿《さら》中にとり、その上部《うへ》より三勺《しやく》の醋《す》を注《か》け、又《また》もよくかきまはして置《お》きます、今度《こんど》は前條《まへ》に記退《のべ》ましたる手《て》順《じゆん》にいたして灰汁《あく》脱《ぬ》き芥子《からし》(二十五頁《ぺーじ》參照《さんせう》)を拵《こしら》へ、それを擂鉢《すりばち》に加《い》れまして殘分《のこり》二勺《しやく》の醬油《しやうゆ》を加《い》れ、擂木《すりこぎ》にてよく擂《す》り混《ま》ぜ、それより醬油《しやうゆ》の注《か》けてあります菜《な》を絞終《しぼりあ》げましてその中《なか》へ加《い》れ、かきまはしながら剝身《むきみ》をも絞終《しぼりあ》げてその中《なか》へ混《ま》ぜます、全《まつた》くよく混《まじ》りましたら味《あぢ》の加減《かげん》を試《み》て小丼《こどんぶり》に盛《も》つて供《きやう》します

葱《ねぎ》めしの炊方《たきかた》

説明　この御飯《ごはん》はおほく冬《ふゆ》の季《き》に屬《ぞく》しまする食品《もの》で防寒的《はうかんてき》食品《しよくひん》として至《し》極適當《ごくてきたう》のもので厶《ござ》います、尚《な》ほその添物《そえもの》には少々《せう〳〵》鹹《から》み加減《かげん》の清汁《おすまし》に加藥《かやく》は炙《やき》蕃椒《こうがらし》と揉《も》み淺草海苔《あさくさのり》がよろしふ厶《ござ》います、それから鰆《さはら》のあんかけなどを添《そ》へますれば至《し》極適當《ごくてきたう》です

〔材料の分量〕

白米《おこめ》　一升《しよう》
清水《みづ》　一升《しよう》
葱《ねぎ》　白米《おこめ》の二十分《ぶん》一

炊方の手順　先《ま》づ最初《さいしよ》葱《ねぎ》の根端《ねぎは》を截去《きりさ》りまして靑《あを》き部分《ところ》をも除《のぞ》き、上皮《うはかは》を剝《む》きまして清淨《きれい》に水洗《みづあらひ》をいたし、よく水氣《みづけ》を斷《き》りまして再《ふた》び爼上《まないた》に載《の》せ、縱《たて》に二ツに割《さ》きまして更《さら》にそれを五六分《ぶ》ほどの長《なが》さに截《き》り、お鍋中《なべ》に熱湯《ねつとう》を沸《わか》してその中《なか》へ投《とう》じ、手早《てはや》く箸《はし》にてかきまはして直《たゞ》ちに笊《ざる》にあげ、そのまゝ水氣《みづけ》を斷《き》つて置《お》きます、これにて葱《ねぎ》の下拵《したごしらへ》が出來《でき》終《あが》りましたら今度《こんど》は右記《みぎ》分量《ぶんりやう》の白米《おこめ》を桶中《をけ》に加《い》れてよく洗《ご》ぎ、直《たゞ》ちにお釜中《かま》に移《うつ》

加《し》て常《つね》の水《みづ》加《か》減《げん》をいたして焚《たき》付《つけ》ます、頓《やが》て吹《ふ》き上《あが》つてまいりましたらそれを度《ど》といたしてその上《う》部《へ》に右《み》記《ぎ》の葱《ねぎ》をふりかけ、そのまゝ蓋《ふた》をいたしても炊《た》き終《あ》げるので厶《ござ》います、それからモー一法《ほう》の炊《たき》方《かた》は、最《さい》初《しよ》より前《ま》記《へ》に述《の》べました如《ごと》く葱《ねぎ》を細《こま》小《か》に刻《きざ》んで置《お》きまして、それより白《お》米《こめ》と共《とも》に混《ま》ぜてお釜《か》中《ま》に仕《し》掛《か》け、常《つね》の御《ご》飯《はん》を炊《た》くやうにいたして炊《たき》終《あ》げます、それで出《で》來《き》ましたら飯《お》櫃《はち》に移取《うつしと》つて更《さら》に茶《ちや》碗《わん》に盛《も》り、別《べつ》碗《わん》にお清《すま》汁《し》と加《か》藥《やく》及《およ》び鰆《さはら》のあんかけを添《そ》へて供《きよう》します

鰆《さはら》のあんかけ調《こし》理《らへ》法《かた》

鰆《さはら》の截《きり》肉《み》	適《てき》量《りやう》
味《み》淋《りん》	五勺《しやく》
醤《しやう》油《ゆ》	二勺《しやく》
鰹《かつ》節《ぶし》煮《に》出《だ》汁《し》	二合《がふ》
葛《く》粉《ず》	少《せう》々く

先《ま》づお鍋《な》中《べ》に五勺《しやく》の味《み》淋《りん》を加《い》れて火《ひ》に架《か》け、暫《しば》時《ら》く煮《に》込《こ》みまするとヽ頓《やが》てそれが半《はん》分《ぶん》ほどに煮《に》詰《つま》つてまいりますから、それを度《ど》といたして煮《に》出《だ》汁《し》

を加《くは》へます、尚《な》ほ二三回《くわい》ほど沸《ふつ》騰《とう》させましてから今《こん》度《ど》は葛《く》粉《ず》を清《み》水《づ》にて溶《こ》いてお鍋《なべ》を火《ひ》より下《お》ろし、手《て》早《はや》くその中《なか》へ葛《く》粉《ず》を加《くは》へまして御《ご》飯《はん》杓子《しやくし》の小《ちいさ》いのでよくかきまはし、再《ふた》び火《ひ》に架《か》けまして、葛《く》粉《ず》に火《ひ》が通《とほ》りましたらそれでよろしふム《ござ》います、それから三枚《まい》におろしましたる鰆《さはら》の腹骨《うすみ》を截《きり》去《さ》りまして皮《かは》を剝《む》き、尚《な》ほ一寸《すん》四方《はう》ほどの大《おほき》さに截《き》つて蒸《せい》籠《ろう》の中《なか》へ竹皮《たけがは》を敷《し》き、その上部《うへ》に列《なら》べまして蒸《むし》湯《ゆ》が沸《ふ》きましたらその上《うへ》に蒸《せい》籠《ろう》を載《の》せ、蓋《ふた》をいたして五六分《ぷん》間《かん》ほど蒸《む》して取《とり》出《いだ》し、直《たゞ》ちにお椀《わん》中に加《い》れ、その上部《うへ》より右《み》記《ぎ》の拵《こしら》へ置《お》きましたる葛《くず》あんをかけ、卸《おろ》し山《わさ》葵《び》を少《せう》々〳〵添《そ》へて供《きよう》します、それでお客《きやく》樣《さま》に供《きよう》しますには、お椀《わん》の蓋《ふた》をいたしてその糸《いと》底《そこ》の處《ところ》におろし山《わさ》葵《び》を載《の》せて供《きよう》します

注意　山《わさ》葵《び》のおろし方《かた》は先《ま》づカルカヤタワシにて山《わさ》葵《び》をよくこすりながら洗《あら》ひ水《みづ》氣《け》を拭《ぬぐ》ひまして黒《くろ》きえぼ〳〵を削《けづ》り尚《な》ほよく鉛《えん》筆《ぴつ》を削《けづ》るやうに莖《くき》の方《はう》を削《けづ》りましてなるべく目《め》の細《こま》小《か》なる擦金《おろしがね》にておろし、ほどよくおろせましたら爼《まな》上《いた》にとりましてよく庖《はう》刀《てう》の脊の方にて叩《たゝ》いてカら使《つか》用ます

信濃《しなの》めしの炊方《たきかた》

説明　これは信濃《しなの》めしと申《まをし》ましても、前條《まへ》に記述《のべ》ましたる蕎麥飯《そばめし》とは全《まる》然《で》異《ちが》いまして一種《しゆ》の蘿蔔飯《だいこんめし》で厶《ござ》います、蘿蔔《だいこん》を細《ほそ》く糸《いと》の如《やう》に截《き》りまして白米《おこめ》の中《なか》へ炊込《たきこみ》ますから、恰度《てうど》その形狀《かたち》が蕎麥《そば》に似《に》てゐるといふので斯《か》くは命名《めい〳〵》されて居《を》るので厶《ござ》います、それで添物《そへもの》には且《や》倘《はり》蕎麥《そば》醬油《したぢ》を拵《こしら》ましてその上部《うへ》より灌《そゝ》ぎ注《か》け、加藥《かやく》には炙《やき》蕃椒《こうがらし》、晒《さら》し葱《ねぎ》、揉《も》み淺草《あさくさ》海苔《のり》、刻《きざ》み柚《ゆ》皮《ず》などを使用《もちゐ》ます

〔材料の分量〕

白米《こめ》　一升《しよう》
清水《みづ》　一升《しよう》
上等《じやう》の蘿蔔《だいこん》（刻んだもの）　五合《がふ》
味淋《みりん》（茶香茶碗に）　二分《ぶ》
醬油《しやうゆ》　同　三分《ぶ》
鰹節《かつをぶし》煮出汁《にだし》　同　五分

炊方の手順　これも最初《さいしよ》は蘿蔔《だいこん》の兩端《あごさき》を截放《きりはな》ちまして一寸《すん》ほどの輪截《わぎり》に

いたし、直《たゞ》ちに水中《みづ》に投《い》れてよく洗《あら》ひ、手《て》早《はや》く布巾《ふきん》にて水氣《みづけ》を拭《ぬぐ》いまして皮　剥き去《さ》り、それよりなるべく薄《うす》く廻《ま》はし剥《む》きにいたします。全部《ぜんぶ》が剥け終《をは》りましたら今度《こんど》はそれを端《はじ》より堅《かた》く巻《ま》きしめまして再《ふた》び俎上《まないた》に載《の》せ、更《さら》に木口《こぐち》より薄《うす》く截《き》りますると細《ほそ》く糸《いと》の如《やう》になります、さうなりましたら右記《みぎ》分量《ぶんりやう》の白米《こめ》を桶中《をけ》に加《い》れ、ほどよく清水《みづ》を加《くは》へましてよく洗《ご》ぎ、充分《じうぶん》に清淨《きれい》になりましたら笊《ざる》にあけ、直《たゞ》ちにお釜中《かま》に移加《うつしい》れ、常《つね》の御飯《ごはん》を炊《た》く水加減《みづかげん》にて火《ひ》を焚付《たきつけ》ます、頓《やが》てそれが吹上《ふきあが》つてまいりましたら度《ご》といたしてその上部《うへ》に右記《みぎ》の截《き》つて厶《ござ》います蘿蔔《だいこん》を載《の》せ、そのまゝ蓋《ふた》をいたして炊《た》き終《あ》げるので厶《ござ》います、仍《そこ》で出來《でき》ましたら飯櫃《おはち》に移加《うつしご》ります際《ごき》手《て》早《はや》く杓子《しやくし》にてかきまぜて移取《うつしご》るので厶《ござ》います

注意　蕎麥《そば》醬油《したぢ》の拵方《こしらへかた》は前條《まへ》に說明《せつめい》してあります手《て》順《じゆん》にいたせばよろしいので、その分量《ぶんりやう》も違《ちが》ひません（三十五、三十七頁《ぺーじ》參照《みよ》）

茶《ちや》めしの炊方《たきかた》

說明　普通《ふつう》茶飯《ちやめし》と申《まを》しますると先《ま》づお茶《ちや》の煮出《にだ》したのに醬油《しやうゆ》をほどよく

加《か》減《げん》して炊《たき》込《こん》だものを申《まを》すので厶《ござ》いますが、茲《こゝ》に記《の》述《べ》ますのは眞《しん》の茶《ちや》飯《めし》でありまして、その添《そへ》物《もの》にはかき玉《たま》のお椀《わん》を取《ごり》合《あは》せます、それから急《きう》子《す》には白《さ》湯《ゆ》を加《い》れて供《きよう》します、これはその茶《ちや》碗《わん》に盛《もり》付《つけ》ましたる茶《ちや》飯《めし》の上《う》部《へ》より灌《そゝ》ぎ注《か》けまするとほどよくお茶《ちや》が出《い》でます趣《しゆ》向《かう》なので奈《な》良《ら》茶《ちや》飯《めし》の炊《たき》方《かた》に稍《や》や類《るゐ》して居《を》ります

〔材料の分量〕

白《こ》米《め》 一升《しよう》
清《み》水《づ》 一升《しよう》
上等《じやうとう》煎《せん》じ茶《ちや》 大《おほ》匙《さぢ》に山《やま》盛《もり》一杯《はい》半《はん》
食《し》鹽《ほ》 少《せう》量《く》

炊方の手順

先《ま》づ右《み》記《ぎ》分《ぶん》量《りやう》の煎《せん》じ茶《ちや》を茶《ちや》焙《はう》器《じ》の中《なか》へ加《い》れ、直《たゞ》ちに火《くわ》上《じやう》にてよく焙《ほう》じ、充《じう》分《ぶん》よく焙《ほう》じましたらなるべく細《こま》少《か》に手《て》にて揉《も》み、粉《こ》にいたして編《あみ》目《め》の粗《あら》き篩《ふるひ》にて篩《ふる》ひ出《だ》して置《お》きます、それより右《み》記《ぎ》分《ぶん》量《りやう》の白《こ》米《め》を桶《を》中《け》に加《い》れ、ほどよく清《み》水《づ》を加《くは》へましてよく洗《さ》ぎ、全《まつた》く清《き》浄《れい》になりましたら手《て》早《はや》く釜《か》中《ま》に加《い》れ、常《つね》の水《みづ》加《か》減《げん》をいたして焚《た》付《つ》けます、暫《しば》時《ら》く經《た》過《ち》ましてて火《ひ》を引《ひ》き、頓《やが》てむれる前《ま》條《へ》になりまして粉《こ》にいたして厶《ござ》います

お茶《ちや》をその上部《うへ》にふりかけ、そのまゝ一寸《ちよつと》蓋《ふた》をいたしてむらし置《お》き、扨《さて》て飯櫃《おはち》に移取《うつしと》りまする際《さい》に手早《てはや》くかきまはして移取《うつしと》ります、尤《もつと》も鹽《しほ》は水《みづ》加減《かげん》をいたしまする際《さい》にほどよく加味《かみ》いたしまするとよろしふム《ござ》いますが、決《けつ》して醤油《しやうゆ》にて味《あぢ》をつけてはいけません、と申《まを》します譯《わけ》は、それをお茶碗《ちやわん》に盛《も》りまして例《れい》の急子《きうす》の白湯《さゆ》を注《か》けて召喰《めしあが》る際《さい》にほどよい色《いろ》が現《あらは》れませんのでありますから左様《さやう》御承知下《ごしようちくだ》さい、それから昔時《むかし》は引菜《ひきさい》などと申《まを》してお刺身《さしみ》又《また》は酢《す》の物《もの》なども添《そ》へましたが、茲《こゝ》にはかき玉《たま》のお椀《わん》と共《とも》にその調理法《てうりはふ》を説明《せつめい》いたします

かき玉《たま》お椀《わん》の調理法《こしらへかた》(十人分)

玉子《たまご》	四箇《こ》
煑出汁《にだし》	八合《がふ》
煑《に》きり味淋《みりん》	七勺《しやく》
醤油《しやうゆ》	一合《がふ》
古根生薑《ひねせうが》	一と塊《かけ》
葛粉《くず》	二勺《しやく》

先《ま》づ右《み》記《ぎ》分量《ぶんりやう》の味淋《みりん》と醤油《しやうゆ》八勺《しやく》とをお鍋《なべ》中に加《い》れまして火《ひ》に架《か》けます、よく煮《に》まして半分《はんぶん》ほどに煮《に》つまりましたら八合《がふ》の煮出汁《にだし》を加《くは》へ、更《さら》に一と沸騰《ふつこう》させて殘分《のこり》二勺《しやく》の醤油《しやうゆ》を加《くは》へて味《あぢ》の加減《かげん》を試《み》ます、それよりお鍋《なべ》を下《お》ろしまして直《たゞ》ちに二勺《しやく》の葛粉《くず》を茶碗《ちやわん》に加《い》れ、ほどよく清水《みづ》を加《くは》へてよくかきまはし、手早《てはや》く右《み》記《ぎ》の汁《しる》を加《くは》へ混《こん》じてよくかきまはして充分《じうぶん》に混和《まじり》ましたら再《ふた》びお鍋《なべ》を火《ひ》に架《か》けます、それより玉子《たまご》を一箇《こ》づゝ鉢《はら》に破《わ》り、よく殼片《かけ》のム《ござ》いませぬやうに注意《ちうい》をいたして箸《はし》にてかきまはし、全《まつた》く蛋黄《きみ》と蛋白《しろみ》とが混和《まじり》ましたら片口《かたくち》の如《ごと》き器《うつは》に加《い》れ、その口《くち》の處《ところ》よりお鍋《なべ》の中《なか》へ糸《いと》を引《ひ》きます如《やう》に細《ほそ》く注《つ》ぎ込《こ》み、直《たゞ》ちに鍋蓋《なべふた》をいたしましてお鍋《なべ》を下《お》ろし、ほどよく金杓子《かなしやくし》にてお椀《わん》中に掬《すく》ひ取《と》り、おろし生薑《せうが》を少《せう》々《せう》添《そ》へて供《きよう》します

竹《たけ》の子《こ》飯《めし》の炊《たき》方《かた》

説明 茲《こゝ》に記述《のべ》ますのは普通《ふつう》一般《はん》に行《おこな》はれて居《を》ります調理方《しかた》でム《ござ》いまして、これに使用《つかひ》ます竹《たけ》の子《こ》はなるべく軟《やわら》かなのを擇《えら》ばねばいけません

〔材料の分量〕

白米《こめ》	一升《しよう》五合《がふ》
清水《みづ》	一升《しよう》五合《がふ》
酒《さけ》	一合《がふ》
醬油《しやうゆ》	一合《がふ》
味淋《みりん》	六勺《しやく》
煮出汁《にだし》	一合《がふ》五勺《しやく》
竹《たけ》の子《こ》	四百匁《もんめ》

炊方の手順

先《ま》づ竹《たけ》の子《こ》の根端《ねぎは》の硬《かた》き處《ところ》と穗先《ほさき》とを截《きり》去《さ》りまして、縦《たて》に兩面《りやうめん》より庖刀《はうてう》にて截《き》れめを入《い》れ、その截《き》れめに拇指《おやゆび》を入《い》れて皮《かわ》を剝《む》き、清淨《きれい》に水洗《みづあらひ》をいたしてお釜《かま》又《また》は鍋《なべ》に加《い》れ、それに被《か》ぶるほどの清水《みづ》と米《こめ》糠《ぬか》一合《がふ》を少《せう》々《〱》加《い》れて暫時《しばら》く煠《ゆで》ます、軟《やわら》かになりましたら笊《ざる》にとり、再《さい》三水《みづ》を注《か》けて清淨《きれい》にいたし、よく水氣《みづけ》を斷《き》りまして再《ふたゝ》び俎上《まないた》にあげ、木口《こぐち》よりなるべく細小《こまか》に截《き》りましてお鍋中《なべ》に加《い》れ、右分量《みぎぶんりやう》の味淋《みりん》と煮出汁《だし》とを加《い》れて火《ひ》に架《か》け、落《お》ち蓋《ぶた》をいたして暫時《しばら》く煮込《にこみ》ます、二三回《くわい》ほど沸騰《ふつごう》いたしましたら五勺《しやく》ほどの醬油《しやうゆ》を加《くは》へて又《また》も煮込《にこ》み、煮汁《にしる》のム《ござ》います中《うち》

にお鍋《なべ》を下《お》ろして置《お》きます、今《こん》度《ど》は白《こ》米《め》を桶《を》中《け》に加《い》れ、ほどよく清《み》水《づ》を加《くは》へてよく洗《こ》ぎ、全《まつた》く清《き》淨《れい》に洗《こ》げましたら笊《ざる》にあけて直《たゞ》ちにお釜《かま》中《ま》に右《み》記《ぎ》分量《ぶんりやう》の水《みづ》加《か》減《げん》をいたして火《ひ》に架《か》け、よく沸《ふつ》騰《とう》いたしましたら白《こ》米《め》と五勺《しやく》のお酒《さけ》と殘《のこ》り五勺《しやく》の醤油《しやうゆ》及《およ》び竹《たけ》の子《こ》の煮《に》汁《しる》とを加《くは》へまして炊《た》き込《こみ》ます頓《やが》て御《ご》飯《はん》が出《で》來《き》終《あが》りましたら飯《お》櫃《はち》に移《うつ》し取《こ》らんとする際《ごさ》に竹《たけ》の子《こ》を混《ま》ぜるので厶《ござ》います、それからこの御《ご》飯《はん》には、三ッ葉《ば》の山《わ》葵《さび》あゝへなどを添《そ》へたらよろしふ厶《ござ》いませう

三《み》ッ葉《は》の山《わさ》葵《び》あゝへ(十人分)

三《み》ッ葉《は》　十杷《は》
山《わさ》葵《び》　小《せう》一本《ぽん》
醤《やう》油《ゆ》　少《しせ》々《く》

先《ま》づ三《み》ッ葉《は》の根《ね》端《ぎは》を截《きり》去《さ》りましたら桶《を》中《け》に加《い》れ、ほどよく清《み》水《づ》を加《くは》へましてよく洗《あら》ひ、全《まつた》く清《き》淨《れい》になりましたら笊《ざる》にとりまして水《みづ》氣《け》を斷《き》り、再《ふた》び俎《まな》上《いた》にとつて八分《ぶ》ほど宛《づゝ》の長《なが》さに截《き》り、それよりお鍋《な》中《べ》にたつぷりと清《み》水《づ》を加《い》れて火《ひ》に架《か》け、よく沸《ふつ》騰《とう》いたしましたら右《み》記《ぎ》の三《み》ッ葉《は》を投《い》れ、

箸《はし》にて下《した》より上《うへ》とかきまはし、ほどよく軟《やわら》かに煠《ゆだ》りましたら笊《ざる》にあけよく水《み》氣《け》を斷《き》つて團《うち》扇《は》にて煽《あふ》ぎ冷《さ》却《ま》して置《お》きます、それより山《わさ》葵《び》のえぼえぼを庖《はう》刀《てう》にてこそげ去《さ》り、尙《な》ほ葉《は》の處《こころ》を鉛《えん》筆《ぴつ》を削《けづ》るやうに削《けづ》つて擦《おろし》金《がね》にておろし、それから三《み》ツ葉《ば》の水《みづ》氣《け》を堅《かた》く絞《しぼ》つて醬《しやう》油《ゆ》を注《か》け、手《て》早《はや》く箸《はし》にてかきまはしてサツと搾《しぼ》り、それより山《わさ》葵《び》を加《くは》へましてよくかきまはし、味《あぢ》の加《か》減《げん》を試《み》て小《こ》丼《さんぶり》に盛《もり》付《つ》けて供《きよう》します

南《なん》京《きん》瓜《うり》めしの炊《たき》方《かた》

說明　南《なん》京《きん》瓜《うり》とは南《かぼ》瓜《ちや》の別《べつ》名《めい》で厶《ござ》いまして地《ち》方《はう》によりまするとこれを南《なん》京《きん》瓜《うり》と申《まを》して居《を》ります、それ故《ゆゑ》昔《むかし》から南《かぼ》瓜《ちや》めしとは申《まを》しませんで斯《か》く稱《しよう》して居《を》るので厶《ござ》います、それでこれに使《し》用《よう》いたします南《かぼ》瓜《ちや》は、經《けい》濟《ざい》的《てき》にいたしますにはなるべく熟《じゆく》しましたのを擇《えら》ぶ必《ひつ》要《えう》が厶《ござ》いますが、又《また》客《きやく》來《らい》などの場《ば》合《あひ》に御《ご》馳《ち》走《さう》いたしますには、走《はし》りの青《あを》南《たう》瓜《なす》を使《つか》用《ひ》まするのも格《かく》別《べつ》の風《ふう》味《み》で厶《ござ》います

〔材料の分量〕　白《こ》米《め》　一升《しよう》

清《み》水《づ》　一升《しよう》
南《ごう》瓜《なす》(刻《きざ》みたるもの)　五合《がふ》
食《し》鹽《ほ》　少《せう》々く

炊方の手順　先《ま》づ南《ごう》瓜《なす》を清《き》淨《れい》に水《みづ》洗《あらひ》いたして布《ふ》巾《きん》にて水《みづ》氣《け》を斷《き》り、適《てき》宜《ぎ》の大《おほき》さに截《き》つて核《た》子《ね》を除《のぞ》き、若《も》し若《わか》き南《ごう》瓜《なす》でム《ござ》いましたら皮《かわ》を剝《む》かずに使《つか》用《ひ》ますが、又《また》熟《じゆく》したるものでム《ござ》いましたら皮《かは》を剝《む》き去《さ》りまして五六分《ぶ》ほどの賽《さい》形《がた》に截《き》ります、それが截《きり》終《をは》りましたら、今《こん》度《ど》は右《み》記《ぎ》分《ぶん》量《りやう》の白《こ》米《め》をよく洗《ご》ぎましてお釜《か》中《ま》に加《い》れ、普《ふ》通《つう》の水《みづ》加《か》減《げん》にいたして鹽《しほ》と南《ごう》瓜《なす》を加《くは》へてよくかきまはして炊《た》きにかゝります、尤《もつこ》もこれは鹽《しほ》の代《かは》用《り》に醬《しやう》油《ゆ》をほどよく加《くは》へ、味《あぢ》の加《か》減《げん》をいたして炊《た》いてもよろしふム《ござ》います、それで火《ひ》を引《ひき》去《さ》りましてから暫《しば》時《ら》くむらし、扨《さ》て飯《お》櫃《はち》に移《うつ》し取《こ》らんといたしまする際《ごき》に手《て》早《はや》く御《ご》飯《はん》杓《しやく》子《し》にてかきまはしてから移《うつし》取《ご》り、なるべく熱《あつ》いうちを供《きよう》します、それから靑《あを》南《ごう》瓜《なす》でム《ござ》いましたら醬《しやう》油《ゆ》よりも鹽《しほ》の方《はう》がよろしふム《ござ》います、と申《まを》しますのは、折《せつ》角《かく》走《はし》りの南《かほ》瓜《ちや》の美《うつく》しい綠色《みどりいろ》の處《ところ》を、醬《しやう》油《ゆ》の爲《ため》に色《いろ》澤《あひ》を汚《けが》して終《しま》いますからです、又《また》この御《ご》飯《はん》を炊《た》きまするｓと

經《けい》濟《さい》上白《じやうこ》米《め》一升《しよう》につきまして慥《たしか》に三四合《がふ》の德分《とくぶん》が厶《ござ》います

里《さと》芋《いも》めしの炊《たき》方《かた》

說明 一《ひ》と口《くち》に里芋《さといも》と申《まを》しましても、これにはいろ〳〵の種類《しゆるゐ》が厶《ござ》いまして、普《ふ》通《つう》一般《ぱん》に里芋《さといも》と稱《とな》へて居《を》りますのには、衣《きぬ》かつぎ芋《いも》とか、どだれ芋《いも》乃至《ないし》は、赤《あか》芽《め》芋《いも》などゝ申《まを》す種類《しゆるゐ》が厶《ござ》います、それでこの御飯《ごはん》も多《おほ》く農《のう》家《か》などにて炊《た》きまするると、甚《はなは》だ經《けい》濟上《ざいじやう》ばかりでもなく、大《おほひ》に風味《ふうみ》に於《お》きましてもよろしふ厶《ござ》います、且《や》尙《はり》この御《ご》飯《はん》も鹽《しほ》か醬油《しやうゆ》にて味《あぢ》をつけまするが、特《とく》に風《ふう》味《み》よく炊《た》きますには、秋《あき》の初頃《はじめごろ》に出《い》でまする新《しん》芋《いも》などを擇《えら》び、ほどよく醬《しやう》油《ゆ》にて味《あぢ》をつけまして炊《た》き終《あ》げ、そのあしらへには、初《はつ》茸《だけ》豆《とう》腐《ふ》などのお椀《わん》を添《そ》へまするると至《し》極《ごく》結《けつ》構《こう》で厶《ござ》います

〔材料の分量〕

白《こ》米《め》	一升《しよう》
淸《み》水《づ》	一升《しよう》
里《さと》芋《いも》	一升《しよう》
食《し》鹽《ほ》	少《せう》々〳

炊方の手順　先《ま》づ最《さい》初《しよ》にいづれの里《さと》芋《いも》にてもお好《このみ》のを擇《えら》びましてよく水《みづ》洗《あらひ》をいたし、大《おほ》きければほどよく細《こま》小《か》に截《き》り、それより白《お》米《こめ》をよく水《ご》洗《ぎ》まして笊《ざる》に上《あ》げ、直《たゞ》ちに釜《か》中《ま》に加《い》れ、その中《なか》へ右《み》記《ぎ》のお芋《いも》を混《ま》ぜまして水《みづ》加《か》減《げん》をいたし、ほどよく鹽《しほ》又《また》は醤《しやう》油《ゆ》を加《くは》へて手《て》早《はや》くかきまはし、味《あぢ》の加《か》減《げん》をいたして炊《たき》付《つ》けます、暫《しば》時《ら》く經《た》過《ち》まして火《ひ》を引《ひき》去《さ》り、それよりむらしまして、扨《さ》てお飯《は》櫃《ち》に移《うつ》し取《ご》らんといたします際《ごき》に手《て》早《はや》く御《ご》飯《はん》杓《しやく》子《し》にてかきまはして移《うつし》取《ご》ります、それでなるべく熱《あつ》いうちを召《めし》喰《あが》るので厶《ござ》いますが、先《ま》づ初《はつ》茸《だけ》豆《ごう》腐《ふ》の汁《つゆ》と共《とも》に添《そ》へて供《きよう》します、それから新《しん》芋《いも》で厶《ござ》いましたら、なるべく小《こ》粒《つぶ》のを擇《えら》ばねばいけません、併《しか》しさうでなければいづれも皮《かは》を清《き》淨《れい》に剝《むき》去《さ》つて使《し》用《よう》するので厶《ござ》います

初《はつ》茸《だけ》豆《ごう》腐《ふ》の加《か》減《げん》

初《はつ》茸《だけ》	二十五箇《こ》
豆《ごう》腐《ふ》	二箇《こ》
煮《に》出《だ》汁《し》	七合《がふ》
醤《しやう》油《ゆ》	四勺《しやく》

柚《ゆ》皮《ず》　少《せう》々《〳》

先《ま》づ右《み》記《ぎ》の初《はつ》茸《たけ》を一箇《こ》づゝ手《て》に持《も》ち、箸《はし》にて笠《かさ》の處《ところ》をどん〳〵と叩《たゝ》きますると、よく砂《すな》や塵《ちり》が去《と》れますから、それより鹽《しほ》水《みづ》を拵《こしら》へましてその中《なか》へ浸《つ》け置《お》き、よく洗《あら》ひまして更《さら》に清《み》水《づ》にて洗《あら》ひ、よく水《みづ》氣《け》を斷《き》つて置《お》きます、水《みづ》氣《け》が斷《き》れましたら再《ふた》び爼《まな》上《いた》に載《の》せ、大《だい》なれば四《よ》片《きれ》、小《せう》なれば二た片《きれ》づゝに截《き》りまして鍋《な》中《べ》に五勺《しやく》ほどの羹《に》出《だ》汁《し》を加《い》れ、一勺《しやく》ほどの醬《しやう》油《ゆ》を加《くは》へまして火《ひ》に架《か》け、よく沸《ふつ》騰《とう》いたしましたら今《こん》度《ど》はその中《なか》へ右《み》記《ぎ》の初《はつ》茸《たけ》を加《い》れましてサツト羹《に》終《あ》げます、それより大《おほ》鍋《なべ》に殘《のこ》分《り》の煮《に》出《だ》汁《し》を加《い》れて火《ひ》に架《か》け、一と沸《ふつ》騰《とう》いたしましたら豆《とう》腐《ふ》をほどよく截《き》つてその中《なか》へ加《い》れ、何《な》ほ二三回《くわい》ほど沸《ふつ》騰《とう》いたしました處《ところ》で殘《のこ》分《り》三勺《しやく》の醬《しやう》油《ゆ》を注《さ》しまして味《あぢ》の加《か》減《げん》をいたし、一と沸《ふつ》騰《とう》させましてお椀《わ》中《ん》に盛《も》り、一《ちよ》寸《つと》柚《ゆ》子《ず》の皮《かは》を片《そ》ぎまして吸《すゐ》口《くち》にいたします

松《まつ》茸《だけ》飯《めし》の炊《たき》方《かた》

説明　これは何《ど》人《なた》も御《ご》存《ぞん》知《ぢ》のことで厶《ござ》いますが、いづれもその土《と》地《ち》土《と》地《ち》に

よりまして多《た》少《せう》炊《たき》方《かた》が違《ちが》つて居《を》ります、玆《こゝ》に說《せつ》明《めい》いたしますのは普《ふ》通《つう》一般《はん》に行《おこな》はれて居《ゐ》ります炊《たき》方《かた》を記《の》述《べ》ます

〔材料の分量〕

白《こ》米《め》　一升《しよう》五合《がふ》
清《み》水《づ》　一升《しよう》五合《がふ》
香《かう》氣《き》の强《つよ》き松《まつ》茸《だけ》　百匁《め》
味《み》淋《りん》　五勺《しやく》
醬《しやう》油《ゆ》　五勺《しやく》
酒《さけ》　五勺《しやく》

炊方の手順　右《み》記《ぎ》の松《まつ》茸《だけ》を持《も》ちまして箸《はし》にて笠《かさ》の處《ところ》を叩《たゝ》き、よく砂《すな》や塵《ちり》を去《さ》りまして鹽《しほ》水《みづ》にて洗《あら》ひ、更《さら》に清《み》水《づ》にて清《き》淨《れい》に洗《あら》ひまして水《みづ》氣《け》をよく拭《ぬぐ》ひ、根《いし》端《づき》を截《きり》去《さ》つて皮《かは》を剝《む》き、それより細《こま》小《か》に截《き》りまして、右《み》記《ぎ》分《ぶん》量《りやう》の味《み》淋《りん》と醬《しやう》油《ゆ》とをお鍋《な》中《べ》に加《い》れて火《ひ》に架《か》け、一と沸《ふつ》騰《とう》いたしましたら右《み》記《ぎ》の松《まつ》茸《だけ》を加《い》れて落《お》ち蓋《ぶた》をいたし、五分《ふん》間《かん》ほど煮《に》込《こ》んでお鍋《なべ》を下《お》ろし、直《たゞ》ちにお皿《さ》中《ら》に笊《ざる》をおいてその中《なか》へあけて置《お》きます、それより白《こ》米《め》を洗《こ》ぎまして釜《か》中《ま》に加《い》れ、右《み》記《ぎ》分《ぶん》量《りやう》の清《み》水《づ》と酒《さけ》と松《まつ》茸《だけ》の煮《に》汁《だし》とを加《い》れまして

火《ひ》に架《か》けます、その炊《た》き方《かた》はお釜《か》中《ま》の割《わり》水《みづ》が吹《ふき》出《いだ》してより五分《ふん》間《かん》も經《た》過《ち》ました後《のち》火《ひ》を消《け》し、尚《な》ほ五分《ふん》間《かん》ほどもそのまゝに蒸《む》らして置《お》き、それよりお釜《かま》を下《お》ろして松《まつ》茸《だけ》を混《ま》ぜながら飯《お》櫃《はち》に移取《うつしご》ります

さつま芋《いも》めしの炊《たき》方《かた》

説明　この甘《お》諸《さつ》には勿《なか》々く美《おい》味《し》いのと不美《おいしく》味《な》いのがム《ござ》いますから餘《よ》程《ほど》その品《し》種《な》の良《よ》いのを擇《えら》ばぬといけません、それでこの御《ご》飯《はん》は寔《まこと》にお美《い》味《し》くいたして甚《はなは》だ經《けい》濟《ざい》上《じやう》多《おほ》いに德《とく》用《よう》の食品《しよくひん》でム《ござ》います、それでこの御《ご》飯《はん》を炊《た》きますに第《だい》一に御《ご》注《ちう》意《い》申《まを》して置《おか》ねばならぬヿがム《ござ》います、それは恁《か》ふいふ次《し》第《だい》なのです、と申《まを》すのは先《ま》づ最《さい》初《しよ》甘《おさ》諸《つ》の皮《かは》を剝《むき》去《さ》ります際には、なるべく惜《おし》氣《げ》なく、清《き》淨《れい》に黑《くろ》き部《ここ》分《ろ》が少《すこ》しもム《ござ》いませぬやうに削《けつり》去《さ》らねばなりません、若《も》し少《すこ》しでも黑《くろ》き部《ぶ》分《ぶん》が殘《のこ》つて居《お》りますと折《せつ》角《かく》の御《ご》飯《はん》が出《で》來《き》終《あが》りましてからそれが爲《ため》に眞《まつ》黑《くろ》になりますから什《い》麼《か》にも外《み》觀《ば》がよろしふム《ござ》いません故《ゆゑ》不《ま》美味《づ》く視《み》へます

〔材料の分量〕　白《こ》米《め》　一升《しよう》

清《み》水《づ》　一升《しよう》三合《ごう》
食《し》鹽《ほ》　少《せう》々〱
甘《さつま》藷《いも》　二百匁《め》

炊方の手順　なるべく質《しつ》のよろしい甘《お》藷《さつ》を擇《えら》びまして、清《き》淨《れい》に水《みづ》洗《あらひ》をいたしましたら水《みづ》氣《け》を布《ふ》巾《きん》にて拭《ぬぐ》ひまして兩《あご》端《さき》を截《きり》去《さ》り、それより皮《かは》を剝《ひ》き、尙《な》ほよく毛《け》孔《あな》や黑《くろ》き部《とこ》分《ろ》の少《すこ》しも無《な》いやうに清《き》淨《れい》に削去《けづりさ》り、それより五六分《ぶ》位《ぐらゐ》の輪《わ》截《ぎり》にいたし、更《さら》にそれを五六分《ぶ》ほどの賽《さい》形《がた》に截《き》ります、それが截《き》れましたら直《たゞ》ちに桶《を》中《け》に清《み》水《づ》を加《い》れましてその中《なか》へ浸《つ》けて置《お》きます、暫《しば》時《ら》く恁《か》ふいたしそれより常《つね》の御《ご》飯《はん》を炊《た》く如《ごと》く少量《せうりやう》の鹽《しほ》と甘《お》藷《さつ》とを入《い》れて炊《た》き込《こ》むので厶《ござ》います

甲《きの》子《えね》めしの炊《たき》方《かた》

說明　普《ふ》通《つう》茶《ちや》飯《めし》と申《まを》しますのがこの御《ご》飯《はん》で厶《ござ》います、又《また》きがら茶《ちや》の御《ご》飯《はん》とも申《まを》します、それでこの御《ご》飯《はん》にはあんかけ豆《ごう》腐《ふ》かお豆《ごう》腐《ふ》の田《でん》樂《がく》がつきもので厶《ござ》いますから、合《あは》せてその調《てう》理《り》法《はふ》をも說《せつ》明《めい》いたします

〔材料の分量〕

白米《こめ》　一升《しよう》
清水《みづ》　一升《しよう》
酒《さけ》　五勺《しやく》
醤油《しやうゆ》　四勺《しやく》

炊方の手順　先《ま》づ右記《みぎ》分量《ぶんりやう》の白米《こめ》を桶《をけ》中に加《い》れ、ほどよく清水《みづ》を加《くは》へてよく洗《ご》ぎ、清浄《きれい》になりましたら再《さい》三水《みづ》を替《か》へまして笊《ざる》にあげ、直《たゞ》ちに釜《か》中《ま》に加《い》れて清水《みづ》加減《かげん》をいたします、その際《さい》に右記《みぎ》分量《ぶんりやう》の酒《さけ》と醤油《しやうゆ》を加《くは》へまして炊《た》きます、尤《もつと》もこの炊《た》き方《かた》は、洗《ご》ぎたての白米《おこめ》に對《たい》しまする方法《はうはふ》で厶《ござ》いまして、若《も》し又《また》前夜《ぜんや》より洗《ご》いで厶《ござ》います白米《おこめ》でありましたら、先《さき》に釜中《かま》に清水《みづ》を加《い》れ、よく沸立《にたて》ましてから白米《こめ》を加《い》れ、それから醤油《しやうゆ》とお酒《さけ》とを加《い》れて炊《た》き終《あ》げます

田樂《でんがく》豆腐《とうふ》の調理法《てうりはふ》

豆腐《とうふ》　適量《てきぎ》
普味噌《なみみそ》　豆腐《とうふ》の半量《はんりやう》
煮出汁《にだし》　適量《てきぎ》

砂《さ》糖《たう》　少《せう》々〱
山《さんしよう》椒の芽《め》　少《せう》々〱

先《ま》づお味《み》噌《そ》を擂《すり》鉢《ばち》に加《い》れまして摺《すり》木《こぎ》にてよく摺《す》り、それより丼《どんぶり》に毛《すい》篩《のう》を、被《か》ぶせ、その裏《う》面《ら》にとりまして御《ご》飯《はん》杓《しやくし》子の平《ひら》の方《かた》にてよくこすりながらお裏《うら》漉《こし》をいたします、その漉《こ》しましたお味《み》噌《そ》を小《こ》鍋《なべ》に加《い》れ、右《み》記《ぎ》分《ぶん》量《りやう》のお砂《さ》糖《たう》とそれがどろ〴〵の加《か》減《げん》になりますほどに煮《に》出《だ》汁《し》を加《い》れて火《ひ》に架《か》けます、絶《た》へず御《ご》飯《はん》杓《しやくし》子にてかきまはしまして、練《ね》綜《あ》げましたらお鍋《なべ》を下《お》ろして置《お》きます、それよりお豆《ごう》腐《ふ》を布巾《きん》を敷《し》きましたる板《いた》の上《う》部《へ》に載《の》せ又《また》もそのお豆《ごう》腐《ふ》の上《う》部《へ》に板《いた》を載《の》せ、その上《う》部《へ》に輕《かる》き壓《お》石《し》をかけまして水《みづ》氣《に》を斷《き》ります、ほどよく水《みづ》氣《け》が斷《き》れましたら、今《こん》度《ど》は板《いた》と布《ぶ》巾《きん》とを去《さ》りまして巾《はゞ》五六歩《ぶ》、長《なが》さ二寸《すん》五六分《ぶ》ほど宛《づゝ》に截《き》り、ほどよく二本《ほん》の青《あを》き竹《たけ》串《ぐし》を刺《さ》しまして中《ちつ》火《び》にて炙《や》きます、片《かた》面《めん》が炙《や》けましたら裏《うら》返《がへ》しをいたし表裏《りやうめん》を炙《や》き、右《み》記《ぎ》の練《ねり》味《み》噌《そ》を小《こ》刷《は》毛《け》にて表裏《りやうめん》に塗《ぬり》付《つ》け、尚《な》ほサツト焙《あぶ》り乾《かは》かして串《くし》のまゝお皿《さら》中《なか》に盛《も》つて供《きよう》します、それからその上《う》部《へ》に水《みづ》洗《あらひ》いたしたる山《さんしよう》椒の芽《め》葉《に》を少《せう》々〱載《の》せます

甲子めしの炊方

注意 右記《みぎ》の練《ねり》味《み》噌《そ》の中《なか》へは、一箇《こ》分《ぶん》の生《なま》玉《たま》子《ご》の蛋《しろ》白《み》とを混《ま》ぜまするとお味《み》噌《そ》の乾《かは》きがよろしふム《ござ》います

カビタン飯《めし》の炊《たき》方《かた》

説明 このカビタンと申《まを》す語《ことば》は、和《おら》蘭《ん》陀《だ》の船《せん》長《ちやう》といふ義《ぎ》でありまして、古《いにし》へよりカビタン漬《づけ》又《また》はカビタン煮《に》などゝ申《まを》す名《めい》目《もく》は幾《いく》等《ら》もム《ござ》います、且《や》倘《はり》この御《ご》飯《はん》の炊《たき》方《かた》もその一種《しゆ》でム《ござ》いますが、左《さ》に記《の》述《べ》まする方《はう》法《はふ》にいたして炊《たき》終《あげ》ましたものは、各《いろ》種〳〵の魚《ぎよ》飯《はん》での中《うち》の一番《ばん》お美《い》味《し》いものでム《ござ》います

〔材料の分量〕

上等白米《じやうとうはくまい》	一升《しよう》
清《み》水《づ》	八合《がふ》
中《ちう》位《ぐらゐ》の鯛《たひ》	一尾《び》
三州《しう》味《み》噌《そ》	茶《ちや》呑《のみ》茶《ちや》碗《わん》に一杯《はい》
煮《に》出《だ》汁《し》	二合《がふ》
粉《こ》蕃椒《たうがらし》	少《せう》量〳〵

香《やく》料《み》

淺《あさ》草《くさ》海《の》苔《り》　少《せう》量《〱》
陳《ちん》皮《び》　少《せう》量《〱》
木《こ》口《ぐち》截《ぎり》葱《ねぎ》　少《せう》量《〱》
粉《こ》山《さんしよう》椒　少《せう》量《〱》

炊方の手順　先《ま》づ右《み》記《ぎ》分量《ぶんりやう》の白《お》米《こめ》を桶《を》中《け》に入《い》れ、ほどよく水《みづ》を加《くは》へましてよく洗《ご》ぎ、充《じう》分《ぶん》清《き》淨《れい》になるまで洗《あら》ひまして笊《ざる》に上《あ》げ、それよりお釜《か》中《ま》に移《うつ》して火《ひ》に架《か》けます、その炊《たき》加《か》減《げん》は常《つね》の御《ご》飯《はん》よりも少《すこ》しく軟《やはら》かな加《か》減《げん》に炊《た》くのでム《ござ》いますが、扨《さ》て白《お》米《こめ》をお釜《かま》に仕《し》込《こみ》ます前《まへ》に鯛《たひ》の下拵《したごしらへ》をいたさねば成《なり》ません、その手《て》順《じゆん》は鯛《たひ》を俎《まな》上《いた》に載《の》せ、出《で》刄《ば》庖刀《はうちやう》にて表裏《りやうめん》の鱗《こけ》を剥《む》き去《さ》りましたら頭《かし》部《ら》を截《き》去《さ》り、腹《は》部《ら》を開《あ》けて腸《わた》を除《のぞ》き、清《き》淨《れい》に水《みづ》洗《あらひ》をいたして水《みづ》氣《け》をよく拭《ぬぐ》つて再《ふた》び俎《まな》上《いた》に載《の》せます、今《こん》度《ど》は三枚《まい》におろしまして腹骨《うすみ》を去《さ》り、小《こ》骨《ほね》を骨《ほね》脱《ぬき》にてよく除《のぞ》きましたら縱《たて》に二ツに截《き》り、血《ち》脇《あひ》の部《ごこ》分《ろ》を去《さ》りまして薄《うす》くお刺《さし》身《み》の如《やう》に截《き》つて置《お》きます、それより殘《のこ》分《り》の肉《にく》及《およ》び中《なか》骨《ほね》等《ごう》を黒《くろ》くなるほどに炙《や》き、ほどよく炙《や》けましたら乾《かは》きましたる擂《すり》鉢《ばち》に加《い》れ、摺《すり》木《こぎ》にてよく摺《す》り、粉《こ》になりましたら毛《け》篩《ぶるい》に加《い》れ、紙《かみ》

を敷《し》きましたる上部《うへ》にふるひ出《いだ》し、尚《なほ》殘分《のこり》の粗《あら》き部分《ところ》を又《また》も擂《すり》鉢《ばち》に戻《もど》してよく摺《す》り、粉末《こな》になりましたら右記《みぎ》の如《ごと》くいたして篩《ふる》ひ出《いだ》します、尤《もつと》もその粗《あら》き部分《ところ》がほどよく焦《こ》げて居《を》りませんければそのまゝ乾《かは》きましたる焙烙《ほうろく》に加《い》れて火《ひ》に架《か》け、御飯《ごはん》杓子《しやくし》にてかきまはして煎《い》りまして摺《す》りまするとよく粉末《こな》になります、これにて鯛肉《たひ》の下拵《したごしらへ》が出來《でき》終《あが》りましたら今《こん》度《ど》は右記《みぎ》分量《ぶんりやう》の三州《しう》味噌《みそ》を乾《かはき》ましたる俎上《まないた》に載《の》せ、薄《うす》及《は》庖刀《ほうちやう》にてよく刻《きざ》みましてお鍋《なべ》中に加《い》れ、分量《ぶんりやう》の煮《に》出《だ》汁《し》を加《くは》へて火《ひ》に架《か》け、一二回《くわい》ほど沸騰《ふつごう》いたしましたら直《たゞ》ちにお鍋《なべ》を下《お》ろし、別《べつ》鍋《なべ》に毛篩《すいのう》をあてゝその中《なか》へ漉《こ》し、その漉《こ》しました味噌《みそ》汁《しる》を再度《ふたゝび》火《ひ》に架《か》け、篩《ふる》ひ置《お》きましたる粉末《こな》を加《くは》へてよくかきまはし、頓《やが》て沸騰《ふつごう》いたしましたらお椀中《わん》に注《つ》ぎ加《い》れ、仍《そこ》で炊《たき》終《あげ》ましたる御飯《ごはん》を茶碗《ちやわん》に盛《も》り、別皿《べつさら》に截《きり》置《おき》ましたる鯛肉《たひ》を載《の》せ、尚《なほ》ほ小皿《こさら》に右記《みぎ》分量《ぶんりやう》の香味料《やくみ》を少々《せう〳〵》づゝ添《そへ》て供《きよう》します、仍《そこ》でその喰《たべ》方《かた》は、先《ま》づ御飯《ごはん》の上部《うへ》に鯛肉《たひ》をほどよく載《の》せ、直《たゞ》ちに熱《あつ》き味噌汁《みそしる》を注《か》けて食《しよく》します

注意　右記《みぎ》の味噌汁《みそしる》はなるべく熱《あつ》いのがよろしふム《ござ》います、それから

鯛《たひ》の肉《にく》もなるべく薄《うす》く截《き》りませんと、右記《みぎ》の味噌《みそ》汁《しる》を注《か》けまして肉《にく》が白色《しろ》く變《かは》りませんからその心得《つもり》にてなさいませ、斯《か》くいたさぬと肉《にく》が腥《なまぐさ》くつて風味《ふうみ》はよろしく厶《ござ》いません

京阪《かみがた》流《りう》鯛肉《たひ》飯《めし》の炊方《たきかた》

説明　この御飯《ごはん》の拵方《こしらへかた》は東京《こうきやう》でいたしますのとは、稍《や》やその手順《てじゆん》と材料《ざいれう》におきまして少《すこ》しく違《ちが》つて居《お》ります

〔材料の分量〕

中位《ちうくらゐ》なる鯛《たい》　一尾《びき》
白米《はくまい》　一升《しよう》
清水《みづ》　一升《しよう》
煮出汁《にだし》　適量《てきりやう》
醬油《しやうゆ》　少《せう》々〳

（香料《やくみ》）

蘿蔔《だいこん》（おろしたるもの）少量《せう》〳
木口《こぐち》截《ざり》葱《ねぎ》　少量《せつ》〳
淺草《あさくさ》海苔《のり》　少量《せう》〳

粉蕃椒《こなたうがらし》　少《せう》量く

炊方の手順　先《ま》づ右《み》記《ぎ》の鯛《たい》を俎《まな》上《いた》に載《の》せ、出《で》刄《は》庖《はう》刀《てう》にて表裏《ひやうめん》の鱗《こけ》を剝《む》き去《さ》りましたら頭《あた》部《ま》を截《きり》放《はな》ち、腹《は》部《ら》を開《あ》けまして腸《わた》を除《のぞ》き、清《き》淨《れい》に水《みづ》洗《あらひ》をいたして水《みづ》氣《け》をよく斷《き》り、再《ふた》び俎《まな》上《いた》に載《の》せまして三枚《まい》におろし、腹《うす》骨《み》を除《のぞ》いて縱《たて》に二ツに截《き》り、骨《ほね》脫《ぬき》にて小《こ》骨《ほね》を除《のぞ》いて血《ち》合《あ》肉《ひ》の部《ここ》分《ろ》を去《さ》り、それを皮《かは》を剝《む》き去《さ》つて適《てき》宜《ぎ》の大《おほき》さに截《き》つて置《お》きます、今《こん》度《ど》はその餘《よ》分《ぶん》をお鍋《な》中《べ》に加《い》れ、それに被《かぶ》るほどに清《み》水《づ》を加《くは》へて火《ひ》に架《か》け、二三回《くわい》ほど沸《ふつ》騰《ごう》させまして直《たゞ》ちにお鍋《なべ》を下《お》ろし、丼《どんぶり》又《また》は別《べつ》鍋《なべ》に毛《すい》篩《のう》をあてゝその中《なか》へあけ、よくその煮《に》汁《しる》を漉《こ》して置《お》きます、これにて鯛《た》肉《ひ》の下《した》拵《こしらへ》が出《で》來《き》ましたら右《み》記《ぎ》分《ぶん》量《りやう》のお米《こめ》を桶《お》中《け》に加《い》れ、ほどよく清《み》水《づ》を加《くは》へましてよく洗《ご》ぎ、充《ぢう》分《ぶん》に清《き》淨《れい》に洗《ご》げましたら笊《ざる》に上《あ》げ、右《み》記《ぎ》分《ぶん》量《りやう》の加《か》減《げん》にいたして漉《こ》してあります煮《に》汁《しる》と共《とも》にお釜《かま》に加《い》れ、直《たゞ》ちに蓋《ふた》をいたして火《ひ》に架《か》けます、暫《しば》時《らく》經《た》過《ち》まして火《ひ》を引《ひ》かんといたします際《さい》に前《ま》記《へ》に截《き》つて置《お》きましたる鯛《た》肉《ひ》をその上《う》部《へ》に載《の》せ、手《て》早《はや》く蓋《ふた》をいたしてそのまゝにいたし置《お》き、頓《やが》て御《ご》飯《はん》が炊《たき》終《あが》りましたらその鯛《た》肉《ひ》を引《ひき》出《いだ》し、清《き》淨《れい》なる乾《かは》いた布《ふ》巾《きん》に包《つゝ》み、

よく指《ゆび》頭《さき》にて揉《も》みほぐします、その中《うち》に御《ご》飯《はん》が蒸《む》れ終《あが》りますからそれを度《さ》といたして鯛《た》肉《ひ》を布《ふ》巾《きん》より取《とり》出《いだ》し、手《て》早《ばや》く御《ご》飯《はん》の中《なか》へ混《まぜ》合《あは》せそのまゝ飯《お》櫃《ひつ》の中《なか》へ移取《うつしと》り、注《か》け汁《しる》と右《み》記《ぎ》に記《か》載《き》ましたる香《やく》料《み》を添《そ》へて供《きやう》します、仍《そこ》で煮《に》汁《しろ》の拵《こしらへ》方《かた》は、右《み》記《ぎ》分《ぶん》量《りやう》の煮《に》出《だ》汁《し》をお鍋《な》中《べ》に加《い》れて火《ひ》に架《か》け一と沸《ふつ》騰《とう》いたしましたら醤《しやう》油《ゆ》を加《くは》へまして味《あぢ》の加《か》減《げん》をいたし、少《すこ》しく鹹《から》めの加《か》減《げん》に鹽《あん》梅《ばい》いたして更《さら》に一二回《くわい》ほども沸《ふつ》騰《とう》させ、ほどよくお椀《わ》中《ん》に注《つぎ》込《こん》で供《きやう》します、それから蘿《だい》蔔《こん》は適《てき》宜《ぎ》の大《おほ》きさに截《き》つて水《みづ》洗《あらひ》をいたし皮《かは》を剥《むき》去《さ》りまして擦《おろし》金《がね》にておろし、ほどよく擦《おろ》しましたら毛《すい》篩《のう》の裏《う》面《ら》に載《の》せ輕《かる》く掌《てのひら》にて壓《お》して水《みづ》氣《け》を斷《き》つて使《もち》用《ゐ》ます、

京《かみ》阪《がた》流《りう》野《や》菜《さい》入《い》り鯛《た》肉《ひ》飯《めし》の炊《たき》方《かた》

説明　これも且《や》倘《はり》京《かみ》阪《がた》流《りう》の拵《こしらへ》方《かた》で厶《ござ》いますが、この方《はう》は前《ま》記《へ》に述《の》べました方《はつ》法《はふ》で厶《ござ》いますが、倘《な》ほその中《なか》へ蓮《れん》根《こん》、椎《しひ》茸《たけ》、刻《きざ》み銀《ぎん》杏《なん》などを共《とも》に炊《たき》込《こ》みましたる一種《しゆ》の五《ご》目《あく》飯《めし》に稍《や》や近《ちか》いものでムいます、併《しか》しこの方《はう》は前《ま》條《へ》のよりもよろしいやうに思《おも》はれます

〔材料の分量〕

白《こ》米《め》　一升《しよう》
清《み》水《づ》　一升《しよう》
中《ちう》位《くらゐ》の鯛《たい》　片《かた》身《み》
蓮《れん》根《こん》　少《せう》々《〱》
木《き》乾《ほし》椎《しひ》茸《たけ》　少《せう》々《〱》
銀《ぎん》杏《なん》　少《せう》々《〱》
煮《に》出《だ》汁《し》　適《てき》量《りやう》
煮《に》切《きり》味《み》淋《りん》　少《せう》々《〱》
醤《しやう》油《ゆ》　少《せう》々《〱》

（香《かう》料《れう》）

蘿《だい》蔔《こん》のおろしたるもの　少《せう》量《〱》
木《こ》口《ぐち》截《ぎり》葱《ねぎ》　少《せう》量《〱》
淺《あさ》草《くさ》海《の》苔《り》　少《せう》量《〱》
粉《こ》山《さん》椒《しやう》　少《せう》量《〱》

炊方の手順　先《ま》づこの御《ご》飯《はん》を拵《こしら》へますには一番《ばん》最《さい》初《しよ》に木《き》乾《ほし》の椎《しひ》茸《たけ》をぬるま湯《ゆ》の中《なか》へ浸《つ》けて置《お》きます、それより蓮《れん》根《こん》の節《ふし》の處《ところ》より折《お》り、縦《たて》に皮《かは》を

剝《ひ》き去《さ》りまして太《ふと》ければ四ツに割《わ》り、更《さら》に木《こ》口《ぐち》よりなるべく薄《うす》く刻《きざ》み、全《ぜん》部《ぶ》が截《き》れ終《おは》りましたらそのまゝ清《み》水《づ》に投《い》れて暫《しば》時《ら》く灰《あ》汁《く》を脱《ぬ》いて置《お》きます、それより銀《ぎん》杏《なん》を俎《まな》上《いた》に載《の》せ、一粒《つぶ》づゝ庖《はう》刀《てう》の柄《え》の方《かた》にて叩《たゝ》いて上《うは》皮《かは》を破《わ》り、よく剝《む》き去《さ》りましたら小《こ》鍋《なべ》に少《せう》量《りやう》の湯《ゆ》を沸《わか》しましてその中《なか》へ投《い》れ、絶《た》えず金《かな》杓《しやく》子《し》の裏《う》面《ら》にて擦《こ》するやうにいたして居《お》りますると澁《しぶ》皮《かは》がよく剝《ひ》けて終《しま》いますから手《て》早《はや》く笊《ざる》にあけ、清《み》水《づ》を灌《そゝ》ぎ注《か》けましてそのまゝ水《みづ》氣《け》を斷《き》つて置《お》きます、それより浸《つ》けて厶《ござ》います椎《しひ》茸《たけ》を引《ひき》上《あ》げ、堅《かた》く水《みづ》氣《け》を斷《き》りまして俎《まな》上《いた》に載《の》せ、莖《くき》を截《きり》去《さ》りまして木《こ》口《ぐち》よりなるべく細《ほそ》く刻《きざ》みます、今《こん》度《ど》は銀《ぎん》杏《なん》の水《みづ》氣《け》が斷《き》れましたから、且《や》偖《はり》それも俎《まな》上《いた》に載りまして木《こ》口《ぐち》より薄《うす》截《ぎ》りにいたし、これにて野《や》菜《さい》の下《した》拵《こしらへ》が出《で》來《き》揃《そろ》ひましたから小《こ》鍋《なべ》に少《せう》量《りやう》の煮《に》出《だ》汁《し》と煮《に》切《きり》味《み》淋《りん》とを加《い》れて火《ひ》に架《か》けます、一と沸《ふつ》騰《とう》いたしましたら椎《しひ》茸《たけ》を加《い》れて箸《はし》にてかきまはし、ほどよく煮《に》汁《しる》が染《しみ》込《こみ》ましたらお鍋《なべ》を下《お》ろして直《たゞ》ちにお皿《さ》中《ら》に掬《すくひ》上《あ》げて置《お》きます、次《つ》ぎにその鍋《な》中《か》へ蓮《れん》根《こん》を加《い》れて又《また》も火《ひ》に架《か》けます、これも箸《はし》にてかきまはして暫《しば》時《ら》く煮《に》込《こ》み、ほどよく煮《に》汁《しる》が染《しみ》込《こ》みましたら又《また》もお皿《さ》中《ら》に掬《すくひ》上《あ》げます、そ

れから銀《ぎん》杏《なん》で厶《ござ》いますが、これも右《み》記《ぎ》の手《て》順《じゆん》の如《ごと》くいたしてサット煮《に》込《こ》み、煮《に》へましたらお鍋《なべ》を下《お》ろし、そのまゝその煮《に》汁《しろ》を斷《き》つて置《お》きます、今《こん》度《ご》は鯛《たい》を爼《まな》上《いた》に載《の》せ、且《や》倘《はり》前《ま》條《へ》の如《ごと》く表《りよう》裏《めん》の鱗《こけ》を剝《ひ》き去《さ》りまして頭《あた》部《ま》を截《きり》放《はな》ち、腹《は》部《ら》を開《あ》けて膓《わた》を除《のぞ》き、清《き》淨《れい》に水《みづ》洗《あらひ》をいたし、よく水《みづ》氣《け》を斷《き》りまして再《ふた》び爼《まな》上《いた》に載《の》せ、更《さら》に三枚《まい》におろして腹《うす》骨《み》を去《さ》つて小《こ》骨《ほね》を脫《ぬ》き、縱《たて》に二ツに截《き》りまして血《ち》肉《あひ》の處《ところ》を截《き》り去《さ》り、適《てき》宜《ぎ》の大《おほき》さに截《き》り、皮《かは》を剝《ひ》き去《さ》つて置《お》きます、それより殘《のこ》分《り》の部《こ》分《ろ》をサット水《みづ》洗《あらひ》をいたしてお鍋《な》中《へ》に加《い》れ、それに被《か》ぶるほどに清《み》水《づ》を加《くは》へまして火《ひ》に架《か》け、二三回《くわい》ほど沸騰《ごう》いたしましたら直《たゞ》ちにお鍋《なべ》を下《お》ろして別《べつ》鍋《なべ》に毛《すい》篩《のう》をあて、その中《なか》へあけ漉《こ》して置《お》き、仍《そこ》で白《お》米《こめ》を桶《お》中《け》に入《い》れ、ほどよく水《みづ》を加《くは》へてよく洗《ご》ぎ、充《ちう》分《ぶん》に清《き》淨《れい》に洗《ご》げましたら笊《ざる》に上《あ》げ、直《たゞ》ちにお釜《か》中《ま》に移《うつし》加《い》れ、右《み》記《ぎ》の煮《に》漉《こ》してあります鯛《たひ》汁《しろ》を加《くは》へ、それにてほどよく水《みづ》加《か》減《げん》をいたし、若《も》し足《た》りぬやうで厶《ござ》いましたら相《さう》等《とう》の清《み》水《づ》を加《くは》へまして炊《た》きにかゝります、暫《しば》時《ち》く經《た》過《ち》まして火《ひ》を引《ひ》かんといたします際《ごき》に前《ま》條《へ》の如《ごと》く截《き》つて厶《ござ》います鯛《た》肉《ひ》をその上《う》部《へ》に載《の》せ、手《て》早《はや》く蓋《ふた》をいたしてそのまゝに置《お》き、それより

炊《たき》終《あが》りましたら再《ふたゝ》び蓋《ふた》をとりまして手《て》早《はや》く鯛《た》肉《ひ》を取《とり》出《いだ》し、又《また》も蓋《ふた》をいたしまして乾《かは》きましたる布《ふ》巾《きん》に鯛《た》肉《ひ》を包《つゝ》み、よく指《ゆび》頭《さき》にて布《ふ》巾《きん》の上《うへ》より鯛《たひ》を揉《も》みます、全《まつた》くよく揉《も》みほぐれましたら布《ふ》巾《きん》より取《とり》出《いだ》します、その中《うち》に御《ご》飯《はん》が蒸《む》れ終《あが》りますからお飯《ひ》櫃《つ》に移《うつし》取《と》ります際《とき》に前《ま》記《へ》に煮《に》て厶《ござ》います野《や》菜《さい》類《るゐ》とそのほぐしましたる鯛《た》肉《ひ》とをよく混《ま》合《ぜ》まして御《ご》飯《はん》の中《なか》へかき混《ま》ぜて飯《お》櫃《ひつ》に移《うつし》取《とり》ます、それをお茶《ちや》碗《わん》に盛《もり》付《つ》けまして、前《ま》條《へ》の如《ごと》き手《て》順《じゆん》にて清汁《すましじる》を拵《こしら》へ、（六十七頁《ページ》參《み》照《よ》）それをお椀《わ》中《ん》に注《つ》ぎ込《こ》み、おろし蘿《だい》蔔《こん》、木《こ》口《ぐち》截《ぎり》葱《ねぎ》、火《ひ》取《とり》淺《あさ》草《くさ》海《の》苔《り》、粉《こ》山《さん》椒《しやう》など添《そ》へて供《きやう》します、その喰方《かた》は右《み》記《ぎ》の香《かう》料《れう》の中《うち》適《てき》宜《ぎ》のものをふりかけ、なるべく熱《あつ》く仕《し》立《たて》て厶《ござ》います清汁《すましじる》を注《か》けて食《しよく》します、それから火《ひ》取《とり》淺《あさ》草《くさ》海《の》苔《り》と申《もう》しますのは、淺《あさ》草《くさ》海《の》苔《り》を火《くわ》上《じやう》にて焙《あぶ》り、美《うつく》しく綠《みどり》色《いろ》に變《か》色《は》りましたら手《て》にてよく揉《も》みほぐしたるものでムいます

（注意）この方《はう》の清汁《すましじる》の加《か》減《げん》は前《ま》條《へ》のよりは、少《すこ》しく淡《あ》味《ま》き方《はう》がよろしふ厶《ござ》います、それは多《た》少《せう》野《や》菜《さい》類《るゐ》に味《あぢ》がつけて厶《ござ》いますから左《さ》樣《やう》御《ご》承《しやう》知《ち》下《くだ》さい

東《とう》京《きやう》流《りう》鯛《たい》めしの炊《たき》方《かた》

說明　東《とう》京《きやう》流《りう》の鯛《た》肉《ひ》飯《めし》と申《もう》しまするど、前《ま》條《へ》に記《の》述《べ》ましたのよりは稍《や》や淡《さつ》泊《ぱり》どいたして居《お》ります、それからその注《かけ》汁《じる》の如《ごと》きは、決《けつ》して煮《に》出《だ》汁《し》の加《はい》味《り》ましたるものは使《つか》用《ひ》ません、必《かなら》ず生《き》清《すま》汁《し》を使《もち》用《ゐ》ますをになつて居《お》ります

〔材料の分量〕

白《こ》米《め》　一升《しよう》
清《み》水《づ》　一升《しよう》
鯛《た》肉《ひ》　適《てき》量《りやう》
醬《しやう》油《ゆ》　適《てき》量《りやう》

炊方の手順　先《ま》づ鯛《たひ》を俎《まな》上《いた》に載《の》せ、表裏《りようめん》の鱗《こけ》を庖《はう》刀《てう》にて剝《む》き去《さ》りましたら腮《えら》を除《のぞ》いて腹《は》部《ら》を開《あ》け、腸《わた》を除《のぞ》いて清《き》淨《れい》に水《みづ》洗《あらひ》をいたし、よく水《みづ》氣《け》を斷《き》りまして再《ふた》び俎《まな》上《いた》にとり、三枚《まい》におろしまして腹《うす》骨《み》を去《さ》り、縱《たて》に截《き》りまして小《こ》骨《ほね》と血《ち》肉《あひ》の處《ところ》を除《のぞ》き、且《や》倘《はり》庖《はう》刀《てう》にて皮《かは》を去《さ》りまして鯛《そ》肉《れ》に被《か》ぶるほどに清《み》水《づ》をお鍋《な》中《べ》に加《い》れ、直《たゞ》ちに火《ひ》に架《か》けまして、よく沸《ふつ》騰《とう》いたし

ましたら右《み》記《ぎ》の鯛《た》肉《ひ》をその中《なか》へ投《い》れ、ほどよく煠《ゆ》でましてお鍋《なべ》を下《お》ろし、鯛《た》肉《ひ》を引《ひき》上《あ》げまして布《ふ》巾《きん》に包《つゝ》み、指《ゆび》頭《さき》にてよく揉《も》みほぐして置《お》きます、それより御《ご》飯《はん》を炊《た》くので厶《ござ》いますが、その水《みづ》加《か》減《げん》をいたします際《さい》に、右《み》記《ぎ》の鯛《た》肉《ひ》を煠《ゆ》でました湯《ゆ》を毛《すい》篩《のう》にて漉《こ》し、これを清《み》水《づ》と共《とも》に白《こ》米《め》と同《どう》量《りやう》にいたして炊《たき》込《こ》むので厶《ござ》います、頓《やが》て蒸《む》れまして御《ご》飯《はん》を飯《お》櫃《はち》に移《うつ》し取《と》ります際《さい》に手《て》早《ばや》くその上《う》面《へ》に前《ま》記《へ》の蒸《む》して置《お》きましたる鯛《た》肉《ひ》を混《ま》ぜ合《あ》はせるので厶《ござ》います、それからお鍋《な》中《べ》に清《み》水《づ》をほどよく加《い》れて火《ひ》に架《か》けますよく沸《ふつ》騰《とう》いたしてまいりましたら少《せう》量《りやう》の醤《しやう》油《ゆ》を加《い》れまして味《あぢ》の加《か》減《げん》をいたして直《たゞ》ちにお鍋《なべ》を下《お》ろし、これを別《べつ》椀《わん》に注《つ》ぎ込《こ》み、好《このみ》の加《か》藥《やく》を添《そ》へて供《きよう》します、それからこの御《ご》飯《はん》にはなるべく淡《あつ》泊《さり》といたした取《とり》合《あはせ》物《もの》を添《そへ》れば尚《な》ほ結《けつ》構《こう》です、それは玉《たま》子《ご》豆《とう》腐《ふ》などのお椀《わん》がよいでせう

玉《たま》子《ご》豆《とう》腐《ふ》の調《こし》理《らへ》法《かた》(十人分)

玉《たま》子《ご》　五　箇《こ》
煮《に》出《だ》汁《し》　九　合《がふ》
醤《しやう》油《ゆ》　九　勺《しやく》

砂糖《さたう》　十匁《もんめ》
葛粉《くづ》　二勺《しやく》

先《ま》づ玉子《たまご》豆腐《ごうふ》の手《て》順《じゆん》より説《せつ》明《めい》いたします、玉子《たまご》は一箇《こ》づゝ鉢《はち》又《また》は丼《どん》中《ぶり》に破《わ》りまして、殼《か》片《け》の厶《ござ》いませんやうに注《ちう》意《い》をいたし、全《ぜん》部《ぶ》を破《わ》りましたら四五本《ほん》の箸《はし》を手《て》に持《も》ちましてよくかきまはし、蛋《き》黄《み》と蛋《しろ》白《み》とよくかきまはし、全《まつた》く混《まじ》和《り》ましたらその中《なか》へよく冷《さま》却《し》たる煮《に》出《だ》汁《し》を二合《がふ》ほどと醬《しやう》油《ゆ》二勺《しやく》ほどを加《くは》へます、又《また》もやよくかきまはして、それより丼《さんぶり》の如《ごと》きものに毛《すい》餝《のう》をあて、その中《なか》へ右《み》記《ぎ》の混《ま》せましたる玉子《たまご》を加《あ》け、よく漉《こ》しましてそのまゝ蒸《せい》籠《ろう》の中《なか》へ納《い》れ、蒸《む》し湯《ゆ》がよく沸《わ》騰《き》ましたらその上《う》部《へ》に蒸《せい》籠《ろう》を載《の》せ、蓋《ふた》を少《せう》々ずらして十五分《ふん》間《かん》ほど蒸《む》します、蒸《む》れましたらそのまゝにいたし置《お》き、今《こん》度《ど》は薄《うす》葛《くづ》餡《あん》を拵《こしら》へるので厶《ござ》いますが、先《ま》づ右《み》記《ぎ》十匁《もんめ》のお砂《さ》糖《たう》と五勺《しやく》の醬《しやう》油《ゆ》とをお鍋《な》中《べ》に加《い》れ、火《ひ》に架《か》けましてよく沸《よつ》騰《こう》いたしましたら七合《がふ》の煮《に》出《だ》汁《し》を加《い》れまして箸《はし》にてよくかきまはし、更《さら》に一と沸《よつ》騰《こう》いたさせましてお鍋《なべ》を下《お》ろし、それより葛《く》粉《づ》を清《み》水《づ》にて溶《と》き、なるべく固《かたまり》の無《な》いやうによく溶《とか》しましてその中《なか》へ加《あ》け、又《また》もよくかきまは

して再《ふた》びお鍋《なべ》を火《ひ》に架《か》けます、ほどよく葛《く》粉《づ》に火《ひ》が通《とほ》りましたらそれを度《ど》といたしてお鍋《なべ》を下《お》ろし、なるべく冷《さ》却《ま》さぬやうにいたして前《ま》記《へ》の玉《たま》子《ご》豆《ごう》腐《ふ》をほどよく金《かな》杓子《しやくし》にてお椀《わ》中《ん》に掬《すく》ひ取《ご》り、その上《う》部《へ》よりこの淡《うす》葛《くづ》餡《あん》を注《か》け、おろし生薑《しやうが》の搾汁《しぼりじる》を滴《た》らし込《こ》んで供《きよう》します

別《べつ》種《しゆ》の鯛《た》肉《ひ》めしの炊《たき》方《かた》

説明 これは又《また》別《べつ》の炊《たき》方《かた》で厶《ござ》いまして、この仕《し》方《かた》は前《ま》條《へ》の如《ごと》く湯《ゆ》がきましたる鯛《た》肉《ひ》を使《つか》用《ひ》ませんで、生《な》肉《ま》のまゝ御《ご》飯《はん》に炊《たき》込《こ》むので厶《ござ》います、それからその注《か》け汁《しる》は普《ふ》通《つう》のお清《す》汁《まし》では厶《ござ》いませんで、椎《しひ》茸《たけ》を加《くは》へましたる淡《うす》清《すま》汁《し》を注《か》けて召《めし》喰《あが》るので厶《ござ》います

〔材料の分量〕

白《こ》米《め》	一升《しよう》
清《み》水《づ》	一升《しよう》
鯛《た》肉《ひ》	片《かた》身《み》
煮《に》出《だ》汁《し》	適《てき》量《りやう》
醤《しやう》油《ゆ》	少《せう》々《ゝ》

生《き》乾《ほし》椎《しゐ》茸《たけ》　適《てき》量《りやう》

炊方の手順　・先《ま》づ鯛《たひ》を三枚《まい》におろしましたら腹《うす》骨《み》を去《さ》り、縦《たて》に二ツに截《き》り、小《こ》骨《ほね》を脱《ぬ》き去《さ》つて血《ち》肉《あひ》の處《ところ》を除《のぞ》き、それより皮《かは》を剝《むき》去《さ》つて五六分《ぶ》ほどの賽《さい》形《がた》に截《き》り、直《たゞ》ちに清《み》水《づ》に浸《つ》けてサツト洗《あら》ひ、それより白《こ》米《め》をよく洗《ご》ぎましてお釜《か》中《ま》に加《い》れ、普《ふ》通《つう》の御《ご》飯《はん》の如《ごと》き水《みづ》加《か》減《げん》をいたすので厶《ござ》いますが、それは右《み》記《ぎ》の鯛《た》肉《ひ》を洗《あら》ひましたる水《みづ》を毛《すい》篩《のう》にて漉《こ》し、その漉《こ》しました水《みづ》に普《た》通《ゞ》の清《み》水《づ》を加《くは》へて加《か》減《げん》をいたすので厶《ござ》います、それより炊《た》きつけまして、火《ひ》を引《ひ》かんといたします際《ごき》に右《み》記《ぎ》の鯛《た》肉《ひ》をその上《う》部《へ》に加《い》れそのまゝ蓋《ふた》をいたして蒸《む》らし置《お》くので厶《ござ》います、それが蒸《む》れます間《あひだ》に前《まへ》より清《み》水《づ》に浸《つ》け置《お》きましたる木《き》乾《ほし》の椎《しゐ》茸《たけ》を搾《しぼり》上《あ》げ、よく水《みづ》氣《け》を斷《き》つて爼《まな》上《いた》にとり、軸《ぢく》を截《きり》去《さ》つて木《こ》口《ぐち》よりなるべく細《ほそ》く截《き》ります、それから右《み》記《ぎ》分量《ぶんりやう》の煮《に》出《だ》汁《し》を火《ひ》に架《か》け、一と沸《ふつ》騰《ごう》いたしましたらほどよく醬《しやう》油《ゆ》を加《くは》へまして味《あぢ》の加《か》減《げん》をいたします、仍《そこ》でその少《せう》量《りやう》を小《こ》鍋《なべ》に取《とり》分《わ》けましてその中《なか》へ右《み》記《ぎ》の椎《しゐ》茸《たけ》を加《い》れて火《ひ》に架《か》け、サツト煮《に》ましたら大《おほ》鍋《なべ》のお清《すま》汁《し》と共《とも》にお椀《わ》中《ん》に加《い》れて供《きやう》します、尤《もつと》も御《ご》飯《はん》が蒸《む》れましたら飯櫃《はち》に取《と》り、手《て》早《はや》

く茶《ちや》碗《わん》に盛《も》り、その上《う》部《へ》より椎《しい》茸《たけ》入《いり》のお清《す》汁《まし》を注《か》け、尚《な》ほ又《また》揉《も》み淺《あさ》草《くさ》海《の》苔《り》、刻《きざ》み葱《ねぎ》などを添《そ》へて召《めし》喰《あが》るので厶《ござ》います

筑《ちく》前《ぜん》博《はか》多《た》の鯛《た》肉《ひ》飯《めし》の炊《たき》方《かた》

説明　この御《ご》飯《はん》は同《ごう》地《ち》方《はう》に於《おい》て専《もつぱ》ら行《おこな》はれて居《を》ります甚《はなは》だお美《い》味《し》いもので厶《ござ》います、それでその仕《し》方《かた》も大《おほい》に違《ちが》つて居《を》りますが、一《いち》回《ご》この鯛《たひ》飯《めし》を召《めし》喰《あが》つた方《かた》は二度《ど》と忘《わす》れられぬといふほどの美《うま》味《いの》で厶《ござ》います、夫《それ》故《ゆゑ》彼《か》の地《ち》に於《お》きましては、酒《さか》宴《もり》の際にはこの鯛《たひ》飯《めし》を饗《ふる》應《ま》ふさうです

〔材料の分量〕

白《こ》米《め》	一升《しよう》
清《み》水《ず》	一升《しよう》
黒《くろ》胡《ご》麻《ま》	適《てき》量《りやう》
醤《しやう》油《ゆ》	適《てき》量《りやう》
鯛《た》肉《ひ》	適《てき》量《りやう》

炊方の手順　先《ま》づ鯛《たひ》を前《ま》條《へ》の手《て》順《じゆん》にいたして三枚《まい》におろし、腹《うす》骨《み》を去《さ》りまして縱《たて》に二ッに截《き》り、小《こ》骨《ほね》と血《ち》肉《あひ》とを去《さ》りまして普《ふ》通《つう》のお刺《さし》身《み》の如《ごと》く

截《き》つて置《お》きます、それより黒《くろ》胡《ご》麻《ま》を擂《すり》鉢《ばち》に加《い》れ、ほどよく清《み》水《づ》を加《くわ》へてよく手《て》にて擂《すり》鉢《ばち》にこするやうにいたしてその水《みづ》を去《さ》り、布《ふ》巾《きん》にさりまして堅《かた》く水《みづ》氣《け》を除《のぞ》いて乾《かは》きましたる焙《はう》烙《ろく》に加《い》れて火《ひ》に架《か》け、御《ご》飯《はん》杓《しやく》子《し》にてかきまはしながら、ほどよく炒《い》れましたら乾《かは》いたる擂《すり》鉢《ばち》に加《い》れ、直《たゞ》ちに摺《す》りましてどろ〳〵になりましたら鉢《はち》にとり、ほどよくその中《なか》へ醤油《しやうゆ》を加《くは》へましてよくかきまはして置《お》きます、今《こん》度《ど》は右《み》記《ぎ》分量《ぶんりやう》の白《こ》米《め》を桶《を》中《け》に加《い》れ、ほどよく清《み》水《づ》を加《くは》へてよく洗《ご》ぎ、清《き》淨《れい》になりましたら笊《ざる》にあけ、それよりお釜《か》中《ま》に加《い》れて平《つ》素《ね》の水《みづ》加《か》減《げん》にて炊《た》きます、頓《やが》て蒸《む》れましたら茶《ちや》碗《わん》に盛《も》り、その上《う》部《へ》より右《み》記《ぎ》の鯛《た》肉《ひ》を彼《か》の胡《ご》麻《ま》醤油《しやうゆ》の中《なか》へ加《い》れてよくかきまはして御《ご》飯《はん》の上《う》部《へ》に載《の》せて召《め》し喰《あが》るので厶《ござ》います

長《なが》門《と》の鯛《たひ》茶《ちや》飯《めし》の炊《たき》方《かた》

説明 これは俗《ぞく》に鯛《たひ》茶《ちや》とも申《まを》しまして、山《やま》口《ぐち》縣《けん》長《ちやう》州《しう》邊《へん》にて専《もつぱ》ら行《おこな》はれて居《を》りまする一種《しゆ》のお料《れう》理《り》で厶《ござ》います、殊《こと》に臨《りん》時《じ》の客《きやく》來《らい》などには甚《はなは》だその仕《し》方《かた》が輕《けい》便《べん》で厶《ござ》います、ですが普《ふ》通《つう》の鯛《たひ》飯《めし》からみますと遙《はるか》にお美《い》味《し》ふ厶《ござ》

います

【材料の分量】

白米 こめ　　　　　　　　一升 いっしょう
清水 きよみづ　　　　　　一升 いっしょう
鯛肉 たいにく　　　　　　一身 ひとみ
番茶 ばんちゃ　　　　　　片 かた
青紫蘇の葉及穂 あをしその はおよびほ　少々 せうせう
醤油 しやうゆ　　　　　　少々 せうせう

炊方の手順 これに使用します鯛はなるべく新鮮なのを擇びまして、前條へ
の手順にいたして三枚におろし、腹骨を除きまして小骨を脱き去り、縦たて
に二ッに截つてそれよりお刺身の如に截つて置きます、今度は紫蘇の葉
を一葉づ〻清浄に水洗をいたし、よく水氣を拭ひまして硬き節を去り、
木口より巻きましてなるべく細少に刻み、又穂がムいましたらそれをむ
しりまして鉢又は丼の中へ加れ、ほどよく醤油を加へましてよくかき混
ぜ、その中へ右記の截つて置きました鯛肉を加れ、それより御飯を平素
の加減にて炊き終げます、仍でこれを喰べますには、先づその御飯を少

長門の鯛茶飯の炊方

々《せう》茶《ちや》碗《わん》に盛《も》り、その上《う》部《へ》に右《み》記《ぎ》の醤《しやう》油《ゆ》浸《づけ》の鯛《た》肉《ひ》を一層《かは》列《ならべ》にいたして載《の》せ又《また》その上《う》部《へ》に御《ご》飯《はん》を載《の》せまして再《ふた》、び鯛《た》肉《ひ》と紫《し》蘇《そ》とを載《の》せ、それよりよく焙《はう》じましたる番《はん》茶《ちや》の煎《せん》じたのを注《つ》ぎかけ、手《て》早《はや》くその茶《ちや》碗《わん》の蓋《ふた》をいたして供《きよう》します、それで、右《み》記《ぎ》の番《ばん》茶《ちや》を煎《せん》じますには、なるべくお湯《ゆ》をよく沸《ふつ》騰《とう》させて置《お》きまして、それより番《はん》茶《ちや》を茶《ちや》焙《はう》器《じ》に加《い》れ、香《にほひ》のよくなるまで焙《はう》じまして土《ど》瓶《びん》に加《い》れて右《み》記《ぎ》の熱《ねつ》湯《たう》を注《さ》します、それから鯛《た》肉《ひ》を紫《し》蘇《そ》醤《しやう》油《ゆ》の中《なか》へ注《か》け込《こ》みますにも、先《ま》づ夕《ゆふ》飯《はん》といたして午《ご》後《ご》の六時《じ》頃《ごろ》に召《めし》喰《あがり》になりますれば、午《ご》後《ご》の二時《じ》頃《ごろ》からその中《なか》へ浸《つ》け込《こん》で置《お》けば恰《ちやう》度《ど》よろしふ厶《ござ》います、それから葉《は》は穂《ほ》の厶《ござ》いません際《さい》に代《かは》用《り》いたすので厶《ござ》います

備《び》前《ぜん》尾《を》の道《みち》の魚《ぎよ》飯《はん》の炊《たき》方《かた》

説明　これも同《どう》地《ち》方《はう》に於《お》きまして盛《さかん》に行《おこな》はれて居《を》ります、それでこれに使《つか》用《ひ》ます魚《ぎよ》類《るゐ》は鯛《たひ》又《また》は牛《こ》尾魚《ち》の如《ごと》き脂《あぶ》防《ら》氣《け》の少《すくな》きものを使《もち》用《ゐ》ます

〔材料の分量〕　白《こ》米《め》　一升《しよう》

清《み》水《づ》　一升《しよう》

鯛《たひ》肉又《また》は牛尾魚《こち》肉　片《かた》身《み》
葱《ねぎ》　一本《ほん》
淺草海苔《あさくさのり》　三枚《まい》
煮出汁《にだし》　適量《てきりやう》
醬油《しやうゆ》　少《せう》々く

炊方の手順　これも前《まへ》條の手《て》順《じゆん》の如《ごと》く鯛《たひ》又《また》は牛尾魚《こち》を三枚《まい》におろしまして腹《うす》骨《み》を去《さ》り、縦《たて》に二ツに截《き》つて小《こ》骨《ほね》を脱《ぬ》いて皮《かは》を除《のぞ》き、ほどよく表裏《りやうめん》に鹽《しほ》をふりかけてそのまゝ五六分《ぷん》間《かん》ほど置《お》きます、頓《やが》てその時《じ》間《かん》がまいりましたら手《て》早《はや》く水《み》中《づ》に投《い》れてサット洗《あら》ひ、直《たゞ》ちに引《ひ》上《あ》げて布《ふ》巾《きん》にて水《みづ》氣《け》を拭《ぬぐ》ひ、ほどよく二三本《ぼん》の金《かな》串《ぐし》を刺《さ》し、それより烈《れつ》火《くわ》の兩端に一本《ぽん》づゝ煉《れん》瓦《ぐわ》を横《よこ》に置《お》き、その上《う》部《へ》に二本《ほん》の鐵《てつ》串《きう》を渡《わた》し、その上《う》部《へ》に載《の》せ炙《や》きます、片《かた》面《めん》が炙《や》けましたら指《ゆび》頭《さき》にて串《くし》を捻《ひね》り廻《ま》はして裏《うら》返《がへ》しをいたし、表裏《りやうめん》共《とも》に炙《や》けましたら串《くし》を脱《ぬ》き、手《て》早《はや》く細《こま》小《か》にほぐしまして布《ふ》巾《きん》に加《い》れてよく搾《しぼ》り、その汁《しる》を器《うつは》に取《と》りまして器《うつは》に取《と》つて置《お》きます、それより平《つ》素《ね》の加《か》減《げん》にて御《ご》飯《はん》を炊《た》き、ほどよく蒸《む》れましたら右《み》記《ぎ》の搾《しぼり》汁《じる》を加《くは》へ飯《めし》櫃《びつ》

に取《ご》つて茶碗《ちやわん》に盛《も》り、その上《う》部《へ》にむしり置《お》きましたる鯛《た》肉《ひ》を載《の》せ、尙《な》ほ焙《あぶ》りましたる淺草海苔《あさくさのり》を細《こま》少《か》に揉《も》みほぐして少々《せう〳〵》ふりかけ、其他《そのた》刻《きざ》み葱《ねぎ》を載《の》せ、よく沸騰《ふつとう》させましたるお清汁《すまし》を注《か》けて供《きやう》します

（注意《ちうい》）尙《な》ほ美味《おいし》くいたして召喰《めしあが》りますには、炙《やき》終《あ》げましたる鯛《た》肉《ひ》を擂《すり》鉢《ばち》の中《なか》へ細《こま》少《か》にむしり、更《さら》によく擂《すり》木《こぎ》にて摺《す》り、御飯《ごはん》を飯櫃《おはち》に移し取《ご》ります際《ごき》その中《なか》へ混《ま》ぜながら取《ご》り、手早《てはや》く茶碗《ちやわん》に盛《も》りましてその上《う》部《へ》よりお清汁《すまし》と加藥《かやく》を載《の》せて供《きやう》すので厶《ござ》います

長崎《ながさき》のカビタン飯《めし》の炊方《たきかた》

說明 これも一種《しゆ》の鯛飯《たひめし》で厶《ござ》いまして、且《や》尙《はり》同地《どうち》に於《お》きまして大《おほい》に賞美《しようび》されて居《お》ります。それにこの方《はう》はお清汁《すまし》を使用《つかひ》ませんで、味噌《みそ》仕立《じたて》の汁《しる》を注《か》け、いろ〳〵の加藥《かやく》を添《そ》へて供《きやう》します

〔材料の分量〕

鯛《た》肉《ひ》	片身《かたみ》
白《こ》米《め》	一升《しよう》
清《み》水《づ》	一升《しよう》

加《か》藥《やく》

味《み》噌《そ》　適《てき》量《りやう》
おろし山《わさ》葵《び》　少《せう》々《〱》
小《こ》山《さん》椒《しやう》　少《せう》々《〱》
蘿《だい》蔔《こん》おろし　少《せう》々《〱》
刻《きざ》み陳《ちん》皮《ぴ》　少《せう》々《〱》
さらし葱《ねぎ》　少《せう》々《〱》

炊方の手順　これも鯛《たひ》を前《ま》條《へ》の手《て》順《じゆん》にいたして三枚《まい》におろし、腹《うす》骨《み》を去《さ》りまして縦《たて》に二ツに截《き》り、小《こ》骨《ほね》を脱《ぬ》いて血《ち》肉《あい》と皮《かは》とを除《のぞ》き、それより中《ちう》火《び》の加《か》減《げん》にいたして餅《もち》炙《やき》網《あみ》を架《か》け、熱《あつ》くなりましたらその上《う》部《へ》に右《み》記《ぎ》の鯛《た》肉《ひ》を載《の》せ、片《かた》面《めん》が炙《や》けましたら裏《うら》返《がへ》しをなし、表《りやう》裏《めん》共《とも》に炙《や》けましたら擂《すり》鉢《ばち》に加《い》れて細《こま》小《か》にむしり、直《たゞ》ちに擂《すり》木《こぎ》にてよく擂《す》り、充《ぢう》分《ぶん》よく擂《す》れましたら今《こん》度《ど》は清《き》淨《れい》なる板《いた》に味《み》噌《そ》を塗《ぬ》付《つ》け、そのまゝ火《ひ》にて焙《あぶ》り、ほどよく焦《こげ》めがつきましたら別《べつ》の擂《すり》鉢《ばち》に加《い》れてよく擂《す》り、少《せう》量《りやう》の清《み》水《づ》と右《み》記《ぎ》の鯛《た》肉《ひ》とを加《くは》へてよく擂《すり》混《ま》ぜ、どろ〳〵になりましたらお鍋《な》中《べ》に移《うつ》して火《ひ》

に架《か》け、それが出《で》來《き》ます間《あひだ》に平《つ》素《ね》の水《みづ》加《か》減《げん》にて御《ご》飯《はん》を炊《た》き終《あ》げ、ほどよく蒸《む》れましたら御《ご》飯《はん》を茶《ちや》碗《わん》に盛《も》り、その上《う》部《へ》より右《み》記《ぎ》の鯛《た》肉《ひ》の味《み》噌《そ》汁《しる》を灌《そゝ》ぎ注《か》け、右《み》記《ぎ》の加《か》藥《やく》を添《そ》へて召《めし》喰《あが》るので厶《ござ》います、それから小《こ》皿《さら》に醋《す》を少《せう》々《〳〵》加《い》れて供《きやう》します、これは好《このみ》によりまして注《か》けてもよろしいので厶《ござ》います

長《なが》崎《さき》名《めい》物《ぶつ》五《ご》目《もく》飯《めし》の炊《たき》方《かた》

說明　これも同《どう》地《ち》の名《めい》物《ぶつ》で厶《ござ》いまして、醋《す》を加《い》れません御《ご》飯《はん》の上《う》部《へ》にいろ〳〵の材《さい》料《れう》を載《の》せ、尙《な》ほ又《また》その煮《に》汁《しる》を灌《そゝ》ぎ注《か》けて召《めし》喰《あが》るので厶《ござ》います

〔材料の分量〕

白《こ》米《め》　一升《しよう》
清《み》水《づ》　一升《しよう》
鰹《かつを》の生節《なまりぶし》　適《てき》量《りやう》
牛《ご》蒡《ばう》　適《てき》量《りやう》
胡《にん》蘿《じ》蔔《ん》　適《てき》量《りやう》
椎《しひ》茸《たけ》　適《てき》量《りやう》

蒟蒻《こんにやく》　適《てき》量《りやう》
煮出汁《にだし》　適《てき》量《りやう》
砂糖《さたう》　適《てき》量《りやう》
鷄肉《けいにく》　適《てき》量《りやう》
醤油《しやうゆ》　適《てき》量《りやう》
胡麻《ごま》の油《あぶら》　少《せう》々《〱》

炊方の手順　先《ま》づ最初《さいしよ》に鷄肉《けいにく》を清淨《きれい》なる爼上《まないた》に載《の》せ、皮《かは》を去《さ》りましてほどよく細小《こまか》に截《き》り、それより鰹生節《かつをなまりぶし》の黒《くろ》き皮《かは》と小《こ》骨《ほね》とを去《さ》り、且《や》尚《はり》細少《こまか》にむしりましてそれよりお鍋《な》中《べ》にほどよくお砂糖《さたう》と醤油《しやうゆ》を加《い》れて火《ひ》に架《か》け、一と沸《ふつ》騰《ごう》いたしましたら右《み》記《ぎ》の鷄肉《けいにく》を加《い》れて煮《に》終《あ》げ、次《つぎ》に鰹生節《かつをなまりぶし》を加《い》れてこれも煮《に》終《あ》げます、それから牛蒡《ごばう》の兩《あご》端《さき》を截《きり》去《さ》りましてよく庖刀《はうてう》にて皮《かは》をこそげ、一寸《すん》ほどの長《なが》さに截《き》りまして縦《たて》に薄《うす》く截《き》り、更《さら》にそれを細《ほそ》く刻《きざ》みましてそのまゝ水《み》中《づ》に投《い》れ、暫《しば》時《ら》く灰汁《あく》を脱《ぬ》いて置《お》きまして、それより乾《かは》きましたる鐵鍋《てつなべ》の中《なか》へ胡《ご》麻《まの》油《あぶら》を少《せう》々〱加《い》れて火《ひ》に架《か》け、よく沸《ふつ》騰《ごう》いたしましたら右《み》記《ぎ》の牛蒡《ごばう》を加《い》れまして箸《はし》にてよくかきまはし、ほど

よくいためまして紙《かみ》を敷《しい》たる皿《お》中《さら》に取《ご》り、よく油氣《あぶらけ》を脱《ぬ》き、それより小《こ》鍋《なべ》に少《せう》量《りやう》の煮《に》出《だ》汁《し》と醤《しやう》油《ゆ》とを加《い》れて火《ひ》に架《か》け、一と沸《ふつ》騰《とう》いたしましたらその中《なか》へ牛《ご》蒡《ばう》を加《い》れ、ほどよく煮《に》込《こみ》ましたら今《こん》度《ご》は胡《にん》蘿《じ》蔔《ん》の兩端を截《きり》去《さ》り、よく水《みづ》洗《あらひ》いたしまして一寸《すん》ほど宛《づゝ》に截《き》りまして更《さら》に縱《たて》に薄《うす》く截《き》り、尚《な》ほ細《ほそ》く刻《きざ》みましてサツト煠《ゆ》で、これも少《せう》量《りやう》の煮《に》出《だ》汁《し》と醤《しやう》油《ゆ》にて煮《に》込《こ》み、次《つぎ》に前《まへ》より水《み》中《づ》に浸《つ》けて厶《ござ》います椎《しひ》茸《たけ》を堅《かた》く水《みづ》氣《け》を搾《しぼり》上《あ》げまして俎《まな》上《いた》にとり、軸《ぢく》を截《きり》去《さ》りまして端《はぢ》より細《ほそ》く截《き》り、且《や》尚《はり》煠《ゆ》でまして酒《さけ》と醤《しやう》油《ゆ》と砂《さ》糖《たう》を加《くは》へましてほどよく煮《に》付《つ》けます、仍《そこ》でその煮《に》汁《しる》にて今《こん》度《ご》は蒟《こん》蒻《にやく》を細《こま》少《か》に截《き》つて煮《に》終《あ》げるので厶《ござ》います、これにて凡《すべ》ての下《した》拵《ごしらへ》が出《で》來《き》ましたら味《あぢ》のお鍋《な》中《べ》に煮《に》出《だ》汁《し》を加《い》れ、ほどよく醤《しやう》油《ゆ》を加《くは》へましてお清《すま》汁《し》を拵《こしら》へ、加《か》減《げん》をいたして御《ご》飯《はん》を炊《たき》終《あ》げます、御《ご》飯《はん》が蒸《む》れましたら直《たゞ》ちに茶《ちや》碗《わん》に盛《も》り、その上《う》部《へ》より右《み》記《ぎ》の煮《に》終《あ》げましたる各《かく》種《しゆ》の材《ざい》料《れう》を載《の》せ、お清《すま》汁《し》を灌《そゝ》ぎ注《か》けて供《きやう》します

(注《ちう》意《い》)加《か》藥《やく》は刻《きざ》み葱《ねぎ》乃《ない》至《し》揉《も》み淺《あさ》草《くさ》海《の》苔《り》などがよろしふ厶《ござ》いませう

牛《こ》尾魚《ち》飯《めし》の炊《たき》方《かた》

説明　牛《こ》尾魚《ち》と申《もう》す魚《うを》は寔《まこと》に輕《かる》いお美味《いし》い材料《さいれう》で、殊《こと》に病人《びやうにん》などには至《し》極《ごく》適《てき》當《たう》なるものでム《ござ》います、それでこの材料《さいれい》を使用《しよう》いたして御飯《ごはん》を拵《こしら》へますには二法《はふ》ム《ござ》います、一法《ぱふ》はその肉《にく》を煠《ゆ》でまして御飯《ごはん》に混《ま》ぜますのとモー一方《ぱう》の法《はふ》は前《ま》條《へ》の鯛《たひ》飯《めし》の條《でう》に記《の》述《べ》ましたるが如《ごと》く、ほどよく炙《やき》終《あ》げましたのを細少《こまか》にむしりまして混《ま》ぜます、いづれにいたしましても且《や》俯《はり》お清汁《すまし》を注《か》け、各種《かくしゆ》の加藥《かやく》を添《そ》へて供《きやう》するのでム《ござ》います

〔材料の分量〕

白米《こめ》　一升《しよう》

清水《みづ》　一升《しよう》

牛尾魚《こち》　適量《てきりやう》

煮出汁《にだし》　八合《がふ》

醤油《しやうゆ》　二勺《しやく》

加藥《かやく》

刻《きざ》み葱《ねぎ》　少《せう》々〱

揉《も》み淺《あさ》草《くさ》海《の》苔《り》　少《せう》々〱
粉《こ》山《さん》椒《しやう》　少《せう》々〱
粉《こ》胡《し》椒《やう》　少《せう》々〱

炊方の手順

これに使《つか》用《ひ》ます牛《こ》尾魚《ち》はなるべく新《しん》鮮《せん》なのを擇《えら》びまして先《ま》づ爼《まな》上《いた》に載《の》せ、三枚《まい》におろして腹《うす》骨《み》を去《さ》りましてほどよく三本《ほん》の金《かな》串《ぐし》を刺《さ》しまして中《ちう》火《び》の兩端《りやうはじ》に一本《ぼん》宛《づゝ》煉《れん》瓦《ぐわ》を横《よこ》に置《お》き、その上《う》部《へ》に二本《ほん》の鐵《てつ》串《きう》を渡《わた》し、その上《う》部《へ》に載《の》せて炙《や》きます、なるべく焦《こ》がさぬやうに片《かた》面《めん》が炙《や》けましたら指《ゆび》頭《さき》にて串《くし》を捻《ひね》りまはして裏《うら》返《がへ》しをいたしほどよく表裏《りやうめん》を炙《や》きます、仍で炙《や》けましたら皮《かは》を剝《ひき》去《さ》りまして肉《にく》を清《き》淨《れい》なる布巾《きん》に包《つゝ》み、指《ゆび》頭《さき》にてよく揉《も》みほぐします若《も》しその汁《しる》が出《い》でましたら搾《しぼり》取《と》りまして、この汁《しる》は御《ご》飯《はん》を炊《た》きます際《とき》にその中《なか》へ加《い》れて炊《た》き込《こ》むのです、それから白《お》米《こめ》を桶《お》中《け》に加《い》れ、ほどよく清《み》水《づ》を加《くは》へましてよく洗《と》ぎ、全《まつた》く清《き》淨《れい》になりましたら再《さい》三《さん》水《みづ》を替《か》へまして笊《ざる》にあけ、直《たゞ》ちにお釜《か》中《ま》に加《い》れ、右《み》記《ぎ》分《ぶん》量《りやう》の清《み》水《づ》を加《くは》へまして平《つ》素《ね》の加《か》減《げん》にて炊《た》きます、頓《やが》て蒸《む》れましてお飯《は》櫃《ち》に移《うつ》し取《と》らんといたします際《とき》にその中《なか》へ前《ま》記《へ》の牛《こ》尾魚《ち》のほぐしたのを混《まぜ》

込《こ》み、それより茶碗《ちやわん》に盛《も》りましてお清汁《すまし》を注《か》けて召喰《めしあが》るので厶《ござ》います、けれども凡《すべ》て魚飯《ぎよはん》に注《か》けますお清汁《すまし》はなるべくなれば煮出汁《にだし》を加《い》れません生清汁《きすまし》がよろしいので厶《ござ》います、それから加藥《かやく》は前記《まへ》に載《の》せました中《うら》お好《このみ》のを擇《えら》んで供《きやう》します、尤《もつと》も一番《ばん》よろしいのは揉《も》み淺草海苔《あさくさのり》に限《かぎ》ります、それからその取合《ごりあひ》には甘藷《さつまいも》の淡葛粉《うすくず》などが至極《しごく》適當《てきたう》で厶《ござ》います

甘藷《さつまいも》の淡葛粉調理法《うすくずこしらへかた》

甘藷《さつまいも》	二百匁《め》
淡煮出汁《うすにだし》	一升《しよう》
砂糖《さたう》	五匁《もんめ》
醬油《しやうゆ》	八勺《しやく》
葛粉《くず》	五勺《しやく》

先《ま》づ質《せう》の良《よ》い甘藷《さつまいも》を擇《えら》びまして兩端《あごさき》を截去《きりき》り、更《さら》に五六分《ぶ》ほどの厚《あつ》さに輪截《わぎり》にいたし、清淨《きれい》に皮《かは》を剝去《ひきさ》つてなるべく黑《くろ》き處《ところ》の無《な》きやうに削去《けづりさ》り、直《たゞ》ちに水中《みづ》に投《い》れて灰汁《あく》を脫《ぬ》きます、その間《あひだ》二三回《くわい》ほど清水《みづ》を替《か》へまして笊《ざる》に上《あ》げ、それよりお鍋中《なべ》に一升《しよう》の煮出汁《にだし》を加《い》れて火《ひ》に架《か》け、一と沸《ふつ》

騰《とう》いたしましたらその中《なか》より三勺《しやく》ほど別《べつ》の小《こ》鍋《なべ》に取《とり》分《わ》け、一勺《しやく》ほどの醤《しやう》油《ゆ》と右《み》記《ぎ》のお甘《さ》藷《つ》とを加《いれ》まして火《ひ》に架《か》け、落《お》ち蓋《ふた》をいたして軟《やわら》かに煮《に》て碎《くづ》さぬやうにお椀《わ》中《ん》に加《い》れ、それより前《まへ》の清《お》汁《つけ》の中《なか》へ五匁《もんめ》の砂《さ》糖《たう》を加《くわ》へまして一と沸《ふつ》騰《とう》させます、それより殘《のこ》分《り》の醤《しやう》油《ゆ》を加《くは》へて味《あぢ》の加《か》減《げん》を試《こゝろ》み、直《たゞ》ちにお鍋《なべ》を下《お》ろしまして葛《く》粉《ず》を小《こ》鉢《ばち》に加《い》れ、ほどよく清《み》水《づ》を加《くは》へて箸《はし》にてよくかきまはし、それより右《み》記《ぎ》のお鍋《な》中《べ》に加《い》れて手《て》早《はや》くかきまはして再《ふた》び火《ひ》に架《か》け、尚《な》ほよくかきまはしまして葛《く》粉《ず》に火《ひ》が通《とほ》りましたらお甘《さ》藷《つ》の盛《も》つて厶《ござ》いますお椀《わ》中《ん》に加《い》れ、おろし生《せう》薑《が》の汁《しる》を搾《しぼり》込《こん》で供《きやう》します

魴《ほう》鮄《ぼう》めしの炊《たき》方《かた》

説明　これも且《や》尙《はり》その炊《たき》方《かた》の手《て》順《じゆん》は前《ま》條《へ》の鯛《たひ》飯《めし》や牛《こ》尾魚《ち》飯《めし》の仕《し》方《かた》と少《すこ》しも違《ちが》ひません、それから火魚《かながしら》にてお拵《こしら》へになつても同《どう》様《やう》で厶《ござ》いますからその心《つも》得《り》にてお拵《こしら》へなさいませ

京《かみ》阪《がた》流《りう》鰯《いわし》飯《めし》の炊《たき》方《かた》

説明　この御《ご》飯《はん》は一《ちよ》寸《つと》考《かんが》へまするど非《ひ》常《じやう》に腥《なまぐさ》いやうに思《おも》はれますが、熱《あつ》いうちを召《めし》食《おが》りまするど決《けつ》して左《さ》様《やう》のことは厶《ござ》いません、第《だい》一經《けい》濟《ざい》向《むき》に叶《かな》ひまして至《し》極《ごく》風《ふう》味《み》もよろしく、思《おも》つたよりは格《かく》別《べつ》お美《い》味《し》いもので厶《ござ》います、それでこれに使《つか》用《ひ》ます鰯《いわし》は、あまり大《おほ》きいのよりは、却《かへ》つて中《ちう》位《ぐらゐ》のが適《てき》當《たう》で厶《ござ》います、又《また》脂《あぶ》肪《ら》氣《け》が強《つよ》過《すぎ》てはいけませんからその心《つも》得《り》にてお求《もと》め下《くだ》さい

〔材料の分量〕

白《こ》米《め》	一升《しよう》
清《み》水《づ》	一升《しよう》
中《ちう》位《ぐらゐ》の鰯《いわし》	適《てき》量《りやう》
煮《に》出《だ》汁《し》	適《てき》量《りやう》
生《き》酒《さけ》	少《せう》々〱
醬《しやう》油《ゆ》	少《せう》々〱

〔香《やく》料《み》〕

おろし蘿《だい》蔔《こん》	少《せう》量〱
さらし葱《ねぎ》	少《せう》量〱
おろし生《せう》薑《が》	少《せう》量〱

粉《こ》胡《しよ》椒《う》　少《せう》量〵

炊方の手順　これに使《つか》用《ひ》ます鰯《いわし》はなるべく新《しん》鮮《せん》なのを擇《えら》びまして、先《ま》つ頭《あた》部《ま》をもぎ去《さ》り、指《ゆび》頭《さき》にて腹《は》部《ら》を開《あ》けまして腸《わ》を除《のぞ》き、清《き》淨《れい》に水《みづ》洗《あらひ》をいたしてよく水《みづ》氣《け》を斷《き》ります、全《まつた》く水《みづ》氣《け》が斷《き》れましたら再《ふた》び爼《まな》上《いた》に載《の》せ、三枚《まい》におろしましてなるべくよく腹《うす》部《み》を除《のぞ》いて置《お》きます。それより右《み》記《ぎ》分《ぶん》量《りやう》の白《お》米《こめ》を桶《お》中《け》に加《い》れ、ほどよく清《み》水《づ》を加《くは》へましてよく洗《ご》ぎ、充《ぢう》分《ぶん》に清《き》淨《れい》になりましたら笊《ざる》にあけ、そのまゝお釜《か》中《ま》に移《うつし》加《あけ》まして右《みぎ》分《ぶん》量《りやう》の清《み》水《づ》を加《くは》へてその加《か》減《げん》をいたし、蓋《ふた》をいたして直《たゞ》ちに炊《た》きにかゝります、暫《しば》時《ら》く經《た》過《ち》まして火《ひ》を引《ひか》んといたします際《ごき》に右《み》記《ぎ》の鰯《いわ》肉《し》をその上《う》部《へ》に載《の》せ、蓋《ふた》をいたしてそのまゝにいたし置《お》き、それより炊《た》き終《あが》りましたら手《て》早《はや》く蓋《ふた》を去《さ》つて鰯《いわ》肉《し》を取《ごり》出《いだ》し、又《また》も蓋《ふた》をいたしてそのまゝ蒸《む》らして置《お》きます、それより鰯《いわ》肉《し》を細《こま》小《か》にむしりまして御《ご》飯《はん》が蒸《む》れ終《あが》りましたら手《て》早《はや》くその中《なか》へ混《まぜ》込《こ》み。飯《お》櫃《はち》に移《うつし》取《ご》りまして、且《や》倘《はり》前《ま》條《へ》の如《ごと》く清《すま》汁《し》を拵《こしら》へ、右《み》記《ぎ》の御《ご》飯《はん》を茶《ちや》碗《わん》に盛《も》り、加《か》藥《やく》と共《とも》に添《そ》へて供《きやう》します、處《ところ》でこの清汁《すましじる》を拵《こしら》へますには、先《ま》づ右《み》記《ぎ》分《ぶん》量《りやう》の煮《に》出《だ》汁《し》と生《き》酒《ざけ》とをお鍋《な》中《べ》に加《い》れ、サツト

かきまはして火《ひ》に架《か》け、一二回《くわい》ほど沸騰《ふつとう》いたしましたら醤油《しやうゆ》を加《くは》へましてほどよく味《あぢ》の加減《かげん》をいたします、稍《や》やこの方《はう》は少《すこ》しく鹹《から》めの加減《かげん》に鹽《あん》梅《ばい》いたすのです、それからおろし生薑《せうが》とありましても、決《けつ》してさうとは限《かぎ》りません、皮《かは》を剝《む》きましてよく水洗《みづあらひ》をいたし、よく水氣《みづけ》を斷《き》りまして布《ふ》巾《きん》にて水氣《みづけ》を拭《ぬぐ》ひなるべく薄《うす》く片《へ》ぎまして五六枚《まい》づゝ重《かさ》ね、木口《こぐち》より針《はり》の如《ごと》く細《ほそ》く刻《きざ》んでもよろしう厶《ござ》います

京阪流《かみがたりう》別種《べつしゆ》の鰯飯《いわしめし》の炊方《たきかた》

説明 尙且《やはり》この仕方《しかた》も京阪流《かみがたりう》で厶《ござ》いますが、前《ま》條《へ》の手順《てじゆん》とは稍《や》や違《ちが》つて居《お》ります、と申《まう》すのは、左《さ》に記《の》述《べ》まするが如《ごと》く鰯《いわし》を御飯《ごはん》の中《なか》へ炊込《たきこ》むので厶《ござ》います

〔材料の分量〕

白米《こめ》　適《てき》量《りやう》
清水《みづ》　適《てき》量《りやう》
中位《ちうぐらゐ》の鰯《いわし》　適《てき》量《りやう》
生酒《きざけ》　少《せう》々

(香料《やくみ》)

醬油　少々
おろし蘿蔔《だいこん》　少《せう》量《〱》
おろし生薑《せうが》　少《せう》量《〱》
さらし葱《ねぎ》　少《せう》量《〱》
粉胡椒《こしよう》　少《せう》量《りやう》

炊方の手順　これも前《まへ》條の如《ごと》くなるべく新鮮《あたらし》き鰯《いわし》を擇《えら》びまして先《ま》づ頭部《あたま》をもぎ去《さ》り、直《たゞ》ちに指頭《ゆびさき》にて腹部《はら》を開《あ》けまして腸《わた》を除《のぞ》き清淨《きれい》に水洗《みづあら》ひいたして水氣《みづけ》を斷《き》り、再《ふた》び俎上《まないた》にとりまして全部《ぜんぶ》の鰭《ひれ》をよく截去《きりさ》り、尚《な》ほよく腹骨《うすみ》を除《のぞ》いて置《お》きます、それより右記《みぎ》分量《ぶんりやう》の白米《おこめ》を桶中《おけ》に加《い》れ、ほどよく水《みづ》を加《くは》へましてよく洗《ご》ぎ、全《まつた》く清淨《きれい》になりましたら笊《ざる》に上《あ》げ、直《たゞ》ちにお釜中《かま》に移加《うつしいれ》まして右《みぎ》分量《ぶんりやう》の清水《みづ》と酒《さけ》と醬油《しやうゆ》を加《くは》へてほどよく加減《かげん》をいたし、直《たゞ》ちに鰯《いわし》をその中《なか》へ逆《さかさ》にいたして挿込《さしこ》みます、尤《もつと》もその挿具《さしぐ》合《あひ》は、尾《を》の方《はう》だけ白米《こめ》の上面《うへ》に出《いづ》るやういたして置《お》かねばいけません、さういたしましたら蓋《ふた》をいたして直《たゞ》ちに炊《た》きにかゝります、頓《やが》て蒸《む》れ終《あが》りましたら手早《てはや》く蓋《ふた》を開《と》つて尾《を》頭《さき》をつまみ、ほどよく引脫《ひきぬ》きまするとも清《き》

浄《れい》に骨《ほね》だけは脱《ぬ》けまして肉《にく》のみ殘《のこ》りまする故《ゆへ》、直《たゞ》ちに御《ご》飯《はん》杓《しやく》子《し》にてかき混《ま》せてお飯《は》櫃《ち》に移《うつ》加《しと》り、ほどよく茶《ちや》碗《わん》に盛《も》り、右《み》記《ぎ》の香《こう》料《れう》の中《うち》お好《このみ》のを擇《えら》んで少《せう》々《〳》ふりかけ、なるべく熱《あつ》いうちを食《しよく》します

（注意）凡《すべ》て恁《か》ういふ脂《あぶ》肪《ら》氣《け》の強《つよ》い魚《ぎよ》類《るゐ》を使《もち》用《ひ》まして拵《こしら》へまする御《ご》飯《はん》は、なるべく召《めし》食《あが》れる量《かさ》だけを見《み》計《はから》ひまして、少《すこ》しも殘《のこ》らんやうにいたさぬといけません、甚《ざ》麼《う》も冷《さ》却《め》ましては什《い》麼《か》にも腥《なまぐさ》くいたして風《ふう》味《み》がよろしくム《ござ》いませんから、炊《た》きたての處《こころ》を召《めし》食《あが》るやうになさいませ、又《また》前《ま》條《へ》の如《ごと》く清《すまし》汁《じる》を拵《こしら》へまして、それを注《か》けて召《めし》食《あが》つても御《ご》隨《ずゐ》意《い》でム《ござ》います、それから蜜《み》柑《かん》がム《ござ》います時《じ》季《ぶん》でム《ござ》いましたら、陳《ちん》皮《ぴ》を拵《こしら》へてふりかけますると、ほどよく腥《なまぐさ》氣《け》を消《け》しましてよろしうム《ご》います、それからこの御《ご》飯《はん》には山《やま》かけ豆《ごう》腐《ふ》のお椀《わん》に茄《な》子《す》の龜甲《かめのこ》燒《やき》などがよろしふム《ござ》いませう

山《やま》かけ豆《ごう》腐《ふ》のお椀《わん》調《こし》理《らひ》法《かた》　（十人分）

豆《ごう》腐《ふ》　三箇《こ》

つくね芋《いも》　八錢《せん》ほど

濃《こひ》煮《に》出《だ》汁《し》　六合《がふ》
醤油《しやうゆ》　五勺《しやく》
山葵《わさび》　小《せう》一本《ぽん》

先《ま》づ右《み》記《ぎ》のお豆《ごう》腐《ふ》を爼《まな》上《いた》に載《の》せ、二分《ぶ》四角《かく》ほどの大《おほき》さに截《き》つて清《み》水《づ》を加《い》れましたらお鍋《な》中《べ》に加《い》れ、それよりつくね芋《いも》を水《みづ》洗《あら》ひいたし、布《ふ》巾《きん》にて水《みづ》氣《け》を拭《ぬぐ》ひまして庖《はう》刀《てう》にて皮《かは》を剝《ひき》去《さ》り、擂《すり》鉢《ばち》の中《なか》へおろし金《がね》を加《い》れましてその中《なか》にておろし、それより摺《すり》木《こぎ》にてよく摺《す》り、よく冷《さ》却《ま》してム《ござ》います濃《こ》い煮《に》出《だ》汁《し》三勺《しやく》と醤油《しつうゆ》一勺《しやく》ほどを少《せう》々《〱》づゝ加《くは》へながら摺《すり》伸《のば》します、今《こん》度《ど》はお豆《ごう》腐《ふ》をお鍋《なべ》に加《い》れたまゝ火《ひ》に架《か》け、一と沸《ふつ》騰《ごう》いたしましたら直《たゞ》ちにお鍋《なべ》を下《お》ろして置《お》き、それより別《べつ》鍋《なべ》に殘《のこ》分《り》の煮《に》出《だ》汁《し》を全《ぜん》部《ぶ》加《あ》けて火《ひ》に架《か》けます、ほどよく沸《ふつ》騰《ごう》いたしましたら右《み》記《ぎ》のお豆《ごう》腐《ふ》を灰《はひ》篩《ふるい》にてその中《なか》へ篩《ふるひ》込《こ》み、仍《そこ》で四勺《しやく》の醤《しやう》油《ゆ》を加《くは》へまして味《あぢ》の加《か》減《げん》をいたします、それより前《ま》記《へ》のとろゝ汁《じる》を別《べつ》の小《こ》鍋《なべ》に加《あ》け、そのお鍋《なべ》のまゝお豆《ごう》腐《ふ》を掬《すくひ》上《あ》げましたるお鍋《な》中《べ》に浮《う》かせて火《ひ》に架《か》け、ほどよく溫《あたゝま》りましたらお豆《ごう》腐《ふ》を汁《しる》ご共《ごも》に椀《お》中《わん》に七分《ぶ》ほど注《つ》ぎ込《こ》み、尙《な》ほその上《う》部《へ》より右《み》記《ぎ》のとろゝ汁《じる》を加《くは》へ

まして、おろし山葵《わさび》を少々《せう〳〵》添《そ》へるので厶《ござ》います、それでおろし山葵《わさび》の拵《こしら》方《かた》は前《ま》條《へ》にも記《の》述《べ》ました如《ごと》く、葉《は》付《つき》の處《ところ》を鉛筆《えんぴつ》を削《けづ》るやうにいたしてから擦《おろ》せばよろしふ厶《ござ》います

次《つ》ぎは

茄子《なす》の龜甲《かめのこ》焼《やき》拵方《こしらへかた》(十人分)

大茄子《おほなす》	十箇《こ》
味淋《みりん》	三勺《しやく》
醤油《しやうゆ》	五勺《しやく》
胡麻油《ごまのあぶら》	少々《せう〳〵》
細《ほそ》く削《けづ》りだる鰹節《かつぶし》	適量《てきりやう》

先《ま》づ茄子《なす》を水中《みづ》に加《い》れてよく洗《あら》ひ、直《たゞ》ちに引上《ひきあ》げまして布巾《ふきん》にて水氣《みづけ》を拭《ぬぐ》ひ、それより蔕《へた》の付根《つけね》より截去《きりさ》りまして縦《たて》に二ツに截放《きりはな》ちます、それより小刀《こがたな》の先《さき》にて茄子《なす》の皮《かは》と肉《にく》との間《あひだ》を截放《きりはな》さぬやうに皮界《かはさかひ》まで截込《きりこ》みまして、更《さら》に斜《はす》に菱形《ひしがた》に截込《きりこみ》ます、それで全部《ぜんぶ》が截《き》れましたら今度《こんど》はほどよく二本《ほん》の金串《かなぐし》を刺《さ》しまして小鍋《こなべ》に胡麻油《ごまのあぶら》を加《い》れて火《ひ》に架《か》け、よく沸《ふつ》

騰《ごう》させましてそれを小《こ》刷《は》毛《け》にて茄《な》子《す》の肉《にく》めの方《はう》に塗《ぬり》付《つ》けて置《お》きます、それから別《べつ》の小《こ》鍋《なべ》に右《み》記《ぎ》分《ぶん》量《りやう》の味《み》淋《りん》と醤《しやう》油《ゆ》とを加《い》れて火《ひ》に架《か》け、よく沸《ふつ》騰《こう》いたしましたら手《て》早《はや》くお鍋《なべ》を下《お》ろし、それより中《ちう》火《び》の兩《あこ》端《さき》に煉《れん》瓦《ぐわ》を一本《ぽん》づゝ横《よこ》に置《お》きましてその上《う》部《へ》に二本《ほん》の鐵《てつ》串《きう》を渡《わた》し、その上《う》部《へ》に載《の》せまして先《ま》づ肉《にく》めの方《かた》より炙《や》き、ほどよく焦《こ》げましたら裏《うら》返《かへ》しをいたして右《み》記《ぎ》の煮《に》汁《しる》を小《こ》匙《さぢ》にて肉《にく》めの方《はう》に灌《そゝ》ぎ注《か》け、そのまゝ炙《や》きまして串《くし》を脱《ぬ》き、尚《な》ほ細《ほそ》く削《けづ》りましたる鰹《かつ》節《ぶし》を少《せう》々《〳〵》づゝ載《の》せ、全《まつた》く炙《や》けましたら串《くし》を脱《ぬ》いて一入《にん》分《ぶん》に二箇《こ》づゝ盛《も》つて供《きやう》するので厶《ござ》います

さんま飯《めし》の炊《たき》方《かた》

説明　これに使《つか》用《ひ》ますさんまはなるべく新《しん》鮮《せん》なる鹽《しほ》氣《け》の淡《あま》味《い》のを擇《えら》びまして、それからいろ〳〵の炊《たき》方《かた》が厶《ござ》いますが、茲《こゝ》に記《の》述《べ》ますのは、普《ふ》通《つう》行《おこな》はれて居《お》りますのよりは少《すこ》しく輕《けい》便《べん》なのを記《き》載《さい》いたします、それでこの御《ご》飯《はん》はなるべく熱《あつ》いうちを召《めし》喰《あが》りませんと、冷《さ》却《め》ましては甚《さ》麽《う》も腥《なまぐさ》くていけません

〔材料の分量〕

白《こ》米《め》　一升《しよう》
清《み》水《づ》　一升《しよう》
醬《しやう》油《ゆ》　適《てき》量《りやう》
淡《うす》い煮《に》出《だ》汁《し》　適《てき》量《りやう》
加《か》藥《やく》　刻《きざ》み葱《ねぎ》　少《せう》々
　　せんきり生《せう》薑《が》　少《せう》々

炊方の手順　先《ま》づさんまを水《み》中《づ》に加《い》れ、サット洗《あら》いまして水《み》氣《づけ》を斷つて俎《まな》上《いた》に載《の》せ、例《れい》の手《て》順《じゆん》によりまして三枚《まい》におろし、腹骨を去《さ》りまして尚《な》ほよく小《こ》骨《ほね》を除《のぞ》き、ほどよく血《ち》肉《あひ》と皮《かは》とを除《のぞ》きまして、それより中《ちう》火《び》の上《う》部《へ》に餅《もち》炙《やき》網《あみ》を載《の》せ、それがよく熱《あつ》くなりましたら右《み》記《ぎ》のさんまの肉《にく》を載《の》せて炙《や》きます、なるべく焦《こが》さぬやうに炙《や》きまして片《かた》面《めん》が炙《や》けましたら裏《うら》返《がへ》しをいたし、表《りやう》裏《めん》共《とも》に炙《や》けましたら網《あみ》より下《お》ろして清《き》淨《れい》なる布《ふ》巾《きん》に包《つゝ》んでなるべく細《こま》少《か》にむしり、更《さら》に擂《すり》鉢《ばち》に加《い》れて擂《すり》木《こぎ》にてよく擂《す》つて置《お》きます、それより右《み》記《ぎ》分《ぶん》量《りやう》の白《こ》米《め》を桶《お》中《け》に加《い》れ、ほどよく清《み》水《づ》を加《くは》へま

してよく洗《ご》ぎ、清《き》淨《れい》になりましたら再《さい》三《さん》水《みづ》を替《か》へましてお釜《か》中《ま》に加《い》れ、水《みづ》加《か》減《げん》をいたしまして平《つ》素《ね》の御《ご》飯《はん》の加《か》減《げん》にて炊《た》きます、頓《やが》て蒸《な》れまして飯《お》櫃《はち》に移《うつ》取《しご》らんといたします際手《て》早《はや》く右《み》記《ぎ》のさんまの肉《にく》をその中《なか》へ加《い》れほどよく混《ま》ぜながら飯《お》櫃《はち》に移《うつ》取《しご》り、茶《ちや》碗《わん》に盛《も》りまして極《ご》くあつさりといたしたお清《すま》汁《し》を拵《こしら》へ、その上《う》部《へ》より注《か》けまして加《か》藥《やく》を添《そ》へて供《きやう》します、それからその付《つけ》合《あはせ》には、蕪《か》菁《ぶ》菜《な》の胡《ご》麻《ま》あへなどがよろしふム《ござ》いませう

蕪《か》菁《ぶ》菜《な》の胡《ご》麻《ま》あへ拵《こしらへ》方《かた》(十人分)

蕪《か》菁《ぶ》の菜《な》　八把《は》分《ぶん》
砂《さ》糖《たう》　五匁《もんめ》
醬《しやう》油《ゆ》　八勺《しやく》
黑《くろ》胡《ご》麻《ま》　一合《がふ》

右《み》記《ぎ》の蕪《か》菁《ぶ》の葉《は》の黄《き》色《いろ》なのを去《さ》り、直《たゞ》ちに水《み》中《づ》に加《い》れましてよく洗《あら》ひ、手《て》早《はや》く笊《ざる》に上《あ》げまして再《さい》三《さん》水《みづ》を注《か》けてよく水《みづ》氣《け》を斷《き》つて置《お》きます、それよりお鍋《な》中《べ》にそれに被《か》ぶるほどに清《み》水《づ》を加《い》れて火《ひ》に架《か》けます、よく沸《ふつ》騰《とう》いたしましたらその中《なか》へ右《み》記《ぎ》の蕪《か》菁《ぶ》の葉《は》を加《い》れましてほどよく煠《ゆ》で、軟《やわら》

かになりましたら笊《ざる》に取《と》つて水《みづ》氣《け》を斷《き》つて置《お》きます、よく冷《さ》却ましたら再《ふた》、び水《みづ》氣《け》を堅《かた》く搾《しぼ》りまして少《せう》々《〳〵》づゝ爼《まな》上《いた》に載《の》せ、五分《ぶ》ほどの長《なが》さに截《き》つて又《また》も水《みづ》氣《け》を斷《き》つて丼《どんぶり》又《また》は鉢《はち》に加《い》れ三勺《しやく》ほどの醤油《しやうゆ》を加《くは》へ、箸《はし》にてよくかきまはし。置《お》きます、それより右《み》記《ぎ》分《ぶん》量《りやう》の黒《くろ》胡《ご》麻《ま》を小《こ》桶《おけ》に加《い》れ、ほどよく清《み》水《づ》を加《くは》へてよくかきまはし、塵《ちり》を流《なが》し去《さ》りまして直《たゞ》ちに笊《ざる》に布《ふ》巾《きん》をあてゝ、その中《なか》へ加《あ》けて水《みづ》氣《け》をよく搾《しぼ》り、今《こん》度《ご》は焙《はう》烙《ろく》に加《あ》けましてそのまゝ火《ひ》の上《うへ》に架《か》け、絕《た》へず御《ご》飯《はん》杓《しやく》子《し》にてかきまはして、ほどよく炒《い》れましたら乾《かは》きました擂《すり》鉢《はち》に加《い》れ、その中《なか》へ加《あ》けまして摺《すり》木《こぎ》にてよく摺《す》り、どろ〳〵になりましたらそれを度《ご》といたして五勺《しやく》の醤油《しやうゆ》と五匁《もんめ》の砂《さ》糖《たう》を加《くは》へて尚《な》ほよく摺《すり》混《ま》せ、味《あぢ》の加《か》減《げん》を試《み》まして右《み》記《ぎ》の蕪《か》菁《ぶ》を搾《しぼ》つてその中《なか》へ加《い》れ、箸《はし》にてかきまはしまして再《ふた》、び味《あぢ》の加《か》減《げん》を試《み》て供《きやう》します

京《かみ》阪《がた》流《りう》千《せん》疋《びき》飯《めし》の炊《たき》方《かた》

説明　この千《せん》疋《びき》と申《もう》します名《めい》稱《しやう》は、澤《たく》山《さん》の小《こ》魚《うを》を使《もち》用《ゐ》て御《ご》飯《はん》に炊《たき》込《こむ》といふ處《こころ》から斯《か》く命《な》名《づけ》たもので厶《ござ》いまして、如《い》何《か》なる小《こ》魚《ざかな》を使《つか》用《ひ》まするかと

申《もう》すと、京阪《あちら》では縮緬《ちりめん》雑魚《ざこ》と申《もう》して、これは東京《とうきやう》にて乾白魚《しらすぼし》と申《もう》しますもの丶一種《しゆ》で厶《ござ》いますが、これを購求《もとめ》ます際《ござ》にはなるべく新鮮《しんせん》の色澤《いろけ》の純白《しろい》のを擇《えら》ぶの必要《ひつえう》が厶《ござ》います、と申《もう》します譯《わけ》は、あまり黄味《きはみ》を帯《おび》て居《お》りますのは、品《しな》が古《ふる》く厶《ござ》いまして且《か》つ脂肪《あぶら》氣《け》が浮《う》き出《だ》し、そして鹽《しほ》氣《に》が鹹《から》過《すぎ》ていけませんから左様《さやう》御《ご》承知《しやうち》を希《ねが》ひ度《た》い、尤《もつこ》も時季《ごき》によりますると生乾《なまび》の極《ご》く鹽《しほ》氣《け》の淡味《あまい》のがまいることが厶《ござ》います、さういふのを擇《えら》んで拵《こしら》へまするど至極《しごく》適當《てきたう》で厶《ござ》います

〔材料の分量〕

白米《こめ》	一升《しよう》
清水《みづ》	一升《しよう》
縮緬《ちりめん》雑魚《ざこ》	白米《こめ》の十分《ぶん》の二
煮出汁《にだし》	適量《てきりやう》
生酒《きざけ》	少《せう》々く
醤油《しやうゆ》	適量《てきりやう》

（香料《やくみ》）

揉《も》み淺草海苔《あさくさのり》	少《せう》量く
おろし山葵《わさび》	少《せう》量く

徴《み》塵《ぢん》生《せう》薑《が》　少《せう》量〱

炊方の手順　右《み》記《ぎ》分《ぶん》量《りやう》の縮《ちり》緬《めん》雜《ざ》魚《こ》を少《せう》々〱づゝ乾《かは》きましたる盆《ぼん》の如《ごと》きものゝ中《なか》へあけ、箸《はし》にてよく塵《ちり》や芥《ごみ》を除《のぞ》きまして全《ぜん》部《ぶ》をさういたし終《おは》りましたら直《たゞ》ちに水《み》中《づ》に加《い》れ、手《て》にてかきまはしながら清《き》淨《れい》に洗《あら》ひ、二三回《くわい》ほど清《み》水《づ》を替《か》へまして鹽《しほ》氣《け》が脫《ぬ》けましたら笊《ざる》に上《あ》げてよく水《みづ》氣《け》を斷《き》つて置《お》きます、それから白《こ》米《め》を桶《お》中《け》に加《い》れ、ほどよく水《みづ》を加《くは》へましてよくかきまはし、數《すう》回《くわい》水《みづ》を替《か》へましてよく洗《こ》ぎ、清《き》淨《れい》になりましたら笊《ざる》に上《あ》げ直《たゞ》ちにお釜《か》中《ま》に移《うつ》加《しい》れ、右《み》記《ぎ》分《ぶん》量《りやう》の清《み》水《づ》を加《くは》へてほどよく加《か》減《げん》をなし、蓋《ふた》をいたし、火《ひ》に架《か》け、直《たゞ》ちに炊《た》きに係《かゝ》ります、暫《しば》時《ら》くいたして火《ひ》を引《ひ》かんといたしまする際《ごき》に手《て》早《はや》く蓋《ふた》を開《ご》りまして右《み》記《ぎ》の縮《ちり》緬《めん》雜《ざ》魚《こ》をその上《う》部《へ》にふりかけ、又《また》も蓋《ふた》をいたしてそのまゝにいたし置《お》き、頓《やが》て蒸《む》れ終《あが》りましたら手《て》早《はや》く御《ご》飯《はん》杓《しやく》子《し》にてかき混《ま》せ、それよりお飯《ひ》櫃《つ》に移《うつ》加《しご》りまして直《たゞ》ちに茶《ちや》碗《わん》に盛《も》り、その上《う》部《へ》に揉《もみ》海《の》苔《り》又《また》はおろし山《わさ》葵《び》を添《そ》へ、前《ま》記《へ》より拵《こしら》へてあります清《すまし》汁《じる》を注《か》けて供《きやう》します、この清《すま》汁《し》を拵《こしら》へますにも、且《や》尙《はり》前《ま》條《へ》の如《ごと》くお鍋《な》中《べ》に煮《に》出《だ》汁《し》と生《き》酒《さけ》とを加《い》れて火《ひ》に架《か》けます、二三回《くわい》ほど沸《ふつ》

騰《とう》いたしまするとに酒《しゆ》氣《け》が失《う》せますから、それを度《ど》といたしてほどよく醤《しやう》油《ゆ》を注《さ》し、味《あぢ》の加《か》減《げん》を試《み》ましてお鍋《なべ》を下《お》ろし、そのまゝお椀《わ》中《ん》に注《つぎ》込《こ》んで供《きやう》します、それから揉《もみ》海《の》苔《り》と申《もう》しますのは、淺《あさ》草《くさ》海《の》苔《り》を火《ひ》にて焙《あぶ》りまして美《うつく》しく綠《あ》色《を》く變《な》りましたるものを、手《て》にてよく揉《も》みほぐしたものでムい《ござ》ます、次《つ》ぎにおろし山《わさ》葵《び》を拵《こしら》へますには、山《わさ》葵《び》をタワシにてよくこすりまして清《き》淨《れい》に水《みづ》洗《あらひ》をいたし、黒《くろ》きいぼ〳〵の部《とこ》分《ろ》を庖《はう》刀《てう》にてこそげ去《さ》りまして莖《くき》の處《ところ》を鉛《えん》筆《ぴつ》を削《けづ》るやうにいたして削《けづ》り、それより目《め》の細《こま》小《か》なる擦《おろし》金《がね》にておろします、さういたしまするとねばり氣《き》が出《い》でまして寔《まこと》に辛《から》くなります、それからこの御《ご》飯《はん》に付《つけ》合《あはせ》ますには納《なつ》豆《とう》汁《じる》などがよろしかろうと思《おも》ひます

納《なつ》豆《とう》汁《じる》の拵《こしらへ》方《かた》（十人分）

普《なみ》味《み》噌《そ》	三錢《せん》ほど
納《なつ》豆《とう》	二錢《せん》ほど
豆《とう》腐《ふ》	一本《ほん》の半《はん》分《ぶん》
葱《ねぎ》	一本《ほん》

清《み》水《づ》　七合《がふ》

先《ま》づ右《み》記《ぎ》分《ぶん》量《りやう》のお味《み》噌《そ》を擂《すり》鉢《ばち》に加《い》れ、よく擂《す》れましたら七合《がふ》の清《み》水《づ》を少《せう》々《く》づゝ加《くは》へながらだん〳〵に擂《すり》溶《のば》し、それよりお鍋《な》中《べ》に味《み》噌《そ》漉《こし》又《また》は毛《すゐ》篩《のう》をあてましてその中《なか》へ加《あ》けて漉《こ》します、それが漉《こ》せましたら直《たゞ》ちに火《ひ》に架《か》けまして置《お》き、今《こん》度《ど》は納《なつ》豆《とう》を俎《まな》上《いた》に載《の》せ、庖《はう》刀《てう》にてほどよく細《こま》少《か》に截《き》つて、お味《み》噌《そ》が沸《ふつ》騰《とう》いたしましたらその中《なか》へ投《い》れ、それよりお豆《とう》腐《ふ》を掌《てのひら》にて砕《つぶ》しましてこれもその中《なか》へ投《い》れます、仍《こゝ》でお汁《しる》が沸《ふつ》騰《とう》いたしましたら上《う》部《へ》に浮《う》き上《あが》りまする泡《あ》沫《わ》を掬《すく》ひ去《さ》つて直《たゞ》ちにお鍋《なべ》を下《お》ろし、そのまゝお椀《わ》中《ん》に盛《も》つて供《きやう》します、併《しか》し葱《ねぎ》はさらし葱《ねぎ》にいたして少《せう》々《く》投《い》れます

京《かみ》阪《がた》流《りう》鯛《たひ》の鮞《こ》飯《めし》の炊《たき》方《かた》

説明 玆《こゝ》に記《の》述《べ》ます魚《ぎよ》飯《はん》は専《もつぱ》ら京《かみ》阪《がた》地《ち》方《はう》に於《おい》て行《おこな》はれて居《お》ります仕《し》方《かた》でムい《ござ》まして、その藥《やく》味《み》には山《き》椒《の》芽《め》又《また》は小《こ》紫《し》蘇《そ》などを使《つか》用《ひ》ます、それから味《あぢ》の鹽《あん》梅《ばい》加《か》減《げん》は且《や》尚《はり》醬《しやう》油《ゆ》でいたすのでムい《ござ》ます

〔材料の分量〕

鯛《たひ》の鮞《こ》　適《てき》量《りやう》

白《こ》米《め》　適《てき》量《りやう》
清《み》水《づ》　適《てき》量《りやう》
醤《しやう》油《ゆ》　少《せう》々く
鰹《かつ》節《ぶし》の煮《に》出《だ》汁《し》　適《てき》量《りやう》
山《き》椒《の》芽《め》　少《せう》々く
小《こ》紫《し》蘇《そ》の葉《は》　少《せう》々く

（香《やく》料《み》）

炊方の手順　これも前《ま》條《へ》の如《ごと》く白《こ》米《め》をよく洗《さ》ぎまして笊《ざる》にあけ、それより右《み》記《ぎ》分《ぶん》量《りやう》の清《み》水《づ》と共《とも》にお釜《か》中《ま》に加《い》れて炊《た》きます、併《しか》しその前《ま》條《へ》よりなるべく新《しん》鮮《せん》なる鯛《たひ》の鮞《こ》を擇《えら》びまして清《き》淨《れい》に水《みづ》洗《あらひ》をいたし、水《みづ》氣《け》をよく拭《ぬぐ》ひまして爼《まな》上《いた》にとり、適《てき》宜《ぎ》の大《おほき》さに截《き》りまして、お鍋《な》中《べ》に熱《ねつ》湯《たう》を沸《わか》し、よく沸《ふつ》騰《とう》いたしましたらその中《なか》へ加《い》れ、落ち蓋《ふた》をいたしてほどよく煠《ゆ》で、煠《ゆ》で終《あが》りましたら鍋《なべ》を下《お》ろして布《ふ》巾《きん》を笊《ざる》にあてゝその中《なか》へ加《あ》け、堅《かた》く水《みづ》氣《け》を搾《しほ》りまして倘《な》ほよく指《ゆび》頭《さき》にてもみほぐして置《お》きます、又《また》布《ふ》巾《きん》に包《つゝ》みましたまゝ水《み》中《づ》に加《い》れ、よくその中《なか》で晒《さら》しながら揉《も》みほぐして差《さし》支《つかへ》は厶《ござ》いませんが、なるべく水《みづ》氣《け》をよく斷《き》つて置《お》かねばいけません、それで御《ご》

飯《はん》が炊《た》き終《あが》りましたら、お飯《ひ》櫃《つ》に移《うつ》し加ります際、手《て》早《はや》くその中《なか》へ混《ま》ぜこんで終《しま》へます、それより右《み》記《ぎ》分《ぶん》量《りやう》の煮《に》出《だ》汁《し》をお鍋《た》中《べ》に加《い》れて火《ひ》に架《か》け一と沸《ふつ》騰《ごう》いたしましたらほどよく醬《しやう》油《ゆ》を加《くは》へまして味《あぢ》の加《か》減《げん》をいたし、御《ご》飯《はん》を茶《ちや》碗《わん》に盛《もり》付《つ》けましたらお椀《わ》中《ん》にこのお清《すま》汁《し》を加《い》れ、且《や》尙《はり》紫《し》蘇《そ》と芽《め》山《さん》椒《しやう》を清《き》淨《れい》に水《みづ》洗《あらひ》をいたしてよく水《みづ》氣《け》を斷《き》り、なるべく細《こま》小《か》に刻《きざ》んで小《こ》皿《さら》に加《い》れて添《そ》へます

東《こう》京《きやう》流《りう》鯛《たひ》の鰏《こ》飯《めし》の炊《たき》方《かた》

說明 この方《はう》の炊《たき》樣《やう》は前《ま》條《へ》のと違《ちが》ひまして。最《さい》初《しよ》より鰏《こ》を生《き》酒《ざけ》と醬《しやう》油《ゆ》にてほどよく味《あぢ》をつけて置《お》きましてそれを御《ご》飯《はん》中《ちう》に炊《た》き込《こ》んだもので厶《ござ》います、尙《や》且《はり》香《やく》料《み》は大《たい》した違《ちがひ》は厶《ござ》いませんせん

〔材料の分量〕 新《しん》鮮《せん》なる鯛《たひ》の鰏《こ》一尾《びき》分《ぶん》

白《こ》米《め》 一升《しよう》

清《み》水《づ》 一升《しよう》

清《き》酒《ざけ》 三勺《しやく》

（香料《やくみ》）

醤油《しやうゆ》	五勺《しやく》
味淋《みりん》	六勺《しやく》
粉《こ》山椒《さんしやう》	少《せう》々〳〵
粉《こ》蕃椒《たうがらし》	少《せう》々〳〵
さらし葱《ねぎ》	少《せう》々〳〵
揉《も》み淺草海苔《あさくさのり》	少《せう》々〳〵

炊方の手順

先《ま》づ右記《みぎ》の鯛《たひ》の鮞《こ》を清淨《きれい》に水洗《みづあらひ》をいたして笊《ざる》に上《あ》げ、よく水氣《みづけ》を斷《き》りまして組上《まないた》に載《の》せ、適宜《てきぎ》の大《おほき》さに截《き》つて置《お》きます、それよりお鍋中《なべ》にほどよく清水《みづ》を加《い》れまして火《ひ》に架《か》け、よく沸騰《ふつこう》いたしましたらその中《なか》へ鮞《こ》を加《い》れまして落《お》ち蓋《ふた》をし、二三回《くわい》ほど沸騰《ふつこう》組上《まないた》にとり、適宜《てきぎ》に截《き》りましてお鍋中《なべ》に熱湯《ねつこう》を沸《わか》し、よく沸騰《ふつこう》いたしましたらその中《なか》へ加《い》れ、落《お》ち蓋《ふた》をいたしてほどよく煠《ゆ》で、五六回《くわい》ほど沸騰《ふつこう》いたしましたらその湯《ゆ》を去《さ》りましてほどよく醤油《しやうゆ》と煮《に》きり味淋《みりん》とを加《くは》へて手早《てはや》く箸《はし》にてかきまはし、少《すこ》しく淡味《うすあぢ》の加減《かげん》に煮《に》つけ、なるべくボロ〳〵にほぐしてお鍋《なべ》を下《お》ろして置《お》きます、それから御飯《ごはん》を炊終《たきあ》げましてお飯櫃《はち》に移取《うつしご》りま

す際《とき》その中《なか》へ混《ま》ぜ、直《たゞ》ちに移《うつ》し取《と》りまして茶碗《ちやわん》に盛《も》り、火《ひ》にて焙《あぶ》りましたる淺《あさ》草《くさ》海《の》苔《り》をなるべく細《こま》少《か》に揉《も》みほぐしてその上《う》部《へ》よりふりかけ、なるべく淡《うす》味《あぢ》に拵《こしら》へましたる生《き》清《すま》汁《し》を灌《そゝ》ぎ注《か》けて供《きやう》します、いづれもこの御《ご》飯《はん》に取《とり》合《あはせ》ますお料《れう》理《り》品《ひん》は、花《はな》かき鯛《たひ》のお指《さ》身《し》代《かはり》に鯛《たひ》のつけ揚《あ》げなどがよろしふム《ござ》います

花《はな》かき鯛《たひ》の調《こしら》理《ひ》法《かた》（五人分）

中《ちう》位《くらゐ》なる鯛《たひ》	一尾《びき》
小《せう》なる山《わさ》葵《び》	一本《ぽん》
醬《しやう》油《ゆ》	三勺《しやく》
煮《に》出《だ》汁《し》	一勺《しやく》

先《ま》づ鯛《たひ》を俎《まな》上《いた》に載《の》せまして表《りやう》裏《めん》の鱗《こけ》を去《さ》り、鰓《えら》を除《のぞ》きまして腹《は》部《ら》を開《あ》け腸《わた》を除《のぞ》きまして清《き》淨《れい》に水《みづ》洗《あらひ》をいたし、頭《かし》部《ら》を截《きり》去《さ》りまして三枚《まい》におろし腹《うす》骨《み》を除《のぞ》きまして俎《まな》上《いた》と庖《はう》刀《てう》とを清《き》淨《れい》に拭《ぬぐ》ひ、それより鯛《たひ》の皮《かは》めの方《はう》を下《した》向《むき》にいたして薄《うす》及《ば》庖《はう》刀《てう》にて頭《かしら》の方《はう》より尾《を》の方《はう》へと肉《にく》めをこきますると肉《にく》が薄《うす》くとれますから、そのとき取《と》りましたる肉《にく》をだん〳〵に

重《かさ》ねまして五ツ山《やま》ほど拵《こしら》へ、ほどよく刺《さし》身《み》皿《さら》に盛《もり》付《つ》けましてその傍《わき》に山《わさ》葵《び》のおろしたのを添《そ》へ、それより右《み》記《ぎ》分《ぶん》量《りやう》の煮《に》出《だ》汁《し》と醬油《しやうゆ》の混《ま》和《ぜ》ましたのを小《こ》皿《ざら》に加《い》れて供《きやう》します、それでこれは進《すゝ》め肴《さかな》と申《もう》してあまり澤《たく》山《さん》に盛《もり》付《つけ》ぬ方《はう》がよろしふム《ござ》います

鯛《たひ》のつけ揚《あ》げ拵方《こしらへかた》

鯛《たひ》の殘肉《のこりにく》　一尾《びき》分《ぶん》
食《し》鹽《ほ》　少《せう》々く
メリケン粉《こ》　少《せう》々く
醬《しやう》油《ゆ》　適《てき》量《りやう》
砂《さ》糖《たう》　少《せう》々く
古《ひ》根《ね》生《せう》薑《が》　少《せう》々く
胡《ご》麻《ま》油《あぶら》　少《せう》々く

これは前《ま》條《へ》に使《つか》用《ひ》ましたる鯛《たひ》の殘肉《のこりにく》を俎《まな》上《いた》に載《の》せ、よく介《かい》殼《がら》の如《ごと》きものにてこそげ取《ご》りまして、それより頭《あた》部《ま》に被《か》ぶるほどにお鍋《な》中《べ》に清《み》水《づ》を入《い》れて火《ひ》に架《か》け、一と沸《ふつ》騰《ごう》いたしましたら右《み》記《ぎ》の頭《あた》部《ま》及《およ》び骨《ほね》を加《い》れまして

少《せつ》量《りやう》の鹽《しほ》を加《くは》へ、ほどよく煠《ゆ》でまして、直《たゞ》ちにお鍋《なべ》を下《お》ろして笊《ざる》にあけます、よく水《みづ》氣《け》を斷《き》りまして小《こ》骨《ほね》や鱗《こけ》などを清《き》淨《れい》に除《のぞ》きまして細《こま》少《か》にむしつて置《お》きます、仍《そこ》で前《ま》記《へ》にむしり置《お》きましたる鯛《た》肉《ひ》と共《ごも》に混《ま》合《ぜ》まして直《たゞ》ちに生《せう》薑《が》の皮《かは》を剝《む》き去《さ》り、薄《うす》く片《へ》ぎまして更《さら》にそれを五六枚《まい》づゝ重《かさ》ねて縱《たて》横《よこ》に微《み》塵《ぢん》に刻《きざ》み、一《ちよ》寸《つこ》水《み》中《づ》に投《い》れて洗《あら》ひ手《て》早《はや》く布《ふ》巾《きん》に包《つゝ》みまして堅《かた》く水《みづ》氣《け》を搾《しぼ》つて右《み》記《ぎ》の鯛《た》肉《ひ》に混《ま》ぜ、今《こん》度《ど》は少《せう》量《りやう》の醬油《しやうゆ》とほどよく砂《さ》糖《たつ》を加《くは》へて味《あぢ》の加《か》減《げん》をいたし、それよりその量《かさ》に十分《ぶん》の一位《ぐらゐ》なるメリケン粉《こ》を加《くは》へまして尚《な》ほよく混《ま》ぜ、乾《かは》きましたる板《いた》の上《う》部《へ》に少《せう》量《りやう》のメリケン粉《こ》をふりかけましてその上《う》部《へ》に取《と》り、伸《の》し棒《ぼう》にもメリケン粉《こ》を少《せつ》々《〱》つけましてそれに二分《ぶ》ほどの厚《あつ》さに伸《のば》します、それから薄《うす》及《は》庖《はう》刀《てう》にて、巾《はゞ》八分《ぶ》、長《なが》さ二寸《すん》位《ぐらゐ》づゝに截《き》りまして、乾《かは》いたる鐵《てつ》鍋《なべ》に胡《ご》麻《まの》油《あぶら》を加《い》れて中《ちう》火《び》に架《か》け、よく油《あぶら》が沸《ふつ》騰《ごう》いたしましたらその中《なか》へ右《み》記《ぎ》の鯛《た》肉《ひ》の伸《のば》したのを投《い》れ、ほどよく裏《うら》返《かへ》しをいたして表裏《りやうめん》を揚《あ》げ、狐色《きつねいろ》に揚《あが》りましたら西《せい》洋《やう》紙《し》を敷《し》きましたるお皿《さ》中《ら》にとり、よく油氣《あぶらけ》を斷《き》りましてお皿《さ》中《ら》に盛《も》り、尚《な》ほ春《しゆん》菊《ぎく》の黑《くろ》胡《ご》麻《ま》和《あへ》などを盛《もり》添《そ》へます

春菊《しゆんぎく》の黑胡麻《くろごま》あへ調理法《こしらへかた》

春菊《しゆん》 一把《わ》
黑胡麻《くろごま》 五勺《しやく》
醤油《しやうゆ》 五勺《しやく》
煮出汁《にだし》 二勺《しやく》

右記《みぎ》の春菊《しゆんぎく》の根端《ねぎは》を截去《きりさ》りまして葉《は》ばかりを摘《つ》み、直《たゞ》ちに水中《みづ》に投《い》れてお鍋中《なべ》よく洗《あら》ひ、充分《じうぶん》に洗《あら》へましたら笊《ざる》に上《あ》げ、再三《さいさん》清水《みづ》を注《か》けましてお鍋中《なべ》にそれに被《か》ぶるほどに清水《みづ》を加《い》れて火《ひ》に架《か》け、よく沸騰《ふつとう》いたしましたら右記《みぎ》の春菊《しゆんぎく》を投《い》れ、ほどよく煠《ゆ》でまして笊《ざる》に上《あ》げ、そのまゝ水中《みづ》に移投《うつしい》れ、灰汁《あく》を脱《ぬ》きます。尤《もつと》も三十分間《ぷんかん》ほど斯《か》く浸《つ》けて置《お》きまするが、その間《あひだ》に三回《くわい》ほど清水《みづ》を替《か》へねばいけません、それが浸《つ》けてあります間《あひだ》に五勺《しやく》の黑《くろ》胡麻《ごま》を器《うつは》に加《い》れ、ほどよく清水《みづ》を加《くは》へましてよくかきまはし、塵《ちり》の無《な》いやうに洗《あら》ひ流《なが》し、清浄《きれい》になりましたら笊《ざる》に布巾《ふきん》をあてましてその中《なか》へ加《あ》け、布巾《ふきん》の四端《よすみ》を持《も》つて堅《かた》く水氣《みづけ》を搾《しほ》り、焙烙《はうろく》に加《い》れて火《ひ》に架《か》け、御飯杓子《ごはんしやくし》にてかきまはしながら炒《い》れましたら乾《かは》きましたる擂鉢《すりばち》に加《い》れて

擂《すり》木《こぎ》にてよく擂《す》り、どろ〳〵になりましたらそれを度《ど》として一勺《しやく》ほどの醤《しやう》油《ゆ》を加《くは》へ、倘《な》ほよく擂《すり》混《ま》ぜまして丼《どんぶり》に毛《すゐ》篩《のう》を被《かぶ》せ、その裏《う》面《へ》に少《せう》々〳〵宛《づ》つ取《と》りまして御《ご》飯《はん》杓《しやく》子《し》の平《ひ》面《ら》の方《はう》にてこすりつけるやうにして裏《うら》漉《こし》をいたして置《お》きます、仍《そこ》で前《まへ》記の春《しゆん》菊《ぎく》を堅《かた》く搾《しぼ》りまして俎《まな》上《いた》に載《の》り、五六分《ぶ》ほどの長《なが》さに截《き》りまして丼《どんぶり》に加《い》れ、二勺《しやく》の煮《に》出《だ》汁《し》と三勺《しやく》の醤《しやう》油《ゆ》を加《くは》へてよくかきまはし、手《て》早《はや》く輕《かる》く搾《しぼ》りまして右《み》記《ぎ》の裏《うら》漉《こし》をいたしましたる胡《ご》麻《ま》の中《なか》へ加《い》れ、よくかきまはして味《あぢ》の加《か》減《げん》を試《み》て盛《もり》合《あは》せます

あなごの丼《どんぶり》めし調《てう》理《り》法《はふ》

説明 これはあなごを鰻《うなぎ》の如《ごと》く蒲《かば》焼《やき》にいたし、丼《どんぶり》飯《めし》を調《こし》理《らへ》るので厶《ござ》います、あなごにはいろ〳〵種《しゆ》類《るゐ》が厶《ござ》いまして非《ひ》常《じやう》にお美《いし》味《い》いのと不《ま》美《づ》味《い》のが厶《ござ》いますから、茲《こゝ》にその種《しゆ》類《るゐ》の説《せつ》明《めい》をいたします、先《ま》づ料《れう》理《り》用《よう》として一番《ばん》よろしいのは眞《ま》あなごで厶《ござ》いましてこれが上《じやう》等《とう》で厶《ござ》います、これは皮《かは》が軟《やはら》かで脂《あぶ》肪《ら》氣《け》が多《おほ》く、且《か》つ風《ふう》味《み》がよろしふ厶《ござ》います、それから黒《くろ》あなごと申《もう》しますのは、黒《くろ》い星《ほし》が厶《ござ》いまして骨《ほね》が多《おほ》く殆《ほとん》ど食《しよく》用《よう》には適《てき》しませ

んからその心得《つもり》にてお購《もと》求《め》なさらんといけません、又《また》銀《ぎん》あなごと申《もう》しますのは、その色《いろ》が黄《き》ばんで居《お》りまして、これは主《おも》にお惣《さう》菜《さい》用《よう》によろしふ厶《ござ》います、けれども兎《ど》ても眞《ま》あなごの風《ふう》味《み》には敵《かな》いません

〔材料の分量〕

白《こ》米《め》　一升《しよう》
清《み》水《づ》　一升《しよう》
中位《ちうぐらゐ》のあなご　適《てき》量《りやう》
醤《しやう》油《ゆ》　四分《ぶ》
味《み》淋《りん》　六分《ぶ》

先《ま》づあなごを一本《ぽん》づゝ頭《あた》部《ま》を右《み》方《ぎ》に、腹《は》部《ら》を向《むかう》にいたして爼《まな》上《いた》に載《の》せ、眼《め》の下《し》部《た》に錐《きり》を打《う》ちまして頭《あた》部《ま》の付《つけ》根《ね》を輕《かる》く截《き》込《こ》み、その截《きり》口《ぐち》に庖《はう》刀《てう》の先《さき》を加《い》れまして尾《お》の方《はう》へと截《きり》開《ひら》きます、直《たゞ》ちに腸《わた》を除《のぞ》きまして中《なか》骨《ほね》を除《のぞ》き、鰭《ひれ》と頭《あた》部《ま》を截《きり》去《い》りまして程《ほど》よく鹽《しほ》水《みづ》にて洗《あら》ひ、粘《ねばり》氣《け》を去《さ》りまして更《さら》に清《ま》水《みづ》にて洗《あら》ひ、水《みづ》氣《け》を布《ふ》巾《きん》にて拭《ぬぐ》ひ、恰《てう》度《ど》鰻《うなぎ》の蒲《かば》炙《やき》をいたします如《やう》に三本《ぼん》の金《かな》串《ぐし》を刺《さ》します、これまでがあなごの下拵《したごしらへ》で厶《ござ》いますが、實《じつ》はその前《まへ》より煮《た》汁《れ》を拵《こしら》へて置《お》かねばいけません、それを拵《こしら》へますには右《み》記《ぎ》分《ぶん》

量《りよう》の味淋《みりん》と醤油《しやうゆ》をお鍋中《なべ》に加《い》れて火《ひ》に架《か》け、三四回《くわい》ほど沸騰《ふつとう》させてお鍋《なべ》を下《お》ろして置《お》きます、それから中《ちう》火《び》の兩端《りやうはし》に一本《ぽん》づゝ煉瓦《れんぐわ》を横《よこ》に置《お》き、その上部《うへ》に二本《ほん》の鐵串《てつきう》を渡《わた》してその上部《うへ》に載《の》せ、片面《かためん》が炙《や》けましたら指《ゆび》頭《さき》にて串《くし》を捻《ひね》りまして裏返《うらかへ》しをなし、四五回《くわい》ほど右記《みぎ》の煮汁《にしる》を灌《そゝ》ぎ注《か》けて炙《やき》終《あ》げるので厶《ござ》います、それが炙《や》け終《あが》ります間《あひだ》に御《ご》飯《はん》を炊《た》き終《あ》げまして飯《お》櫃《はち》に取《ご》り、直《たゞ》ちに丼《どん》鉢《ぶり》に八分《ぶん》目《め》ほど盛《も》り、その上部《うへ》に右記《みぎ》のあなご又《また》の蒲《かば》炙《やき》を載《の》せ尚《な》ほその煮汁《たれ》をほどよく注《か》けて蓋《ふた》をいたして供《きやう》します、小《こ》皿《ざら》に粉《こ》山《さん》椒《しやう》を少《せう》々添《そ》へるもよろしふ厶《ござ》います

あなごつくも丼《どんぶり》めし調《こし》理《らへ》法《かた》

説明 このつくも丼《どん》飯《ぶり》と申《まを》します名稱《めいしやう》は、即《すなは》ちつくも煮《に》のあなごを炊《た》き立《た》ての御《ご》飯《はん》の上部《うへ》に載《の》せて召《め》し喰《あが》るからさういふので厶《ござ》います

〔材料の分量〕 白《こ》米《め》 一升《しよう》
清《み》水《づ》 一升《しよう》
中《ちう》位《くらゐ》のあなご 十尾《ぴき》

糸《いと》三《み》ツ葉《は》　一把《は》
木《き》乾《はし》椎《しひ》茸《たけ》　一合《ごう》
味《み》淋《りん》　五勺《しやく》
煮《に》出《だ》汁《し》　二合《ごう》五勺《しやく》
醬《しやう》油《ゆ》　五勺《しやく》
鷄《たま》卵《ご》　四箇《こ》

先《ま》づ前《まへ》條の手《て》順《じゆん》にてあなごを下拵《したこしらへ》いたしまして直《たゞ》ちに鹽《しほ》水《みづ》の中《なか》へ投《い》れ、よく粘氣《ねばりけ》をとりまして更《さら》に清《み》水《づ》にて洗《あら》ひ、そのまゝ笊《ざる》にとつて水《みづ》氣《け》を斷《き》つて置《お》きます、それより水《み》中《づ》に浸《つ》けて厶《ござ》いまする木《き》乾《はし》の椎《しひ》茸《たけ》を引《ひき》上《あ》げ、堅《かた》く水《みづ》氣《け》を搾《しぼ》りまして俎《まな》上《いた》にとり、軸《ぢく》を截《きり》去《さ》つて大《だい》なれば四片《きれ》、小《せう》なればニ《ふた》片《きれ》づゝに截《き》り、今《こん》度《ど》はそれをお鍋《な》中《べ》に移《うつ》し被《かぶ》るほどの清《み》水《づ》を加《い》れまして火《ひ》に架《か》け、落《お》ち蓋《ぶた》をいたして軟《やわら》かに煠《ゆ》で、よく煠《ゆだ》りましたら引《ひき》上《あ》げて水《み》中《づ》にとり、そのまゝ冷《さ》却《ま》して置《お》きますそれより糸《いと》三《み》ツ葉《は》の根《ねぎ》端《は》を截《きり》去《さ》り、水《みづ》洗《あらい》いたして五分《ぶ》位《ぐらゐ》の長《なが》さに截《き》り、また水《みづ》洗《あらい》いたしましてお中《な》鍋《べ》に熱《ねつ》湯《ごう》を沸《わ》かしてその中《なか》へ投《い》れ、サツト煠《ゆ》でまして水《み》中《づ》にとり、よく

水《みづ》氣《け》を搾《しぼ》つて置《お》きます、今《こん》度《ど》は七《しち》輪《りん》に火《ひ》を起《おこ》しましてその上《うへ》部に餅《もち》炙《やき》網《あみ》を載《の》せ、その上《うへ》部に前《まへ》記のあなごを載《の》せてほどよく表《りやう》裏《めん》を炙《や》きます、表《りやう》裏《めん》共《とも》に炙《や》けましたら又《また》も俎《まな》上《いた》に取《と》り、一寸《すん》宛《づゝ》の長《なが》さに截《き》り、仍《そこ》で小《こ》鍋《なべ》に煮《に》出《だ》汁《し》三勺《しやく》と醤《しやう》油《ゆ》一勺《しやく》を加《くは》へて火《ひ》に架《か》け、一と沸《ふつ》騰《とう》いたしましたら右《みぎ》記の煮《に》汁《しる》の中《なか》へ椎《しひ》茸《たけ》を加《い》れましてこれも軟《やはら》かに煮《に》終《あ》げてお皿《さら》中に取《と》り、それから中《ちう》位《ぐらゐ》のお鍋《なべ》中に五勺《しやく》の味《み》淋《りん》と二勺《しやく》の醤《しやう》油《ゆ》を加《くは》へまして火《ひ》に架《か》けます、それからよく沸《ふつ》騰《とう》いたしましたら前《まへ》記のあなごを加《い》れほどよく色《いろ》がつくほどに煮《に》終《あ》げましてその中《なか》へ二合《がふ》二勺《しやく》ほどの煮《に》出《だ》汁《し》を加《い》れ、椎《しひ》茸《たけ》と糸《いと》三ツ葉《ば》を加《くは》へ、落《お》ち蓋《ふた》をいたして一寸《ちよつと》煮《に》込《こみ》ます、それより鉢《はち》中に四箇《こ》の玉《たま》子《ご》を一箇《こ》づゝ破《わり》込《こ》み、よく殼《か》片《け》のムいませんやうに注《ちう》意《い》をいたして手《て》早《はや》く四五本《ほん》の箸《はし》にてよくかきまはし、右《みぎ》記のお鍋《なべ》中に加《あ》け、再《ふた》び火《ひ》に架《か》けましてサツト煮《に》てお鍋《なべ》を下《お》ろし、炊《たき》立《たて》の御《ご》飯《はん》を茶《ちや》碗《わん》又《また》は丼《どん》鉢《ぶり》に八分《ぶん》目《め》ほど盛《も》り、その上《うへ》部にほどよく右《みぎ》記の煮《に》ましたるつゝくゝも煮《に》を載《の》せ廣《ひろ》げ、その煮《に》汁《しる》を注《か》けて供《きやう》します

山吹《やまぶき》めしの炊方《たきかた》

說明　これは一《いつ》種《しゆ》の玉《たま》子《ご》めしで厶《ござ》いまして、寔《まこと》にその拵方《こしらへかた》も簡《かん》便《べん》で、且《か》つ風《ふう》味《み》もよろしふ厶《ござ》います、それから何《い》時《つ》にても容《よう》易《い》に出《で》來《き》ますから臨《りん》時《じ》の客來《きやくらい》などには至《し》極《ごく》重《てう》寶《はう》なる御《ご》飯《はん》で厶《ござ》います、それからこの御《ご》飯《はん》に取《ごり》合《あは》せまする調《てう》理《り》品《ひん》は、鰺《あぢ》の醋《す》、おとしのお吸《すひ》物《もの》に蕗《ふき》のから煮《に》などがよろしふ厶《ござ》いませう

〔材料の分量〕

白《こ》米《め》　一升《しよう》五合《がふ》
清《み》水《づ》　一升《しよう》五合《がう》
玉《たま》子《ご》　七箇《こ》
食《し》鹽《ほ》　八匁《もんめ》
味《み》淋《りん》　五勺《しやく》
砂《さ》糖《たう》　五匁《もんめ》
酒《さけ》　一合《がふ》

炊方の順　先《ま》づ右《み》記《ぎ》の玉《たま》子《ご》を一箇《こ》づゝ小《こ》鉢《はち》に破《わ》り、よく殼《か》片《け》の厶《ござ》いま

せぬやうに注意《ちうい》をいたしまして大鉢《おほはち》に移《うつ》し、手早《てはや》く四五本《ほん》の箸《はし》を持《も》ちましてかきまはし、全《まつた》く蛋黄《きみ》と蛋白《しろみ》とが混和《まじり》ましたら五勺《しやく》の味淋《みりん》と五匁《もんめ》のお砂糖《さたう》と三匁《もんめ》の鹽《しほ》とを加《くは》へてよく箸《はし》にてかきまはし、充分《ちうぶん》に混和《まじり》ましたらお鍋中《なべ》に加《い》れて火《ひ》に架《か》け、倘《な》ほ絶《た》えず今度《こんど》は御飯《ごはん》杓子《しやくし》にてかきまはして焦《こ》げつかせぬやうにいたして炒付《いりつけ》ます、それにて玉子《たまご》が出來《でき》ましたら今度《こんど》は御飯《ごはん》にかゝります、その手順《てじゆん》は右記《みぎ》分量《ぶんりやう》のお白米《こめ》を桶中《おけ》に加《い》れ、ほどよく清水《みづ》を加《くは》へてよく洗《ご》ぎ、再三《さいさん》清水《みづ》を替《か》へて笊《ざる》にあけ、直《たゞ》らにお釜中《かま》に加《い》れて五匁《もんめ》の鹽《しほ》と一合《がふ》の酒《さけ》を加《くは》へ水加減《みづかげん》をいたし、平素《つね》の如《ごこ》き加減《かげん》にて炊終《たきあ》げ、飯櫃《おはち》に移取《うつしご》らんとする際《ごき》右記《みぎ》の炒玉子《いりたまご》を混《ま》せながら移取《うつしご》り、それよりお茶碗《ちやわん》に盛《も》り、鰺《あぢ》の酢《す》おとしと蕗《ふき》のから煮《に》とを添《そ》へて供《きやつ》します

鰺《あぢ》の酢《す》おとし調理法《こしらへかた》（十八分）

小《こ》鰺《あぢ》　二十尾《びき》
食《し》鹽《ほ》　八匁《もんめ》
茗《めう》荷《が》　二本《ほん》

煮出汁《にだし》 一升《しよう》
醤油《しやうゆ》 一勺《しやく》
醋《す》 二勺《しやく》

右記《みぎ》の小鰺《こあぢ》を俎上《まないた》に載《の》せ、先《ま》づ尾端《おぎは》のゼンゴを表裏《りやうめん》共《とも》に截去《きりさ》りまして頭部《あたま》を截放《きりはな》ち、腹部《はら》を開《あ》けまして腸《わた》を除《のぞ》き、箸《はし》の先《さき》にてよく腹中《はら》をこそげて清浄《きれい》に水洗《みづあらひ》をいたし、水氣《みづけ》を斷《き》りまして再《ふた》び俎上《まないた》に載《の》せ、五匁《もんめ》ほどの鹽《しほ》を全部《ぜんぶ》にふりかけましてそのまゝ十分間《ぷんかん》ほど置《お》きます、頓《やが》てその時間《じかん》が經過《たち》ましたら茗荷《めようが》を水洗《みづあらひ》いたし、水氣《みづけ》をよく斷《き》りまして俎上《まないた》に載《の》せ、一分《ぶ》ほどの厚《あつ》さに斜《はす》に截《き》り、直《たゞ》ちに水中《みづ》に投《い》れて灰汁《あく》を脱《ぬ》き、それより右記《みぎ》分量《ぶんりやう》の煮出汁《にだし》をお鍋中《なべ》に加《い》れ、火《ひ》に架《か》けまして一二回《くわい》沸騰《ふつごう》いたしましたら三匁《もんめ》ほどの鹽《しほ》を加《くは》へて前記《まへ》の鰺《あぢ》を加《い》れ、それに火《ひ》が通《とほ》りましたらほどよく醤油《しやうゆ》を注《さ》しまし、て味《あぢ》の加減《かげん》を試《こゝろ》み、尙《な》ほ醋《す》を加《くは》へまして再《ふた》び味《あぢ》の加減《かげん》を試《み》まして右記《みぎ》の茗荷《めようが》を水中《みづ》より搾出《しほりいだ》し、ほどよくお椀中《わん》に加《い》れましてその中《なか》へ鰺《あぢ》と共《とも》に清汁《すまし》を注《つ》ぎ込《こ》み、そのまゝ椀中《わん》の蓋《ふた》をいたして供《きやう》します

蕗《ふき》のから煮《に》拵方《こしらへかた》

中位《ちうぐらゐ》の蕗《ふき》　五十本《ほん》
醤油《しやうゆ》　一合《がふ》
赤蕃椒《あかごうがらし》　三本《ほん》

先《ま》づ右記《みぎ》の蕗《ふき》の兩端《あごさき》を截去《きりさ》り、直《たゞ》ちに一寸《すん》ほどの長《なが》さに截《き》り、皮《かは》を剝去《むきさ》りましてそのまゝ淺《あさ》き笊《ざる》に列《なら》べて天火《てんぴ》に乾《かはか》します、一二時間《じかん》ほども經過《たち》ましたら取込《とりこ》みましてそのまゝお鍋《なべ》中に加《い》れ、少量《せうりやう》の醤油《しやうゆ》を加《い》れまして火《ひ》に架《か》け、暫時《しばら》く煮込《にこみ》ましてよくかきまはし、その煮汁《にしる》を搾去《しぼりさ》つて更《さら》に二合《がふ》ほどの醤油《しやうゆ》を加《くは》へて又《また》も火《ひ》に架《か》けます、仍《そこ》で赤蕃椒《あかごうがらし》の兩端《あごさき》を截去《きりさ》り、竹串《たけぐし》にて核《たね》を除《のぞ》き、尚《な》ほ一分《ぶ》ほどづゝの長《なが》さに輪截《わぎり》にいたしてその中《なか》へ投《い》れ、よく箸《はし》にてかきまはしながら煮込《にこ》むので厶《ござ》います、それで大略《ほゞ》煮《に》汁《しる》が減《つま》りましたらそれを度《ど》としてお鍋《なべ》を下《お》ろして小《こ》鉢に移取《うつしと》りて供《きやう》します

京阪流櫻花飯の炊方《かみがたりうさくらめしのたきかた》

京阪流櫻花飯の炊方

説明 この櫻《さく》花《ら》飯《めし》と申《もう》すのは、いろ〳〵の炊《たき》方《かた》が厶《ござ》いまして先《ま》づ一《いつ》般《ぱん》に行《おこな》はれて居りますのが、普《ふ》通《つう》の御《ご》飯《はん》の中《なか》へ食《しよく》料《れう》紅《べに》を少《せう》々〳〵混《こん》じまして、ほどよく櫻《さく》花《ら》色《いろ》の加《か》減《げん》に炊《た》き終《あ》げましたもので、其《その》他《た》には鹽《しほ》漬《づけ》の櫻《さくら》の葉《は》の香《かほ》氣《り》を付《ふ》したる御《ご》飯《はん》を申《もう》すので厶《ござ》います。それで玆《こゝ》に説《せつ》明《めい》いたしますのは、一種《しゆ》の章《た》魚《こ》飯《めし》で厶《ござ》います

〔材料の分量〕

白《こ》米《め》　一升《しよう》
清《み》水《づ》　一升《しよう》
章《た》魚《こ》の脚《あし》　適《てき》量《りやう》
煮《に》出《だ》汁《し》　適《てき》量《りやう》
醤《しやう》油《ゆ》　少《せう》々〳〵

〔香《やく》料《み》〕
粉《こ》山《さん》椒《しよう》　少《せう》々〳〵
さらし葱《ねぎ》　少《せう》々〳〵

炊方の手順 なるべく新《しん》鮮《せん》なる章《た》魚《こ》を擇《えら》びまして腸《わた》を去り、清《き》淨《れい》に水《みづ》洗《あらひ》をいたして脚《あし》を一本《ぽん》づゝに截《きり》放《はな》ち、よく布《ふ》巾《きん》にて水《みづ》氣《け》を拭《ぬぐ》ひまして、乾《かは》きましたる俎《まな》上《いた》に載《の》せ、木《こ》口《ぐち》よりなるべく薄《うす》く輪《わ》截《ぎり》にいたし、それより

白《お》米《こめ》をよく水洗《みづあらひ》いたして釜《かま》に仕《し》かけ、右記《みぎ》分量《ぶんりやう》の清水《みづ》を加減《かげん》いたして炊《た》きます、頓《やが》て御飯《ごはん》が出來《でき》終《あが》らんといたします際《ごき》にその上部《うへ》に載《の》せ、そのまゝ蓋《ふた》をいたしまして、お飯櫃《はち》に移《うつ》し取《ご》ります際《ごき》手早《てはや》くかきませて移取《うつしご》り、今度《こんど》は右記《みぎ》分量《ぶんりやう》の煮出汁《にだし》をお鍋中《なべ》に加《い》れて火《ひ》に架《か》け、一と沸騰《ふつごう》いたしましたらほどよく醤油《しやうゆ》を加《くは》へまして味《あぢ》の加減《かげん》をいたし、直《たゞ》ちにお鍋《なべ》を下《お》ろしてお椀中《わん》に注《つ》ぎ、それより御飯《ごはん》を茶碗《ちやわん》に盛付《もりつ》けまして香料《やくみ》を加《い》れたる小皿《こざら》と共《とも》に添《そ》へて供《きやう》します

肥《ひ》前《ぜん》の船《せん》頭《ごう》飯《めし》の炊方《たきかた》

説明 これは昔時《むかし》より肥前《ひぜん》の唐津《からつ》地方《ちはう》に於《お》きまして、専《もつは》ら船人《せんごう》等《ら》の行《おこな》ひます一種《しゆ》の經濟的《けいざいてき》料理法《れうりはふ》でムい《ござ》ます、その風味《ふうみ》は寔《まこご》にお美味《いし》く、且《か》つ甚《はなは》だ輕便《けいべん》なる調理法《てうりはふ》でム《ござ》います

〔材料の分量〕 白米《こめ》 一升《しよう》
清水《みづ》 一升《しよう》
味噌《みそ》 適量《てきりやう》

煮《に》出《だ》汁《し》　適《てき》量《りやう》
蕪《か》菁《ぶ》　適《てき》量《りやう》

炊方の手順　先《ま》づこの御《ご》飯《はん》を炊《た》きますには、蕪《か》菁《ぶ》の兩《あご》端《さき》を截《きり》去《さ》りましてよく水《みづ》洗《あらひ》をいたし、大《だい》なれば三四分《ぶ》ほどの大《おほき》さに截《き》り、又《また》小《こ》蕪《か》菁《ぶ》で厶《ござ》いましましたら薄《うす》く截《き》りましてお鍋《な》中《べ》を沸《わか》してその中《なか》へ投《い》れ、サット煠《ゆ》でまして直《たゞ》ちに笊《ざる》に上《あ》げ、そのまゝ水《みづ》氣《け》を斷《き》つて置《お》きます、それより右《み》記《ぎ》分量《ぶんりやう》のお味《み》噌《そ》を擂《すり》鉢《ばち》に加《い》れ、擂《すり》木《こぎ》にてよく摺《す》り、充《ぢう》分《ぶん》に摺《す》れましたら、且《や》尚《はち》分《ぶん》量《りやう》の煮《に》出《だ》汁《し》の三分《ぶん》の一ほど加《くは》へましてほどよく溶き、それよりお鍋《な》中《べ》に味《み》噌《そ》漉《こし》をあてましてその中《なか》へ漉《こ》し込《こ》み、殘《のこ》分《り》の煮《に》出《だ》汁《し》を加《くは》へてよくかきまはして置《お》きます、今《こん》度《ど》は白《こ》米《め》を桶《お》中《け》に加《い》れ、清《み》水《づ》を加《くは》へましてよくゞかきまはし再《さい》三《さん》水《みづ》を替《か》へて清《き》淨《れい》に洗ぎましたら笊《ざる》に上《あ》げ、直《たゞ》ちに釜《か》中《ま》に移《うつ》しまして右《み》記《ぎ》分《ぶん》量《りやう》の清《み》水《づ》を加《くは》へ蓋《ふた》をいたし、火《ひ》を炊《たき》付《つ》けまして常《つね》の御《ご》飯《はん》を炊《た》く加《か》減《げん》にて炊《た》きます、それより暫《しば》時《ら》くいたして火《び》を引《ひ》去《き》ましたら前《ま》記《へ》の味《み》噌《そ》汁《しる》のお鍋《な》中《べ》を火《ひ》に架《か》け、一と沸《ふつ》騰いたしましたら煠《ゆ》でました蕪《か》菁《ぶ》を投《い》れ、ほどよく軟《やはら》かに煮《に》ましてお鍋を下《おろ》し、恰《てう》度《ど》さういたしますず

と御《ご》飯《はん》が蒸《む》れますからお釜《かま》を下《お》ろしまして手《て》早《はや》く飯《お》櫃《はち》に移《うつし》取《と》り仍で右《み》記《ぎ》の蕪《か》菁《ぶ》汁《じる》をお椀《わん》に半《はん》分《ぶん》ほど注《つ》ぎ込《こ》み、その中《なか》へ御《ご》飯《はん》を加《い》れまして箸《はし》にてかきまはして食《しよく》します、尤《もつと》も加《か》藥《やく》には粉《こ》山《さん》椒《しよ》、粉《こ》蕃椒《こうがらし》、粉《こ》胡椒《しやう》、刻《きざ》み陳《ちん》皮《び》など各《みな》自《さん》のお好《この》みのを少《せう》々〱づゝふりかけて供《きやう》します、それからこの御《ご》飯《はん》は主《おも》に防《ばう》寒《かん》用《よう》の食品《しよくひん》として至《し》極《ごく》適《てき》當《たう》で厶《ござ》います

豐《ぶん》後《ご》の黄《わう》飯《はん》の炊《たき》方《かた》

説明　一と口《くち》に黄《わう》飯《はん》と申《もう》しまするど甚《はなは》だ贅《ぜい》澤《たく》の樣《やう》に思《おも》ひますが、茲《こゝ》に記《の》述《べ》ますのは左《さ》樣《やう》なものとは違《ちが》ひまして、專《もつは》ら經《けい》濟《さい》的《てき》美《び》味《み》なる御《ご》飯《はん》の炊《たき》方《かた》で厶《ござ》います、それで使《し》用《よう》いたしますその材《さい》料《れう》の如《ごと》きも決《けつ》して面《めん》倒《だう》なるものや高《かう》價《か》のものでは厶《ござ》いません、それからこの名《めい》稱《しやう》も豐《ぶん》後《ごの》國《くに》臼《うす》杵《き》邊《へん》にて行《おこな》はれて居《お》りますす炊《たき》方《かた》で厶《ござ》いますから斯《か》く命《めい》名〱いたしたので厶《ござ》います

〔材料の分量〕

白米《こめ》	適《てき》量《りやう》
清水《みづ》	適《てき》量《りやう》
茄子《なす》	少《せう》量〱

牛《ご》蒡《ばう》　少《せう》量〱

里《さと》芋《いも》の莖《くき》　少《せう》量〱

葱《ねぎ》　少《せう》量〱

牛《こ》尾魚《ち》　少《せう》量〱

煮《に》出《だ》汁《し》　少《せう》量〱

醬《しやう》油《ゆ》　少《せう》々〱

梔《くち》子《なし》の實《み》　少《せう》々〱

炊方の手順

先《ま》づ茄《な》子《す》の兩《あご》端《さき》を截《きり》去《さ》りまして更《さら》に二三分《ぶ》ほどの輪《わ》截《ぎり》にいたし、直《たゞ》ちに水《み》中《づ》に浸《つ》けて灰《あ》汁《く》を脱《ね》きます、それより里《さと》芋《いも》の莖《くき》も兩《あご》端《さき》を截《きり》去《さ》つて一尺《しやく》ほどに截《き》り、指《ゆび》頭《さき》にて皮《かは》を剝《む》き、これも一寸《すん》ほどの長《なが》さに截《き》つて且《や》尙《はり》水《み》中《づ》に投《い》れ、それから、牛《ご》蒡《ばう》の兩《あご》端《さき》を截《き》つて皮《かは》をこそげ、斜《はす》に庖《はう》刀《てう》めを入《い》れてなるべく薄《うす》くさゝかきにいたしてこれも水《み》中《づ》に投《い》れて灰《あ》汁《く》を脱《ね》いて置《お》きます、それから葱《ねぎ》の根《ね》端《ぎは》と靑《あを》き部《とこ》分《ろ》とを截《きり》去《さ》つて五分《ぶ》位《ぐらゐ》に截《き》り、いづれも灰《あ》汁《く》が脱《ね》けましたら笊《ざる》に上《あ》げて水《みづ》氣《け》を斷《き》り、小《こ》鍋《なべ》にほどよく煮《に》出《だ》汁《し》と醬《しやう》油《ゆ》とを加《い》れて煮《に》終《あ》げます、今《こん》度《ど》は牛《こ》尾魚《ち》を前《ま》條《へ》に記《の》

述《べ》ましたる牛尾魚《こち》飯《めし》の手順《てじゆん》にいたして三枚《まい》におろし、小骨《こほね》を去《さ》りまして再《ふた》び爼上《まないた》に載《の》せ、五六分《ぶ》ほどの賽形《さいがた》に截《き》り、これは小鍋《こなべ》に熱湯《ねつたう》を沸《わか》してその中《なか》へ投《い》れ、サツト煠《ゆ》でます、更《さら》に醬油《しやうゆ》にて味《あぢ》をつけ、これにて材料《ざいれう》の下拵《したごしらへ》が出《で》來《き》ましたら平素《つね》の加減《かげん》に御飯《ごはん》を炊《た》くので厶《ござ》いますが、その水《みづ》加減《かげん》をいたします際ほどよく梔子《くちなし》の實《み》を水《みづ》にて溶《と》かし、その汁《しる》を加《くは》へましてほどよく黄色《きいろ》の御飯《ごはん》に炊《た》き終《あげ》ます、仍《そこ》で御飯《ごはん》が出來《でき》ましたら茶碗《ちやわん》に盛《も》り、右記《みぎ》の拵《こしら》へ置《お》きましたる材料《さいれう》をその上部《うへ》に載《の》せて供《きやう》します

備前尾《びぜんを》の道《みち》の鰕《えび》茶《ちや》飯《めし》の炊方《たきかた》

說明 これは同地《ち》に於《お》きまして專《もつぱ》ら行《おこな》はれて居《お》ります一種《しゆ》の名物《めいぶつ》料理《れうり》で厶《ござ》います、これに使用《しよう》いたします材料《さいれう》は、主《おも》に車鰕《くるまえび》を用《もち》ゐましてそれを付燒《つけやき》にいたして御飯《ごはん》の上部《うへ》に載《の》せ、手早《てはや》く熱《あつ》きお茶湯《ちや》を注《か》けて召喰《めしあが》るので厶《ござ》います

〔材料の分量〕 白米《こめ》　適量《てきりやう》
清水《みづ》　適量《てきりやう》

車《くるま》鰕《えび》　適《てき》量《りやう》
食《し》鹽《ほ》　少《せう》々く
醬《しやう》油《ゆ》　少《せう》量く
淺《あさ》草《くさ》海《の》苔《り》　適《てき》量《りやう》

炊方の手順

車鰕《くるまえび》はなるべく新《しん》鮮《せん》なのを擇《えら》びまして桶《を》中《け》に加《い》れ、ほどよく清《み》水《づ》を加《くは》へましてサヽラの如《ごと》きものにてかきまはし、清《き》淨《れい》に洗《あら》ひまして笊《ざる》に上《あ》げ、よく水《み》氣《け》を斷《き》りまして俎《まな》上《いた》にとり、それより鍋《な》中《べ》に清《み》水《づ》を加《い》れて火《ひ》に架《か》け、ほどよく鹽《しほ》を加《くは》へまして二三回《くわい》ほど沸《ふつ》騰《ごう》いたしましたらその中《なか》へ右《み》記《ぎ》の鰕《えび》を投《い》れ、ほどよく煠《ゆ》だりましたら直《たゞ》ちに水《み》中《づ》にいれ、再《ふたゝ》び引《ひき》上《あ》げまして水《み》氣《け》を斷《き》つて俎《まな》上《いた》にとり、頭《かし》部《ら》をもぎ去《さ》りまして皮《かわ》を剝《む》き金《かな》串《ぐし》にて脊《せ》腸《わた》を除《のぞ》いてほどよく金《かな》串《ぐし》にて刺《さ》し、表《りやう》裏《めん》に二三回《くわい》ほど生《き》醬《しやう》油《ゆ》を注《か》けまして中《ちう》火《び》にて炙《や》き、片《かた》面《めん》が炙《ヤ》けましたら指《ゆび》頭《さき》にて串《くし》を捻《ひね》りまはして裏《うら》返《がへ》しをいたし、表《りやう》裏《めん》共《とも》に炙《や》けましたら串《くし》を脱《ぬ》きまして又《また》も俎《まな》上《いた》に取《と》り、庖《はう》刀《てう》にて木《こ》口《ぐち》より細《こま》少《か》に截《き》ります、それより炊《た》きたての御《ご》飯《はん》の中《なか》へそれを混《ま》ぜ、よくかきまはして茶《ちや》碗《わん》に盛《も》り、生《き》醬《しやう》油《ゆ》を少《せう》々く灌《そゝ》ぎ、

その上部《うへ》に淺草《あさくさ》海苔《のり》の焙《あぶ》りましたのを細少《こまか》に揉《も》みかけ、手早《てはや》く燒《あつ》き茶《お》湯《ちや》を注《か》けて召《めし》喰《あが》るので厶《ござ》います

注意《ちうい》　これは車鰕《くるまえび》には限《かぎ》りません、芝《しば》鰕《えび》にても差《さし》支《つかへ》は厶《ござ》いません、それからあまり焦《こ》がさぬやうに炙《や》き終《あ》げるので厶《ござ》います

舞子《まひこ》飯《めし》の調《こし》理《らへ》法《かた》

説明　一名を舞子《まひこ》丼《どん》飯《ぶり》とも申《もう》します、これは炊《たき》立《たて》の御《ご》飯《はん》の上部《うへ》にどぢやうの蒲《かば》燒《やき》を載《の》せ、尚《な》ほその上部《うへ》よりその煮《た》汁《れ》を灌《そゝ》ぎ注《か》けましたもので厶《ござ》います

〔材料の分量〕（十人分）

白《こ》米《め》　適《てき》量《りやう》
清《み》水《づ》　適《てき》量《りやう》
鰌大《ごぜうだい》なるもの　七十尾《びき》
醤《しやう》油《ゆ》　一合《がふ》
砂《さ》糖《たう》　二十匁《もんめ》

酒《さけ》　五勺《しやく》

調理法の手順　右《み》記《ぎ》分《ぶん》量《りやう》のお酒《さけ》を鍋中《なべ》に加《い》れて火《ひ》に架《か》け、二三回《くわい》ほど沸《ふ》騰《りう》いたしましたらお砂《さ》糖《たう》と醬油《しやうゆ》とを加《い》れてよく混《ま》ぜ、一と沸《ふつ》騰《こう》させましておお鍋《なべ》を下《お》ろし、それよりあなごの手《て》順《じゆん》によりまして鰌《ごぜう》を截《きり》開《ひら》き、中《なか》骨《ほね》と腸《わた》とを除《のぞ》きまして水《みづ》洗《あらひ》をいたし、よく水《みづ》氣《け》を布《ふ》巾《きん》にて拭《ぬぐ》ひ、再《ふたゝ》び俎《まな》上《いた》に載《の》せ、三尾《びき》づゝ横《よこ》に列《なら》べ、ほどよく三本《ぼん》の金《かな》串《ぐし》を刺《さ》し、中《ちう》火《び》を平《たひら》にいたしましてその両《あご》端《さき》に一本《ぽん》づゝ煉《れん》瓦《ぐわ》を横《よこ》に置《お》き、その上《う》部《へ》に二本《ほん》の鐵《てつ》棒《ぼう》を渡《わた》し、その上《う》部《へ》に載《の》せて炙《や》きます、サッと片《かた》面《めん》が炙《や》けましたら指《ゆび》頭《さき》にて串《くし》を捻《ひね》りまはして裏《うら》返《かへ》しをいたし、表裏《りやうめん》共《とも》に炙《や》けましたら右《み》記《ぎ》の煮《に》汁《しる》を三四回《くわい》ほど表裏《りやうめん》につけて焙《あぶ》り乾《かはか》し、それより御《ご》飯《はん》の炊《たき》立《たて》を丼《どん》鉢《ぶり》に盛《も》り、その上《う》部《へ》にほどよく右《み》記《ぎ》の炙《や》きましたのを載《の》せ、その煮《た》汁《れ》を灌《そゝ》ぎ注《か》けて供《きやう》します

鰌《ごぜう》の玉《たま》子《ご》飯《めし》調理《こしらへ》法《かた》

說明　これは炊《たき》立《たて》の御《ご》飯《はん》の上《う》部《へ》に鰌《ごぜう》の骨《ね》脫《き》を載《の》せたるもので厶《ござ》います

〔材料の分量〕

白《こ》米《め》	適《て》量《りやう》
清《み》水《づ》	適《て》量《りやう》
大《だい》なる鰌《ごぜう》	五十尾《びき》
牛《ご》蒡《ばう》	大《だい》一本《ほん》
煮《に》出《だ》汁《し》	二合《がふ》
砂《さ》糖《たう》	三十匁《もんめ》
醤《しやう》油《ゆ》	八勺《しやく》
玉《たま》子《ご》	四箇《こ》

調理法の手順

これも前《ま》條《へ》の手《て》順《じゆん》にて鰌《ごぜう》を截《きり》開《ひら》き、中《なか》骨《ほね》と腸《わた》とを除《のぞ》きまして清《き》淨《れい》に水《みづ》洗《あらひ》をいたし、布《ふ》巾《きん》にて水《みづ》氣《け》を拭《わぐ》つて置《お》きます、それより少《せう》量《りやう》の清《み》水《づ》をお鍋《な》中《べ》に加《い》れて火《ひ》に架《か》け、一と沸《ふつ》騰《こう》いたしましたら右《み》記《ぎ》の鰌《ごぜう》を加《い》れ、二三回《くわい》ほど沸《ふつ》騰《こう》させて直《たゞ》ちに笊《ざる》に上《あ》げて置《お》きます、今《こん》度《ど》は牛《ご》蒡《ばう》の兩《あご》端《さき》を截《きり》去《さ》りまして皮《かは》をこそげ、縦《たて》に庖《はう》丁《てう》めを入《い》れまして鉛《えん》筆《ぴつ》を削《けづ》るやうになるべく薄《うす》削《けづり》にいたし、手《て》早《はや》く水《み》中《づ》に投《い》れて灰《あ》汁《く》を脱《ぬ》きます、尤《もつと》

もその間《あひだ》に三四回《くわい》ほど清水《みづ》を替《か》へまして笊《ざる》にあけ、よく水氣《みづけ》を斷《き》りましてお鍋《なべ》中に平《たひら》にならして加《い》れ、右《み》記《ぎ》分《ぶん》量《りやう》の煮《に》出《だ》汁《し》と砂《さ》糖《たう》及《およ》び醬《しや》油《つゆ》を加《くは》へて火《ひ》に架《か》け、三四回《くわい》ほど沸《ふつ》騰《とう》せしめてお鍋《なべ》を下《お》ろし、その牛《ご》蒡《ばう》の上《う》部《へ》に鰙《さぜう》の皮《かは》目《め》の方《はう》を上《うは》向《むき》にいたして列《なら》べ、落《お》ち蓋《ぶた》をいたして再《ふた》び火《ひ》に架《か》け、尚《な》ほ五六回《くわい》ほど沸《ふつ》騰《とう》させまして味《あぢ》の加《か》減《げん》を試《こゝろ》み、それより一箇《こ》づゝ片《かた》口《くち》に玉《たま》子《ご》を破《わ》り、よく殼《か》片《け》の無《な》いやうに注《ちう》意《い》をいたし、手《て》早《はや》く五六本《ぼん》の箸《はし》にてかきまはし、全《まつた》く蛋《き》黄《み》と蛋《しろ》白《み》とが混《まじ》和《り》ましたら一面《めん》にその上《う》部《へ》に注ぎ込《こ》み、そのまゝ落《お》ち蓋《ぶた》をいたしてお鍋《なべ》を下《お》ろし、それより炊《たき》立《たて》の御《ご》飯《はん》を丼《どんぶり》又《また》は茶《ちや》碗《わん》に盛《も》り、その上《う》部《へ》に右《み》記《ぎ》の鰙《さぜう》を碎《くづ》さぬやうに掬《すく》ひ取《と》つて載《の》せ、ほどよくその煮《に》汁《しる》を注《か》けて供《きやう》します

牡《か》蠣《き》飯《めし》の炊《たき》方《かた》

説明　これもその土《と》地《ち》土《と》地《ち》によりまして多《た》少《せう》の違《ちがひ》が厶《ござ》います、茲《こゝ》に説《せつ》明《めい》いたしますのは、普《ふ》通《つう》一《いつ》般《ぱん》に行《おこな》はれて居《を》ります方《はう》法《はふ》で厶《ござ》います、又《また》土《と》地《ち》によりますとその上《う》部《へ》より玉《たま》子《ご》を破《わり》込《こ》み、そのまゝ蒸《む》して供《きやう》する仕《し》方《かた》も

ム《ござ》います

〔材料の分量〕

白《こ》米《め》　適《てき》量《りやう》
清《み》水《づ》　適《てき》量《りやう》
新《しん》鮮《せん》なる牡《か》蠣《き》　白《こ》米《め》の十分《ぶん》の一
煮《に》出《だ》汁《し》　適《てき》量《りやう》
醬《しやう》油《ゆ》　少《せう》々く
加《か》藥《やく》　淺《あさ》草《くさ》海《の》苔《り》　少《せう》々く
木《こ》口《ぐち》截《ぎ》り葱《ねぎ》　少《せう》々く
おろし山《わさ》葵《び》　少《せう》々く
蘿《だい》蔔《こん》おろし　少《せう》々く

炊方の手順 先《よ》づ牡《か》蠣《き》の剝《むき》肉《み》を笊《ざる》に加《い》れ、そのまゝ水《み》中《づ》に加《い》れまして笊《ざる》をふり動《うご》かしながらよく洗《あら》ひ、貝《かい》の破《か》片《け》の無《な》いやうに注《ちう》意《い》をいたし、よく水《みづ》氣《け》を斷《き》りましたら、それよりお鍋《な》中《べ》に少《せう》量《りやう》の清《み》水《づ》を加《い》れて火《ひ》に架《か》け、二三回《くわい》ほど沸《ふつ》騰《とう》いたしましたらその中《なか》へ右《み》記《ぎ》の牡《か》蠣《き》を投《い》れ、サット煮《に》終《あ》げまして再《ふた》び笊《ざる》に上《あ》げて置《お》きます、今《こん》度《ど》は平《つ》素《ね》の加《か》減《げん》にて白《こ》米《め》をお釜《か》中《ま》

に加《い》れ、水《みづ》加《か》減《げん》をいたします際《ごき》に前《ま》記《へ》の牡《か》蠣《き》の煠《ゆで》汁《しる》をもその中《なか》へ混《ま》せ、それより火《ひ》を炊《た》きまして火《ひ》を引《ひ》かんといたします際《ごき》その上《う》部《へ》に右《み》記《ぎ》の牡《か》蠣《き》を載《の》せ、そのまゝ葢《ふた》をいたしまして暫《しば》時《ら》く蒸《む》し、飯《お》櫃《はち》に移取《うつしご》らんといたします際《ごき》にかきまはすので厶《ござ》います、仍《そこ》で御《ご》飯《はん》が出《で》來《き》終《あが》りましたら茶《ちゃ》碗《わん》に盛《も》り、前《まへ》より拵《こしら》へて置《お》きましたる清《おす》汁《まし》を灌《そゝ》ぎ注《か》け、適《てき》宜《ぎ》の加《か》藥《やく》を添《そ》へて召《めし》喰《あが》るので厶《ござ》います

天《てん》どんの調《こし》理《らへ》法《かた》

説明　これは何《どな》人《た》も御《ご》存《ぞん》知《ぢ》のをで厶《ござ》いますから別《べつ》段《だん》に御《ご》説《せつ》明《めい》は申上《もうしあ》げませんが、凡《すべ》て天《てん》ぷらはメリケン粉《こ》のかき方《かた》即《すなは》ち衣《ころも》の拵方《こしらへかた》が一番《ばん》肝《かん》心《じん》で厶《ござ》いますから、その心《つも》得《り》にてなさらんといけません

〔材料の分量〕

中位《ちうぐらゐ》の沙《は》魚《ぜ》	十	尾《びき》
中位《ちうぐらゐ》のあなご	五	尾《ひき》
メリケン粉《こ》	二	合《がふ》
玉《たま》子《こ》	二	箇《こ》

清《み》水《づ》　一合《がふ》五勺《しやく》
胡《ご》麻油《まのあぶら》　適《てき》量《りやう》
煮《に》出《だ》汁《し》　一合《がふ》二勺《しやく》
味《み》淋《りん》　四勺《しやく》
醤《しやう》油《ゆ》　六勺《しやく》

調理法の手順

先《ま》づ右《み》記《ぎ》の沙《は》魚《ぜ》を爼《まな》上《いた》に載《の》せ鱗《こけ》をふき去《さ》りましたら頭《あた》部《ま》を截《きり》放《はな》ち、サツト水《みづ》洗《あらひ》をいたして水《みづ》氣《け》をよく斷《き》りまして再《ふた》び爼《まな》上《いた》に載《の》せ、脊《せ》の方《はつ》より截《きり》開《ひら》きまして中《なか》骨《ほね》、腸《わた》及《およ》び腹《うす》骨《み》を除《のぞ》きまして、倘《な》ほよく布《ふ》巾《きん》にて水《みづ》氣《け》を拭《ぬぐ》ひ去《さ》つてお皿《さ》中《ら》に入《い》れて置《お》きます、それよりあなごを前《まへ》の手《て》順《じゆん》にて截《きり》開《ひら》き、且《や》倘《はり》中《なか》骨《ほね》と腸《わた》とを去《さ》りましたら鹽《しほ》水《みづ》にて洗《あら》ひ、更《さら》に清《み》水《づ》にて洗《あら》つて水《みづ》氣《け》を斷《き》り、布《ふ》巾《きん》にてよく拭《ぬぐ》ひまして笊《ざる》を伏《ふ》せ、その上《う》部《へ》に廣《ひろ》げて置《お》きます、扨《さ》てこれにて魚《うを》の下拵《したごしらへ》が出《で》來《き》ましたから、これより揚《あ》げに係《かゝ》ります、その手《て》順《じゆん》は、右《み》記《ぎ》分《ぶん》量《りやう》のメリケン粉《こ》を毛《すい》篩《のう》に加《い》れてお皿《さ》中《ら》に篩《ふる》ひ出《だ》し、直《たゞ》ちに丼《どん》中《ぶり》に移《うつ》しまして右《み》記《ぎ》分《ぶん》量《りやう》の玉《たま》子《ご》と清《み》水《づ》を加《くは》へ手《て》早《はや》く箸《はし》にて五六回《くわい》ほどかきまはし、それより胡《ご》麻油《まのあぶら》を三合《がふ》ほどお鍋《な》中《べ》

に加《い》れ、烈火《れつくわ》の上《う》部《へ》に架《か》けます、油《あぶら》より青煙《あをけむり》が立《た》ちましたらそれを度《さ》いたして右記《みぎ》の材料《ざいれう》の尾《を》の處《ところ》をつまみ、溶《こ》きましたるメリケン粉《こ》の中《なか》へ投《い》れ、ほどよく表面《りやうめん》にそれをつけまして、直《たゞ》ちにお鍋《な》中《べ》の側《ふち》の方《はう》よりすべり投《い》れ、箸《はし》にて裏《うら》返《がへ》しをいたし、ほどよく表裏《りやうめん》が狐色《きつねいろ》になるまで揚《あ》げお皿《さ》中《ら》に紙《かみ》を敷《し》き、その上《う》部《へ》に取《ご》りましてよく油氣《あぶらけ》を取《ご》り、それより別《べつ》鍋《なべ》に右記《みぎ》分量《ぶんりやう》の煮出汁《にだし》と味淋《みりん》と醤油《しやうゆ》を加《くは》へて火《ひ》に架《か》け、二三回《くわい》ほど沸騰《ふつとう》いたしましたら右記《みぎ》の天《てん》ぷらを加《い》れ、一寸《ちよつと》煮《に》て炊立《たきたて》の御飯《ごはん》を丼《どんぶり》又《また》は茶碗《ちやわん》に盛《も》り、その上《う》部《へ》に天《てん》ぷらを碎《くず》さぬやうに掬《すく》ひ載《の》せ、その煑《に》汁《しる》をほどよく注《か》け、蓋《ふた》をいたして供《きやう》します

上等天《じやうとうてん》どんの調理法《こしらへかた》

説明 これは上等《じやうとう》と申《まを》しましても別段《べつだん》にその調理法《しかた》が違《ちが》ふのでは厶《ござ》いません、普通《ふつう》天《てん》ぷら・の代理《かはり》に、かき揚《あげ》を載《の》せて供《きやう》するので厶《ござ》います

〔材料の分量〕 白米《こめ》 適量《てきりやう》

清水《みづ》 適量《てきりやう》

芝海老《しばえび》　三十尾《び》
三ツ葉《みつば》　五把《は》
メリケン粉《こ》　二合《がふ》
玉子《たまご》　二箇《こ》
清水《みづ》　一合《がふ》五勺《しやく》
胡麻油《ごまのあぶら》　三合《がふ》

調理法の手順　先《ま》づ右記《みぎ》の海老《えび》を桶中《をけ》に加《い》れ、ほどよく清水《みづ》を加《くは》へましてサヽラの如《ごと》きものにてよくかきまはし、笊《ざる》に上《あ》げて水氣《みづけ》を斷《き》り、直《たゞ》ちに爼上《まないた》に載《の》せ、指頭《ゆびさき》にて頭部《あたま》をもぎ去《さ》り、皮《かは》を剝《む》き去《さ》つて一尾《びき》を三片《きれ》ほどに截《き》り、水氣《みづけ》の無《な》いお皿《さら》中に取《と》り、今度《こんど》は三ツ葉《ば》の根《ね》端《ぎは》を截《きり》去《さ》つてこれも水洗《みづあらひ》をいたし、直《たゞ》ちに笊《ざる》に上《あ》げて水氣《みづけ》を斷《き》り、尚《な》ほ乾《かは》きましたる布《ふ》巾《きん》にて水氣《みづけ》を取《と》りまして又《また》も爼上《まないた》に載《の》せ、五分《ぶ》ほどの長《なが》さに截《き》り、手早《てはや》く海老《えび》と混《ま》ぜましてこれを十箇《こ》ほどに分《わ》けて置《お》きます、それから右《み》記《ぎ》分《ぶん》量《りやう》のメリケン粉《こ》を丼《どんぶり》に加《い》れ、玉子《たまご》と清水《みづ》を加《くは》へましてかきまはし、それを小《こ》鉢《ばち》に取《とり》分《わ》け、その中《なか》へ右《み》記《ぎ》の取《とり》分《わ》けましたる材《ざい》料《れう》を一箇《こ》分《ぶん》づゝ加《くは》へ

こよくかきまはし、それより胡《ご》麻油《まのあぶら》をお鍋中《なべ》に加《い》れて火《ひ》に架《か》け、青煙《あをけむり》が立ちましたらそれを度《ど》として前條《まへ》の手順《てじゆん》にて揚《あ》げ、揚《あが》りましたら油氣《あぶらけ》を去《さ》つて、前條《まへ》の煮汁《にしる》にてサツト煮《に》て炊立《たきたて》の御飯《ごはん》を丼《どんぶり》又《また》は茶碗《ちやわん》に盛《も》り、その上部《うへ》に載《の》せ、その煮汁《にしる》を注《か》け、蓋《ふた》をいたして供《きよう》します

親子《おやこ》丼飯《どんぶり》の調理法《こしらへかた》

説明 これは何《ご》人《なた》も御存知《ごぞんち》の如《ごと》く鶏肉《けいにく》と玉子《たまご》とを共《とも》に煮込《にこみ》ましたものを炊立《たきたて》の御飯《ごはん》の上《つ》部《へ》に注《か》け、尚《な》ほ淺草海苔《あさくさのり》を焙《あぶ》りましてそれをふりかけたものでム《ござ》います

〔材料の分量〕

白米《こめ》	適量《てきりやう》
清水《みづ》	適量《てきりやう》
鶏肉《けいにく》	適量《てきりやう》
玉子《たまご》	適量《てきりやう》
味淋《みりん》	少《せう》々〱
醤油《しやうゆ》	適量《てきりやう》

三《み》ッ葉《は》　少《せう》々

淺草海苔《あさくさのり》　少《せう》々

調理法の手順　先《ま》づ鷄肉《けいにく》を俎上《まないた》に載《の》せ、皮《かは》を去《さ》りまして細小《こまか》に截《き》り、それよりお鍋中《なべ》にほどよく味淋《みりん》と醬油《しやうゆ》を加《い》れまして火《ひ》に架《か》け、二三回《くわい》ほど沸騰《ふつとう》いたしましたら右記《みぎ》の鷄肉《けいにく》を加《い》れ、それより三《み》ッ葉《は》の根端《ねぎは》を截去《きりさ》り水洗《みづあらひ》いたしてよく水氣《みづけ》を斷《き》つて再《ふた》び俎上《まないた》に載《の》せ、更《さら》に五分《ぶ》ほどに截《き》りましてお鍋中《なべ》に加《い》れ、尚《な》ほ二三回《くわい》ほど沸騰《ふつとう》させましてほどよく煮《に》へましたら玉子《たまご》を破込《わりこ》み、炊立《たきたて》の御飯《ごはん》を丼又《ざんぶりまた》は茶碗《ちやわん》に盛《も》り、その上部《うへ》に碎《くだ》さぬやうに載《の》せ、手早《てはや》く淺草海苔《あさくさのり》を火《ひ》にて焙《あぶ》り、乾《かは》きましたる布巾《ふきん》に包《つゝ》み、よく揉《も》み粉《こ》にいたしてその上部《うへ》にふりかけ、直《たゞ》ちに蓋《ふた》をいたして供《きやう》します

まゝ子丼飯《ざんぶり》の調理法《こしらへかた》

說明　これは親子《おやこ》丼飯《ざんぶり》に對《たい》する鷄肉《けいにく》の代用《かはり》に牛肉《ぎうにく》を加《くは》へて使用《しよう》するのでム《ござ》います、又《また》その一名《めい》を合《あひ》の子《こ》丼飯《ざんぶり》とも申《まを》します

〔材料の分量〕　白《こ》米《め》　適量《てきりやう》

清《み》水《づ》 適《てき》量《りやう》
牛《ぎう》肉《にく》ロース 適《てき》量《りやう》
味《み》淋《りん》 少《せう》々く
醤《しやう》油《ゆ》 少《せう》々く
玉《たま》子《ご》 適《てき》量《りやう》
玉《たま》葱《ねぎ》 少《せう》々く

調理法の手順 これも牛《ぎう》肉《にく》を俎《まな》上《いた》に載《の》せ、なるべく筋《すぢ》の處《ところ》を去《さ》りまして
ほどよく細《こま》小《か》に截《き》り、それより小《こ》鍋《なべ》に味《み》淋《りん》と醤《しやう》油《ゆ》を加《い》れて火《ひ》に架《か》け、二
三回《くわい》ほど沸《ふつ》騰《ごう》いたしましたら右《み》記《ぎ》の牛《ぎう》肉《にく》を加《い》れ、尚《な》ほ二三回《くわい》ほど沸《ふつ》騰《ごう》さ
せまして味《あぢ》の加《か》減《げん》をなし、ほどよく煮《に》へましたらそれを度《ど》として小《こ》鉢《はち》に
玉《たま》子《ご》を破《わ》り込《こ》み、よく破《か》片《け》のムいませぬやうに注《ちう》意《い》をなし、手《て》早《はや》く箸《はし》に
てかきまはし、その上《う》部《へ》に注《か》け、そのまゝ蓋《ふた》をいたしてお鍋《なべ》を下《お》ろし、
それより炊《た》立《た》ての御《ご》飯《はん》を茶《ちや》碗《わん》又《また》は丼《どんぶり》に八分《ぶん》めほど盛《も》り、その上《う》部《へ》に載《の》せて
供《きよう》します

注意 右《み》記《ぎ》の玉《たま》葱《ねぎ》は加《い》れても加《い》れなくても差《さし》支《つかへ》はムいません若《も》し加《い》れ

ますなれば、玉葱《たまねぎ》の兩端《あごさき》を截去《きりさ》り、上皮《うはかは》を剝去《むきさ》つて清淨《きれい》に水洗《みづあらひ》をいたし水氣《みづけ》を斷《き》りまして再《ふた》び俎上《まないた》に載《の》せ、縦《たて》に二ツに截《き》り、更《さら》にそれを櫛《くし》形《がた》に截《き》り、牛肉《ぎうにく》と共《とも》に煮込《にこ》み、ほどよく軟《やはら》かに煮《に》へましたら、それを度《ど》として玉子《たまご》を加《くは》へるので厶《ござ》います

カレーライスの調理法《こしらへかた》

説明 これは西洋料理《せいやうれうり》の一種《しゆ》に數《かぞ》へられて居《を》りますが、實《じつ》は印度料理《いんどれうり》の一種《しゆ》で厶《ござ》います

〔材料の分量〕

白米《こめ》	適量《てきりやう》
清水《みづ》	適量《てきりやう》
細小《こまか》に截《き》りたる牛肉《ぎうにく》	三合程《がふほど》
牛乳《ぎうにふ》	二合《がふ》
カレー粉《こ》	中匙《ちうさぢ》に一杯《はい》
メリケン粉《こ》	中匙《ちうさぢ》に一杯《はい》
コンスターチー	中匙《ちうさぢ》に一杯《はい》

胡《に》蘿《ん》蔔《じん》　一本《ぽん》
玉《たま》葱《ねぎ》　二箇《こ》
食《し》鹽《ほ》　茶《ちゃ》匙《さじ》に一杯《はい》
ラード　中《ちう》匙《さじ》に一杯《はい》

調理法の手順

先《ま》づ胡《に》蘿《じ》蔔《ん》の兩端《さき》を截《きり》去《さ》り、皮《かは》を剝去《さ》りまして水《みづ》洗《あらひ》をいたし、布《ふ》巾《きん》にて水《みづ》氣《け》を拭《ぬぐ》ひまして縦《たて》に二ツに截《き》り、芯《しん》を脱《ぬき》去《さ》りまして一分《ぶ》五厘《りん》ほどの賽《さい》形《がた》に截《き》ります、それより前《ま》條《へ》の如《ごと》く玉《たま》葱《ねぎ》を截《きり》ます、それより鍋《な》中《べ》に少《せう》量《りやう》の清《み》水《づ》と共《とも》に胡《にん》蘿《じ》蔔《ん》を加《い》れ、軟《やはら》かに煠《ゆ》でまして、今《こん》度《ど》は玉《たま》葱《ねぎ》をも煠《ゆ》でます、それからフライ鍋《パン》にラードとカレー粉《こ》とを加《い》れ、二合《がふ》の牛《ミル》乳《ク》を少《せう》々〱づゝ加《くは》へまして火《ひ》に架《か》け、絕《た》へずかきまはして牛《ぎう》肉《にく》を加《い》れ、ほどよく鹽《しほ》を加《くは》へまして味《あぢ》の加《か》減《げん》をいたし、それより胡《にん》蘿《じ》蔔《ん》と玉《たま》葱《ねぎ》を加《い》れ、よくかきまはして煮《に》込《こ》み、更《さら》に三四回《くわい》ほど沸《ふつ》騰《とう》させてお鍋《なべ》を下《お》ろし、炊《たき》立《たて》の御《ご》飯《はん》をお皿《さら》に盛《も》りにコンスターチの清《み》水《づ》にて溶《ご》きましたのを加《い》れ、よくかきまはして煮《に》込《こ》み、

その上《う》部《へ》乃《な》至《し》はその傍《わき》に注《か》けて供《きよう》します

粟《あは》の粥《かゆ》の炊《たき》方《かた》

説明　この粥《かゆ》も隨《ずゐ》分《ぶん》經《けい》濟《ざい》的《てき》食品《しよくひん》でありまして、殊《こと》にその風《ふう》味《み》も匇《なか》々〱珍重《ちんちよう》すべきものであります、例《たご》へば一升《しよう》七八合《がふ》から二升位《しようぐらゐ》づゝ召《めし》喰《あが》る家《か》庭《てい》でム《ござ》いましたら先《ま》づ左《さ》の分量《ぶんりやう》にて拵《こしら》へればよろしふム《ござ》います

〔材料の分量〕

上等《じやうとう》の粟《あは》　五　合《がふ》

白《こ》米《め》　五　合《がふ》

清《み》水《づ》　一升《しやう》五合《がふ》

食《し》鹽《ほ》　少《せう》々〱

注意　右《み》記《ぎ》の鹽《しほ》を加《い》味《れ》ますをは各《かく》自《じ》の御《ご》隨《ずゐ》意《い》でム《ござ》いますから、それは適《さ》宜《う》でもよろしふム《ござ》います

炊方の手順　これに使《し》用《よう》いたします粟《あは》はなるべく砂《すな》氣《け》のム《ござ》いませんのを擇《えら》びまして先《ま》づ桶《を》中《け》に加《い》れ、ほどよく清《み》水《づ》を加《くは》へましてよく洗《ご》ぎ、直《たゞ》ちに笊《ざる》に上《あ》げて水《みづ》氣《け》を斷《き》つて置《お》きます、それより五合《がふ》の白《こ》米《め》を桶《を》中《け》に加《い》れほどよく清《み》水《づ》を加《くは》へまして平《つ》素《ね》の如《ごと》く數《すう》回《くわい》水《みづ》を替《かへ》てよく洗《ご》ぎ清《き》淨《れい》になり

ましたら笊《ざる》にあけ、水《みづ》氣《け》を斷《き》つて直《たゞ》ちにお釜《か》中《ま》に加《い》れ、右《う》記《き》分《ぶん》量《りやう》の清《し》水《みづ》を加《くは》へ、少《せう》量《りやう》の食《し》鹽《ほ》を加《い》れてほどよく味《あぢ》の加《か》減《げん》をいたし、よくかきまはして焚《た》き付《つけ》ます、その火《ひ》加《か》減《げん》は日《ひ》々《び》の御《ご》飯《はん》を炊《た》きます鹽《あん》梅《ばい》でよろしいので頓《やが》て吹《ふ》き上《あが》つてまいりましたらそれを度《ど》といたして手《て》早《はや》く粟《あは》をその中《なか》へ加《くは》へ、直《たゞ》ちにお釜《かま》の蓋《ふた》をいたし、それより火《ひ》加《か》減《げん》を弱《よは》くいたして何《い》時《つ》もの御《ご》飯《はん》を炊《た》きます如《ごと》く、よい時《じ》分《ぶん》と思《おも》ひましたる頃《ころ》火《ひ》を引《ひ》去《い》て手《て》早《はや》く御《ご》飯《はん》杓子《しやくし》にてかきまはし、そのまゝ暫《しば》時《ら》く蒸《む》らして置《お》きます、ほどよく蒸《む》終《れ》ましたら茶《ちや》碗《わん》に盛《も》つて召《めし》食《あが》るので厶《ござ》いますが、なるべく水《みづ》氣《け》のないやうに炊《た》いた方《はう》がよろしふ厶《ござ》います、それから鹽《しほ》味《み》をお加《つ》味《け》になるなら最《さい》初《しよ》水《みづ》加《か》減《げん》をいたします際《さい》にほどよく鹽《あん》梅《ばい》なさいませ、それであまり粟《あは》の分《ぶん》量《りやう》が多《おほ》いと喰《た》べ惡《にく》ふ厶《ござ》いますから恰《てう》度《ど》白《お》米《こめ》と等《はん》分《〳〵》位《ぐらゐ》の所《ところ》がお美《い》味《し》ふ厶《ござ》います

若《わか》狹《さ》の白《しら》粥《かゆ》の炊《たき》方《かた》

說明 このお粥《かゆ》の炊《たき》方《かた》は昔《むかし》から若《わか》狹《さ》粥《かゆ》と申《まを》して甚《はなは》だ著《な》名《だか》いもので厶《ござ》います、殊《こと》にこの國《くに》の小《こ》濱《はま》邊《へん》の者《もの》は甚《はなは》だ巧《かう》者《しや》に致《いた》しますさうです、夫《それ》故《ゆゑ》他《た》國《こく》

の者《もの》はその炊《たき》方《かた》を稱《しよう》しまして若《わか》狹《さ》流《りう》の炊《たき》方《かた》と申《まを》します、仍《そこ》でその炊《たき》方《かた》の秘《ひ》傳《でん》と申《まを》しますのは、火《ひ》の引《ひき》方《かた》にありますので、それが出《で》來《き》終《あが》りましたら直《たゞ》ちに茶《ちや》碗《わん》に盛《も》り、その上《う》部《へ》より淡《うす》葛《くづ》餡《あん》を拵《こしら》へて注《か》けて召《めし》喰《あが》るのでム《ござ》います

〔材料の分量〕

上等《じやうとう》の白米《はくまい》	五合《がふ》
清水《みづ》	七合《がふ》
葛《く》粉《づ》	少《せう》々
鰹《かつ》魚《ぶ》節《し》煮《に》出《だ》汁《し》	適《てき》量《りやう》
醤《しやう》油《ゆ》	少《せう》々
砂《さ》糖《たう》	少《せう》々

炊方の手順 先《ま》づ右《み》記《ぎ》分《ぶん》量《りやう》の白《こ》米《め》を桶《を》中《け》に加《い》れ、ほどよく清《み》水《づ》を加《くは》へましてよく洗《こ》ぎ、四五回《くわい》その清《み》水《づ》を替《か》へまして少《すこ》しく清《み》水《づ》に白《しろ》味《み》のム《ござ》いますのを度《ど》といたして直《たゞ》ちに笊《ざる》に上《あ》げ、そのまゝお釜《か》中《ま》に移《うつし》加《い》れ、稍《や》や硬《かた》き加《か》減《げん》に出《で》來《き》る位《くらゐ》に水《みづ》加《か》減《げん》をいたして蓋《ふた》をいたし、暫《しば》時《ら》く焚《た》きますると吹《ふき》上《あが》つてまいりますから、それを度《ど》として火《ひ》加《か》減《げん》を弱《よは》くいたして終《しま》ひま

す、モー恁《か》ふなりましたら決《けつ》してお釜《かま》の葢《ふた》を開《あけ》てはなりません、頓《やが》て軟《やはら》かになつた時《じ》間《かん》を見《み》計《はから》ひましてその釜《う》中《ち》の一二粒《つぶ》を取《と》つて指《ゆび》頭《さき》にてつまみ試《こゝろ》みます、若《も》しそれに芯《しん》が無《な》いやうで厶《ござ》いましたら直《たゞ》ちに薪《まき》を引《ひき》去《さ》べて終《しま》います、そのまゝ暫《しば》時《ら》く蒸《む》らして置《お》きまして頓《やが》て出《で》來《き》終《あが》りましたる刻《こく》限《げん》に茶《ちや》碗《わん》にほどよく掬《すくひ》取《と》り、その上《う》部《へ》より淡《うす》葛《くず》餡《あん》を注《か》けて召《めし》喰《あが》るので厶《ござ》います、倘《な》ほこれをお美《い》味《し》く喰《たべ》ますには、おろしましたる古《ひ》根《ね》生薑《しやうが》か火《ひ》取《と》りましたる淺《あさ》草《くさ》海《の》苔《り》など揉《も》みかければ至《し》極《ごく》結《けつ》構《こう》で厶《ござ》います、それで右《み》記《ぎ》の淡《うす》葛《くず》餡《あん》を拵《こしら》へますには、最《さい》初《しよ》小《こ》鍋《なべ》に鰹《かつ》節《ぶし》の煮《に》出《だ》汁《し》を加《い》れて火《ひ》に架《か》け、一と沸《ふつ》騰《とう》いたしましたら醬油《しやうゆ》と砂《さ》糖《とう》を僅《ほん》の少《せう》量加《くわ》へまして味《あぢ》の加《か》減《げん》をいたし、一二回《くわい》ほど沸《ふつ》騰《とう》いたしましたら葛《く》粉《ず》を茶《ちや》碗《わん》に加《い》れ、ほどよく清《み》水《づ》を加《くは》へまして杓《しや》子《もじ》にてよくかきまはし、なるべく芥《ごみ》の厶《ござ》いませぬやうに注《ちう》意《い》をいたしてお鍋《なべ》を火《ひ》より下《お》ろし、手《て》早《はや》くその中《なか》へ少《せう》々づゝ加《くは》へながら箸《はし》にてよくかきまはし、充《ちう》分《ぶん》に混《まじ》和《り》ましたら又《また》も火《ひ》に架《か》けまして更《さら》に沸《ふつ》騰《とう》させ、葛《く》粉《ず》が煮《に》へましたらお鍋《なべ》を下《お》ろしてそのまゝ使《もち》用《ゐ》ますこれはお粥《かゆ》を炊《た》きます前《まへ》に拵《こしら》へて置《お》きます方《はう》がよろしう厶《ござ》います

注意　右記《みぎ》に使用《つかひ》ます白米《おこめ》は上白《じやうはく》の新米《しんまい》で厶《ござ》いまするど一層《いつさう》風味《ふうみ》がよろしふ厶《ござ》います

小米《こごめ》の粥《かゆ》の煮方《にかた》

説明　このお粥《かゆ》も且《やはり》經濟的《けいざいてき》食品《しよくひん》の一種《しゆ》で厶《ござ》いまして、その原料《げんれう》は甚《はなは》だ廉價《れんか》で厶《ござ》いますが、決《けつ》してその風味《ふうみ》に於《お》きましては少《すこ》しの差異《ちがい》も厶《ござ》いません、たゞ一寸《ちよつと》御《ご》面《めん》倒《だう》なのは小米《こごめ》には小砂利《こざり》が混《まじ》つて居《を》りますから、それをよく取除《とりのぞか》ぬといけません

〔材料の分量〕

小米《こごめ》　一升《しやう》
白米《こめ》　五合《がふ》
煮清水《にみづ》　適量《てきりやう》

炊方の手順　先《ま》づ右記《みぎ》の小米《こごめ》の小砂利《こじやり》の無《な》いやうに注意《ちうい》をいたしましてそれより桶中《おけ》に加《い》れ、ほどよく清水《みづ》を加《くは》へましてよく洗《ご》ぎ、笊《ざる》にあけまして水氣《みづけ》を斷《き》つて置《お》きます、今度《こんど》は白米《おこめ》の方《はう》も且《やはり》右記《みぎ》の手順《てじゆん》にいたして充分《じうぶん》よく洗《ご》ぎ全《まつた》く清淨《きれい》になりましたら別《べつ》笊《ざる》にあけまして直《たゞ》ちにお釜中《かま》

に移《うつし》加《い》れ、ほごよく水《みづ》加《か》減《げん》をして蓋《ふた》をいたし、平《つ》素《ね》の御《ご》飯《はん》を炊《た》きますやうに火《ひ》を焚《た》きます、頓《やが》て吹《ふ》き上《あが》つてまいりましたらそれを度《ご》といたして前《ま》記《へ》に洗《あら》つて置《お》きましたる小《こゞ》米《め》を加《くわ》へ、そのまゝ蓋《ふた》をいたし、火《ひ》加《か》減《げん》を少《せう》々〵細《ほそ》めにいたしまして焚《た》きます、それより蓋《ふた》を少《せう》々〵開《あ》け白《おこ》米《め》を二三粒《つぶ》ほどつまみ取《ご》りまして未《ま》だ硬《こは》い位《くらい》の加《か》減《げん》で手《て》早《はや》く薪《まき》を引《ひ》き、尚《な》ほ火《おき》をも除《のぞ》き去《さ》りまして、煙《たば》草《こ》を二三ぶく呑《ふく》む間《あひだ》ほご經《た》過《ち》ましたら直《たゞ》ちにお釜《か》中《ま》より茶《ちや》碗《わん》に盛《もり》取《ご》つて召《めし》喰《あが》るので厶《ござ》います

注意 餘《よ》ほどこの粥《かゆ》を炊《た》きますには火《ひ》の引《ひき》加《か》減《げん》が困《むつ》難《かし》いので厶《ござ》いまして、あまり小《こゞ》米《め》の加《い》れ方《かた》が早《はや》いやうで厶《ござ》いますればそれが糊《のり》の如《やう》に軟《やわら》かになり過《す》ぎて風《ふう》味《み》がよろしくなく、又遲《おそ》過《す》ぎますればなま煮《に》へになつて口《く》中《ち》ざはりが惡《わる》く寔《まこと》に面《めん》倒《たう》で厶《ござ》いますからその心《つも》得《り》にて御《ご》注《ちう》意《い》なさらんといけません

源《げん》氏《じ》飯《めし》の炊《たき》方《かた》

説明 これは昔《むか》時《し》より主《おも》に茶《ちや》人《じん》間《かん》に行《おこな》はれて居《お》りましたもので、殊《こと》に寒《かん》

中《ちう》などには至《し》極《ごく》適《てき》當《たう》なる食品《しよくひん》と思《おも》はれます、それでその風《ふう》味《み》はと申《まう》すと普《ふ》通《つう》の御《ご》飯《はん》をお茶《ちや》碗《わん》に加《い》れまして、その上《う》部《へ》より蕎《そ》麥《ば》醬《した》油《じ》を灌《そゝ》ぎ注《か》けて食《しよく》します、それで加《や》藥《くみ》はさらし葱《ねぎ》、揉《もみ》海《の》苔《り》などいづれもお好《このみ》のをふりかけて供《きよう》してもよろしう厶《ござ》います

〔材料の分量〕

上等白米《じやうとうはくまい》	一升《しやう》
清水《みづ》	一升《しやう》
鰹節煮出汁《かつぶしにだし》	一升《しやう》
味淋《みりん》	五勺《しやく》
醬油《しやうゆ》	一合《がふ》五勺《しやく》
葱《ねぎ》	少《せう》々〱
淺草海苔《あさくさのり》	少《せう》量〱

炊方の手順 これも右記《みぎ》分量《ぶんりやう》の白米《こめ》を桶《おけ》中に加《い》れましてほどよく清水《みづ》を加《くは》へ、よく洗《こ》ぎましたら笊《ざる》に上《あ》げ、それよりお鍋《なべ》中に加《い》れ、清水《みづ》を加《くは》へて火《ひ》に架《か》け、蓋《ふた》をいたして暫時《しばら》く煑《に》込《こ》みます、ほどよく煮《に》へましたらお

鍋《なべ》を下《お》ろし、少《すこ》しむらして茶碗《ちやわん》に掬《すく》ひとり、その上《う》部《へ》より蕎《そ》麥《ば》醬《した》油《じ》を注《か》け、尚《な》ほその上《う》部《へ》へ晒《さ》らし葱《ねぎ》か火《ひ》取《どり》ましたる淺《あさ》草《くさ》海《の》苔《り》をふり注《か》けて供《きよう》します

晒《さら》し葱《ねぎ》の拵方《こしらへかた》　先《ま》づ葱《ねぎ》の兩端《あごさき》を截《きり》去《さ》りましたら上《うは》皮《かは》を除《のぞ》き、よく水《みづ》洗《あらひ》をいたし布《ふ》巾《きん》にて水《みづ》氣《け》を拭《ぬぐ》ひ木《こ》口《ぐち》よりなるべく薄《うす》く刻《きざ》みましてそのまゝ布《ふ》巾《きん》に包《つゝ》み、手《て》早《はや》く水《み》中《づ》に入《い》れまして指《ゆび》頭《さき》にて揉《も》み、水《みづ》氣《け》を堅《かた》く絞《しぼ》つて布《ふ》巾《きん》より取《とり》出《いだ》しますとバラリとなりますからそれにて出《で》來《き》終《あが》ります故《ゆゑ》小《こ》皿《さら》に加《い》れて供《きよう》します

揉《も》み海《の》苔《り》の拵方《こしらへかた》　淺《あさ》草《くさ》海《の》苔《り》の片《かた》面《めん》ばかり火《くわ》上《じやう》にて焙《あぶ》るのでムいますが最《さい》初《しよ》は四《まは》方《り》より火《くわ》上《じやう》にかざしながらあぶりまするど、美《うつく》しく緑《みどり》色《いろ》に變《かは》りますから、それを度《ど》といたし紙《かみ》を敷《し》きましたら上《う》部《へ》になるべく細《こま》小《か》に揉《も》みほぐします

蕎《そ》麥《ば》醬《した》油《じ》の拵方《こしらへかた》　先《ま》づこれを拵《こしら》へますには

煮《に》出《だ》汁《し》　一　升《しよう》

味《み》淋《りん》　五　勺《しやく》

醤《しやう》油《ゆ》　一合《がふ》五勺《しやく》

右記《みぎ》の如《やう》な分量《ぶんりやう》にいたしまして最初《さいしよ》二十匁《もんめ》のお砂糖《さたう》と一合《がふ》五勺《しやく》の醤油《しやうゆ》とをお鍋中《なべ》に加《い》れて火《ひ》に架《か》け、二三回《くわい》ほど沸騰《ふつとう》いたしましたら一升《しよう》の煮出《にだ》汁《し》を加《くは》へ、よくかきまはして更《さら》に一と沸騰《よつとう》させましてお鍋《なべ》を下《お》ろし、直《たゞ》ちに水氣《みづけ》の厶《ござ》いませぬ器《うつは》に移加《うつしい》れてそのまゝ冷却《さま》して置《お》き、又際《ごき》によりすとその熱《あつ》いのを使用《もちゐ》ます

注意　右記《みぎ》の分量《ぶんりやう》は決《けつ》してこの分量《ぶんりやう》だけ拵《こしら》へんでも、その割合《わりあひ》の分量《ぶんりやう》にいたせばよろしふ厶《ござ》います

南京粥《なんきんかゆ》の煮方《にかた》

説明　この名稱《めいしよう》から考《かんが》へまするど恰度《てつざ》支那料理《しなれうり》の一種《しゆ》のやうに思《おも》はれまするが、決《けつ》してさうでは厶《ござ》いません且《や》倚《はり》前《ま》條《へ》に記述《のべ》ました通《ごほ》り南京《なんきん》とは南瓜《かほちや》の別名《べつめい》で厶《ござ》いますからこれは一種《しゆ》の南瓜粥《かほちやかゆ》で厶《ござ》います

〔材料の分量〕　白米《こめ》　一升《しよう》

清水《みづ》　一升《しよう》

南瓜《かぼちや》　適量《てきりやう》
食《し》鹽《ほ》　少《せう》々

炊方の手順　先《ま》づ右記《みぎ》分量《ぶんりやう》の白米《こめ》を桶《を》中《け》に加《い》れ、ほどよく清水《みづ》を加《くは》へましてサット洗《こ》ぎ、少《すこ》しく白《しろ》みの厶《ござ》います中《うち》に笊《ざる》にあけ、直《たゞ》ちにお釜《か》中《ま》に加《い》れまして白米《こめ》よりも水《みづ》を少《せう》々多《おほ》く加《い》れ、そのまゝ蓋《ふた》をいたしまして火《ひ》を焚《たき》付《つけ》ます、それより南瓜《かぼちや》の蔕《へた》を截《き》去《さ》りまして清《き》淨《れい》に水《みづ》洗《あらひ》をいたし、水《みづ》氣《け》を拭《ぬぐ》ひまして適《てき》宜《ぎ》の大《おほ》きさに截《き》り、核《た》子《ね》と腸《わた》を除《のぞ》きまして更《さら》に細《こま》少《か》に賽《さい》形《がた》に截《き》ります、仍《そこ》で御《ご》飯《はん》が吹《ふ》き上《あが》りましたらそれを度《ど》といたしてその南《たう》瓜《なす》と鹽《しほ》とを加《くは》へ、手《て》早《はや》く御《ご》飯《はん》杓《しやく》子《し》にてかきまはし味《あぢ》の加《か》減《げん》をみまして又《また》蓋《ふた》をいたし、尚《な》ほ又《また》吹《ふ》きこぼれるやうで厶《ござ》いましたら蓋《ふた》を少《せう》々ずらしまして火《ひ》を半《はん》分《ぶん》ほど減《へら》します、併《しか》しこれより後《のち》は決《けつ》して蓋《ふた》をあけてはいけません、ほどよく蒸《む》らしまして出《で》來《き》ましたら直《たゞ》ちに茶《ちや》碗《わん》に盛《も》つて召《めし》喰《あが》るので厶《ござ》います

注意　若《も》し又《また》この中《なか》へ煮《に》ましたる赤《あ》小《つ》豆《き》を共《とも》に煮《に》込《こみ》ますれば、殊《こと》にお美《い》味《し》ふ厶《ござ》います、それでこのお粥《かゆ》には、紫《し》蘇《そ》巻《まき》味《み》噌《そ》などが至《し》極《ごく》適《てき》當《たう》の

取合《とりあはせ》で厶《ござ》いませう

紫《し》蘇《そ》巻《まき》味《み》噌《そ》の調《てう》理《り》法《はふ》

大《だい》なる青紫蘇《あをじそ》の葉《は》　七十枚《まい》
甘《あま》味《み》噌《そ》　三十匁《もんめ》
砂《さ》糖《たう》　十五匁《もんめ》
麻《あさ》の實《み》　少《せう》々〳〵
胡《ご》麻《ま》の油《あぶら》　三勺《しやく》

右《み》記《ぎ》分量《ぶんりやう》の紫《し》蘇《そ》の葉《は》を一枚《まい》づゝ鹽《しほ》水《みづ》の中《なか》にて清《き》淨《れい》に洗《あら》ひ、再《ふた》び清《み》水《づ》にゆすぎまして笊《ざる》に上《あ》げ、よく水《みづ》氣《け》を斷《き》つて置《お》きます、それより濡《しめり》氣《け》の厶《ござ》いませぬ鐵《てつ》鍋《なべ》の中《なか》へ、ほどよく胡《ご》麻油《まのあぶら》を加《い》れまして火《ひ》に架《か》け、よく沸《ふつ》騰《ごう》いたしてまいりましたら三十匁《め》のお味《み》噌《そ》と十五匁《もんめ》の砂《さ》糖《たう》を加《くは》へ、絶《た》へず御《ご》飯《はん》杓子《しやくし》にてよくかきまはしながらぢう〳〵と煉《ね》ります、仍《そこ》で麻《あさ》の實《み》を濡《しめり》氣《け》の厶《ござ》います清《き》淨《れい》なる布《ふ》巾《きん》に包《つゝ》み、よく塵《ち》芥《り》を去《さ》りまして乾《かは》きました焙《はつ》烙《ろく》に加《い》れて火《ひ》に架《か》けます、一二分《ぶん》ほどかきまはして炒《い》れましたら右《み》記《ぎ》のお味《み》噌《そ》の中《なか》へ加《い》れ、又《また》もよくかきまはしてお鍋《なべ》を下《お》ろし、團《うち》扇《わ》にて煽《あふ》ぎ

冷《さ》却《ま》しながらよくかきまはし、全《まつた》く冷《さ》却《め》ましたら今《こん》度《ど》は乾《かは》きましたる板《いた》の上《う》部《へ》に前《ま》記《へ》の紫《し》蘇《そ》の葉《は》を一枚《まい》宛《づ》、擴《ひろ》げ、その上《う》部《へ》に右《み》記《ぎ》の煉《ねり》味《み》噌《そ》をほどよく加《い》れまして端《はし》より巻《ま》き、全《ぜん》部《ぶ》が巻《ま》き終《あが》りましたら五六本《ぽん》づゝ横《よこ》に列《なら》べ、ほどよく三本《ぼん》の金《かな》串《ぐし》又《また》は細《ほそ》き竹《たけ》串《ぐし》を刺《さ》し、なるべく表《りやう》裏《めん》を焦《こが》さぬやうに炙《や》き、串《くし》を脱《ぬ》きましてお皿《さ》中《ら》に盛《も》つて供《きよう》します

里《さと》芋《いも》粥《かゆ》の煮《に》方《かた》

説明　これも前《ま》條《へ》の里《さと》芋《いも》飯《めし》の條《ところ》にて記《の》述《べ》ましたる如《ごと》く、里《さと》芋《いも》は何《なに》芋《いも》にても差《さし》支《つかへ》はムいませんが、なるべく美《び》味《み》なる上《じやう》等《とう》品《ひん》を擇《えら》ばねばいけません

仕《し》方《かた》は南《なん》京《きん》粥《かゆ》と同《おな》じでムいます、それでこのお粥《かゆ》に適《てき》當《たう》なる取《とり》合《あはせ》には、牛《ご》蒡《ばう》の酢《す》煮《に》か、乃《ない》至《し》ははり〱蘿《だい》蔔《こん》の甘《あま》酢《す》などがよろしふムいませう

牛《ご》蒡《ばう》の酢《す》煮《に》拵《こしらへ》方《かた》(十人分)

極《ご》く細《ほそ》き牛《ご》蒡《ばう》　三　把《は》
煮《に》出《だ》汁《し》　一合《がふ》五勺《しやく》
煮《に》きり味《み》淋《りん》　五　勺《しやく》

砂糖《さたう》　二十匁《もんめ》
食鹽《しほ》　二匁《もんめ》
醋《す》　二勺《しやく》

右記《みぎ》の味淋《みりん》を使用《つかひ》ません際《さい》には、砂糖《さたう》をモー少々《せう〳〵》増加《ふや》します

右記《みぎ》の牛蒡《ごばう》を俎上《まないた》に載《の》せ、庖刀《はうてう》にて兩端《りやうはし》を截去《きりさ》りましてよく皮《かは》をこそげ直《たゞ》ちに水中《みづ》に投《い》れて暫時《しばら》く灰汁《あく》を脱《ぬ》いて置《お》きます、それより牛蒡《ごばう》に被《かぶ》るほどお鍋中《なべ》に清水《みづ》を加《い》れて火《ひ》に架《か》け、よく沸騰《ふつとう》してまいりましたら右記《みぎ》の牛蒡《ごばう》を水中《みづ》より引上《ひきあ》げてその鍋中《なか》へ投《い》れ、落《お》ち蓋《ぶた》をいたして暫時《しばら》く煠《ゆ》でます、軟《やはら》かになりましたら笊《ざる》にあけまして水氣《みづけ》をよく斷《き》り、今度《こんど》は別鍋《べつなべ》に一合《がふ》の味淋《みりん》を加《い》れて火《ひ》に架《か》け、よく煮減《につめ》まして五勺《しやく》ほどに減《へ》りましたらそれを度《ど》といたし、それより一合《がふ》五勺《しやく》の煮出汁《にだし》と二十匁《もんめ》の砂糖《さたう》とを加《くは》へて一と沸騰《ふつとう》させ、それより牛蒡《ごばう》を加《い》れて落《お》ち蓋《ぶた》をいたして煮込《にこみ》ます、暫時《しばら》く經過《たち》まして鹽《しほ》を加《くは》へて味《あぢ》の加減《かげん》をいたし、手早《てはや》くかきまはして煮汁《にしる》が減《つま》りましたらお鍋《なべ》を下《お》ろし、直《たゞ》ちにその上部《うへ》より醋《す》を注《か》けてかきまはし、適宜《てきぎ》の大《おほき》さに截《き》つて供《きよう》します

里芋粥の煮方

はり〳〵蘿《だい》蔔《こん》の甘《あま》醋《ず》漬《つけ》拵《こしらへ》方《かた》

裂《さ》き乾《ほし》蘿《だい》蔔《こん》　百匁《もんめ》
砂《さ》糖《とう》　十五匁《もんめ》
清《み》水《づ》　三勺《しやく》
醬《しやう》油《ゆ》　五勺《しやく》
醋《す》　三勺《しやく》

右《み》記《ぎ》の裂《さ》き乾《ぼし》蘿《だい》蔔《こん》を水《みづ》洗《あらひ》いたし、水《みづ》氣《け》をよく拭《ぬぐ》ひまして、爼《まな》上《いた》に載《の》せ、木《こ》口《ぐち》より五分《ぶ》ほどに截《き》り、それよりお鍋《な》中《べ》に十五匁《もんめ》のお砂《さ》糖《とう》と三勺《しやく》の清《み》水《づ》とを加《い》れまして火《ひ》に架《か》け、三四回《くわい》ほど沸《ふつ》騰《とう》いたしましたらお鍋《なべ》を下《お》ろしてよく冷《さ》却《ま》して置《お》きます、充《じう》分《ぶん》によく冷《さ》却《め》ましたら、今《こん》度《ど》は三勺《しやく》ほどの醋《す》を加《い》れましてよくかきまはし、右《み》記《ぎ》の截《き》つて置《お》きましたる蘿《だい》蔔《こん》を投《い》れ、又《また》もよくかきまはしてそのまゝ漬《つけ》込《こ》み、五六日《にち》ほど經《た》過《ち》まするとよい喰《くひ》味《あぢ》となります

牛《ミル》乳《ク》入《い》り滋《じ》養《やう》粥《かゆ》の煮《に》方《かた》

説明 このお粥《かゆ》は専《もつぱ》ら胃《い》弱者《じやくしや》或《あるひ》は平《へい》癒《ゆ》に近《ちか》き病人《びやうにん》などに至《し》極《ごく》適《てき》當《たう》なるものでありまして、殊《こと》に老《らう》人《じん》小《こ》兒《ども》などにも最《もつと》もよろしき滋《じ》養《やう》的《てき》食《しよく》品《ひん》で厶《ござ》います

〔材料の分量〕

白《こ》米《め》　大《おほ》匙《さぢ》に二杯《はい》

牛《みる》乳《く》　二合《がふ》

食《し》鹽《ほ》　少《せう》々《〱》

炊方の手順 先《ま》づ右《み》記《ぎ》分量《ぶんりやう》のお白《こ》米《め》を器《うつ》中《は》に加《い》れ、ほどよく清《み》水《づ》を加《くは》へましてよく洗《と》ぎ、充《じう》分《ぶん》に清《き》淨《れい》になりましたら笊《ざる》に上《あ》げましてお鍋《な》中《べ》に加《い》れ、それに被《か》ぶるほどに清《み》水《づ》を加《くは》へて火《ひ》に架《か》けます、蓋《ふた》をいたしてとろ火《び》に架《か》け煮《に》込《こみ》ますとほどよく軟《やはら》かに煮《に》へますから、それを度《ど》といたして今《こん》度《ど》は二《ダ》重《ブル》鍋《パン》と申《まを》しまして舶《はく》來《らい》の湯《ゆ》煎《せん》鍋《なべ》が厶《ござ》いますからその上《う》部《へ》の方《はう》のお鍋《な》中《べ》に移《うつ》し加《い》れ、二合《がふ》の牛《みる》乳《く》を加《くは》へましてよくかきまはし、又《また》下《し》部《た》の方《はう》のお鍋《な》中《べ》へはほどよく湯《ゆ》を加《くは》へてそのまゝ火《ひ》に架《か》けます、それより一時《じ》間《かん》半《はん》ほども經《た》過《ち》まするとお御《ご》飯《はん》が充《じう》分《ぶん》に軟《やはら》かになりますからお鍋《なべ》を下《お》ろし、手《て》早《はや》く丼《どんぶり》又《また》は別《べつ》鍋《なべ》に毛《すい》篩《のう》を被《か》ぶせましてその裏《う》面《へ》に右《み》記《ぎ》の煮《に》まし

たる御《ご》飯《はん》を匙《さぢ》にて掬《すく》ひ載《の》せ、御《ご》飯《はん》杓子《しやくし》の平《ひら》にてよくこするやうにいたして裏《うら》漉《こし》をいたします、その漉《こ》した中《なか》へほどよく鹽《しほ》を加《くは》へましてよくかきまはし、味《あぢ》の加《か》減《げん》をいたしてなるべく熱《あつ》くもなく、よき喰《た》べ加《か》減《げん》の處《ところ》を供《きよう》します

滋《じ》養《やう》大《おほ》麥《むぎ》粥《かゆ》の煮《に》方《かた》

説明　これも極《ご》く滋《じ》養《やう》分《ぶん》に富《こ》みましたる食品《しよくひん》で厶《ござ》いまして、各《かく》種《しゆ》の疾《やま》病《ひ》を問《と》はず、寔《まこと》に衞《えい》生《せい》的《てき》特《とく》効《かう》のあります美《び》味《み》なるお粥《かゆ》で厶《ござ》います

〔材料の分量〕

大《おほ》麥《むぎ》の粉《こ》	大《おほ》匙《さぢ》に一杯《はい》半《はん》
清《み》水《づ》	大《おほ》匙《さぢ》に三杯《はい》
熱《ねつ》湯《たう》	一合《がふ》五勺《しやく》
牛《みる》乳《く》	七勺《しやく》
食《し》鹽《ほ》	少《せう》々

拵方の手順　先《ま》づお鍋《なべ》中に右《み》記《ぎ》分量《ぶんりやう》の大《おほ》麥《むぎ》の粉《こ》と大《おほ》匙《さぢ》に三杯《はい》の清《み》水《づ》とを加《い》れましてよくかきまはし、どろ〳〵に溶しましてそれより熱《ねつ》湯《たう》をだん

だんに注《つ》ぎ込《こ》みながらよくかきまはし、そのまゝ火《ひ》に架《か》けまして、絶《た》えずかきまはしながら牛乳《みるく》を加《くは》へて暫時《しばら》く煮《に》込《こ》み、ほどよく鹽《しほ》を加《くは》へまして手《て》早《はや》くかきまはし、味《あぢ》の加減《かげん》をいたしてお鍋《なべ》を下《お》ろし、あまり熱《あつ》くもなくぬるくもなく、よく呑《の》み加《か》減《げん》にいたして供《きよう》します

別《べつ》法《はふ》衞《えい》生《せい》大《おほ》麥《むぎ》のお粥《かゆ》の煮《に》方《かた》

説明　これも前條《まへ》に記述《のべ》ましたるお粥《かゆ》とその効能《かうのう》は少《すこ》しも違《ちが》ひません、それでこの方《はう》は清水《みづ》と熱湯《ねつたう》の代用《かはり》に冷《ひ》へましたる牛乳《みるく》と熱《ねつ》したる牛乳《みるく》とを加《くは》へ、且《や》尚《はり》鹽《しほ》味《あぢ》にて加《か》減《げん》をいたします

〔材料の分量〕　大《おほ》麥《むぎ》の粉《こ》　大《おほ》匙《さぢ》に二杯《はい》
冷《ひや》したる牛乳《みるく》　大《おほ》匙《さぢ》に四杯《はい》
熱《ねつ》したる牛乳《みるく》　一合《がふ》五勺《しやく》
食《し》鹽《ほ》　少《せう》々

炊方の手順　これも前條《まへ》の如《ごと》くお鍋《なべ》中に右記《みぎ》分量《ぶんりやう》の大《おほ》麥《むぎ》の粉《こ》を加《い》れまして、先《ま》づ冷《ひや》しましたる牛乳《みるく》の方《はう》からだん／＼に注《つ》ぎ込《こ》みながら匙《さぢ》にてか

きまはし、ほどよくどろ〱の加減《かげん》になりましたら、今度《こんど》は熱《ねつ》したる方《はう》の牛乳《みるく》を且《や》偷《はり》少々《せう》〱づゝ加《くは》へながら又《また》もよくかきまはします、充分《ちうぶん》によく混和《まじり》ましたらそれより大鍋《おほなべ》に清水《みづ》を少々《せう》〱加《い》れて火《ひ》に架《か》け、よく沸騰《ふつとう》いたしましたら右記《みぎ》の牛乳《みるく》を加《い》れましたるお鍋《なべ》をその中《なか》へ浮《うか》せ、絶《た》へず匙《さぢ》にてかきまはして湯煎《ゆせん》にいたします、二三十分間《ぶんかん》もかきまはしてお鍋《なべ》を下《お》ろし、ほどよく鹽《しほ》を加《くは》へて手早《てはや》くかきまはし、味《あぢ》の加減《かげん》をいたして直《たゞ》ちにお鍋《なべ》を下《お》ろし、ほどよく冷《さ》却《ま》してコップに加《い》れ小匙《こさぢ》を添《そ》へて供《きよう》します

印《いん》度《ご》粥《がゆ》の煮《に》方《かた》

說明　この印《いん》度《ご》粥《がゆ》と申《まをし》ます名稱《めいしよう》は、インデヤンミルと申《まを》します粒狀《つぶじやう》をいたしましたる印《いん》度《ご》産《さん》の穀粉《こくふん》を原料《げんれう》といたして拵《こしら》へまする甚《はなは》だ滋養分《じやうぶん》の厶《ござ》いますお粥《かゆ》でありまして、これは主《おも》に病人《びやうにん》又《また》は衰弱者《すゐじやくしや》などには至極適當《しごくてきたう》なる衞生的食品《えいせいてきしよくひん》で厶《ござ》います

〔材料の分量〕　インデヤンミル　大匙《おほさぢ》に三杯《はい》

メリケン粉《こ》　大匙《おほさぢ》に一杯《はい》

熱《ねつ》湯《たう》　三合《がふ》

牛《ミル》乳《ク》　大《おほ》匙《さぢ》に二杯《はい》

食《し》鹽《ほ》　少《せう》々〳〵

拵方の手順　これは鍋《お》中《なべ》に右《み》記《ぎ》分量《ぶんりやう》のインデヤンミルとメリケン粉《こ》と加《い》れまして、よく匙《さぢ》にてかきまはし。充《ぢう》分《ぶん》に混《まじ》和《り》ましたら今《こん》度《ど》は清《み》水《づ》を加《くは》へて又《また》もよくかきまはし、どろ〳〵にいたして糊《のり》の如《ごと》くなりましたら三合《がふ》の熱《ねつ》湯《たう》を少《せう》々〳〵づゝ注《つ》ぎ込《こ》みながらよくかきまはし、それより火《ひ》に架《か》け絶《た》へず御《ご》飯《はん》杓子《しやくし》にてかきまはしてそのまゝ一時《じ》間《かん》ほど煮《に》込《こみ》ます、ほどよく煮《に》へましたら手《て》早《はや》く牛《ミル》乳《ク》を加《くは》へましてよくかきまはし、一と沸《ぶつ》騰《ごう》させまして鹽《しほ》を少《せう》々〳〵加《くは》へ、味《あぢ》の加《か》減《げん》をいたして直《たゞ》ちにお鍋《なべ》を下《お》ろし、ほどよく冷《さ》却《ま》してコップに加《い》れ、且《や》尚《はり》小《こ》匙《さぢ》を添《そ》へて供《きよう》します

注意　若《も》し牛《みる》乳《く》の代《かは》用《り》にクリームなどを混《い》和《れ》てもよろしふ厶《ござ》います

オートミールの粥《かゆ》の煮《に》方《かた》

説明　このオートミールと申《まを》しますものは、洋《やう》種《しゆ》の燕麥《からすむぎ》を粗《あら》く碎《くだ》きまし

たもので、寔《まこと》に滋《じ》養《やう》分《ぶん》に富《と》みましたる一種《しゆ》の穀《こく》物《もつ》で厶《ござ》います、それで歐《あち》米《ら》では必《かなら》ず病人《びやうにん》用《よう》の食品《しよくひん》といたして専《もつぱ》ら使《もち》用《ゐ》れて居《を》ります

〔材料の分量〕

オートミール　二合《がふ》五勺《しやく》
熱《ねつ》湯《とう》　三合《がふ》
牛《ミル》乳《ク》　大《おほ》匙《さじ》に三杯《ばい》
食《し》鹽《ほ》　少《せう》々く

拵方の手順　これも前《ま》條《へ》の如《ごと》く、右《み》記《ぎ》分《ぶん》量《りやう》のオートミールと少《せう》量《りやう》の鹽《しほ》とをお鍋《なべ》中に加《い》れ、三合《がふ》の熱《ねつ》湯《とう》を少《せう》々く《》づゝ加《くは》へながら匙《さぢ》にてよくかきまはしまして、どろ／＼の加《か》減《げん》になりましたら火《ひ》に架《か》け五分《ふん》間《かん》ほどかきまはしてお鍋《なべ》を下《お》ろし、今《こん》度《ど》は別《べつ》鍋《なべ》に熱《ねつ》湯《とう》を沸《わか》してその中《なか》へ右《み》記《ぎ》のお鍋《なべ》を浮《うか》せ、そのまゝかきまはして一時《じ》間《かん》ほど湯《ゆ》煎《せん》にいたします、ほどよく沸《ふつ》騰《とう》いたしましたらそれを度《ど》といたしてお鍋《なべ》を下《お》ろし、手《て》早《はや》く牛《ぎう》乳《にう》を加《くは》へながらかきまはしてほどよく冷《さ》却《ま》し、コップに加《い》れましして小《こ》匙《さぢ》を添《そへ》て供《きよう》します

注意　若《もし》又《また》牛《ミル》乳《ク》の代《かは》用《り》にクリームを加《くは》へましても差《さし》支《つかへ》は厶《ござ》いません

別《べつ》法《ぱう》オートミールの粥《かゆ》煮《に》方《かた》

説明　これも前《ま》條《へ》に記《の》述《べ》ましたる粥《かゆ》と同一《どう》なる効《こう》能《のう》が厶《ござ》いまして、且《やは》尙《り》病人用《びやうにんよう》といたしては寔《まこと》に結構《けつこう》なる食物《しよくもつ》で厶《ござ》います

材料の分量

粗《あら》きオートミール　五勺《しやく》

清水《みづ》　三合《がふ》

牛乳《ミルク》又《また》はクリーム　大匙《おほさぢ》に二杯《はい》

食《し》鹽《ほ》　少《せう》々《〱》

拵方の手順　これも前《ま》條《へ》の如《ごと》く、右記《みぎ》分量《ぶんりやう》のオートミールを鍋中《おなべ》に加《い》れ一合《がふ》の清水《みづ》を少《せう》々《〱》づゝ加《くは》へながらよくかきまはして火《ひ》に架《か》け、そのまゝかきまはしながら殘分《のこり》二合《がふ》の清水《みづ》を加《くは》へて火《ひ》に架《か》け、三十分間《ぶんかん》ほども煮《に》ますと軟《やわら》かになつてまいりますから今度《こんど》は少量《せうりやう》の鹽《しほ》と大匙《おほさぢ》に二杯《はい》の牛乳《ミルク》又《また》はクリームを加《くは》へまして手早《てはや》くかきまはし、直《たゞ》ちにお鍋《なべ》を下《お》ろしてほどよく冷却《さま》し、且尙《やはり》コップに加《い》れ、小匙《こさぢ》を添《そ》へて供《きよう》します、けれども前《ま》條《へ》のお粥《かゆ》からみますと少《すこ》しく滋養《じよう》の點《てん》は劣《おと》りまするが、併《しか》し風味《ふうみ》の方《はう》は

勝《まさ》つて居《お》ります

玉子《たまご》雑《ざふ》炊《すゐ》の煮《に》方《かた》

說明　これは普《ふ》通《つう》の雑《ざふ》炊《すゐ》を拵《こしら》へ〻まして、その中《なか》へ生《なま》玉《たま》子《ご》を破《わり》込《こ》み、箸《はし》にてかきまはし、直《たゞ》ちに清汁《すましじる》をお椀《わん》中に加《い》れ、尙《なほ》又《また》各《かく》種《しゆ》の加《か》藥《やく》を添《そ》へて供《きよう》します、それでこの雑《ざふ》炊《すゐ》は專《もつぱ》ら酒《しゆ》後《ご》の食《しよく》品《ひん》には至《し》極《ごく》適《てき》當《たう》で厶《ござ》います

〔材料の分量〕

白《こ》米《め》　適《てき》量《りやう》
清《み》水《づ》　適《てき》量《りやう》
玉《たま》子《ご》　適《てき》量《りやう》
煮《に》出《だ》汁《し》　適《てき》量《りやう》
醬《しやう》油《ゆ》　少《せう》々

加《か》藥《やく》

粉《こ》山《さん》椒《しよう》　少《せう》々
淺《あさ》草《くさ》海《の》苔《り》　少《せう》々
おろし山《わさ》葵《び》　少《せう》々

刻《きざ》み葱《ねぎ》　少《せう》々《〱》
おろし蘿《だい》蔔《こん》　少《せう》々《〱》

拵方の手順　先《ま》づ平《つ》素《ね》の加《か》減《げん》にて雑《ざふ》炊《すゐ》を拵《こしら》へ、直《たゞ》ちにその中《なか》へ玉《たま》子《ご》を破《わり》込《こ》み、よく殻《か》片《け》のム《ござ》いませぬやうに注《ちう》意《い》をいたして手《て》早《はや》く御《ご》飯《はん》杓《しやく》子《し》か箸《はし》にてかきまはし、大《ほ》略《ゞ》混《まじ》和《り》ましたら一《ちよ》寸《つと》蓋《ふた》をいたして茶《ちや》碗《わん》に盛《も》り、それより別《べつ》椀《わん》にお清《すま》汁《し》の拵《こしら》へたのを注《つぎ》込《こ》み、尚《な》ほ好《このみ》の加《か》薬《やく》を小《こ》皿《ざら》に添《そ》へて供《きよう》します、それから右《み》記《ぎ》のお清《すま》汁《し》でム《ござ》いますが、これは最《さい》初《しよ》より雑《ざふ》炊《すゐ》に加《い》れて煮《に》込《こ》むでもよろしふム《ござい》ます、それでこの雑《ざふ》炊《すゐ》を食《しよく》しますには、その取《とり》合《あは》せといたして乾《ほし》ゆばの含《ふく》め煮《に》などがよろしふム《ござ》います

乾《ほし》ゆばの含《ふく》め煮《に》調《こし》理《らへ》法《かた》（十人《にん》分《ぶん》）

乾《ほし》ゆば　百　箇《こ》
煮《に》出《だ》汁《し》　三　合《がふ》
砂《さ》糖《とう》　三十　匁《もんめ》
醤《しやう》油《ゆ》　五　勺《しやく》
柚《ゆ》子《ず》　一　箇《こ》

右記《みぎ》分量《ぶんりやう》の乾《ほし》ゆばを水中《すいちう》に投《い》れ、ほどよく洗《あら》ひまして堅《かた》く水氣《みづけ》を搾《しぼ》つて置《お》きます、それよりお鍋《なべ》中に三合《がふ》の煮《に》出《だ》汁《し》と三十匁《もんめ》のお砂糖《さとう》に五勺《しやく》の醤《しやう》油《ゆ》を加《い》れて火《ひ》に架《か》け、二三回《くわい》ほど沸騰《ふつとう》いたしましたらゆばを加《い》れまして落《お》ち蓋《ふた》をいたしほどよく煮《に》ましてお鍋《なべ》を下《お》ろし、そのまゝその煮汁《にしる》の中《なか》へ含《ふく》ませて置《お》き、暫時《しばら》く經過《たち》ましたらお椀《わん》中に盛《もり》分《わ》け、それより柚子《ゆず》を水洗《みづあらひ》いたして布巾《ふきん》にて水氣《みづけ》を拭《ぬぐ》ひ、手《て》早《はや》く擦金《おろしね》にておろし、ゆばの上部《うへ》にかけて供《きやう》します

どじやう雜炊《ざふすゐ》の煮方《にかた》

説明　これはどじやうを煠《ゆ》でまして其《そ》の肉《にく》をほじりとり、それを雜炊《ざふすゐ》の中《なか》へ加《い》れ、ほどよく醤油《しやうゆ》を加味《かみ》いたして出來終《できあが》りましたら、お茶碗《ちやわん》に盛《も》り、極《ご》く薄《うす》く削《けづ》りたる鰹節《かつをぶし》をふりかけて供《きやう》します、それからその取《とり》合《あは》せには林檎《りんご》のおろしあへなどがよろしふ厶《ござ》います

〔材料の分量〕

白米《こめ》　適量《てきりやう》
清水《みづ》　適量《てきりやう》

どじやう　白米《こめ》の五分《ぶん》の一
醬油《しやうゆ》　少々《せう》
薄削《うすけづ》り鰹節《かつぶし》　少々《せう》
牛蒡《ごばう》　少々《せう》
刻《きざ》み葱《ねぎ》　少々《せう》
粉山椒《こさんしよう》　少々《せう》

加藥《かやく》

拵方の手順 これも前條《まへ》と同《おな》じ手順《てじゆん》にて雜炊《ざふすゐ》を拵《こしら》へます、尤《もつと》もそれが出《で》來《き》ます間《あいだ》にどじやうを前條《まへ》のあなごの手順《てじゆん》にて截開《きりひら》き、腸《わた》と骨《ほね》とを去《さ》りまして清淨《きれい》に水洗《みづあらひ》をいたし、それより小鍋《こなべ》に熱湯《ねつとう》を沸《わか》し、その中《なか》へ投《い》れサッと煠《ゆ》でまして笊《ざる》に上《あ》げ、よく水氣《みづけ》を斷《き》りまして再《ふた》び爼上《まないた》に載《の》せ、一寸《すん》ほどの大《おほい》さに截《き》ります、仍《そこ》で雜炊《ざふすゐ》が出來《でき》ましたらその中《なか》へ投《い》れ、ほどよく醬油《しやうゆ》を注《さ》しまして味《あぢ》の加減《かげん》をいたし尙《なほ》その前《まへ》より牛蒡《ごばう》の兩端《あごさき》を截《きり》去《さ》り、斜《はす》に庖刀《はうてう》めを入《い》れまして薄《うす》及《ば》庖刀《はうてう》にてなるべく薄片《へぎ》にいたし、直《たゞ》ちに水中《みづ》に投《い》れまして暫時《しばら》く灰汁《あく》を脫《ぬ》き、それより水氣《みづけ》を堅《かた》く搾《しぼ》りまして軟《やはら》かに煠《ゆ》で、再《ふた》び笊《ざる》にあけてよく水氣《みづけ》を斷《き》つて又《また》もお鍋中《なべ》に戾《もど》し、少《せう》

量《りやう》の煮《に》出《だ》汁《し》と醤《しやう》油《ゆ》を少《せう》々〳〵加《くは》へまして淡《うす》味《あぢ》に煮《に》付《つ》けます、これをどじやうと共《とも》に茶《ちや》碗《わん》に盛《もり》付《つ》け、その上《う》面《へ》より藤《うす》削《かき》の鰹《かつ》節《ぶし》をふりかけて供《きやう》します

林《りん》檎《ご》のおろしあへ拵《こしらへ》方《かた》　十人分《ぶん》

中《ちう》位《くらゐ》の林《りん》檎《ご》　二箇《こ》
蘿《だい》蔔《こん》　一本《ぽん》
醋《す》　八勺《しやく》
砂《さ》糖《たう》　少《せう》々〳〵
食《し》鹽《ほ》　少《せう》々〳〵

先《ま》づ蘿《だい》蔔《こん》の兩《あと》端《さき》を截《きり》去《さ》り、二三寸《すん》ほどの長《なが》さに截《き》りまして皮《かは》を剝《む》き、直《たゞ》ちに水《みづ》洗《あらひ》をいたして布《ふ》巾《きん》にて水《みづ》氣《け》を拭《ぬぐ》ひ、それより擦《おろし》金《がね》にておろし毛《すい》篩《のう》の裏《う》面《ら》に載《の》せ、ほどよく鹽《しほ》をふりかけてよくかきまはして置《お》きます、それより林《りん》檎《ご》の皮《かは》を剝《むき》去《さ》つて四ツに割《わ》り、芯《しん》と核《た》子《ね》とを除《のぞ》きまして手《て》早《はや》く細《こま》少《か》に賽《さい》形《がた》に截《き》り、そこで丼《どんぶり》に醋《す》少《せう》々〳〵と清《み》水《づ》を少《せう》々〳〵加《くは》へてよくかきまはしてその中《なか》へ右《み》記《ぎ》の林《りん》檎《ご》を浸《つ》けて置《お》きます、それから別《べつ》の丼《どんぶり》に醋《す》を加《あ》け

それと同量《ごうりやう》の清水《みづ》を加《くは》へてよくかきまはし、鹽《しほ》と砂糖《さとう》とを加《くは》へ、右記《みぎ》の蘿蔔《だいこん》を手早《てばや》く水《みづ》にて洗《あら》ひ、堅《かた》く水氣《みづけ》を搾《しぼ》つてその酢《す》の中《なか》へ加《い》れ、林檎《りんご》を加《くは》へて箸《はし》にてよくかきまはし、味《あぢ》の加減《かげん》を試《み》まして小皿《こざら》に盛分《もりわ》け、その上部《うへ》より火《ひ》に焙《あぶ》りましたる淺草海苔《あさくさのり》を揉《も》みかけて供《きやう》します

注意　このどぢやう雜炊《ざふすゐ》はどぢやうを全形《まる》のまゝ煠《ゆ》でまして、その肉《にく》を箸《はし》にてほじり取《と》つて雜炊《ざふすゐ》と共《とも》に煮込《にこ》むので厶《ござ》いますが、それでは手數《てすう》がかゝります故《ゆゑ》右記《みぎ》の如《ごと》き手順《てじゆん》にいたしたので厶《ござ》います

鱧雜炊《はもざふすゐ》の煮方《にかた》

説明　これは京阪地方《かみがたちはう》に於《おい》て最《もつと》もよく流行《りうかう》いたして居《を》ります雜炊《ざふすゐ》の一種《しゆ》で厶《ござ》います

且尙《やはり》前條《まへ》に説明《せつめい》いたしましたる玉子雜炊《たまござふすゐ》の如《ごと》く煮出汁《にだし》と醤油《しやうゆ》にてほどよく味《あぢ》の加減《かげん》をいたし、その加藥《かやく》にはさらし葱《ねぎ》又《また》は生薑《せうが》の搾汁《しぼりしる》を滴《たら》して供《きやう》します、尙《なほ》又《また》その取合《とりあはせ》には蓮根《れんこん》の朝鮮煮《てうせんに》などを添《そ》へます

〔材料の分量〕　白米《こめ》　適量《てきりやう》

清《み》水《づ》　適《てき》量《りやう》
鱧《はも》　適《てき》量《りやう》
煮《に》出《だ》汁《し》　適《てき》量《りやう》
醤《しやう》油《ゆ》　少《せう》々

炊方の手順

先《ま》づ右《み》記《ぎ》鱧《はも》の腹《はら》を正《せう》面《めん》に、頭《あた》部《ま》を左方に向《む》けて一《いち》文《もん》字《じ》に俎《まな》上《いた》に載《の》せ、眼《め》の下《した》に錐《きり》を打《う》ち込《こ》み、左《ひだり》の手《て》にて鱧《はも》をおさへながら右《みぎ》の手《て》に庖《はう》刀《てう》を持《も》ちまして首《くび》際《ぎは》より尾《お》の方《はう》へと截《きり》開《ひら》きます、それより庖《はう》刀《てう》の先《さき》を再《ふた》び中《なか》骨《ほね》の下《した》に入《い》れまして中《なか》骨《ほね》を脱《ぬ》き去《さ》り、腸《わた》を除《のぞ》きまして一分《ぶ》づゝ間《あいだ》を距《お》いて皮《かは》めに達《たつ》するまで截《き》り込《こ》みます、これを骨《ほね》截《ぎり》と申《もう》します、元《ぐわん》來《らい》この魚《うを》は倸《こ》ふいたしませんと小《こ》骨《ほね》が多《おほ》く厶《ごさ》いまして喰《た》べられません、仍《そこ》でそれが截《きり》終《あが》りましたら今《こん》度《ど》は小《こ》鍋《なべ》に熱《ねつ》湯《たう》を沸《わか》してその中《なか》へ投《い》れ、箸《はし》にてかきまはしてサット爍《ゆ》で、直《たゞ》ちに笊《ざる》に上《あ》げて水《みづ》氣《け》を斷《き》り、それより五六分《ぶ》づゝの長《なが》さに截《き》つて置《お》きます、今《こん》度《ど》は平《つ》素《ね》の加《か》減《げん》に雜《ざふ》炊《すゐ》を拵《こしら》へましてその中《なか》へ右《み》記《ぎ》の鱧《はも》を加《い》れほどよく煮《に》出《だ》汁《し》と醤《しやう》油《ゆ》とを加《か》味《み》して味《あぢ》の加《か》減《げん》をいたし出《で》來《き》終《あが》りましたら茶《ちや》碗《わん》に盛《も》り、さらし葱《ねぎ》又《また》は古《ひ》根《ね》生《せう》薑《が》の皮《かは》を

剝《ひ》き、水《みづ》洗《あらひ》をいたして水《みづ》氣《け》を拭《ぬぐ》つて擦《おろし》金《がね》にておろし、その汁《しる》を搾《しぼ》り込《こ》んで供《きやう》します

蓮《れん》根《こん》の朝《てう》鮮《せん》煮《に》拵方《こしらへかた》　十人《にん》分《ぶん》

太《ふと》き蓮《れん》根《こん》　一本《ぽん》
黒《くろ》胡《ご》麻《ま》　一合《かふ》
砂《さ》糖《たう》　二十匁《もんめ》
食《し》鹽《ほ》　三匁《もんめ》
醬《しやう》油《ゆ》　三勺《しやく》

先《ま》づ蓮《れん》根《こん》は節《ふし》の處《ところ》より截《き》り、直《たゞ》ちに庖《はう》刀《てう》にて縱《たて》に皮《かは》を剝《ひ》き去《さ》り、更《さら》に太《ふと》き處《ところ》は縱《たて》に二ツに割《わ》りまして木《こ》口《ぐち》より二分《ぶ》ほどの厚《あつ》さに截《き》つて、そのまゝ水《すい》中《ちう》に投《い》れて灰《あ》汁《く》を脫《ぬ》いて置《お》きます、暫《しば》時《らく》經《た》過《ち》ましたら黒《くろ》胡《ご》麻《ま》をよく水《み》洗《あらひ》いたして布《ふ》巾《きん》にとり、堅《かた》く水《みづ》氣《け》を搾《しぼ》りまして焙《はう》烙《ろく》に加《い》れ、文《ごろ》火《び》にかけまして御《ご》飯《はん》杓《しやく》子《し》にてかきまはしながらほどよく炒《いり》終《あ》げます、それから乾《かは》きましたる擂《すり》鉢《ばち》に加《い》れてよく擂《すり》木《こぎ》にて擂《す》り、どろ〳〵になりましたら二勺《しやく》の醬《しやう》油《ゆ》を加《くは》へてよく擂《すり》混《ま》ぜて置《お》きます、仍《そこ》で蓮《れん》根《こん》を水《すい》中《ちう》より引《ひき》上《あ》げ

手《て》早《はや》く鍋中《なべ》に一合《がふ》の清水《みづ》と二十匁《もんめ》の砂糖《さとう》とを加《い》れまして火《ひ》に架《か》け、二三回《くわい》ほど沸騰《ふつとう》いたしましたら右記《みぎ》の蓮根《れんこん》を投《い》れまして絶《た》へず御飯杓子《ごはんしやくし》にてよく煮《に》かきまはしながら三匁《もんめ》の鹽《しほ》を加《くは》へ、味《あぢ》の加減《かげん》をいたしましてほどよく汁《しる》が減《つま》りましたら、それを度《ど》といたしてお鍋《なべ》を下《お》ろしてお皿《さら》中にとりよく冷却《さま》しましてどろ〳〵に摺《す》つて厶《ござ》います胡麻《ごま》の中《なか》へ加《い》れ、よくかきまはしながら尚《な》ほ殘分《のこり》一勺《しやく》の醤油《しやうゆ》を加《くは》へ、再《ふた》び味《あぢ》の加減《かげん》を試《み》て小丼《こごんぶり》又《ふた》は小《こ》鉢《はち》に盛《も》つて供《きよう》します

うなぎ雑炊《ざふすゐ》の調理法《こしらへかた》

説明　これはあまり大《おほ》きくない鰻《うたぎ》を使《つ》用《かひ》ましてて例《れい》の手順《てじゆん》にて截《きり》開《ひら》き、中《なか》骨《ほね》と腸《わた》とを去《さ》りましてサツト炙《や》き、それを二分《ぶ》ほどづゝに截《き》りまして雑《ざふ》炊《すゐ》の中《なか》へ炊《た》き込《こ》み、且《やは》尚《り》醤油《しやうゆ》にて味《あぢ》の加減《かげん》をいたし、その加薬《かやく》には粉《こ》山《さん》椒《しよう》又《また》はさらし葱《ねぎ》などを使用《つかひ》ます、それからその取《とり》合《あはせ》には且《やは》尚《り》鰻《うなぎ》のきゝも吸《すい》物《もの》などがよろしふ厶《ござ》いませう

〔材料の分量〕　白《こ》米《め》　　適《てき》量《りやう》

加《か》藥《やく》

清水《みづ》　適《てき》量《りよう》
鰻《うなぎ》　適《てき》量《りよう》
煮出汁《にだし》　少《せう》量《りよう》
醬油《しやうゆ》　少《せう》々《〳〵》
粉山椒《こさんしよう》　少《せう》々《〳〵》
さらし葱《ねぎ》　少《せう》々《〳〵》

炊方の手順　これも前條《まへ》に記述《のべ》ましたるあなごの手順《てじゆん》にいたして割《さ》きましたら中骨《なかほね》や腸《わた》を去《さ》りまして清淨《きれい》に水洗《みづあらひ》をいたし、それより火《ひ》の上部《うへ》に餅炙網《もちやきあみ》を架《か》け、よく熱《ねつ》しましてその上部《うへ》に載《の》せ、ほどよく片面《かためん》が炙《や》けましたら裏返《うらがへ》しをいたして表裏《りやうめん》を炙《や》き再《ふたゝ》び俎《まな》上《いた》にとりまして二分《ぶ》ほどづゝに截《き》つて置《お》きます、仍《そこ》で平素《つね》の加減《かげん》より少《せう》々《〳〵》硬《こは》めに雜炊《ざふすゐ》を拵《こしら》へ、その中《なか》へ右記《みぎ》の炙《や》いて置《お》きましたる鰻《うなぎ》を加《い》れ、ほどよく煮出汁《にだし》と醬油《しやうゆ》とを加《くは》へまして味《あぢ》の加減《かげん》をいたして拵《こしら》へ終《あ》げます、出來《でき》ましたら茶碗《ちやわん》に盛《も》り、その上部《うへ》より粉山椒《こさんしよう》をふりかけて供《きよう》します

鰻《うなぎ》のきも吸《すい》物《もの》拵《こしら》方《へかた》　五人《にん》分《ぶん》

鰻《うなぎ》の膽《きも》　十尾《びき》分《ぶん》
煮《に》出《だ》汁《し》　三合《がふ》五勺《しやく》
食《し》鹽《ほ》　少《せう》々
醬《しやう》油《ゆ》　少《せう》々

これは前《まへ》に鰻《うなぎ》を割《さ》きます際《さい》に腸《わた》と共《とも》に取《と》りました膽《きも》を直《た》ちに水《みづ》洗《あらひ》をいたし水《みづ》氣《け》を斷《き》り、手《て》早《はや》く金《かな》串《ぐし》に卷《ま》きながら刺《さ》します、それでその先《さき》へ野《や》菜《さい》の截《き》りましたのを刺《さ》し、中《ちう》火《び》の上《う》部《へ》にかざしながらあまり焦《こ》がさぬやうに炙《や》き、それより醬《しやう》油《ゆ》をぬりましてサッと炙《や》き乾《かわ》かし、ほどよく串《くし》を脫《ぬ》いて置《お》き、そのまゝ五箇《こ》のお茶《ちや》碗《わん》に分《わ》け、今《こん》度《ど》は煮《に》出《だ》汁《し》をお鍋《な》中《べ》に加《い》れて火《ひ》に架《か》け、二三回《くわい》ほど沸《ふつ》騰《こう》いたしましたら、ほどよく醬《しやう》油《ゆ》を注《さ》し、味《あぢ》の加《か》減《げん》をいたしまして右《み》記《ぎ》の茶《ちや》碗《わん》に注《つ》ぎ込《こ》んで供《きよう》します

注意　尙《な》ほ右《み》記《ぎ》のお吸《すい》物《もの》を美《う》味《ま》く調《こし》理《らへ》ますには鰻《うなぎ》のスープ仕《し》立《たて》にいたせばよろしふム《ござ》います、その仕《し》方《かた》は、先《ま》づ鰻《うなぎ》の骨《ほね》を水《みづ》洗《あらひ》いたし水《みづ》氣《け》を斷《き》りまして餅《もち》炙《やき》網《あみ》を火《ひ》に架《か》け、よく熱《ねつ》しましてその上《う》部《へ》に載《の》せ、ほど

よく炙《やき》終《あ》げましたら今度《こんど》はお鍋《なべ》中に三合《がふ》五勺《しやく》の煮《に》出《だ》汁《し》と共《とも》に加《い》れて火《ひ》に架《か》け、二三回《くわい》ほど沸《ふつ》騰《とう》させまして、上部《うへ》に浮《う》き上《あが》ります泡《あ》沫《は》を金《かな》杓子《しやくし》にて掬《すく》ひ去《さ》り、直《たゞ》ちに丼《どんぶり》に毛《すい》篩《のう》をあてゝその中《なか》へ漉《こ》し、その漉《こ》しましたた汁《しる》を再《ふた》、びお鍋《な》中《べ》に戻《もど》し、ほどよく醤油《しやうゆ》を注《さ》して味《あぢ》の加《か》減《げん》をいたし、吸《すい》口《くち》は刻《きざ》みましたる陳《ちん》皮《び》などがよろしふ厶《ござ》います

鳥《とり》貝《がひ》雑《ざふ》炊《すゐ》の煮《に》方《かた》

説明 これに使《つか》用《ひ》ます鳥《とり》貝《がひ》はいづれも貝《かひ》殻《がら》より剝《はが》し取《と》りましたものが、ほどよく湯《ゆ》がいて厶《ござ》いまして、それを箱《はこ》入《いれ》にいたして賣《うつ》て居《を》りますからそれを購《もと》求《め》て使《し》用《よう》いたしますから、その心《つも》得《り》にてお拵《こしら》へになるのがよろしふ厶《ござ》います、それからこの雑《ざふ》炊《すゐ》の取《とり》合《あはせ》には、鳥《とり》貝《がひ》とあさつきの醋《す》の物《もの》を添《そ》へませう

〔材料の分量〕

白《こ》米《め》	適《てき》量《りよう》
清《み》水《づ》	適《てき》量《りやう》
鳥《とり》貝《がひ》	適《てき》量《りよう》

煮出汁《にだし》　適量《てきりよう》
醤油《しやうゆ》　少々《せう》

炊方の手順　先《ま》づ右記《みぎ》の鳥貝《とりがひ》を清浄《きれい》に水洗《みづあらひ》いたして笊《ざる》に上《あ》げ、よく水氣《みづけ》を斷《き》りまして爼上《まないた》に載《の》せ、二三分《ぶ》ほどの大《おほ》きさに截《き》りまして、それより平《つ》素《ね》の加減《かげん》より少々《せう》硬《こは》めに雑炊《ざふすゐ》を拵《こしら》へその中《なか》へ右記《みぎ》の鳥貝《とりがひ》を加《い》れ、ほどよく煮出汁《にだし》と醤油《しやうゆ》を加《くは》へまして味《あぢ》の加減《かげん》をいたし、出來《でき》終《あが》りましたら茶碗《ちやわん》に盛《も》り、その上部《うへ》より火《ひ》に焙《あぶ》りました淺草海苔《り》を乾《かは》きましたる布巾《ふきん》に包《つゝ》み、よく指頭《ゆびさき》にて揉《も》みほぐしてその上部《うへ》よりふりかけて供《きよう》します

鳥貝《とりがひ》とあさつきの酢《す》の物拵方《ものこしらへかた》　十人分《にんぶん》

鳥貝《とりがひ》　大《だい》十箇《こ》
あさつき　三把《ば》
酢《す》　一合《がふ》
食鹽《しほ》　四匁《もんめ》
醤油《しやうゆ》　一勺《しやく》
砂糖《さたう》　十匁《もんめ》

清《み》水《づ》　一勺《しやく》

先《ま》づ最《さい》初《しよ》あさつきの根《ね》端《ぎは》を截《きり》去《さ》り、清《きれ》淨《い》に水《みづ》洗《あらひ》をいたして笊《ざる》に上《あ》げよく水《みづ》氣《け》を斷《き》りまして再《ふたゝ》び爼《まな》板《いた》に載《の》せ、五分《ぶ》ほど宛《づゝ》の長《なが》さに截《き》り、それよりお鍋《な》中《べ》にそれに被《か》ぶるほどに清《み》水《づ》を加《い》れて火《ひ》に架《か》け、よく沸《ふつ》騰《とう》してまいりましたらその中《なか》へ右《み》記《ぎ》のあさつきを投《い》れまして箸《はし》にてサツトかきまはし、更《さら》に二三回《くわい》ほど沸《ふつ》騰《とう》させてお鍋《なべ》を下《お》ろし、手《て》早《はや》く笊《ざる》にあけまして團《うち》扇《わ》にて煽《あふ》ぎ冷《さ》却《ま》して置《お》きます、今《こん》度《ど》は右《み》記《ぎ》の鳥《とり》貝《がひ》を水《みづ》洗《あらひ》いたして笊《ざる》に上《あげ》げ、且《やは》倘《り》水《みづ》氣《け》をよく搾《しぼ》りましてこれも爼《まな》上《いた》に載《の》せ、三四分《ぶ》ほどの大《おほき》さに截《き》つて又《また》も笊《ざる》に戻《もど》し、今《こん》度《ど》はよく沸《ふつ》騰《とう》して居《お》ります熱《ねつ》湯《とう》をその上《う》部《へ》より灌《そゝ》ぎ注《か》けましてそのまゝ冷《さ》却《ま》し、それがよく冷《さ》却《め》ましたらよく水《みづ》氣《け》を搾《しぼ》りまして丼《どん》中《ぶり》に加《い》れ、四勺《しやく》ほどの醋《す》を加《い》れて箸《はし》にてかきまはし、五分《ふん》間《かん》ほども經《た》過《ち》ましたら又《また》も搾《しぼり》上《あ》げまして別《べつ》の器《うつは》に加《い》れ、その上《う》部《へ》より三杯《はい》醋《す》を注《か》けます、この三杯《はい》醋《す》の拵《こしら》方《へかた》は、お鍋《なべ》に一勺《しやく》の清《み》水《づ》を加《い》れ、一と沸《ふつ》騰《とう》いたしましたらお砂《さ》糖《たう》を加《い》れ、倘《な》ほ一と沸《ふつ》騰《とう》させまして直《たゞ》ちにお鍋《なべ》を下《お》ろし、そのまゝよく冷《さ》却《ま》して全《まつた》く冷《さ》却《め》ましたら一合《がふ》の醋《す》と醤《しやう》油《ゆ》を加《くは》へ

てかきまはし、味《あぢ》の加《か》減《げん》を試《こゝろみ》まして使《つか》用《ひ》ます、仍《そこ》でこの三杯《はい》醋《ず》が出《で》來《き》ましたら右《み》記《ぎ》の烏《とり》貝《がひ》とあさつきとをほどよく小《こ》皿《さら》に盛《もり》分《わ》け、その上《う》部《へ》より灌《そゝ》ぎ注《か》けて供《きよう》します

蛤《はまぐり》雜《ざふ》炊《すゐ》の煮《に》方《かた》

説明　これに使《し》用《よう》いたします蛤《はまぐり》肉はなるべく新《しん》鮮《せん》なのを擇《えら》びましてそのまゝ笊《ざる》に加《い》れ、水《みづ》の中《なか》にて笊《ざる》をふり動《うご》かしながら砂《すな》氣《け》を去《さ》つてから使用《ひ》ます、それでこの雜《ざふ》炊《すゐ》に取《とり》合《あは》せますには、根《ね》芋《いも》の白《しろ》胡《ご》麻《ま》あへなどがよろしふム《ござ》いませう

〔材料の分料〕

白《こ》米《め》	適《てき》量《りやう》
清《み》水《づ》	適《てき》量《りやう》
蛤《はまぐり》の剝肉《きみ》	適《てき》量《りやう》
煮《に》出《だ》汁《し》	少《せう》量《りやう》
醬《しやう》油《ゆ》	少《せう》々《〳〵》

加《か》藥《やく》

粉《こ》山《さん》椒《しよう》　少《せう》々
粉《こ》胡《せ》椒《う》　少《せう》々

炊方の手順　右《み》記《ぎ》に說《せつ》明《めい》いたしましたる手《て》順《じゆん》にて蛤肉《はまぐり》をよく洗《あら》ひ、堅《かた》く水《みづ》氣《け》を斷《き》つて置《お》きましてそれより小《こ》鍋《なべ》に少量《せうりよう》の清《み》水《づ》を加《い》れて火《ひ》に架《か》け、二三回《くわい》ほど沸《ふつ》騰《とう》いたしましたら右《み》記《ぎ》の蛤肉《はまぐり》を投《い》れまして箸《はし》にてかきまはし、ほどよく煠《ゆ》でましたら再《ふた》、び笊《ざる》にあけてよく水《みつ》氣《け》を斷《き》つて置《お》きますそれより平《つ》素《ね》の加《か》減《げん》より少《せう》々硬《こは》めに雜《ざふ》炊《すゐ》を拵《こしら》へましてその中《なか》へ蛤肉《はまぐり》を加《い》れほどよく煮《に》出《だ》汁《し》と醬油《しようゆ》とを加《くは》へまして味《あぢ》の加《か》減《げん》をいたし、煮《に》へましたらお茶《ちや》碗《わん》に盛《も》り、粉《こ》山《さん》椒《しよう》又《また》は粉《こ》胡《せ》椒《う》などをふりかけ、尙《なほ》又《また》根《ね》芋《いも》の白《しろ》胡《ご》麻《ま》あ、へを添《そ》へて供《きよう》します

注意　若《も》し根《ね》芋《いも》の白《しろ》胡《ご》麻《ま》和《あへ》を添《そ》へません際に三《み》ツ葉《は》か芹《せり》などを煠《ゆ》で、サット煮《に》出《だ》汁《し》と少量《せうりよう》の醬油《しやうゆ》を加《くは》へて煮《に》終《あ》げ二三分《ぶ》ほどの長《なが》さに截《き》り、それを蛤肉《はまぐり》と共《とも》に煮《に》込《こ》んで供《きよう》します

根《ね》芋《いも》の白《しろ》胡《ご》麻《ま》あへ拵方《こしらへかた》　十人分

根《ね》芋《いも》　二十本《ぼん》

煮出汁《にだし》　三合《がふ》
醤油《しやうゆ》　四勺《しやく》
砂糖《さたう》　十五匁《もんめ》
白胡麻《しろごま》　一合《がふ》

右記《みぎ》の根芋《ねいも》の兩《あご》端《さき》を截《き》り去《さ》りましたら水中《みづ》に投《い》れ、よく洗《あら》ひまして笊《ざる》に上《あ》げ、水氣《みづけ》を斷《き》りまして再《ふた》、び爼上《まないた》にとり、中央《ちゆうあう》より二ツに截《き》りまして更《さら》にそれを五六寸《すん》ほどの長《なが》さに截《き》ります、それより鍋中《なべ》に少量《せうりよう》の清水《みづ》を加《い》れて火《ひ》に架《か》け、よく沸騰《ふつとう》いたしましたらその中《なか》へ右記《みぎ》の根芋《ねいも》を投《い》れましてほどよく軟《やわら》かに煠《ゆで》終《あ》げ、直《たゞ》ちに笊《ざる》にとりましてよく水氣《みづけ》を斷《き》つ、て置《お》きます、今度《こんど》は右記《みぎ》分量《ぶんりよう》の煮出汁《にだし》をお鍋中《なべ》に加《い》れ、十五匁《もんめ》の砂糖《さたう》と四勺《しやく》の醤《しやう》油《ゆ》とを加《い》れて火《ひ》に架《か》け、よく沸騰《ふつとう》いたしましたら根芋《ねいも》をよく搾《しぼ》りましてその中《なか》へ加《い》れ、落《お》ち蓋《ふた》をいたして煮《に》終《あ》げ、直《たゞ》ちにお鍋《なべ》を下《お》ろして再《ふた》、び笊《ざる》に上《あ》げ、ほどよく汁氣《しるけ》を斷《き》つて置《お》きます、それより白胡麻《しろごま》を擂鉢《すりばち》に加《い》れ少量《せうりよう》の清水《みづ》を加《くは》へまして手《て》にてよくこすりながら上皮《うはかは》を剝《む》き、再三《さいさん》清水《みづ》を加《くは》へてその皮《かは》を流《なが》し去《さ》り、それより笊《ざる》に布巾《ふきん》をあてゝその中《なか》へあけ、

堅《かた》く水氣《みづけ》を搾《しぼ》りまして焙烙《はうろく》に加《い》れ、文火《とろび》の上部《うへ》に架《か》け御飯《ごはん》杓子《しやくし》にてかきまはしてほどよく炒《い》り、今度《こんど》は乾《かは》きましたる擂鉢《すりばち》に加《い》れ、摺木《すりこぎ》にてよく摺《す》り、どろ〳〵になりましたらそれを度《ど》といたして根芋《ねいも》の煮汁《にしる》を二勺《しやく》ほど加《くは》へましてほどよく溶《ゆる》め、味《あぢ》の加減《かげん》を試《み》まして、右記《みぎ》の煮《に》総《あ》げましたる根芋《ねいも》を爼上《まないた》に列《なら》べ、その上部《うへ》にその胡麻《ごま》の摺《す》りましたのを塗付《ねりつ》け、尙《なほ》又《また》その上部《うへ》に根芋《ねいも》を列《なら》べ、又胡麻《またごま》を塗付《ねりつ》けて供《きよう》します

蜆肉雜炊《しゞみざふすゐ》の煮方《にかた》

説明　これはなるべく大粒《おほつぶ》の蜆《しゞみ》を擇《えら》んで使用《しよう》いたします、蜆《しゞみ》は殼《から》のまゝ購求《もとめ》まして桶中《おけ》に加《い》れ、ほどよく清水《みづ》を加《くは》へてそのまゝ置《お》き、暫時《しばらく》經《た》過《ち》ますとよく砂氣《すなけ》を吐出《はきいだ》しますから直《たゞ》ちに笊《ざる》に上《あ》げ、再三《さいさん》水《みづ》を注《か》けましてそれよりお鍋中《なべ》に清水《みづ》を加《い》れて火《ひ》に架《か》け、よく沸騰《ふつとう》いたしましたらその中《なか》へ蜆《しゞみ》を投《い》れ、ほどよく煠《ゆ》でまして笊《ざる》に上《あ》げ、又《また》もよく水氣《みづけ》を斷《き》りまして箸《はし》の先《さき》にて肉《にく》をほじり出《だ》し、それより左《さ》に説明《せつめい》いたす手順《てじゆん》にて拵《こしら》へ総《あ》げ、尙《な》ほその取合《とりあはせ》には鯡《にしん》の葛煮《くずに》などを添《そ》へます

〔材料の分量〕

白《こ》米《め》	適《てき》量《りよう》
清《み》水《づ》	適《てき》量《りよう》
蜆《しゞ》肉《み》	適《てき》量《りよう》
煮《に》出《だ》汁《し》	少《せう》々〱
醤《しやう》油《ゆ》	少《せう》々〱

炊方の手順　先《ま》づ前《ま》記《へ》に説《せつ》明《めい》いたしましたる手《て》順《じゆん》にて蜆《しゞ》肉《み》を殻《か》介《ら》よりほじり取《ご》りましたら、且《やは》尚《り》平《つ》素《ね》の加《か》減《げん》より少《せう》々〱硬《こは》めに雑《ざふ》炊《すゐ》を拵《こしら》へ、その中《なか》へ右《み》記《ぎ》の蜆《しゞ》肉《み》を加《い》れ、ほどよく煮《に》出《だ》汁《し》と醤《しやう》油《ゆ》を少《せう》々〱加《くは》へまして味《あぢ》の加《か》減《げん》をいたし、仍《そこ》で煮《に》へましたら茶《ちや》碗《わん》に盛《も》り、粉《こ》山《さん》椒《しよう》又《また》は粉《こ》胡《せ》椒《う》をふりかけ鯡《にしん》の葛《くづ》煮《に》を添《そ》へて供《きよう》します

鯡《にしん》の葛《くづ》羹《に》拵方《こしらへかた》(十人分)

乾《ほし》鯡《にしん》	二十本《ほん》
重《ぢう》炭《たん》酸《さん》ソーダ	十匁《もんめ》
砂《さ》糖《たう》	四十匁《もんめ》
醤《しやう》油《ゆ》	五勺《しやく》

葛粉《くず》　二勺《しやく》
清水《みづ》　少《せう》々《〱》

最《さい》初《しよ》右《み》記《ぎ》分《ぶん》量《りよう》の鯡《にしん》を水《み》中《づ》に浸《つ》け、ほどよく軟《やわら》かになりましたら笊《ざる》に上《あ》げまして水《みづ》氣《け》を斷《き》り、俎《まな》上《いた》にとりまして一本《ぽん》を三ツ位《ぐらい》に截《き》ります、直《たゞ》ちに敷《しき》笊《ざる》の中《なか》へ列《なら》べ、そのまゝ鍋《な》中《べ》に加《い》れましてそれに被《かぶ》るほどに清《み》水《づ》を加《い》れて火《ひ》に架《か》け、落《お》ち蓋《ぶた》をいたしまして一と沸《ふつ》騰《ごう》いたしましたら十匁《もんめ》の重《ぢう》炭《たん》酸《さん》ソーダを混《こん》じ、暫《しば》時《ら》く煠《ゆ》でまして軟《やわら》かになりましたら敷《しき》笊《ざる》のまゝ引《ひき》上《あ》げ、手《て》早《はや》く清《み》水《づ》をその上《う》部《へ》より灌《そゝ》ぎ注《か》けまして再《ふた》びお鍋《な》中《べ》に戻《もど》し、それより清《み》水《づ》と砂《さ》糖《たう》を加《くは》へて又《また》も火《ひ》に架《か》け、且《やは》尙《り》落《お》ち蓋《ぶた》をいたして暫《しば》時《ら》く煮《に》込《こ》み、それより醤《しやう》油《ゆ》を注《さ》しまして味《あぢ》の加《か》減《げん》をいたし、五六回《くわい》ほど沸《ふつ》騰《ごう》いたしましたら笊《ざる》のまゝ鯡《にしん》をお皿《さ》中《ら》に引《ひき》上《あ》げ、今《こん》度《ど》は右《み》記《ぎ》分《ぶん》量《りよう》の葛《く》粉《ず》を茶《ちや》碗《わん》に加《い》れ、ほどよく清《み》水《づ》を加《くは》へてよくかきまはしてお鍋《な》中《べ》に加《い》れ、手《て》早《はや》く箸《はし》にてかきまはして又《また》も火《ひ》に架《か》け、絶《た》へず箸《はし》にてかきまはし、大《ほ》略《ゞ》葛《く》粉《ず》に火《ひ》が通《とほ》りましたら前《ま》記《へ》に上《あ》げ置《お》きましたる鯡《にしん》を箸《はし》にてその中《なか》へはさみ込《こ》み、直《たゞ》ちにお鍋《なべ》を下《お》ろしてお皿《さ》中《ら》に加《い》れて供《きよう》します

牡《か》蠣《き》雜《ざふ》炊《すゐ》の煮《に》方《かた》

説明　これも新《しん》鮮《せん》なる牡《か》蠣《き》の剝《むき》身《み》を購《もと》求《め》まして笊《ざる》に加《い》れ、そのまゝ水《み》中《づ》にてよくふり動《うご》かして砂《すな》氣《け》を去《さ》り、再《さい》三《さん》清《み》水《づ》を注《か》けてよく水《みづ》氣《け》を斷《き》り、それよりお鍋《な》中《べ》に熱《ねつ》湯《たう》を沸《わか》してその中《なか》へ加《い》れ、サツト煠《ゆ》でまして笊《ざる》に上《あ》げ、よく水《みづ》氣《け》を斷《き》りましてから使《つか》用《ひ》ます、それでこの雜《ざふ》炊《すゐ》には袋《ふくろ》牡《か》蠣《き》の二《に》杯《はい》酢《ず》などを添《そ》へます

〔材料の分料〕

白《こ》米《め》　適《てき》量《りよう》
清《み》水《づ》　適《てき》量《りよう》
牡《か》蠣《き》の剝《むき》肉《み》　適《てき》量《りよう》
煮《に》出《だ》汁　少《せう》量く
醬《しやう》油《ゆ》　少《せう》々く

炊方の手順　この煮《に》方《かた》も且《やは》倚《り》前《ま》條《へ》の蜆《しじみ》雜《ざふ》炊《すゐ》などゝ少《すこ》しもその手《て》順《じゆん》は違《ちが》ひませんから、その心《つも》得《り》にてお拵《こしら》へなさいまし

袋《ふくろ》牡《か》蠣《き》の二《に》杯《はい》酢《ず》拵《こしらへ》方《かた》

大《だい》なる牡《か》蠣《き》	四十箇《こ》
酢《す》	五勺《しやく》
醬《しやう》油《ゆ》	二勺《しやく》
食《し》鹽《ほ》	少《せう》々
古《ひ》根《ね》生《せう》薑《が》	少《せう》量《りよう》

先《ま》づ剝《ひき》肉《み》を笊《ざる》に加《い》れ、そのまゝ水《み》中《づ》にて笊《ざる》をふり動《うご》かしながら砂《すな》氣《け》を去《さ》りまして水《みづ》氣《け》を斷《き》り置《お》き、全《まつた》く水《みづ》氣《け》が斷《き》れましたら袋《ふくろ》の部分《ところ》を取《と》り、それより小《こ》鍋《なべ》を火《ひ》に架《か》け、よく熱《あつ》くなりましたる際《とき》右《み》記《ぎ》の牡《か》蠣《き》を加《い》れまして手《て》早《はや》く箸《はし》にてかきまはし、又《また》も笊《ざる》にあけまして丼《どんぶり》に酢《す》を加《い》れ、鹽《しほ》を少《せう》々加《くは》へましてよくかきまはし、その中《なか》へ牡《か》蠣《き》を加《い》れまして暫《しば》時《ら》く經《へ》て牡《か》蠣《き》を引《ひき》上《あ》げ、更《さら》に小《こ》丼《どんぶり》にほどよく加《い》れ、五勺《しやく》の酢《す》に二勺《しやく》の醬《しやう》油《ゆ》を混《こん》和《わ》したるものを注《か》け、尚《な》ほ細《ほそ》く刻《きざ》みたる生《せう》薑《が》をふりかけて供《きよう》します

五《ご》目《もく》鮓《すし》の調《こし》理《らへ》法《かた》

説明　これは何《どな》人《た》も御《ご》存《ぞん》知《ぢ》のことで厶《ござ》いますから左《さ》のみ詳《くはし》く申《もうし》上《あ》げません

が、これに精進《せうじん》の五目鮓《ごもくずし》と魚類《なまぐさ》の五目鮓《ごもくずし》の二種《しゆ》厶《ござ》いまして、いづれもその手順《てじゆん》に於《お》きましては大《たい》した違《ちがひ》は厶《ござ》いません、たゞその材料《ざいれう》の調理法《こしらへかた》に多少《たせう》相違《さうい》が厶《ござ》いますだけです

〔材料の分量〕

白米《こめ》　一升《しやう》五合《がふ》
清水《みづ》　一升《しやう》五合《がふ》
味淋《みりん》　五勺《しやく》
醋《す》　一合《がふ》五勺《しやく》
食鹽《しほ》　茶呑茶碗《ちやのみぢやわん》に一杯半《はいはん》

以上《いじやう》は御飯《ごはん》を拵《こしら》へます丈《だけ》の材料《ざいれう》で厶《ござ》います

炊方の手順　先《ま》づ右記《みぎ》分量《ぶんりやう》の白米《こめ》を桶中《おけ》に加《い》れ、ほどよく清水《みづ》を加《くはへ》ましてよく洗《ご》ぎ、全《まつた》く清淨《きれい》になりましたら再三《さいさん》清水《みづ》を取替《ごりかへ》まして笊《ざる》にあげ置《お》き、それより釜中《かま》に一升《しやう》五合《がふ》の清水《みづ》を加《い》れて火《ひ》に架《か》け、ほどよくそれがぬるみましたらそれを度《ご》といたして五勺《しやく》の味淋《みりん》を加《くは》へてよくかきまはし白米《こめ》を加《い》れて直《たゞ》ちに炊《た》きにかゝります、暫時《しばら》く經過《たち》まして蒸《む》れ終《あが》りましたらお釜《かま》を下《お》ろして手早《てばや》く半桶《はんだい》に移取《うつしご》り、右記《みぎ》分量《ぶんりよう》の醋《す》を片口《かたくち》又《また》は丼《どんぶり》に

加《い》れ、茶《ちや》呑《のみ》茶《ちや》碗《わん》に一杯《はい》半《はん》の鹽《しほ》を加《くわ》へましてよくかきまはし、ほどよくそれを加《くは》へながら御《ご》飯《はん》杓《しやく》子《し》にてかきまはし、尙《な》ほよく團《うち》扇《わ》にて煽《あふ》ぎ冷《さ》却《ま》してよく混《ま》せ合《あは》せるので厶《ござ》います、取《こ》り合《あは》せます品《しな》の材《ざい》料《れう》は左《さ》の通《ごう》りです

粒《つぶ》椎《しひ》茸《たけ》調《てう》理《り》には

粒《つぶ》椎《しひ》茸《たけ》　十五箇《こ》
砂《さ》糖《たう》　五匁《もんめ》
味《み》淋《りん》　三勺《しやく》
煮《に》汁《しる》　一合《がふ》
醬《しやう》油《ゆ》　三勺《しやく》

乾《ほし》干《がん》瓢《ぺう》調《てう》理《り》には

乾《かん》瓢《べう》　二十匁《もんめ》
煮《に》汁《しる》　一合《がふ》五勺《しやく》
砂《さ》糖《たう》　十匁《もんめ》
醬《しやう》油《ゆ》　三勺《しやく》

薄《うす》炙《やき》玉《たま》子《ご》調《てう》理《り》には

玉《たま》子《ご》　五箇《こ》
比《ひ》目《ら》魚《め》　二十匁《もんめ》
煮《に》汁《しる》　一勺《しやく》

醤油《しやうゆ》　一勺《しやく》
味淋《みりん》　三勺《しやく》
砂糖《さたう》　八匁《もんめ》
鹽《しほ》　少量《せうりよう》

酢《す》どり小鰺《こあぢ》には

小鰺《こあぢ》　十尾《びき》
鹽《しほ》　少量《せうりよう》

おぼろ調理《てうり》には

比目魚《ひらめ》　八十匁《もんめ》
味淋《みりん》　三勺《しやく》
砂糖《さたう》　十五匁《もんめ》
鹽《しほ》　一匁《もんめ》

酢《す》どり鰕《えび》には

食料《しよくれう》紅《べに》　少量《せうりよう》
車海老《くるまえび》　五尾《ひき》
鹽《しほ》　十匁《もんめ》
醋《す》　少量《せうりよう》

莢豆《いんげん》調理《てうり》には

刻《きざ》み莢豆《いんげん》　一とつかみ

味《み》淋《りん》　三勺《しやく》
砂《さ》糖《たう》　十匁《もんめ》
鹽《しほ》　少《せう》量《りよう》

味《あぢ》つけあなごには

あごな　五本《ほん》
味《み》淋《りん》　三勺《しやく》
醬《しやう》油《ゆ》　三勺《しやく》

酢《す》どり生薑《せうが》には

古《ひ》根《ね》生《せう》薑《が》　二た塊《かけ》
鹽《しほ》　少《せう》量《りよう》
酢《す》　少《せう》量《りよう》

其《その》他《た》

淺《あさ》草《くさ》海《の》苔《り》　三枚《まい》

調理法の手順

右《み》記《ぎ》分《ぶん》量《りよう》の椎《しひ》茸《たけ》をそのまゝ微《ぬる》温《ま》湯《ゆ》の中《なか》へ加《い》れましてそのまゝ置《お》き、暫《しば》時《ら》く經《た》過《ち》まして軟《やわら》かになりましたら引《ひき》上《あ》げまして堅《かた》く水《みづ》氣《け》を搾《しぼ》り、爼《まな》上《いた》にとりまして軸《ぢく》を截《きり》去《さ》り、直《たゞ》ちにお鍋《な》中《べ》に加《い》れ、それとすれ〳〵の加《か》減《げん》に清《み》水を加《くわ》へて火《ひ》に架《か》け、軟《やわら》かに煠《ゆだ》りましたらお鍋《なべ》を下《お》ろして笊《ざる》にあけ、手《て》早《ばや》く水《み》中《づ》に投《い》れまして、ほどよく冷《さ》却《ま》したら堅《かた》く水《みづ》氣《け》

を搾《しぼ》つて再《ふた》、びお鍋《な》中《べ》に加《い》れ、右《み》記《ぎ》分《ぶん》量《りよう》の煮《に》出《だ》汁《し》と砂《さ》糖《たう》と味《み》淋《りん》とを加《くは》へまして再《ふた》、び火《ひ》に架《か》けます、尚《な》ほ落《お》ち蓋《ふた》をいたして暫《しば》時《ら》く煮《に》込《こ》み、ほどよく煮《に》汁《しる》が染《しみ》込《こみ》ましたら三勺《しやく》の醤《しやう》油《ゆ》を加《くわ》へ、味《あぢ》の加《か》減《げん》をいたしてよく煮《に》終《あ》げてお鍋《なべ》を下《お》ろし、そのまゝ皿《さ》中《ら》に取《と》つて冷《さ》却《ま》して置《お》きます干《かん》瓢《ぺう》を煮《に》終《あ》げますには、そのまゝ水《み》中《づ》に投《い》れましてよく水《みづ》洗《あらひ》をいたし、再《さい》三《さん》清《み》水《づ》を注《か》けまして笊《ざる》に上《あ》げ、よく水《みづ》氣《け》を斷《き》つて俎《まな》上《いた》にとり、細《ほそ》引《び》きましたる竹《たけ》皮《かは》にて結《むす》び、そのまゝお鍋《な》中《べ》に加《い》れ、それに被《か》ぶるほどに清《み》水《づ》を加《くは》へて直《たゞ》ちに火《ひ》に架《か》けます、落《お》ち蓋《ふた》をいたして暫《しば》時《ら》く煠《ゆ》で、軟《やわら》かになりましたら再《ふた》、び笊《ざる》にあけましてよく水《みづ》氣《け》を斷《き》り、ほどよく水《みづ》氣《け》を搾《しぼ》りまして又《また》もお鍋《な》中《べ》に戻《もど》し、一合《がふ》五勺《しやく》の煮《に》出《だ》汁《し》と十匁《もんめ》のお砂《さ》糖《たう》を加《くは》へて火《ひ》に架《か》け、且《やは》尚《り》落《お》ち蓋《ふた》をいたして暫《しば》時《ら》く煮《に》込《こ》み、ほどよく煮《に》汁《しる》が染《しみ》込《こみ》ましたら三勺《しやく》の醤《しやう》油《ゆ》を加《くは》へ、尚《な》ほ一二回《くわい》ほど沸《ふつ》騰《とう》させまして直《たゞ》ちにお鍋《なべ》を下《お》ろし、そのまゝ皿《さ》中《ら》に取《と》つてよく冷《さ》却《ま》して置《お》きます

薄《うす》炙《や》き玉《たま》子《ご》の炙《やき》方《かた》　これは先《ま》づ皮《かは》と小《こ》骨《ぼね》とを去《さ》りましたる比《ひ》目《ら》魚《め》の肉《にく》を二十匁《め》ほど俎《まな》上《いた》に載《の》せ、庖《はう》刀《てう》にてなるべく細《こま》少《か》に截《き》り、庖《はう》刀《てう》の脊《せ》の方《かた》

にてよく叩《た》きまして擂《すり》鉢《はち》に加《い》れ、更《さら》に摺《すり》木《こぎ》にてよく摺《す》り、充《ちう》分《ぶん》に摺《す》れましたらお皿《さら》に毛《すい》篩《のう》を被《か》ぶせ、その裏《う》面《ら》に少《せう》々《〳〵》づゝ載《の》せて御《ご》飯《はん》杓《しやく》子《し》の平《ひら》の方《かた》にてよくこするやうにいたして裏《うら》漉《ごし》をいたします、その漉《こ》しました肉《にく》のを再《ふた》、び擂《すり》鉢《はち》に戻《もど》しまして五箇《こ》の玉《たま》子《ご》の中《うち》一箇《こ》をば小《こ》皿《さら》に破《わ》つてその中《なか》へ加《あ》け、よく殻《か》片《け》の無《な》いやうに注《ちう》意《い》をいたしまして直《たゞ》ちによく摺《すり》混《ま》ぜ、全《まつた》く混《まじ》和《り》ましたら再《ふた》、び前《ま》記《へ》の如《ごと》く毛《すい》篩《のう》の裏《う》面《ら》に載《の》せて裏《うら》漉《ごし》をいたして又《また》も擂《すり》鉢《はち》に戻《もど》し、殘《のこ》分《り》四箇《こ》の玉《たま》子《ご》を割《わり》込《こ》み、手《て》早《はや》く摺《すり》木《こぎ》にて摺《す》り伸《のば》しながら三勺《しやく》の味《み》淋《りん》と煮《に》汁《だし》一勺《しやく》と八匁《もんめ》のお砂《さ》糖《たう》及《およ》び一勺《しやく》の醤《しやう》油《ゆ》と少《せう》量《りやう》の鹽《しほ》とを加《くは》へよく摺《す》り味《あぢ》の加《か》減《げん》を試《み》ましてそれから炙《や》きにかゝります、その炙《やき》方《かた》は玉《たま》子《ご》炙《やき》鍋《なべ》に胡《ご》麻《ま》油《あぶら》を少《せう》々《〳〵》加《い》れ、火《ひ》に架《か》けまして熱《ねつ》し、それより清《き》淨《れい》なる紙《かみ》にて拭《ぬぐ》ひ、それより右《み》記《ぎ》の玉《たま》子《ご》の溶《こき》液《しろ》をほどよく流《なが》し込《こ》み、片《かた》面《めん》が炙《や》けましたら裏《うら》返《がへ》しをいたして表裏《りやうめん》を炙《や》き、炙《や》け終《あが》りましたら板《いた》の上《う》部《へ》に脱《ぬ》き取《ご》つてそのまゝ冷《さ》却《ま》して置《お》きます

　醋《す》どり小《こ》鰺《あぢ》を調《こし》理《らへ》ますには　右《み》記《ぎ》の小《こ》鰺《あぢ》を一尾《びき》づゝ爼《まな》上《いた》に載《の》せ、先《ま》づ表裏《りやうめん》の尾《お》際《ぎは》に厶《ござ》いますぎざ〳〵のゼンゴを截《きり》去《さ》りまして、頭《あた》部《ま》を截《きり》放《はな》ち

それより腹《は》部《ら》を開《あ》けまして、腸《わた》を除《のぞ》き、腹《は》中《ら》を淸《きれ》淨《い》に洗《あら》ひまして水《みづ》氣《け》をよく斷《き》り、再《ふたゝ》び爼《まな》上《いた》にとりましてほどよく表裏《りようめん》に鹽《しほ》をふりかけて置《お》きます、そのまゝ三十分《ぷん》間《かん》ほど經《た》過《ち》ましたらサット水《みづ》洗《あらひ》をいたして布《ふ》巾《きん》にて水《みづ》氣《け》を拭《ぬぐ》つて又《また》も爼《まな》上《いた》にとり、今《こん》度《ど》は三枚《まい》におろして中《なか》骨《ほね》を除《のぞ》き、直《たゞ》ちに丼《どんぶり》に加《い》れ、ほどよく醋《す》を加《くは》へてその中《なか》へ浸けて置《お》きます、頓《やが》て三十分《ぷん》間《かん》ほども經《た》過《ち》ましたら引《ひき》上《あ》げまして爼《まな》上《いた》にとり、指《ゆび》先《さき》にて肩《かた》の處《ところ》より皮《かは》を剝《む》き去《さ》り、尙《な》ほ片《かた》身《み》を五《いつ》片《きれ》位《ぐらい》に截《き》つて置きます

比《ひ》目《ら》魚《め》のおぼろ　この材《ざい》料《れう》にておぱろを拵《こしら》へますには、八十匁《もんめ》の比《ひ》目《ら》魚《め》の肉《にく》を爼《まな》上《いた》に載《の》せ、且《やは》尙《り》皮《かは》と小《こ》骨《ほね》とを除《のぞ》きまして細《こま》少《か》に截《き》つて置《お》きます、それよりお鍋《な》中《べ》に、三勺《しやく》の味《み》淋《りん》を加《い》れまして火《ひ》に架《か》け、よく沸《ふつ》騰《とう》いたしましたら右《み》記《ぎ》の比《ひ》目《ら》魚《め》肉《にく》を加《い》れましてほどよく煮《に》終《あ》げます、それが煮《に》へましたらこれも擂《すり》鉢《ばち》に加《い》れまして摺《すり》木《こぎ》にてよく摺《す》ります。それより極《ご》く少《せう》量《りよう》の食《しよく》料《れう》紅《べに》を加《くは》へましてほんのり淡《うす》紅《あか》色《いろ》にいたし、尙《なほ》又《また》お鍋《な》中《べ》に戻《もど》しまして今《こん》度《ど》は十五匁《もんめ》のお砂《さ》糖《たう》に一匁《もんめ》の鹽《しほ》を加《くは》へて文《ごろ》火《び》の上《う》部《へ》に架《か》けます、絕《た》へず御《ご》飯《はん》杓《しやく》子《し》にてかきまはしながらぱら〳〵になるまで炒《い》りつ

けるのでム《ござ》います

酢《す》どり蝦《えび》の調理法《こしらへかた》　これに使《もち》用《ゐ》ます中《ちう》位《くらい》なる車海《くるまえ》老《び》を五尾《ひき》ほど頭《かし》部《ら》をもぎ去《さ》り、清《きれ》浄《い》に水《みづ》洗《あらひ》いたして笊《ざる》に上《あ》げ、それよりお鍋《な》中《べ》に海《え》老《び》とすれすれほどに清《み》水《づ》を加《い》れて火《ひ》に架《か》け、一と沸《ふつ》騰《とう》いたしましたらその中《なか》へ右《み》記《ぎ》の海《え》老《び》を投《い》れまして一匁《もんめ》ほどの鹽《しほ》を加《くは》へます、落《お》ち蓋《ふた》をいたして五六分《ぶん》間《かん》ほども燥《ゆ》でましたら直《たゞ》ちに笊《さ》中《る》にあけましてそのまゝ冷《さ》却《ま》して置《お》きます、全《まつた》くよく冷《ぎ》却《め》ましたら皮《かは》を剝《ひ》き去《さ》りまして縦《たて》に二ツに截《き》り、金《かな》串《ぐし》にて腸《わた》を除《のぞ》き、ほどよくお皿《さ》中《ら》に鹽《しほ》をふりかけましてその上《う》部《へ》に平《たひら》にいたして置《お》き、尚《な》ほその上《う》部《へ》にもぱらりと鹽《しほ》をふりかけまして五分《ふん》間《かん》も經《た》過《ち》ましたら一《ちよ》寸《つと》水《みづ》洗《あらひ》をいたしてよく水《み》氣《け》を布《ふ》巾《きん》にて拭《ぬぐ》ひ去《さ》り、今《こん》度《ど》は小《こ》丼《どんぶり》に酢《す》を加《い》れてその中《なか》へ浸《つ》けて置《お》きます、それも二三分《ぶん》間《かん》ほど經《た》過《ち》ましたら取《とり》出《いだ》してお皿《さ》中《ら》に加《い》れて置《お》きます

刻《きざ》み菜《いん》豆《げん》の調理法《こしらへかた》　これに使《つか》用《ひ》ます菜《いん》豆《げん》は小《こ》把《たば》のものを二把《は》ほど購《も》求《とむ》め、その兩《あこ》端《さき》をもぎ去《さ》りまして縦《たて》に二ツに截《き》り、直《たゞ》ちに水《み》中《づ》に投《い》れてよく洗《あら》ひ、笊《ざる》にとりまして再《さい》三《さん》水《みづ》を注《か》けましてよく水《み》氣《け》を斷《き》り、それより

二匁《もんめ》ほどの鹽《しほ》をふりかけて置《お》きます、今《こん》度《ど》は少《せう》量《りやう》の清《み》水《づ》を小《こ》鍋《なべ》に加《い》れて火《ひ》に架《か》け、よく沸《ふつ》騰《とう》いたしてまいりましたらそれを度《ど》といたして右《み》記《ぎ》の菜《いん》豆《げん》をサツト水《みづ》洗《あらひ》してその中《なか》へ投《い》れ、ほどよく軟《やわら》かに煮《に》へましたらこれも笊《ざる》にあけて水《みづ》氣《け》を斷《き》つてよく冷《さ》却《ま》して置《お》きます、全《まつた》く冷《さ》却《め》ましたら右《み》記《ぎ》の小《こ》鍋《なべ》の中《なか》へ三勺《じやく》の味《み》淋《りん》と十匁《もんめ》の砂《さ》糖《とう》に少《せう》量《りやう》の鹽《しほ》を加《い》れまして火《ひ》に架《か》け、よく沸《ふつ》騰《とう》させましてその中《なか》へ菜《いん》豆《げん》を加《い》れ、箸《はし》にてかきまはしてよく煮《に》終《あ》げ、又《また》々《〳〵》笊《ざる》に取《と》つてよく冷《さ》却《ま》して置《お》きます

味《あぢ》つけあなごの煮《に》方《かた》　これに使《し》用《よう》いたしますあなごは中《ちう》位《ぐらい》のを、五本《ほん》ほど購《も》求《と》め、前《ま》條《へ》に說《せつ》明《めい》いたしましたるあなごのつぐも丼《どん》飯《ぶり》の手《て》順《じゆん》にいたして下《した》拵《こしらへ》をいたし、それよりお鍋《な》中《べ》に少《せう》量《りやう》の清《み》水《づ》を加《い》れまして火《ひ》に架《か》け、よく沸《ふつ》騰《とう》してまいりましたら右《み》記《ぎ》のあなごを投《い》れまして箸《はし》にて手《て》早《はや》くかきまはします、それにてサツト煮《た》てまして笊《ざる》に上《あ》げ、直《たゞ》ちにその煠《ゆで》湯《ゆ》を去《さ》りまして三勺《じやく》の味《み》淋《りん》と三勺《しやく》の醬油《しやうゆ》を加《い》れて火《ひ》に架《か》けます、且《やは》尙《り》よく沸《ふつ》騰《とう》いたしましたら右《み》記《ぎ》のあなごを加《い》れ、落《おち》蓋《ぶた》をいたしてほどよく煮《に》終《あ》げ、そのまゝお皿《さ》中《ら》に取《と》つて置《お》きます

淺《あさ》草《くさ》海苔《のり》の揉《も》み方《かた》

海苔《のり》は一枚《まい》づゝ烈火《れつくわ》にてなるべく焦《こ》がさぬやうに焙《あぶ》りまして、美《うつく》しく綠色《みどりいろ》になりましたら直《たゞ》ちによく乾《かは》きましたる布巾《ふきん》にて包《つゝ》み、手《て》早《はや》く指《ゆび》頭《さき》にてよく揉《も》みほぐしまして充《ぢう》分《ぶん》に粉《こ》にいたします

醋《す》どり生《せう》薑《が》の拵方《こしらへかた》先《ま》づその皮《かは》を剝《ひ》き去《さ》りましたら直《たゞ》ちに水《みづ》洗《あらひ》をいたし、水《みづ》氣《け》をよく拭《ぬぐ》ひまして爼《まな》上《いた》に載《の》せ、木《こ》口《ぐち》より薄《うす》く片《へ》ぎましてそれを五六枚《まい》づゝ重《かさ》ね、細《ほそ》く刻《きざ》みましても、又《また》そのまゝでも差《さし》支《つかへ》は厶《ござ》いませんから、手《て》早《はや》く熱《ねつ》湯《たう》の中《なか》へ投《い》れてかきまはし、直《す》ぐ笊《ざる》にあけて再《ふたゝ》び水《み》中《づ》に投《い》れ、よく冷《ひ》却《や》して又《また》も笊《ざる》にあけ、堅《かた》く水《みづ》氣《け》を搾《しぼ》つて少《せう》量《りやう》の鹽《しほ》を加《くわ》へましたる醋《す》の中《なか》へ加《い》れ、箸《はし》にてかきまはしてそのまゝ浸《つ》けて置《お》きます

これにて材《ざい》料《れう》が全《ぜん》部《ぶ》出《で》來《き》揃《そろい》ましたから、今《こん》度《ご》はその混《まぜ》合《あは》せ方《かた》を說《せつ》明《めい》いたしますが、先《ま》づその前《まへ》に乾《かん》瓢《ぺう》は五分《ぶ》位《ぐらい》の長《なが》さに截《き》り、椎《しい》茸《たけ》は小《せう》なればそのまゝ又《また》は二ツに截《き》り大《だい》なれば細《ほそ》く截《き》り、薄《うす》炙《やき》玉《たま》子《ご》は縱《たて》一寸《すん》五分《ぶ》、巾《はゞ》三分《ぶ》ほどづゝに截《き》ります、仍《そこ》であなごは一尾《びき》を三片《きれ》位《ぐらい》に截《き》り、それから御《ご》飯《はん》の中《なか》へ乾《かん》瓢《ぺう》と椎《しひ》茸《たけ》とをほどよく加《い》れましてよくかきまはし、十枚《まい》のお皿《さら》又《また》は丼《どん》鉢《ぶり》に盛《もり》分《わ》けその上《う》部《へ》に揉《もみ》海《の》苔《り》をふりかけ、それから鯵《あぢ》を四片《きれ》と

あなごが三片《きれ》、玉子《たまご》、おぼろ、菜豆《いんげん》、海老《えび》、生薑《せうが》などを配合《はいがふ》よく載《の》せて供《きよう》します

こけら鮓《すし》の調理法《こしらへかた》

説明　これは古製《こせい》の壓鮓《おしすし》の一種《しゆ》で厶《ござ》いまして、その材料《ざいれう》には魚肉《ぎよにく》及《およ》び野《や》菜類《さいるゐ》などを配合《はいがふ》よく加《くは》へて拵《こしら》へます普通《ふつう》の壓鮓《おしすし》と同《おなじ》で厶《ござ》います、けれどもその異《かは》つて居《お》ります處《こころ》は、最初《さいしよ》御飯《ごはん》を鹽《しほ》を加《くは》へて炊《た》きましたものを使《し》用《よう》いたしまして、その上《う》部《へ》よりほどよく上等《じようこう》の烈《つよ》き醋《す》を撒《ふり》布《かけ》て壓《お》すのであります

〔材料の分量〕

上等《じようごう》白《はく》米《まい》	一升《しやう》
清《み》水《づ》	一升《しやう》
食《し》鹽《ほ》	五勺《しやく》
鯛《た》肉《ひ》	適《てき》量《りよう》
あわびの肉《にく》	適《てき》量《りよう》
三《みつ》葉《ば》	少《せう》々く

赤貝《あかがひ》　適量《てきりよう》
木茸《きくらげ》　少《せう》々
栗子《くり》　少《せう》々
筍子《たけのこ》　適量《てきりよう》
椎茸《しひたけ》　適量《てきりよう》
薄焼玉子《うすやきたまご》　適量《てきりよう》

拵方の手順　先《ま》づ最初《さいしよ》右記《みぎ》分量《ぶんりよう》の白米《こめ》を桶中《おけ》に加《い》れ、ほどよく清水《みづ》を加《くは》へましてよくかきまはし、充分《ぢうぶん》に清浄《きれい》に洗《ご》ぎまして笊《ざる》にあけ、直《たゞ》ちにお釜中《かま》に移加《うつしい》れましてそれと同量《どうりよう》の清水《みづ》を加《くは》へ、五勺《しやく》の鹽《しほ》を混《こん》じまして焚《たき》付《つけ》ます、暫時《しばら》く經過《たち》ましてむれましたら手《て》早《はや》く淺《あさ》き桶中《おけ》にうつし取《ご》り、飯杓子《めししやくし》にて絶《た》へずかきまはしながら團扇《うちは》にて煽《あふ》ぎ冷《さ》却《ま》し、全《まつ》たくよく冷《さ》却《め》ましたら鮓《すし》桶《おけ》の中《なか》を清浄《きれい》に布巾《ふきん》にて拭《ぬぐ》ひ、その中《なか》へ清《きよ》き竹皮《たけかは》を敷《し》きましてほどよく右記《みぎ》の御飯《ごはん》を詰《つ》め、その上面《うへ》を掌《てのひら》にて平《たひら》にならしまして前《まへ》より拵《こしら》へ置《お》きましたる右記《みぎ》の材料《ざいれう》を配合《はいがふ》よくその上面《うへ》に列《なら》べ、それより上等《じようとう》の烈《つよ》き酢《す》を手《て》先《さき》につけて少《せう》々ふりかけ、若《も》し又《また》酢《す》氣《け》を好《この》みます際《ごき》に

は稍《や》や強《つよ》めにふりかけても差《さし》支《つかへ》は厶《ござ》いません、仍《そこ》で再《ふたゝ》び清《きよ》き竹《たけ》皮《かは》をその桶《おけ》の寸《すん》方《ぽう》に準《じゆん》じて截《き》り、それをその上《う》面《へ》に被《おほ》ひ、更《さら》に壓《おし》蓋《ふた》をいたしましてほどよき壓《お》石《し》を載《の》せてそのまゝにいたして置《お》きます、二三時《じ》間《かん》ほど經《た》過《ち》ましたら蓋《ふた》を去《さ》つて桶《おけ》より脱《ぬき》出《いだ》し、竹《たけ》皮《かは》を除《のぞ》き庖《はう》刀《てう》にて適《てき》宜《ぎ》の大《おほき》さに截《き》りお皿《さら》に盛《も》つて供《きよう》します

注意　右《み》記《ぎ》の如《ごと》き手《て》順《じゆん》にいたしませんで、普《ふ》通《つう》の鮓《すし》を拵《こしら》へます如《ごと》く、御《ご》飯《はん》が出《で》來《き》終《あが》りましたら、ほどよく鹽《しほ》を加《くは》へ醋《す》を灌《そゝ》ぎまして、手《て》早《はや》くかき混《ま》ぜても差《さし》支《つかへ》は厶《ござ》いません、それから紅《べに》生《せう》薑《が》と蓼《たで》の葉《は》などを添《そ》へ又《また》庖《はう》刀《てう》には醋《す》を塗《ぬり》付《つけ》てお截《き》りなさいませ、それで右《み》記《ぎ》の材《ざい》料《れう》は赤《あか》貝《ゞひ》と鯛《た》肉《ひ》を除《のぞ》くの外《ほか》はいづれも五目《もく》鮓《すし》の材《ざい》料《れう》の手《て》順《じゆん》にて煮《に》終《あげ》ますそれから鯛《たひ》と赤《あか》介《ゞひ》は小《こ》鰺《あぢ》の如《ごと》き手《て》順《じゆん》にて醋《す》につけて使《もち》用《ゐ》ます

おこし鮓《すし》の調《こし》理《らへ》法《かた》

説明　この鮓《すし》は一名《めい》をすくひ鮓《すし》とも申《まう》しまして專《もつぱ》ら浪《なに》花《は》邊《へん》より行《おこな》はれてまいりました一種《しゆ》の壓《おし》鮓《すし》で厶《ござ》います、その拵方《こしらへかた》は且《やは》侚《り》前《ま》記《へ》に記《の》述《べ》ました

るこけら鮓《すし》と同《おなじ》で厶《ござ》いますが、その異《かは》つて居《お》ります處《ところ》はその上《う》面《へ》に詰込《つめこ》みます各種《かくしゆ》の材料《ざいれう》は全形《まる》のまゝにはいたしませんで、いづれも細截《ほそぎり》にいたし、それを配合《はいがふ》よく列《なら》べまして、壓《お》すので厶《ござ》いますそれでおこし酢《すし》と申《もう》します五目は、それが出來《でき》終《あが》りますると、壓《おし》蓋《ふた》を去《さ》りまして、箸《はし》又《また》は匙《さぢ》等《など》にてほどよくおこしてお皿《さら》に取分《とりわ》けて供《きよう》します故《ゆゑ》、斯《か》く命《めい》名〱いたしたのださうです、それから昔時《むかし》大阪《おほさか》の北《きた》堂《だう》島《じま》邊《へん》にてこのお酢《すし》を調進《てうしん》して居《ゐ》た名代《なだい》の酢屋《すしや》が厶《ござ》いまして、大《おほい》に流行《りうかう》いたしたとのことで厶《ござ》います

〔材料の分量〕

上等《じやうとう》白米《はくまい》	一升《しやう》
清《み》水《づ》	一升《しやう》
食《し》鹽《ほ》	少《せう》々
上等《じやうとう》の酢《す》	一合《がふ》
鯛《た》肉《ひ》	適《てき》量《りやう》
こはだ	適《てき》量《りやう》
赤《あか》貝《がひ》	適《てき》量《りやう》

椎茸《しひたけ》　適量《てきりよう》
薄焼玉子《うすやきたまご》　適量《てきりよう》
古根生薑《ひねせうが》　少《せう》々く
蓼《たで》の葉《は》　少《せう》々く
車海老《くろまえび》　適量《てきりよう》

拵方の手順　前條《まへ》の手順《てじゆん》にて白米《こめ》をよく洗《こ》ぎましたら笊《ざる》にあけ、直《たゞ》ちに釜中《かま》に加《い》れまして同量《どうりよう》の淸水《みづ》を加《くは》へ、蓋《ふた》をいたして火《ひ》を焚付《たきつ》け、普通《ふつう》の御飯《ごはん》の加減《かげん》にて炊終《たきあ》げ、出來終《できあが》りましたら右記《みぎ》分量《ぶんりよう》の酢《す》に鹽《しほ》を混《こん》じましてよくかきまはし、御飯《ごはん》を淺《あさ》き桶中《おけ》に移《うつ》し取《ご》りましてその中《なか》へ灑《そゝ》ぎ、手《て》早《はや》く團扇《うちわ》にて煽《あふ》ぎ冷却《さき》し、全《まつた》く冷却《さめ》ましたら壓桶《おしおけ》又《また》は酢枠《すしわく》の中《なか》を淸淨《きれい》に布巾《ふきん》にて拭《ぬぐ》ひ、ほどよくその中《なか》へ右記《みぎ》の御飯《ごはん》を詰《つ》めまして、右記《みぎ》の材料《ざいれう》を配合《はいがふ》よくその上部《うへ》に列《なら》べ、その器《うつは》の大《おほ》きさに準《じゆん》じて竹皮《たけかは》を截《き》つて被《おほ》ひ更《さら》に壓蓋《おしふた》をいたして壓石《おし》を載《の》せ、暫時《しばら》くそのまゝにいたし置《お》き、二三時《じ》間《かん》も經過《たち》ましたら匙《さぢ》にてお皿《さら》中に掬《すく》ひ取《ご》つて供《きよう》します

注意　右記《みぎ》の如《やう》な手順《てじゆん》にいたして拵《こしら》へるので厶《ござ》いますから、且尙《やはり》これ

も各種《かくしゆ》の材料《ざいれう》はなるべく細截《ほそきり》にいたして使用《つかつ》た方《はう》がよろしふ厶《ござ》います、それから上部盛《うはもり》の材料《ざいれう》の拵方《こしらへかた》は前條《まへ》と同《おなじ》です

、さくら鮓《すし》の調理法《こしらへかた》

説明 この櫻《さくら》と申《もう》します名稱《めいしやう》は、即《すなは》ち章魚《たこ》の薄截《うすきれ》にいたしたのを加《くは》へましたお酢《すし》で、恰度《てうど》その截《き》りました章魚《たこ》の脚《あし》がうつすりといたした櫻花色《さくらいろ》をいたして居《お》りまする故《ゆゑ》それで斯《か》く命名《めい〱》いたしたので厶《ござ》います、元來《ぐわんらい》この章魚《たこ》の薄截《うすきり》にいたしたものに、ゞたれ味噌《みそ》などを付《つ》けましたものを櫻《さくら》のさしみなどゝ申《まを》して足利時代《あしかゞじだい》より著名《ちよめい》な調理品《てうりひん》となつて居《お》ります

〔材料の分量〕

上等白米《じやうとうはくまい》	一升《しやう》
清水《みづ》	一升《しやう》
上等《じやうとう》の酢《す》	適量《てきりやう》
食鹽《しほ》	少々《せう》
章魚《たこ》の脚《あし》	適量《てきりやう》
醬油《しやうゆ》	（中位《ちうぐらひ》の章魚《たこ》一尾《ぴき》に三勺《じやく》の割合《わりあひ》）

砂《ま》糖《たう》　少《せう》々〱
紫《し》蘇《そ》の芽《め》葉《は》　少《せう》々〱
山《さん》椒《せう》の芽《め》葉《は》　少《せう》々〱

拵方の手順　先《ま》づ前《ま》條《へ》に記《の》述《べ》ましたる手順《じゆん》にて御《ご》飯《はん》を炊《たき》終《あ》げ、ほどよく鹽《しほ》と酢《す》とを混《こん》和《わ》いたしまして、御《ご》飯杓子《はんしやくし》にてよくかきまはしながら、絶《た》へず團《うち》扇《わ》にて煽《あふ》ぎ冷《さ》却《ま》します、それより章《た》魚《こ》の手《て》順《じゆん》に係《かゝ》ります。先《ま》づ最《さい》初《しよ》章《た》魚《こ》の頭《かし》部《ら》を手《て》にて裏《うら》返《がへし》をいたし、腸《わた》を除《のぞ》き去《さ》つてそれより出《で》刃《は》庖《はう》刀《てう》の先《さき》にて眼《め》玉《だま》を截《き》り去《さ》り、今《こん》度《ご》は十文《もん》字《じ》に截《き》つて腸《わた》を脱《ぬ》き取《ご》り。充《ちう》分《ぶん》によく水《みづ》洗《あらひ》をいたしまして板《いた》の上《うへ》に載《の》せ、左《ひだり》の手《て》にて頭《あた》部《ま》をおさへながら右《みぎ》の手《て》にてよく脚《あし》をこし〳〵と洗《あら》ひこすります、全《まつた》く洗《あら》ひ終《をは》りましたら水《みづ》氣《け》を斷《き》りまして脚《あし》を一本《ぽん》づゝ截《きり》放《はな》ちます、それより章《た》魚《こ》を敷《しき》笊《ざる》に列《なら》べてお鍋《な》中《べ》に加《い》れ、章《た》魚《こ》に被《か》ぶるほどの清《み》水《づ》を加《くは》へ、蓋《ふた》をして火《ひ》を烈《つよ》くいたし、暫《しば》時《ら》く煠《ゆ》でまして赤《あか》くなりましたらそれを度《ご》として火《ひ》を弱《よわ》くします。中《ちう》位《ぐらい》の章《た》魚《こ》でありましたら一尾《びき》に砂《さ》糖《たう》を三十匁《もんめ》ほど加《くは》へ、そのまゝに煮《に》込《こみ》まして尚《な》ほ二三回《くわい》ほど沸《ふつ》騰《こう》いたしました處《ところ》でほどよく醤油《しやうゆ》を加《くは》へ

あまり鹹《から》くない加《か》減《げん》に鹽《あん》梅《ばい》をいたし、更《さら》に一回《くわい》ほど沸《ふつ》騰《とう》させましてそのまゝお鍋《なべ》を下《お》ろして蒸《む》らして置《お》きますそれより木《こ》口《ぐち》より薄《うす》く切《き》り、サットその羹《に》汁《しる》の中《なか》へ加《い》れ、手《て》早《はや》くかきまはし、右《みぎ》の醋《す》御《ご》飯《はん》に混《ま》ぜよくかきまはし、それより紫《し》蘇《そ》と山《さん》椒《しよう》の芽《め》葉《は》を少《せう》々《〳〵》ふりかけて食《しよく》します

家庭応用 飯百珍料理 終

赤堀料理教場規則

一 本教場は明治十四年創立以來專ら家庭料理法の普及を圖らむがため毎日料理を主さし時季に隨ひ季節料理(正月料理、三月節句料理、端午料理等種々)其他修業及び卒業の際に至りては諸儀式料理、懷石料理等をも教授するを目的とす

一、會員は女子に限る

一、教 授 科 目

日 本 料 理 $\left\{\begin{array}{l}甲 之 組 \\ 乙 之 組\end{array}\right.$

西 洋 料 理

一、授業日及時間

日本料理甲之組 〔月兩日午前九時より十二時迄

日本料理乙之組 〔火兩日午前九時より十二時迄

西洋料理金曜日 〔水兩日午前九時より十二時迄

午後一時より四時に至る迄

一、授業料及束修

日本料理科授業料　一ヶ月　金壹圓六拾錢
西洋料理科授業料　一ヶ月　金壹　圓
束修は金壹圓とす

一、修業及卒業

日本、西洋科共満六ヶ月を以つて一期とし之を終りたる者には修業證を授與し一ケ年を以つて卒業證を授與す

一、日曜講習會

本會は余暇少なき者のために日曜日に於て家庭に日常用ふる日本料理法及び菓子製法等を教授す

授業日　毎月第一、第二日曜日午後一時より午後四時迄

束修　金五十錢
授業料　金五拾錢
六ヶ月を以つて修了證を授與す

一、夏季及冬季講習會

毎年八月一日より十日迄夏季講習會を十二月一日より十日迄　冬季講習會を開く

授業料　金貳圓五拾錢　束修を要せず

本會は十日間毎日午前九時より十二時迄日本料理を午後一時より四時迄西洋料理を敎授す、修了者には證書を授與す

注意

一、家庭等の都合によりて材料を持ち歸る事不都合なるものには實費を要せず月謝のみにて敎授す

二、材料實費は各科共一回三十錢内外とし料理品は各自持ち歸ること

三、欠席せんとするものは其の前日迄に使又はハガキを以て屆出でらるべし、若し無斷欠席の時は次回授業日に於て前回の實費を納付する事

四、欠席せんとするものにて調理品のみを希望する時は實費を申受け献立と共に料理品を渡す

五、出席の際は成る可く粗服を着用せらるべし

六、大祭祝日は休場とす

七、授業料は毎月第一授業日に束修は入會の際に納付すること

八、入會の際は左のものを持參せらるべし

一、料理着又は前掛一着

一、庖丁一組

一、小重箱　三ツ組

一、ふきん三枚但し〔日本料理科は白布　西洋料理科は淺黄布〕

九、入會せんとするものは左の式によりて入會證を差し出すべし

印紙

入會證書　（用紙半紙）

住所何區何町何番地誰方
原籍何府何縣市町番地華士族平民
誰何女誰妻家長職業
何　某
年　月　日生

私儀今般貴會何々部へ入會致シ度御許可ノ上ハ會則堅ク遵守可致候也

右

年　月　日　何　某印

東京市何區何町何番地
證人　何　某印

赤堀料理教場御中

出張教授

都合によりて家庭に於て又は其他にて教授を乞ふ時は時宜によりて出張教授をなす、地方に於ては三十名以上の場合に限り或期間を定め出張す

講師

赤堀峰吉
赤堀吉松
赤堀菊子
赤堀道子
赤堀清子

東京市日本橋區本銀町一丁目一番地

赤堀料理教場

大正二年三月三日印刷
大正二年三月六日發行

正價　金九拾錢

著者　赤堀峯吉
著者　赤堀菊子
東京市神田區通新石町九番地
發行者　大柴四郎
東京市京橋區新榮町五丁目七番地
印刷者　小林秀一
東京市京橋區新榮町五丁目七番地
印刷所　松藤善勝堂

東京市神田區通新石町九番地
振替貯金口座東京二四三番
發行所　朝香屋書店

家庭で出来る　珍らしいお鮨の拵へ方

賜東久邇宮御買上の光榮

家庭で出來る珍らしいお鮨の拵へ方

貳百種

服部茂一著

服部式家庭用茶菓割烹講習會發行

松竹梅鮨

卵
葉蘭
上は青海苔
中身は魚の白身
笹の葉
紅生姜
魚の白身
梅の枝
卵の裏漉
海老オボロ
飯
海苔
松葉
魚の身
飯

握鮨

笹の葉
卵
烏賊
紅生姜
おぼろ
海苔
飯
鮪

手毬鮨

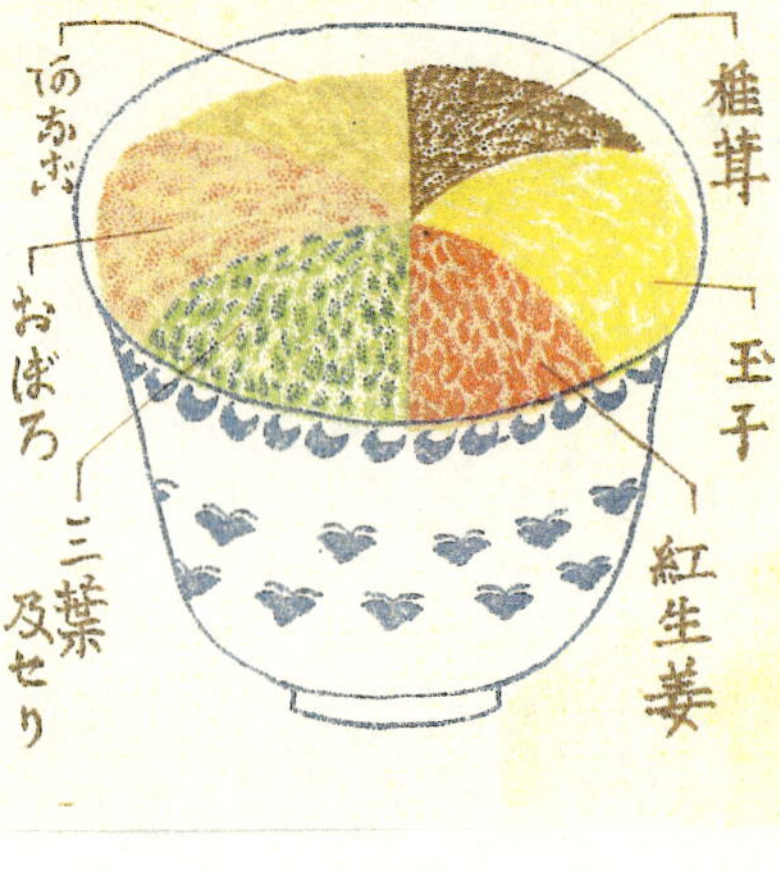
あなご
おぼろ
三葉及せり
紅生姜
玉子
椎茸

自序

生活改善と言ふ事が、一入人々の口に膾炙する様に成つて來ると同時に食物に就いては特に研究せられる様に成つて料理の本と言ふ様な物が、さながら雨後の筍の様に發行せられる様に成つたが我國古來より最も歡迎せられつゝ有るお鮓の本と言ふ様な物は餘り見當らない様である、よし又有つた所で如何にも、充分なる說明を加へた本は見當らない、私は此の點を痛切に感じて全國普く各地を三回程旅行して全國のあらゆる名物鮓を研究しまとめて、漸く大正八年第一版の發行を見るに至つた、本書の内容は今更言ふ迄も無くお鮓と言ふ物の根本から、手に取る如く服部式獨特の說明を以て極く平意に又あらゆる種類の物を書いた物で有る、自

今本書は日を追つて出版せられた、そして畏くも東久邇宮家御買上の光榮を賜ふに至つた、かくて本書は、今又第六版を發行せんとするのである、私は喜びの餘り是を以て序に代へた次第で有る。

戊 正 月

別府溫泉日名子旅館客室に於いて

服 部 茂 一 誌

お鮨の虎の巻　上巻目次

お鮨を作る前の心得

お鮨を拵へる時の心得

お鮨を拵へる時に最も必要なる原料の拵へ方

巻鮨のいろ〳〵

家庭で出來る細工鮨

美味しいばら鮨の色々

手輕で美味しい箱鮨の色々

握り鮨のいろ〳〵

お鮨の虎の巻　上巻目次終り

お鮨を作る前の心得

鮨米《すしまい》の選《えら》び方《かた》

1、先《ま》づ第《だい》一に米《こめ》を選《えら》びます米《こめ》は何等米《なんとうまい》でも粒《つぶ》さえ揃《そろ》つて居《を》れば宜敷《よろしう》御座《ござ》います。

酢《す》の選《えら》び方《かた》

1、酢《す》は色々《いろ〱》有《あ》りますがお鮨《すし》には尾州《びしう》の山吹《やまぶき》と言《い》ふ酢《す》が一番《はん》適當《てきたう》して居《を》ります（酢屋に尾州の山吹酢と言ふて御注文になればわかりますが若し無ければ普通の酢で宜敷御座います）

鹽の選び方

1、鹽《しほ》は普通《ふつう》の鹽《しほ》より新齋《しんざい》と言《い》ふ鹽《しほ》が宜敷御座《よろしうござ》います（新齋と言ふ塩は食料品屋に賣つて居りますが若し無ければ普通の上等の鹽又は食鹽でも差支ありません）

醬油、味淋、砂糖に就いて

1、醬油《しやうゆ》味淋《みりん》砂糖《さたう》は極《ご》く新《あたらし》い物《もの》を使用《しよう》する事《こと》。

付合《つけあは》せ物《もの》のあしらい物《もの》に就《つ》いて

1、鮨《すし》を拵《こしら》へ上《あ》げて體裁《ていさい》よく見《み》せるには付合《つけあは》せのあしらい物《もの》によりますから紅生姜《べにしやうが》花山葵《はなわさび》、笹《さゝ》の葉《は》の樣な物《もの》を前以《まへもつ》て用意《ようい》して置《お》く必要《ひつえう》が有《あ》ります（笹の葉の代りに葉蘭の葉でも宜數御座います）

鮨飯《すしめし》の焚《た》き方《かた》及《およ》び酢《す》の合《あは》せ方《かた》（各地に於いて多少はちがひますが其の中で一番宜敷方を申上ませふ）

1、鮨米《すしまい》一升《しよう》は（鮨米の選び方は一頁の始りにあります）能《よ》く水洗《みづあらひ》して釜《かま》の中《なか》に入《い》れ（水加減は普通の御飯よりこわ目に致します米一升に水一升位の割）水加減《みづかげん》をして其《そ》の上《うへ》に水洗《みづあらひ》した出汁昆布《だしこんぶ》二尺位《しやくぐらゐ》の物《もの》一枚《まい》を入《い》れ一所《しよ》に焚《た》きます（出汁昆布を用ゆる代りに昆布の出汁を代用しても宜敷御座います之れは味付の爲にするので飯に少し色が付きますがそれは差支へありません）暫《しばら》くするとブッブッと泡《あわ》をふき出《だ》して來《き》ますから普通《ふつう》の御飯《ごはん》を焚《た》く時《とき》の樣《やう》に火《ひ》を引《ひ》きまして二十分間位《ぶんかんぐらゐ》蒸《む》らして置《お》きます。

2、蒸《む》して居《ゐ》る間《あひだ》に別《べつ》の丼《どんぶり》に味淋《みりん》大匙《おほさじ》六杯位《はいぐらゐ》砂糖《さたう》大匙《おほさじ》山盛《やまもり》二杯《はい》酢《す》一合《がふ》三勺《しやく》鹽《しほ》中匙《さうさじ》一杯《はい》を皆《みな》一所《しよ》にして泡《あわ》の立《た》つ位《ぐらゐ》良《よ》く掻《か》き混《ま》ぜて置《お》きます。

3、次《つぎ》に蒸《なら》して置《お》いた御飯《ごはん》を鮨鉢か、お櫃《ひつ》に山高《やまたか》に移《うつ》し（此の時に昆布を取り去ります尚御飯を移す時に廣げて移しますと早く冷め且つ混せ合すまでに酢の味が變りますから是非山高に移します）混《ま》ぜ合《あは》して置《お》いた今《いま》の調味品《てうみひん》を右《みぎ》の手《て》に持《も》ち左《ひだり》の手《て》にて飯杓子《めしじやくし》を持《も》ちそれを御飯《ごはん》の上《うへ》に差出《さしだ》しその飯杓子《めしじやくし》の上《うへ》に右《みぎ》の手《て》に有《あ》る調《てう》味《み》品《ひん》を流《なが》しますとその流《なが》した物《もの》が全體《ぜんたい》に廣《ひろ》がりますから今度《こんど》は手早《てはや》く飯杓子《めしじやくし》で御飯《ごはん》を掻《か》き混《まぜ》て全體《ぜんたい》に行渡《ゆきわた》らした後團扇《のちうちは》にて扇《あふ》ぎながら早《はや》く冷《さま》します（團扇で扇ぎますのは御飯に光澤を出す爲であります）

お鮨を拵へる時の心得

材料《ざいれう》入《い》りの器具《きぐ》配置《はいち》に就《つ》いて

1、各材料《かくざいれう》は品毎《しなごと》に別々《べつべつ》の器具《きぐ》に入《い》れて爼板《まないた》の向《むかふ》の方《はう》に列《なら》べて置《お》きます。

2、愈々鮨《いよいよすし》を拵《こしら》へる時は爼板《まないた》の向《むかふ》の方《はう》に鮨飯《すしめし》も置《お》き尚爼板《なほまないた》の右《みぎ》の方《はう》に新《あたら》しい酢少量《すせうりやう》を丼《どんぶり》に入《い》れて置《お》き（此の酢に自分の手を時々浸し鮨飯の付かぬ樣します）各道具《かくだうぐ》は爼板《まないた》の左《ひだり》の方《はう》にそろえて置《お》きます。

鮨を拵へる時に最も必要なる原料の拵へ方

煮詰《につめ》の拵《こしら》へ方《かた》（鮨の上に出す物でドロ〳〵した物の事です）

1、小鍋《こなべ》に味淋《みりん》一合位《がよぐらゐ》を入《い》れ火《ひ》にかけ一沸《ひとたぎ》りした頃《ころ》醤油《しやうゆ》大匙《おほさじ》八杯半《はいはん》砂糖《さたう》大匙《おほさじ》一杯位《はいぐらゐ》を入《い》れ片栗粉《かたくりこ》大匙《おほさじ》一杯位《はいぐらゐ》を水溶《みづとき》して掻《か》き混《ま》ぜながら加《くは》へどろりと成《な》つた頃《ころ》火《ひ》より下《お》ろして冷《さま》して置《お》きます（あなご、鰆、鮃、烏賊、鳥貝、鮑、章魚、鱧、鯛、いな、かます、等に用ひます）

煮返《にかへし》の拵《こしら》へ方《かた》（前と同じ様で鮨にぬつて出す物ですが此の方はドロ〳〵して居らぬ物であります）

1、小鍋《こなべ》に味淋《みりん》一合位《がふぐらゐ》を入《い》れ火《ひ》にかけ煮立《にえた》つて参《まゐ》りましたら醤油《しやうゆ》大匙《おほさじ》五杯位《はいぐらゐ》を加《くは》へ十分間位《ぷんかんぐらゐ》弱火《よはび》で煮詰《につ》めて火《ひ》より下《お》ろして置《お》きます（此の煮返は小鯛、鯖、こはだ、鮪、鰺、赤貝、烏賊、鰹、海老、鮃、白魚、鰮、鮭、きす、針魚、鮎等に用ひます）

土佐《とさ》醤油《しやうゆ》の拵《こしら》へ方《かた》

1、小鍋《こなべ》に醤油《しやうゆ》大匙《おほさじ》八杯半《はいはん》と味淋《みりん》大匙《おほさじ》四杯《はい》を入《い》れ鰹節《かつをぶし》のけずりたる物《もの》茶呑茶碗《ちやのみちやわん》一杯《はい》

位《ぐらゐ》加《くは》へ中火《ちうび》にかけて五分間《ふんかん》位《ぐらゐ》煮《に》ます時間《じかん》が經《た》ちましたら布巾《ふきん》に包《つゝ》み堅《かた》く搾《しぼ》り出《だ》せば宜敷御座《よろしうござ》います。

山葵《わさび》煮《に》詰《つめ》の拵《こしら》へ方《かた》

1、山葵《わさび》一本《ぽん》は皮《かは》を剝《む》き葉付《はつ》きの方《はう》より目《め》の細《こまか》い卸金《おろしがね》にかけて卸《おろ》し俎板《まないた》の上《うへ》で尚《なほ》よくたゝいて洋皿《やうさら》の樣《やう》な物《もの》に取《と》つて置《お》きます。

2、小鍋《こなべ》に醬油大匙《しやうゆおほさじ》八杯半《はいはん》と砂糖大匙《さたうおほさじ》一杯《はい》味淋大匙《みりんおほさじ》八杯《はい》を入《い》れ弱火《とろび》にかけ七八分間《ふんかん》位煮《ぐらゐに》ます時間《じかん》が立《た》ちましたら片栗粉《かたくりこ》中匙《ちうさじ》一杯《はい》を水溶《みづとき》して加《くは》へながら搔《か》き混《ま》ぜ片《かた》栗粉《くりこ》に火《ひ》の通《とほ》つた頃《ころ》火《ひ》より下《お》ろし用意《ようい》して置《お》いた山葵《わさび》の中《なか》に少《すこ》しづゝ加《くは》へ混《ま》ぜ合《あは》して冷《さ》まして置《お》きます。

密柑《みかん》入《い》り煮返《にかへ》しの拵《こしら》へ方《かた》

1、密柑《みかん》は横《よこ》に切《き》り汁《しる》を搾《しぼ》り大匙《おほさじ》四杯位《はいぐらゐ》を拵《こしら》へて置《お》きます。

2、小鍋《こなべ》に今《いま》の密柑《みかん》の汁《しる》と薄口《うすくち》の醬油大匙《しやうゆおほさじ》八杯半《はいはん》味淋大匙《みりんおほさじ》五杯《はい》とを加《くは》へ中火《ちうび》にかけ

五分間位煮《ふんかんぐらゐに》つめて冷《さ》まして置《お》きます。

柿《かき》醤油《しやうゆ》の拵《こしら》へ方《かた》

1、干柿《ほしがき》中位《ちうぐらゐ》の物《もの》四個《こ》を求《もと》め味淋《みりん》大匙《おほさじ》五杯位《はいぐらゐ》の中《なか》に一晝夜位《ちうやぐらゐ》浸《つ》けて置《お》きますと柔《やわら》かくなりますからヘタ及《およ》び種《たね》を取《と》り去《さ》り庖丁《はうちやう》にて細《こま》かに切《き》り擂鉢《すりばち》に入《い》れ能《よ》く〳〵擂《す》り潰《つぶ》し醤油大匙《しやうゆおほさじ》八九杯位《はいぐらゐ》を入《い》れ前《まへ》に柿《かき》を浸《つ》けて置《お》いた味淋《みりん》を加《くは》へ尚能《なほよ》く擂《す》り混《ま》ぜて裏漉《うらごし》にかけ小鍋《こなべ》に入《い》れて弱火《とろび》にかけ五分間位煮《ふんかんぐらゐに》て冷《さま》して置《お》きます。

黑胡麻《くろごま》醤油《しやうゆ》の拵《こしら》へ方《かた》

1、黑胡麻《くろごま》大匙《おほさじ》八杯位《はいぐらゐ》を煎《い》り擂鉢《すりばち》にて良《よ》く〳〵擂《す》り潰《つぶ》し醤油大匙《しやうゆおほさじ》八九杯位《はいぐらゐ》と砂糖《さたう》大《おほ》匙《さじ》二杯葛粉《はいくずこ》中匙《ちゆうさじ》一杯位《はいぐらゐ》を加《くは》へ尚良《なほよ》く擂《す》り混《ま》ぜて布巾《ふきん》にて漉《こ》し小鍋《こなべ》に入《い》れ火《ひ》にかけ三分間位煮《ぶんかんぐらゐに》て火《ひ》より下《お》ろし冷《さま》して置《お》きます。

櫻《さくら》酢《す》の拵《こしら》へ方《かた》

1、普通《ふつう》の酢《す》大匙《おほさじ》八九杯位《はいぐらゐ》と櫻《さくら》の花《はな》の鹽漬《しほづけ》した物《もの》八輪位《りんぐらゐ》を一寸水洗《ちよつとみづあらひ》して入《い》れ（櫻の花の鹽漬は漬物屋にあります）味淋《みりん》大匙《おほさじ》四杯食用紅粉少量《はいしよくようべにこせうりやう》を加《くは》へ鹽少量《しほせうりやう》にて程《ほど》より味《あぢ》を付《つ》け二三分《ぶん》間位煮《かんぐらゐに》て火《ひ》より下《お》ろし冷《さま》して置《お》きます。

鶯《うぐひす》酢《す》の拵《こしら》へ方《かた》

1、ほうれん草《さう》二把《は》の葉《は》ばかりを摘《つま》み取《と》り奇麗《きれい》に水洗《みづあらひ》して小口切《こぐちぎり》となし擂鉢《すりばち》に入《い》れてよく〳〵擂《す》り潰《つぶ》して水《みづ》五合位《がふぐらゐ》を少《すこ》しづゝ加《くは》へ尚《なほ》擂《す》り延《の》ばし鍋《なべ》の上《うへ》に布巾《ふきん》を敷《し》き其《そ》の上《うへ》で搾《しぼ》り漉《こ》し（鍋の中に漉した汁の方が身であります）布巾《ふきん》の中《なか》の粕《かす》を捨《す》て鍋《なべ》を火《ひ》にかけて煮《に》ますと青《あを》い粉《こな》が浮《う》いて參《まゐ》りますからそれを度《ど》として笊《ざる》の上《うへ》に布巾《ふきん》を敷《し》き再《ふた》び漉《こ》しますと布巾《ふきん》の上《うへ》に青《あを》い美《うつく》しい粉《こな》が殘《のこ》りますから輕《かる》く搾《しぼ》り（今度は汁の方がかすで有りますから汁の方はすてます）その青《あを》い粉《こ》を洋皿《やうさら》の樣《やう》な物《もの》に取《と》つて置《お》きます。

2、擂鉢《すりばち》に葛粉《くずこ》大匙《おほさじ》山盛《やまもり》一杯位《はいぐらゐ》を入《い》れて良《よ》く擂《す》り潰《つぶ》し砂糖《さたう》大匙《おほさじ》二杯位《はいぐらゐ》と酢《す》大匙《おほさじ》八杯《はい》を加《くは》へ尚《なほ》良《よ》く擂《す》り混《ま》ぜ裏漉《うらごし》にかけ小鍋《こなべ》に入《い》れ中火《ちうび》にかけ鹽少量《しほせうりやう》にて味《あぢ》を付《つ》け二

三分間位煮《ぶんかんぐらゐに》つめ用意《ようい》して置《お》いたほうれん草《さう》の中《なか》に少《すこ》しづゝ加《くは》へながら搔《か》き混《ま》ぜてぶつ〳〵の出來《でき》ぬ樣《やう》にして溶《と》き延《のば》しますとちようど眞青《まつさを》な鶯色《うぐひすいろ》となります(若しほうれん草のかたまりが有ります時は一度裏漉にかけて戴きます)

美味《おい》しい生姜《せうが》酢《す》の拵《こしら》へ方《かた》

1、生姜《せうが》一個《こ》は皮《かは》を剝《む》き薄《うす》く小口切《こぐちぎり》として小鍋《こなべ》に入《い》れ砂糖《さたう》大匙《おほさじ》一杯《はい》と酢《す》大匙《おほさじ》八杯《はい》と鹽少量《しほせうりやう》にて味《あぢ》を付《つ》け火《ひ》にかけ二三分間位煮《ぶんかんぐらゐに》て火《ひ》より下《お》ろし冷《さま》してから生姜《せうが》は取《とり》すて其汁《そのしる》を使《つか》ひます。

羽《は》二《ぶ》重《たひ》酢《ず》の拵《こしら》へ方《かた》

1、白酒《しろさけ》(瓶詰として酒屋に販賣してあり)大匙《おほさじ》八杯位《はいぐらゐ》をスープ皿《ざら》の樣《やう》な物《もの》に入《い》れ酢《す》大匙《おほさじ》四杯《はい》を少《すこ》しづゝ加《くは》へながら良《よ》く〳〵混《ま》ぜ合《あは》した後裏漉《のちうらごし》にかけて置《お》きます。

菜《な》種《たね》酢《す》の拵《こしら》へ方《かた》

1、小《こ》鍋《なべ》に生玉子《なまたまご》の黄味《きみ》二個《こ》を入《い》れ砂糖《さたう》中匙《ちうさじ》一杯《はい》酢《す》大匙《おほさじ》五杯《はい》味淋《みりん》大匙《おほさじ》一杯《はい》を加《くは》へ鹽《しほ》少量《せうりやう》にて味《あじ》を付《つ》け極《ご》く弱火《とろび》にかけ五六本《ほん》の箸《はし》にてたへず搔《か》き混《ま》ぜながら十分間《ぷんかん》位煮《ぐらゐに》ますとぱら〳〵になりますから火《ひ》より下《お》ろし裏漉《うらごし》にかけますとちようど菜《な》種《たね》の樣《やう》になります。

櫻《さくら》生《せう》姜《が》の拵《こしら》へ方《かた》

1、新生姜《しんせうが》百匁《め》(無い時には普通の生姜にても宜敷い)位《ぐらゐ》を求《もと》め根本《ねもと》より切《き》り取《と》り小口《こぐち》より薄《うす》く切《き》り沸立《にた》つた湯《ゆ》の中《なか》に入《い》れて一分間位《ぶんかんぐらゐ》茹《ゆが》き笊《ざる》に上《あ》げ全部《ぜんぶ》に鹽《しほ》を撒《ふ》りかけて良《よ》く冷《さま》して置《お》きます。

2、次《つぎ》に別《べつ》の小《こ》鍋《なべ》に酢《す》大匙《おほさじ》八杯半位《はいはんぐらゐ》と砂糖《さたう》大匙《おほさじ》一杯位《はいぐらゐ》を入《い》れ火《ひ》にかけ沸立《にた》つて參《まゐ》りましたら直《たゞ》ちに火《ひ》より下《お》ろし丼《どんぶり》の樣《やう》な物《もの》に入《い》れて良《よ》く冷《さま》し用意《ようい》して置《お》いた新《しん》生姜《せうが》を入《い》れ二晝夜位《ちうやぐらゐ》浸《つ》けて汁《しる》はすて身《み》の方《はう》を用《もち》ひます。

生《せう》姜《が》の甘《あま》漬《づけ》の拵《こしら》へ方《かた》

1、生姜《せうが》百目位《めぐらゐ》は皮《かは》を剝《む》き奇《き》麗《れい》に水洗《みづあらひ》して小口《こぐち》より一分位《ぶぐらゐ》の厚《あつ》さに切《き》り鍋《なべ》に入《い》れ水《みづ》を材料《ざいれう》の被《か》ぶる位《ぐらゐ》加《くは》へて火《ひ》にかけ山葵《わさび》の葉《は》又《また》は切《き》りくづを多量《たりやう》に加《くは》へて弱火《とろび》にて一時《じ》間位《かんぐらゐ》茹《ゆ》がき笊《ざる》に上《あ》げ水氣《みづけ》を切《き》り(此の時に山葵の葉等はにがみを取る爲に入れたのでありますから取すてます)味淋《みりん》又《また》は砂《さ》糖汁《たうじる》の中《なか》に三晝夜位《ちうやぐらゐ》漬《つ》けて後用《のちもち》ひます。

桃《もゝ》色《いろ》山葵《わさび》の拵《こしら》へ方《かた》

1、普通《ふつう》の山葵《わさび》四本位《ほんぐらゐ》の葉《は》の部分《ぶぶん》を切《き》り落《おと》し奇《き》麗《れい》に水洗《みづあらひ》して小口《こぐち》より薄《うす》く輪切《わぎり》となし五分間位《ふんかんぐらゐ》酢《す》の中《なか》に浸《つ》けて後《のち》櫻酢《さくらす》(櫻酢の拵へ方は六頁に有ります)の中《なか》に一晝夜位《ちうやぐらゐ》浸《つ》けてから取《と》り出《だ》して用《もち》ひます。

三《み》ツ葉《は》の鮓《すし》に適《てき》する茹《ゆが》ぎ方《かた》

1、三《み》つ葉《ば》は鹽《しほ》をして五分間位《ふんかんぐらゐ》置《お》き沸湯《にえゆ》の中《なか》に重曹耳《ぢうさうみゝ》かき一杯位《はいぐらい》を入《い》れてその中《なか》に入《い》れてざつと茹《ゆが》き直《たゞ》ちに水《みづ》に取《と》り堅《かた》く搾《しぼ》り出汁《だし》と醬油《しやうゆ》を半々《はん〳〵》にした中《なか》に浸《つ》けて置《お》き後汁《のちしる》をしぼり各鮓《かくすし》に應《おう》じて切《き》ります(此の中に山葵の卸合にて卸した物を加へて置けば尚結講であります)

ほうれん草《さう》の鮨《すし》に適《てき》する茹《ゆが》き方《かた》

1、ほうれん草《さう》は沸湯《にえゆ》の中《なか》に入《い》れて鹽茹《しほゆで》とし直《たゞ》ちに水《みづ》に取《と》り堅《かた》く搾《しぼ》つて醤油《しやうゆ》の中《なか》に浸《つ》けて二分間《ふんかん》の後《のち》かたくしぼり各鮨《かくすし》に應《おう》じて切《き》つて用《もち》ひます。

椎茸《しひたけ》の美味《おいし》しい煮方《にかた》(此處に説明した煮方は少し甘辛く煮たのでありますから鮨専門に用ひます)

2、椎茸《しひたけ》は(冬子が一番上等でありますが無ければ秋子春子でも宜敷御座いますから乾物屋に御尋ねになればわかります)二十目位《めぐらゐ》を求《もと》め水《みづ》の中《なか》に一時間位《じかんぐらゐ》漬《つ》けて置《お》きますと柔《やわら》かくなりますから取《と》り出《だ》し軸《ぢく》を切《き》りすて良《よ》く水洗《みづあら》ひし小口《こぐち》より細《こま》かく切《き》り鍋《なべ》に入《い》れ火《ひ》にかけ水《みづ》を被《か》ぶる位加《ぐらゐくは》へ砂糖大匙《さたうおほさじ》二杯位《はいぐらゐ》と味淋醤油《みりんしやうゆ》にて甘辛《あまから》く味《あぢ》を付《つ》け火《ひ》より下《お》ろして冷《さ》まして用《もち》ひます。

干《かん》瓢《ぺう》の煮《に》方《かた》

1、干瓢《かんぺう》は鹽水《しほみづ》にてもみながら能《よ》く洗《あら》ひ次《つぎ》に鍋《なべ》に入《い》れ水《みづ》を加《くは》へ柔《やわら》かくなる迄茹《までゆが》き軟《やわらか》くなりましたら笊《ざる》に上《あげ》て水《みづ》を切《き》り鍋《なべ》に戻《もど》し水《みづ》をしたく〵に加《くは》へ砂糖少量《さたうせうりやう》と醤油《しやうゆ》

を加《くは》へて甘辛《あまから》く煮上《にあ》げて置《お》きます（各酢によりて切り方は違ひますからその心持で）

高野豆腐《かうやごうふ》の美味《おい》しい煮方《にかた》

一、高野豆腐《かうやごうふ》拾個位《こぐらゐ》は平《ひら》たい鍋《なべ》の様《やう》な物《もの》にならべ入《い》れ（かさなつてはいけません）重曹中匙山盛《ちうさうちうさじやまもり》一杯位《はいぐらゐ》をぱら〳〵と撒《ふ》りかけ沸湯《にえゆ》一升位《しようぐらゐ》を上《うへ》の方《はう》に全體《ぜんたい》に行渡《ゆきわた》る様《や》にかけ蓋《ふた》をして蓋《ふた》の上《うへ》に石《いし》を載《の》せ重《おも》しをして十分間位《ぷんかんぐらゐ》蒸《む》らして置《お》きますと豆腐《こうふ》が軟《やわらか》くなりますからその時良《ときよ》く水洗《みづあらひ》して水氣《みづけ》を搾《しほ》り（湯をかけた高野豆腐は洗ふ時に何度も水に浸けては搾りして重曹の氣を取つて置かれば煮る時に形がこわれます）鍋《なべ》に入《い》れ出汁《だし》を被《かぶ》る位加《ぐらゐくは》へ砂糖大匙《さたうおほさじ》一杯半位《はいはんぐらゐ》と醬油《しやうゆ》にて美味《おい》しく旨煮《うまに》位《ぐらゐ》に煮《に》て置《お》きます（鮨によつて切り方は違ひます）

魚肉入《ぎよにくい》り玉子焼《たまごや》きの拵《こしら》へ方《かた》

一、鮃《ひらめ》（その他白身の魚なれば何でも宜敷い）四切分位《よきれぶんぐらゐ》を求《もと》め皮《かは》を引《ひ》き小口《こぐち》より薄《うす》く切《き》り俎板《まないた》の上《うへ》に載《の》せて良《よ》く〳〵たゝき擂鉢《すりばち》に入《い》れて擂《す》り潰《つぶ》し（魚の身を擂る時は味噌を擂る様にすれば味が惡くなりますからつく様にして成可く二人むかい合つて擂つた方が宜數御座います）良《よ》く擂《す》れましたら鹽少量《しほせうりやう》を加《くは》へ尚擂《なほす》り混《ま》ぜ味淋《みりん》大匙《おほさじ》五杯位《はいぐらゐ》と次《つぎ》に生《なま》

玉子《たまご》八個《こ》を一つづゝ加《くは》へて尚良《なほよ》く〳〵混《ま》ぜ合《あは》し（玉子は一度に入れてはいけません一ツづゝ入れて混ぜる方が宜敷御座います）一度《ど》味加減《あぢかげん》を見《み》て若《も》し甘《あま》ければ鹽少量《しほせうりやう》を加《くは》へて味加減《あぢかげん》を成《な》し（上等にするには一度裏漉にかける方が宜敷御座いますが普通は此の樣にしても結構であります）玉子焼《たまごや》き鍋《なべ》に油《あぶら》をひいて焼《や》き適宜《てきぎ》に切《き》つて用《もち》ひます（料理によつては薄く焼く時と厚く焼く時とありますがそれは皆樣のお好によつて宜敷御座います）

風美《ふうみ》のよい鷄肉《とりにく》入《い》り玉子焼《たまごや》きの拵《こしら》へ方《かた》

1、鷄《とり》の挽肉《ひきにく》三十目《め》を俎板《まないた》の上《うへ》に載《の》せ庖丁《はうちやう》にて細《こま》かくたゝき味淋《みりん》大匙《おほさじ》一杯《はい》醬油《しやうゆ》大匙《おほさじ》一杯《はい》を合《あは》せた中《なか》に入《い》れ火《ひ》にかけ箸《はし》で掻《か》き混《ま》ぜながら二三分間《ぷんかん》煎《た》めぱら〳〵と爲《な》し皿《さら》に取《と》つて置《お》きます（煮汁は後ゝ用ひますから大切に取つて置きます）

2、次《つぎ》に丼《どんぶり》の中《なか》に玉子《たまご》四個《こ》を割《わ》りほぐし良《よ》く〳〵掻《か》き混《ま》ぜ今《いま》の煮汁《にじる》と煮出汁《にだし》一合《がふ》砂糖《さたう》小匙《こさじ》二杯《はい》味淋《みりん》大匙《おほさじ》一杯《はい》醬油《しやうゆ》大匙《おほさじ》二杯位《はいぐらゐ》を加《くは》へ味《あぢ》を付《つ》けその中《なか》に前《まへ》に用意《ようい》して置《お》いた鷄肉《とりにく》を入《い》れ良《よ》く掻《か》き混《ま》ぜ玉子焼《たまごや》き鍋《なべ》に胡麻《ごま》の油《あぶら》を引《ひ》いて焼《や》き適宜《てきぎ》に切《き》つて用《もち》ひます。

魚《うを》のおぼろの拵《こしら》へ方《かた》

1、鮃《ひらめ》の身《み》二切分位《ふたきれぶんぐらゐ》を求《もと》め（白味の魚なれば何でも宜敷御座います）皮《かは》を取《と》り沸湯《にえゆ》の中《なか》に入《い》れて鹽茹《しにゆで》となし水氣《みづけ》を切《き》つて身《み》ばかりを擂鉢《すりばち》に入《い》れ良《よ》く擂《す》りつぶして置《お》きます。

2、別《べつ》の鍋《なべ》に味淋《みりん》大匙《おほさじ》八杯《はい》を入《い》れ砂糖《さたう》中匙《ちうさじ》一杯位《はいぐらゐ》と食料《しよくれう》紅《べに》少量《せうりやう》を加《くは》へて鹽《しほ》にて稈《ほご》よく味《あぢ》を付《つ》け中火《ちうび》にかけ煮立《にえた》つて參《まゐ》りましたら用意《ようい》して置《お》いた前《まへ》の擂身《すりみ》を入《い》れ飯杓子《めしやくし》の樣《やう》な物《もの》で搔《か》き混《ま》ぜながらぱら〱と成《な》るまで煮《に》つめお皿《さら》に取《とつ》て冷《さま》して置《お》きます。

海老《ゑび》のおぼろの拵《こしら》へ方《かた》

1、海老《ゑび》は何海老《なにゑび》でも宜敷御座《よろしうござ》いますが芝海老《しばゑび》、吉野海老等《よしのゑびとう》がお安《やす》く就《つ》いて宜敷御《よろしうご》座《ざ》いませう。

2、海老《ゑび》は水洗《みづあらひ》して沸湯《にえゆ》の中《なか》に入《い》れて鹽茹《しほゆで》となし脊腸《せわた》及《およ》び皮等《かはとう》を取《と》り去《さ》り今《いま》一度《ど》水《みづ》洗《あらひ》して擂鉢《すりばち》に入《い》れ良《よ》く良《よ》く擂《す》り潰《つぶ》して置《お》きます。

3、今《いま》の海老《ゑび》一合位《がふぐらゐ》の割合《わりあひ》に對《たい》し味淋《みりん》大匙《おほさじ》八杯位《はいぐらゐ》と砂糖《さたう》小匙《こさじ》ゑ一杯《はい》食紅《しよくべに》少量《せうりやう》を加《くは》へ鹽少量《しほせうりやう》にて程《ほど》よく味《あぢ》を付《つ》け鍋《なべ》に入《い》れ、火《ひ》にかけて煮《に》ます煮立《にえた》つて參《まゐ》りました頃《ころ》用意《ようい》して置《お》いた海老《ゑび》を入《い》れ飯杓子《めしやくし》の樣《やう》な物《もの》で搔《か》き混《ま》ぜながら煮《に》つめばら〳〵となしお皿《さら》の樣《やう》な物《もの》に取《ご》つて冷《さま》して置《お》きます。

卯《う》の花《はな》ご林檎《りんご》の、おぼろの拵《こしら》へ方《かた》

1、卯《う》の花《はる》一合位《がふぐらゐ》を擂鉢《すりばち》に入《い》れ能《よ》く擂潰《すりつぶ》し後林檎《のちりんご》一個《こ》の皮《かは》を剝《む》き卸金《おろしがね》にかけて下《おろ》した物《もの》を加《くは》へ砂糖大匙《さたうおほさに》三杯《ばい》と生姜《せうが》の極《ご》く〳〵微塵切《みぢんぎり》とした物大匙《ものおほさじ》一杯《はい》と鹽少量《しほせうりやう》を加《くは》へて味《あぢ》を付《つ》け尚良《なほよ》く擂《す》り混《ま》ぜ鍋《なべ》に入《い》れ火《ひ》にかけ凡《およ》そ十分間位《ぶんかんぐらゐ》煮詰《につ》め玉子《たまご》の黄《き》味《き》一個分《こぶん》を加《くは》へて手早《てばや》く中《なか》を交《ま》ぜ乍《なが》ら尚《なほ》五分間位《ふんかんぐらゐ》煮《に》て大皿《おほざら》の樣《やう》な物《ちの》にうつし能《よ》く冷《さま》したる後各鮨《のちかくすし》に應《おう》じて用《もち》ひます。

車海老《くるまゑび》の拵《こしら》へ方《かた》（鮨や酢の物に用ゆる爲に拵へて置く）

1、車海老《くるまゑび》四五寸位《すんぐらゐ》の物《もの》は生《なま》の內曲《うちまが》らぬ樣《やう》に尾《を》の方《はう》から串《くし》を通《こほ》し鹽茹《しほゆで》と成《な》し頭及《あたまおよ》び

皮《かは》を取《と》り水洗《みづあらひ》して脊《せ》の方《はう》より開《ひら》き脊腸《せわた》を取《と》り去《さ》り紙鹽《かみしほ》をして一時間位《じかんぐらゐ》置《お》き（紙鹽とは洋皿の樣な物の上に鹽をばら〳〵と撒りその上に紙を敷きその上に材料をならべ又その上に紙を載せ上から鹽をぱら〳〵と撒つて尙水をパラ〳〵撒つて置く事）後《のち》砂糖酢《さたうす》の中《なか》に漬《つ》けて置《お》きます。

2、砂糖酢《さたうす》の拵《こしら》へ方《かた》は砂糖小匙《さたうこさじ》二杯《はい》と酢大匙《すおほさじ》五杯《はい》を小鍋《こなべ》に入《い》れ一寸煮立《ちよつとにた》して冷《さま》せば宜敷御座《よろしうござ》います。

烏賊《いか》の拵《こしら》へ方《かた》（前の海老と同じ樣な物であります）

1、墨烏賊《すみいか》（墨烏賊とは身の厚い烏賊で一名眞烏賊とも言ひます）は先《ま》づ甲良《かうら》を出《だ》し脊《せ》の方《はう》から縦《たて》に庖丁《はうちやう》の目《め》を入《い》れて切《き》り廣《ひろ》げ足《あし》を取《と》り去《さ》り黑《くろ》き墨《すみ》の無《る》く成《な》るまで良《よ》く水洗《みづあら》ひし後布巾《のちふきん》でこすり取《と》る樣《やう》にして皮《かは》を剝《む》きもう一度水洗《どみづあらひ》した後水氣《のちみづけ》を拭《ぬぐ》ひ去《さ》り程《ほど》よく切《き》つて置《お》きます

2、小鍋《こなべ》に味淋大匙《みりんおほさじ》十杯位《はいぐらゐ》と砂糖小匙《さたうこさじ》二杯位《はいぐらゐ》の割方《わりかた》で入《い》れ火《ひ》にかけ煮立《にた》つて來《き》ました頃今《ころいま》の烏賊《いか》を入れて裏表《うらおもて》をひつくり返してざつと煮《に》て取り出《だ》し鹽《しほ》をぱら〳〵と撒《ふ》り二三十分《ぶん》の後酢《のちす》の中《なか》に漬《つ》けて置《お》きます。

白魚《しらうを》を曲《まが》らぬ樣《やう》な拵《こしら》へ方《かた》

1、小《ちい》さい洋皿《やうざら》の上《うへ》に布巾《ふきん》を廣《ひろ》げその上《うへ》に白魚《しらうを》を丁寧《ていねい》に眞《まつ》すぐにならべ尙《なほ》その上《うへ》に布巾《ふきん》を被《かぶ》せその上《うへ》に輕《かる》い蓋《ふた》をして鍋《なべ》の中《なか》に入《い》れて置《お》きます。

2、別《べつ》の鍋《なべ》に湯《ゆ》を沸《わ》かし鹽大匙《しほおほさじ》一杯位《ぱいぐらゐ》を加《くは》へ一沸《たぎ》りした頃用意《ころようい》して置《お》いた白魚《しらうを》の上《うへ》に蓋《ふた》の上《うへ》から靜《しづ》かに流《なが》し込《こ》み一寸火《ちよつとひ》にかけ火《ひ》より下《お》ろし靜《しづ》かに取《と》り出《だ》しますと白魚《しらうを》は眞白《まつしろ》くて眞《まつ》すぐ奇麗《きれい》に茹《ゆが》けて居《を》りますから酢《す》の中《なか》に二三分間漬《ぷんかんつ》けて取《と》り出《だし》て用《もち》ひます。

小鯛《こだひ》の拵《こしら》へ方《かた》（小鯛に限らず大鯛其の他の何魚でも此の樣にして後各すしに用ひます）

1、小鯛《こだひ》は（凡そ頭より尾に至るまで八寸位の鯛）丁寧《ていねい》に鱗《うろこ》をはらい、腹《はら》を開《ひら》き腸及《わたおよ》び鰓《えら》を拔《ね》き水洗《みづあらひ》して頭《あたま》を落《おと》し三枚《まい》におろし身《み》の中央《ちうあう》にある中骨《なかほね》を取《と》り（中骨とは大骨の事）身《み》の方《はう》は鹽《しほ》をぱら〳〵と撒《ふ》り二三十分間《ぷんかん》の後水洗《のちみづあらひ》して酢《す》の中《なか》に十分間位漬《ぷんかんぐらゐつ》けて置《お》き後酢《のちす》より引上《ひきあ》げて薄身《うすみ》の所《ところ》に有《あ》る小骨《こほね》を毛拔《けぬき》で拔《ね》き取《と》り（小骨は酢に漬ける前に取りますと體裁が惡くなるばかりで無く取りにくゝありますから此の樣にした方

が宜敷御座います）薄《うす》く二分位《ぶぐらゐ》のそぎ身《み》として用《もち》ひます。

あなごの拵《こしら》へ方《かた》（鮨に用ゆるに限らず日本料理の時も此の樣にして用ひます）

1、開《ひら》いたあなご一尺位《しやくぐらゐ》の物《もの》十本《ほん》を求《もと》め（此れは一尺位のあなごの割方でありますから若し大きければその割合で煮汁を增せば宜敷御ざいます）頭《あたま》及《およ》び中骨《なかぼね》を取《と》り水洗《みづあらひ》して置《お》きます。

2、次《つぎ》に鍋《なべ》に味《み》淋《りん》一合《がふ》醬油《しやうゆ》大匙《おほさじ》五杯《はい》を入《い》れて火《ひ》にかけ煮《に》え立《た》つて參《まゐ》りましたら用意《ようい》して置《お》いたあなごをその中《なか》に入《い》れてざつと煮《に》ます（長く煮ると堅くなつて味が悪くなりますから其心持で）煮《に》えましたらそれを取《と》り出《だ》し俎板《まないた》の上《うへ》に皮《かは》の方《はう》が下《した》に成《な》る樣《やう》にしてならべ（一度煮たあなごはキリ〳〵と巻かつて居りますから手にてのべ成可く俎板のキズの有るのに載せますとすべらずに宜敷御座います）その上《うへ》に又板《またいた》を置《お》き十分間位《ぶんかんぐらゐ》致《いた》しますとあなごが眞直《まつすぐ》に延《の》びて居《を》りますからそれを色々《いろ〳〵》に切《き》つて（鮨料理によつて切り方はちがいます）用《もち》ひます。

山葵《わさび》の貯《たくは》へ方《かた》

1、生《なま》の山葵《わさび》を永《なが》く置《お》くには箱《はこ》の樣《やう》な物《もの》の中《なか》に砂《すな》を入《い》れ濕氣《しめりけ》を少《すこ》し付《つ》けて山葵《わさび》の根《ね》の方《はう》を下向《したむ》けとしてうづめて置《お》きますと宜敷御座《よろしうござ》います。

巻鮨のいろ〳〵

鯖の八方巻

材料	
1、鮨　飯	4、三ツ葉少量
2、淺草海苔三枚	5、大鯖片身
3、干柿八個	6、調味品

1、干柿《ほしがき》八個《こ》のヘタ及《およ》び種《たね》を取《と》り去《さ》り一分《ぶ》位《ぐらゐ》の小口切《こぐちぎり》として置《お》きます。

2、三《み》つ葉《ば》少量《せうりやう》は十頁《ぺーじ》の處《ところ》に有《あ》る樣《やう》に拵《こしら》へてをきます。

3、大鯖《おほさば》（一尺位のもの）片身《かたみ》を求《もと》め薄皮《うすかは》を取《と》り（鯖の薄皮は兩方の手で取りますと奇麗にとれます）鹽《しほ》をして二三十分間《ぷんかん》の後水洗《のちみづあらひ》して小骨等《こほねなど》を取《と》り去《さ》り縦《たて》に三つ位《ぐらゐ》に切《き》つて酢《す》の中《なか》に浸《つ》けて置《お》きます。

4、鮨飯《すしめし》三合位《がふぐらゐ》を拵《こしら》へて置《お》きます（鮨飯の拵へ方は二頁の所にあります）

5、以上《いじやう》の用意《ようい》が揃《そろ》いましたら俎板《まないた》の上《うへ》に簾《すだれ》を載《の》せ簾《すだれ》の上《うへ》に淺草海苔《あさくさのり》一枚《まい》を廣《ひろ》げその上《うへ》に用意《ようい》して置《お》いた鮨飯《すしめし》を二三分《ぶ》の厚《あつ》さに向《むか》ふがわ一寸位殘《すんぐらゐのこ》して廣《ひろ》げ飯《めし》の上《うへ》に

用意《ようい》して置《お》いた鯖《さば》の身《み》一本《ほん》と三《み》つ葉《は》小量《せうりやう》と干柹《ほしがき》少量《せうりやう》とを載《の》せ材料《ざいれう》が眞中《まんなか》になる樣《やう》に端《はし》よりぐる〳〵と巻《ま》き七八分位《ぶぐらゐ》の長《なが》さに小口切《こぐちぎり》として體裁《ていさい》よく皿《さら》に盛《も》り山葵《わさび》の煮返《にかへ》しを添《そ》へて出《だ》します（山葵の煮返の拵へ方は五頁にあります）殘《のこ》りも此《こ》の樣《やう》にして拵《こしら》へれば宜《よろ》敷御《しうご》座《ざ》います。

玉子巻き

材料	
1、鮨飯	4、筍一本
2、玉子四個	5、紅生姜
3、椎茸四個	6、調味品

1、鮨飯《すしめし》を拵《こしら》へて置《お》きます（鮨飯の拵へ方は二頁にあります）

2、玉子《たまご》四個《こ》を丼《どんぶり》に割《わ》りほぐし味淋《みりん》大匙《おほさじ》二杯《はい》と砂糖《さたう》少量《せうりやう》を加《くは》へ搔《か》き混《ま》せ醬油少量《しやうゆせうりやう》にて味《あぢ》を付《つ》けて置《お》きます。

3、次《つぎ》に玉子焼《たまごや》き鍋《なべ》に胡麻《ごま》の油《あぶら》を敷《し》き用意《ようい》して置《お》いた玉子《たまご》四分《ぶん》の一宛《づゝ》を薄《うす》く焼《や》いて

置きます。

4、椎茸《しひたけ》四個位《こぐらゐ》は十一頁《ぺーじ》の所《ところ》に有《あ》る様《やう》にして美味《おい》しく煮《に》て置《お》きます。

5、筍《たけのこ》三四寸位《すんぐらゐ》の小《ちい》さい物《もの》一本《ほん》は縦《たて》に薄《うす》く繊《せん》に切《き》り茹《ゆが》いて味淋《みりん》大匙《おほさじ》二杯出汁《はいだし》大匙《おほさじ》四杯《はい》醬油《しやうゆ》大匙《おほさじ》二杯《はい》砂糖《さたう》小匙《こさじ》一杯位《はいぐらゐ》を加《くは》へざつと下煮《したに》をして置《お》きます。

6、紅生姜《べにせうが》少量《せうりやう》は大根《だいこん》の千六本《ほん》の様《やう》に切《き》つて置《お》きます。

7、以上《いじやう》の用意《ようい》が出來《でき》ましたら俎板《まないた》の上《うへ》に簾《すだれ》を載《の》せ簾《すだれ》の上《つへ》に用意《ようい》して置《お》いた玉子焼《たまごや》き一枚《まい》づゝを廣《ひろ》げその上《うへ》に鮨飯《すしめし》を二三分《ぶ》の厚《あつ》さに向《むか》ふがわ一寸位殘《すんぐらゐのこ》して廣《ひろ》げ飯《めし》の上《うへ》に椎茸《しひたけ》、筍《たけのこ》、紅生姜《べにせうが》を程良《ほどよ》く載《の》せ材料《ざいれう》が眞中《まんなか》になる様《やう》にして端《はじ》よりぐる〳〵と巻《ま》き七八分《ぶ》の長《なが》さに切《き》り鶯酢《うぐひすず》を添《そ》へて出《で》します（鶯酢の拵へ方は七頁にあります）

信州巻き

材料

1、そば二玉
2、淺草海苔二枚
8、椎茸四個
4、三ツ葉少量
5、酢飯三合
6、調味品

1、鮨飯《すしめし》を二頁《ぺーじ》に有《あ》る樣《やう》にして拵《こしら》へて置《お》きます。

2、淺草海苔《あさくさのり》四枚位《まいぐらゐ》を炙《あぶ》つて乾《かは》いた布巾《ふきん》に包《つゝ》み細《こま》かく揉《も》んで置《お》きます。

3、三《み》つ葉少量《ばせうりやう》は十頁《ぺーじ》の所《さこみ》に有《あ》る樣《やう》にして茹《ゆが》き五分《ぶ》長《なが》さ位《ぐらゐ》に切《き》つて置《お》きます。

4、椎茸《しひたけ》四個《こ》は十一頁《ぺーじ》にある樣《やう》にして煮《に》て細《こま》かく切《き》つて置《お》きます。

5、以上《いじやう》の用意《ようい》が出來《でき》ましたら右《みぎ》の材料全部《ざいれうぜんぶ》を混《ま》ぜ合《あは》せ爼板《まないた》の上《うへ》に布巾《ふきん》を廣《ひろ》げその上《うへ》にそばを平《ひら》たく廣《ひろ》げ、そば、の上《うへ》に混《ま》ぜ合《あは》した物《もの》を廣《ひろ》げ端《はじ》よりそばを折返《なりかへ》して卷《ま》き飯《めし》とそばこをよく付着《ふちやく》せしめ布巾《ふきん》を取《と》り靜《しづ》かに六七分《ぶ》の輪切《わぎり》となして皿《さら》に盛《も》り桃色山葵《もゝいろわさび》をあしらつて出《だ》します（桃色山葵は十頁にあります）

りうひ昆布卷鮨

材料

1、りうひ昆布　四尺位
2、魚のおぼろ　大匙八杯
3、三ッ葉　少量
4、鮨飯　三合
5、調味品

1、鮨飯《すしめし》三合位《がふぐらゐ》は二頁《ぺーじ》の所《ところ》にある様《やう》にして拵《こしら》へて置《お》きます。

2、りうひ昆布《こんぶ》(之は極く甘くて軟かい昆布ですが東京には見えません大阪地方に多く見えます)四尺位《しやくぐらゐ》の物《もの》を求《もと》め上《うへ》を布巾《ふきん》にて拭《ぬぐ》ひ四つ切《ぎり》となして置《お》きます。

3、魚《うを》のおぼろ大匙《おほさじ》八杯位《はいぐらゐ》を拵《こしら》へて置《お》きます(魚のおぼろの拵へ方は十四頁にあります)

4、三《み》つ葉《ば》少量《せうりやう》は十頁《ぺーじ》の様《やう》にして茹《ゆか》いて置《お》きます。

5、以上《いじやう》の用意《ようい》が出來《でき》ましたら簾《すだれ》の上《うへ》に、りうひ昆布《こんぶ》を廣《ひろ》げその上《うへ》に鮨飯《すしめし》を兩端《りやうはし》を少《すこ》しづゝ殘《のこ》して廣《ひろ》げ魚《うを》のおぼろ及《およ》び三《み》つ葉《ば》少量《せうりやう》を心《しん》になる様《やう》にして置《お》き端《はし》よりぐる〳〵と巻《ま》き暫《しばら》くそのまゝに置《お》き後簾《のちすだれ》を取適宜《とりてきぎ》に切《ぎ》りお皿《さら》に盛《も》つて出《だ》します

精進用湯葉巻き

材料

1、鮨飯

2、湯葉四枚

3、椎茸三四個

4、獨活二本

5、調味品

1、鮨飯《すめし》を二頁《ぺーじ》に有《あ》る様《やう》にして拵《こしら》へて置《お》きます。

2、湯葉《ゆば》四枚位《まいぐらゐ》を求《もと》め酒大匙《さけおほさじ》八杯《ぱい》と出汁《だし》大匙《おほさじ》八杯《はい》砂糖《さたう》大匙《おほさじ》二杯《はい》醤油《しやうゆ》大匙《おほさじ》三杯位《はいぐらゐ》とで薄味《うすあぢ》を付《つ》けざつと煮《に》て置《お》きます。

3、椎茸《しひたけ》三四個《こ》は十一頁《ぺーじ》に有《あ》る様《やう》にして煮《に》て置《お》きます。

4、獨活《うど》二本《ほん》は五寸長《すんなが》さ位《ぐらゐ》に切《き》り其《そ》れを極《こ》く細《こま》かく繊《せん》に切《き》り薄鹽水《うすしほみづ》の中《なか》に一時間位《じかんぐらい》つけて後酢《のちす》大匙《おほさじ》二杯《はい》の中《なか》に二十分間位《ぷんかんぐらゐ》浸《つ》けて置《お》きます。

5、以上《いじやう》の用意《ようい》が出來《でき》ましたら爼板《まないた》の上《うへ》に簾《すだれ》を廣《ひろ》げ簾《すだれ》の上《うへ》に用意《ようい》して置《お》いた湯葉《ゆば》を廣《ひろ》げ湯葉《ゆば》の上《うへ》に鮨飯《すしめし》を二三分《ぶ》の厚《あつ》さに向《むかふ》がわ一寸位殘《すんぐらゐのこ》して廣《ひろ》げ其《そ》の上《うへ》に椎茸獨《しひたけう》活《ど》を程良《ほどよ》く載《の》せ材料《ざいれう》が眞中《まんなか》になる様《やう》にして端《はじ》よりぐる〱と巻《ま》き七八分《ぶ》の長《なが》さに切《き》り八頁《ぺーじ》の所《ところ》にある羽二重酢《はぶたへす》を添《そ》へて出《だ》します。

するめの細巻き

材料

1、鮨飯

2、するめ二枚

3、淺草海苔四枚

4、櫻生姜

5、黑胡麻醤油

6、調味品

1、鮨飯《すしめし》を二頁《ぺーじ》の所《ところ》に有《あ》る様《やう》にして拵《こしら》へて置《お》きます。

2、するめの上等《じやうとう》二枚《まい》を求《もと》め甲《かふ》と足《あし》とを去《さ》り金網《かなあみ》の上《うへ》に載《の》せてざつと炙《あぶ》る様《やう》にして両面《りやうめん》を焼《や》き極《ご》く小《ちい》さくさいて置《お》き次《つぎ》に

3、鍋《なべ》に味淋《みりん》大匙《おほさじ》四杯《はい》砂糖《さたう》中匙《ちうさじ》一杯《はい》鹽《しほ》小匙《こさじ》半杯位《はんばいぐらゐ》を入《い》れ火《ひ》にかけ用意《ようい》して置《お》いたするめを入《い》れざつと煮《に》て置《お》きます。

4、淺草海苔《あさくさのり》四枚《まい》を炙《あぶ》り一枚《まい》を簾《すだれ》の上《うへ》に廣《ひろ》げその上《うへ》に用意《ようい》して置《お》いた鮨飯《すしめし》を廣《ひろ》げ(此れは細卷きでありますからあまり廣く廣げてはいけません)鮨飯《すしめし》の眞中《まんなか》に前《まへ》に煮《に》て置《お》いたするめを程《ほど》よく置《お》き端《はし》よりぐる〳〵と卷《ま》き一寸位《すんぐらゐ》の長《なが》さに切《き》り全部《ぜんぶ》此《こ》の様《やう》にして拵《こしら》へ皿《さら》に體裁《ていさい》よく盛《も》り櫻生姜《さくらせうが》を付合《つけあは》せとし(櫻生姜の拵へ方は九頁にあります)六頁《ぺーじ》に有《あ》る黒胡麻醬油《くろごましやうゆ》を添《そへ》て出《だ》します

山葵細卷き

材料	
1、鮨飯	4、淺草海苔八枚
2、鮪八十匁	5、調味品
3、山葵一本	

1、鮨飯《すしめし》を二頁《ぺーじ》の所《ところ》にある樣《やう》にして拵《こしら》へて置《お》きます。

2、土佐醬油《とさしやうゆ》大匙《おほさじ》八杯位《はいぐらゐ》を（土佐醬油の拵へ方は四頁にあります）用意《ようい》して置《お》きます。

3、山葵《わさび》一本《ほん》は皮《かは》を剝《む》き葉付《はつ》きの方《はう》より目《め》の細《こま》かい卸金《おろしがね》にかけて卸《お》ろし爼板《まないた》の上《うへ》に載《の》せて尚細《なほこま》々にたゝき洋皿《やうざら》の樣《やう》な物《もの》に取《と》り用意《ようい》して置《お》いた土佐醬油《とさしやうゆ》を少《すこ》しづゝ加《くは》へて良《よ》く〳〵混《ま》ぜ合《あは》して置《お》きます。

4、鮪《まぐろ》の切身《きりみ》八拾匁《め》を求《もと》め三四分《ぶ》の角《かく》で海苔《のり》の長《なが》さに切《き》り今《いま》混《ま》ぜ合《あは》して置《お》いた醬油《しやうゆ》の中《なか》に五分間位《ふんかんぐらゐ》浸《つ》けて置《お》きます。

5、淺草海苔《あさくさのり》八枚《まい》を炙《あぶ》り簾《すだれ》の上《うへ》に二枚重《まいかさ》ねて廣《ひろ》げその上《うへ》に鮨飯《すしめし》を二三分《ぶ》の厚《あつ》さに向《むかふ》がは一寸位殘《すんぐらゐのこ》して橫《よこ》に廣《ひろ》げ中程《なかほど》に用意《ようい》して置《お》いた鮪《まぐろ》を程《ほど》よく載《の》せ端《はし》よりくるくると卷《ま》き一寸位《すんぐらゐ》の長《なが》さに切《き》り體裁《ていさい》よくお皿《さら》に盛《も》りて今《いま》の殘《のこ》りの山葵《わさび》入《い》り土佐醬《とさしやう》油《ゆ》を添《そ》へて出《だ》します。

ハムの細巻き

材料	
1、鮨飯	4、淺草海苔
2、ハム四十匁	5、調味品
3、サラダ五六枚	

1、鮨飯《すしめし》を二頁《ぺーじ》の所《ところ》にある樣《やう》にして拵《こしら》へ置《お》きます。

2、ハム四拾匁《もんめ》は笊《ざる》に入《い》れ上《うへ》より沸湯《にえゆ》をかけて一分位《ぶんぐらゐ》の纖《せん》に切《き》つて置《お》きます。

3、サラダーの葉《は》五六枚《まい》は水洗《みづあらひ》して纖《せん》に切《き》つて置《お》きます。

4、淺草海苔《あさくさのり》は炙《あぶ》つて二枚《まい》づゝを重《かさ》ねて簾《すだれ》の上《うへ》に廣《ひろ》げその上《うへ》に鮨飯《すしめし》を細卷《ほそまき》と成《な》る樣《やう》にして廣《ひろ》げ鮨飯《すしめし》の上《うへ》に用意《ようい》して置《お》いたハム及《およ》びサラダーの葉《は》を程《ほど》よくならべ前《まへ》の如《ごと》くして端《はじ》よりぐる〳〵と卷《ま》き一寸位《すんぐらゐ》の長《なが》さに切《き》つてお皿《さら》に體裁《ていさい》よく盛《も》りて出《だ》します。

地球巻き

材料

1、鮨飯三合
2、玉子二個
3、干柿四個
4、人參半本
5、青豆大匙八杯
6、淺草海苔八枚
7、調味品

1、玉子《たまこ》二個《こ》は水《みづ》より入《い》れて二十分間位《ぷんかんぐらゐ》茹《ゆ》がき白味《しろみ》と黄身《きみ》とに分《わ》け白味《しろみ》は微塵切《みぢんぎり》とし黄味《きみ》は裏漉《うらこし》にかけて置《お》きます。

2、干柿《ほしがき》四個《こ》はヘタ及《およ》び種《たね》を去《さ》り小口《こぐち》より繊切《せんぎり》として置《お》きます。

3、人參半本《にんじんはんほん》は皮《かは》を剝《む》き四つに切《き》り小口《こぐち》より薄《うす》く切《き》つて置《お》きます。

4、青豆大匙《あをまめおほさじ》八杯《はい》は前《まへ》の人參《にんじん》と共《とも》にざつと茹《ゆが》き鍋《なべ》に入《い》れ出汁《だし》大匙《おほさじ》十杯位《はいぐらゐ》と砂糖大匙《さたうおほさじ》一杯醤油大匙《はいしやうゆおほさじ》四杯《はい》を入《い》れ火《ひ》にかけ五分間位煮《ふんかんぐらゐに》て火《ひ》より下《お》ろし冷《さま》して置《お》きます。

5、以上《いじやう》の用意《ようい》が出來《でき》ましたら鮨飯《すしめし》三合位《がふぐらゐ》の中《なか》に用意《ようい》して置《お》いた材料全部《ざいれうぜんぶ》を入《い》れ良《よ》く〳〵混《ま》ぜ合《あは》して置《お》きます（鮨飯の拵へ方は二頁にあります）

6、次《つぎ》に淺草海苔《あさくさのり》八枚《まい》を炙《あぶ》つて簾《すだれ》の上《うへ》に二枚《まい》を重《かさ》ねて廣《ひろ》げその上《うへ》に混《ま》ぜ合《あは》して置《お》いた鮨飯《すゝめし》を二三分《ぶ》の厚《あつ》さに向《むかふ》がわ一寸位殘《すんぐらゐのこ》して廣《ひろ》げ端《はし》よりぐる〳〵と巻《ま》き簾《すだれ》を取りはづして五六分《ぶ》の厚《あつ》さに切《き》つて殘《のこ》りも此《こ》の樣《やう》にして拵《こしら》へお皿《さら》に盛《も》り八頁《ぺーじ》にある生姜酢《せうがず》を添《そ》へて進《すゝ》めます。

蒲鉾巻き	
材料	1、蒲鉾一本 2、鮨飯 3、干瓢 4、ほうれん草
	5、紅生姜 6、淺草海苔 7、調味品

1、鉾蒲《かまほこ》一本《ほん》は縦《たて》に二分《ぶ》角位《かくぐらゐ》に切《き》り味淋《みりん》大匙《おほさじ》三杯《はい》出汁《だし》大匙《おほさじ》六杯《はい》醬油《しやうゆ》大匙《おほさじ》三杯《ばい》とでざつと下煮《したに》をして置《お》きます。

2、干瓢《かんぺう》少量《せうりやう》は十一頁《ぺーじ》の所《ところ》にある樣《やう》にして煮《に》て五寸位《すんぐらゐ》の長《なが》さに切《き》つて置《お》きます。

3、ほうれん草《さう》少量《せうりやう》は十一頁《ぺーじ》の所《ところ》に有《あ》る樣《やう》に拵《こしら》へてをきます。

4、紅生姜《べにせうが》少量《せうりやう》は繊切《せんぎり》として置《お》きます。

5、鮨飯《すしめし》は二頁《ぺーじ》にある樣《やう》にして用意《ようい》して置《お》きます。

6、以上《いじやう》の用意《ようい》が出來《でき》ましたら爼板《まないた》の上《うへ》に簾《すだれ》を廣《ひろ》げた上《うへ》に淺草海苔《あさくさのり》を廣《ひろ》げその上《うへ》に鮨飯《すしめし》を二三分《ぶ》の厚《あつ》さに向《むかふ》がわ一寸位《すんぐらゐ》のこして廣《ひろ》げて用意《ようい》して置《お》いた蒲鉾干瓢《かまぼこかんぺう》ほうれん草紅生姜《さうべにせうが》を程良《ほどよ》くおきその材料《ざいれう》が眞中《まんなか》になる樣《やう》にして端《はじ》よりぐる〳〵と巻《ま》き五六分《ぶ》の厚《あつ》みに切《き》り體裁《ていさい》よくお皿《さら》に盛《も》り四頁《ぺーじ》にある土佐醤油《とさしやうゆ》を添《そ》へて出《だ》します。

奈良巻き

材料	
1、鮨飯	5、奈良漬
2、高野豆腐三個	6、淺草海苔
3、干瓢	7、調味品
4、三ツ葉	

1、鮨飯《すしめし》は二頁《ぺーじ》の所《ところ》にある樣《やう》にして用意《ようい》して置《お》きます。

2、高野豆腐《かうやとうふ》三個位《こぐらゐ》を十二頁《ぺーじ》の所《ところ》にある樣《やう》にして煮《に》て二分位《ぶぐらゐ》の厚《あつ》さに小口《こぐち》より切《き》つて置《お》きます。

3、干瓢《かんぺう》少量《けうりやう》は十一頁《ページ》の所《ところ》にある樣《やう》に煮《に》て淺草海苔《あさくさのり》の長《なが》さに切《き》つて置《お》きます。

4、三《み》つ葉《ば》少量《せうりやう》は十頁《ページ》の處《ところ》に有《あ》る樣《やう》にして拵《こしら》へてをきます。

5、奈良漬《ならづけ》少量《せうりやう》は縱《たて》に二分角位《ぶかくぐらゐ》に切《き》つて置《お》きます。

6、以上《いじやう》の用意《ようい》が出來《でき》ましたら俎板《まないた》の上《うへ》に簾《すだれ》を敷《し》き簾《すだれ》の上《うへ》に淺草海苔《あさくさのり》を炙《あぶ》つて廣《ひろ》げその上《うへ》に用意《ようい》して置《お》いた鮨飯《つしめし》を向《むかふ》がわ一寸位殘《すんぐらゐのこ》して二三分位《ぶぐらゐ》の厚《あつ》さに廣《ひろ》げ飯《めし》の上《うへ》に今《いま》の材料《ざいれう》を少量《せうれう》づゝ程《ほど》よく盛《も》り端《はじ》よりぐる〳〵と卷《ま》き五六分位《ぶぐらゐ》に切《き》りお皿《さら》に體裁《ていさい》よく盛《も》り櫻酢《さくらず》を添《そ》へて出《だ》します。（櫻酢の拵へ方は六頁に有ります）

7、右《みぎ》の外《ほか》干瓢《かんぺう》を用《もち》ひたお鮨《すし》は澤山《たくさん》有《あ》りますが餘《あま》り有《あ》りふれて居《を》りますから誌《しる》しては置きませんが以上《いじやう》誌《しる》した各鮨《かくすし》に加《くは》へて用《もち》ひますと尚結構《なほけつこう》で有《あ》ります。

家庭で出來る細工鮨

松竹梅のお鮨

松鮨	材料	
	1、鮃四切	4、煮詰
	2、淺草海苔二枚	5、青海苔少々
	3、鮨飯二合	

1、之《こ》れは松《まつ》の型《かた》となりますからその心持《こゝろもち》で拵《こしら》へます。

2、鮃《ひらめ》の切身《きりみ》四切分位《きれぶんぐらゐ》を求《もと》め（無ければ他の魚にて宜敷御座います）そのまゝ金串《かなぐし》を通《とほ》し炭火《ひ》の上《うへ》に載《の》せて兩面《りやうめん》より素焼《すやき》とし程良《ほどよ》く焼《や》けましたら俎板《まないた》の上《うへ》に載《の》せて庖丁《はうちやう》にて細《こま》かにたゝいて置《お》きます。

3、淺草海苔《あさくさのり》二枚《まい》は火《ひ》にて炙《あぶ》り乾《かは》いた布巾《ふきん》に包《つゝ》み細々《こまぐ〳〵》に揉《も》んで鮨飯《すしめし》二合位《がふぐらゐ》と（鮨飯の拵へ方は二頁にあります）混《ま》ぜ合《あは》して置《お》きます。

4、以上《いじやう》出《で》來《き》上《あが》りましたら簾《すだれ》の上《うへ》にぬれ布巾《ぶきん》を敷《しい》てその上《うへ》に用意《ようい》して置《お》いた鮃《ひらめ》を一分《ぶ》厚《あつ》さ五寸角位《すんがくぐらゐ》の廣《ひろ》さに正《たゞ》しく廣《ひろ》げその上《うへ》に今《いま》の鮨飯《すしめし》を兩端《りやうはし》を五分位宛《ぶぐらゐづゝ》殘《のこ》して廣《ひろ》げ簾《すだれ》を兩端《りやうはじ》より巻《ま》いて來《き》て眞中《まんなか》で合《あは》せ、合目《あわせめ》が眞上《まうへ》になる樣《やう》にしてそれを倒《さかさ》に返《か》やして魚《うを》の次目《つぎめ》が眞下《ました》になる樣《やう》にをき上《うへ》を指先《ゆびさき》にて加減《かげん》して松《まつ》の型《かた》とし凡《およ》そ二十分間位《ぶんかんぐらゐ》そのまゝに置《お》き鮃《ひらめ》と飯《めし》とを能《よ》く付着《ふちやく》させて簾《すだれ》と布巾《ふきん》、を取《こ》りさり葉《は》蘭《らん》の葉《は》にて元《もと》の如《ごと》く巻《ま》き（此れは切る時切り良い爲である）五分位《ぶぐらゐ》に小口《こぐち》より切《き》り葉蘭《はらん》の葉《は》を取《こ》りさり煮詰《につめ》を塗《ぬ》り（煮詰の拵へ方は四頁にあります）青海苔粉《あをのりこ》を撒《ふり》かけて出《だ》します。

竹鮨

材料	
1、烏賊四杯	4、鮨飯二合
2、淺草海苔二枚	5、煮返
3、青海苔少々	6、調味品

1、之《これ》は細巻位《ほそまきぐらゐ》に、切《き》り竹《たけ》の樣《やう》な形《かたち》に拵《こしら》へます眞烏賊四杯《はい》を求《もと》め十六頁《ぺーじ》の所《ところ》に有《あ》る

樣《やう》にして拵《こしら》へ後《のち》取《と》り出《だ》し全部《ぜんぶ》を薄《うす》くそぎ身《み》として置《お》きます。

2、淺草海苔《あさくさのり》二枚《まい》は火《ひ》にて炙《あぶ》り乾《かは》いた布巾《ふきん》に包《つゝ》み細《こま》かく揉《も》んで置《お》きます。

3、次《つぎ》に鮨飯《すしめし》二合位《かふぐらゐ》を用意《ようい》し(鮨飯の焚き方は二頁にあります)今《いま》の淺草海苔《あさくさのり》を入《い》れて混《ま》ぜ合《あは》せて置《お》きます。

4、以上《いじやう》の用意《ようい》が出來《でき》ましたら俎板《まないた》の上《うへ》に簾《すだれ》を敷《し》きその上《うへ》にぬれ布巾《ふきん》を廣《ひろ》げ布巾《ふきん》の上《うへ》に用意《ようい》して置《お》いた烏賊《いか》の四分《ぶん》の一位《ぐらゐ》を兩端《りやうはじ》を一寸位《すんぐらゐ》づゝ殘《のこ》して廣《ひろ》げ其《そ》の烏賊《いか》の上《うへ》に鮨飯《すしめし》を兩端《りやうはじ》を三四分位《ぶぐらゐ》づゝ殘《のこ》して二分位《ぶぐらゐ》の厚《あつ》さに廣《ひろ》げ飯《めし》の中央《ちうあう》に筆《ふで》の軸《ぢく》位《ぐらゐ》の竹《たけ》を横《よこ》に飯《めし》なりに置《お》き簾《すだれ》と共《ごも》に卷《ま》き上《あ》げ蹔《しばら》くそのまゝにしてをき後竹《のちたけ》を拔《ぬ》き取《と》りその穴《あな》の中《なか》に葉蘭《はらん》の葉《は》を丸《まる》め込《こ》み簾《すだれ》及《およ》び布巾《ふきん》を取《と》り去《さ》り(殘り全部も此の樣にて拵へます)煮《に》返《かへ》し(煮返の拵へ方は四頁にあります)少量《せうりやう》を塗《ぬ》り五分位《ぶぐらゐ》づゝ間《あひだ》を置《お》いて巾《はゞ》一分位《ぶぐらゐ》の紙《かみ》か何《なに》かで卷《ま》いて置《お》き青海苔《あをのり》粉《ご》を撒《ふ》り後で紙《かみ》を取《と》り一寸長《すんながさ》位《ぐらゐ》のはすかいに切《き》りますと竹《たけ》の節《ふし》の樣《やう》になりますからそれからお皿《さら》に程《ほど》よく盛《も》つて進《すゝ》めます。

梅鮨

材料

1、海老のおぼろ
2、鮨飯二合
3、玉子一個
4、調味品

1、之《これ》は魚《さかな》のおぼろを以《も》つて梅《うめ》の型《かた》とし眞《まこと》に美《うつく》しい物《もの》であります最初《さいしよ》海老《ゑび》のおぼろ（海老のおぼろの拵へ方は十四頁にあります）大匙山盛《おほさじやまもり》十四五杯位《はいぐらゐ》を用意《ようい》し擂鉢《すりばち》に入《い》れて良《よ》く〳〵念入《ねんいり》に擂《す》つて置《お》きます。

2、鮨飯《すしめし》二合位《がふぐらゐ》を用意《ようい》して置《お》きます（鮨飯の拵へ方は二頁にあります）

3、玉子《たまご》一個《こ》は水《みづ》より入《い》れて二十分間《ぷんかん》位《ぐらゐ》茹《ゆ》き黄味《きみ》丈《だ》けを裏漉《うらこし》にかけて置《お》きます。

4、以上《いじやう》の用意《ようい》が出來《でき》ましたら左《ひだり》の手《て》の平《ひら》に水洗《みつあらひ》して搾《しぼ》つた布巾《ふきん》を廣《ひろ》げ用意《ようい》して置《お》いた海老《ゑび》のおぼろ中匙《ちうさじ》一杯位《はいぐらゐ》をその布巾《ふきん》の上《うへ》に載《り》せ手《て》にておさえ乍《なが》ら丸《まる》いせんぺいの樣《やう》な形《かたち》とし鮨飯《すしめし》一握《にぎり》を丸《まる》くして今《いま》のおぼろの上《うへ》に載《の》せ布巾《ふきん》なりに包《つゝ》み包《つゝ》

み口《ぐち》を閉《し》めて指先《ゆびさき》で加減《かげん》し梅型《うめがた》となし中央《ちうあう》を指先《ゆびさき》にておさえ少《すこ》しくくぼませて布巾《ふきん》を取《と》り此《こ》の樣《やう》にして全部《ぜんぶ》を拵《こしら》へ用意《ようい》して置《お》いた玉子《たまご》の黄味《きみ》少量《せうりやう》づゝをくぼみたる所《ところ》に入《い》れ適宜《てきぎ》にお皿《さら》に盛《も》り梅《うめ》の枝《えだ》の小《ちい》さな物《もの》一本《ぽう》を添《そ》へて進《すゝ》めます。

是《こ》れで松竹梅《しょうちくばい》が出來《でき》ましたから體裁《ていさい》よく口繪《くちゑ》に有《あ》る如《ごと》く盛《も》り合《あは》せて出《で》しますが又《また》一品《しな》づゝでも宜敷御座《よろしうござ》います

牡丹鮨

材料	
1、烏賊二杯	4、調味品
2、鮨飯二合	
3、玉子の黄味一個分	

1、烏賊《いか》二杯《はい》を求《もと》め十六頁《ぺーじ》に有《あ》る如《ごと》くして水洗《みづあらひ》し鹽《しほ》をして三十分間位《ぷんかんぐらゐ》置《お》き時間《じかん》が經《た》ちましたら水洗《みづあらひ》して水氣《みづけ》を拭《ぬぐ》ひ去《さ》り酢《す》の中《なか》に三十分間位《ぷんかんぐらゐ》浸《つ》けて置き後《のち》取《と》り出《だ》し薄《うす》く刺身《さしみ》の如《ごと》く切《き》つて置《お》きます（此の時白牡丹なれば此のまゝ宜敷御座いますが紅牡丹にすれば食紅少量を酢で溶いた物の中に暫く浸けておきます）

2、玉子《たまご》一個《こ》は水《みづ》より入《い》れて二十分間位《ぶんかんぐらゐ》茹《ゆが》き黄味《きみ》丈《だ》けを裏漉《うらごし》にかけて置《お》きます。

3、右《みぎ》の用意《ようい》が出來《でき》ましたら鮨飯《すしめし》二合位《がふぐらゐ》を用意《ようい》し（鮨飯の拵へ方二頁にありますが此の鮨に用ひますのは軟かい方が宜敷御座いますからその心持で）全部《ぜんぶ》を小《ちい》さく（牡丹の花位の大きさ）丸《まる》く握《にぎ》り用意《ようい》して置《お》いた烏賊《いか》の身《み》八九枚《まい》づゝを鮨飯《すしめし》の周圍《まはり》に重《かさ》ね合《あは》せる様《やう》にして牡丹《ぼたん》の花型《はながた》とし眞中《まんなか》に用意《ようい》して置《お》いた玉子《たまご》の黄味《きみ》少量《せうりやう》づゝを載《の》せ全部《ぜんぶ》此《こ》の様《やう》にして拵《こしら》へ皿《さら》の上《うへ》に牡丹《ぼたん》の葉《は》二三枚《まい》を置《お》きその上《うへ》に今《いま》の牡丹鮓《ぼたんずし》を載《の》せて出《だ》します。

此《こ》の鮓《すし》は美術本意《びじゆつほんい》の物《もの》でありますから重詰又《ぢうづめまた》は折詰《をりづめ》に致《いた》しますと大變體裁《たいへんていさい》の良《よ》い物《もの》であります。

柳鮨

材料

1、馬鈴薯三個
2、鮃二切
3、鮨飯三合
4、生姜一個
5、青粉少量
6、柿醬油少量
7、調味品

1、馬鈴薯《じやがいも》三個位《こぐらゐ》を求《もと》め少《すこ》し厚目《あつめ》に皮《かは》を剝《む》き黑《くろ》き目《め》の部分《ぶぶん》を取《と》り去《さ》り五分位《ぶぐらゐ》の亂切《らんぎり》として水《みづ》にはやし灰汁《あく》出《だ》しをして沸湯《にえゆ》の中《なか》に入《い》れて鹽茹《しほゆで》とし軟《やわら》かくなりましたら茹汁《ゆでじる》をすてゝ再《ふたゝ》び火《ひ》にかけ鍋《なべ》をゆすり動《うご》かし乍《なが》ら焦《こ》げ付《つ》かぬ様《やう》に水氣《みづけ》を蒸發《じようはつ》させて粉《こ》ふき芋《いも》とし 温《あたゝか》い内《うち》に手早《てばや》く裏漉《うらごし》にかけ砂糖《さたう》大匙《おほさじ》二杯《はい》鹽《しほ》小《こ》匙《さじ》一杯《ぱい》食料《よくれう》青粉少量《あをこせうりやう》を加《くは》へて能《よ》く〳〵交《ま》ぜ合《あは》せ綠色《みどりいろ》となし瀬戸引鍋《せとひきなべ》に入《い》れて火《ひ》にかけ飯杓《めしゝやく》子《し》で搔《か》き混《ま》ぜながら一寸火《ちよつとひ》を通《とほ》して搾出《しぼりだ》し袋《ふくろ》に入《い》れておきます。

2、鮃《ひらめ》の身《み》二切位《ふたきれぐらゐ》を求《もと》め味淋《みりん》大匙《おほさじ》二杯《はい》醬油《しやうゆ》大匙《おほさじ》二杯《はい》とを混《ま》ぜ合《あは》せた物《もの》の中《なか》に一時間《じかん》位漬《ぐらいつけ》てをき（時々裏表返します）時間《じかん》が立《たち》ましたら金串《かなぐし》をさし炭火《すみび》で焼《やき》ます中《なか》ば焼《や》けた頃汁《ころつゆ》をかけて再《ふたゝ》び焼《や》きます此《こ》の様《やう》にして三四度《ど》此《こ》の汁《しる》をかけて焼《や》き芯《しん》まで味《あぢ》がしみ込《こ》みたる頃金串《ころかなぐし》よりぬき取《と》り極《ご》く細《こま》かくほぐし鮨飯《すしめし》三合位《がふぐらゐ》の中《なか》に混《ま》ぜ合《あは》せ（鮨飯の拵へ方は二頁にあります） 尚生姜《なほせうが》の微塵切《みぢんぎり》大匙《おほさじ》二杯位《はいぐらゐ》を入《い》れて尚良《なほよ》く搔《か》きまぜて置《お》き押箱《おしはこ》を水《みづ》にしめし竹《たけ》の皮《かは》を下敷《したじき》としその上《うへ》に今《いま》の鮨飯《すしめし》を詰《つ》め堅《かた》くしめて押拔《おしぬ》き上《うへ》に用意《ようい》して置《お》いた馬鈴薯《じやがいも》をちようど柳《やなぎ》の枝《えだ》の様《やう》に一面《めん》にすき目《め》の無《な》い様《やう》に搾《しぼ》り出《だ》し適《てき》

宜《ぎ》に切《き》つて柿醤油《かきじやうゆ》を添《そ》へて出《だ》します（柿醤油の拵へ方は六頁にあります）

蝶々鮨	
材料	
1、赤貝十二個	4、調味品
2、鮨飯三合	
3、煮返	

1、赤貝《あかがひ》の大《おほ》きな物《もの》十二個《こ》を求《もと》め殼《から》を開《あ》けて取《と》り出《だ》し紐《ひも》の部分《ぶぶん》を切《き》り去《さ》り身《み》の方《はう》を横二《よこふた》つに切《き》り中《なか》の腸《わた》を掬《すく》ひ取《と》り鹽《しほ》にてもみながら奇麗《きれい》に水洗《みづあらひ》し切放《きりはな》さない樣《やう》に一個《こ》を二枚《まい》に開《ひら》き中程《なかほど》の所々《ところどころ》に庖丁《はうちやう》の切目《きれめ》を入《い》れて全部《ぜんぶ》此《こ》の樣《やう》にして置《お》きます

2、以上出來《いじやうでき》ましたら鮨飯《すしめし》三合位《がふぐらゐ》を用意《ようい》し（鮨飯の拵へ方は二頁に説明してあります）今《いま》の赤貝《あかがひ》を左《ひだり》の手《て》の平《ひら》に載《の》せ右《みぎ》の手《て》に鮨飯《すしめし》を握《にぎ》つて赤貝《あかがひ》の上《うへ》に載《の》せ兩手《りやうて》の指先《ゆびさき》を注意《ちうい》し乍《なが》ら蝶型《てふがた》に握《にぎ》ります全部《ぜんぶ》出來上《できあが》りましたら上《うへ》に煮返少量《にかへしせうりやう》づゝを塗《ね》り付《つ》け（煮返の拵へ方は四頁にあります）適《てき》宜《ぎ》にお皿《さら》に盛《も》りて出《だ》します。

いちご鮨

材料

1、赤貝八個
2、食紅少々
3、鮨飯二合
4、青海苔少々
5、ケシの實少々
6、調味品

1、赤貝《あかゞひ》八個《こ》は前《まへ》の様《やう》にして殼《から》より出《だ》して洗《あら》い紐《ひも》と共《とも》に酢《す》の中《なか》に浸《つ》けて置《お》き後《のち》取《と》り出《だ》し微塵切《みぢんぎり》として置《お》きます(赤貝の無い時ゝ鯛又は鮃でも代用して宜敷御座います)

2、食紅《しよくべに》少量《せうりやう》は酢《す》にて溶《と》いて置《お》きます。

3、鮨飯《すしめし》二合位《がふぐらゐ》は二頁《ぺーじ》に有《あ》る様《やう》にして用意《ようい》して置《お》きます。

4、以上《いじやう》の用意《ようい》が出來《でき》ましたら水洗《みづあらひ》して搾《しぼ》つた布巾《ふきん》を左《ひだり》の手《て》の平《ひら》に廣《ひけ》げその布巾《ふきん》の上《うへ》に微塵《みぢん》に切《き》つて置《お》いた赤貝《あかゞひ》の身《み》大匙《おほさじ》一杯位《はいぐらゐ》を載《の》せ指先《ゆびさき》にておさえて平《ひら》たくしその上《うへ》に鮨飯《すしめし》をいちご位《ぐらゐ》の量《りやう》に丸《まる》めて載《の》せそのまゝ布巾《ふきん》を包《つゝ》み包口《つゝみぐち》をしめて上《うへ》を指先《ゆびさき》にて加減《かげん》してイチゴ型《がた》となして布巾《ふきん》を取《と》り去《さ》り全部《ぜんぶ》此《こ》の様《やう》にして拵《こしら》へま

すと出來《でき》上《あが》りますから上部《じやうぶ》に用意《ようい》して置《お》いた食紅《しよくべに》少量《せうりやう》をぬり付《つ》け下部《かぶ》の所々《ところ〱》へ青海苔粉《あをのりこ》少々《せう〱》を付《つ》けて上部《じやうぶ》にケシの實《み》少々《せうりやう》を撒《ふ》りかけますと程度《ちやうど》いちごの樣《やう》になりますから一人前《にんまへ》に十個位《こぐらゐ》をお皿《さら》に盛《も》つて出《だ》します。

備考《びかう》 此《こ》のお鮓《すし》は御客《おきやく》に出《だ》す時《とき》は他《た》のお鮓《すし》と交《ま》ぜ合《あは》して出《だ》すのを本意《ほんい》と致《いた》します。

藤の花鮨

材料

1、淺草海苔四枚
2、薩摩芋二本
3、魚のおぼろ大匙十杯位
4、鮨飯一合五勺
5、調味品

1、薩摩《さつま》芋《いも》二個《こ》を求《もと》め皮《かは》を剝《む》き五分位《ぶぐらゐ》の亂切《らんぎり》として水《みづ》の中《なか》に浸《つ》け其《そ》の水《みづ》を三度《ど》位《ぐらゐ》取《とり》替《かへ》て灰汁《あく》出《だ》しをして置《お》きます。

2、二《ふた》つの鍋《なべ》を用意《ようい》し兩方共《りやうはふとも》水《みづ》を入《い》れ火《ひ》にかけ沸立《にた》つて參《まゐ》りましたら一方《はう》の方《はう》に今《いま》の薩摩《さつま》芋《いも》を入《いれ》一《ひと》つ二《ふた》つ浮《う》き上《あが》つて來《く》る樣《やう》になりましたら網杓子《あみじやくし》で掬《すく》ひ上《あ》げ一方《はう》

の沸湯《にえゆ》の中《なか》へうつし軟《やはら》かく茹《ゆが》き、茹《ゆが》き汁《じる》を捨《す》てゝ温《あたゝか》い内《うち》に手早《てはや》く裏漉《うらこし》にかけて置《お》きます。

3、次《つぎ》に鍋《なべ》に味淋《みりん》大匙《おほさじ》五杯位《はいぐらゐ》と砂糖《さたう》大匙《おほさじ》二杯位《はいぐらゐ》を入《い》れ今裏漉《いまうらこし》た薩摩芋《さつまいも》を入《い》れ火《ひ》にかけ飯杓子《めしじやくし》で掻《か》き混《ま》ぜ乍《なが》ら焦《こ》げ付《つ》かぬ様《やう》に注意《ちうい》して汁《しる》の無《な》くなるまで煮詰《につめ》火《ひ》より下《お》ろしその三分《ぶん》の二位《ぐらゐ》を別《わ》けて食料青粉《しよくれうあをこ》少量《せうりやう》を入《い》れて良《よ》く〳〵混《ま》ぜ合《あは》して置《お》きます。

4、殘《のこ》りの三分《ぶん》の一の薩摩芋《さつまいも》の中《なか》に魚《うを》のおぼろ（魚のおぼろの拵へ方は十四頁にあります）大匙《おほさじ》十杯位《はいぐらゐ》を入《い》れて良《よ》く〳〵混《ま》ぜ合《あは》して置《お》きます。

5、二頁《ぺーじ》にある様《やう》にして鮨飯《すしめし》一合五勺《がふしやく》位《ぐらゐ》を用意《ようい》して置《お》きます。

6、以上《いじやう》の用意《ようい》が出來《でき》ましたら淺草海苔《あさくさのり》を炙《あぶ》つて三つに切《き》り俎板《まないた》の上《うへ》に廣《ひろ》げ青粉《あをこ》を入《い》れて置《お》いた薩摩芋《さつまいも》と、おぼろと混《ま》ぜ合《あは》した物《もの》と鮨飯《すしめし》とを各親指位《かくおやゆびぐらゐ》の大《おほ》きさに三角型《かくがた》になる様《やう》にして今《いま》の淺草海苔《あさくさのり》で別々《べつ〳〵》に卷《ま》きそれを段々《だん〳〵》に撰《なら》べ少《すこ》し重《かさ》ねかけて尚《なほ》一度《ご》淺草海苔《あさくさのり》で卷《ま》き手《て》にて少《すこ》しくおさへ付《つ》け暫《しば》らく置《お》きますと淺草海苔《あさくさのり》

が良《よ》く付《つ》きますから五分位《ぶぐらゐ》の長《なが》さに切《き》り二切《ふたきれ》を他《た》の各鮨《かくすし》に盛《も》り合《あは》せますとちようど藤《ふじ》の花《はな》の様《やう》に見《み》へます（殘りの様にしても此拵へます）

枇杷鮨

材料	
1、玉子八個	4、調味品
2、昆布少々	
3、鮨飯一合位	

1、玉子《たまご》八個《こ》は水《みづ》より入《い》れて二十分間位《ぶんかんぐらゐ》茹《ゆが》き黄味《きみ》丈《だ》けを取《ご》り出《だ》し裏漉《うらごし》にかけ砂糖《さたう》大《おほ》匙《さじ》一杯《はい》と鹽小匙《しほこさじ》一杯位《はいぐらゐ》を入《い》れて良《よ》く〱交《ま》ぜ合《あは》して置《お》きます（玉子の代りに薩摩芋を前の様にして裏漉にかけ砂糖大匙一杯と鹽小匙一杯位を入れて火にかけ食料黄粉少々を入れて手早く掻き混ぜて色を付け堅く煮詰てつかつても宜敷御座います）

2、昆布《こんぶ》少量《せうりやう》は極々微塵《ごく〱みぢん》に切《き》つて置《お》きます。

3、以上《いじやう》の用意《ようい》が出來《でき》ましたら二頁《ぺーじ》にある様《やう》にして鮨飯《すしめし》一合位《がふぐらゐ》を用意《ようい》して置《お》き左《ひだり》の手《て》に水洗《みづあらひ》して搾《しぼ》つた布巾《ふきん》を廣《ひろ》げその上《うへ》に用意《ようい》して置《お》いた黄味中匙《きみちうさじ》一杯位《はいぐらゐ》を廣《ひろ》

げその上《うへ》に鮨飯《すしめし》を枇杷《びは》位《ぐらゐ》の大《おほ》きさに丸《まる》めて載《の》せ黄味《きみ》にて鮨飯《すしめし》が包《つゝ》まる位《ぐらゐ》にして布巾《ふきん》にて包《つゝ》み上《うへ》を丸《まる》い枇杷《びは》型《がた》とし布巾《ふきん》を取《と》り去《さ》ります殘《のこ》りも此《こ》の様《やう》にして拵《こしら》へます全部《ぜんぶ》出來《でき》上《あが》りましたら用意《ようい》して置《お》いた昆布《こんぶ》をヘタになる様《やう》にして上《うへ》に付《つ》け各《おの〳〵》鮓《すし》に盛合《もりあは》せて出《だ》します(萬一之ばかり出す時は七八個を盛り枇杷の葉一枚位を水洗してかざり付けますと眞に體裁が宜敷御座います)

手綱鮨

材料	
1、車海老五尾	4、鯖の身二切分位
2、鮨飯二合	5、調味品
3、烏賊一杯	

1、之《これ》は手綱《たづな》の様《やう》にちようど細卷《ほそまき》位《ぐらゐ》の大《おほ》きさに卷《ま》くのであります車海老《くるまゑび》八尾《び》の成可《なるべ》く大《おほ》きな物《もの》を撰《えら》び十五頁《ぺーじ》にある様《やう》にして横《よこ》に小口《こぐち》より一分《ぶ》位《ぐらゐ》に切《き》つて置《お》きます

2、烏賊《いか》一杯《はい》を求《もと》め十六頁《ぺーじ》に有《あ》る様《やう》にして拵《こしら》へ縱《たて》二枚《まい》に切《き》りそれを一分《ぶ》位《ぐらゐ》の小口切《こぐちぎり》として置《お》きます。

3、鯖《さば》二切分位《きれぶんぐらゐ》を求《もと》め強鹽《つよじほ》をして三十分間位《ぷんかんぐらゐ》置《お》き時間《じかん》が過《た》ちましたら水洗《みづあらひ》して酢《すし》の中《なか》に五分間位《ふんかんぐらゐ》浸《つ》けて後《のち》引上《ひきあ》げ手《て》にて薄皮《うすかは》を剝《む》き前《まへ》の海老位《ゑびぐらゐ》の大《おほ》きさに切《き》つて置《お》きます。

4、以上《いじやう》の用意《ようい》が出來《でき》ましたら何時《いつ》もの樣《やう》にして鮨飯《すしめし》二合位《かふぐらゐ》を用意《ようい》して置《お》き（鮨飯の拵へ方は二頁にあります）簾《すだれ》の上《うへ》に布巾《ふきん》を敷《し》きその上《うへ》に今《いま》の海老烏賊鯖《ゑびいかさば》を斜《なゝめ》にして色《いろ》の付《つ》いた方《はう》を布巾《ふきん》の方《はう》に向《む》けて列《なら》べその上《うへ》に鮨飯《すしめし》を細長《ほそなが》く握《にぎ》つて横《よこ》一文字《もんじ》に置《お》き（各材料も鮨飯も細卷位の大きさにするのですからその心組で致します）端《はじ》よりぐる〳〵と卷《ま》き暫《しばら》くそのまゝに置《お》き一寸長《いつすんなが》さ位《ぐらゐ》に切《き》り他《ほか》の鮓《すし》と盛《も》り合《あは》せて出《だ》します（一度に出來なければ殘りも此の樣にして拵へます）

白雪鮨

材料		
	1、寒天一本	4、調味品
	2、鮨飯二合	5、黑胡麻入り醤油
	3、玉子白身二個	

1、二頁《ぺーじ》にある様《やう》にして鮨飯《すしめし》二合位《がふぐらゐ》を用意《ようい》してブリキ箱《はこ》の様《やう》な物《もの》に詰《つ》めて飯《めし》を充分《じうぶん》堅《かた》めて置《お》きます。

2、寒天《かんてん》一本《ほん》を水《みづ》にて良《よ》く〳〵もみ洗《あら》い鍋《なべ》に入《い》れ水《みづ》一合半《がふはん》を加《くは》へ火《ひ》にかけ寒天《かんてん》が溶《と》けましたら砂糖《さたう》大匙《おほさじ》山盛《やまもり》三杯《ばい》を加《くは》へ砂糖《さたう》が溶《と》けましたら裏漉《うらごし》か布巾《ふきん》の様《やう》な物《もの》で漉《こ》し元《もと》の鍋《なべ》にうつし酢《す》大匙《おほさじ》二杯《はい》鹽《しほ》小匙《こさじ》一杯《はい》を加《くは》へ火《ひ》にかけて煮《に》ます少《すこ》しばかりねばる様《やう》な程度《ていど》に成《な》りましたら火《ひ》より下《お》ろし團扇《うちは》であおぎ乍《なが》ら混《ま》ぜ冷《あは》し指《ゆび》を入《い》れて見《み》て熱《あつ》くない様《やう》になつた頃《ころ》を度《ど》とし卵《たまご》の白味《しろみ》二個分《こぶん》を泡立《あはたつ》た物《もつ》の中《なか》に搔《か》き混《ま》ぜ乍《なが》ら流《なが》し込《こ》み前《まへ》の鮨飯《すしめし》の上《うへ》に入《い》れて冷《ひや》し十分《ぶん》間《かん》位《ぐらゐ》すると堅《かた》りますから取《と》り出《だ》し適宜《てきぎ》に切《き》つてお皿《さら》に盛《も》り黑胡麻《くろごま》醬油《しやうゆ》を添《そ》へて出《だ》します（黑胡麻醬油の拵へ方は六頁にあります）

だるま鮨

材料

1、鮨飯二合
2、鮃四切分
3、海老のおぼろ
4、櫻生姜
5、調味品

1、之《これ》は小《こ》供向《どもむき》のお鮨《すし》で桃節句《もゝせつく》の時等《ときなど》に出《だ》しますと大變喜《たいへんよろこ》ばれます鮃《ひらめ》（白身の魚なら何でもよろしい）四切分位《よきれぶんぐらゐ》を求《もと》め皮《かは》を引《ひ》き鹽《しほ》をして三十分間位置《ぶんかんぐらゐお》き時間《じかん》が過《た》ちましたら水洗《みづあらひ》して酢《す》の中《なか》に五分間位浸《ぶんかんぐらゐつ》け後薄《のちうす》く一分位《ぶぐらゐ》の厚《あつ》さにそぎ一寸角位《すんかくぐらゐ》に切《き》つて置《お》きます。

2、二頁《ぺーじ》に有《あ》る様《やう》にして鮨飯《すしめし》二合位《がふぐらゐ》を用意《ようい》し魚《うを》のおぼろ大匙《おほさじ》五杯《はい》（魚のおぼろの拵へ方は十四頁にあります）位《ぐらゐ》を入《い》れて良《よ》く〳〵交《ま》ぜ合《あは》せて置《お》きます。

3、以上《いじやう》の用意《ようい》が出來《でき》ましたら布巾《ふきん》の上《うへ》に鮃《ひらめ》の身《み》一片《きれ》を載《の》せその上《うへ》に鮨飯《すしめし》を普通《ふつう》の握《にぎ》り鮨位《すしぐらゐ》の大《おほ》きさに丸《まる》めて置《お》き布巾《ふきん》にて包《つゝ》み包口《つゝみぐち》をしめて鮃《ひらめ》と飯《めし》とを程良《ほどよ》く附《ふ》着《ちやく》させ兩手《りやうて》を使《つか》つてだるまの様《やう》な形《かたち》となし靜《しづ》かに布巾《ふきん》を取《と》り去《さ》り全部此《ぜんぶこ》の様《やう》にして拵《こしら》へ白砂糖少々《しろざたうせう〳〵》をふりかけ櫻生姜《さくらせうが》を添《そ》へて出《だ》します（櫻生姜の拵へ方は九頁にあります）

初霜鮨

材料

1、鯛の切身二切分
2、初霜昆布
3、鮨飯二合位
4、山葵煮詰
5、調味品

1、鯛《たひ》の切身《きりみ》二切《きれ》分位《ぶんぐらゐ》を求《もと》め皮付《かはつき》のまゝ鹽《しほ》をして三十分位《ぷんぐらゐ》置《お》きます時間《じかん》が過《た》ちましたら水洗《みづあらひ》して甘酢《あまず》の中《なか》に三十分位《ぷんぐらゐ》つけて置《お》き後《のち》普通《ふつう》握《にぎ》り鮨《ずし》に用《もち》ふる位《ぐらゐ》にそぎ身《み》として置《お》きます。

2、初霜昆布《はつしもこんぶ》（初霜昆布とは極く細くして眞白な昆布であります）少々《せう〱》を用意《ようい》して置《お》きます。

3、以上《いじやう》の用意《ようい》が出來《でき》ましたら鮨飯《すしめし》二合位《がふぐらゐ》を用意《ようい》して（鮨飯の焚き方は二頁に説明してあります）左《ひだり》の手《て》の平《ひら》に鯛《たひ》一切《きれ》をのせその上《うへ》に飯《めし》を載《の》せ普通握《ふつうにぎ》り鮨《ずし》の如《ごと》く指先《ゆびさき》を加減《かげん》して握《にぎ》り全部《ぜんぶ》此《こ》の樣《やう》にして拵《こしら》へその上《うへ》に用意《ようい》して置《お》いた初霜昆布《はつしもこんぶ》をぱら〱と撒《ふ》り適宜《てきぎ》にお皿《さら》に盛《も》り山葵煮詰《わさびにつめ》（山葵煮詰の拵へ方は五頁にあります）を添《そ》へて出《だ》します。

橘鮨

材料

1、玉子十二個
2、鮨飯三合
3、橘の葉
4、密柑入り煮返し
5、調味品

1、之《これ》は橘《たちばな》の形《かたち》に拵《こしら》へる物《もの》で極《ご》く體裁《ていさい》の良《よ》い物《もの》であります玉子《たまご》十二個《こ》は水《みづ》より入《い》れて二十分間位《ぶんかんぐらゐ》茹《ゆが》き黄味《きみ》丈《だ》けを裏漉《うらこし》にかけ砂糖《さたう》大匙《おほさじ》二杯《はい》鹽《しほ》小匙《こさじ》一杯《はい》を加《くは》へて能《よ》く〳〵混《ま》ぜ合《あは》せ再《ふた》び裏漉《うらこし》にかけて置《お》きます（玉子の代りに馬鈴薯を茹き裏漉にかけ砂糖さ鹽にて味を付け食料黄粉にて色を付け一寸火を通して代用しても宜敷御座います）

2、以上《いじやう》が出來《でき》ましたら鮨飯《すしめし》三合位《がふぐらゐ》を用意《ようい》し（鮨飯の拵へ方は二頁にあります）左《ひだり》の手《て》に布巾《ふきん》の水洗《みづあらひ》して搾《しほ》つた物《もの》を廣《ひろ》げ用意《ようい》して置《お》いた玉子《たまご》の黄味《きみ》大匙《おほさじ》一杯位《はいぐらゐ》を入《い》れて平《ひら》たくなしその上《うへ》に鮨飯《すしめし》を普通《ふつう》橘《たちばな》位《ぐらゐ》の大《おほ》きさに丸《まる》めて置《お》き布巾《ふきん》のまゝ包《つゝ》み包口《つゝみくち》をしめて指《ゆび》先《さき》を加減《かげん》して橘《たちばな》の形《かたち》となし後《のち》布巾《ふきん》を取《と》りはづして全部《ぜんぶ》此《こ》の樣《やう》にして拵《こしら》へ適宜《てきぎ》にお皿《さら》に盛《も》り橘《たちばな》の葉《は》を一個《こ》に一ツづゝ位《ぐらゐ》さして密柑《みかん》入《い》り煮返《にかへし》を添《そ》へて進《す》めます（みかん入煮返は五頁に有ります）

桃型鮨

材料
1、賊烏三杯
2、魚おぼろ大匙八杯
3、淺草海苔三枚
4、鮨飯二合
5、食料紅粉
6、青海苔少々
7、調味品

1、烏賊《いか》三杯《はい》を求《もと》め前《まへ》の樣《やう》にして水洗《みづあらひ》して（十六頁の所にあります）鹽《しほ》をして三十分間位《ぷんかんぐらゐ》置《お》き時間《じか》がたちましたら水洗《みづあらひ》して甘酢《あまず》の中《なか》に三十分間位《ぷんかんぐらゐ》浸《つ》け後引上《のちひきあ》げて薄《うす》く一寸角位《すんかくぐらゐ》に切《き》つて置《お》きます。

2、淺草海苔《あさくさのり》三枚《まい》は炙《あぶ》つて細《こま》かく揉《も》んで置《お》きます。

3、魚《うを》のおぼろ大匙《おほさじ》八杯位《はいぐらゐ》を用意《ようい》して置《お》きます（魚おぼろの拵へ方は十四頁にあります）

4、以上《いじやう》の用意《ようい》が出來《でき》ましたら鮨飯《すしめし》二合位《がふぐらゐ》を用意《ようい》し（鮨飯の拵へ方は三頁にあります）用意《ようい》して置《お》いた淺草海苔《あさくさのり》と魚《うを》のおぼろを入《いれ》て良《よ》く〳〵混《ま》ぜ合《あは》して置《お》き左《ひだり》の手《て》に布巾《ふきん》の搾《しほ》つた物《もの》を廣《ひろ》げその上《うへ》に用意《ようい》して置《お》いた烏賊《いか》一枚《まい》を廣《ひろ》げ右《みぎ》の手《て》にて桃位《もぐらゐ》の大《おほ》きさに鮨飯《すしめし》

を握《にぎ》つて載《の》せ布巾《ふきん》のまゝ包《つゝ》んで上《うへ》より指先《ゆびさき》を加減《かげん》して桃《もゝ》の形《かたち》となし後《のち》布巾《ふきん》を取《と》り全部《ぜんぶ》此《こ》の様《やう》にして拵《こしら》へ食紅《しよくべに》の酢《す》溶《どき》した物《もの》にて薄桃《うすもゝ》色《いろ》に色《いろ》を付《つ》け所々《ところ〳〵》に青海《あをの》苔《り》粉《こ》を撒《ふ》りかけお皿《さら》に盛《も》りて進《すゝ》めます。

れんげ草鮨

材料		
	1、椎茸四個	4、食紅
	2、青豆半罐	5、鮨飯三合
	3、玉子白味一個	6、調味品

I、之《これ》は春《はる》の野邊《のべ》の景色《けしき》を形取《かたど》つた物《もの》で花見時《はなみどき》に拵《こしら》へると最《もつと》も春《はる》の感《かん》じを深《ふか》からしめる物《もの》であります。

2、椎茸《しひたけ》四個位《こぐらゐ》を求《もと》め十一頁《ぺーじ》にある様《やう》にして甘煮《あまに》を拵《こしら》へ微《み》塵切《ぢんぎり》として置《お》きます。

3、青豆半罐《あをまめはんくわん》 位《ぐらゐ》 は罐《くわん》より出《だ》し水洗《みづあらひ》してその三分《ぶん》の二は裏漉《うらこし》にかけ殘《のこ》り三分《ぶん》の一位《ぐらゐ》は椎茸《しひたけ》を煮《に》た汁《しる》でざつと煮《に》て置《お》きます。

3、玉子《たまご》一個《こ》は水《みづ》より入《い》れて二十分間位《ぶんかんぐらゐ》茹《ゆが》き茹《ゆが》けましたら白味《しろみ》丈《だ》けを裏漉《うらこし》にかけ砂《さ》糖《たう》小《こ》匙《さじ》一杯《ぱい》と食紅《しよくべに》少量《せうりやう》を加《くは》へ箸《はし》で混《ま》ぜ合《あは》して薄色《うすいろ》を付《つ》けて置《お》きます（黄味は他の料理に用ひます）

4、以上《いじやう》の用意《ようい》が出來《でき》ましたら鮨飯《すしめし》三合位《がふぐらゐ》を用意《ようい》し（鮨飯の焚き方は三頁にあります）用意《ようい》して置《お》いた椎茸《しひたけ》と青豆《あをまめ》の煮《に》た物《もの》を入《い》れて混《ま》ぜ合《あは》せ柳鮨《やなぎずし》の處《ところ》に説明《せつめい》して有《あ》る樣《やう》にして（廿八頁《ページ》）押箱《おしばこ》に詰《つ》め良《よ》く〳〵しめて押拔《おしぬ》き適宜《てきぎ》の大《おほ》きさに切《き》り上《うへ》に青豆《あをまめ》の裏漉《うらこし》した物《もの》を一面《めん》に撒りかけ所々《ところどころ》に前《まへ》の玉子《たまご》の色《いろ》を付《つ》けた物《もの》を極《ご》く小《ちい》さくしてぱら〳〵と撒《ち》らしお重詰《ぢうづめ》などに致《いた》しますと眞《まこと》に美味《おい》しい物《もの》であります。

龜甲鮨

材料

1、鮑貝の小十二個
2、鮨飯二合
3、煮詰少々
4、青海苔粉少々
5、調味品

1、鮑《あはび》の極小《ごくせう》(直徑一寸位のもの)十二個《こ》を求《もと》め鹽《しほ》にてもみ洗《あら》ひ卸金《おろしかね》の柄《つか》の樣《やう》な物《もの》で貝《かひ》より放《はな》し腸《わた》を出《だ》し奇麗《きれい》に水洗《みづあらひ》して貝《かひ》の脊《せ》の方《はう》に龜甲型《べつかうがた》の切型《きりがた》を入《い》れて置《お》きます。

2、鍋《なべ》に味淋《みりん》大匙《おほさじ》五杯《はい》砂糖《さたう》中匙《ちうさじ》一杯《はい》醬油《しやうゆ》大匙《おほさじ》四杯位《はいぐらゐ》を入《い》れ火《ひ》にかけ煮立《にた》つて參《まゐ》りましたら今《いま》の鮑《あはび》の身《み》を入《い》れ焦《こ》げ付《つ》かぬ樣注意《やうちうい》して五分間位《ふんかんぐらゐ》煮《に》て引上《ひきあ》げて置《お》きます以上《いじやう》の用意《ようい》が出來《でき》ましたら二頁《ページ》に有《あ》る樣《やう》にして鮨飯《すしめし》二合位《がふぐらゐ》を用意《ようい》して置《お》き左《ひだり》の手《て》に今《いま》の鮑《あはび》一個《こ》を載《の》せ右手《みぎて》にて鮨飯《すしめし》を握《にぎ》つて鮑《あはび》の上《うへ》に付《つ》け指先《ゆびさき》を加減《かげん》し良《よ》く〳〵附着《ふちやく》せしめ上《うへ》に煮詰《につめ》(煮詰の拵へ方は四頁にあります)を塗《ぬ》り付《つ》けて其上《そのうへ》に青海苔《あをのり》粉《こ》を撒《ふ》りかけてお皿《さら》に盛《も》つて進《すゝ》めます。

雛鶴鮨

材料

1、魴四切分　4、煮返し
2、鮨飯二合　6、調味品
3、黑胡麻入り醬油

1、此《こ》の鮨《すし》に使用致《しようた》します魚《うを》の身《み》は 魴《まなかつを》に限《かぎ》ります最初《さいしよ》 魴《まなかつを》 の身《み》を四切分位《きれぶんぐらゐ》を求《もと》め皮《かは》を引《ひ》き鹽《しほ》をして三十分間位《ぶんかんぐらゐ》置《お》き時間《じかん》が過《た》ちましたら水洗《みづあらひ》して鮨《す》の中《なか》に二十分《ぶん》間位浸《かんぐらゐつ》けて置《お》き後少《のちすこ》し大《おほ》きな刺身位《さしみぐらゐ》に切《き》つて置《お》きます。

2、次《つぎ》に二頁《ページ》の所《ところ》に有《あ》る樣《やう》にして鮨飯《すしめし》二合位《がふぐらゐ》を用意《ようい》して左《ひだり》の手《て》に刺身《さしみ》一切《きれ》を載せ右《みぎ》の手《て》にて鮨飯《すしめし》を握《にぎ》つて載《の》せ普通《ふつう》の握《にぎ》り鮨《ずし》の如《ごと》く拵《こしら》へ（本式は鶴の形にするので有りますが素人には一寸出來兼れますから此の通に）致します全部《ぜんぶ》此《こ》の通《とほ》りにして拵《こしら》へて煮返《にかへし》（煮返の拵へ方は四頁にあります）を塗《ぬ》り皿《さら》に入《い》れ黑胡《くろご》麻醤油《ましやうゆ》を添《そ》へて出《だ》します（黑胡麻醤油の拵へ方は六頁にあります）

白浪鮨

材料

1、烏賊四杯
2、鮨飯二合
3、煮詰
4、鶯酢
6、調味品
7、ケシの味少々

1、烏賊《いか》中位《ちうぐらゐ》のもの四杯《はい》を求《もと》め十六頁《ページ》に有樣《あるやう》にして洗《あら》い縦《たて》に切放《きりはな》さない加減《かげん》に深《ふか》く

はすに庖丁《はうちやう》の目《め》を入《い》れ次《つぎ》に切口《きりくち》より十文字《もんじ》型《がた》になる樣《やう》に橫《よこ》に一分位《ぶぐらゐ》に切《き》つて沸《にえ》湯《ゆ》の中《なか》に入《い》れてざつと鹽茹《しほゆで》として置《お》きます。

2、次《つぎ》に鍋《なべ》に味淋《みりん》大匙《おほさじ》五杯《はい》と出汁《だし》大匙《おほさじ》八杯《はい》を入《い》れて火《ひ》にかけ煮立《にた》つて參《まゐ》りましたら薄口《うすぐち》の醬油《しやうゆ》大匙《おほさじ》四杯《はい》を加《くは》へ更《さら》に煮立《にた》つて參《まゐ》りましたら用意《ようい》して置《お》いた烏賊《いか》を入《い》れ落蓋《おとしぶた》をして五分間位《ふんかんぐらゐ》煮《に》て味《あぢ》を付《つ》けて置《お》きます。

3、鮨飯《すしめし》二合位《がふぐらゐ》は何時《いつ》もの樣《やう》にして拵《こしら》へて置《お》きます（鮨飯の拵へ方は二頁に說明してあります）

4、以上《いじやう》の用意《ようい》が出來《でき》ましたら左《ひだり》の手《て》に用意《ようい》して置《お》いた烏賊《いか》三切位《きりぐらゐ》を切目《きれめ》を下向《したむき》にして載《の》せ右手《みぎて》にて鮨飯《すしめし》を握《にぎ》つて烏賊《いか》の上《うへ》に載《の》せ指先《ゆびさき》を加減《かげん》して普通握鮨《ふつうにぎりすし》の如《ごと》く拵《こしら》へ（此の樣に致しますと切目が上に出てちようど白浪の樣に見へます）全部《ぜんぶ》此《こ》の樣《やう》にして拵《こしら》へ上《あ》げ上《うへ》に煮詰《につめ》を塗《ぬ》り付《つ》け（煮詰の拵へ方は四頁にあります）適宜《てきぎ》に皿《さら》に盛《も》りケシの實《み》少々《せうく》をふりかけ鶯酢《うぐひすず》（鶯酢の拵へ方は七頁にあります）を添《そ》へて進《すゝ》めます。

日の出鮨

材料

1、鮃の四切分
2、赤貝大二個
3、鮨飯二合
4、鶯酢
5、調味品

1、鮃《ひらめ》四切《きれ》分位《ぶぐらゐ》を大切《おほぎり》のまゝ求《もと》め皮《かは》を引《ひ》き鹽《しほ》をして一時《じ》間位《かんぐらゐ》置《お》き(鹽の出來たのを見ろには指先で魚をついて見ると堅く成つて居りますからそれなれば出來たのであります)時間《じかん》が過《た》ちましたら奇麗《きれい》に水洗《みづあらひ》し甘酢《あまず》の中《なか》に五分間位《ふんかんぐらゐ》浸《つ》けて後《のち》刺身《さしみ》庖丁《はうちやう》にて一寸角《すんかく》一分位《ぶぐらゐ》の厚《あつ》さに切《き》つて置《お》きます。

2、赤貝大《あかゞひだい》二個《こ》は貝《かひ》より割《わ》り出《だ》し紐《ひも》の部分《ぶゞん》を取《ご》り去《さ》り身《み》の中央《ちうあう》より二《ふた》つ切《ぎり》とし腸《わた》を出《だ》し鹽《しほ》にて良《よ》く〳〵もみ洗《あら》ひ表《おもて》より縱横《たてよこ》に一分位《ぶぐらゐ》づゝ間《あひだ》を置《お》いて庖丁《はうちやう》の目《め》を入《い》れ暫《しばら》く酢《す》の中《なか》に漬《つ》けて置《お》きます。

3、鮨飯《すしめし》二合位《がふぐらゐ》は何時《いつ》もの樣《やう》にして拵《こしら》へて置《お》きます(鮨飯の焚き方は二頁の處に説明して有ります)

4、以上《いじやう》が出來《でき》ましたら左《ひだり》の手《て》に鮃《ひらめ》一切《きれ》を持《も》ち右手《みぎて》にて鮨飯《すしめし》を握《にぎ》つて鮃《ひらめ》に付《つ》け指先《ゆびさき》

にて握鮨《にぎりすし》の如《ごと》くして全部《ぜんぶ》此《こ》の樣《やう》にして拵《こしら》へ上《うへ》に用意《ようい》して置《お》いた赤貝《あかゞひ》一個《こ》を置《お》き適宜《てきぎ》にお皿《さら》に盛《も》り鶯《うぐひすず》酢を添《そ》へて出《だ》します(鶯酢の拵へ方は七頁にあります)

紅葉鮨

材料	
1、鯖　一尾	4、青海苔粉少々
2、人參大一本	5、調品味
3、鮨飯三合	

1、鯖《さば》一尾《び》を求《もと》め腹《はら》を開《あ》け腸《わた》を出《だ》し頭《かしら》を落《おと》し靜《しづ》かに水洗《みづあらひ》して布巾《ふきん》で拭《ふ》き三枚《まい》に卸《おろ》し強鹽《つよしほ》して一時間位《じかんぐらゐ》置《お》き時間《じかん》が過《た》ちましたら再《ふたゝ》び水洗《みづあらひ》して酢《す》の中《なか》に砂糖《さたう》少量《せうりやう》を加《くは》へた物《もの》の中《なか》に十分間位《ぶんかんぐらゐ》浸《つ》けて後《のち》引上《ひきあ》げ手《て》にて薄皮《うすかは》を剝《む》き片身《かたみ》を廣《ひろ》く四五枚位《まいぐらゐ》に切《き》つて置《お》きます。

2、人參《にんにん》大《だい》一本《ほん》は皮《かは》を剝《む》き卸金《おろしがね》にかけて卸《お》ろし沸湯《にえゆ》の中《なか》に入《い》れてざつと鹽茹《しほゆで》とし布巾《ふきん》に取《と》り水氣《みづけ》を切《き》つて三杯酢《ばいず》をした、したにかけて五分間位《ふんかんぐらゐ》浸《つ》けて置《お》きま

す

3、鮨飯《すしめし》三合位《がふぐらゐ》は何時《いつ》もの樣《やう》にして拵《こしら》へて置《お》きます（鮨飯の焚き方は二頁にあります）

4、以上《いじやう》の用意《ようい》が出來《でき》ましたら今《いま》の飯《めし》を柳鮨《やなぎずし》の所《ところ》に說明《せつめい》して有《あ》る通《とほり》にして押箱《おしばこ》に詰《つ》め（三七頁に說明して有ります）その上《うへ》に用意《ようい》して置《お》いた鯖《さば》を一面《めん》に置《お》き又《また》その上《うへ》に人參《にんじん》を一面《めん》に廣《ひろ》げ上《うへ》に竹《たけ》の皮《かは》をあてゝ押蓋《おしぶた》をして堅《かた》くつめ押拔《おしぬ》いて適宜《てきぎ》に切《き》り青海苔《あをのり》粉《こかう》少々を撒《ふ》りかけお皿《さら》に盛《も》つて進《す》めます、

お多福鮨

材料

1、家鴨玉子八個
2、鮨飯二合
3、海老のおぼろ大匙八杯
4、三ツ葉少々
5、羽二重酢
6、調味品
7、淺草海苔

1、家鴨《あひる》の玉子《たまご》の上等《じやうとう》八個《こ》を求《もと》め（無ければ鷄の玉子の大きな物を用ひます）水《みづ》より入《い》れてたへず中《なか》を搔混《かきま》ぜながら三十分間位《ぷんかんぐらゐ》茹《ゆが》き茹《ゆが》けましたら水《みづ》に下《お》ろし後皮《のちかは》を剝《む》き中央《ちうあう》より縱《たて》に二《ふた》つ切《ぎり》

とし白味《しろみ》がくづれぬ様《やう》に静《しづ》かに黄味《きみ》を取《と》り出《だ》し白味《しろみ》は大切《たいせつ》に取《と》つて置《お》きます
（黄味は四三頁にある枇杷鮨等にせ用ひますと兩方がすたりなく役に立ちまして大層便利であります）

2、三つ葉《ば》少量《せうりやう》は十頁《ぺいじ》に有《あ》る様《やう》にして拵《こしら》へて五分《ぶ》長《なが》さ位《ぐらゐ》に切《き》つて置《お》きます。

3、海老《えび》のおぼろ大匙《おほさじ》八杯位《ばいぐらゐ》は、十四頁《ぺいじ》に有《あ》る様《やう》にして拵《こしらへ》て置《お》きます。

4、鮨飯《すしめし》二合位《がうぐらゐ》は何時《いつ》もの様《やう》にして用意《ようゐ》して置《お》きます（鮨飯の焚き方は二頁にあります）

5、淺草海苔《あさくさのり》一二枚《まい》は炙《あぶ》つて細《こま》かく揉《も》んで置《お》きます。

6、以上《いじやう》の用意《ようゐ》が出來《でき》ましたら、今《いま》の鮨飯《すしめし》と海老《えび》のおぼろと三つ葉《ば》とを良《よ》く〳〵混《ま》ぜ合《あは》せ用意《ようゐ》して置《お》いた玉子《たまご》の白味《しろみ》の中《なか》に詰《つ》めそのまゝ布巾《ふきん》に包《つゝ》み上《うへ》から玉子《たまご》の面《おもて》を指先《ゆびさき》にてお多福《たふく》の形《かたち》に加減《かげん》して布巾《ふきん》を取《と》り出《だ》し全部《ぜんぶ》此《こ》の様《やう》にして拵《こしら》へ頭《あたま》と成《な》る方《はつ》に髮毛《はつまう》の心持《こゝろもち》で淺草海苔《あさくさのり》を置《お》き適宜《てきぎ》皿《さら》に盛《も》り羽二重《はぶたへ》酢《す》を添《そ》へて進《すゝ》めます
（羽二重酢の拵へ方は八頁に記してあります）

村雨鮨

材料	
1、干柿八個	4、信州そば一把
2、鮨飯二合	5、山葵煮詰
3、淺草海苔二枚	6、調味品

1、干柿《ほしがき》八個《こ》を求《もと》め種《たね》及《およ》びヘタを取《と》り去《さ》り奇麗《きれい》に水洗《みづあらひ》して微《み》塵切《じんぎり》とし酢《す》大匙《おほさじ》八杯《はちはい》と味淋《みりん》大匙《おほさじ》四杯《はい》醤油《しやうゆ》大匙《おほさじ》四杯《はい》とでざつと煮《に》て置《お》きます。

2、淺草海苔《あさくさのり》二枚《まい》は火《ひ》にて炙《あぶ》り布巾《ふきん》に包《つゝ》み良《よ》く〳〵揉《も》んで置《お》きます。

3、信州《しんしう》そば一把《は》(青いそばで茶そばとも言びます)を用意《ようい》し十分《ぶん》の一位《ぐらゐ》は細《こま》かく切《き》つて置《お》きます。

4、以上《いじやう》の用意《ようい》が出來《でき》ましたら酢飯《すめし》二合位《がふぐらゐ》を何時《いつ》もの樣《やう》にして拵《こしら》へ(鮨飯の焚き方は二頁にあります)今《いま》の淺草海苔《あさくさのり》干柿《ほしがき》を入《い》れて良《よ》く〳〵混《ま》ぜ合《あは》せ柳鮨《やなぎずし》の所《ところ》に説明《せつめい》して有《あ》る通《とほり》にして(三七頁《ぺーじ》)押箱《おしばこ》に詰《つ》めその上《うへ》にそばを入《い》れ(細かく切らない方の分)竹《たけ》の皮《かは》をあて丶押蓋《おしぶた》をし堅《かた》くしめて押抜《おしぬ》き適宜《てきぎ》に切《き》り細《こま》かく切《き》つて置《お》いたそばをぱら〳〵と撒《ふ》り適宜《てきぎ》に皿《さら》

に盛《も》り山葵《わさび》煮詰《につめ》(五頁《ぺーじ》にあります)を添《そ》ゑて進《すゝ》めます。

鎧鮨

材料		
1、鯖一尾	2、人参大一本	3、ほうれん草二把
4、湯葉四枚	5、鮨飯二合	6、煮返し
7、調味品		

1、鯖《さば》一尾《び》を求《もと》め頭《あたま》を取《と》り腹《はら》を開《ひら》き腸《わた》を出《だ》し静《しづ》かに水洗《みづあらひ》して三枚《まい》に下《お》ろし指先《ゆびさき》にて薄皮《うすかは》を剝《む》き強鹽《つよしほ》をして三十分間位《ぷんかんぐらゐ》置《お》き時間《じかん》が過《た》ちましたら水洗《みづあらひ》して酢《す》の中《なか》に五分間位《ふんかんぐらゐ》漬《つ》け後《のち》引上《ひきあ》げて薄《うす》くそぎ身《み》として置《お》きます、

2、人參《にんじん》大《だい》一本《ぽん》は皮《かは》を剝《む》き一寸長《すんなが》さ位《ぐらゐ》に切《き》り薄《うす》くかつら剝《む》きとし鹽《しほ》をしてやわらかく成《な》りましたら良《よ》く／＼水洗《みづあらひ》し水氣《みづけ》を拭《ふ》き甘酢《あまず》の中《なか》に浸《つ》けて置《お》きます。

3、湯葉《ゆば》四枚《まい》は湯《ゆ》に浸《つ》けてから三つ位《ぐらゐ》に切《き》り出汁《だし》大匙《おほさじ》八杯《はい》砂糖《さたう》大匙《おほさじ》一杯《はい》醤油《しやうゆ》大匙《おほさじ》二三杯《ばい》とでざつと煮《に》て汁《しる》より引上《ひきあ》げて置《お》きます。

4、ほうれん草《さう》二把位《はぐらゐ》は十一頁《ぺーじ》の所《ところ》にある樣《やう》にして茹《ゆが》き押箱《おしはこ》の長《なが》さ位《ぐらゐ》に切《き》つて置《お》きます。

5、鮨飯《すしめし》二合位《がふぐらゐ》は何時《いつ》もの樣《やう》にして用意《ようい》し（鮨飯の焚き方は二頁にあります）柳鮨《やなぎずし》の所《ところ》に（三七頁《ぺーじ》）説明《せつめい》してある通《とほり》にして押箱《おしばこ》の中《なか》に二分《ぶ》厚《あつ》さ位《ぐらゐ》につめその上《うへ》に湯葉《ゆば》を煮《に》た物《もの》を一面《めん》に置《お》き次《つぎ》に又鮨飯《またすしめし》を二分《ぶ》厚《あつ》さ位《ぐらゐ》につめその上《うへ》にほうれん草《さう》を一面《めん》に敷《し》き又《また》その上《うへ》に鮨飯《すしめし》を二分位《ぶぐらゐ》に詰《つ》めその上《うへ》に人參《にんじん》を廣《ひろ》け又《また》その上《うへ》に鮨飯《すしめし》を詰《つ》め最後《さいご》に鯖《さば》を一面《めん》に廣《ひろ》げ上《うへ》に竹《たけ》の皮《かは》をあてゝ押蓋《おしぶた》をして堅《かた》くしめて押拔《おしぬ》き適宜《てきぎ》に切《き》つてお皿《さら》に切口《きりくち》を上《うへ》にむけて盛《も》り煮返《にかへし》を塗《ぬ》つて進《すゝ》めますとちようど鎧《よろひ》の袖《そで》の樣《やう》で體裁《ていさい》の良《よ》い物《もの》であります（煮返の拵へ方は四頁にあります）

柏鮨

材料

1、海老のおぼろ大匙八杯
2、椎茸四五個
3、淺草海苔二枚
4、鮨飯二合位
5、鶯酢
6、柏の葉二十枚位
7、調味品

1、椎茸《しひたけ》五個位《こぐらゐ》は十一頁《ぺーじ》にある樣《やう》にして煮《に》て細《こま》かく切《き》つて置《お》きます。

2、十四頁《ぺーじ》の所《ところ》に說明《せつめい》して有《あ》る通《とほ》りにして海老《えび》のおぼろ大匙《おほさじ》八杯位《はいぐらゐ》を用意《ようい》して置《お》きます。

3、淺草海苔《あさくさのり》二枚位《まいぐらゐ》は火《ひ》に炙《あぶ》り乾《かは》いた布巾《ふきん》に包《つゝ》み細《こま》かく揉《も》んで置《お》きます。

4、柏《かしは》の葉《は》二十枚位《まいぐらゐ》は良《よ》く水洗《みづあらひ》して置《お》きます。

5、以上《いじやう》の用意《ようい》が出來《でき》ましたら鮨飯《すしめ》二合位《がふぐらゐ》を何時《いつ》もの樣《やう》にして（二頁にある樣にして）用意《ようい》し今《いま》の椎茸《しひたけ》海老《えび》のおぼろ淺草海苔《あさくさのり》を入《い》れてよく〳〵混《ま》ぜ合《あは》せ全部《ぜんぶ》を二十個位《こぐらゐ》に丸《まる》め一個《こ》づゝを一枚《まい》の柏葉《かしは》にて包《つゝ》み棲楊子《つまやうじ》にて留《と》め適宜《てきぎ》にお皿《さら》に盛《も》り 鶯酢《うぐひすす》を添《そ》へて出《だ》します（鶯酢の拵へ方は七頁にあります）

さらさ鮨

材料	
1、鯖　一尾	4、煮返し
2、鮨飯二合位	5、調味品
3、芽柴蘇少々	6、櫻生姜

1、鯖《さば》の新《あたら》しい物《もの》一尾《び》を求《もと》め頭《かしら》を落《おと》し腹《はら》を開《ひら》き腸《わた》を出《だ》し靜《しづ》かに水洗《みづあらひ》し三枚《まい》に下《お》ろし腹骨《はらほね》及《およ》び小骨《こほね》を取《と》り薄皮《うすかは》を剝《む》き鹽《しほ》をして一時間位《じかんぐらゐ》置《お》き時間《じかん》が過《た》ちましたら水洗《みづあらひ》して酢《す》の中《なか》に十分間位《ぶんかんぐらゐ》浸《つ》け後引上《のちひきあ》げて片身《かたみ》を三枚位《まいぐらゐ》にそぎ身《み》として置《お》きます。

2、芽紫蘇《めしそ》少量《せうりやう》は水洗《みづあらひ》して酢《す》の中《なか》に浸《つ》けて置《お》きます。

3、以上《いじやう》の用意《ようい》が出來《でき》ましたら鮨飯《すしめし》二合位《がふぐらゐ》を用意《ようい》し（鮨飯の焚き方は二頁にあります）て置《お》き布巾《ふきん》を俎《まな》板《いた》の上《うへ》に廣《ひろ》げその上《うへ》に用意《ようい》して置《お》いた鯖《さば》の身《み》二切位《きりぐらゐ》をつぎ合《あは》した樣《やう》にして廣《ひろ》げその上《うへ》に今《いま》の芽紫蘇《めしそ》を一面《めん》に撒《ふ》り上《うへ》に鮨飯《すしめし》を角《かく》になる樣《やう》にして置《お》き布巾《ふきん》と共《とも》に包《つゝ》み上《あ》げ魚《うを》の身《み》と布巾《ふきん》とを良《よ》く〳〵附着《ふちやく》せしめ全部《ぜんぶ》此《こ》の樣《やう》にして拵《こしら》へ布巾《ふきん》の上《うへ》より紐《ひも》の樣《やう》な物《もの》でくゝり三十分間位《ぶんかんぐらゐ》そのまゝ置《お》き時間《じかん》が過《た》ちましたら布巾《ふきん》を取《と》り去《さ》り適宜《てきぎ》に切《き》りお皿《さら》に盛《も》り煮返《にかへし》（煮返の拵へ方は四頁にあります）を塗《ぬ》り櫻生姜《さくらせうが》を添《そ》へて進《すゝ》めます（櫻生姜の拵へ方は六頁にあります）

わらび鮨

材料

1、針魚十二尾	4、煮返し
2、鮨飯二合	5、調味品
3、淺草海苔二枚	

1、針魚《さより》拾二尾《び》を求《もと》め（針魚の無い時にはきす子又は鯛の身を細切さして用ふるも宜敷い）頭《あたま》を切《き》り去《さ》り三枚《まい》に卸《おろ》し小骨《こぼね》を取《と》り良《よ》く〳〵水洗《みづあらひ》して水氣《みづけ》を切《き》り兩面《りやうめん》より鹽《しほ》をして二十分間位《ぷんかんぐらゐ》置《お》き時間《じかん》が過《た》ちましたら再《ふた》び水洗《みづあらひ》して酢《す》の中《なか》に五分間位《ふんかんぐらゐ》浸《つ》けて置《お》きます。

2、淺草海苔《あさくさのり》三枚位《まいぐらゐ》は火《ひ》にて炙《あぶ》り乾《かは》いた布巾《ふきん》に包《つゝ》み細《こま》かに揉《も》んで置《お》きます。

3、以上《いじやう》の用意《ようい》が出來《でき》ましたら鮨飯《すしめし》二合位《がふぐらゐ》を用意《ようい》し（鮨飯の焚き方は二頁にあります）今《いま》の淺草海苔《あさくさのり》を入《い》れて良《よ》く〳〵混《ま》ぜ合《あは》して置《お》き今《いま》の針魚《さより》を尾《を》の方《はう》よりキリ〳〵と中程迄《なかほどまで》巻《ま》いて左《ひだり》の手《て》に一個《こ》づゝを持《も》ち右手《みぎて》にて鮨飯《すしめし》一握《にぎり》を握《にぎ》つて針魚《はりうを》の上《うへ》に載《の》せ指先《ゆびさき》を加減《かけん》し握鮨《にぎりすし》の樣《やう》に鮨飯《すしめし》と針魚《はりうを》とを良《よ》く〳〵附着《ふちやく》せしめてわらびの形《かたち》となし全部《ぜんぶ》此《こ》の

様《やう》にして拵《こしら》へ上《うへ》に煮返《にかへし》を塗《ぬ》り付《つ》け（煮返の拵へ方は四頁にあります）皿《さら》に盛《も》つて出《だ》します。

菜種鮨

材料

1、鮪八十匁
2、干瓢甘煮少々
3、鮨飯三合
4、菜種酢
5、櫻生姜
6、調味品
7、山葵煮詰

1、干瓢少量《かんぺうせうりやう》は十一頁《ぺーじ》の如《ごと》くして甘煮《うまに》を拵《しら》へ細《こま》かく切《き》つて置《お》きます。

2、鮪《まぐろ》八拾匁《もんめ》を求《もと》め普通刺身《ふつうさしみ》より少《すこ》し大《おほ》きく切《き》つて置《お》きます。

3、以上《いじやう》が出來《でき》ましたら鮨飯《すしめし》三合位《がふぐらゐ》を用意《ようい》し（飯の焚き方は二頁にあります）今《いま》の干瓢《かんぺう》を入《い》れて良《よ》く〳〵混《ま》ぜ合《あは》せ左《ひだり》の手《て》に鮪《まぐろ》一切《きれ》を持《も》ち右《みぎ》の手《て》にて鮨飯《すしめし》を握《にぎ》つてちようど普通《ふつう》の握《にぎり》鮨《すし》の如《ごと》くして拵《こしら》へ全部《ぜんぶ》出來《でき》上《あが》りましたら山葵《わさび》煮詰《につめ》を（山葵煮詰の拵へ方は五頁に有ります）塗《ぬ》り付《つ》けその上《うへ》に菜種酢《なたねず》をふりかけ（菜種酢の拵へ方は一八頁にあります）適宜《てきぎ》にお皿《さら》に盛《も》り櫻生姜《さらせうが》を添《そ》へて出《だ》します（櫻生姜の拵へ方は九頁にあります）

ちまき鮨

材料

1、鯛四切分
2、淺草海苔二枚
3、海老のおぼろ大匙八杯
4、葉蘭の葉八九枚
5、鮨飯二合

1、醤油《しやうゆ》大匙《おほさじ》八杯半《はいはん》味淋《みりん》大匙《おほさじ》八杯半位《はいはんぐらゐ》を小鍋《こなべ》に入《い》れ火《ひ》にかけ一寸《ちよつと》煮《に》立《た》てて冷《さま》して置《お》きます。

2、鯛《たひ》の切身《きりみ》四切分位《きれぶんぐらゐ》を求《もと》め今《いま》の汁《しる》の中《なか》に一時間位《じかんぐらゐ》浸《つ》けてをきます時間《じかん》がたちましたら金串《かなぐし》を通《とほ》し炭火《ひ》の上《うへ》に載《の》せて焦《こ》げ付《つ》かぬ様《やう》に焼《やき》ます程《ほど》よく焼《や》けました頃《ころ》つけて置《お》いた味淋《みりん》醤油《しやうゆ》をかけて付焼《つけやき》とし程良《ほどよ》く味《あぢ》のしみ込《こ》んだる頃金串《ころかなぐし》を取《と》り去《さ》り身《み》は全部《ぜんぶ》ほぐして置《お》きます。

3、淺草《あさくさ》海《の》苔《り》二枚《まい》は火《ひ》に炙《あぶ》り乾《かは》いた布巾《ふきん》につゝみ細《こま》かく揉《も》んで置《お》きます。

4、海老《えび》のおぼろ大匙《おほさじ》八杯位《はいぐらゐ》を用意《ようい》して置《お》きます（海老のおぼろの拵へ方は十五頁にあります）

4、蘭《らん》の葉《は》八九枚《まい》は沸湯《にえゆ》の中《なか》に入《い》れて茹《ゆが》き普通《ふつう》ちまきを包《つゝ》む位《ぐらゐ》の大《おほ》きさに切《き》つて置《お》きます。

5、以上《いじやう》の用意《ようい》が出來《でき》ましたら鮨飯《すしめし》二合位《かふぐらゐ》を用意《ようい》し（鮨飯の焚き方は二頁にあります）用意《ようい》して置《お》いた材料全部《ざいれうぜんぶ》を入《い》れて混《ま》ぜ合《あは》せ一握《にぎ》りづゝを今《いま》の蘭《らん》の葉《は》で普通《ふつう》のちまきの如《ごと》く包《つゝ》み全部此《ぜんぶこ》の樣《やう》にして拵《こしら》へ適宜《てきぎ》にお皿《さら》に盛《も》つて進《すゝ》めます。

美味しいばら鮨の色々

蟹のばら鮨

材料	
1、蟹　二杯	4、椎茸　三個
2、三ツ葉	5、鮨飯
3、獨活　二本	6、調味品

1、蟹《かに》の大《おほ》きな物《もの》二杯位《はいぐらゐ》を求《もと》め能《よ》く水洗《みづあら》ひして砂氣《すなけ》を去《さ》り鍋《なべ》に入《い》れ被《かぶ》る位《ぐらゐ》の水《みづ》を加《くは》へ蓋《ふた》をして火《ひ》にかけ二十分間位《ぷんかんぐらゐ》茹《ゆが》いて火《ひ》より下《お》ろし冷《さ》めてから身《み》ばかりをほぐ

し出《だ》し味淋《みりん》大匙《おほさじ》一杯《はい》出汁《だし》大匙《おほさじ》二杯《はい》醬油《しやうゆ》大匙《おほさじ》一杯《はい》の割方《わりかた》でざつと下煮《したに》をして置《お》きます。

2、三《み》つ葉《ば》少量《せうりやう》は十頁《ぺーじ》に有《あ》る樣《やう》に拵《こしら》へて五分《ぶ》長《なが》さ位《ぐらゐ》に切《き》つて置《お》きます。

3、獨活《うど》貳本《ほん》は皮《かは》を厚《あつ》くむき去《さ》り笹《さゝ》がきとなし水《みづ》に浸《つ》け灰汁《あく》出《だ》しをして置《お》きます。

4、次《つぎ》に小《こ》鍋《なべ》に味淋《みりん》大匙《おほさじ》二杯《はい》出汁《だし》大匙《おほさじ》六杯《はい》醬油《しやうゆ》大匙《おほさじ》二杯《はい》位《ぐらゐ》を入《い》れて火《ひ》にかけ今《いま》の獨《う》活《ど》を入《い》れてざつと下煮《したに》をして置《お》きます。

5、椎茸《しひたけ》三個《こ》位《ぐらゐ》は十一頁《ぺーじ》にある樣《やう》にして煮《に》て纎《こまか》に切《き》つて置《お》きます。

6、以上《いじやう》の用意《ようい》が出來《でき》ましたら二頁《ぺーじ》の所《こころ》に有《あ》る樣《やう》にして拵《こしら》へた鮨飯《すしめし》五合《がふ》位《ぐらゐ》の中《なか》に今《いま》の材料《ざいれう》全部《ぜんぶ》を入《い》れて良《よ》く〱混《ま》ぜ合《あは》せお皿《さら》に盛《も》り別《わ》けて進《すゝ》めます。

鷄のバラ鮨

材料

1、鷄挽肉五十匁
2、午蒡二本
3、青豆大匙八杯
4、紅生姜
5、鮨飯五合
6、調味品

1、鶏《とり》の挽肉《ひきにく》五十匁《もんめ》を求《もと》め爼板《まないた》の上《うへ》に載《の》せて庖丁《はうちやう》で細々《こま〴〵》にたゝき鍋《なべ》に入《い》れ味淋《みりん》大匙《おほさじ》二杯《はい》醤油《しやうゆ》大匙《おほさじ》一杯《はい》とを加《くは》へ弱火《よはび》にかけて箸《はし》で掻《か》き混《ま》ぜながらぼろ〳〵となしお皿《さら》に取《と》つて置《お》きます（煮汁は後で貰ひますから別に取つて置きます）

2、牛蒡《ごぼう》二本位《ほんぐらゐ》は皮《かは》を剥《む》き笹《さゝ》がきとなし水《みづ》に浸《つ》け灰汁《あく》出《だ》しをして置《お》きます。

3、青豆《あをまめ》大匙《おほさじ》八杯位《はいぐらゐ》は鑵《くわん》より出《だ》し水洗《みづあらひ》して置《お》きます。

4、小鍋《こなべ》に今《いま》の牛蒡《ごぼう》と青豆《あをまめ》とを入《い》れ最初《さいしよ》取つて置《お》いた鶏肉《とりにく》の煮汁《にじる》を入《い》れ出汁《だし》をした〳〵位《ぐらい》に加《くは》へて醤油《しやうゆ》にて薄味《うすあぢ》を付《つ》けざつと下煮《したに》をして置《お》きます。

5、紅生姜《べにせうが》少量《せうりやう》は繊切《せんぎり》として置《お》きます。

6、以上《いじやう》の用意《ようい》が出來《でき》ましたら二頁《ぺーじ》の所《ところ》に有《あ》る様《やう》にして拵《こしら》へた鮨飯《すしめし》五合位《がふぐらゐ》の中《なか》に今《いま》の材料《ざいれう》全部《ぜんぶ》を入《い》れ良《よ》く〳〵混《ま》ぜ合《あは》してお皿《さら》に盛《も》り分《わ》けて進《すゝ》めます。

海老のそぼろのばら鮨

材料		
1、伊勢海老二尾	2、筍一本	3、三ツ葉
4、干柿五個	5、鮨飯五合	6、調味品

1、伊勢海老《いせゑび》二尾《び》を求《もと》め十四頁《ぺーじ》に有《あ》る樣《やう》にして、そぼろを拵《こしら》へて置《お》きます。

2、筍《たけのこ》一本《ぽん》は鑵《くわん》より出《だ》し縱二《たてふた》つに切《き》り水洗《みづあらひ》して沸湯《にえゆ》の中《なか》に入《い》れてざつと茹《ゆが》き一寸長《すんなが》さ位《ぐらゐ》に切《き》りそれを小口《こぐち》より薄《うす》く切《き》つて鍋《なべ》に入《い》れ味淋《みりん》大匙《おほさじ》一杯《はい》出汁《だし》大匙《おほさじ》二杯《はい》砂糖《さたう》小匙《こさじ》一杯《はい》醬油《しやうゆ》大匙《おほさじ》一杯《はい》とでざつと下煮《したに》をして置《お》きます。

3、三《み》つ葉《ば》少量《せうりやう》は十頁《ぺーじ》の處《ところ》に有《あ》る樣《やう》にして五分《ぶ》長《なが》さ位《ぐらゐ》に切《き》つて置《お》きます。

4、干柿《ほしがき》五個《こ》はヘタを取《と》り種《たね》を去《さ》り薄《うす》く一分位《ぶぐらゐ》の小口切《こぐちぎり》となし酢《す》の中《なか》に五分間位《ふんかんぐらゐ》浸《つ》けて置《お》きます。

5、以上《いじ》の用意《ようい》が出來《でき》ましたら二頁《ぺーじ》の所《ところ》に有《あ》る樣《やう》にして拵《こしら》へた鮨飯《すしめし》五合位《かふぐらゐ》の中《なか》に

今《いま》の材料全部《ざいれうぜんぶ》を入《い》れ良《よ》く〳〵混《ま》ぜ合《あは》せお皿《さら》に盛《も》り分《わ》けて進《す》めます。

鰆のばら鮨

材料	
1、鰆四切分	4、鮨飯五合
2、人參一本	5、調味品
3、大根一寸位	

1、鰆《さはら》の切身《きりみ》四切分位《きれぶんぐらゐ》を求《もと》め十四頁《ぺーじ》に有《あ》る魚《うを》のおぼろを拵《こしら》へて置《お》きます。

2、人參《にんじん》一本《ほん》は皮《かは》を剝《む》き千六本《ほん》に切《き》り墟水《しほみづ》の中《なか》に漬《つ》けて軟《やはら》かくなりましたら水洗《みづあらひ》して酢《す》の中《なか》に浸《つ》けて置《お》きます。

4、大根《だいこん》一寸位《すんぐらゐ》も千六本《ほん》に切《き》り鹽水《しほみづ》の中《なか》に浸《つ》けて置《お》き軟《やはらか》くなりましたら水洗《みづあらひ》して酢《す》の中《なか》に浸《つ》けて置《お》きます。

5、以上《いじやう》の用意《ようい》が出來《でき》ましたら二頁《ぺーじ》の所《ところ》にある鮨飯《すしめし》五合位《がうぐらゐ》の中《なか》に今《いま》の材料全部《ざいれうぜんぶ》を混《ま》ぜ合《あは》せお皿《さら》に盛《も》り別《わ》けて進《す》めます。

烏賊のばら鮨

材料	
1、烏賊二杯	4、椎茸三個
2、銀杏一合	5、鮨飯五合
3、大根一寸	6、調味品

1、烏賊《いか》中位《ちうぐらゐ》の物《もの》二杯《はい》を求《もと》め十六頁《ぺーじ》の所《ところ》に有《あ》る樣《やう》にして水洗《みづあらひ》し五分位《ぶぐらゐ》に切《き》りその通《とほ》りにして拵《こしら》へてをきます。

2、銀杏《ぎんなん》一合位《がふぐらゐ》はフライ鍋《なべ》に入《い》れ焦《こ》げ付《つ》かぬ樣《やう》にざつと煎《い》り皮《かは》を取《と》つて置《お》きます。

3、大根《だいこん》一寸位《すんぐらゐ》は皮《かは》を剝《む》き千六本《ぽん》に切《き》り鹽《しほ》をして軟《やはら》かく成《な》りましたら酢《す》の中《なか》に浸《つ》けて置《お》きます。

4、椎茸《しいたけ》三個位《こぐらゐ》は十一頁《ぺーじ》にある樣《やう》にして煮《に》て細《こまか》く繊切《せんぎり》として置《お》きます。

5、以上《いじやう》の用意《ようい》が出來《でき》ましたら二頁《ぺーじ》の所《ところ》にある鮨飯《すしめし》五合位《がふぐらゐ》の中《なか》に今《いま》の材料《ざいれう》全部《ぜんぶ》を入《い》れ混《ま》ぜ合《あは》せお皿《さら》に取《と》り別《わ》けて進《すゝ》めます。

蛤貝のばら鮨

材料	
1、蛤貝一合	4、鮨飯五合
2、玉子二個	5、調味品
3、三ッ葉一把	

1、蛤《はまぐり》のむき身《み》一合位《がふぐらゐ》を求《もと》め清水《せいする》にて能《よ》く〳〵洗《あら》つた後笊《のちざる》に上《あ》げ水氣《みづけ》を切《き》つて置《お》き鍋《なべ》に味淋《みりん》大匙《おほさじ》五杯《はい》と砂《さ》糖《たう》中匙《ちうさじ》一杯《はい》醤油《しやうゆ》大匙《おほさじ》五杯《はい》を入《い》れて火《ひ》にかけ煮立《にた》つて參《まゐ》りましたら今《いま》の蛤《はまぐり》を入《い》れてざつと煮《に》て置《お》きます。

2、玉子《たまご》二個《こ》を求《もと》め二十頁《ぺーじ》に有《あ》る樣《やう》にして薄《うす》く玉子《たまご》燒《や》きを拵《こしら》へ一枚《まい》を三《み》つに切《き》り三分位《ぶぐらゐ》の小口切《こぐちぎり》として置《お》きます。

3、三《み》つ葉《ば》小《せう》一把《は》は十頁《ぺーじ》の處《ところ》に有《あ》る樣《やう》にして拵《こしら》へ五分位《ぶぐらゐ》に切《き》つて置《お》きます。

4、以上《いじやう》の用意《ようい》が出來《でき》ましたら二頁《ぺーじ》に有《あ》る鮨飯《すしめし》五合位《がふぐらゐ》の中《なか》に今《いま》の材料全部《ざいれうぜんぶ》を入《い》れ良《よ》く混《ま》ぜ合《あは》せお皿《さら》に盛《も》り分《わ》けて進《すゝ》めます。

鮎のばら鮨

材料	
1、鮎四尾	4、鮨飯五合
2、筍一本	5、調味品
3、林檎二個	6、たでの葉

1、鮎《あゆ》の大《おほ》きな物《もの》四尾《ひき》を求《もと》め頭《かしら》を落《おと》し鱗《うろこ》をはらひ背《せ》の方《はう》より開《ひら》き腹《はら》の部分《ぶぶん》にある腸《わた》を庖丁《はうちやう》でこそげ取《と》り奇麗《きれい》に水洗《みづあらひ》して鹽《しは》をして一時間位《じかんぐらゐ》置《お》き時間《にかん》が過《た》ちましたら水洗《みづあらひ》して乾《かは》いた布巾《ふきん》で水氣《みづけ》をぬぐひ取《と》つて味淋《みりん》大匙《おほさじ》二杯《はい》酢《す》大匙《おほさじ》八杯《はい》砂糖《さたう》大匙《おほさじ》一杯《はい》を混《ま》ぜ合《あは》した中《なか》に五分間位《ふんかんぐらゐ》浸《つ》けて置《お》き後《のち》取《さ》り出《だ》し一分位《ぶぐらゐ》に薄《うす》く切《き》つて置《お》きます。

2、筍《たけのこ》大《おほ》きな物《もの》一本《ほん》は鑵《くわん》より出《だ》し縦二《たてふた》つに切《き》り水洗《みづあらひ》して沸湯《にえゆ》の中《なか》に入《い》れてざつと茹《ゆ》がき一寸位《すんぐらゐ》に切《き》りそれを小口《こぐち》より薄《うす》く切《き》り出汁《だし》大匙《おほさじ》十杯《はい》砂糖《さたう》小《こ》匙《さじ》一杯《はい》醤油《しやうゆ》大匙《おほさじ》三杯位《ばいぐらゐ》にてざつと下煮《したに》をして置《お》きます。

3、林檎《りんご》二個《こ》は皮《かは》を剝《む》き一寸《ちよつと》鹽水《しほみづ》の中《なか》に漬《つ》けて縦《たて》四つに切《き》り心《しん》を拔《ぬ》き二分位《ぶぐらゐ》に小口《こぐち》より切《き》つて置《お》きます。

4、以上《いじやう》の用意《ようい》が出來《でき》ましたら二頁《ぺーじ》の所《ところ》にある鮨飯《すしめし》五合位《がふぐらゐ》の中《なか》に今《いま》の材料《ざいれう》全部《ぜんぶ》を入《い》れて混《ま》ぜ合《あは》しお皿《さら》にたでの葉《は》を一面《めん》に敷《し》きその上《うへ》に盛《も》り別《わ》けて進《すゝ》めます。

あなごのばら鮨

材料	
1、あなご四尾	4、せり一把
2、牛蒡二本	5、鮨飯五合
3、百合根五個	6、調味品

1、大《おほ》きなあなご四尾《ひき》を求《もと》め十八頁《ぺーじ》の所《ところ》に有《あ》る樣《やう》にして煮《に》て五分位《ぶぐらゐ》に切《き》つて置《お》きます。

2、牛蒡《ごばう》二本位《ほんぐらゐ》は皮《かは》を剝《む》き薄《うす》く笹《さゝ》がきとなし水《みづ》に漬《つ》け灰汁《あく》出《だ》しをして沸湯《にえゆ》の中《なか》に入《い》れて茹《ゆが》いて水《みづ》を切《き》り鍋《なべ》の中《なか》に入《い》れ出汁《だし》をしたく\／\に入《い》れ砂糖《さたう》中匙《ちうさじ》一杯《はい》を加《くは》へ醤《しやう》

油《ゆ》少量《せうりやう》にて味《あぢ》を付《つ》けて置《お》きます。

3、百合《ゆり》の根《ね》五個《こ》は水洗《みづあらひ》して砂氣《すなけ》を去《さ》り沸湯《にえゆ》の中《なか》に入《い》れて軟《やはら》かく茹《ゆ》がき一枚《まい》〳〵はがし鍋《なべ》に入《い》れ出汁《だし》大匙《おほさじ》十杯《はい》砂《さ》糖《たう》大匙《おほさじ》一杯位《はいぐらゐ》醬油《しやうゆ》少量《せうりやう》にて味《あぢ》を付《つ》けざつと煮《に》て置《お》きます。

4、芹《せり》一把《は》は沸湯《にえゆ》の中《なか》に入《い》れて鹽茹《しほゆで》として五分位《ぶぐらゐ》に切《き》つて置《お》きます。

5、以上《いじやう》の用意《ようい》が出來《でき》ましたら二頁《ぺーじ》の所《ところ》にある鮨飯《すしめし》五合位《がふぐらゐ》の中《なか》に混《ま》ぜ合《あは》せお皿《さら》に盛《も》り分《わ》けて進《すゝ》めます。

鮑のばら鮨

材料
1、鮑大二個
2、青豆大匙十杯
3、胡瓜二本
4、鮨飯五合
5、調味品

1、鮑大《あはびだい》二個《こ》を鹽《しほ》にて揉《も》み洗《あら》ひ飯杓子《めしじやくし》の樣《やう》な物《もの》で殼《から》からそぎ放《はな》し灰色《はいいろ》をした處《ところ》の腸《わた》

を去《さ》り尚口《なほくち》の部分《ぶゞん》に庖丁《はうちやう》を入《い》れて赤色《あかいろ》をした腸《わた》の樣《やう》な物《もの》を取《と》り出《だ》し再《ふた》び奇麗《きれい》に水洗《みづあらひ》して爼板《まないた》の上《うへ》に取《と》り刺身《さしみ》庖丁《ばうちやう》で鮑《あはび》の星《ほし》と申《まを》す部合《ぶゞん》だけを極《ご》く薄《うす》くそぎ取《と》り身《み》の部分《ぶゞん》は縱二《たてふた》つとなし薄《うす》く小口切《こぐちぎり》として砂糖大匙《さたうおほさじ》一杯《ぱい》と醤油大匙《しやうゆおほさじ》四杯《はい》とを混《ま》ぜ合《あは》した中《なか》に三十分間位《ぷんかんぐらゐ》浸《つ》けて置《お》き時間《じかん》が經《た》ちましたら細《ほそ》い金串《かなぐし》にさし炭火《ひ》の上《うへ》に載《の》せて燒《や》きます尚燒《なほや》く時《とき》は今《いま》の汁《しる》を二三度《ど》付《つ》ける方《はう》が宜敷御座《よろしうござ》います。

2、青豆大匙《あをまめおほさじ》十杯位《ぱいぐらゐ》は鑵《くわん》より出《だ》し水洗《みづあらひ》して置《お》きます。

3、胡瓜《きうり》二本《ほん》は葉付《はつき》の方《はう》の、にがみを取《と》り去《さ》り一分位《ぶぐらゐ》の小口切《こぐちぎり》として塩《しほ》をぱら〳〵と撒《ふ》りかけ暫《しばら》くおきますと軟《やはら》かくなりますから良《よ》く〳〵水洗《みづあらひ》して酢《す》の中《なか》に五分《ぶん》間位《かんぐらゐ》浸《つ》けて堅《かた》く搾《しぼ》つて置《お》きます。

4、以上《いじやう》の用意《ようい》が出來《でき》ましたら二頁《ぺーじ》の所《ところ》に說明《せつめい》して有《あ》る鮨飯《すしめし》五合位《がふぐらゐ》の中《なか》に今《いま》の材料《ざいれう》全部《ぜんぶ》を入《い》れ能《よ》く混合《まぜあは》しお皿《さら》に盛《も》り分《わ》けて進《す》めます。

鱧のばら鮨

材料

1、鱧四切分
2、蓮根一節
3、櫻生姜
4、鮨飯五合
5、調味品

1、鱧《はも》を切身《きりみ》につもつて四切分位《きりぶんぐらゐ》を求《もと》め金串《かなぐし》にさし炭火《すみび》の上《うへ》に載《の》せて兩面《りやうめん》を素焼《すやき》とし程《ほど》よく焼《や》けましたら味淋《みりん》と醬油《しやうゆ》とを半分《はんぶん》づゝに合《あは》せた物《もの》をかけて焼《や》きます此《こ》の様《やう》にして二三度《ど》その合《あは》せ汁《しる》をかけて焼《や》き上《あ》げ金串《かなぐし》をぬき取《と》り縦《たて》に二《ふた》つ切《ぎり》となし小口《こぐち》より一分位《ぶぐらゐ》に切《き》つて置《お》きます。

2、蓮根《こんこん》一節《ふし》は水洗《みづあらひ》し少《すこ》し厚目《あつめ》に皮《かは》を剝《む》き小口《こぐち》より一分位《ぶぐらゐ》の輪切《わぎり》となして水《みづ》の中《なか》に酢《す》少量《せうりやう》を入《い》れてその中《なか》に暫《しばら》く漬《つ》けて置《お》き笊《ざる》にあげて水《ろづ》を切《き》り鍋《なべ》に味淋《みりん》大匙《おほさじ》五杯《はい》位《ぐらゐ》を入《い》れて火《ひ》にかけ煮立《にた》つて參《まゐ》りましたら蓮根《れんこん》を入《い》れ砂糖《さたう》大匙《おほさじ》一杯《はい》鹽《しほ》小匙《こさじ》三分《ぶん》の一程《ほど》加《くは》へて煮《に》ます程《ほど》よく味《あぢ》の付《つ》いた時《とき》酢《す》大匙《おほさじ》二杯位《はいぐらゐ》加《くは》へて直《たゞ》ちに火《ひ》より下《お》ろ

して置《お》きます。

3、櫻生姜少量《さくらぜうがせうりやう》を用意《ようい》して置《お》きます(櫻牛姜の拵へ方は九頁にあります)

4、以上《いじやう》の用意《ようい》が出來《でき》ましたら二頁《ぺーじ》に有《あ》る鮨飯《すしめし》五合位《がふぐらゐ》を用意《ようい》して今《いま》の材料全部《ざいれうぜんぶ》を入《い》れて混合《まぜあは》せお皿《さら》に盛《も》り分《わ》けて進《す》めます。

鯛の子のばら鮨

材料	
1、鯛の子六拾目	4、鮨飯五合
2、椎茸三四個	5、調味品
3、らつきよ十個	

1、鯛《たひ》の眞子《まご》六拾目《め》を求《もご》め半紙《はんし》に包《つゝ》み塩茹《しほゆ》でとし茹《ゆだ》りましたら引上《ひきあ》げて紙《かみ》を取《と》り去《さ》り別《べつ》の鍋《なべ》に出汁《だし》一合位《がふぐらゐ》と味淋《みりん》大匙《おほさじ》四杯《はい》醤油《しやうゆ》大匙《おほさじ》五杯位《はいぐらゐ》を入《い》れ火《ひ》にかけその中《なか》に今《いま》の鯛《たひ》の眞子《まご》を入《い》れて拾分間位《ぷんかんぐらゐ》煮《に》て取《と》り出《だ》し細々《こまぐ》に切《き》つて置《お》きます。

2、椎茸《しひだけ》三四個《こ》は十一頁《ぺーじ》に有《あ》る樣《やう》にして煮《に》て纖《せん》に切《き》つて置《お》きます。

3、らつきよ十個位《こぐらゐ》の甘漬《あまづけ》としたる物《もの》を細《こま》かく切《き》つて手《て》にて汁《しる》を切《き》つて置《お》きます。

4、以上《いじやう》の用意《ようい》が出來上《できあが》りましたら、二頁《ページ》にある様《やう》にして拵《こしら》へた鮨飯《すしめし》五合位《がふぐらゐ》の中《なか》に今《いま》の材料《ざいれう》を全部《ぜんぶ》入《い》れて混《ま》ぜ合《あは》して皿《さら》に盛《も》り分《わ》けてに出《だ》します。

小鯊入りばら鮨

材料		
	1、小鯊六尾	4、木の芽少量
	2、蒟蒻一丁	5、鮨飯三合
	3、筍一本	6、調味品

1、小《こ》鯊《はぜ》六尾《び》位《ぐらゐ》を求《もと》め頭《かしら》を取《と》り奇麗《きれい》に水洗《みづあらひ》して鹽水《しほみづ》の中《なか》に貳時間位《じかんぐらゐ》浸《つ》けて置《お》き、時《じ》間《かん》が過《た》ちましたら取《と》り出《た》し酢《す》の中《なか》に一時間位《じかんぐらゐ》浸《つ》けて後《のち》細《こま》かく切《き》つて置《お》きます。

2、蒟蒻《こんにやく》一丁《ちやう》を求《もと》め横《よこ》に二枚《まい》にはがし、縦《たて》三つに切《き》り小《こ》口《ぐち》より薄《うす》く切《き》つて沸湯《にえゆ》の中《なか》に入《い》れてざつと鹽茹《しほゆで》とし鍋《なべ》に出汁《だし》大匙《おほさじ》八杯半位《はいはんぐらゐ》と味《み》淋《りん》大匙《おほさじ》三杯《ばい》、醤油《しやうゆ》大匙《おほさじ》五杯《はい》位《ぐらゐ》を入《い》れ火《ひ》にかけ今《いま》の蒟蒻《こんにやく》を入《い》れて十分間位《ぶんかんぐらゐ》煮《に》て置《お》きます。

3、筍《たけのこ》一本《ほん》は鑵《くわん》より出《だ》し縦《たて》二つに切《き》り水洗《みづあらひ》して沸湯《にえゆ》の中《なか》に入《い》れて茹《ゆ》がき一寸《すん》長《なが》さ位《くらゐ》に切《き》つてそれを薄《うす》く切《き》つて前《まへ》の蒟蒻《こんにやく》と同《おな》じ様《やう》にして煮《に》て置《お》きます。

4、木《き》の芽《め》少量《せうりやう》を求《もと》め水洗《みづあらひ》して置《お》きます。

5、以上《いじやう》の用意《ようい》が出來《でき》ましたら二頁《ぺーじ》の所《ところ》に有《あ》る鮨飯《すしめし》三合位《がふぐらゐ》を用意《ようい》してその材料全部《ざいれうぜんぶ》をその中《なか》に混《ま》ぜ合《あは》しお皿《さら》に盛《も》り分《わ》けて進《すゝ》めます。

海鼠のばら鮨

材料	
1、海鼠二尾	4、干瓢少量
2、獨活二三本	5、鮨飯五合
3、玉子燒二枚	6、調味品

1、海鼠《なまこ》の新《あたら》しい物《もの》二尾《び》を求《もと》め中央《ちうあう》より庖丁《はうちやう》を入《い》れて切《き》り廣《ひろ》げ腸《わた》を取《と》り去《さ》り水洗《みづあらひ》して重箱《ぢうばこ》の中《なか》に入《い》れてふりますと身《み》がちゞみますから取《と》り出《だ》し小口《こぐち》より一分位《ぶぐらゐ》に切《き》つて土佐醬油《とさじやうゆ》の中《なか》に浸《つ》けて置《お》きます（土佐醬油は五頁にあります）

2、獨活《うど》二三本《ほん》は皮《かは》を剝《む》き笹《さゝ》がきとして水《みづ》に浸《つ》け灰汁《あく》出《だ》しをして後《のち》甘酢《あまず》の中《なか》に漬《つ》けて置《お》きます。

3、玉子《たまご》の薄燒《うすやき》二枚《まい》を一頁《ぺーじ》の所《ところ》に有《あ》る樣《やう》にして拵《こしら》へ五分《ぶ》角位《かくぐらゐ》に切《き》つて置《お》きます。

4、干瓢《かんぺう》少量《けうりやう》は十一頁《ぺーじ》の所《ところ》に有《あ》る樣《やう》にして煮《に》細《こま》かく切《き》つて置《お》きます。

5、以上《いじやう》の用意《ようい》が出來《でき》ましたら二頁《ぺーじ》の所《ところ》にある鮨飯《すしめし》五合位《がふぐらゐ》を用意《ようい》して今《いま》の材料全部《ざいれうぜんぶ》を入《い》れて混《ま》ぜ合《あは》しお皿《さら》に盛《も》り分《わ》けて出《だ》します。

白魚のばら鮨

材料		
1、白魚一合	2、湯葉五枚	3、三ツ葉
4、鮨飯三合	5、調味品	

1、白魚《しらを》一合位《がふぐらゐ》を求《もと》め十七頁《ぺーじ》の所《ところ》にある樣《やう》にして煮《に》てお皿《さら》に取《と》つて置《お》きます。

2、湯葉《ゆば》五枚位《まいぐらゐ》は水洗《みづあらひ》して細《こま》かく切《き》り鍋《なべ》に入《い》れ出汁《だし》一合位《がふぐらゐ》と砂糖《さたう》大匙《おほさじ》一杯《ぱい》醬油《しやうゆ》大匙《おほさじ》

五杯位《はいぐらゐ》を加《くは》へて火《ひ》にかけ、三四分間位《ふんかんぐらゐ》煮《に》て置《お》きます。

3、三つ葉《ば》少量《せうりやう》は十頁《ぺーじ》の處《ところ》に有《あ》る樣《やう》にして拵《こしら》へ五分位《ぶぐらゐ》に切《き》つて置《お》きます。

4、以上《いじやう》の用意《ようい》が出來《でき》ましたら、二頁《ぺーじ》の所《ところ》にある鮨飯《すしめし》三合位《がふぐらゐ》の中《なか》に用意《ようい》して置《お》いた湯葉《ゆば》と三つ葉《ば》を入《い》れて混《ま》ぜ合《あは》せお皿《さら》に盛《も》り分《わ》けて上《うへ》より最初《さいしよ》煮《に》て置《お》いた白魚《しらうを》をぱら〳〵と撒《ふ》りかけて進《すゝ》めます。

赤貝のばら鮨

材料

1、赤貝八個	4、鮨飯五合
2、ぜんまい四十本	5、調味品
3、椎茸三個	

1、赤貝《あかゞひ》八個《こ》は、貝《かひ》より取《と》り出《だ》し水洗《みづあらひ》して紐《ひも》と身《み》とを別々《べつ〳〵》にし兩方《りやうはう》とも奇麗《きれい》に水洗《みづあらひ》し身《み》の方《はう》は眞中《まんなか》より二つに切《き》り中《なか》に有《あ》る腸《わた》を取《と》つて細々《こま〴〵》に切《き》り紐《ひも》の部分《ぶぶん》も身《み》の方《はう》と同《おな》じ樣《やう》に切《き》りて鹽《しほ》にてもみ、能《よ》く〳〵水洗《みづあらひ》して甘酢《あます》の中《なか》に三十分間位《ぷんかんぐらゐ》浸《つ》け

て置《お》きます。

2、ぜんまい四十本位《ほんぐらゐ》を求《もと》め一晩《ばん》ほど水《みづ》に浸《つ》けて後《のち》ざつと茹《ゆ》でよく〳〵水氣《みづけ》を切《き》つて五分位《ぶぐらゐ》に切《き》り鍋《なべ》に出汁《だし》一合位《がふぐらゐ》と砂糖《さたう》大匙《おほさじ》一杯《はい》醤油《しやうゆ》大匙《おほさじ》五杯《はい》を入《い》れ火《ひ》にかけその中《なか》に今《いま》のぜんまいを入《い》れて煮込《にこ》み味《あぢ》のしみ込《こ》んだる頃《ころ》火《ひ》より下《お》ろし取《と》り出《だ》して置《お》きます。

3、椎茸《しひたけ》三個位《こぐらゐ》は十一頁《ぺーじ》の所《ところ》にある樣《やう》にして煮《に》て纎切《せんぎり》として置《お》きます。

4、以上《いじやう》の用意《ようい》が出來《でき》ましたら、二頁《ぺーじ》の所《ところ》にある鮨飯《すしめし》五合位《がふぐらゐ》の中《なか》に今《いま》の材料《ざいれう》全部《ぜんぶ》を入《い》れて混《ま》ぜ合《あは》し皿《さら》に盛《も》り分《わ》けて出《だ》します。

鮪のばら鮨

材料

1、鮪八十匁
2、大根半本
3、里芋百目
4、鮨飯
5、調味品

1、鮪《まぐろ》の切身《きりみ》八拾目位《めぐらゐ》を求《もと》め四切《きれ》となし味淋大匙《みりんおほさじ》八杯醬油大匙《はいしやうゆおほさじ》八杯位《はいぐらゐ》の中《なか》に一時《じ》間位漬《かんぐらゐつ》けて置《お》き時間《じかん》が過《た》ちましたら金串《かなぐし》にさし炭火《すみび》の上《うへ》に載《の》せて焼《や》き、二三度《ど》漬《つ》けて置《お》いた汁《しる》をかけて焼《や》きます程《ほど》よく焼《や》けましたら金串《かなぐし》をぬき取《こ》り五分角位《ぶかくぐらゐ》に切《き》つて置《お》きます。

2、大根半本位《だいこんはんぼんぐらゐ》は皮《かは》を剝《む》き五分角位《ぶかくぐらゐ》に切《き》つて軟《やはら》かく茹《ゆ》き出汁《だし》大匙《おほさじ》八杯半《はいはん》と醬油大匙《しやうゆおほさじ》四杯《はい》と味淋大匙《みりんおほさじ》二杯位《はいぐらゐ》とで程《ほど》よく煮込《にこ》み味《あぢ》を付《つ》けて置《お》きます。

3、里芋《さといも》百目《め》を求《もど》め皮《かは》を剝《む》き小口《こぐち》より薄《うす》く切《き》り軟《やはら》かく茹《ゆが》き大根《だいこん》の樣《やう》にして煮《に》て置《お》きます。

4、以上《いじやう》の用意《ようい》が出來《でき》ましたら二頁《ぺーじ》にある鮨飯《すしめし》五合位《がふぐらゐ》の中《なか》に今《いま》の材料全部《ざいれうぜんぶ》を入《い》れて混合《まぜあわ》しお皿《さら》に盛《も》り分《わ》けて進《すゝ》めます。

玉子焼きばら鮨

材料	
1、玉子四個	5、三ツ葉少量
2、鮃二十目	6、鮨飯五合
3、蒲鉾一本	7、調味品
4、淺草海苔三枚	

1、玉子《たまご》四個《こ》と鮃《ひらめ》の身《み》二十匁位《もんめぐらゐ》を求《もと》め十二頁《ぺーじ》にある魚《さかな》の身《み》入《い》り玉子焼《たまごや》きを拵《こしら》へ五分位《ぶぐらゐ》の角《かく》に切《き》つて置《お》きます。

2、鉾蒲上等《かまぼこじやうとう》一本《ほん》を求《もと》め板《いた》より取《と》り横《よこ》に二枚《まい》にはがし小口より一分位《ぶぐらゐ》に切《き》り鍋《なべ》に味《み》淋大匙《りんおほさじ》五杯《はい》醬油大匙《しやうゆおほさじ》五杯位《はいぐらゐ》を入《い》れ火《ひ》にかけ煮立《にた》つて參《まゐ》りましたら今《いま》の蒲鉾《かまぼこ》を入《い》れてざつと煮《に》て置《お》きます。

3、淺草海苔《あさくさのり》三枚《まい》は炙《あぶ》つて乾《かは》いた布巾《ふきん》に包《つゝ》み細《こま》かく揉《も》んで置《お》きます。

4、三つ葉《は》少量《せうりやう》は十頁《ぺーじ》の所《ところ》に有《あ》る樣《やう》にして拵《こしら》へ五分位《ぶぐらゐ》の長《なが》さに切《き》つて置《お》きます。

5、以上《いじやう》の用意《ようい》が出來《でき》ましたら二頁《ぺーじ》の所《ところ》にある鮨飯《すしめし》五合位《がふぐらゐ》の中《なか》に今《いま》の材料全部《ざいれうぜんぶ》を入《い》

れてお皿《さら》に盛《も》り分《わ》けて進《す》めます。

鰺のばら鮨

材料	
1、鰺　二尾	4、三ツ葉少量
2、獨活三本	5、鮨飯五合
3、干柿五個	6、調味品

1、鰺《あぢ》二尾《び》を求《もと》め頭《かしら》を切《き》り落《おと》し鱗《うろこ》及《およ》び尾《を》の方《はう》に付《つ》いてをるセンゴと言《い》ふ部分《ぶぶん》を取《さ》り去《さ》り三枚《まい》に下《お》ろし薄身《うすみ》小骨《こぼね》を取《と》り鹽《しほ》をして三十分間位《ぶんかんぐらゐ》置《お》き時間《じかん》が過《た》ちましたら水洗《みづあらひ》して五分角位《ぶかくぐらゐ》に切《き》り酢《す》の中《なか》に十分間位《ぶんかんぐらゐ》浸《つ》けて置《お》きます。

2、獨活《うど》三本位《ぼんぐらゐ》は皮《かは》を剝《む》き笹《さゝ》がきと爲《な》し暫《しばら》く水《みづ》の中《なか》に浸《つ》け後《のち》水氣《みづけ》を切《き》つて甘酢《あまず》の中《なか》に十分間位《ぶんかんぐらゐ》浸《つ》けて置《お》きます。

3、干柿《ほしがき》五個《こ》はヘタ及《およ》び種《たね》を取《と》り纖切《せんぎり》として置《お》きます。

4、三つ葉《ば》少量《せうりやう》は十頁《ぺーじ》の所《ところ》に有《あ》る樣《やう》にして拵《こしら》へ五分位《ぶぐらゐ》に切《き》つて置《お》きます。

5、以上《いじやう》の用意《ようい》が出來《でき》ましたら二頁《ページ》に有《あ》る鮨飯《すしめし》五合位《がふぐらゐ》の中《なか》に今《いま》の材料全部《ざいりやうぜんぶ》を入《い》れて良《よ》く混《ま》ぜ合《あは》してお皿《さら》に盛《も》り分《わ》けて進《すゝ》めます。

鮭のばら鮨

材料	
1、生鮭四切分	4、鮨飯五合
2、干瓢少量	5、調味品
3、甘藷一本	

1、生鮭《なまざけ》四切分位《きれぶんぐらゐ》を求《もと》め皮《かは》を引《ひ》き薄身《うすみ》小骨《こほね》を取《と》り去《さ》り十四頁《ページ》に有《あ》る魚《さかな》のおぼろを拵《こしら》へてお皿《さら》に取《と》つて置《お》きます。

2、干瓢《かんぺう》少量《せうりやう》は十頁《ページ》にある樣《やう》にして煮込《にこ》み細《こま》かく切《き》つて置《お》きます。

3、薩摩芋《さつまいも》一本《ぽん》は少《すこ》し厚目《あつめ》に皮《かは》を剝《む》き五分位《ぶぐらゐ》の亂切《らんぎり》としてざつと茹《ゆが》き出汁《だし》大匙《おほさじ》八杯《はい》半砂糖《はんさたう》大匙《おほさじ》二杯《はい》醬油《しやうゆ》大匙《おほさじ》三杯位《ばいぐらゐ》で煮込《にこ》んで置《お》きます。

4、以上《いじやう》の用意《ようい》が出來《でき》ましたら二頁《ページ》の所《ところ》に有《あ》る鮨飯《すしめし》の中《なか》に今《いま》の材料全部《ざいれうぜんぶ》を入《い》れて混《ま》

ぜ合《あは》せお皿《さら》に盛《も》り分《わ》けて進《すゝ》めます。

牡蠣のばら鮨

材料	
1、牡蠣四合	4、木の芽少量
2、湯葉五枚	5、鮨飯五合
3、淺草海苔四枚	6、調味品

1、牡蠣《かき》四合位《がふぐらゐ》を求《もと》め目笊《めざる》に入《い》れ目笊《めざる》ごと水《みづ》の中《なか》に入《い》れて目笊《めざる》をゆすり動《うご》かしながら水洗《みづあらひ》し袋《ふくろ》でない方《はう》のひら〳〵した物《もの》を取《と》り水《みづ》を切《き》り山葵醤油《わさびじやうゆ》の中《なか》に（山葵醤油とは醤油大匙十杯位の中に山葵の卸した物一本分位を混ぜ合せた物）二十分間位《ぷんかんぐらゐ》漬《つ》けて置《お》き時間《じかん》が經《た》ちましたら金串《かなぐし》に通《とほ》して程良《ほどよ》く焼《や》いて置《お》きます。

2、湯葉《ゆば》五枚《まい》を水洗《みづあらひ》して細《こま》かゝ切《き》り鍋《なべ》に入《い》れ出汁《だし》大匙《おほさじ》十杯位《はいぐらゐ》と砂糖《さたう》中匙《ちうさじ》一杯位《はいぐらゐ》醤油《しやうゆ》大匙《おほさじ》四杯位《はいぐらゐ》を入《い》れて火《ひ》にかけ四五分間位《ふんかんぐらゐ》煮《に》て置《お》きます。

3、淺草海苔《あさくさのり》四枚《まい》は火《ひ》に炙《あぶ》り乾《かは》いた布巾《ふきん》に包《つゝ》み細《こま》かく揉《も》んで置《お》きます。

4、木《き》の芽《め》少量《せうりやう》を求《もと》め水洗《みづあらひ》して置《お》きます。

5、以上《いじやう》の用意《ようい》が出來《でき》ましたら二頁《ぺーじ》に有《あ》る鮨飯《すしめし》五合位《がふぐらゐ》の中《なか》に用意《ようい》して置《お》いた牡蠣《かき》、湯葉《ゆは》、淺草海苔《あさくさのり》を入《い》れて混《ま》ぜ合《あは》しお皿《さら》に盛《も》り分《わ》けて木《こ》の芽《め》少量《せうりやう》づ丶を載《の》せて出《だ》します。

蛸のばら鮨

材料		
	1、大蛸の足三本	4、干柿五個
	2、人參一本	5、鮨飯五合
	3、大根一寸	6、調味品

1、大蛸《おほだこ》の足《あし》三本《ぼん》を沸湯《にえゆ》の中《なか》に入《い》れて良《よ》く鹽茹《しほゆで》とし小口《こぐち》より薄《うす》く一分位《ぶぐらゐ》の輪切《わぎり》となし酢《す》の中《なか》に一時《じ》間位《かんぐらゐ》浸《つ》けて置《お》きます。

2、人參《にんじん》一本《ぽん》は皮《かは》をむき千六本《ぽん》に切《き》り鹽水《しほみづ》の中《なか》に浸《つ》けてやはらかく爲《な》りましたら水洗《みづあらひ》して甘酢《あまず》の中《なか》に浸《つ》けて置《お》きます。

3、大根《だいこん》一寸位《すんぐらゐ》は人參《にんじん》の如《ごと》くして甘酢《あまず》の中《なか》に浸《つ》けて置《お》きます。

4、干柿《ほしがき》五個《こ》はヘタ及《およ》び種《たね》を取《と》り去《さ》り縱《たて》二つに切《き》り小口《こぐち》より細《こま》かく切《き》り甘酢《あまず》に十分《ぶん》間位《かんぐらゐ》浸《つ》けて置《お》きます。

5、以上《いじやう》の用意《ようい》が出來《でき》ましたら二頁《ページ》の所《ところ》にある鮨飯《すしめし》五合位《がふぐらゐ》の中《なか》に右《みぎ》の材料《ざいれう》全部《ぜんぶ》を混《ま》ぜ合《あは》せお皿《さら》に盛《も》り分《わ》けて進《すゝ》めます。

針魚のばら鮨

材料	
1、針魚四尾	4、蒟蒻一枚
2、獨活三本	5、鮨飯五合
3、三ッ葉少量	6、櫻生姜

1、針魚《さより》の成《な》る可《べ》く新《あたら》しい物《もの》四尾《び》を求《もと》め鱗《うろこ》をはらひ頭《かしら》を落《おと》し三枚《まい》にし小骨《こほね》を取《と》り水洗《あらひ》し鹽《しほ》をして十分間位《ぶんかんぐらゐ》置《お》き時間《じかん》が過《た》ちましたら水洗《みづあらひ》し水氣《みづけ》を拭《ぬぐ》ひ取《と》り酢《す》の中《なか》に五分間位《ふんかんぐらゐ》浸けて置《お》き後《のち》引《ひ》き上《あ》げてはすかいに細切《こまぎり》として置《お》きます。

2、獨活《うど》三本位《ほんぐらゐ》は皮《かは》を剝《む》き笹《さゝ》がきとなし水《みづ》に浸《つ》けて灰汁《はく》出《だ》しをして甘酢《あまず》の中《なか》に浸《つ》けて置《お》きます。

3、三つ葉《は》少量《せうりやう》は沸湯《にえゆ》の中《なか》に入《い》れて鹽茹《しほゆで》とし五分位《ぶぐらゐ》に切《き》つて置《お》きます。

4、蒟蒻《こんにやく》一丁《ちやう》は横《よこ》に二枚《まい》にはがし縦《たて》三つに切《き》り小口《こぐち》より薄《うす》く切《き》り沸湯《にえゆ》の中《なか》に入《い》れて、茹《ゆが》き水《みづ》を切《き》り鍋《なべ》に味淋《みりん》大匙《おほさじ》四杯《はい》出汁《だし》大匙《おほさじ》八杯《はい》醤油《しやうゆ》大匙《おほさじ》四杯《はい》を入《い》れて火《ひ》にかけ今《いま》の蒟蒻《こんにやく》を入《い》れて十分間位《ぶんかんぐらゐ》煮《に》て置《お》きます。

5、以上《いじやう》の用意《ようい》が出來《でき》ましたら二頁《ぺーじ》にある鮨飯《すしめし》五合位《がふぐらゐ》の中《なか》に今《いま》の材料《ざいれう》全部《ぜんぶ》を入《い》れて混《ま》ぜ合《あは》しお皿《さら》に盛《も》り分《わ》けて進《す》めます。

鰹のばら鮨

材料

1、木の芽少量
2、鰹四切
3、青豆大匙十杯
4、鮨飯三合
5、調味品

1、木《き》の芽《め》少量《せうりやう》を求《もと》め水洗《みづあらひ》して微塵切《みぢんぎり》として置《お》きます。

2、小鍋《こなべ》に味淋《みりん》大匙《おほさじ》五杯《はい》醤油《しやうゆ》大匙《おほさじ》五杯位《はいぐらゐ》を入《い》れ火《ひ》にかけ煮立《にた》つて参《まゐ》りましたら火《ひ》より下《お》ろし用意《ようい》して置《お》いた木《き》の芽《め》を入《い》れて混《ま》ぜ合《あは》して置《お》きます。

3、鰹《かつを》四切《きれ》を求《もと》め今《いま》の汁《しる》の中《なか》に一時間位《じかんぐらゐ》つけておき時間《じかん》が過《た》ちましたら金串《かなぐし》にさし炭火《すみび》の上《うへ》に載《の》せて兩面《りやうめん》より焼《や》き程《ほど》よく焼《や》けましたら今《いま》の汁《しる》をかけて再《ふた》び焼《や》きます此《こ》の樣《やう》にして今《いま》の汁《しる》を二三度《ど》かけて焼《や》き程《ほど》よく味《あぢ》がしみ込《こ》んだ頃《ころ》金串《かなぐし》よりぬき取《と》り五分角位《ぶかくぐらゐ》に切《き》つて置《お》きます。

4、青豆《あなまめ》大匙《おほさに》十杯位《はいぐらゐ》は鑵《くわん》より出《だ》し水洗《みづあらひ》して出汁《だし》大匙《おほさじ》八杯半《はいはん》砂糖《さたう》中匙《ちうさじ》一杯《はい》薄口《うすぐち》の醤油《しやうゆ》大匙《おほさじ》四杯位《はいぐらゐ》とでざつと下煮《したに》をして置《お》きます。

5、以上《いじやう》の用意《ようい》が出來上《できあが》りましたら二頁《ぺーじ》の所《ところ》にある鮨飯《すしめし》三合位《がふぐらゐ》を用意《ようい》して今《いま》の材料《ざいれう》全部《ぜんぶ》をその中《なか》に入《い》れて混《ま》ぜ合《あは》しお皿《さら》に盛《も》り分《わ》けて進《す》めます。

鱚のばら鮨

材料	
1、鱚 八 尾	4、鮨飯五合
2、干 柿 五 個	5、調 味 品
3、人 参 壹 本	

1、鱚《きす》八尾《び》を求《もと》め頭《かしら》を取《と》り去《さ》り三枚《まい》に卸《おろ》し小骨《こほね》を取《と》り味淋《みりん》大匙《おほさじ》十 杯《はい》醬油《しやうゆ》大匙《おほさじ》十杯《はい》位《ぐらゐ》の中《なか》に二時間《じかん》位《ぐらゐ》浸《つ》けて取《と》り出《だ》し日光《につくわう》にて一日《にち》位《ぐらゐ》乾《ほ》し全部《ぜんぶ》金網《かなあみ》の上《うへ》に載《の》せてざつと焼《や》き上《あ》げ二分《ぶ》位《ぐらゐ》に切《き》つて置《お》きます。（此の鮨を拵へる時は今すぐと言つて間に合ひませんからきすの有る時に用意して金網で焼くばかりにして置きます）

2、干柿《ほしがき》五個《こ》のヘタ及《およ》び種《たね》を取《と》り二枚《まい》に剝《む》き小口《こぐち》より繊切《せんぎり》として置《お》きます。

3、人参《にんじん》一本《ほん》は皮《かは》を剝《む》き笹《さゝ》がきとし三杯酢《ばいず》の中《なか》に十分間《ぶんかん》位《ぐらゐ》浸《つ》けて置《お》き（三杯酢の拵へ方は味淋大匙三杯酢大匙三杯醬油大匙二杯を混ぜ合し一寸火にかくれば宜敷御座います）時間《じかん》が過《た》ちましたら三杯酢《ばいず》より引上《ひきあ》げ搾《しぼ》つて置《お》きます。

4、以上《いじやう》の用意《ようい》が出來《でき》ました二頁《ぺーじ》に有《あ》る鮨飯《すしめし》五合位《がふぐらゐ》を用意《ようい》し今《いま》の材料全部《ざいれうぜんぶ》を入《い》れて混《ま》ぜ合《あは》しお皿《さら》に盛《も》り分《わ》けて進《すゝ》めます。

鰮のばら鮨

材料	
1、鰮八尾	4、鮨飯五合
2、紅生姜二個	5、調味品
3、三ツ葉一本	

1、鰮《いわし》の成可《なるべ》く大《おほ》きく新《あたら》しい物《もの》八尾《び》を求《もと》め頭《かしら》を落《おと》し三枚《まい》に下《お》ろし薄身《うすみ》小骨《こぼね》を取り去《さ》り鹽《しほ》をして三十分間位《ぷんかんぐらゐ》置《お》き時間《じかん》が經《た》ちましたら水洗《みづあらひ》して酢《す》の中《なか》に十分間位《ぷんかんぐらゐ》浸《つ》けて斜《なゝめ》に一寸長《すんなが》さの一分幅位《ぶはゞぐらゐ》に切《き》つて置《お》きます。

2、紅生姜《べにせうが》二個《こ》は極《ご》く〱微塵切《みぢんぎり》として置《お》きます。

3、薩摩芋《さつまいも》一本《ほん》は少《すこ》し厚《あつ》めに皮《かは》を剝《む》き五分位《ぶぐらゐ》の亂切《らんぎり》として沸湯《にえゆ》の中《なか》に入《い》れて柔《やはら》かく茹《ゆが》き出汁《だし》大匙《おほさじ》八杯半《はいはん》砂糖《さたう》中匙《ちうさじ》一杯《はい》醬油《しやうゆ》大匙《おほさじ》四杯《はい》とでざつと煮《に》て置《お》きます。

4、以上《いじやう》の用意《ようい》が出來《でき》ましたら二頁《ぺーじ》に有《あ》る鮨飯《すしめし》五合位《がふぐらゐ》を用意《ようい》しその中《なか》に今《いま》の材料全《ざいれうぜん》部《ぶ》を入《い》れて混《ま》ぜ合《あは》せお皿《さら》に盛《も》り別《わ》けて進《すゝ》めます。

牛肉のばら鮨

材料

1、牛の亂肉八拾匁	4、鮨飯五合
2、青豆大匙十杯	5、調味品
3、馬鈴薯五個	

1、牛《うし》の亂肉《らんにく》八拾匁《もんめ》を求《もと》め二分位《ぶぐらゐ》の厚《あつ》さにそぎ身《み》となし一寸位《すんぐらゐ》の廣《ひろ》さに切《き》りそれを小口《こぐち》より一分位《ぶぐらゐ》に切《き》り酢《す》の中《なか》に二時間位《じかんぐらゐ》浸《つ》けて置《お》きます時間《じかん》が經《た》ちましたら酢《す》より引上《ひきあ》げ酢《す》大匙《おほさじ》八杯半《はいはん》砂糖《さたう》大匙《おほさじ》一杯《はい》醤油《しやうゆ》大匙《おほさじ》三杯半《はいはん》生姜《せうが》の搾《しぼ》り汁《じる》一個分位《こぶんぐらゐ》とを混《ま》ぜ合《あは》した中《なか》に三十分間位《ぶんかんぐらゐ》浸《つ》けて置《お》きます。

2、青豆《あをまめ》大匙《おほさじ》十杯位《はいぐらゐ》は罐《くわん》より出《だ》し水洗《みづあらひ》して小鍋《こなべ》に入《い》れ味淋《みりん》大匙《おほさじ》四杯《はい》出汁《だし》大匙《おほさじ》八杯《はい》醤油《しやうゆ》大匙《おほさじ》四杯位《はいぐらゐ》とでざつと煮《に》て置《お》きます。

3、馬鈴薯《じやがいも》五個位《こぐらゐ》は少《すこ》し厚目《あつめ》に皮《かは》を剝《む》き五分位《ぶぐらゐ》の亂切《らんぎり》として水《みづ》にはやし灰汁《あく》出《だ》しをして沸湯《にゆ》の中《なか》に入《い》れて軟《やはら》かく茹《ゆ》がき前《まへ》の青豆《あをまめ》の樣《やう》にして煮《に》て置《お》きます（青豆の煮汁が殘つて居ればつかつても宜敷い）。

4、以上《いじやう》の用意《ようい》が出來《でき》上《あが》りましたら二頁《ぺーじ》に有《あ》る樣《やう》にして鮨飯《すしめし》五合位《がふぐらゐ》を用意《ようい》し今《いま》の材《ざい》料《れう》全部《ぜんぶ》を入《い》れて混《ま》ぜ合《あは》しお皿《さら》に盛《も》り分《わ》けて進《す》めます。

鮃のばら鮨

材料	
1、鮃四切分	4、三ツ葉少量
2、澙葉五枚	5、鮨飯五合
3、椎茸三四個	6、調味品

1、鮃《ひらめ》の切身《きりみ》四切《きれ》を求《もと》め味淋《みりん》大匙《おほさじ》五杯《はい》醬油《しやうゆ》大匙《おほさじ》五杯《はい》とを混《ま》ぜ合《あは》した中《なか》に一時間位《じかんぐらゐ》つけておき時間《じかん》が過《た》ちましたら金串《かなぐし》にさしてやき半《なか》ば燒《や》けた頃今《ころいま》の汁《しる》をかけて尚《なほ》燒《や》きます此《こ》の樣《やう》にして三四度此《たびこ》の汁《しる》をかけて燒《や》き程《ほど》よく味《あぢ》のしみ込《こ》んだる頃《ころ》金《かな》

串《ぐし》をぬき取《と》り箸《はし》にて細《こま》かくせゝりぱら〳〵にして置《お》きます。

2、湯葉《ゆは》五枚位《まいぐらゐ》は水洗《みづあらひ》して鍋《なべ》に入《い》れ出汁《だし》大匙《おほさじ》八杯《はい》砂糖《さたう》中匙《ちうさじ》一杯《はい》醤油《しやうゆ》大匙《おほさじ》三杯位《はいぐらゐ》とで三分間位《ぶんかんぐらゐ》煮《に》て火《ひ》より下《お》ろし細《こま》かく切《き》つて置《お》きます。

3、椎茸《しひたけ》三四個《こ》を求《もと》め十一頁《ぺーじ》に有《あ》る樣《やう》にして甘辛《あまから》く煮《に》て纖切《せんぎり》にして置《お》きます。

4、三つ葉《ば》少量《せうりやう》は十頁《ぺーじ》に有《あ》る樣《やう》にして拵《こしら》へ五分位《ぶぐらゐ》の長《なが》さに切《き》つて置《お》きます。

5、以上《いじやう》の用意《ようい》が出來《でき》ましたら二頁《ぺーじ》の所《ところ》にある鮨飯《すしめし》五合位《がふぐらゐ》を用意《ようい》し今《いま》用意《ようい》して置《お》いた材料《ざいれう》全部《ぜんぶ》をその中《なか》に混《ま》ぜ合《あは》せお皿《さら》に盛《も》り分《わ》けて進《す》めます。

まなかつをのばら鮨

材料	
1、魴四切分	4、湯葉五枚
2、大根二寸	5、調味品
3、人参一本	

1、魴《まなかつを》大切《おほぎり》のまゝ四切《きれ》分位《ぶんぐらゐ》を求《もと》め血合《ちあひ》及《およ》び皮《かは》を取《と》り奇麗《きれい》に水洗《みづあらひ》して普通《ふつう》の刺身《さしみ》の如《ごと》

く薄作《うすづく》りとし鹽《しほ》をして三十分間位《ぶんかんぐらゐ》置《お》き水洗《みづあらひ》して水氣《みづけ》を拭《ぬぐ》ひ取《と》り生姜酢《せうがず》の中《なお》に三十分間位《ぶんかんぐらゐ》浸《つ》けて置《お》きます。

2、大根《だいこん》二寸位《すんぐらゐ》と人參《にんじん》一本《ほん》は皮《かは》を剝《む》き千六本《ぼん》に切《き》り鹽《しほ》をして置《お》き軟《やはら》かく成《な》りましたら水洗《みづあらひ》して酢《す》の中《なか》に十分間位《ぶんかんぐらゐ》浸《つ》けて置《お》きます。

3、湯葉《ゆば》五枚位《まいぐらゐ》は酢《す》の中《なか》に浸《つ》けて置《お》き軟《やはら》かくなりましたら細《こま》かく切《き》り三杯酢《はいず》の中《なか》に浸《つ》けて置《お》きます（三杯酢の拵へ方はきすのばら鮨の所に說明してあります）

4、以上《いじやう》の用意《ようい》が出來《でき》ましたら二頁《ぺーじ》の所《ところ》に說明《せつめい》して有《あ》る鮨飯《すしめし》五合位《がふぐらゐ》を用意《ようい》し今《いま》の材《ざい》料全部《れうぜんぶ》を混《ま》ぜ合《あは》せお皿《さら》に盛《も》り別《わ》けて進《すゝ》めます。

するめのばら鮨

材料	
1、するめ二枚	4、鮨飯五合
2、椎茸五個	5、調味品
3、干柿三個	

1、するめの上等《じやうとう》二枚《まい》を求《もと》め足《あし》を取《と》り火《ひ》にて炙《あ》ぶる様《やう》にして兩面《りやうめん》をざつと燒《や》き指先《ゆびさき》にし極々《ごく〳〵》小《ちひ》さくさき身《み》としてそれを一寸長《すんなが》さ位《ぐらゐ》に切《き》り甘酢《あまず》の中《なか》に二十分間位《ぶんかんぐらゐ》浸《みつ》けて置《お》きます。

2、椎茸《しひたけ》五個位《こぐらゐ》は十一頁《ぺーじ》の所《ところ》に有《あ》る様《やう》にして煮《に》つめ細《こま》かく纖切《せんぎり》として置《お》きます。

3、干柿《ほしがき》三個位《こぐらゐ》はヘタ及《およ》び種《たね》を取《ご》り去《さ》り薄《うす》くはがして一分位《ぶぐらゐ》の小口切《こぐちぎり》として置《お》きます。

4、以上《いじやう》の用意《ようい》が出來上《できあが》りましたら二頁《ぺーじ》の所《ところ》に説明《せつめい》して有《あ》る鮨飯《すしめし》五合位《がふぐらゐ》を用意《ようい》し今《いま》の材料全部《ざいれうぜんぶ》を入《い》れお皿《さら》に盛《も》り分《わ》けて進《す》めます。

螺蠑のばら鮨

材料	
1、螺蠑二個	4、櫻生姜
2、玉子四個	5、調味品
3、三ツ葉少量	

1、中位《ちうくらゐ》の螺蠑《さゞえ》二個《こ》を求《もと》め殼《から》のまゝ火《ひ》にかけ煮立《にた》つて來《き》て良《よ》く〳〵火《ひ》の通《とほ》つた頃《ころ》蓋《ふた》を取《と》り火《ひ》箸《はし》の樣《やう》な物《もの》で中身《なかみ》を取《と》り出《だ》し水《みづ》に取《と》り腸《わた》をさり身《み》の方《はう》を極《ご》く薄《うす》くそぎ身《み》とし別《べつ》の鍋《なべ》に味淋《みりん》大匙《おほさじ》四杯《はい》醬油《しやうゆ》大匙《おほさじ》四杯《はい》砂糖《さたう》中匙《ちうさじ》一杯位《はいぐらゐ》とを入《い》れ火《ひ》にかけ煮《に》立《た》つて參《まゐ》りましたら今《いま》の螺蠑《さゞえ》を入《い》れて五分間位《ふんかんぐらゐ》煮《に》て火《ひ》より下《お》ろして置《お》きます。

2、玉子《たまご》四個《こ》は丼《どんぶり》に割《わ》り入《い》れ箸《はし》にて能《よ》く交《ま》ぜ合《あは》し二十頁《ページ》にある樣《やう》にして玉子《たまご》燒《や》きを拵《こしら》へ一寸幅位《すんはゞぐらゐ》に切《き》り小口《こぐち》より細《こま》かく切《き》つて置《お》きます。

3、三つ葉《ば》少量《せうりやう》は十頁《ページ》に有《あ》る樣《やう》にして五分《ぶ》長《なが》さ位《ぐらゐ》に切《き》つて置《お》きます。

4、以上《いじやう》の用意《ようい》が出來《でき》ましたら鮨飯《すしめし》五合《がふ》（鮨飯の拵へ方は二頁に有ります）の中《なか》に今《いま》の材料《ざいれう》全部《ぜんぶ》を入《い》れて混《ま》ぜ合《あは》しお皿《さら》に盛《も》り別《わ》けて櫻生姜《さくらせうが》を添《そ》へて進《す》めます（櫻生姜の拵へ方は九頁に有ります）

鰡のばら鮨

材料	
1、鰡四切分	4、鮨飯五合
2、筍三本	5、調味品
3、すだれふ二枚	

1、鰡《いな》の切身《きりみ》四切分位《きれぶんぐらゐ》を大切《おほぎり》のまゝ求《もと》め皮《かは》を引《ひ》き普通《ふつう》の刺身《さしみ》の如《ごと》く切《き》り生姜《せうが》の卸金《おろしかね》にて卸《おろ》した物《もの》一個分《こぶん》酢《す》大匙《おほさじ》十五杯《はい》醤油《しやうゆ》大匙《おほさじ》四杯《はい》とを混《ま》ぜ合《あは》した中《なか》に二時間位《じかんぐらゐ》浸《つ》けて置《お》きます。

2、筍《たけのこ》三本位《ほんぐらゐ》は鑵《くわん》より出《だ》し薄《うす》く輪切《わぎり》として沸湯《にえゆ》の中《なか》に入《い》れて茹《ゆ》がき味淋《みりん》大匙《おほさじ》四杯《はい》出汁《だし》大匙《おほさじ》八杯《はい》砂糖《さたう》中匙《ちうさじ》一杯《はい》醤油《しやうゆ》大匙《おほさし》四杯《はい》とで煮込《にこ》み味付《あぢつけ》をして置《お》きます。

3、すだれふ二枚位《まいぐらゐ》は鹽茹《しほゆで》とし一寸幅位《すんはゞぐらゐ》に切《き》りそれを小口《こぐち》より一分位《ぶぐらゐ》に切《き》り出汁《だし》大匙《おほさし》八杯半《はいはん》醤油《しやうゆ》大匙《おほさじ》四杯《はい》砂糖《さたう》大匙《おほさじ》一杯《はい》とで煮《に》て置《お》きます。

4、以上《いじやう》の用意《ようい》が出來《でき》ましたら鮨飯《すしめし》五合位《がふぐらゐ》を用意《ようい》し（鮨飯の拵へ方は二頁にあります）今《いま》の材料全部《ざいれうぜんぶ》を

混《ま》ぜ合《あは》し適宜《てきぎ》にお皿《さら》に盛《も》り分《わ》けて進《すゝ》めます。

鯖のばら鮨

材料

1、鯖　四切
2、大根　二寸
3、人參　一本
4、干柿　四個
5、鮨飯　五合
6、調味品

1、鯖《さば》四切分位《きれぶんぐらゐ》を求《もと》め手《て》にて薄皮《うすかは》をむき取《と》り鹽《しほ》をして三十分間位《ぶんかんぐらゐ》置《お》き時間《じかん》が經《た》ちましたら水洗《みづあらひ》して水氣《みづけ》を拭《ぬぐ》ひ去《さ》り酢《す》の中《なか》に十分間位《ぶんかんぐらゐ》浸《つ》けて置《お》き刺身《さしみ》の如《ごと》く薄《うす》く切《き》り酢《す》大匙《おほさし》八杯半《はいはん》生姜《せうが》の卸《おろ》した物《もの》一個分《こぶん》醤油《しやうゆ》大匙《おほさじ》四杯《はい》とを混《ま》ぜ合《あは》した中《なか》に二十分《ぶん》間位《かんぐらゐ》浸《つ》けて置《お》きます。

2、大根《だいこん》二寸位《すんぐらゐ》と人參《にんじん》一本《ほん》は皮《かは》を剝《む》き笹《さゝ》がきとなし沸湯《にえゆ》の中《なか》に入《い》れて鹽茹《しほゆで》とし三杯《はい》酢《ず》の中《なか》に(三杯酢の拵へ方はきずのばら鮨の所に有ります)暫《しばら》く浸《つ》けて置《お》きます。

3、干柿《ほしがき》四個《こ》は種《たね》及《およ》びヘタを取《と》り縦《たて》に二《ふた》つ割《わ》りとし小口《こぐち》より一分位《ぶぐらゐ》に切《き》り大根《だいこん》、人《にん》

參《じん》を浸《つ》けて置《お》いた殘《のこ》りの三杯酢《はいず》の中《なか》に五分間位浸《ふんかんぐらゐつ》けて置《お》きます。

4、以上《いじやう》の用意《ようい》が出來《でき》ましたら鮨飯《すしめし》五合位《がふぐらゐ》を用意《ようい》し（鮨飯の拵へ方は二頁の所に説明してあります）今《いま》の材料《ざいれう》全部《ぜんぶ》を入《い》れて混《ま》ぜ合《あは》せ適宜《てきぎ》にお皿《さら》に盛《も》り分《わ》けて進《すゝ》めます。

干海老のばら鮨

材料		
1、干海老一合	2、椎茸四五合	3、玉子一個
4、筍二本	5、三ツ葉少量	6、鮨飯五合
7、調味品		

1、干海老《ほしゑび》一合位《がふぐらゐ》を求《もと》め頭及《かしらおよ》び皮《かは》を取《と》り沸湯《にえゆ》をかけて能《よ》く〳〵洗《あら》ひ味淋《みりん》大匙《おほさじ》八杯半《はいはん》醤油大匙《しやうゆおほさじ》七杯玉子《はいたまご》の黄味《きみ》一個分《こぶん》とをよく〳〵混《ま》ぜ合《あは》せた物《もの》の中《なか》に三十分間位浸《ぶんかんぐらゐつ》けて置《お》き時間《じかん》が經《た》ちましたら金網《かなあみ》の上《うへ》に載《の》せて焼《や》いて置《お》きます。

2、椎茸《しひたけ》四五個《こ》は十一頁《ぺーじ》の所《ところ》にある様《やう》にして煮《に》て繊切《けんぎり》として置《お》きます。

3、筍《たけのこ》二本《ほん》は鑵《くわん》より出《だ》し縦《たて》に二《ふた》つ割《わり》として水洗《みづあらひ》しそれを一寸長《すんなが》さ位《ぐらゐ》に切《き》り千六本《ぽん》に

切《き》り沸湯《にえゆ》の中《なか》に入《い》れて茹《ゆが》き味淋《みりん》大匙《おほさじ》四杯出汁《はいだし》大匙《おほさじ》八杯《はい》醤油《しやうゆ》大匙《おほさじ》四杯《はい》とで煮《に》て置《お》きます。

4、三つ葉《ば》少量《せうりやう》は水洗《みづあらひ》して沸湯《にえゆ》の中《なか》に入《い》れて鹽茹《しほゆで》として五分《ぶ》長《なが》さ位《ぐらゐ》に切《き》つて置《お》きます。

5、以上《いじやう》の用意《ようい》が出來《でき》ましたら鮨飯《すしめし》五合位《がふぐらゐ》を（鮨飯の拵へ方は二頁の所に説明してあります）用意《ようい》して置《お》いた材料全部《ざいれうぜんぶ》を入《い》れて混《ま》ぜ合《あは》せお皿《さら》に盛《も》り分《わ》けて進《すゝ》めます。

手輕で美味しい箱鮨の色々

赤貝の箱鮨

材料

1、赤貝四個
2、木茸少々
3、椎茸四個
4、山葵小一本
5、鮨飯五合
6、調味品

1、赤貝《あかがひ》の大《だい》四個《こ》を求《もと》め殼《から》より出《だ》し紐《ひも》の部分《ぶゞん》を取《と》り去《さ》り中央《ちうあう》より二《ふた》つに切中《きりなか》の腸《わた》を

掬《すく》ひ取《と》り鹽《しほ》にてもみ洗《あら》ひ酢《す》の中《なか》に五分間位《ふんかんぐらゐ》漬《つ》け時間《じかん》が經《た》ちましたら取《と》り出《だ》し薄《うす》くそぎ身《み》として置《お》きます。

2、木茸少量《きくらげせうりやう》は湯《ゆ》の中《なか》に浸《つ》けて軟《やはら》かくなし後《のち》微塵切《みぢんぎり》として置《お》きます。

3、椎茸《しひたけ》四個位《こぐらゐ》は十一頁《ぺーじ》の所《ところ》に有《あ》る樣《やう》にして煮《に》て纖《せん》に切《き》つて置《お》きます。

4、山葵《わさび》小《せう》一本《ほん》は皮《かは》を剝《む》き葉付《はつき》の方《はう》より目《め》の細《こま》かい卸金《おろしがね》にかけて卸《おろ》し尚細々《なほこま〴〵》にたゝいて置《お》きます。

5、以上《いじやう》の用意《ようい》が出來上《できあが》りましたら押箱《おしばこ》を水《みづ》にしたし竹《たけ》の皮《かは》を下敷《したじき》と成《な》しその上《うへ》に鮨飯《すしめし》を一杯《はい》詰《つ》め（鮨飯の拵へ方は二頁にあります）飯《めし》の上《うへ》に用意《ようい》して置《お》いた山葵《わさび》を薄《うす》く塗《ぬ》り付《つ》けその上《うへ》に木茸《きくらげ》の微塵切《みぢんぎり》をぱら〳〵と撒《ふ》りその上《うへ》に赤貝《あかゞひ》と椎茸《しひたけ》とを一面《めん》に體裁《ていさい》よく廣《ひろ》げ上《うへ》に竹《たけ》の皮《かは》を被《かぶ》せ押箱《おしばこ》の蓋《ふた》をして數回《すうくわい》押《お》し付《つ》けて取《と》り出《だ》し煮詰《につ》めを（煮詰の拵へ方は四頁に有ります）塗《ぬ》り付《つ》けて適宜《てきぎ》に切《き》つてお皿《さら》に盛《も》りて進《すゝ》めます。

白魚の箱鮨

材料

1、白魚二合
2、干瓢少量
3、鮨飯五合
4、林檎酢
5、調味品

1、白魚《しらうを》二合位《がふぐらゐ》を求《もと》め奇麗《きれい》に水洗《みづあらひ》して十七頁《ぺーじ》に説明《せつめい》して有《あ》る様《やう》にして置《お》きます。

2、干瓢少量《かんぺうせうりやう》を求《もと》め十一頁《ぺーじ》の所《ところ》に説明《せつめい》して有《あ》る様《やう》にして甘煮《うまに》とし一寸長《すんなが》さ位《ぐらゐ》に切《き》つて置《お》きます。

3、以上《いじやう》の用意《ようい》が出來《でき》ましたら鮨飯《すしめし》五合位《がふぐらゐ》を用意《ようい》し（鮨飯の拵へ方は二頁の所にあります）赤貝《あかゞひ》の箱鮨《はこずし》の所《ところ》に有《あ》る様《やう》にして鮨飯《すしめし》をつめその上《うへ》に干瓢《かんぺう》をならべて其上《そのうへ》に今《いま》の白魚《しらうを》を正《たゞ》しくならべ押蓋《おしふた》をして數回押《すうくわいお》し付《つ》けて取《さ》り出《だ》し適宜《てきゞ》に切《き》つてお皿《さら》に盛《も》り 鶯《うぐいす》 酢少量《ずけうりやう》をかけて進《すゝ》めます（鶯酢の拵へ方は七頁にあります）

鯛の箱鮨

材料

1、鯛五切	4、櫻生姜少々
2、山葵一本	5、鮨飯五合
3、煮返し	6、調味品

1、鯛《たひ》の身《み》大切《おほぎれ》のまゝ五切《きれ》分位《ぶんぐらゐ》を求《もと》め鹽《しほ》をして一時間位《じかんぐらゐ》置《お》き時間《じかん》が經《た》ちましたら水《みづ》洗《あらひ》して水氣《みづけ》を拭《ぬぐ》ひ去《さ》り甘酢《あまず》の中《なか》に十分間位《ぶんかんぐらゐ》浸《つ》けて取《と》り出《だ》し刺身《さしみ》庖丁《はうちやう》にて一分位《ぶぐらゐ》のそぎ身《み》として置《お》きます。

2、山葵《わさび》小《せう》一本《ほん》は皮《かは》を剝《む》き葉付《はつき》の方《はう》より目《め》の細《こま》かい卸金《おろしがね》にかけて卸《おろ》し俎板《なまいた》の上《うへ》にて尚細々《なほこまぐ》にたゝいて置《お》きます。

3、以上《いじやう》の用意《ようい》が出來《でき》上《あが》りましたら鮨飯《すしめし》五合位《がふぐらゐ》を用意《ようい》して（鮨飯の拵へ方は二頁にあります）赤貝《あかゞひ》の箱《はこ》鮨《ずし》の所《ところ》に説明《せつめい》して有《あ》る樣《やう》にして詰《つ》めその上《うへ》に用意《ようい》して置《お》いた山葵《わさび》を一面《めん》に薄《うす》くぬり付《つ》け又其《またそ》の上《うへ》に今《いま》の鯛《たひ》を皮《かは》の方《はう》を下向《したむき》にして列《なら》べ上《うへ》に酢《す》に浸《つ》けた竹《たけ》の皮《かは》を

あて、押蓋《おしぶた》をして堅《かた》くおし抜《ぬ》き適宜《てきぎ》に切《き》つてお皿《さら》に盛《も》り上《うへ》に煮返《にかへ》しを(煮返しの拵へ方は四頁にあります)塗《ぬ》り付《つ》け櫻生姜《さくらせうが》(櫻生姜の拵へ方は九頁に說明してあります)を添《そ》へて進《す》めます。

鱚子の箱鮨

材料	
1、鱚子十尾	4、鮨飯五合
2、おぼろ大匙十杯	5、調味品
3、椎茸五個	

1、鱚子《きすこ》拾尾《び》を求《もと》め鱗《うろこ》をはらい頭《かしら》を落《おと》し腹《はら》を開《ひら》き腸《わた》を出《だ》し水洗《みづあらひ》して三枚《まい》におろし小骨《こほね》を取《と》り去《さ》り水氣《みづけ》を拭《ぬぐ》ひ味淋《みりん》大匙《おほさじ》八杯《はい》醤油《しやうゆ》大匙《おほさじ》六杯《ぱい》とを混《ま》ぜ合《あは》した中《なか》に二時《じ》間位《かんぐらゐ》浸《つ》け時間《じかん》が經《た》ちましたら取《と》り出《だ》し日光《につくわう》にて一日位《にちぐらゐ》乾《ほ》し金網《かなあみ》にのせてざつと焼《や》いて置《お》きます。

2、魚《さかな》のおぼろ大匙《おほさじ》十杯位《はいぐらゐ》を用意《ようい》して置《お》きます(おぼろの拵へ方は十四頁にあります)。

3、椎茸《しひたけ》五個位《こぐらゐ》十一頁《ぺーじ》にある樣《やう》にして煮《に》て微塵切《みぢんぎり》として用意《ようい》して置《お》いた魚《さかな》のおぼろ

と能《よ》く〳〵混《ま》ぜ合《あは》して置《お》きます。

4、以上《いじやう》の用意《ようい》が出來《でき》ましたら鮨飯《すしめし》五合位《がふぐらゐ》を(鮨飯の拵へ方は二頁にあります)用意《ようい》して前《まへ》の樣《やう》にして押箱《おしばこ》に詰《つ》め(赤貝の箱鮨に有る樣にして)その上《うへ》に今《いま》のおぼろを載《の》せ又《また》その上《うへ》にきす子《こ》を列《なら》べ上《うへ》に竹《たけ》の皮《かは》をあてゝ押蓋《おしぶた》をあてゝ堅《かた》く押《お》し拔《ぬ》いて適宜《てきぎ》に切《き》つてお皿《さら》に盛《も》り櫻酢《さくらす》を塗《ぬ》つて進《すゝ》めます(櫻酢の拵へ方は七頁にあります)。

鯖の箱鮨

材料
1、鯖　一尾
2、大根　一寸
3、山葵　一本
4、淺草海苔三枚
5、鮨飯　三合
6、調味品

1、鯖《さば》の新《あたら》しい物を撰《えら》び大《だい》一尾《び》を求《もと》め頭《かしら》を落《おと》し腹《はら》を開《ひら》き腸《わた》を出《だ》し水洗《みづあらひ》して三枚《まい》に下《お》ろし薄身《うすみ》小骨《こぼね》を取《と》り強鹽《つよしほ》をして一時間位《じかんぐらゐ》置《お》き時間《じかん》が經《た》ちましたら水洗《みづあらひ》して酢《す》の中《なか》に三十分間位《ぶんかんぐらゐ》漬《つ》けて置《お》き手《て》にて薄皮《うすがは》を剝《む》き取《と》り薄《うす》くそぎ身《み》として置《お》きます。

2、大根《だいこん》一寸位《すんぐらゐ》は皮《かは》を剝《む》き卸金《おろしがね》にかけて置《お》きます。

3、淺草海苔《あさくさのり》三枚位《まいぐらゐ》は火《ひ》にて炙《あぶ》り乾《かは》いた布巾《ふきん》に包《つゝ》み細《こま》かく揉《も》んで置《お》きます。

4、山葵《わさび》一本《ぽん》は皮《かは》を剝《む》き葉付《はつき》の方《はう》より目《め》の細《こま》かい卸金《おろしがね》にかけて下《お》ろし尚細々《なほこまぐ》にたゝいて置《お》きます。

5、以上《いじやう》の用意《ようい》が出來《でき》ましたら鮨飯《すしめし》三合位《がふぐらゐ》を（鮨飯の拵へ方は二頁にあります）用意《ようい》して置《お》いた大根《だいこん》の搾《しぼ》り汁《じる》と淺草海苔《あさくさのり》と山葵《わさび》とを入《い》れ良《よ》く〳〵混《ま》ぜ合《あは》し前《まへ》の如《ごと》くして押箱《おしばこ》に詰《つ》め（赤貝の箱鮨の所の様にして）その上《うへ》に用意《ようい》して置《お》いた鯖《さば》を列《なら》べ酢《す》に漬《つ》けた竹《たけ》の皮《かは》をその上《うへ》より被《かぶ》せ押蓋《おしぶた》をして堅《かた》く押《お》し抜《ぬ》き適宜《てきぎ》に切《き》つてお皿《さら》に盛《も》り煮返《にかへ》しを（煮返の拵へ方は四頁にあります）塗《ぬ》つて進《すゝ》めます。

小はだの箱鮨

材料	
1、小はだ八尾	4、鮨飯三合
2、干瓢少量	5、櫻酢
3、林檎のおぼろ大匙十杯	6、調味品

1、小《こ》はだ八尾《び》を求《もご》め鱗《うろこ》を拂《はら》ひ頭《あたま》を落《おご》し腹《はら》を三分《ぶ》通《どほ》りあけ腸《わた》及《およ》び小骨《こほね》を取《ご》り鹽《しほ》をして三十分《ぷん》間《かん》位《ぐらゐ》置《お》き時間《じかん》が經《た》ちましたら水《みつ》洗《あらひ》して酢《す》の中《なか》に一時間位《じかんぐらゐ》漬《つ》けて後《のち》取《ご》り出《だ》し三枚《まい》に下《お》ろし薄《うす》くそぎ身《み》として置《お》きます。

2、干瓢《かんぺう》少量《せうりやう》は十一頁《ぺーじ》の所《こころ》に有《あ》る樣《やう》にして煮《に》て細《こま》かく切《き》つて置《お》きます。

3、林檎《りんご》のおぼろ大匙《おほさじ》十杯位《ぱいぐらゐ》を拵《こしら》へて置《お》きます（林檎のおぼろの拵へ方は十五頁にあります）

4、以上《いじやう》の用意《ようい》が出來上《できあが》りましたら鮨飯《すしめし》三合位《がふぐらゐ》を用意《ようい》して（鮨飯の拵へ方は二頁に有ります）干瓢《かんぺう》とおぼろとを鮨飯《すしめし》の中《なか》によく〳〵混《ま》せ合《あは》せ前《まへ》の樣《やう》にして（赤貝の箱鮨の樣にして）押箱《おしばこ》に詰《つ》めその上《うへ》に小《こ》はだを程《ほご》よく列《なら》べ前《まへ》の樣《やう》に竹《たけ》の皮《かは》をあてゝ押蓋《おしぶた》をして堅《かた》くおさえ押拔《おしぬ》い

て適宜《てきぎ》に切《き》りお皿《さら》に盛《も》り櫻酢《さくらず》を塗《ぬ》つて（櫻酢の拵へ方は六頁にあります）出《だ》します。

あなごの箱鮨

材料		
1、あなご十二尾	2、鮨飯三合位	3、山葵入れ煮詰
4、けしの實少量	5、調味品	

1、あなごの開《ひら》いた物《もの》拾二尾《び》を求《もと》め十八頁《ぺーじ》の所《ところ》に説明《せつめい》して有《あ》る様《やう》にして煮《に》て良《よ》く冷《さ》めてから二枚《まい》に切《き》りそれを一寸位宛《すんぐらゐつゝ》に切《き》つて置《お》きます。

2、二頁《ぺーじ》の所《ところ》に有《あ》る様《やう》にして鮨飯《すしめし》三合位《がふぐらゐ》を用意《ようい》して前《まへ》の様《やう》にして（赤貝の箱鮨に有る様にして）押《おし》箱《はこ》の中《なか》に詰《つ》め飯《めし》の上《うへ》に用意《ようい》して置《お》いたあなごを程《ほど》よく列《なら》べその上《うへ》に竹《たけ》の皮《かは》をあて、押蓋《おしぶた》をして堅《かた》くしめて押《お》し抜《ぬ》き適宜《てきぎ》に切《き》つてお皿《さら》に盛《も》り山葵《わさび》入《い》り煮詰《につめ》をぬり付《つ》け（山葵入り煮詰の拵へ方は五頁に有ります）けしの實《み》をふりかけて進《す》めます。

鰺の箱鮨

材料	
1、中位の鰺二尾	4、鮨飯三合
2、山葵小一本	5、調品味
3、煮返少量	

1、中位《ちうくらゐ》の鰺《あぢ》の新《あたら》しい物《もの》二尾《び》を求《もと》め鱗《うろこ》を拂《はら》ひ尾《を》の方《はう》に付《つ》いてをるセンゴを取《と》り去《さ》り頭《かしら》及《およ》び尾《を》を切《き》り落《おと》し脊《せ》の方《はう》より開《ひら》き三枚《まい》に下《お》ろし薄身《うすみ》小《こ》骨《ほね》を取《と》り去《さ》り水洗《みづあらひ》して強鹽《つよしほ》をして三十分間位《ぷんかんぐらゐ》置《お》きます時間《じかん》が經《た》ちましたら水洗《みづあらひ》して水氣《みづけ》を拭《ぬぐ》ひ取《と》り酢《す》の中《なか》に砂《さ》糖《たう》少量《せうりやう》を加《くは》へた中《なか》に十分間位《ぷんかんぐらゐ》漬《つ》けて置《お》き一切《きれ》を薄《うす》く三枚《まい》にそいで置《お》きます。

2、山葵《わさび》小《せう》一本《ほん》は皮《かは》を剝《む》き葉付《はつき》の方《はう》より目《め》の細《こま》かい卸金《おろしがね》にかけて卸《おろ》し俎板《まないた》の上《うへ》に載《の》せて尚《なほ》細々《こまぐ》にたゝいて置《お》きます。

3、以上《いじやう》の用意《ようい》が揃《そろ》ひましたら鮨飯《すしめし》三合位《がふぐらゐ》を用意《ようい》して（鮨飯の拵へ方は二頁にあります）前《まへ》の樣《やう》にして

（赤貝の箱鮨の處にあります）押箱《おしばこ》の中《なか》に詰《つ》め用意《ようい》して置《お》いた山葵《わさび》を一面《めん》に薄《うす》くぬり付《つ》けその上《うへ》に鰺《あぢ》を薄《うす》く置《お》き竹《たけ》の皮《かは》をあてゝ押蓋《おしぶた》をして堅《かた》く押《お》してから押抜《おしぬ》き煮返《にかへ》しをぬり付《つ》け適宜《てきゞ》に切《き》りお皿《さら》に盛《も》り別《わ》けて進《すゝ》めます。

鮪の箱鮨

材料	
1、鮪五切分	4、鮨飯五合
2、山葵一本	5、山葵入れ煮詰
3、櫻生姜	6、調味品

1、山葵《わさび》一本《ほん》は皮《かは》を剝《む》き葉付《はづき》の方《はう》より目《め》の細《こま》かい卸金《おろしがね》にかけて下《お》ろし俎板《まないた》の上《うへ》に載《の》せて尚《なほ》細々《こま〳〵》にたゝき半分《はんぶん》を洋皿《やうさら》の樣《やう》な物《もの》に取《と》り味淋《みりん》大匙《おほさじ》四杯《はい》と醬油《しやうゆ》大匙《おほさじ》十五杯《はい》位《ぐらゐ》とを徐々《じよ〳〵》に加《くは》へ良《よ》く搔《か》きまぜて置《お》きます。（山葵の半分は山葵入れ煮詰に用ひますから大切に取つて後で用ひます）

2、鮪《まぐろ》五切分位《きれぶんぐらゐ》を求《もと》め一分位《ぶぐらゐ》の厚《あつ》さにそぎ身《み》とし用意《ようい》して置《お》いた山葵醬油《わさびじやうゆ》の中《なか》に二時間《じかん》漬《つ》けて置《お》きます時間《じかん》が過《た》ちましたら金網《かなあみ》の上《うへ》に載《の》せて全部《ぜんぶ》を兩面《りやうめん》より火《ひ》の

通《とほ》るまで焼《や》いて置《お》きます。

3、以上《いじやう》の用意《ようい》が出來《でき》ましたら鮨飯《すしめし》三合位《がふぐらゐ》を用意《ようい》して（鮨飯の拵へ方は二頁にあります）前《まへ》の様《やう》にして押箱《おしばこ》に詰《つ》め（赤貝の箱鮨の所の様にして）その上《うへ》に用意《ようい》して置《お》いた鮪《まぐろ》を列《なら》べ竹《たけ》の皮《かは》をあて丶押蓋《おしぶた》をして堅《かた》くおして押抜《おしぬ》き山葵煮《わさびに》詰《つ》めをぬり付《つ》け（山葵煮詰の拵へ方は五頁にあります）適宜《てきぎ》に切《き》つてお皿《さら》に盛《も》り分《わ》けて櫻生姜《さくらせうが》（櫻生姜の拵へ方は九頁にあります）を添《そ》へて出《だ》します。

玉子焼の箱鮨

材料		
1、玉子焼二枚	2、椎茸五個	3、鮨飯三合
4、羽二重酢	5、調味品	

1、十二頁《ぺーじ》の所《ところ》に有《あ》る様《やう》にして魚肉入《ぎよにくい》り玉子焼《たまごや》き二枚《まい》を拵《こしら》へて置《お》きます。

2、椎茸《しひたけ》五個位《こぐらゐ》は十一頁《ぺーじ》の所《ところ》に説明《せつめい》して有《あ》る様《やう》にして拵《こしら》えて微塵《みぢん》に切《き》つて置《お》きます。

3、以上《いじやう》の用意《ようい》が出來《でき》ましたら鮨飯《すしめし》三合位《がふぐらゐ》を用意《ようい》して（鮨飯の拵へ方は二頁にあります）今《いま》の椎茸《しひたけ》を良《よ》

〳〵混《ま》ぜ合《あは》し前《まへ》の様《やう》にして押箱《おしばこ》に詰《つ》めその上《うへ》に今《いま》の玉子焼《たまごや》きを置《お》き前《まへ》の様《やう》にして堅《かた》く蓋《ふた》をしてしめ押抜《おしぬ》きて適宜《てきぎ》に切《き》りお皿《さら》に盛《も》り分《わ》けて羽二重酢《はぶたへず》を添《そ》へて出《だ》します（羽二重酢の拵へ方は八頁の處に有ります）。

鰮の箱鮨

材料	
1、鰮二十尾	4、鮨飯三合
2、卯の花一錢	5、煮返し
3、生姜	6、調味品

1、鰮《いわし》の新《あたら》しい物《もの》二十尾《び》を求《もと》め鱗《うろこ》をはらい頭《かしら》を落《おさ》し腹《はら》の方《はう》より庖丁《はうちやう》を入《い》れて切《き》り放《はな》さない様《やう》に開《ひら》き腹骨《はらほね》を取《こ》り水洗《みづあらひ》して布巾《ふきん》にて拭《ぬぐ》ひ皿《さら》の上《うへ》に身《み》の方《はう》を上《うへ》に向《む》けて強鹽《つよしほ》をして三十分間位《ぷんかんぐらゐ》置《お》き時間《じかん》が過《た》ちましたら一度《ご》水洗《みづあらひ》して生姜酢《せうがず》の中《なか》に二十分間位浸《ぶんかんぐらゐつ》けて置《お》きます。

2、卯《う》の花《はな》一錢位《けんぐらゐ》を求《もと》め擂鉢《すりばち》に入《い》れて能《よ》く〳〵擂《す》りつぶし鍋《なべ》に入《い》れ火《ひ》にかけ出汁《だし》大《おほ》

匙《さじ》八杯半《はいはん》砂糖《さたう》大匙《おほさじ》二杯《はい》生姜《せうが》の微塵切《みぢんぎり》大匙《おほさじ》一杯《はい》醤油《しやうゆ》少量《せうりやう》にて程《ほど》よく味《あぢ》を付《つ》け飯杓子《めしじやくし》で掻《か》き混《ま》ぜながら焦《こ》げ付《つ》かぬ様《やう》にから〳〵に煎《い》り付《つ》ける様《やう》にして冷《さま》して置きます。

3、以上《いじやう》の用意《ようい》が出來《でき》ましたら鮨飯《すしめし》三合位《がふぐらゐ》を用意《ようい》し（鮨飯の拵へ方は二頁にあります）今《いま》の卯《う》の花《はな》と混《ま》ぜ合《あは》せ前《まへ》の様《やう》にして押箱《おしばこ》に詰《つ》め（赤貝の所の様にして）その上《うへ》に用意《ようい》して置《お》いた鰮《いわし》を列《なら》べ上《うへ》に竹《たけ》の皮《かは》をあてゝ押蓋《おしぶた》をして堅《かた》くしめて押抜《おしぬ》き上《うへ》に煮返《にかへ》しを（煮返の拵へ方は四頁にあります）塗《ぬ》つて適宜《てきぎ》に切《き》つてお皿《さら》に盛《も》り分《わ》けて進《すゝ》めます。

鮑の箱鮨

材料

1、鮑中位二個
2、青豆大匙十杯
3、山葵煮詰
4、樱生姜
5、鮨飯三合
6、調味品

1、中位《ちうくらゐ》の鮑《あはび》二個《こ》を求《もと》め鹽《しほ》にて揉《も》み洗《あら》ひ飯杓子《めしじやくし》の様《やう》な物《もの》で殼《から》からそぎ放《はな》し灰色《はいいろ》をし

た所《ところ》の腸《わた》を去《さ》り尚口《なほくち》の部分《ぶぶん》に庖丁《はうちやう》を入《い》れて赤色《あかいろ》をした腸《わた》の様《やう》な物《もの》を取《と》り出《だ》し奇《き》麗《れい》に水洗《みづあらひ》して俎板《まないた》の上《うへ》に取《と》り鮑《あはび》の星《ほし》と申《まを》す部分《ぶぶん》を薄《うす》くそぎ取《と》り身《み》の部分《ぶぶん》は縦二《たてふた》つに切《き》り薄《うす》く小《こ》口切《ぐちぎり》として置《お》きます。

2、次《つぎ》に小《こ》鍋《なべ》に味《み》淋《りん》大匙《おほさじ》六杯《はい》と醤油《しやうゆ》大匙《おほさじ》三杯位《はいぐらゐ》を入《い》れ火《ひ》にかけ煮立《にた》つて参《まゐ》りましたら用意《ようい》して置《お》いた鮑《あはび》を入《い》れしばらく煮《に》て鮑《あはび》に火《ひ》の通《とほ》つた頃火《ころひ》より下《お》ろし網杓子《あみしやくし》の様《やう》な物《もの》で掬《すく》ひ上《あ》げて置《お》きます。

3、青豆《あをまめ》大匙《おほさじ》十杯位《はいぐらゐ》は鑵《くわん》より出《だ》し水洗《みづあらひ》して今《いま》の鮑《あはび》の煮汁《にしる》でざつと煮《に》て味《あぢ》を付《つ》けて置《お》きます。

4、以上《いじやう》の用意《ようい》が揃《そろ》ひましたら鮨飯《すしめし》三合位《がふぐらゐ》を用意《ようい》し（鮨飯の拵へ方は二頁の所に説明してあります）今《いま》の青豆《あをまめ》を入《い》れて混《ま》ぜ合《あは》せ前《まへ》の様《やう》にして（赤貝の箱鮨の所の様にして）押箱《おしはこ》に詰《つ》めその上《うへ》に今《いま》の鮑《あはび》を程良《ほどよ》く列《なら》べその上《うへ》に竹《たけ》の皮《かは》を被《かぶ》せ押蓋《おしぶた》をして堅《かた》くしめ押抜《おしぬ》いて山葵《わさび》煮詰《につめ》（山葵煮詰の拵へ方は五頁にあります）を塗《ぬ》り付《つ》け適宜《てきぎ》に切《き》りお皿《さら》に盛《も》り櫻生姜《さくらせうが》（櫻生姜の拵へ方は九頁にあります）を添《そ》へて出《だ》します。

鮎の箱鮨

材料	
1、鮎十六尾	4、櫻生姜
2、たでの葉少々	5、鮨飯三合
3、煮返し	6、調味品

1、鮎《あゆ》の新《あたら》しい物《もの》十六尾《び》を求《もと》め鱗《うろこ》をはらい腹《はら》の方《はう》より庖丁《はうちやう》を入《い》れて切《き》り廣《ひろ》げ腸《わた》を取《と》り出《だ》し小骨《こほね》を取《と》り水《みづ》にて奇麗《きれい》に洗《あら》い布巾《ふきん》にて水氣《みづけ》を拭《ぬぐ》ひ取《と》り鹽《しほ》をして三十分間《ぶんかん》位《ぐらゐ》置《お》き時間《じかん》が過《た》ちましたら再《ふたゝ》び水洗《みづあらひ》して酢《す》の中《なか》に浸《つ》けて置《お》きます。

2、たでの葉《は》少量《せうりやう》を求《もと》め出汁《だし》にてざつと煮《に》て置《お》きます。

3、以上《いじやう》の用意《ようい》が出來《でき》ましたら鮨飯《すしめし》三合位《がふぐらゐ》を用意《ようい》して（鮨飯の拵へ方は二頁にあります）今《いま》のたでの葉《は》を鮨飯《すしめし》の中《なか》に混《ま》ぜ合《あは》せ細長《ほそなが》く握《にぎ》つて用意《ようい》して置《お》いた鮎《あゆ》の腹《はら》の中《なか》に詰込《つめこ》みそのまゝ鮨箱《すしばこ》の中《なか》に入《い》れて竹《たけ》の皮《かは》をあてゝ押蓋《おしぶた》をして堅《かた》くしめて押拔《おしぬ》き鮎《あゆ》に煮返《にかへし》をぬり付《つ》け（煮返の拵へ方は四頁にあります）適宜《てきぎ》に切《き》りお皿《さら》に盛《も》り櫻生姜《さくらせうが》を添《そ》へて出《だ》します。

鰻の箱鮨

材料

1、中位の鰻二尾
2、牛蒡一本
3、櫻生姜
4、鮨飯三合
5、調味品

1、味《み》淋《りん》大杯《おほさじ》八匙半《はいはん》醬油《しやうゆ》大匙《おほさじ》八杯半《はいはん》砂《さ》糖《たう》大匙《おほさじ》山盛《やまもり》一杯《はい》と混《ま》ぜ合《あは》し小《こ》鍋《なべ》に入《い》れ火《ひ》にかけ煮立《にえた》つて參《まゐ》りましたら泡《あは》を掬《すく》ひ取《こ》り火《ひ》より下《お》ろし冷《さ》まして置《お》きます。

2、中位《ちうぐらゐ》の鰻《うなぎ》二尾《び》は成可《なるべ》く開《ひら》いて求《もと》め中央《ちうあう》より二《ふた》ツ切《ぎり》とし全部《ぜんぶ》竹串《たけぐし》を通《とほ》し眞赤《まつか》におこつた炭火《ひ》の上《うへ》に載《の》せて皮《かは》の方《はう》より焼《や》き初《はじ》め兩面《りやうめん》が程良《ほどよ》く焼《や》けましたら蒸釜《むしがま》の中《なか》に入《い》れて蓋《ふた》をして十分間位《ぶんかんぐらゐ》蒸《む》して置《お》きますと柔《やはらか》くなりますから取《こ》り出《だ》し用《よう》意《い》して置《お》いた汁《しる》をかけて再《ふた》び焼《や》きます此《こ》の樣《やう》にして何度《なんど》もその汁《しる》をかけて付焼《つけやき》とし程良《ほどよ》く味《あぢ》のしみ込《こ》んだ頃串《ころくし》より拔《ぬ》いてお皿《さら》に取《と》つて置《お》きます。

3、牛蒡《ごばう》一本《ほん》は皮《かは》を剝《む》き笹《さゝ》がきとして水《みづ》に浸《つ》け灰汁《あく》出《だ》しをして沸湯《にえゆ》の中《なか》に入《い》れてざ

つと茹《ゆが》き味淋《みりん》大匙《おほさぢ》二杯《はい》出汁《だし》大匙《おほさぢ》四杯《はい》醤油《しやうゆ》大匙《おほさじ》二杯《はい》砂糖《さたう》小匙《こさじ》一杯《はい》とでざつと下煮《したに》をして置《お》きます。

4、以上《いじやう》の用意《ようい》が出來《でき》ましたら鮨飯《すしめし》三合位《がふぐらゐ》を用意《ようい》し（鮨飯の拵へ方は三頁にあります）今《いま》の牛蒡《ごばう》を入《い》れて混《ま》ぜ合《あは》せ前《まへ》の樣《やう》にして押箱《おしばこ》に詰《つ》め（赤貝の箱鮨の所にある樣にして）その上《うへ》に用意《ようい》して置《お》いた鰻《うなぎ》を列《なら》べ上《うへ》より竹《たけ》の皮《かは》を被《かぶ》せて押蓋《おしぶた》をして堅《かた》くしめて押拔《おしぬ》き適宜《てきぎ》に切《き》りお皿《さら》に盛《も》り別《わ》けて櫻生姜《さくらせうが》を添《そ》へて（櫻生姜の拵へ方は九頁にあります）進《すゝ》めます。

鮒の箱鮨

材料	
1、鮒　二尾	5、調味品
2、木の芽少量	6、山葵煮詰
3、牛蒡一本	7、櫻生姜
4、鮨飯三合	

1、木《き》の芽少量《めせうりやう》を求《もと》め水洗《みづあらひ》して微塵切《みぢんぎり》として小鍋《こなべ》に入《い》れ味淋《みりん》大匙《おほさじ》五杯《はい》醤油《しやうゆ》大匙《おほさじ》五杯《はい》とを入《い》れ良《よ》く混《ま》ぜ合《あは》して置《お》きます。

2、鮒《ふな》の大《だい》二尾《び》を求《もと》め鱗《うろこ》をはらひ頭《あたま》を切《き》り落《おと》し腹《はら》を開《あ》け中《なか》を奇麗《きれい》に水洗《みづあらひ》して三枚《まい》に卸《おろ》し小骨《こぼね》を取《と》り皮付《かはつき》の方《はう》より二三ヶ所《しよ》に庖丁《はうちやう》の目《め》を入《い》れて骨切《ほねぎり》をし金串《かなぐし》を通《とほ》して炭火《ひ》の上《うへ》に載《の》せて皮付《かはつき》の方《はう》より焼初《やきはじ》め兩面《りやうめん》を程良《ほどよ》く焼《や》き心《しん》まで火《ひ》の通《とほ》つた頃《ころ》用意《ようい》して置《お》いた汁《しる》をかけて再《ふたゝ》び焼《や》きます此《こ》の樣《やう》にしてその汁《しる》を二三度《ど》かけて付《つ》け焼《やき》として置《お》きます。

3、牛《ご》蒡《ほう》一本《ほん》は前《まへ》の樣《やう》にして（一二二頁に有る鰻の箱鮨の樣にして）煮《に》て置《お》きます。

4、以上《いじやう》の用意《ようい》が出來《でき》ましたら鮨飯《すしめし》二合位《がふぐらゐ》を用意《ようい》し（鮨飯の拵へ方は二頁に説明してあります）今《いま》の牛《ご》蒡《ほう》を入《い》れて良《よ》く混《ま》せ合《あは》せ前《まへ》の樣《やう》にして押箱《おしばこ》に詰《つ》め（赤貝の箱酢の研の樣にして）その上《うへ》に用意《ようい》して置《お》いた鮒《ふな》を列《なら》べ竹《たけ》の皮《かは》を被《かぶ》せ押蓋《おしぶた》をして堅《かた》くしめて押拔《おしぬ》き山葵《わさび》煮返《にかへし》（わさび入煮返は五頁に有ります）をぬつて適宜《てきぎ》に切《き》りお皿《さら》に盛《も》り別《わ》けて櫻生姜《さくらせうが》を添《そ》へて進《すゝ》めます（櫻生姜の拵へ方は九頁にあります）

鯰の箱鮨

材料	
1、鯰　二尾	4、山葵煮詰
2、淺草海苔三枚	5、鮨飯三合
3、山葵大匙一杯	6、調味品

1、小鍋《こなべ》に味《み》淋《りん》大匙《おほさぢ》五杯《はい》と醬油《しやうゆ》大匙《おほさじ》五杯位《はいぐらゐ》を加《くは》へ火《ひ》にかけ煮立《にえた》つて參《まゐ》りましたら山《さん》椒《せう》の粉《こ》大匙《おほさじ》一杯位《はいぐらゐ》を加《くは》へ火《ひ》より下《お》ろし良《よ》く攪《か》きまぜて於《お》きます。

2、鯰《なまづ》の大《おほ》きな物《もの》二尾《び》を求《もと》め頭《あたま》を落《おと》し沸湯《にえゆ》をかけ直《たゞ》ちに水《みづ》の中《なか》に浸《つ》けて粘氣《ねばり》をこそげ取《と》り腹《はち》を開《ひら》き腸《わた》を出《だ》し奇麗《きれい》に水洗《みづあらひ》して三枚《まい》に下《お》ろし全部《ぜんぶ》に一分位《ぶぐらゐ》づゝ間《あひだ》をおいて庖丁《はうちやう》の切目《きりめ》を入《い》れて骨切《ほねぎり》をして金串《かなぐし》に通《とほ》し眞赤《まつか》におこつた炭火《ひ》の上《うへ》に載《の》せて皮《かは》の方《はう》より燒《や》き初《はじ》めて兩面《りやうめん》をほんのりと素燒《すやき》にし程良《ほどよ》く燒《や》けましたら用意《ようい》して置《お》いた汁《しる》をかけて再《ふた》び燒《や》きます此《こ》の樣《やう》にして二三度《ご》汁《しる》をかけて付《つ》け燒《や》きとして置《お》きます。

3、淺草海苔《あさくさのり》三枚《まい》は火《ひ》にて炙《あぶ》り乾《かは》いた布巾《ふきん》につゝみ細《こま》かく揉《も》んで置《お》きます。

4、以上《いじやう》の用意《ようい》がそろいましたら鮨飯《すしめし》三合位《がふぐらゐ》を用意《ようい》して（鮨飯の拵へ方は二頁にあります）前《まへ》の樣《やう》にして（赤貝の米鮨の樣にして）押箱《おしばこ》に詰《つ》めその上《うへ》に今《いま》の淺草海苔《あさくさのり》を一面《めん》に撒《ふ》りかけその上《うへ》に鯰《なまづ》を體裁《ていさい》よく列《なら》べ竹《たけ》の皮《かは》を被《かぶ》せて押蓋《おしぶた》をして堅《かた》くしめて押拔《おしぬ》き山葵《いさび》煮詰《につめ》をぬり適宜《てきぎ》に切《き》りてお皿《さら》に盛《も》りて出《だ》します。

鷄肉の箱鮨

材料

1、鷄笹身八十匁	4、鮨飯三合
2、牛蒡一本	5、調味品
3、羽二重酢	

1、鷄《とり》の笹身《さゝみ》八十匁《もんめ》を求《もと》め筋《すぢ》を取《こ》り味淋《みりん》大匙《おほさじ》五杯《はい》醤油《しやうゆ》大匙《おほさじ》五杯《はい》砂糖《さたう》中匙《ちうさじ》一杯位《ぱいぐらゐ》を混《ま》ぜ合《あは》した中《なか》に二十分間位《ぶんかんぐらゐ》浸《つ》けて置《お》き時間《にかん》が過《た》ちましたら取《こ》り出《だ》し金串《かなぐし》にさして程《ほど》よく焼《や》き焼《や》けましたら浸《つ》けて置《お》いた殘《のこ》りの汁《しる》をかけて尚《なほ》一度《ご》焼《や》きます此《こ》の樣《やう》

にして殘《のこ》りの汁《しる》をかけて三度《ど》計《ばか》り焼《や》き一分位《ぶぐらゐ》の厚《あつ》さにそぎ身《み》として置《お》きます。

2、牛蒡《ごぼう》一本《ぽん》を求《もと》め皮《かは》を去《さ》り笹《さゝ》がきとなし暫《しば》らく水《みづ》の中《なか》に浸《つ》けて灰汁《あく》出《だ》しをして沸《にえ》湯《ゆ》の中《なか》に入《い》れて鹽茹《しほゆで》とし再《ふた》び水《みづ》の中《なか》に浸《つ》けて良《よ》く洗《あら》ひ堅《かた》く搾《しぼ》つて二羽重酢《はぶたへず》の中《なか》に（羽二重酢の拵へ方は八頁にあります）一時間位《じかんぐらゐ》浸《つ》けて酢味《すあぢ》をふくませて置《な》きます。

3、以上《いじやう》の用意《ようい》が出來《でき》ましたら鮨飯《すしめし》三合位《がふぐらゐ》を用意《ようい》して（鮨飯の拵へ方は二頁にあります）今《いま》の牛蒡《ごぼう》を混《ま》ぜ合《あは》せ前《まへ》の樣《やう》にして押箱《おしばこ》につめその上《うへ》に鷄肉《とりにく》を一ツ一ツ列《なら》べ上《うへ》に竹《たけ》の皮《かは》を被《かぶ》せ押蓋《おしぶた》をして堅《かた》くしめ押拔《おしぬ》いて適宜《てきぎ》に切《き》りお皿《さら》に盛《も》り分《わ》けて進《すゝ》めます。

豚肉の箱鮨

材料	
1、豚の三角六十匁	4、鮨飯三合
2、卯の花と林檎のおぼろ大匙八杯	5、調味品
3、山葵煮詰	

1、豚《ぶた》の三角肉《かくにく》を二分《ぶ》の厚《あつ》みにして一切《きり》十五匁位《もんめぐらゐ》に幅廣《ひろ》くよして四切《きれ》を求《もと》め置《お》きフ

ライ鍋《なべ》に入《い》れ味淋《みりん》大匙《おほさじ》五杯《はい》醤油《しやうゆ》大匙《ちうさじ》五杯《はい》砂糖《さたう》中匙《ちうさじ》一杯《はい》を入《い》れ火《ひ》にかけ煮立《にた》つて參《まゐ》りましたら今《いま》の豚肉《ぶたにく》を入《い》れて時々《とき〴〵》兩面《りやうめん》を返《かへ》し乍《なが》ら汁《しる》の無《な》くなるまで煮詰《につ》めて取《と》り出《だ》し極々《ごく〴〵》微塵切《みぢんぎり》として置《お》きます。

2、卯《う》の花《はな》と林檎《りんご》のおぼろ大匙《おほさじ》八杯位《はいぐらゐ》を用意《ようい》して置《お》きます（卯の花と林檎のおぼろの拵へ方は十五頁にあります）

3、山葵《わさび》煮詰《につ》め大匙《おほさじ》五杯位《はいぐらゐ》を用意《ようい》して置《お》きます（山葵煮詰の拵へ方は五頁にあります）

4、以上《いじやう》の用意《ようい》が出來《でき》ましたら鮨飯《すしめし》三合位《がふぐらゐ》を用意《ようい》し（鮨飯の拵へ方に二頁にあります）今《いま》のおぼろと山葵《わさび》煮詰《につめ》を入《い》れて混《ま》ぜ合《あは》し前《まへ》の樣《やう》にして（赤貝の箱鮨の樣にして）押蓋《おしぶた》に詰《つ》めその上《うへ》に用意《ようい》して置《お》いた豚肉《ぶたにく》を一面《めん》に撒《ふ》り竹《たけ》の皮《かは》を被《かぶ》せて押蓋《おしぶた》をして堅《かた》くしめて押拔《おしぬ》き豚肉《ぶたにく》の落《お》ちない樣《やう》に注意《ちうい》して適宜《てきぎ》に切《き》りお皿《さら》に盛《わ》り分《わ》けて進《すゝ》めます。

卯の花の箱鮨

材料

1、鮃　一切分
2、麻の實大匙二杯
3、紅生姜二個
4、三ッ葉少量
5、卯の花一錢
6、鮨飯　二合
7、調　味　品

1、鮃《ひらめ》の切身《きりみ》大《おほ》きく一切位《きれぐらゐ》を求め鹽《しほ》をして三十分間位《ぶんかんぐらゐ》置《お》き時間《じかん》が過《た》ちましたら水洗《みづあらひ》して布巾《ふきん》で水氣《みづけ》を拭《ふ》き取り酢《す》の中《なか》に十分間位《ぶんかんぐらゐ》浸《つ》けて置《お》き後引上《のちひきあ》げて細《こま》かく切《き》つて置《お》きます。

2、麻《あさ》の實《み》（乾物屋に賣つて居ります）大匙《おほさじ》二杯位《はいぐらゐ》はフライ鍋《なべ》に入《い》れて一寸《ちよつと》煎《い》つて置《お》きます。

3、紅生姜《べにせうが》二個位《こぐらゐ》は水洗《みづあらひ》して微塵切《みぢんぎり》として置《お》きます。

4、三《み》ッ葉《ば》小《せう》一把《は》は十頁《ぺーじ》の處《ところ》に有《あ》る樣《やう》にして五分《ぶ》長《なが》さ位《ぐらゐ》に切《き》つて置《お》きます。

5、卯《う》の花《はな》一錢位《せんぐらゐ》を求《もと》め擂鉢《すりばち》に入《い》れて良《よ》く〳〵擂《す》りつぶし鍋《なべ》に入《い》れ酢《す》大匙《おはさじ》五杯出汁《はいだし》大匙《おほさじ》八杯半砂糖《はいはんさたう》大匙《おほさじ》二杯醤油《はいしやうゆ》大匙《おほさじ》三杯位《ばいぐらゐ》を入《い》れ火《ひ》にかけ醤油《しやうゆ》にて味《あぢ》を付《つ》け飯杓《めしじやく》

子《し》でたへず搔《か》き混《ま》ぜ乍《なが》ら汁《しる》の無《な》くなるまで煮詰《につ》めお皿《さら》に取《さ》り用意《ようい》して置《お》いた鮃《ひらめ》麻《あさ》の實《み》紅生姜《べにせうが》三ッ葉《ば》を入《い》れて混《ま》ぜ合《あは》して置《お》きます。

6、以上《いじやう》の用意《ようい》が出來《でき》上《あが》りましたら鮨飯《すしめし》二合位《がふぐらゐ》を（鮨飯の拵へ方は二頁にあります）用意《ようい》して前《まへ》の樣《やう》にして（赤貝の箱鮨の樣にして）押箱《おしばこ》の中《なか》に半分位《はんぶんぐらゐ》詰めその上《うへ》に今用意《いまようい》して置《お》いた卵《う》の花《はな》を一杯《はい》になる樣《やう》に詰《つ》め竹《たけ》の皮《かは》を被《かぶ》せて押蓋《おしぶた》をして堅《かた》くしめ押拔《おしぬ》いて適宜《てきぎ》に切《き》つてお皿《さら》に盛《も》り別《わ》けて進《すゝ》めます。

青豆の箱鮨

材料
1、青豆半鑵
2、魚のおぼろ大匙五杯
3・生姜酢
4、鮨飯三合
5、調味品

1、青豆《ちんまめ》半鑵《はんくわん》位《ぐらゐ》は鑵《くわん》より出《だ》し水洗《みづあらひ》して味淋《みりん》大匙《おほさじ》三杯《ばい》出汁《だし》大匙《おほさじ》八杯《はい》醬油《しやうゆ》大匙《おほさじ》三杯位《ばいぐらゐ》とでざつと煮《に》て味《あぢ》を付《つ》けて置《お》きます。

2、魚《うを》のおぼろ大匙《おほさじ》五杯位《はいぐらゐ》を用意《ようい》して置《お》きます（魚のおぼろの拵へ方は十四頁にあります）

3、以上出來《いじやうでき》上《あが》りましたら鮨飯《すしめし》二合位《がふぐらゐ》を用意《ようい》し（鮨飯の拵へ方は二頁にあります）て今《いま》のおぼろと青豆《あをまめ》を混《ま》ぜ合《あは》せ前《まへ》の樣《やう》にして押箱《おしはこ》に詰《つ》め（赤貝の箱鮨の樣にして）上《うへ》に竹《たけ》の皮《かは》を被《かぶ》せて押蓋《おしぶた》をして堅《かた》くしめて押拔《おしぬ》き適宜《てきぎ》に切《き》つてお皿《さら》に盛《も》り生姜《せうが》酢《す》を添《そ》へて出《だ》します（生姜酢の拵へ方は八頁にあります）

干柿の箱鮨

材料		
	1、干柿八個	4、鮨飯三合
	2、椎茸十個	5、調味品
	3、三ツ葉小一把	

1、干柿《ほしがき》八個《こ》を求《もと》めヘタ及《およ》び種《たね》を出《だ》し酢大匙《おほさじ》八杯半《はいはん》鹽中匙《しほちうさじ》一杯位《はいぐらゐ》の中《なか》に二十分間位《ぶんかんぐらゐ》漬《つ》けて置《お》き時間《じかん》が經《た》ちましたら取《と》り出《だ》し一分位《ぶぐらゐ》の厚《あつ》さに幅廣《はゞひろ》く切《き》り廣《ひろ》げて置《お》きます。

2、椎茸《しひたけ》十個位《こぐらゐ》は十一頁《ぺーじ》に有《あ》る樣《やう》にして煮砂糖《にさたう》をひかへ目《め》にしてから〱に煮上《にあ》げ微塵切《みぢんぎり》として置《お》きます。

3、三《み》ッ葉《ば》小《せう》一把《は》は十頁《ぺーじ》の處《ところ》に有《あ》る樣《やう》にして五分位《ぶぐらゐ》の長《なが》さに切《き》つて置《お》きます。

4、以上《いじやう》の用意《ようい》が出來《でき》ましたら鮨飯《すしめし》三合位《がふぐらゐ》を用意《ようい》して（鮨飯の拵へ方は二頁にあります）今《いま》の椎茸《しひたけ》三ッ葉《ば》と混《ま》ぜ合《あは》せ前《まへ》の樣《やう》にして押箱《おしばこ》に詰《つ》め（赤貝の箱鮨の樣にして）その上《うへ》に用意《ようい》して置《お》いた干柿《ほしがき》を列《なら》べて竹《たけ》の皮《かは》を被《かぶ》せ押蓋《おしぶた》をして堅《かた》くしめて押拔《おしぬ》き適宜《てきぎ》に切《き》つて羽二重酢《はぶたへず》を塗《ぬ》り皿《さら》に盛《も》つて進《す》めます（羽二重鮨の拵へ方は八頁にあります）

笠松茸の箱鮨

材料		
1、笠松茸大八個	4、桃色山葵少量
2、午蒡一本	5、鮨飯三合
3、鮃二切	6、調味品

1、松茸《まつたけ》の笠《かさ》の大《だい》なる物《もの》八個《こ》を求《もと》め微温湯《ぬるまゆ》の中《なか》に入《い》れて刷毛《はけ》の樣《やう》な物《もの》で笠《かさ》にきずの

付《つ》かぬ様《やう》に注意《ちうい》して奇麗《きれい》に洗《あら》ひ水氣《みづけ》を切《き》つて置《お》きます。

2、鍋《なべ》に味淋《みりん》大匙《おほさじ》二杯出汁《はいだし》大匙《おほさじ》八杯半醤油《はいはんしやうゆ》大匙《おほさじ》三杯位《ばいぐらゐ》を入《い》れ火《ひ》にかけ煮立《にた》つて參《まゐ》りましたら用意《ようい》して置《お》いた松茸《まつたけ》の笠《かさ》を入《い》れ暫《しば》らく煮《に》てお皿《さら》に取《と》つて置《お》きます。

3、牛蒡《ごばう》一本《ほん》は皮《かは》を剝《む》き笹《さゝ》がきとして水《みづ》に下《お》ろし灰汁出《あくだ》しをして味淋《みりん》大匙《おほさじ》二杯出汁《はいだし》大匙《おほさじ》四杯醤油《はいしやうゆ》大匙《おほさじ》二杯砂《はいさ》糖《たう》小《こ》匙《さじ》一杯《はい》とでざつと下煮《したに》をして置《お》きます。

4、鮃《ひらめ》二切分位《きれぶんぐらゐ》を求《もと》め味淋《みりん》大匙《おほさじ》五杯醤油《はいしやうゆ》大匙《おほさじ》五杯《はい》を混《ま》ぜ合《あは》せた中《なか》に一時間位《じかんぐらゐ》つけてをき時間《じかん》がたちましたら金串《かなぐし》にさしてやき中《なか》ば焼《や》けた頃又汁《ころまたしる》をかけて付焼《つけや》きとし心《しん》まで味《あぢ》がしみ込《こ》んだ頃金串《ころかなぐし》より抜《ぬ》き取《と》り身《み》を細々《こまぐ》にほぐして置《お》きます。

5、以上《いじやう》の用意《ようい》が出來《でき》ましたら鮨飯《すしめし》三合位《がふぐらゐ》を用意《ようい》して（鮨飯の拵へ方は二頁にあります）今《いま》の鮃《ひらめ》の身《み》と牛蒡《ごばう》とを混《ま》ぜ合《あは》して前《まへ》の如《ごと》くして押箱《おしばこ》に詰《つ》め（赤貝の箱鮨の如くして）その上《うへ》に用意《ようい》して置《お》いた笠松茸《かさまつたけ》を列《なら》べ上《うへ》に竹《たけ》の皮《かは》をあてゝ押蓋《おしぶた》をして堅《かた》くしめて押抜《おしぬ》き桃色山葵《もゝいろわさび》をぬつて適宜《てきぎ》に切《き》つてお皿《さら》に盛《も》りて進《す》めます（桃色山葵の拵へ方は十頁にあります）。

湯葉の箱鮨

材料

1、湯葉八枚
2、椎茸五個
3、淺草海苔五枚
4、鮨飯三合
5、調味品

1、湯葉《ゆば》八枚《まい》を求《もと》めそのまゝ鍋《なべ》に入《い》れ出汁《だし》一合位《がふぐらゐ》醤油《しやうゆ》大匙《おほさじ》五杯位《はいぐらゐ》と砂糖《さたう》大匙《おほさじ》一杯《はい》を加《くは》へ火《ひ》にかけ三四分間位《ふんかんぐらゐ》煮《に》て味《あぢ》を付《つ》け皿《さら》に引上《ひきあ》げて置《お》きます。

2、椎茸《しひたけ》五個位《こぐらゐ》は十一頁《ぺーじ》に有《あ》る樣《やう》にして甘辛《あまから》く煮《に》て微塵切《みぢんぎり》として置《お》きます。

3、淺草海苔《あさくさのり》五枚位《まいぐらゐ》は火《ひ》にて炙《あぶ》り乾《かは》いた布巾《ふきん》に包《つゝ》んで細々《こまぐ》に揉《も》んで置《お》きます。

4、以上出來《いじやうでき》上《あが》りましたら鮨飯《すしめし》三合位《がふぐらゐ》を用意《ようい》して(鮨飯の拵へ方は二頁にあります)今《いま》の椎茸《しひたけ》と淺草海《あさくさの》苔《り》を混《ま》ぜ合《あは》せ今《まへ》の如《ごと》くして押箱《おしばこ》に詰《つ》めて(赤貝の箱鮨の所の様にして)その上《うへ》に用意《ようい》して置《お》いた湯葉《ゆば》を廣《ひろ》げ竹《たけ》の皮《かは》を被《かぶ》せて押蓋《おしぶた》をして堅《かた》くしめて押拔《おしぬ》き適宜《てきぎ》に切《き》つてお皿《さら》に盛《も》つて出《だ》します。

小豆の箱鮨

材料

1、小豆一合
2、魚のおぼろ　大匙十杯
3、羽二重酢
4、鮨飯三合
5、調味品

1、小豆《あづき》のつぶの大《おほ》きくて色《いろ》の薄《うす》い物《もの》(大納言小豆等)一合《がふ》位《ぐらゐ》を求《もと》め良《よ》く〳〵水洗《みづあらひ》して白水《しろみづ》を加《くは》へて(お米のさぎ汁)蓋《ふた》をせずに時々《とき〴〵》白水《しろみづ》を加《くは》へて煮《に》ます一ッ《ひと》二ッ《ふた》豆《まめ》の腹《はら》の切《き》れかゝりし頃火《ころひ》より下《お》ろし布巾《ふきん》を被《かぶ》せその上《うへ》より蓋《ふた》をして十分間位《ぶんかんぐらゐ》蒸《む》らして置《お》きます時《に》間《かん》が過《た》ちましたら奇麗《きれい》に水洗《みづあらひ》して笊《ざる》に上《あ》げ水《みづ》を切《き》つて置《お》きます。

2、鍋《なべ》に味《み》淋《りん》大匙《おほさじ》五杯《はい》砂糖《さたう》大匙《おほさじ》二杯《はい》醤油《しやうゆ》大匙《おほさじ》四杯位《はいぐらゐ》を入《い》れ火《ひ》にかけ飯杓子《めしじやくし》の様《やう》な物《もの》で掻《か》き混《ま》ぜ乍《なが》ら煮《に》て居《を》りますとどろ〳〵に成《な》つて参《まゐ》りますから此《こ》の時水洗《ときみづあらひ》して置《お》いた小豆《あづき》を入《い》れて小豆《あづき》のつぶれ無《な》い様《やう》に注意《ちうい》しながら手早《てばや》く掻《か》き混《ま》ぜ二三分《ぶん》間煮《かんに》て火《ひ》より下《お》ろして置きます。

3、魚《さかな》のおぼろ大匙《おほさじ》十杯位《はいぐらゐ》を用意《ようい》して置《お》きます(魚のおぼろの拵へ方は十四頁にあります)。

4、以上出來《いじやうでき》上《あが》りましたら鮨飯《すしめし》三合位《がふぐらゐ》を用意《ようい》して(鮨飯の焚き方は二頁に説明してあります)今《いま》のおぼろを混《ま》ぜ合《あは》せ前《まへ》の樣《やう》にして押箱《おしばこ》に詰《つ》めその上《うへ》に用意《ようい》して置《お》いた小豆《あづき》を一面《めん》に置《お》き竹《たけ》の皮《かは》をあてゝ押蓋《おしぶた》をして堅《かた》くしめて押拔《おしぬ》き適宜《てきぎ》に切《き》つて羽二重酢《はぶたへす》(羽二重酢の拵へ方は八頁にあります)を塗《ぬ》つて皿《さら》に入《い》れて出《だ》します。

林檎の箱鮨

材料	
1、林檎 三個	4、鮨飯 三合
2、海老のおぼろ 大匙十杯	5、調味品
3、山葵煮詰	

1、林檎《りんご》の大《おほ》きな物《もの》三個《こ》を求《もと》め皮《かは》を剝《む》き一寸《ちよつと》鹽水《しほみづ》をくゞらせて中央《ちうあう》より二《ふた》ツ割《わ》りとし種《たね》を出《だ》し小口《こぐち》より薄《うす》く切《き》り沸《に》立《た》つた湯《ゆ》の中《なか》に塩少量《しほせうりやう》を入《い》れて今《いま》の林檎《りんご》を入《い》れて中《なか》を搔《か》きまぜ直《たゞち》に(林檎を煮過すといけませんから一分間位したら引上げる事)網杓子《あみじやくし》の樣《やう》な物《もの》で掬《すく》ひ上《あ》げ水氣《みづけ》を

切《き》つて置《お》きます。

2、海老《ゑび》のおぼろ大匙《おほさじ》十杯位《はいぐらゐ》を用意《ようい》して置《お》きます（海老のおぼろは十四頁にあります）。

3、以上《いじやう》出來《でき》上《あが》りましたら鮨飯《すしめし》三合位《がふぐらゐ》を用意《ようい》して（鮨飯の焚き方は二頁に説明してあります）用意《ようい》して置《お》いた海老《ゑび》のおぼろを混《ま》ぜ合《あは》せ前《まへ》の様《やう》にして押箱《おしばこ》に詰《つ》め（赤貝の箱鮨の所にある様にして）上《うへ》に林檎《りんご》を程《ほど》良《よ》く列《なら》べ竹《たけ》の皮《かは》を被《かぶ》せて押蓋《おしぶた》をして堅《かた》くしめ押拔《おしぬ》いて適宜《てきぎ》に切《き》り山葵《わさび》煮詰《につ》めを塗《ぬ》つてお皿《さら》に盛《も》つて出《だ》します。

焼茄子の箱鮨

材料	
1、茄子四個	4、鮨飯三合
2、干瓢少量	5、調味品
3、菜種酢	

1、茄子《なす》の中位《ちうくらゐ》の物《もの》四個《こ》を求《もと》め上皮《うはかは》を剝《む》き一個《こ》を四枚位《まいぐらゐ》に切《き》り白味噌《しろみそ》大匙《おほさじ》五杯《はい》酢《す》大匙《おほさじ》五杯《はい》砂糖《さたう》少量《せうりやう》醬油《しやうゆ》大匙《おほさじ》一杯《はい》を良《よ》く〱擂《す》り混《ま》ぜた物《もの》の中《なか》に十分間位《ぶんかんぐらゐ》漬《つ》けて置《お》

き時間《じかん》が過《た》ちましたらそのまゝ金串《かなぐし》にさして兩面《りやうめん》より程良《ほどよ》く燒《や》き上《あ》げて置《お》きます。

2、干瓢《かんぺう》の甘煮《あまに》大匙《おほさじ》十杯位《はいぐらゐ》を用意《ようい》して置《お》きます（干瓢の煮方は十一頁にあります）。

3、菜種酢《なたねす》大匙《おほさじ》八杯位《はいぐらゐ》を用意《ようい》して置《お》きます（菜種酢の拵へ方は八頁にあります）。

4、以上《いじやう》の用意《ようい》が出來《でき》ましたら鮨飯《すしめし》三合位《がふぐらゐ》を用意《ようい》し（鮨飯の拵へ方は二頁にあります）今《いま》の干瓢《かんぺう》と菜種《なたね》酢《す》とを入《い》れて良《よ》く〱混《ま》ぜ合《あは》せ前《まへ》の樣《やう》にして押箱《おしばこ》に詰《つ》め（赤貝の箱鮨の所にある樣にして）その上《うへ》に用意《ようい》して置《お》いた燒茄子《やきなす》を列《なら》べ竹《たけ》の皮《かは》を被《かぶ》せて押蓋《おしぶた》をして堅《かた》くしめ押拔《おしぬ》いて適宜《てきぎ》に切《き》りお皿《さら》に盛《も》つて進《すゝ》めます。

酢牛蒡の箱鮨

材料

1、牛蒡小四十本
2、椎茸甘煮大匙十杯
3、白胡麻
4、鮨飯五合
5、調味品

1、牛蒡《ごばう》の極《ご》く小《ちひ》さな物《もの》四十本位《ほんぐらゐ》を求《もと》め庖丁《はうちやう》にて皮《かは》をこそげ取《と》り水《みづ》の中《なか》に漬《つ》けて三四度《たび》水《みづ》を取《と》りかけて三十分間位《ぷんかんぐらゐ》灰汁《あく》出《だ》しをして鮨箱《すしばこ》の長《なが》さに切《き》り白水《しろみづ》にて軟《やはら》かくなるまで茹《ゆが》きます茹《ゆが》けましたら庖丁《はうちやう》のみねの方《はう》でたゝき平《ひら》たくして置《お》きます。

2、白胡麻《しろごま》大匙《おほさじ》五杯位《はいぐらゐ》はフライ鍋《なべ》に入《い》れて焦《こ》げ付《つ》かぬ樣《やう》に煎《い》り擂鉢《すりばち》に入《いれ》て良《よ》く〱揉《す》り潰《つぶ》し酢《す》大匙《おほさじ》十杯《はい》砂糖《さたう》大醤《おほさじ》二杯《はい》醤油《しやうゆ》大匙《おほさじ》二杯位《はいぐらゐ》を入《い》れて尚《なほ》良《よ》く擂《す》り混《ま》ぜ用意《ようい》して置《お》いた牛蒡《ごばう》を入《い》れて二十分位《ぷんぐらゐ》浸《つ》けて置《お》きます。

3、椎茸《しひたけ》の甘煮《あまに》大匙《おほさじ》十杯位《はいぐらゐ》を用意《ようい》して置《お》きます（十一頁にあります）。

4、以上《いじやう》の用意《ようい》が出來《でき》ましたら鮨飯《すしめし》五合位《がふぐらゐ》を用意《ようい》して（鮨飯の焚き方は二頁にあります）今《いま》の椎茸《しひたけ》を混《ま》ぜ合《あは》せ前《まへ》の樣《やう》にして押箱《おしばこ》に詰《つ》め（赤貝の箱鮨の樣にして）その上《うへ》に用意《ようい》して置《お》いた牛蒡《ごばう》を列《なら》べ牛蒡《ごばう》が良《よ》く飯《めし》に付着《ふちやく》する樣《やう》にして上《うへ》より竹《たけ》の皮《かは》を被《かぶ》せ押蓋《おしぶた》をして堅《かた》くしめて押《おし》抜《ぬ》き牛蒡《ごばう》が落《お》ちない樣《やう》に注意《ちうい》して庖丁《はうちやう》を加減《かげん》して程良《ほどよ》く切《き》りお盛《さら》に盛《も》り別《わ》けて進《すゝ》めます。

握り鮨のいろ〳〵

小鯛の握り鮨

材料

1、鯛十尾	4、煮返
2、鮨飯三合	5、櫻生姜
3、山葵一本	6、調味品

1、小鯛《こだひ》の新《あたら》しい物《もの》を撰《えら》び拾尾《び》を求《もと》め（小鯛の代りに連子鯛でも宜敷い）鱗《うろこ》をはらひ頭方《あたまのはう》より鰓下《えらした》に向《む》けてはすかいに切落《きりおと》し腹《はら》を開《ひら》き腸《わた》を出《だ》し靜《しづ》かに水洗《みづあらひ》して三枚《まい》に下《お》ろし薄身《うすみ》小骨《こほね》を取《と》り去《さ》り強鹽《つよしほ》をして三十分間位《ぷんかんぐらゐ》置《お》き（本式は薄鹽にて三時間位置く方が宜敷い）時間《じかん》が經《た》ちましたら水《みづ》洗《あらひ》して布巾《ふきん》で水氣《みづけ》を拭《ぬぐ》ひ取《と》り鮨《す》の中《なか》に三十分間位《ぷんかんぐらゐ》漬《つ》けて引《ひ》き上《あ》げ身《み》の中央《ちうあう》にある小骨《こほね》を毛拔《けぬき》の樣《やう》な物《もの》で拔《ぬ》き取《と》り片身《かたみ》を三枚位《まいぐらゐ》に薄《うす》くそぎ身《み》として置《お》きます。

2、以上《いじやう》が出來《でき》ましたら鮨飯《すしめし》三合位《がふぐらゐ》を用意《ようい》し（鮨飯の拵へ方は二頁にあります）左《ひだり》の手《て》に小鯛《こだひ》一切《きれ》を載《の》せそれに山葵《わさび》少量《せうりやう》を塗《ぬ》り付《つ》け右《みぎ》の手《て》にて鮨飯一握《すしめしひとにぎ》りを小鯛《こだひ》の身《み》に付《つ》け兩手《りやうて》をつ

かつて普通《ふつう》の握飯《にぎりめし》の如《ごと》く形《かた》良《よ》く握《にぎ》り上《あ》げ殘《のこ》り全部《ぜんぶ》も此《こ》の樣《やう》にして拵《こしら》へ上《うへ》に煮返《にかへ》しを塗《ぬ》り付《つ》け(煮返の拵へ方は四頁にあります)皿《さら》に盛《も》り櫻生姜《さくらせうが》を添《そ》へて出《だ》します(櫻生姜の拵へ方は九頁にあります)。

平貝の握り鮨

材料	
1、平貝八個	4、調味品
2、山葵煮詰	
3、鮨飯三合	

1、平貝《たひらがひ》の柱《はしら》の極《ご》く大《おほ》きな物《もの》八個《こ》を求《もと》め塩少量《しほせうりやう》を撒《ふ》りかけて水洗《みづあらひ》し布巾《ふきん》で水氣《みづけ》を取《さ》り去《さ》り一分位《ぶぐらゐ》の厚《あつ》さに小口切《こぐちぎり》として甘酢《あまず》の中《なか》に十分間位《ぷんかんぐらゐ》浸《つ》けて置《お》き時間《じかん》が經《た》ちましたら引上《ひきあ》げて置《お》きます。

2、以上《いじやう》の用意《ようい》が出來《でき》ましたら鮨飯《すしめし》三合位《がふぐらゐ》を用意《ようい》し(鮨飯の拵へ方は二頁にあります)左《ひだり》の手《て》に今《いま》の平《たひら》貝《がひ》一切《きれ》を載《の》せ右《みぎ》の手《て》にて鮨飯一握《すしめしひとにぎ》りを指先《ゆびさき》を加減《かげん》して平貝《たひらがひ》に付《つ》けて形《かたち》よく握《にぎ》り

殘《のこ》り全部《ぜんぶ》も此《こ》の樣《やう》にして拵《こしら》へ上《うへ》に山葵《わさび》煮詰《につ》め（山葵煮詰の拵へ方は五頁にあります）を塗《ぬ》り程良《ほどよ》く盛《も》つて出《だ》します。

燒鰆の握り鮨

材料

1、鰆五切
2、鮨飯三合
3、山葵煮詰
4、調味品

1、鰆《さはら》五切《きれ》分位《ぶんぐらゐ》を求《もと》め皮《かは》を取《と》り醤油《しやうゆ》大匙《おほさじ》八杯半《はいはん》味淋《みりん》大匙《おほさじ》八杯半《はいはん》とを混《ま》ぜ合《あは》して一度《ど》煮立《にた》たしてさました中《なか》に一時間位《じかんぐらゐ》漬《つ》けてをき時間《じかん》が經《た》ちましたら金串《かなぐし》にさし炭火《すみび》で燒《や》き中《なか》ば燒《や》けた頃《ころ》殘《のこ》りの汁《しる》をかけて再《ふたゝ》び燒《や》きます此《こ》の樣《やう》にして今《いま》の汁《しる》を三度位《どぐらゐ》かけて付燒《つけやき》とし心《しん》まで味《あぢ》がしみ込《こ》んだ頃《ころ》金串《かなぐし》よりぬき取《と》り五分角位《ぶかくぐらゐ》に切《き》り一《ひと》つづゝ庖丁《はうちやう》にてたゝき細《こま》かくして置《お》きます。

2、以上《いじやう》の用意《ようい》が出來《でき》ましたら鮨飯《すしめし》三合位《ごふぐらゐ》を用意《ようい》して置《お》き（鮨飯の拵へ方は二頁にあります）今《いま》の鰆《さはら》の

たゝいた物《もの》二十分《ぶん》の一位《ぐらゐ》づゝを左《ひだり》の手《て》に持《も》ち、右《みぎ》の手《て》に鮨飯《すしめし》一握《ひとにぎ》りを持《も》つて鯖《さはら》の上《うへ》に載《の》せて兩手《りやうて》にて程良《ほどよ》く手加減《てかげん》をなして普通《ふつう》の握鮨《にぎりずし》の樣《やう》に拵《こしら》へ殘《のこ》り全部《ぜんぶ》も此《こ》の樣《やう》にして拵《こしら》へ上《あ》げ上《うへ》に山葵煮詰《わさびにづめ》を塗《ぬ》りお皿《さら》に盛《も》りて出《だ》します（山葵煮詰の拵へ方は五頁にあります）。

大刀魚の握り鮨

材料

1、大刀魚一尾
2、生姜
3、鮨飯四合
4、蜜柑煮返
5、調味品

1、大刀魚《たちうを》一尾《び》を求《もと》め頭《かしら》を落《おと》し背《せ》の方《はう》にある鰭《ひれ》を取《と》り去《さ》り腹《はら》を開《あ》け腸《わた》を出《だ》し三枚《まい》に下《お》ろし奇麗《きれい》に水洗《みづあらひ》し布巾《ふきん》にて水氣《みづけ》を取《と》り鹽《しほ》をして（皮は付けたまゝ宜敷い）三十分位《ぷんぐらゐ》の後再《のちふたゝ》び水洗《みづあらひ》し酢《す》の中《なか》に二十分間位《ぷんかんぐらゐ》漬《つ》け後《のち》酢《す》大匙《おほさじ》八杯半《はいはん》砂糖《さたう》中匙《ちうさじ》一杯《はい》醤油《しやうゆ》大匙《おほさじ》三杯《ばい》生姜《せうが》の搾《しほ》り汁《じる》少量《せうりやう》とを混《ま》ぜ合《あは》した中《なか》に三十分間位《ぷんかんぐらゐ》漬《つ》けた後《のち》二分位《ぷぐらゐ》の厚《あつ》さにして幅廣《はゞひろ》

くそぎ身《み》として置《お》きます。

2、以上《いじやう》の用意《ようい》が出來《でき》ましたら鮨飯《すしめし》四合位《がふぐらゐ》を用意《ようい》して左《ひだり》の手《て》に今《いま》の大刀魚《たちうを》一切《きれ》を載《の》せ右《みぎ》の手《て》に鮨飯《すめし》一握《にぎ》りを以《も》つて大刀魚《たちうを》の上《うへ》に載《の》せ兩手《りやうて》の指先《ゆびさき》を加減《かげん》して形《かたち》良《よ》く付着《ふちやく》させ全部《ぜんぶ》此《こ》の樣《やう》にして拵《こしら》へ密柑煮返《みかんにかへ》し（密柑煮返は五頁にあります）を塗《ぬ》り付《つ》けお皿《さら》に盛《も》りて進《す》めます。

魴鮄の握り鮨

材料	
1、魴鮄大一尾	4、山葵煮詰
2、土佐醬油	5、調味品
3、鮨飯二合	

1、魴鮄《はうぐ》の大《だい》一尾《び》を求《もと》め鱗《うろこ》を拂《はら》ひ頭《かしら》を落《おと》し腹《はら》を開《あ》け腸《わた》を出《だ》し三枚《まい》に下《お》ろし皮《かは》を引《ひ》き二分位《ぶぐらゐ》の厚《あつ》さに刺身《さしみ》より少《すこ》し幅《はゞ》を廣《ひろ》めにそぎ身《み》とし土佐醬油《とさじやうゆ》（土佐醬油の拵へ方は四頁にあります）の中《なか》に二十分間《ぷんかん》位《ぐらゐ》浸《つ》けて置《お》きます。

2、淺草海苔《あさくさのり》二枚位《まいぐらゐ》は火《ひ》に炙《あぶ》り乾《かは》いた布巾《ふきん》に包《つゝ》み細《こま》かく揉《も》んで置《お》きます。

3、以上《いじやう》の用意《ようい》が出來《でき》ましたら鮨飯《すしめし》二合位《がふぐらゐ》を用意《ようい》して今《いま》の淺草海苔《あさくさのり》を入《い》れて混《ま》ぜ合《あは》せ左《ひだり》の手《て》に魴鮄《はう〴〵》一切《きれ》を持《も》ち右《みぎ》の手《て》にて鮨飯《すしめし》を一握《にぎ》り持《も》つて兩手《りやうて》の指先《ゆびさき》にて魴鮄《はう〴〵》と鮨飯《すしめし》とを程良《ほどよ》く付着《ふちやく》させ全部《ぜんぶ》拵《こしら》へ上《うへ》に山葵煮詰《わさびにつ》め（山葵煮詰の拵へ方は十頁にあります）を塗《ぬ》りお皿《さら》に盛《も》りて進《すゝ》めます。

小鰺の握り鮨

材料		
	1、小鰺十尾	4、調味品
	2、鮨飯二合	
	3、煮返	

1、小鰺《こあぢ》の新《あたら》しい物《もの》十二尾《び》を求《もと》め鱗《うろこ》を拂《はら》ひセンゴを取り頭《あたま》を切落《きりおと》し腹《はら》を開《あ》け腸《わた》を出《だ》し水洗《みづあらひ》して三枚《まい》に下《お》ろし強鹽《つよしほ》をして三十分間位《ぷんかんぐらゐ》置《お》きます（本式は薄鹽にて二時間位置く方が宜敷い）時間《じかん》が經《た》ちましたら再《ふたゝ》び水洗《みづあらひ》して酢《す》の中《なか》に十分間位《ぷんかんぐらゐ》浸《つ》けて置《お》き後《のち》取り出《だ》し片身《かたみ》を二

枚位《まいぐらゐ》に切《き》つて置《ね》きます。

2、以上《いじやう》の用意《ようい》が出來《でき》ましたら酢飯《すしめし》二合位《がふぐらゐ》を用意《ようい》して（鮨飯の焚き方は二頁にあります）左《ひだり》の手《て》に鰺《あぢ》一切《きれ》を載《の》せ右手《みぎて》にて酢飯《すしめし》を握《にぎ》つて鰺《あぢ》の上《うへ》に載《の》せ兩手《りやうて》の指先《ゆびさき》にて加減《かげん》して拵《こしら》へ全部《ぜんぶ》此《こ》の樣《やう》にして拵《こしら》へ上《あ》げ煮返《にかへ》しを塗《ぬ》り（煮返の拵ヘ方は二頁にあります）お皿《さら》に盛《も》りて出《だ》します。

車海老の握鮨

材料	
1、車海老中位のもの十尾	4、調味品
2、鮨飯二合	
3、蜜柑入煮返し	

1、車海老《くるまゑび》中位《ちうくらゐ》のもの十尾《び》を求《もと》め十五頁《ぺーじ》に有《あ》る樣《やう》に拵《こしら》へてをきます。

2、以上《いじやう》の用意《ようい》が出來《でき》ましたら鮨飯《すしめし》二合位《がふぐらゐ》を用意《ようい》し（鮨飯の焚き方は二頁にあります）左《ひだり》の手《て》に海老《ゑび》を載《の》せ右《みぎ》の手《て》にて鮨飯《すしめし》を握《にぎ》つて海老《ゑび》の上《うへ》に載《の》せ兩手《りやうて》の指先《ゆびさき》にて程《ほど》よく加減《かげん》をして全部《ぜんぶ》を此《こ》の樣《やう》にして拵《こしら》へ蜜柑《みかん》入《い》り煮返《にかへ》し（蜜柑入り賣返の拵へ方は五頁にあります）を塗《ぬ》つてお皿《さら》に盛《も》

つて出《だ》します。

蛤の握鮨	
材料	
1、蛤大貳拾四個	4、鮨飯二合
2、煮詰	5、調味品
3、櫻生姜	

1、蛤《はまぐり》の大《だい》二十四個《こ》を求《もと》め貝《かひ》を割《わ》り中身《なかみ》を取《と》り出《だ》し腸《わた》の部分《ぶぶん》を指先《ゆびさき》にて摘《つ》み取《と》り能《よ》く〱水洗《みづあらひ》し裏漉《うらごし》の上《うへ》に列《なら》べ上《うへ》より乾《かは》いた布巾《ふきん》を被《かぶ》せて手《て》にて輕《かる》くおさえ水氣《みづけ》を切《き》り沸湯《にえゆ》の中《なか》に入《い》れて茹《ゆが》き水氣《みづけ》を切《き》つて置《お》きます。

2、鍋《なべ》に味淋《みりん》大匙《おほさじ》八杯半《はいはん》位《ぐらゐ》を入《い》れ火《ひ》にかけ煮立《にた》つて參《まゐ》りましたら砂糖《さたう》大匙《おほさじ》二杯《はい》醤油《しやうゆ》大匙《おほさじ》八杯半《はいはん》を入《い》れて凡《およ》そ十分間《ぷんかん》位《ぐらゐ》煮詰《につ》めますとどろ〱となつて參《まゐ》りますから用意《ようい》して置《お》いた蛤《はまぐり》を入《い》れ直《たゞ》ちに火《ひ》より下《お》ろし汁《しる》と共《とも》に丼《どんぶり》にうつしそのまゝ二時間《じかん》位《ぐらゐ》煮汁《にしる》をふくませて置《お》きます。

3、以上《いじやう》が出來《でき》ましたら鮨飯《すしめし》二合位《がふぐらゐ》を用意《ようい》し(鮨飯の焚き方は二頁にあります)左《ひだり》の手《て》の平《ひら》に蛤《はまぐり》一個《こ》を載《の》せ右《みぎ》の手《で》にて鮨飯《すしめし》を握《にぎ》つて蛤《はまぐり》を載《の》せ兩手《りやうて》の指先《ゆびさき》にて程《ほど》よく加減《かげん》して全部《ぜんぶ》此《こ》の樣《やう》にして拵《こしら》へ煮詰《につめ》を塗《ぬ》り(煮詰の拵へ方は四頁にあります)お皿《さら》に盛《も》り櫻生姜《さくらせうが》を添《そ》へて出《だ》します(櫻生姜の拵へ方は九頁にあります)。

牡蠣の握り鮨

材料

1、牡蠣三十個位
2、鮨飯二合
3、鶯酢
4、調味品

1、牡蠣《かき》の成可《なるべ》く大《おほ》きくて新《あたら》しい物《もの》三拾個位《こぐらゐ》を求《もと》め目笊《めざる》に入《い》れ目笊《めざる》ごと水《みづ》の中《なか》に入《い》れて目笊《めざる》をゆすり動《うご》かし乍《なが》ら水洗《みづあらひ》して袋《ふくろ》で無《な》いひら〳〵した物《もの》を取《と》り裏漉《うらこし》の上《うへ》に列《なら》べる樣《やう》にして載《の》せ上《うへ》に乾《かは》いた布巾《ふきん》を被《かぶ》せ手《て》にて輕《かる》くおさえ水氣《みづけ》を切《き》り生姜《せうが》酢《ず》の中《なか》に二時間位《じかんぐらゐ》浸《つ》けて置《お》きます時間《じかん》が經《た》ちましたら再《ふた》び今《いま》の樣《やう》にして汁氣《しるけ》を

切《き》つて置《お》きます。

2、以上《いじやう》の用意《ようい》が出來《でき》ましたら鮨飯《すしめし》二合位《がふぐらゐ》を用意《ようい》して（鮨飯の拵へ方は二頁にあります）左《ひだり》の手《て》の平《ひら》に牡《か》蠣《き》一個《こ》を載《の》せ右《みぎ》の手《て》にて鮨飯《すしめし》を握《にぎ》り今《いま》の牡蠣《かき》の上《うへ》に載《の》せ兩手《りやうて》の指先《ゆびさき》にて程良《ほどよ》く加減《かげん》して全部《ぜんぶ》此《こ》の樣《やう》にして拵《こしら》へ鶯酢《うぐひすず》を塗《ぬ》りお皿《さら》に盛《も》つて出《だ》します（鶯酢の拵へ方は七頁にあります）。

烏賊の握り鮨

材料		
1、烏賊二杯	2、鮨飯二合	3、煮詰
4、調味品		

1、烏賊《いか》中位《ちうくらゐ》の物《もの》二杯《はい》を求《もと》め十六頁《ぺーじ》に有《あ》る樣《やう》にして拵《こしら》へ一寸巾《すんはゞ》、一寸《すん》五分《ぶ》長《なが》さ位《ぐらゐ》に切《き》つてをきます。

2、以上《いじやう》出來《でき》上《あが》りましたら鮨飯《すしめし》二合位《かふぐらゐ》を用意《ようい》し（鮨飯の拵へ方は二頁にあります）今《いま》の烏賊《いか》一切《きれ》を左《ひだり》の

手《て》の平《ひら》に載《の》せ右《みぎ》の手《て》にて鮨飯《すしめし》を握《にぎ》つて烏賊《いか》の上《うへ》に載《の》せ兩手《りやうて》の指先《ゆびさき》にて加減《かげん》して握《にぎ》り上《あ》げ全部《ぜんぶ》此《こ》の様《やう》にして拵《こしら》へ煮詰《につめ》を塗《ぬ》り付《つ》けてお皿《さら》に盛《も》りて出《だ》します（煮詰の拵へ方は四頁にあります．）。

鹽鮭の握り鮨

材料	
1、鹽鮭六切分	4、林檎と卯の花のおぼろ
2、柿醤油	5、煮返少量
3、鮨飯二合	6、調味品

1、鹽鮭《しほざけ》の成可《なるべ》く鹽《しほ》の少《すくな》い物《もの》六切分位《きれぶんぐらゐ》を求《もと》め水《みづ》の中《なか》に入《い》れて暫《しばら》く鹽出《しほだ》しをして能《よ》く洗《あら》ひ皮《かに》及《およ》び骨《ほね》を去《さ》り適宜《てきぎ》に握鮨《にぎりずし》に用《もち》ふる位《くらゐ》の大《おほ》きさに薄《うす》くそぎ身《み》とし味淋《みりん》少量《せうりやう》の中《なか》に二時《じ》間《かん》位《ぐらゐ》浸《つ》け時間《じかん》が經《た》ちましたら更《さら》に柿醤油《かきじやうゆ》の中《なか》に二時《じ》間《かん》位《ぐらゐ》浸《つ》けて置《お》きます（柿醤油の拵へ方は六頁にあります）。

2、以上《いじやう》の用意《ようい》が出來《でき》ましたら鮨飯《すしめし》二合位《がふぐらゐ》（鮨飯の拵へ方は二頁にあります）と卯《う》の花《はな》と林檎《りんご》のおぼろ

大匙《おほさじ》十杯位《はいぐらゐ》とを（卯の花と林檎のおぼろの拵へ方は十五頁にあります）用意《ようい》して右《みぎ》二品《しな》を混《ま》ぜ合《あは》せ左《ひだり》の手《て》に用意《ようい》して置《お》いた鮭《さけ》一切《きれ》を載《の》せ右手《めて》にて鮨飯《すしめし》を握《にぎ》り今《いま》の鮭《さけ》の上《うへ》に載《の》せ兩手《りやうて》の指先《ゆびさき》にて程《ほど》よく加減《かげん》をして握《にぎ》り上《あ》げ全部《ぜんぶ》此《こ》の樣《やう》にして拵《こしら》へ上《うへ》に煮返《にかへ》し（煮返の拵へ方は四頁にあります）少《せう》量《りやう》を塗《ね》りお皿《さら》に盛《も》つて出《だ》します。

海鼠の握り鮨

材料	
1、海鼠二杯	4、鷩酢
2、鮨飯二合	5、調味品
3、生姜酢	

1、海鼠《なまこ》二個《こ》を求《もと》め中央《ちうあう》より庖丁《はうちやう》を入《い》れて切《き》り廣《ひろ》げ腸《わた》を取《と》り出《だ》し奇麗《きれい》に水洗《みづあらひ》して塗《ねり》重箱《ぢうばこ》の中《なか》に入《い》れて蓋《ふた》をなし中《なか》の海鼠《なまこ》を強《つよ》く振《ふ》りますと小《ちひ》さくなりますから取《と》り出《だ》し小口《こぐち》より五分《ぶ》幅位《はゞぐらゐ》にして薄《うす》くそぎ身《み》として生姜酢《せうがず》の中《なか》に浸《つ》けて二時間位《じかんぐらゐ》置《お》きます。

2、以上《いじやう》出來《でき》ましたら鮨飯《すしめし》二合位《がふぐらゐ》を用意《ようい》し（鮨飯の焚き方は二頁にあります）左《ひだり》の手《て》の平《ひら》に海鼠《なまこ》一個《こ》を載《の》せ右手《めて》にて鮨飯《すしめし》を握《にぎ》つて生鼠《なまこ》の上《うへ》に載《の》せ兩手《りやうて》の指先《ゆびさき》にて尙程良《なほほどよ》く加減《かげん》して體《てい》裁《さい》よく握《にぎ》り全部此《ぜんぶこ》の樣《やう》にして拵《こしら》へ七頁《ぺーじ》の鶯酢《うぐひすず》を塗《ね》つてお皿《さら》に盛《も》つて進《す》めます。

針魚の握り鮨

材料

1、針魚十二尾
2、鮨飯二合
3、煮返し
4、調味品

1、針魚《さより》十二尾《び》を求《もと》め脊《せ》の方《はう》にある鰭《ひれ》を取《と》り拂《はら》ひ頭《あたま》を切《き》り落《おと》し腸《わた》を出《だ》し三枚《まい》に下《お》ろし小骨《こほね》を取《と》り水洗《みづあらひ》して水氣《みづけ》を切《き》り強鹽《つよしほ》をして三十分間位《ぶんかんぐらゐ》置《お》き時間《じかん》が過《た》ちましたら再《ふた》び水洗《みづあらひ》して酢《す》の中《なか》に二十分間位《ぶんかんぐらゐ》浸《つ》けて置《お》き後《のち》引上《ひきあ》げ片身《かたみ》が一個分《こぶん》になる樣《やう》にして皮《かは》の方《はう》を外《そと》にして結《むす》び（全部結んでおきます）鮨飯《すしめし》二合位《がふぐらゐ》を用意《ようい》して（鮨飯の拵へ方は二頁にあります）今《いま》の針魚《さより》片身《かたみ》の上《うへ》に鮨飯《すしめし》一握《にぎ》りを付《つ》けて兩手《りやうて》の指先《ゆむさき》にて程良《ほどよ》く加減《かげん》して拵《こしら》へ全《ぜん》

部《ぶ》此《こ》の様《やう》にして拵《こしら》へ上《あ》げ煮返《にかへ》し少量《せうりやう》を塗《ね》つて出《だ》します（煮返の拵へ方は四頁にあります）。

白魚の握り鮨

材料	
1、白魚一合位	4、三ッ葉少量
2、鮨飯二合	5、調味品
3、煮返し	

1、白魚《しらを》一合位《がふくらゐ》を求《もと》め十七頁《ぺーじ》の所《ところ》にある様《やう》にして曲《まが》らぬ様《やう》に煮《に》て置《お》きます。

2、三ッ葉《ば》少量《せうりやう》は沸湯《にえゆ》の中《なか》に入《い》れて鹽茹《しはゆて》として置《お》きます（此れはあさでくゝるのでありますから切らずにおきます）

3、以上《いじやう》の用意《ようい》が出來《でき》ましたら鮨飯《すしめし》二合位《がふくらゐ》を用意《よつい》して置《お》き（鮨飯の焚き方は二頁に有ります）左《ひだり》の手《て》の平《ひら》に用意《ようい》して置《お》いた白魚《しらを》四尾位《びくらゐ》を列《なら》べその上《うへ》に鮨飯《すしめし》を握《にぎ》りて載《の》せ兩手《りやうて》の指先《ゆびさき》にて程《ほど》よく加減《かげん》して拵《こしら》へ（全部此の様にして拵へ）茹《ゆが》いて置《お》いた三ッ葉《ば》にてくゝり上《あ》げ煮返《にかへ》し（煮返の拵へ方は四頁にあります）を塗《ね》り付《つ》けお皿《さら》に盛《も》りて進《すゝ》めます。

章魚の握り鮨

材料	
1、章魚の足大三本	4、調味品
2、鮨飯二合	
3、山葵煮詰	

1、章魚《たこ》の足《あし》の大《おほ》きな物《もの》三本《ほん》を求《もと》め鹽《しほ》にて能《よ》く〱洗《あら》い鍋《なべ》に入《い》れ水《みづ》を充分《じうぶん》加《くは》へ鹽《しほ》一摘《つま》みを入《い》れて火《ひ》にかけ良《よ》く〱茹《ゆで》き火《ひ》より下《お》ろして冷《さま》し後《のち》一分位《ぶくらゐ》の厚《あつ》さにはすかいにそぎ身《み》として置《お》きます。

2、右《みぎ》が出來《でき》ましたら鮨飯《すしめし》二合位《がふくらゐ》を用意《ようい》し(鮨飯の焚き方は二頁にあります)左《ひだり》の手《て》に章魚《たこ》一切《きれ》を持《も》ち右手《めて》にて鮨飯《すしめし》を章魚《たこ》に付《つ》け指先《ゆびさき》にて加減《かげん》して形《かたち》よく握《にぎ》り全部《ぜんぶ》此《こ》の樣《やう》にして拵《こしら》へ山葵《わさび》煮詰《にづ》めを塗《ぬ》つてお皿《さら》に盛《も》つて進《す》めます。(山葵煮詰の拵へ方は五頁にあります)

鮑の握り鮨

材料	
1、鮑大四個	4、調味品
2、鮨飯二合	
3、煮詰	

1、鮑《あはび》大《だい》四個《こ》を求《もと》め鮑《あはび》の箱鮨《はこずし》一一九頁《ページ》の所《ところ》に説明《せつめい》して有《あ》る様《やう》にして貝《かひ》より出《だ》し腸《わた》を出《だ》し水洗《みづあらひ》して置《お》きます。

2、鍋《なべ》に出汁《だし》大匙《おほさじ》八杯半《はいはん》味淋《みりん》大匙《おほさじ》八杯半《はいはん》醤油《しやうゆ》大匙《おほさじ》八杯半位《はいはんくらゐ》を入《い》れ火《ひ》にかけ煮立《にた》つて參《まゐ》りましたら今《いま》の鮑《あはび》を入《い》れて軟《やはら》かく成《な》る迄煮《までに》て周圍《まはり》を切《き》り落《おと》し小《こ》口《くち》より薄《うす》く切《き》つて置《お》きます（星で無い方は二ツに切つてそれを小口から切つて宜敷い）。

3、以上《いじやう》出《で》來《き》ましたら鮨飯《すしめし》二合位《がふくらゐ》を用意《ようい》し（鮨飯の焚き方は二頁にあります）左《ひだり》の手《て》に鮑《あはび》一と切《きれ》を持《も》ち右《みぎ》の手《て》にて鮨飯《すしめし》を握《にぎ》つて鮑《あはび》に付《つ》け兩方《りやうはう》の指先《ゆびさき》を加減《かげん》して形《かたち》よく握《にぎ》り全部《ぜんぶ》を此《こ》の様《やう》にして拵《こしら》へ煮詰《につめ》を塗《ぬ》つてお皿《さら》に盛《も》つて進《すゝ》めます（煮詰の拵へ方は四頁にあります）。

鳥貝の握り鮨

材料

1、鳥貝大二十
2、鮨飯二合
3、煮詰
4、ケシの實少々
5、調味品

1、鳥貝《とりがひ》の貝《かひ》より出《だ》したる物《もの》二十個位《こぐらゐ》を求《もと》め水《みづ》にて能《よ》くよく洗《あら》ひ二枚《まい》一緒《しよ》に成《な》つて居《を》りますから一枚《まい》〳〵はぎ貝《かひ》の裏《うら》の白《しろ》い部分《ぶぶん》を庖丁《はうちやう》にてこそげ取《こ》つて置《お》きます。

2、鍋《なべ》に味淋《みりん》大匙《おほさじ》八杯《はい》半《はん》醤油《しやうゆ》大匙《おほさじ》八杯《はい》半《はん》砂糖《さたう》大匙《おほさじ》一杯位《はいくらゐ》を入《い》れて火《ひ》に掛《か》け煮立《にた》つて參《まゐ》りましたら今《いま》の鳥貝《とりがひ》を入《い》れてほんのざつと煮《に》て置《お》きます。

3、以上《いじやう》の用意《ようい》が出來《でき》ましたら鮨飯《すしめし》二合位《がふくらゐ》を用意《ようい》して置《お》き（鮨飯の焚き方は二頁にあります）今《いま》の鳥貝《とりがひ》一個《こ》を左《ひだり》の手《て》に持《も》ち右《みぎ》の手《て》にて鮨飯《すしめし》を握《にぎ》つて鳥貝《とりがひ》に載《の》せ兩手《りやうて》の指先《ゆびさき》にて加減《かげん》をして握《にぎ》り全部《ぜんぶ》此《こ》の樣《やう》にして拵《こしら》へ煮詰《につめ》を塗《ぬ》りケシの實《み》少々《せう〳〵》を撒《ふ》りかけお皿《さら》に盛《も》つて進《すゝ》めます。

鶏の笹身の握り鮨

材料

1、鶏笹身五個
2、黒胡麻醤油
3、鮨飯三合
4、櫻生姜少量
5、調味品

1、鶏《とり》の笹身《さゝみ》五個《こ》を求《もと》め鹽《しほ》をして十分間位《ぶんかんくらゐ》置《お》き時間《じかん》が經《た》ちましたら水洗《みづあらひ》して黒胡麻《くろごま》醤油《じやうゆ》の中《なか》に二十分間位《ぶんかんくらゐ》浸《つ》けて置《お》き後《のち》取り出《だ》しはすかいに薄《うす》くそぎ身《み》として置《お》きます。(黒胡麻醤油の拵へ方は六頁に有ります)

2、以上《いじやう》の用意《ようい》が出來《でき》ましたら鮨飯《すしめし》二合位《がふくらゐ》を用意《ようい》し(鮨飯の拵へ方は二頁にあります)普通《ふつう》握《にぎ》り鮨《すし》の大《おほ》きさに握《にぎ》りその上《うへ》に今《いま》の笹身《さゝみ》を一個宛《こづゝ》のせ全部《ぜんぶ》此《こ》の樣《やう》にして拵《こしら》へ櫻生姜《さくらせうが》を添《そ》へて出《だ》します(櫻生姜の拵へ方は九頁にあります)。

✻ ✻ ✻ ✻ ✻ ✻ ✻

金紙玉子の握り鮨

材料	
1、玉子四個	4、調味品
2、鮨飯二合	
3、淺草海苔	

1、玉子《たまご》四個《こ》を求《もと》め二十頁《ページ》に有《あ》る樣《やう》にして玉子《たまご》の薄燒《うすやき》を拵《こしら》へ一寸角位《すんかくぐらゐ》に切《き》つて置《お》きます。

2、淺草海苔《あさくさのり》二枚《まい》は火《ひ》にて炙《あぶ》り乾《かは》いた布巾《ふきん》に包《つゝ》み細《こま》かく揉《も》んで置《お》きます。

3、以上《いじやう》の用意《ようい》が出來《でき》ましたら鮨飯《すしめし》（鮨飯の拵へ方は二頁にあります）二合位《がふくらゐ》を用意《ようい》し今《いま》の淺草海苔《あさくさのり》を入《い》れて混《ま》ぜ合《あは》せ左《ひだり》の手《て》に玉子燒《たまごやき》一切《きれ》を載《の》せ右《みぎ》の手《て》にて鮨飯《すしめし》を握《にぎ》つて玉子《だまこ》燒《のき》の上《うへ》に載《の》せ兩手《りやうて》の指先《ゆびさき》にて程《ほど》よく加減《かげん》して形《かたち》よく握《にぎ》り殘《のこ》りも全部《ぜんぶ》此《こ》の樣《やう》にして拵《こしら》へお皿《さら》に盛《も》つて出《だ》します。

鱒の握り鮨

材料	
1、鱒　五切	4、鮨飯二合
2、淺草海苔二枚	5、調味品
3、山葵小一本	6、煮返

1、鱒《ます》五切《きれ》分《ぶん》位《ぐらゐ》を求《もと》め皮《かは》を引《ひ》き薄身《うすみ》小骨《こぼね》を取《と》り水洗《みづあらひ》して二分位《ぶぐらゐ》の厚《あつ》さにはすかいにそぎ身《み》として日本酒《にほんしゆ》の中《なか》に五分間《ふんかん》位《くらゐ》浸《つ》けて置《お》き時間《じかん》が過《た》ちましたら引上《ひきあ》げ酒《さけ》の氣《き》を切《き》つて置《お》きます。

2、淺草海苔《あさくさのり》二枚《まい》は火《ひ》にて炙《あぶ》り乾《かは》いた布巾《ふきん》に包《つゝ》み細《こま》かに揉《も》んで置《お》きます。

3、山葵《わさび》小《せう》一本《ぽん》は皮《かは》を剝《む》き葉付《はづき》の方《はう》より目《め》の細《こま》かい卸金《おろしがね》にかけて卸《おろ》し尚細々《なほこまごま》にたゝいて置《お》きます。

4、以上《いじやう》の用意《ようい》が出來《でき》ましたら鮨飯《すめし》(鮨飯の拵へ方は二頁にあります)二合位《がふぐらゐ》を用意《ようい》して今《いま》の淺草海苔《あさくさのり》を入《い》れて混《ま》ぜ合《あは》せ左《ひだり》の手《て》に鱒《ます》一切《きれ》を持《も》ちその上《うへ》に山葵《わさび》少量《せうりやう》を塗《ぬ》り付《つ》け右《みぎ》の手《て》に

て鮨飯《すしめし》を握《にぎ》つて鱒《ます》の上《うへ》に載《の》せ兩手《りやうて》の指先《ゆびさき》にて程《ほど》よく加減《かげん》して形《かたち》良《よ》く握《にぎ》り全部《ぜんぶ》此《こ》の樣《やう》にして拵《こしら》へ煮返《にかへ》しを塗《ぬ》りお皿《さら》に盛《も》つて進《すゝ》めます（煮返の拵へ方は四頁にあります）。

何人にも出來る 暖い蒸し鮨の色々

美術手毬鮨

材料

1、海老のおぼろ 大匙八杯
2、椎茸四五個
3、紅生姜五個
4、三ツ葉二三把
5、玉子の薄焼き二枚
6、あなご二尾
7、鮨飯三合
8、調味品

1、椎茸《しひたけ》四五個《こ》を求《もと》め十一頁《ぺーじ》に有《あ》る樣《やう》に煮《に》てして細《こま》かく切《き》つて置《お》きます。

2、三つ葉《ば》二三把《は》は十頁《ぺーじ》の樣《やう》にして茹《ゆが》き微塵切《みぢんぎり》として置《お》きます。

3、玉子《たまご》四個《こ》二十頁《ぺーじ》の樣《やう》にして薄焼《うすやき》を拵《こしら》へ一寸幅位《すんはゞぐらゐ》に切《き》りそれを小口《こくち》より一分位《ぶぐらゐ》に切《き》つて置《お》きます。

4、あなご二尾《び》は十八頁《ぺーじ》の處《ところ》に有《あ》る樣《やう》にして細々《こま〴〵》に切《き》つて置《お》きます。

5、海老《ゑび》のおぼろ大匙《おほさじ》八杯位《はいくらゐ》を用意《よーい》して置《お》きます（海老のおぼろの拵へ方は十四頁にあります）。

6、以上出來《いじやうでき》上《あが》りましたら鮨飯《すしめし》三合位《がふくらゐ》を用意《まうい》し（鮨飯の焚き方は二頁にあります）飯茶碗《めしぢやわん》に山高《やまだか》に盛《も》り用《よ》意《い》して置《お》いた材料《ざいれう》を口繪《くちゑ》の如《ごと》く体裁《ていさい》よく（普通模樣の入つた手毬の樣に）盛《も》り全部《ぜんぶ》此《こ》の樣《やう》にして拵《こしら》へ蒸籠《せいろ》に入《い》れて蒸《む》します七八分間《ふんかん》すると蒸《む》せますから取《と》り出《だ》し一人前《にんまへ》一個《こ》づゝを進《す》めます。

大阪式茶碗鮨

材料

1、あなご四本
2、椎茸四五個
4、赤貝大貳個
4、三ツ葉少々
5、海老のおぼろ七匙四杯
6、淺草海苔二枚
7、鮨飯三合
8、調味品

1、鮨飯《すしめし》三合醬《がふくらゐ》を用意《ようい》して置《お》きます（鮨飯の拵へ方は二頁に有りますが此の鮨に用ふるのは酢の分量を半分位に致します）。

2、赤貝大《あかゞひだい》二個《こ》を求《もと》め貝《かひ》より出《だ》し紐《ひも》の部分《ぶぶん》を切《き》り去《さ》り良《よ》く水洗《みづあらひ》し眞中《まんなか》より二つに切《き》り中《なか》の腸《わた》を出《だ》し鹽《しほ》にてもみ洗《あら》ひ一分位《ぶくらゐ》づゝ間《あひだ》を置《お》いて庖丁《はうちやう》の目《め》を入《い》れ横《よこ》に一分《ぶ》

位《くらゐ》づゝに切《き》り味淋《みりん》大匙《おほさじ》二杯《はい》出汁《だし》大匙《おほさじ》四杯《はい》醤油《しやうゆ》大匙《おほさじ》二杯位《はいくらゐ》でざつと煮《に》て薄味《うすみ》を付けて置《お》きます。

3、椎茸《しひたけ》四五個《こ》は十一頁《ページ》の樣《やう》にして甘煮《あまに》を拵《こしら》へ微塵切《みぢんぎり》とし二つに分《わ》けて置《お》きます。

4、海老《ゑび》のおぼろ大匙《おほさじ》四杯位《はいくらゐ》を用意《ようい》して置《お》きます（海老のおぼろの拵へ方は十四頁にあります）。

5、淺草海苔《あさくさのり》二枚《まい》は火《ひ》にて炙《あぶ》り乾《かは》いた布巾《ふきん》に包《つゝ》み細《こま》かく揉《も》んで置《お》きます。

6、三つ葉《ば》少量《せうりやう》は十頁《ページ》の樣《やう》にして茹《ゆが》き五分《ぶ》長《なが》さ位《くらゐ》に切《き》つて置《お》きます。

7、以上《いじやう》の用意《ようい》が出來《でき》ましたら鮨飯《すしめし》の中《なか》に用意《ようい》して置《お》いた赤貝《あかゞひ》と椎茸《しひたけ》の半分《はんぶん》（汁《しる》と共《とも》に）と淺草海苔《あさくさのり》と三つ葉《ば》半分《はんぶん》とを入《い》れてよく〳〵混《ま》ぜ合《あは》せ茶碗《ちやわん》に分《わ》け入《い》れ蒸籠《せいろ》に入《い》れて蒸《む》します五分間位《ふんかんくゐ》過《た》ちましたら一度《ど》取《と》り出《だ》し椎茸《しひたけ》の殘《のこ》り半分《はんぶん》三つ葉の殘《のこ》り海老《ゑび》のおぼろとをほど良《よ》く載《の》せ再《ふた》び蒸籠《せいろ》に入《い》れ尚《なほ》五分間位《んかんくゐ》蒸《む》して取《と》り出《だ》し櫻生姜《さくらせうが》を添《そ》へて進《すゝ》めます（櫻生姜の拵へ方は九頁にあります）。

風變り特別鮨のいろ〱

烏賊のばら卷鮨

材料

1、烏賊大四杯
2、淺草海苔二枚
3、蕗小一把
4、椎茸四五個
5、鮨飯三合位
6、調味品

1、烏賊《いか》大《だい》四杯《はい》を求《もと》め十六頁《ぺーに》に有《あ》る樣《やう》にして水洗《みづあらひ》して薄《うす》くそぎ身《み》として甘酢《あまず》の中《なか》に五分間位《ふんかんくゐ》浸《つ》けて置《お》きます。

2、蕗小《ふきせう》一把《は》は沸湯《にえゆ》の中《なか》に入《い》れてざつと茹《ゆが》き水《みづ》に下《お》ろし灰汁《あく》出《だ》しをして後皮《のちかは》を剝《む》き水氣《みづけ》を切《き》り出汁《だし》大匙《おほさじ》八杯《はい》味淋《みりん》大匙《おはさじ》二杯《はい》砂糖《さたう》大匙《おほさじ》一杯《はい》醬油《しやうゆ》大匙《おほさじ》四杯《はい》位《くらゐ》を入《い》れ火《ひ》にかけ煮立《にた》つて參《まゐ》りましたら今《いま》の蕗《ふき》を入《い》れて五分間位煮《ふんかんくらゐに》てお皿《さら》に取《と》つて置《お》きます。

3、椎茸《しひたけ》四五個《こ》は十一頁《ぺーじ》の樣《やう》にして甘煮《あまに》を拵《こしら》へ微塵切《みじんぎり》として置《お》きます。

4、淺草海苔《あさくさのり》二枚《まい》は火《ひ》に炙《あぶ》り細《こま》かく揉《も》んで置《お》きます。

5、以上《いじやう》出來《でき》ましたら鮨飯《すしめし》三合位《がふくらゐ》を用意《ようい》し（鮨飯の焚き方は二頁に有ります）用意《ようい》して置《お》いた淺草海苔《あさくさのり》と椎茸《しひたけ》を入《い》れて混《ま》ぜ合《あは》し爼板《まないた》の上《うへ》に簾《すだれ》を廣《ひろ》げその上《うへ》に布巾《ふきん》を敷《し》きその上《うへ》に用意《ようい》して置《お》いた烏賊《いか》を淺草海苔《あさくさのり》位《くらゐ》の廣《ひろ》さに廣《ひろ》げ鮨飯《すしめし》を烏賊《いか》の上《うへ》に兩端《りやうはじ》を一寸位《すんくらゐ》づゝ殘《のこ》して廣《ひろ》げその眞中《まんなか》に蕗少量《ふきせうりやう》を横《よこ》に置《お》き芯《しん》となる樣《やう》にして簾《すだれ》と共《とも》に卷《ま》き上《あ》げ烏賊《いか》と飯《めし》とを良《よ》く〳〵付着《ふちやく》せしめ後簾及《のちすだれおよ》び布巾《ふきん》を取《と》り八つ位《くらゐ》に切《き》り適宜《てきぎ》にお皿《さら》に盛《も》つて進《すゝ》めます。

油揚の卷鮨

材料

1、油揚大八枚
2、干瓢少量
3、栗十個
4、麻の實少々
5、牛蒡一本
6、人參一本
7、青海苔粉少々
8、鮨飯二合
9、調味品

1、油揚《あぶらあげ》八枚位《まいくらゐ》を求《もと》め沸湯《にえゆ》をかけて油抜《あぶらぬ》きをし鍋《なべ》に出汁《だし》一合位《がふくらゐ》と味淋《みりん》大匙《おほさじ》三杯醬油《ばいしやうゆ》大匙《おほさじ》六杯《はい》を入《い》れ火《ひ》にかけ煮立《にた》つた所《ところ》に今《いま》の油揚《あぶらあげ》を入《い》れて凡《およ》そ十分間位《ぷんかんくらゐ》煮《に》て油揚《あぶらあげ》

のやぶれない樣《やう》にして皿《さら》に引上《ひきあ》げて置《お》きます。

2、干瓢《かんぺう》少量《せうりやう》は十一頁《ぺーじ》にある樣《やう》にして煮《に》て微塵切《みぢんぎり》として置《お》きます。

3、栗《くり》十個《こ》は皮《かは》に庖丁《はうちやう》の目《め》を入《い》れて火《ひ》にて燒《や》き上《あ》げ皮《かは》を取《と》り去《さ》り一分位《ぶくらゐ》の厚《あつ》さに切《き》つて置《お》きます。

4、麻《あさ》の實《み》少量《せうりやう》はフライ鍋《なべ》に入《い》れてざつといつて置《お》きます。

5、牛蒡《ごばう》一本《ほん》は皮《かは》を剝《む》き笹《さゝ》がきとなし灰汁《あくだ》出しをし人參《にんじん》一本《ほん》も皮《かは》を剝《む》き笹《さゝ》がきとし油揚《あぶらあげ》の煮汁《にじる》でざつと煮《に》て置《お》きます（萬一汁が足らなければ新に醬油少量と砂糖少量を加へて煮ます）。

6、以上《いじやう》の用意《ようい》が全部出來上《ぜんぶできあが》りましたら鮨飯《すしめし》二合位《がふくらゐ》を用意《ようい》し（鮨飯の焚き方は三頁にあります）今《いま》の干瓢《かんぺう》栗《くり》、麻《あさ》の實《み》、牛蒡《ごばう》、人參《にんじん》を入《い》れて良《よ》く〳〵混《ま》ぜ合《あは》せ簾《すだれ》の上《うへ》に油揚《あぶらあげ》一枚《まい》を廣《ひろ》げその上《うへ》に今《いま》の飯《めし》を二分位《ぶくらゐ》の厚《あつ》さに廣《ひろ》げて端《はじ》よりぐる〳〵と卷《ま》き全部《ぜんぶ》此《こ》の樣《やう》にして拵《こしら》へ適宜《てきぎ》に切《き》りお皿《さら》に盛《も》り青海苔粉《あをのりこ》を撒《ふ》りかけて進《すゝ》めます。

玉子鳴戸卷鮨

材料

1、玉子八個
2、淺草海苔八枚
3、三ツ葉一把
4、鯖の身二切
5、鮨飯三合位
6、調味品

1、玉子《たまご》八個《こ》を求《もと》め二十頁《ぺーじ》にある樣《やう》にして玉子《たまご》燒《や》き四枚位《まいぐらゐ》を拵《こしら》へて置《お》きます。

2、鯖《さば》二切分位《きれぶんぐらゐ》は指先《ゆびさき》にて薄皮《うすかは》を剝《む》き取《と》り小骨《こほね》を拔《ぬ》き去《さ》り鹽《しほ》をして三十分間位《ぷんかんくらゐ》置《お》き時間《じかん》が過《た》ちましたら水洗《みづあらひ》して水氣《みづけ》を拭《ぬぐ》ひ去《さ》り酢《す》の中《なか》に五分間位《ふんかんぐらゐ》浸《たつ》けて置《お》きます。

3、三つ葉《ば》小《せう》一把《は》は十頁《ぺーじ》の樣《やう》にして茹《ゆが》いて置《お》きます。

4、以上《いじやう》の用意《ようい》が出來《でき》ましたら鮨飯《すしめし》二合位《がふぐらゐ》を用意《ようい》し(鮨飯の拵へ方は三頁にあります)簾《す》の上《うへ》に玉子燒《たまごやき》一枚《まい》を廣《ひろ》げその上《うへ》に鮨飯《すしめし》を兩端《りやうはし》を少《すこ》し殘《のこ》して廣《ひろ》げその上《うへ》に用意《ようい》して置《お》いた鯖《さば》の身《み》と三つ葉《ば》とを少《すこ》しづゝ置《お》きしんに成《な》る樣《やう》にして端《はじ》よりぐる〳〵と卷《ま》き全部《ぜんぶ》卷《ま》けましたら玉子燒《たまごやき》の上《うへ》より淺草海苔《あさくさのり》にて卷《ま》き玉子《たまご》燒《や》き鍋《なべ》を火《ひ》にかけ温《あた》まつて來《き》た

時今《ときいま》の鮨《すし》を入《い》れてグル〳〵ところがし乍《なが》ら淺草《あさくさ》を一寸燒《ちよつとや》き後取《のちと》り出《だ》し適宜《てきぎ》に切《き》りお皿《さら》に盛《も》つて進《すゝ》めます。

京阪風の稲荷鮨

材料

1、油揚小十五枚
2、人參一本
3、午蒡一本
4、銀杏二十個
5、麻の實少々
6、鮨飯三合
7、調味品

1、油揚《あぶらあげ》一寸《すん》角《かく》位《ぐらゐ》の物《もの》十五枚《まい》を求《もと》めはすかいに三角《かく》型《がた》に二つ切《ぎり》としそれを切口《きりくち》の方《はう》を二枚《まい》にはがし袋《ふくろ》の樣《やう》な形《かたち》となし沸湯《にえゆ》をかけて油抜《あぶらぬ》きをして置《お》きます。

2、鍋《なべ》に味淋《みりん》大匙《おほさじ》六杯《はい》出汁《だし》一合《がふ》砂糖《さたう》大匙《おほさじ》一杯《はい》醬油《しやうゆ》大匙《おほさじ》四杯位《はいぐらい》を入《い》れて火《ひ》にかけ煮立《にた》つて參《まい》りましたら今《いま》の油揚《あぶらあげ》を入《い》れてざつと煮《に》て置《お》きます。

3、牛蒡《ごばう》一本《ほん》は皮《かは》を剝《む》き笹《さゝ》がきとし水《みづ》に下《おろ》して灰汁《あく》出《だ》しをして後沸湯《のちにえゆ》の中《なか》に入《い》れて茹《ゆが》いて置《お》きます。

4、人參《にんじん》一本《ぽん》も皮《かは》を剝《む》き笹《さゝ》がきとし水《みづ》に浸《つ》けて後《のち》沸湯《にえゆ》の中《なか》に入《い》れて茹《ゆが》いて置《お》きます。

5、次《つぎ》に油揚《あぶらあげ》の煮汁《にじる》に醤油《しやうゆ》少量《せうりやう》を加《くは》へて火《ひ》にかけ煮立《にえた》つて參《まい》りましたら今《いま》の牛蒡《ごばう》と人參《にんじん》を入《い》れてざつと煮《に》て置《お》きます。

6、麻《あさ》の實《み》少々《せう〳〵》はフライ鍋《なべ》にてざつといつて置《お》きます。

7、銀杏《ぎんなん》二十個位《こぐらい》はフライ鍋《なべ》に入《い》れて煎《い》り皮《かは》を取《と》つて置《お》きます。

8、以上《いじやう》の用意《ようい》が出來《でき》ましたら鮨飯《すしめし》二合位《がふぐらい》を用意《ようい》し（鮨飯の焚き方は二頁にあります）用意《ようい》して置《お》いた牛蒡《ごばう》、人參《にんじん》、麻《あさ》の實《み》、銀杏《ぎんなん》を入《い》れて良《よ》く〳〵混《ま》ぜ合《あは》せ今《いま》の油揚《あぶあけ》の袋《ふくろ》の様《やう》になつた中《なか》に詰《つ》め口《くち》を下《した》になる様《やう》にして適宜《てきぎ》にお皿《さら》に盛《も》りて進《すゝ》めます。

粕漬鮑の握り鮨

材料

1、鮑大二個
2、淺草海苔二枚
3、酒の粕四十匁
4、三ツ葉
5、鮨飯三合
6、羽二重酢
7、調味品

1、鮑《あはひ》大《だい》二個《こ》を求《もと》め鼈甲鮨《べっこうずし》五十二頁《ページ》の所《ところ》に有《あ》る様《やう》にして貝《かひ》から放《はな》し紐《ひも》及《およ》び腸《わた》を取《さ》り鍋《なべ》に日本酒《にほんしゆ》大匙《おほさじ》四杯《はい》出汁《だし》大匙《おほさじ》八杯半《はいはん》鹽《しほ》中匙《ちうさじ》一杯《はい》とを入《い》れその中《なか》に今《いま》の鮑《あはび》を入《い》れて押蓋《をしぶた》をして十分間《ぶんかん》位《くらい》煮《に》時間《じかん》が過《た》ちましたら取《こ》り出《だ》し一分位《ぶくらい》の厚《あつ》さに小口《こくち》より切《き》り酒《さけ》の粕《かす》四十匁《もんめ》位《くらい》の中《なか》に味淋《みりん》大匙《をほさじ》八杯半位《はいはんくっい》を加《くは》へ能《よ》く〳〵混《ま》ぜ合《あは》せその中《なか》に今《いま》の鮑《あはび》を二日間《かかん》位《くらい》浸《つ》けて置《を》きます（此の鮨を拵へる時は前から此れ丈の用意をして置きます）。

2、以上《いじやう》の用意《ようい》が出來《でき》ましたら酒《さけ》の粕《かす》の中《なか》より取《こ》り出《だ》し粕《かす》を拭《ぬく》ひ去《さ》り適宜《てきぎ》握《にぎ》り鮨《すし》の大《をほ》きさに切《き》り金網《かなあみ》の上《うへ》に載《の》せて少《すこ》し燒色《やきいろ》が、付《つ》く位《くつい》にやいて置《お》きます。

3、淺草海苔《あさくさのり》二枚《まい》は火《ひ》に炙《あぶ》り細《こま》かく揉《も》んで置《を》きます。

4、次《つぎ》に鮨飯《すしめし》三合位《がふくらい》を用意《ようい》し（鮨飯の焚き方は二頁にあります）今《いま》の淺草海苔《あさくさのり》を入《い》れて搔《か》き混《ま》ぜ一握《にぎ》りづゝを鮑《あはび》一切《きれ》に付《つ》け普通《ふつう》の握《にぎ》り鮨《すし》の如《ごと》く拵《こしら》へ上《うへ》に煮詰《につめ》をぬり付《つ》けて三ッ葉《ば》の茹《ゆが》いた物《もの》でくゝり適宜《てきぎ》に皿《さら》に入《い》れ羽二重酢《はぶたへず》を添《そ》へて出《だ》します（羽二重酢の拵へ方は八頁に煮詰の拵へ方は四頁にあります）。

烏賊の姿鮨

材料	
1、槍烏賊四杯	5、青海苔粉少々
2、午蒡一本	6、山葵煮詰
3、人參半本	7、鮨飯二合位
4、三ツ葉少量	8、調味品

1、鎗烏賊《やりいか》四杯《はい》を求《もと》め體《とを》を切《き》らない樣《やう》に注意《ちうい》して足《あし》を拔《ぬ》き取《と》り背《せ》の方《はう》にある甲《かふ》を拔《ぬ》き取《と》り水洗《みづあらひ》して沸湯《にえゆ》の中《なか》に入《い》れて火《ひ》の通《とほ》るまで凡《をよ》そ五分間位《ふんかんくらい》茹《ゆが》いて少《すこ》し冷《さ》めてから薄皮《うすかは》を剝《む》き取《と》り鹽《しほ》をして三十分位《ぶんくらい》おき後酢《のちす》の中《なか》に漬《つ》けておきます。

2、牛蒡《ごばう》一本《はん》は皮《かは》を剝《む》き小《ちひ》さな笹《さゝ》がきとし水《みづ》の中《なか》に浸《つ》けて灰汁《あく》出《だ》しをし水《みづ》を切《き》つて置《を》きます。

3、鍋《なべ》に胡麻《ごま》の油大匙《あぶらおほさじ》五杯位《まいくらい》を入《い》れ火《ひ》にかけ前《まへ》の牛蒡《ごばう》を入《い》れて箸《はし》で攪《か》き混《ま》ぜ乍《なが》ら煮《に》て軟《やはら》かくなりましたら砂糖大匙《さたうをほさじ》二杯《はい》醬油大匙《しやうゆをほさじ》五杯位《はいくらい》を加《くは》へて尚《なほ》五分間位《ふんかんくらい》煮《に》て味《あぢ》を付《つ》けて置《を》きます。

4、人參《にんじん》半本位《はんぽんくらい》も皮《かは》を剥《む》き今《いま》の牛蒡《ごばう》と同《をな》じ樣《やう》にして煮《に》て置《を》きます。

5、三つ葉《は》少量《せうりやう》は十頁《ページ》の樣《やう》にして茹《ゆが》き微塵切《みぢんぎり》として置《を》きます。

6、以上出來《いじやうでき》ましたら鮨飯《すめし》二合位《がふくらい》を用意《ようい》し（鮨飯の焚き方は二頁にあります）今《いま》の牛蒡《ごぼう》、人參《にんじん》、三つ葉《は》を入《い》れて混《ま》ぜ合《あは》せ用意《ようい》して置《を》いた烏賊《いか》の中《なか》に詰《つ》め後《のち》三分位《ぶくらい》の輪切《わぎり》とし煮詰《につめ》を塗《ぬ》り付《つ》け更《さら》に青海苔粉《あをのりこ》少々《せう〳〵》を撒《ふ》りかけて適宜《てきぎ》に皿《さら》に盛《も》つて出《だ》します（煮詰の拵へ方は四頁にあります）。

一箱で三色に出來る大阪式箱鮨

材料

1、小鯛二尾
2、あなご二尾
3、玉子二個
4、椎茸三個
5、鮨飯二合
6、煮詰
7、煮返し
8、調味品

1、小鯛《こたひ》二尾《び》は鱗《うろこ》を拂《はら》ひ腹《はら》を開《あ》け腸《わた》を出《だ》し三枚《まい》に下《を》ろし薄身《うすみ》小骨《こぼね》を取り去《さ》り良《よ》く良《よ》く水洗《みづあらひ》し皮《かは》を付《つ》けたまゝ刺身《さしみ》の如《ごと》く作《つく》り鹽《しほ》をして三十分間位《ぷんかんくらい》置《を》き時間《じかん》が經《た》ちま

したら水洗《みづあらひ》して水氣《みづけ》を切《き》り酢《す》の中《なか》に浸《つ》けて置《を》きます。

2、あなご一尾《び》は十八頁《ぺーじ》にある樣《やう》にして拵《こしら》へて置《を》きます。

3、椎茸《しひたけ》三四個《こ》は十一頁《ぺーじ》に有《あ》る樣《やう》にして煮《に》て微塵切《みぢんぎり》として置《を》きます。

4、玉子《たまご》二個《こ》は二十頁《ぺーじ》の樣《やう》にして薄焼《うすやき》とし一寸角位《すんかくぐらい》に切《き》つて置《を》きます。

5、以上《いじやう》の用意《ようい》が出來《でき》ましたら二頁《ぺーじ》の樣《やう》にして鮨飯《すしめし》二合位《がふくらい》を用意《ようい》し長《なが》さ八寸位横《すんくらいよこ》四寸位《すんくらい》の鮨箱《すしばこ》に酢《す》をふりかけ一寸箱《ちよつとはこ》をしめし前《まへ》の箱鮨《はこずし》の樣《やう》にして三分位《ぶくらい》の厚《あつ》さに鮨飯《すしめし》を詰《つ》めその上《うへ》に椎茸《しひたけ》の微塵切《みぢんぎり》をパラ〳〵と一面《めん》にふりその上《うへ》に箱《はこ》一杯《はい》になる樣《やう》に鮨飯《すしめし》を詰《つ》めその上《うへ》に今《いま》の小鯛《こだひ》、あなご、玉子焼《たまごや》きを平《たび》らに三色《いろ》に別《わ》けて一面《めん》に列《なら》べその上《うへ》に竹《たけ》の皮《かは》の一寸酢《すんす》に漬《つ》けた物《もの》をあてゝ蓋《ふた》をして堅《かた》くしめて押拔《をしぬ》き十二に切《き》りあなごへは煮詰《につめ》を塗《ぬ》り小鯛《こだひ》には煮返《にかへ》しを塗《ぬ》り玉子焼《たまごや》きはそのまゝにし皿《さら》に盛《も》り分《わ》けて出《だ》します。（煮詰及び煮返の拵へ方は四頁にあります）

鮒鮨の拵へ方

材料

1、鮒一貫目
2、鹽八百目
3、麴四百目
4、鮨飯五升

1、鮒鮨《ふなやし》は近江國《あふみのくに》琵琶《びは》湖《こ》邊《あた》りの名産《めいさん》で誠《まこと》に風味《ふうみ》のよい却々《なか〳〵》珍《めづ》らしい物《もの》で有《あ》りますが美《を》味《い》しく食《た》べるには大變《たいへん》日《ひ》數《かず》を要《えう》します。

2、鮒《ふな》の中《なか》で最《もつと》も大《をほ》きい源《げん》五郎鮒《らうぶは》と言《い》ふ名稱《めいしよう》ある產卵前《さんらんぜん》の物《もの》(特に卵が熟せず尚卵粒の細かい時分の物がよろしい)を一貫目位《くわんめくらい》を求《もと》め鱗《うろこ》を拂《はら》ひ卵《たまこ》をこわさない樣《やう》にあごの處《ところ》より鰓《ひれ》を取《さ》り良《よ》く〳〵水洗《みづあらひ》し桶《をけ》に入《い》れ鹽《しほ》八百目《め》位《くらい》(一貫目までは宜敷い)入《い》れて鹽漬《しほづけ》としその上《うへ》より蓋《ふた》をして三四日《か》經《た》ちましたら蓋《ふた》の上《うへ》より二貫 目《くわんめ》位《くらい》ある重石《をもいし》をして十五日《にち》位《くらい》經《た》ちましたら鹽《しほ》をササラにて洗《あら》ひ(十五日經つ前に水氣が上つて來るかも知れませんがそのまゝにして置きます)落《をこ》して良《よ》く〳〵水氣《みづけ》を切《き》つて置《を》きます。

3、上等《じやうとう》の白米《はくまい》にて炊《た》いた冷飯《ひやめし》二升位《しやうくらい》と麹《かうじ》二百目位《めくらい》とを良《よ》く〳〵混《ま》ぜ合《あは》せ今《いま》の鮒《ふな》の口《くち》の方《はう》より詰《つ》め込《こ》み桶《をけ》の中《なか》に入《い》れて重《をも》石《いし》をして置《を》きますと自然《しぜん》に醗酵《はつかう》して蓋《ふた》の上《うへ》に水分《すいぶん》が上《あが》り三ヶ月《げつ》も經《た》ちますと飯《めし》は殆《ほとん》ど崩《くづ》れて形《かたち》は無《な》くなり酢《す》の爲《ため》に柔《やはら》かくなり所謂鮒鮨《いはゆるふなずし》と云《い》ふのります此《こ》の時《とき》取《と》り出《だ》し附着《ふちやく》した飯《めし》を取《と》り去《さ》り更《さら》に麹《かうじ》二百目《め》に飯《めし》二升位《しやうくらい》を混《ま》ぜ合《あは》したる物《もの》を詰《つ》め三四日漬《か》けたる後適宜《のちてきぎ》に切《き》つて食《しよく》します之《こ》れは最上等《さいじやうとう》で有《あ》りまして再漬《さいづけ》と申《まを》します。

京都名物鯖の丸漬鮨

材料

1、鯖三尾
2、山葵一本
3、鮨飯二合
4、煮返
5、調味品

1、鯖《さば》の新《あたら》しい物《もの》三尾《び》を求《もと》め頭《かしら》を落《をと》し腹《はら》を開《あ》け腸《わた》を出《だ》し三枚《まい》に卸《をろ》す様《やう》にして切放《きりはな》さない様《やう》に注意《ちうい》して廣《ひろ》げ中骨《なかほね》を取《と》り強《つよ》鹽《しは》をして三十分《ぷん》位《くらい》置《を》き時間《じかん》が經《た》ちましたら

水洗《みづあらひ》して水氣《みづけ》を拭《ぬぐ》ひ酢《す》の中《なか》に三十分間位《ぷんかんくらい》浸《つ》けて後《のち》引揚《ひきあ》げあま皮《かは》を指先《ゆびさき》にて剝《は》がし毛拔《けぬき》を使《つか》つて鯖《さば》の身《み》の中央《ちうあう》にある小骨《こほね》を拔《ぬ》き取《と》つて置《を》きます。

2、山葵《わさび》一本《ほん》は皮《かは》を剝《む》き葉附《はづき》の方《はう》より卸金《をろしがね》にかけて卸《をろ》し倘細々《なほこまぐ》にたゝいて置《を》きます。

3、次《つぎ》に二頁《ぺーじ》に有《あ》る樣《やう》にして鮨飯《すしめし》二合位《がふくらい》を用意《ようい》して置《を》きます。

4、以上《いじやう》出來《でき》上《あが》りましたら布巾《ふきん》を水洗《みづあらひ》し堅《かた》く搾《しぼ》り俎板《まないた》の上《うへ》に廣《ひろ》げ布巾《ふきん》の端《はし》に鯖《さば》の身《み》の方《はう》を上《うへ》むきにして載《の》せその上《うへ》に用意《ようい》してをいたわさびをぬりつけ鮨飯《すしめし》を鯖《さば》の長《なが》さ一寸角位《すんかくぐらい》に握《にぎ》りて載《の》せ布巾《ふきん》のまゝぐる〳〵と卷《ま》き五分間位《ふんかんくらい》の後《のち》適宜《てきぎ》に切《き》り煮返《にかへ》し（煮返の拵へ方は四頁にあります）を塗《ぬ》つて出《だ》します殘《のこ》りも此《こ》の樣《やう》にして拵《こしら》へます。

お鮨の虎の卷上卷　終り

大正八年五月五日印刷
大正八年五月七日發行
大正九年三月廿五日第二版
大正九年十月十五日第三版
大正拾年四月五日第四版
大正拾年九月廿日第五版
大正拾壹年正月廿日第六版

定價　貳圓參拾錢

著者兼發行者　東京市麴町區飯田町三ノ九　服部茂一

印刷者　東京市本郷區本郷五ノ三六　三瓶秀太郎

印刷所　東京市本郷區本郷五ノ三六　萬壽堂本店

發行所　東京市麴町區飯田町三ノ九　服部式茶菓割烹講習會
振替東京三八五二七番

お寿司のこしらへかた

鈴木一如先生著

お寿司のこしらへ方

一名 飯の炊き

目　次

序
口絵
　鮓桶繪　使用ノ圖
　鮓箱繪　使用説明
　鮓飯使用ノ米飯　使用法 ……………………………… 三（卷頭）

紐鯛と酢鮓
　酢鯛と鹽と鮓飯と米の分量 ……………………………… 九七
針鯖の鮓
　針魚の鮓 ………………………………………………… 九八
小鰭の鮓類 ……………………………………………… 一〇〇
小鯛づくり ……………………………………………… 一一一
鯛朧のつくり方 ………………………………………… 一一一
鱶鰭のつくりお鮓 ……………………………………… 一二二
朧鯛の醬油漬のお鮓 …………………………………… 一四三
醬油漬のお鮓 …………………………………………… 一四四
鹽蒸のお鮓 ……………………………………………… 一五四
鮑王子の鮓しやうゆ漬のお鮓 ………………………… 一五五
薄燒玉子の鮓にくるめるお鮓 ………………………… 一七五

赤貝の鮓 ………………………………………………… 一六五
照燒海貝の鮓 …………………………………………… 一七六
鳥貝の鮓 ………………………………………………… 一七七
車海老のおしを鮓 ……………………………………… 一八五

序

近來料理《きんらいれうり》は女學校《じよがくかう》や知名《ちめい》の講師《こうし》の方々《かた〴〵》の御指導《ごしだう》に依《よ》りまして驚《おどろ》く程發達致《ほどはつたついた》しましたことは申《まう》す迄《まで》もありませんが、唯獨《たゞひと》り江戸名物《えどめいぶつ》を誇《ほこ》る握鮨《にぎりずし》のみは遺憾《いかん》に堪《た》えない點《てん》が多《おほ》う御座《ござ》いました。

此握鮨《このにぎりずし》は飲食物中日本《いんしよくぶつちうにつぽん》の美術《びじゆつ》と迄云《までい》はるゝ程高尚《ほどかうしやう》であり、萬人向《まんにんむき》に歡迎《くわんげい》さるゝ嗜好物《しかうぶつ》となつて居《を》りますにも拘《かゝは》らず、家庭間《かていかん》には五もく、稻荷鮨《いなりずし》、押鮨《おしずし》の外行《ほかおこな》はれて居《を》りませぬ。一體握鮨《たいにぎりずし》の本領《ほんれう》は押鮨《おしずし》と違《ちが》ひまして、形《かたち》は勿論《もちろん》ですが、御飯《ごはん》の潰《つぶ》れる事《こと》が鮨店《すしみせ》ではシヤリをころすと申《まう》しまして、飯《めし》は一寸《ちよつと》よせてある位《くらゐ》で、口《くち》に這入《はい》ればハラリ崩《くづ》れる握方《にぎりかた》が最上《さいじやう》の職人《しよくにん》の腕前《うでまへ》となつて居《を》りました。それでありますから素人《しろうと》には勿論料理人《もちろんれうりにん》の方《かた》としても專門以外《せんもんいぐわい》に出來《でき》ないものと諦《あきら》められて居《を》り、詰《つま》り此《こ》の握《にぎ》ることの難《むづ》かしいことに禍《わざはひ》されて各家庭《かくかてい》に普及《ふきふ》しない結果《けつくわ》になつたのではありますまいか。

又衞生上《またゑいせいじやう》から申《まう》しましても手《て》で握《にぎ》ることは近來新聞《きんらいしんぶん》や輿《よ》論《ろん》の問題《もんだい》となつて居《を》りますことは私《わたくし》の申上《まうしあ》げる迄《まで》もなく御承知《ごしやうち》の通《とほ》りであります。世間《せけん》は洋食《やうしよく》、支那料理《しなれうり》が偉《いら》い勢《いきほひ》で侵入《しんにふ》して來《き》てゐる今日《こんにち》、又何《またなん》でも彼《か》でも機械化《きかいくわ》されて來《き》た今日《こんにち》、この鮨《すし》のみ獨《ひと》り舊習通《きふしふどほ》り一つ〳〵握《にぎ》つてゐては鮨《すし》料理《れうり》のみは此進《このすゝ》んだ時代《じだい》から取殘《とりのこ》されて了《しま》ふことを私《わたくし》は

常日頃《つねひごろ》から遺憾《いかん》に思《おも》つて居《ゐ》りました。

茲《こゝ》に於《おい》て時代《じだい》の要求《ようきう》に應《おう》ずべく鈴木《すゞき》式握鮨器《しきにぎりずしき》が發明《はつめい》されて參《まゐ》りました。此握鮨器《このにぎりずしき》は鮨種《すしだね》を下《した》に敷《し》き、お辨當箱《べんたうばこ》に飯《めし》を詰《つ》める樣《やう》にして作《つく》れば、極《きは》めて簡單《かんたん》に握鮨《にぎりずし》が出來《でき》るのであります。私《わたくし》は是程完全《これほどかんぜん》した發明品《はつめいひん》はないと確信《かくしん》して居《を》ります。

特長《とくちやう》は御飯《ごはん》が絶對潰《ぜつたいつぶ》れず、面白《おもしろ》い程早《ほどはや》く出來《でき》、萬《まん》が萬同《まんどう》一の形《かたち》である許《ばか》りでなく、ちつとも手《て》を汚《よご》さずに衞生的《えいせいてき》に作《つく》れます。又家庭間《またかていかん》の御要求《ごようきう》を伺《うかゞ》ひますと、お鮨《すし》は海苔卷《のりまき》がないと物足《ものた》りないと云《い》ふことをチヨイ〳〵耳《みゝ》に致《いた》しましたので、是《こ》れも亦鈴木《またすゞき》一舟先生《しうせんせい》が此度握鮨器《このたびにぎりずしき》の姉妹品《しまいひん》として又卷鮨器《またまきずしき》も發明《はつめい》されました。是《こ》れも衞生的《えいせいてき》に面白《おもしろ》くコロ〳〵卷《ま》ける器械《きかい》であります、

又御家庭的《またごかていてき》にはお料理《れうり》と違《ちが》ひまして材料《ざいれう》の作《つく》り方《かた》の御手《おて》本《ほん》がないので、自然之《じぜんこ》れも亦必要《またひつよう》になつて參《まゐ》りました。茲《こゝ》に於《おい》て鈴木《すゞき》一舟先生《しうせんせい》をして「お鮨《すし》のこしらへ方《かた》」の本《ほん》の著《ちよ》作《さく》を乞《こ》ひました處快《ところくわい》諾《だく》されまして、曩《さき》に著作發行《ちよさくはつかう》された「お鮨《すし》のこしらへ方《かた》」を大增刷《だいぞうさつ》して寫眞版《しやしんはん》二十數種《すうしゆ》、木版《もくはん》三十餘種《よしゆ》、作《つく》り方全部圖入平假名付《かたぜんぶづいりひらがなつ》きと致《いた》しました。內容《ないよう》は傳授秘傳《でんじゆひでん》と云《い》ふこと迄洩《までも》れなくのせてあります。

古谷　義　一識

◇口《くち》繪《ゑ》の説《せつ》明《めい》

第《だい》一圖《づ》　蜜柑《みかん》、林檎形鮨《りんごかたちずし》　材料《ざいれう》　玉子《たまご》、海苔飯《のりめし》
第《だい》二圖《づ》　蜜柑《みかん》の形鮨《かたちずし》を割《わ》り中《なか》の海苔飯《のりめし》を示《しめ》したる圖《づ》
第《だい》三圖《づ》　結物《むすびもの》の鮨種《すしだね》　材料《ざいれう》　干瓢《かんぺう》の柚子煮《ゆずに》、海苔飯《のりめし》
第《だい》四圖《づ》　大皿盛方《おほざらもりかた》　松竹梅《しやうちくばい》の作意《さくい》
材料《ざいれう》　赤貝《あかがひ》　鰺《あぢ》　鮪《まぐろ》　あなご　海老《えび》　梅《うめ》の花巻《はなまき》
細巻《ほそまき》　各《かく》一かん盛《もり》五人前《にんまへ》

口繪《くちゑ》の御説明申上《ごせつめいもうしあげ》てみませう。口繪《くちゑ》に御座《ござ》います第《だい》一圖《づ》の様《やう》に季節《きせつ》に随《したが》ひまして果實《くわじつ》の形《かたち》にお鮨《すし》をお作《つく》りになつて御《ご》進物《しんもつ》にさし上《あげ》ましたら奥様方《おくさまがた》のおうでのさえと御自身《ごじしん》に御《お》作《つく》りになつたことをこゝろからおうけになることゝ思《おも》ひます又御來客《またごらいきやく》の饗應《きやうおう》に出《だ》しましていつまでも語草《かたりぐさ》として御噂《おうわさ》に殘《のこ》ることゝ思《おも》ひます。

先《ま》づ玉子《たまご》の黄身《きみ》のこしらへ方《かた》から申上《もうしあげ》ませう。

玉子《たまご》十個《こ》を用意致《よういいた》します、此内《このうち》八個《こ》分《ぶん》黄身《きみ》だけ抜《ぬ》きとります黄身《きみ》の抜《ぬ》き方《かた》に一寸《ちよつと》したこつが御座《ござ》います。右手《みぎて》に玉子《たまご》を持《も》ち器《うつは》の縁《ふち》で玉子《たまご》をトンと打《う》ちますと横《よこ》に一文字《もんじ》にきずがつきます今度《こんど》は兩手《りやうて》を添《そ》ひ二ツに割《わ》るところもちにして二ツに離《はな》さずきず口《ぐち》を少《すこ》しあけますと白身《しろみ》は重《おも》いために器《うつは》にずる〱と流《なが》れだします今度《こんど》はからを左右《さゆう》に持《も》ち二ツにわりまして左手片々《ひだりてかた〱》に黄身《きみ》を移《うつ》し片々《かた〱》の白身《しろみ》のとりをしぼり斯《か》く致《いた》しまして黄味《きみ》と白身《しろみ》と別々《べつ〱》になりましたら今度《こんど》は

殘《のこ》りの二ツの卵《たまご》を白身《しろみ》とともに前《まへ》の黄味《きみ》に交《ま》ぜます。つまり黄身《きみ》八ツに玉子《たまご》二ツであります。

砂糖《さたう》十五匁《もんめ》、酒《さけ》五勺《しやく》、かくし醬油《しやうゆ》と申《まう》しまして色《いろ》のつかない程度《ていど》に僅許《わづかばか》り、味《あじ》の素《もと》小匙《こさじ》一杯《ぱい》、酢《す》鹽《しを》もほんのポッチリ食料黄粉《しよくれうきこ》はお猪口《ちよく》に水《みづ》でとき宜程《よきほど》に着色致《ちやくしよくいたし》ましたら鍋《なべ》に移《うつ》し火《ひ》にかけぶく〳〵固《かた》りましたら湯煎《ゆせん》にかけ七八本《ほん》の箸《はし》を一緒《しよ》に持《も》ちかき廻《まは》し炒上《えりあが》りましたら裏《うら》こしにかけます。

用意《ようい》が出來《でき》ましたら布巾《ふきん》を堅《かた》く絞《しぼ》り左《ひだり》の掌《てのひら》に廣《ひろ》げ其上《そのうへ》に材料《ざいれう》の右《みぎ》の玉子《たまご》をお煎餅《せんべい》をのす様《やう》に平《たひら》に指先《ゆびさき》で廣《ひろ》げます。第《だい》一圖《づ》の様《やう》に海苔《のり》飯《めし》(二七頁參照《ページさんせう》)を其上《そのうへ》からのせ中程《なかほど》の海苔《のり》飯《めし》の上《うへ》を右《みぎ》の人さし指《ゆび》で押乍《おしなが》ら左《ひだり》の掌《てのひら》を少《すこ》し凹《くぼ》ませ御飯《ごはん》を布巾《ふきん》と共《とも》に左手《ひだりて》でつかむ心持《こゝろもち》で丁度餅《ちようどもち》にあんこを詰《つ》める様《やう》にして自然《しぜん》に布巾《ふきん》を絞《しぼ》る様《やう》に致《いた》しますと下《した》の材料《ざいれう》の黄身《きみ》がだん〳〵延《のび》てきます。夫《それ》から廻《まは》りを絞《しぼ》りますと第《だい》二圖《づ》の様《やう》に坊主頭《ばうずあたま》の様《やう》に丸《まる》くなります。それから左手《ひだりて》に布巾《ふきん》の包口《つゝみぐち》を持《も》ち右手《みぎて》の人《ひと》さし指《ゆび》で中程《なかほど》を第《だい》二圖《づ》の様《やう》に一寸《ちよいと》押《お》しますと蜜柑《みかん》の形《かたち》にくぼみます。

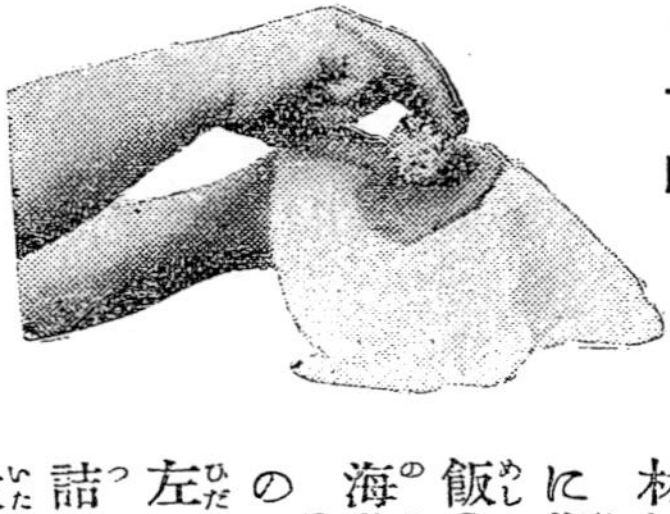

第一圖

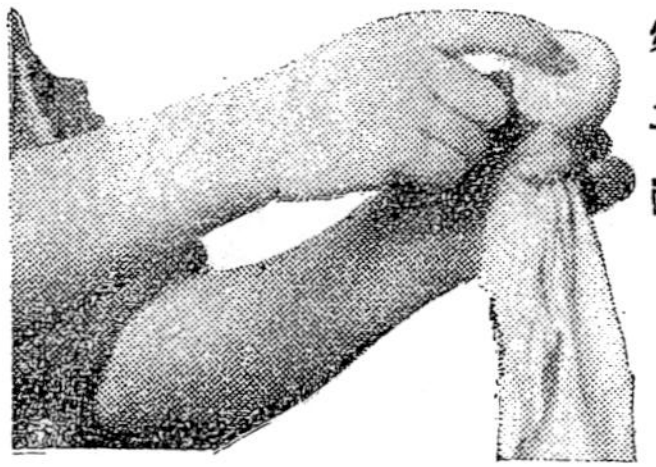

第二圖

第三圖

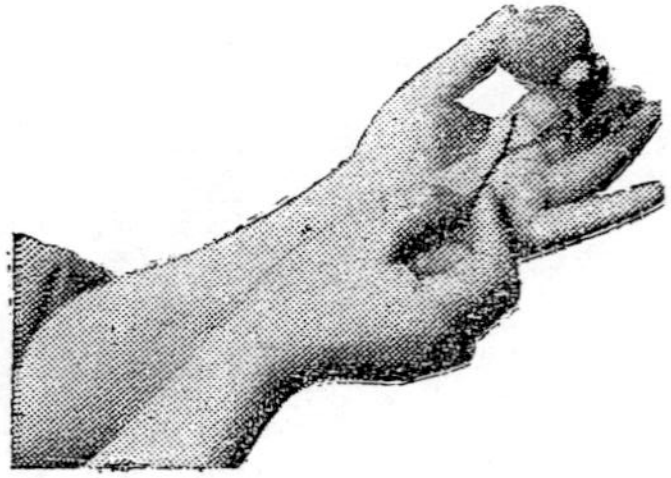

蜜柑《みかん》の形《かたち》ができましたら第《だい》三圖《づ》の様《やう》に下《した》に木《き》の葉《は》を莖《くき》と共《こも》に取《さ》り蜜《み》柑《かん》の葉《は》に見《み》へる様《やう》なものなら何《なん》でもよろしうございます榊《さかき》の葉《は》の様《やう》なものを上《うへ》の莖《くき》を五分《ぶ》程《ほど》殘《のこ》し下《した》からさして作《つく》ります。

林檎《りんご》は白身《しろみ》を食紅《しよくべに》で赤《あか》く着色《ちやくしよく》をして前《まへ》の通《とほ》り絞《しぼ》り布巾《ふきん》の下《した》の中程《なかほど》をごく、廻《まは》りは薄《うす》くぼかし其上《そのうへ》から前《まへ》の黄身《きみ》の材料《ざいれう》をのしまして蜜柑《みかん》より聊《いさゝ》か大《おほ》きく中程《なかほど》を蜜柑《みかん》の様《やう》に人《ひこ》さし指《ゆび》でくぼませ其《その》くぼみに蜜柑《みかん》と反對《はんたい》にくぼんだほうに、くきばかりをさし尻《しり》を上《うへ》にして二三個《こ》盛《も》付《つけ》ます。

枇杷《びわ》も是《これ》に準《じゆん》じてお作《つく》りになつて小葉《こは》を添《そ》へて盛《も》ります。

枇杷《びわ》の花落《はなおち》の黒《くろ》いところはだし昆布《こんぶ》を火《ひ》に入《い》れてまつ赤《か》に燒《や》き崩《くず》しまして筆《ふで》で一寸上《ちよつとうへ》につけますと枇杷《びわ》の形《かたち》になります。お料理《れうり》に黒《くろ》く着色《ちやくしよく》を致《いた》しますには此《こ》燒《や》きました昆布《こんぶ》をお使《つか》ひになりますと文字《もんじ》を顯《あらは》す様《やう》なものでも色々《いろく》のことに御利用《ごりよう》が出來《でき》ます。

柿《かき》の形鮨《かたちずし》はしび鮪《さぐろ》の様《やう》な無地《むぢ》の筋《すじ》のない赤《あか》い肉《み》がよろしゆう御座《ござ》います。身《み》どりはそぎ身《み》にして廻《まは》りはすに薄《うす》くそぎます。蜜柑《みかん》の様《やう》に布巾《ふきん》の上《うへ》にてはぎ合《あは》せます、是《これ》は幾《いく》つにはぎましても一ツ肉《み》にみへます。握鮨《にぎりずし》にも此《この》お心得《こゝろえ》でお

作《つく》りになりますとチットモ屑《くづ》は出來《でき》ません。作《つく》り方《かた》は蜜柑《みかん》の樣《やう》に鮪《まぐろ》の赤肉《あかみ》と共《とも》にしぼり海苔《のり》を柿《かき》のへたの樣《やう》にきりくきを其上《そのうへ》から差《さ》して作《つく》ります。

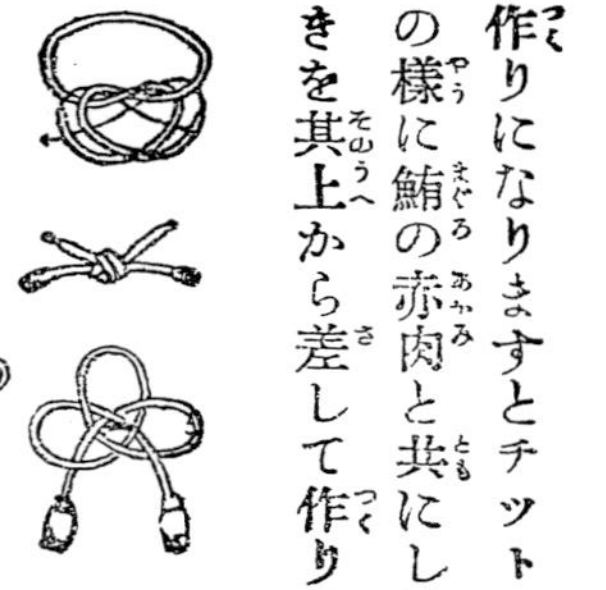

第《だい》三圖《づ》握鮨《にぎりずし》は干瓢《かんぺう》の結物《むすびもの》（口繪《くちゑ》三圖《づ》參照《さんせう》）

結方《むすびかた》は上圖參照《じやうづさんせう》

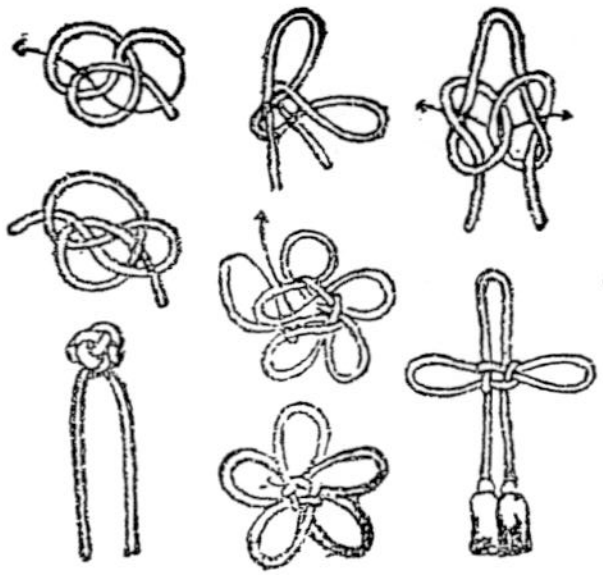

第《だい》四圖《づ》　松竹梅大皿盛《せうちくばいおほざらもり》

此皿盛《このさらもり》は婚禮又《こんれいまた》はお正月《しやうがつ》に面白《おもしろ》いおさりあわせで御座《ござ》います。化粧笹《けしやうざゝ》は若松《わかまつ》、梅《うめ》の卷鮨《まきずし》、根締《ねじめ》は根笹《ねざゝ》を添《そへ》てあります。先《ま》づ來客《らいきやく》五人前《にんまへ》と致《いた》しますと獻立《こんだて》は、あなごの煮物《にもの》、赤貝《あかがひ》の酢漬《づけ》、鮪《まぐろ》の生肉《なまみ》、梅《うめ》の大卷《おほまき》、小鰺《こあぢ》の酢漬《すづけ》、海苔《のり》の細卷《ほそまき》、海老《えび》の酢漬各《すづけかく》一かん盛《もり》となつております。申《まう》す迄《まで》もありませんが料理《れうり》は來客數《らいきやくすう》に應《おう》じ何《なに》々何《なん》かん盛《もり》と小皿《こざら》に盛分《もりわけ》を致《いた》します此場合大皿《このはあひおほざら》の通《とほ》り一人前宛《まへづゝ》にとり分《わけ》を致《いた》します化粧《けしやう》笹《さゝ》も一人《ひとり》〳〵添《そへ》て盛付《もりつけ》を致《いた》しますと大皿《おほざら》は全部《ぜんぶ》が零《れい》となります。凡《すべ》てお料理《れうり》は此《この》お心得《こゝろえ》が肝要《かんよう》とぞんじます。

（第一圖）表型に鮨種を裏返しに詰める圖

（第二圖）型に鮨飯を杓子で詰め布巾を堅くしぼり緣一ぱいに平にならす圖

表型の穴に抜ヘラを差すと寫眞の通り出來上ります

◇握鮨器使用法《にぎりすしきしようはふ》

本器《ほんき》は表型《おもてがた》、握蓋《にぎりぶた》、抜《ぬき》ヘラの三種《しゆ》になつておますり。

先《ま》づ表型《おもてがた》を俎板《まないた》の上《うへ》に起《おこ》し鮨《すし》　種《だね》を裏返《うらがへ》しに敷《し》き鮨飯《すしめし》を杓子《しやくし》で丁度《ちやうど》（お辨當につめる様に）入《い》れて鮨飯《すしめし》の上《うへ》を布巾《ふきん》を堅《かた》くしぼり右手《みぎて》の指《ゆび》に巻《ま》き平《たひ》らにかるく押《お》し次《つぎ》に握蓋《にぎりぶた》の中《なか》を酢《す》にしめし表型《おもてがた》の向《むか》ふの縁《ふち》の際《きわ》よりさし聊《いさゝ》か前《まへ》に寄《よ》せる心《こゝろ》もちに押《ね》して再《ふたゝ》び握蓋《にぎりぶた》をしめし此度《こんど》はかたく押《お》します最後《さいご》に表型《おもてがた》を伏《ふ》せて向《むか》ふを聊《いさゝ》かあげて穴《あな》の向《むか》ふ際《ぎは》に抜《ぬき》へらをさせば圖《づ》の如《ごと》く出來《でき》上《あが》る。

◇鮨《すし》　飯《めし》

先《ま》づ順序《じゆんじよ》と致《いた》しまして鮨飯《すしめし》のことから御《ね》はなし致《いた》しませう。

お鮨《すし》に使《つか》ひます肝要《かんよう》なものは御飯《ごはん》で御座《ござ》います家庭間《かていかん》で申《まう》すやうに上米《じやうまい》でなければならないと云《い》ふわけは御座《ござ》いません二三等米《とうまい》にしても炊《た》き方《かた》によりましてはお美味《いし》く出來《でき》ますので御座《ござ》います。炊《た》き方《かた》と申《まう》しても別段《べつだん》あらためて申上《まうしあげ》

るまでも御座《ござ》いませんが肝腎《かんじん》なものは水《みづ》加減《かげん》で御座《ござ》います先《ま》づ米《こめ》一升《しよう》に水《みづ》一升《しよう》又《また》古米《こまい》ならば一合《がふ》位《ぐらゐ》まし又《また》とぎおきのお米《こめ》や新米《しんまい》ならば一合《がふ》位《ぐらゐ》水《みづ》をへらすので御座《ござ》います是《これ》は釜《かま》の湯《ゆ》の煮《に》たちました時《とき》米《こめ》をいれて手《て》早《はや》くしやくしで平《たひ》らにならし蓋《ふた》をして置《おく》ので御座《ござ》います是《これ》は湯《ゆ》炊《だき》の水《みづ》加減《かげん》であります。

又《また》瓦斯《がす》炊《だき》にいたしましても前《まへ》の水《みづ》加減《かげん》で御座《ござ》います。十分《ぷん》も経《た》ちますと沸《ふ》き出《だ》しますから瓦斯《がす》を細《ほそ》くして五分間《ふんかん》程《ほど》炊《た》きまして二十分間《ぷんかん》位《ぐらゐ》蒸《む》らして釜《かま》から盤臺《はんだい》にうつすので御座《ござ》います若《も》し盤臺《はんだい》のおありあはせがなければお膳《ぜん》か大《おほ》きな盆《ぼん》を代用《だいよう》に致《いた》してもよいので御座《ござ》います。

御飯《ごはん》にお酢《す》を合《あは》せますには釜《かま》からうつしたてにかぎります酢《す》は種類《しゆるゐ》が澤山《たくさん》御座《ござ》いますが先《ま》づ尾州《びしう》半田《はんだ》から出《で》ます山吹《やまぶき》又《また》は三《みつ》かんと申《まう》します（≡。）此印《このしるし》の酢《す》が最上《さいじやう》の品《しな》で此他《このほか》丸勘《まるかん》なども專門家《せんもんか》では用《もち》ひております。その酒屋《さかや》にも御座《ござ》います又《また》瓶詰《びんづめ》の四合瓶《がふびん》もあります。

◇酢《す》と鹽《しほ》と米《こめ》の分量《ぶんりやう》

米《こめ》一升《じやう》に酢《す》一合《がふ》二勺《しやく》鹽《しほ》三勺《しやく》位《ぐらゐ》で丁度《ちやうど》よろしう御座《ござ》います此《この》合《あは》せましたお酢《す》を前《まへ》のうつしたての御飯《ごはん》にふりかけし

やくしですくひてばらり〳〵と御飯《ごはん》を押《おし》つけぬやうにして酢《す》がいちめんに廻《まは》りましたとき、そばから團扇《うちわ》で風《かぜ》をおくりむらの出來《でき》ないやうにまぜあはすので御座《ござ》います。

◇そへもの

生姜《しょうが》は根《ね》生姜《しょうが》をお求《もと》めになりまして庖丁《ほうちょう》で皮《かは》をむき左手《ひだりて》の指先《ゆびさき》でかるく押《おさ》へながな薄刄《うすは》で小口《こぐち》から薄《うす》くうつので御《ご》座《ざ》います。うちました生姜《しょうが》を水《みづ》にひたしあくを引《ひ》き笊《ざる》にあげ水氣《すゐき》をきり丼《どんぶり》か鉢《はち》にお酢《す》をいれ塩《しを》と砂糖《さとう》をも少《すこ》し入《い》れて此中《このなか》につけて置《お》きますと味付生姜《あぢつけしょうが》になりまして一層《そう》お美《い》味《し》くなります。盛《も》りますには酢《す》を切《き》つてつかふので御座《ござ》いますす夏《なつ》になりますと新生姜《しんしょうが》が出《で》ますから赤《あか》いところを二三分《よ》程殘《ほどのこ》して前《まへ》のとほり縦《たて》に薄《うす》くきざみますので御座《ござ》います

◇山《わ》葵《さび》

山葵《わさび》は伊豆《いづ》の天城山《あまぎさん》から出《で》ますのを本場《ほんば》と致《いた》します辛味《からみ》がピンとして誠《まこと》に佳《よ》い風味《ふうみ》が致《いた》します伊豆《いづ》以外《いがい》は場違《ばちが》ひと申《まう》しまして、苦《にが》いばかりで御座《ござ》います。先《ま》づ瘤《こぶ》のコチ〳〵を薄《うす》く剝《む》き小丼《こどんぶり》に入《い》れあくを出《だ》しこまかな卸金《おろしがね》にてまわしながらすりますので御座《ござ》いますそれから俎板《まないた》の上《うへ》で庖丁《ほうちょう》の

みねでたきますと辛味《からみ》がピント出《で》てよい風味《ふうみ》が致《いた》します山葵《わさび》は生姜《しようが》とおなじで魚《さかな》の生《なま》くさみを消《け》しましてお鮨《すし》にはなくてならぬ添物《そへもの》であります。

◇小《こ》鰭《はだ》の鮨《すし》

小魚《こざかな》の肉拵《みこしらひ》は御素人方《しろうとがた》としては御經驗《ごけいけん》のない様《やう》ですから茲《こゝ》の條《でう》で御説明《ごせつめい》を申上《まうしあげ》ることゝ致《いた》しました。

小鰭《こはだ》は先《ま》づこけを拂《はら》ひ頭《かしら》の下左《したさ》右《ゆう》の翼《よく》の下《した》から庖丁《ほうちよう》で斜《なゝめ》に頭《かしら》をブッツリと落《おと》します 腴《つちすり》と申《まう》して腹《はら》の部《ぶ》を右《みぎ》にして二分《ぶ》程《ほど》縱《たて》に切《き》りわたを出《だ》しましたら頭《かしら》の切口《きりぐち》を右《みぎ》に腹《はら》を前《まへ》にして骨《ほね》の付根《つけね》から庖丁《ほうちよう》で割《さ》き干物《ひもの》の樣《やう》に開《ひら》きます次《つぎ》に俎板《まないた》の上《うへ》に伏《ふ》せます又切口《またきりぐち》の骨《ほね》の上《うへ》から尾《を》のほうに庖丁《ほうちよう》を入《い》れて中骨《なかほね》をとります今度《こんど》は俎板《まないた》に肉《み》のほうを上《うへ》に起《おこ》し左右《さゆう》の腹《はら》の小骨《こほね》をとります。

肉《み》とりが出來《でき》ましたら平《ひら》ざるに塩《しを》をふり是《これ》に右《みぎ》の材料《さいれう》をならべ又其上《またそのうへ》より塩《しを》を強《つよ》くふり一時間程《じかんほど》たちまして清水《せいすゐ》でざつと洗《あら》ひおとし下酢《じたず》にて洗《あら》ひ新酢《しんず》に三十分間程《ぶんかんほど》ひたし酢《す》をきり一尾《びき》づつ布巾《ふきん》で輕《かる》く押《おさ》ゆるよふにして酢氣《すけ》をとるのであります是《これ》は酢《す》や水氣《すいき》がありますと御飯《ごはん》に鮨種《すしだね》がつかぬためで御座《ござ》います。

但《たゞ》し下酢《したず》と申《まう》しますは一度《ど》魚《さかな》をつけましたものを云《い》ふ魚《さかな》の生《なま》くさみを洗《あら》ふためにつかふもので御座《ござ》います。新酢《しんず》と申《まう》しますは一度《ど》も魚《さかな》をつけませぬ酢《す》を云《い》ふので御座《ござ》います片肉漬《かたみづけ》は大《おほ》きなもので御座《ござ》いましたら三枚《まい》におろし前《まへ》とおなじに鹽《しを》を強《つよ》くふり下酢《したず》につけ毛抜《けぬき》で小骨《こぼね》を抜《ぬ》き新酢《しんず》につける事前《ことまへ》とおなじにして鮨器《すしき》に表皮《おもてがは》を下《した》に敷《し》き御飯《ごはん》をつめます。

切返《きりかへ》しの漬方《つけかた》は前《まへ》の片肉《かたみ》を縦《たて》に二枚《まい》にそぐ様《やう》に庖丁《ほうちやう》をいれ背骨《せぼね》のところで庖丁《ほうちやう》を止《と》めて二枚《まい》に切《き》り離《はな》さずに丁番《ちやうつがひ》を開《ひら》いた様《やう》に表皮《おもてがは》が半分肉《はんぶんみ》が半分《はんぶん》となりますから巾《はゞ》が倍廣《ばいひろ》くなります何《なん》でも小《ちひ》さいものは此切返《このきりかへ》しの肉《み》とりが宜敷《よろし》う御《ご》座《ざ》います。光物《ひかりもの》の切返《かりかへ》しは縦《たて》にもとりますが斜《なゝめ》に鮨器《すしき》に敷《し》きますとたづなになりまして一層趣《そうおもむき》が出《で》るもので御座《ござ》います。お鮨《すし》の上《うへ》に一パイにかぶる様《やう》なもので御座《ござ》いましたら片身漬《かたみづけ》と致《いた》します。

◇細針魚《さより》の鮨《すし》

細針魚《さより》は脊《せ》と腹《はら》のひれをきり銀色《ぎんいろ》のような箔《はく》のおちぬように氣《き》をつけこけを拂《はら》ひかしらを落《おと》し腹《はら》から庖丁《ほうちやう》をいれ開《ひら》き骨《ほね》を抜《ぬ》き小鰭《こはだ》とおなじに塩《しを》をふり下酢《したず》で洗《あら》ひ新酢《しんず》につけ

庖丁《ほうちやう》で斜《なゝめ》に二つに切《き》り布巾《ふきん》で酢《す》をふく事前《ことまへ》とおなじ鮨器《すしき》につめ又片肉《またかたみ》づけは三枚《まい》におろし片肉《かたみ》づつにして腹《はら》の肉《み》を衣《ゑ》紋《もん》のやうに合《あは》せ鮨器《すしき》にしき御飯《ごはん》をつめるのであります。こう云《い》ふ漬方《つけかた》は専門《せんもん》の職《しよく》にても六《むつ》ケ敷《しき》ものでありますが鈴《すゞ》木式衛生握鮨器《きしきゑいせいにぎりすしき》では誰人《どなた》でも上手《じやうず》に容易《ようい》に出來《でき》ますので御《ご》座《ざ》います。

◇鰺《あぢ》の鮨《すし》

鰺《あぢ》は外《ほか》の魚《さかな》にくらべまして皮《かは》がやわらかで御座《ござ》いますから、せい〳〵氣《き》をつけて、ぜんごは庖丁《ほうちやう》をかるくつかひ赤肉《あかみ》の出《で》ない様《やう》にそぎます肉《み》とりの拵方《こしらへかた》は小鰭《こはだ》と大體《だいたい》かはりはありません。又片肉漬《またかたみづけ》は三枚《まい》におろし腹皮《はらかは》の小骨《こほね》は薄《うす》くそぎなるたけ庖丁《ほうちやう》を輕《かる》くつかいませんと魚《さかな》がちいさくなりますから御注意下《ごちういくだ》さい。片肉漬《かたみづけ》の其儘《そのまゝ》でも又切返《またきりかへ》しの小鰭《こはだ》とおなじに丁番《ちやうつがひ》のやうにして鮨器《すしき》につめるので御座《ござ》います。

◇小鯖《こさば》の鮨《すし》

小鯖《こさば》は四五寸《すん》のものを頭《かしら》と尾《を》もおとし塩《しを》をつよくふり一時間《じかん》も下酢《したず》につけ新酢《しんず》につけることゝ前《まへ》と同じそれから頭《かしら》の

方《はう》よりあまかわをむきとるので御座《ござ》います丁度紙《ちやうどかみ》の様《やう》にむきとれます下《した》は銀色《ぎんいろ》の様《やう》に美《うつく》しくなります。若《もし》も中途《ちうと》できれましたら、切目《きれめ》に酢《す》をつけて濕《しめ》りをくれますと奇麗《きれい》にむきとれます。又大鯖《またおほさば》となりますと先《まづ》一尺位《しやくぐらゐ》のもので御座《ござ》いましたら腹部《はら》の膨《ふく》れないのを撰《えら》みます鯖《さば》には胡摩《ごま》と申《もうし》まして黒《くろ》くボチ〳〵のあるのがありますがこれは駄目《だめ》でございます頭《かしら》をとり三枚《まい》におろし下酢《したず》に一時間餘《じかんあま》つけて皮《かは》をむくこと前《まへ》も同《おな》じ中骨《なかほね》を毛抜《けぬき》で拔《ぬき》とり尾《を》の方《はう》より二分位《ぶぐらゐ》にへぎとり皮付《かはつき》の方《はう》を表《おもて》に敷《し》き鮨器《すしき》に飯《めし》を詰《つめ》るので御座《ござ》います。

◇鯛《たい》のお鮨《すし》

まだひのよき生地《きぢ》を撰《えら》み節《ふし》おろしをいたし極《ごく》つよめに塩《しを》をふり皮《かは》をむき二分位《ぶぐらゐ》のあつみにへぎとり新酢《しんず》に半時間程《はんじかんほど》ひたし布巾《ふきん》でふき鮨器《すしき》につめること前《まへ》とおなじ。

◇醤《しやう》油《ゆ》漬《づけ》のお鮨《すし》

醤油漬《しやうゆづけ》と申《まう》しますは只今《たゞいま》では名《な》ばかりで一度《と》も醤油《しやうゆ》をもちゐず其《その》まゝ魚《さかな》をすぐ漬《つけ》ますやうな不法《ふはふ》のこしらへかたを致《いた》します醤油漬《しやうゆづけ》と云《い》ふ意味《いみ》は頓《とん》と御座《ござ》いませんなぜ此《この》やうな法《はう》やぶりの漬方《つけかた》をするかと申《まう》しますと醤油漬《しやうゆづけ》は掌《てのひら》の中《うち》

で格好《かつこう》をこしらへてゐるうちに掌《てのひら》のぬくみがうつりますと變色《へんしよく》の恐《おそ》れが御座《ござ》いませうが衞生握鮨器《えいせいにぎりずしき》にては手《て》を鮨《すし》にふれないのでこのやうな憂《うれ》ひは絶對《ぜつたい》にないのであります又《また》醬油漬《しやうゆづけ》と申《まう》しますと鮪《まぐろ》にかぎりますやうに思《おも》はれておりますが是《これ》は大間違《おほまちがひ》の甚《はなはだ》しきことであります是《これ》は昔《むかし》鮪《まぐろ》の澤《たく》山《さん》とれましたとき醬油漬《しやうゆづけ》をこゝろみましたところ人《ひと》の心《こゝろ》は奇《き》を好《この》む世《よ》の中珍《なかめづ》らしいとお美《い》しいとで非常《ひじやう》に賣《う》れ利益《りえき》を得《え》まして遂《つひ》に一般《ぱん》に鮪《まぐろ》の醬油漬《しやうゆづけ》を見《み》ますやうな故事《こじ》が御座《ござ》います。

鮪《まぐろ》のお鮨《すし》を單《たん》にづけと申《まう》しますが是《これ》より始《はじ》まりたる故事《こじ》の名稱《めいしやう》ではあるまいかと思《おも》ひますのであります又鮪《またまぐろ》の類《るゐ》は醬《しやう》油漬《ゆづけ》と致《いた》しますと時間《じかん》が經《た》ちますと肉《み》の色《いろ》もかわり味《あじは》ひもおとりますので御座《ござ》いますから長《なが》くこしらへてお客樣《きやくさま》を待《ま》ちますときなどは今鮨店《いますしみせ》で致《いた》すやうに其儘生《そのまゝなま》でづけますほうが宜《よろし》いので御座《ござ》います。

併《しか》し鮪《まぐろ》のお鮨《すし》は鮨通《すしつう》の方《かた》は鮪《まぐろ》に限《かぎ》ると申《まう》しますが上品《じやうひん》の物《もの》ではありません一流會席料理店《りうくわいせきれうりてん》ではさしみなどに鮪《まぐろ》は一切《さい》つかひません鯛《たひ》か比良目《ひらめ》にかぎるやうになつております。

鯛《たひ》ひらめの內《み》の白《しろ》きものを醬油漬《しやうゆづけ》と致《いた》しますとまことに上《じやう》品《ひん》なもので御座《ござ》います。

◇鯛《たひ》の醤《しやう》油《ゆ》漬《づけ》

先《ま》づ新酢《しんず》に一つづゝいれてすぐ目笊《めざる》にあげて酢《す》を切《き》り醤《しやう》油《ゆ》に一寸《ちよつと》漬けていつものやうに布巾《ふきん》でふき鮨器《すしき》にしき鮨飯《すしめし》をつめること前《まへ》とおなじで御座《ござ》います。

但《たゞ》し醤油《しやうゆ》のこしらへかたはなみの醤油《しやうゆ》に味淋《みりん》三割《わりい》入れて極《ご》くとろ火《び》で能《よ》く煮《に》つめたものをつかふので御座《ござ》います

◇鯛《たひ》の酢《す》漬《づけ》のお鮨《すし》

先《ま》づ節《ふし》おろしをしたものを板《いた》に乗《の》せましてよくくら〳〵たぎりましたお湯《ゆ》を皮《かわ》つきのほうにかけるのであります。此煮《このに》たちましたお湯《ゆ》をかけますのは鯛《たい》の皮《かわ》をやはらげるためでありますこう云《い》ふことは鮨職人《すししよくにん》の秘《ひ》密《みつ》にしてゐるので御座《ござ》います肉《み》のさめますを待《まち》まして二分位《ぶぐらゐ》にへぎ酢《す》につけて笊《ざる》にあげて漬方前《つけかたまへ》とおなじやうに鮨器《すしき》につめるのでございます。

◇鱈《たら》しやけのお鮨《すし》

塩《しを》につけ尾《を》の方《はう》より二分《ぶ》程《ほど》にへぎとり此材料《このざいれう》を廿分位《ぶんぐらゐ》三杯酢《はいず》にくゞらせ布巾《ふきん》で酢《す》をふきとり漬《つ》け方前《かたまへ》とおなじ。

◇朧《おぼろ》のこしらへかた漬《つ》けかた

おぼろは肉《み》のしろき魚《さかな》なら何《なん》の魚《さかな》でも出來《でき》ますが先《ま》づ最《さい》上《じやう》と致《いた》しますのは海老《ゑび》で御座《ござ》います順序《じゆんじよ》と致《いた》しましては海老《ゑび》からお話《はな》し致《いた》します芝海老《しばゑび》と致《いた》しますと頭《かしら》をとり腹《はら》から背《せ》にかけまして皮《かわ》をむき尾《を》もとり背《せ》わたも拔《ぬ》きます指《ゆび》にてつまみましても楊枝《こようじ》のやうなものでもとります肉《み》ごしらへができましたら味淋《みりん》でざつと煮《に》あげ其汁《そのしる》をとりまして摺鉢《すりはち》ですりながら前《まへ》の煮《に》た汁《しる》に三盃《ほん》の白砂糖《しろざとう》と鹽《しを》をすこしと醤油《しやうゆ》はかくし醤油《しやうゆ》と申《まう》してほんのすこしでよいので御座《ござ》います。又伊勢海老《またいせゑび》は赤《あか》くなるまでゆであげ夫《それ》から水《みづ》にひやし頭《かしら》と尾《を》もとり皮《かわ》をむきます背《せ》から庖丁《はうちやう》をいれ二つにきり背《せ》腸《わた》をぬき肉《み》を細《ほそ》くきり味淋《みりん》と三盃白《ほんしろ》、鹽《しを》、醤油《しやうゆ》をほんの少《すこ》し加《くは》へながらよくするのでありますが煎《い》りかたはすり上《あが》りました材料《ざいれう》を鍋《なべ》にいれまして杓子《しやくし》でかき廻《まは》しながらとろ火《び》で煎《い》りつめますので御座《ござ》います但《たゞ》し煎《い》りますときに味淋《みりん》あく引又《ひきまた》は醤油《しやうゆ》を別々《べつ〱》に入《い》れて煮《に》るこしらへかたも御座《ござ》いますがこれは實物《じつぶつ》についてお咄《はな》し致《いた》さなければおわかりになりませんので御座《ござ》います又《また》むき海老《ゑび》と申《もう》しますものが魚河岸《うをがし》乾物屋《かんぶつや》に御座《ござ》います此《この》むき海老《ゑび》はとろ火《び》にかけて氣長《きなが》にゆ

できますと頓《きん》と生海老《なまえび》のやうになります又蟹《またかに》、鱈《たら》も結構《けつこう》に出《で》來《き》ますが鱈《たら》はよくゆでこぼし前《まへ》のとほり摺《す》りあげましたら食料紅《しよくれうべに》で海老色《えびいろ》にあかくならないやうに着色《ちやくしよく》をするので御座《ござ》います。

◇朧《おぼろ》を鮨器《すしき》につめ方《かた》

おぼろは白魚《しらうを》とおなじで握鮨《にぎりずし》には六《むつ》ケ敷《しき》もので手《て》で握《にぎ》りますと熟練《じゆくれん》がないと鮨《すし》のまわりに朧《おぼろ》がつきましてまことに見《み》ぐるしくなりますがこの握鮨器《にぎりすしき》にては手練《しゆれん》も絲瓜《へちま》もいりませぬ先《ま》づ最初縦《さいしよたて》二寸以上横《すんいじやうよこ》八分位《ぶぐらゐ》の笹《さゝ》か京木《きやうぎ》をきりまして湯《ゆ》にひたして是《これ》を鮨器《すしき》の表形《おもてがた》の穴《あな》の上《うへ》にしき其上《そのうへ》から小《こ》さじでおぼろを入《い》れまして前《まへ》の通《とほ》り鮨飯《すしめし》を縁《ふち》一ぱいにつめ次《つぎ》にかたくしぼつた布巾《ふきん》で飯《めし》をおさへ笹《さゝ》とも抜《ぬき》とりあとで鮨《すし》の頭《あたま》の笹《さゝ》をとりますと見事《みごと》に出來上《できあが》ります。上手下手《じやうずへた》は絶對《ぜつたい》にないのであります。

極簡單《ごくかんたん》な材料《ざいれう》で即席《そくせき》に出來《でき》る

◇鮭《さけ》、蟹《かに》の朧《おぼろ》の作《つく》り方《かた》

海岸附近《かいがんふきん》でございますと、小魚《こざかな》で肉《み》の白《しろ》いものが澤山《たくさん》ございますが、寒村僻地《かんそんへきち》では一寸材料《ちよつとざいれう》を得《う》るのに困難《こんなん》でござ

いますが、鑵詰物《かんづめもの》ならば何處《どこ》の土地《とち》にもありますから、この鑵詰物《かんづめもの》を用《つか》つて極簡單《ごくかんたん》に出來《でき》る朧《おぼろ》の作《つく》り方《かた》を申上《もうしあ》げてみませう。

朧《おぼろ》のお鮨《すし》は、御《ご》婦人方《ふじんがた》やお子《こ》様方《さまがた》の大層《たいそう》お喜《よろこ》びになるものでございます。

鮭《さけ》の鑵詰《かんづめ》といたしますと、星印《ほしじるし》が一番品質《はんひんしつ》が宜《よろ》しうございます。先《ま》づ鍋《なべ》に水《みづ》をたつぷり入《い》れ、鮭《さけ》の肉《み》をよくゆでまして清水《せいすい》で晒《さら》しますと、油《あぶら》は上《うへ》に浮《う》き上《あが》りますから、何度《なんど》も〳〵晒《さら》しましたら布巾《ふきん》で水氣《すいき》を絞《しぼ》り、擂鉢《すりばち》にとり、擂子木《すりこぎ》を輕《かる》く持《も》ち、鉢《はち》に棒《ばう》の當《あた》らぬ位《くらゐ》にコツ〳〵と廻《まは》しながらすりませんと、炒《い》り上《あが》りましたときブツ〳〵かたまりが出來《でき》ます。もしかたまりが出來《でき》ましたら酒《さけ》を一寸《ちよつと》さしますとハラリトなります。これは職人方《しよくにんがた》の秘傳《ひでん》となつて居《を》ります。又《また》味淋《みりん》を用《もち》ひますすり過《す》ぎるとどうしてもべとつきます。とねばりが出《で》て宜《よろ》しくございません。

分量《ぶんりやう》は鮭《さけ》一鑵《かん》に砂糖《さとう》三十匁《め》、酒《さけ》五勺《しやく》、食紅《べに》を少《すこ》しさし中火《ちゆうび》で炒《い》ります。着色《ちやくしよく》に就《つ》いては御《ご》注意《ちうい》をなさらないと失敗《しつぱい》することがあります。それは最初《さいしよ》少《すこし》量の食紅《べに》をさしましたとき餘《あま》り薄過《うすす》ぎると思《おも》つてあとから〳〵食紅《べに》をさしますので炒《い》り上《あが》つた時紅《ときべに》が延《の》びて眞赤《まつか》な毒々《どく〳〵》しい色《いろ》になることが

あります　魚《さかな》類にはそんな眞赤《まつか》なものはございません　海《え》老《び》色《いろ》か桃色《もゝいろ》といふ所《ところ》が最《もつと》もよろしうございます。凡《すべ》て着色《ちやくしよく》については萬緑叢中紅一點《ばんりよくさうちうこうてん》のお心得《こゝろえ》が肝要《かんえう》であります。

斯《か》うしてお作《つく》りになつた朧《おぼろ》は、鮭《さけ》の臭《くさ》みがとれて、鯛《たい》か鮭《さけ》か一寸見分《ちよつとみわ》けがつかぬ程《ほど》でございます。

蟹《かに》の鑵詰《かんづめ》もこれに準《じゆん》じてお作《つく》りになれば宜《よろ》しうございます

別《べつ》の作《つく》り方《かた》　是《これ》もよくゆでまして食紅《べに》を一寸《ちよつと》さし、味《あぢ》をつけ、細《ほそ》くさきまして、朧《おぼろ》(十八頁參照《ページさんせう》)の樣《やう》に鮨器《すしき》で作《つく》ります。紅白《こうはく》となりまして美《うつく》しく且《か》つ味《あぢは》ひも海老《えび》以上《いじやう》にお美《い》しくなります。

◇薄焼玉子《うすやきたまご》のお鮨《すし》

玉子《たまご》は大《おほ》きな生地《きち》を撰《えら》みまして玉子《たまご》五個《こ》に半《はん》ぺんの生肉《なまにく》を一つ砂糖《さこう》(あく引《ひき》ならば猶更結構《なほさらけつこう》です)をいれ味淋醤油《みりんしやうゆ》で能《よ》き程《ほど》に味《あぢ》をつけます。もつと上等《じやうとう》に致《いた》しますと煮出《にだ》し味《あぢ》の素《もと》を加《くは》へますと、味《あぢ》も一入美《ひとしほおい》しくなります。よくかきまぜ、胡麻《ごま》の油《あぶら》を布《ぬの》きれにつけて、よくふきまして焼鍋《やきなべ》を火《ひ》にかけ熱《あつ》くなるのをまちまして前《まへ》の材料《ざいれう》を流《なが》しこみます夫《それ》から玉子《たまご》が泡《あわ》だちてまゐりましたら竹箸《たけばし》をつかひましてきれないやうにまき上《あげ》ますそれからうらがへしなべ蓋《ふた》にてつ

よく押し玉子《たまご》を蓋《ふた》にとり
ますので御座《ござ》いますそこ
で四方《はう》のみゝをおとしま
すとれはあぶらくさいの
をさけるので御座《ござ》います
御家庭《ごかてい》では玉子焼《たまごやき》の鍋《なべ》が
ありあはせがなければふ
らい鍋《なべ》でも間《ま》に合《あふ》ので御《ご》
座《ざ》います。但《たゞ》し玉子《たまご》はか
んかんしたつよい火《ひ》でな
ければよくやけませぬも
ので御座《ござ》います。弱《よわ》き火《ひ》
ではおやりそこないにな
ります。焼上《やきあが》りましたら
縦《たて》二寸《すん》五分《ぶ》巾《はゞ》一寸《すん》二三分《ぶ》
位《くらゐ》にきりて鮨型《すしがた》につめま
す。
今日《けふ》は不漁《しけ》でお魚《さかな》がない
といふ時玉子《ときたまご》、乾海苔《ほしのり》、
干瓢《かんぺう》、おぼろ、などの御《ご》

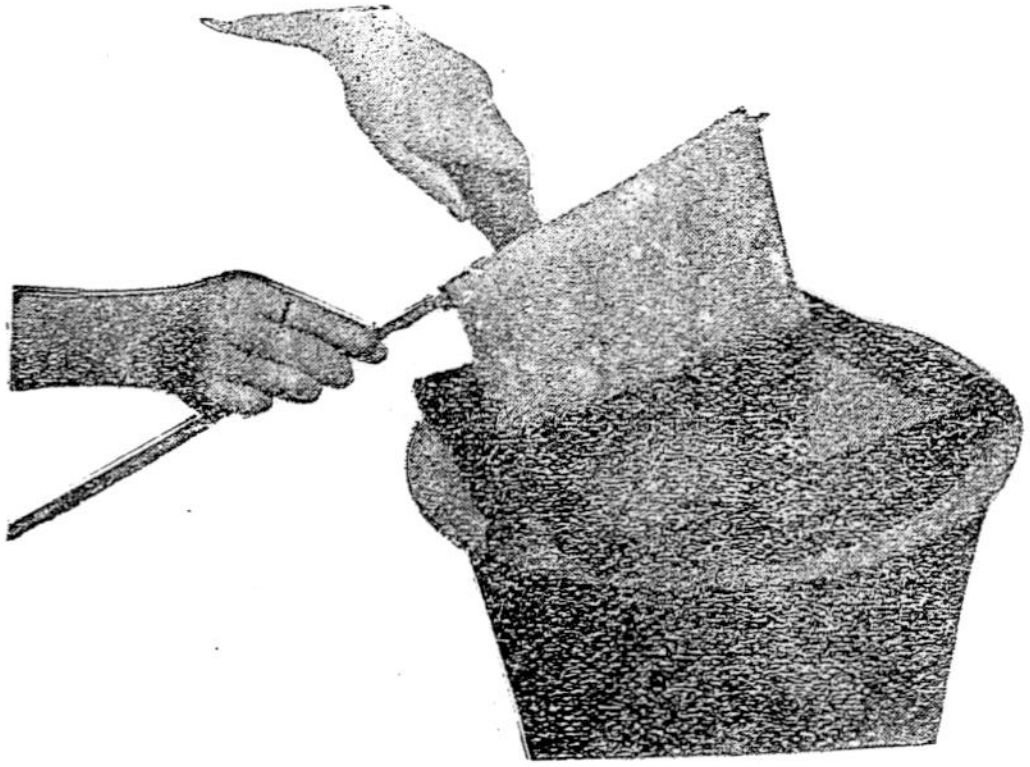

用意《ようい》がしてありますと、いつでも即席《そくせき》にお鮨《すし》が容易《たやす》く作《つく》れますが、お鮨《すし》に一番重寶《はんちやうほう》なものは玉子燒鍋《たまごやきなべ》でございます。お素人方《しろうとがた》としては玉子燒《たまごやき》の新鍋《しんなべ》を使《つか》ひこむまでには、いつも焦《こ》げつかせて完全《かんぜん》なものが燒《や》けるやうになるまでには、何度《なんど》も〳〵失敗《しつぱい》ばかりいたします。鮨職御料理人《すししよくおれうりにん》の方《かた》でも新鍋《しんなべ》を使《つか》ひこむまでには、お素人方《しろうとがた》の思《おも》ひもよらぬ苦心《くしん》をするものでございます。それですから此道具《このどうぐ》ばかりは同職《どうしよく》の人《ひと》でも他人《たにん》には使《つか》はせないものとなつてをります。それで新鍋《しんなべ》をお購《もと》めになつた時《とき》はどうして使《つか》ひこむかと申《もう》しますと大《たい》ていは油《あぶら》を鍋《なべ》に入《い》れて一日《にち》も氣永《きなが》に煮《に》て、それから使《つか》ひこむといふやうな理屈《りくつ》にあはぬ仕方《しかた》をする方《かた》が多《おほ》いやうでございます。金屬《きんぞく》ですからいくら煮《に》ても油《あぶら》のしみこむ道理《どうり》はないのでございます。

そこで私《わたくし》の考案《かうあん》いたしました新鍋《しんなべ》の板《いた》の拵《こしら》へ方《かた》は永《なが》く使ひこんだものと少《すこ》しも違《ちが》はず、又即席《またそくせき》に出來《でき》る方法《しかた》を申上《もうしあ》げませう。つまり玉子燒鍋《たまごやきなべ》は申《もう》すまでもありませんが、銅《あか》鍋《なべ》に、鹽酸《えんさん》にトタンを溶《と》かしたものを引《ひ》き、これにハンダ(錫と鉛の合金)を入《い》れ火《ひ》にかけ、ハンダの溶《と》けたとき綿《わた》で一面《めん》に引《ひき》ましたものでございますから、生地《きぢ》がザラ〳〵になつてをります。そこで金屬用《きんぞくよう》の零番《れいばん》のヤスリ紙《ペーパ》を一枚《まい》(五錢位《せんぐらゐ》)お

求《もと》めになりまして、共儘《そのまゝ》では粗《あら》すぎますから何《なに》か外《ほか》の金物《かなもの》を磨《す》つてペーパの目《め》をつぶします。

それから鍋《なべ》の白味《しろみ》を除《しづ》かに輕《かる》くハンダのとれぬ程度《ていど》にこすりスベ〳〵して來《き》ましたら今度《こんど》は布巾《ふきん》か紙《かみ》を持《も》ちウンと力《ちから》を入《い》れてこすります。それから胡摩油《ごまあぶら》をたらし、火《ひ》にかけ綿《わた》でふきとります。

これで永久《えいきう》に御使用《ごしよう》が出來《でき》ます。申上《もうしあ》げてみますと何《なん》でもないやうなものでございますが、マア欺《だま》されたと思《おも》つて一度《ど》お試《ため》し願《ねが》ひます。お素人方《しろうとがた》でも譯《わけ》なく出來《でき》ます。

新鍋《しんなべ》をお求《もと》めになりますとき、白《しろ》い紙《かみ》で白味《しろみ》のところをこすつてみて、眞黒《まつくろ》に紙《かみ》のよごれますのは鉛《なまり》が多《おほ》いのでございます。いくらかは黒《くろ》くなりますが錫《すゞ》の多《おほ》いのがよろしうございます。

次《つぎ》に玉子燒鍋《たまごやきなべ》の値段《ねだん》でございますが、すべて目方《めかた》によつて賣買《ばい〳〵》しております。本職《ほんしよく》の方《かた》は五百匁《め》とか一貫匁位《かんめぐらゐ》まで使《し》用《よう》いたしますが、お素人方《しろうとがた》としては二三百匁位《めぐらゐ》でないと使《つか》ひこなせません。

地金《ぢがね》の上《あが》り下《さが》りもございますが、時價《じか》はまづ百匁《め》八九十錢《せん》位《ぐらゐ》でございませう。

◇赤貝《あかがひ》、鳥貝《とりがひ》、海松貝《みるがひ》、たひら貝《がひ》、蛤《はまぐり》

此貝類《このかひるい》は初冬《はつふゆ》より寒中《かんちう》へかけましての間《あひだ》お鮨《すし》に致《いた》します此季節《このきせつ》は味《あぢ》もよろしう御座《ござ》いますが花《はな》の咲《さ》く頃《ころ》はそろ〳〵兒《こ》を持ちますのでおのづと味《あぢ》もおとりますから此季節《このきせつ》になりましたらあつかはぬがよろしう御座《ござ》います貝《かひ》によりましてはいろ〳〵のこしらへかたも御座《ござ》いますが先《ま》づ鹽《しを》をふりまして暫《しばら》くおき目《め》ざるにあげ水《みづ》の中《なか》でよくもみざるを廻《まわ》しぬらをよくとりぬらのなくなるまであらひ二杯酢《はいず》にざつとくゞらせ布巾《ふきん》でよく酢《す》をきり山葵《わさび》をはさみまして前《まへ》のやうにつめるので御座《ござ》います。二杯酢《はいず》は清酢《せいす》に醤油《しようゆ》一割程《わりほど》を加《くは》へ是《これ》に貝《かひ》をひたしますのは漬《つけ》る前《まへ》にかぎります一寸《ちよつと》くゞらせないと肉《み》の色《いろ》がかわりますから御注意《ごちうい》を願《ねが》ひます。

各貝共御咄《かくかひともおはなし》申《もう》し上《あ》げたいので御座《ござ》いますが限《かず》りある冊子《さつし》には御満足《ごまんぞく》の御咄《おはなし》も出來難《できがた》いので御座《ござ》いますが先《ま》づ右《みぎ》の材《ざい》料《れう》は大概此漬方《たいがいこのつけかた》でよろしゆう御座《ござ》います。

◇海鰻《あなご》の鮨《すし》

是《これ》れはお素人方《しろうとがた》には魚《さかな》ごしらへが出來《でき》ませんので御座《ござ》いますから魚屋《さかなや》に御命《おめい》じ遊《あそ》ばせばこしらへてくれますから煮《に》方丈《かただけ》御話致《おはなしいた》します先《ま》づ海鰻《あなご》二十尾位《びきぐらゐ》を生温湯《なまぬるゆ》から茹《ゆ》であげ肉《み》がまるくなりましたを度《ど》と致《いた》しまして魚《さかな》を湯《ゆ》からあげ、味淋《みりん》二合《がふ》醤油《しようゆ》一合《がふ》うちばにして汁《しる》をつくりまして火《ひ》にかけ是《これ》に前《まへ》の材料《ざいれう》を肉《み》のくづれぬように十五分位《ふんぐらゐ》煮《に》てうす色《いろ》のつきますほどにして鍋《なべ》をおろすので御座《ござ》いますあなごは脂《あぶら》のおほい魚《さかな》でございますから鮨器《すしき》に詰《つ》めますと外《ほか》のお鮨《すし》にうつり香《か》がいたしますから鮨器《すしき》は煮湯《にえゆ》で能《よ》く御洗《おあら》ひ下《くだ》さる様《やう》に願《ねが》ひます。布巾又《ふきんまた》は其外《そのほか》のお道具《どうぐ》も御注意《ごちうい》願《ねが》ひます。又外《またほか》の漬方《つけかた》は先《ま》づ鍋《なべ》に材料《ざいれう》をいれてざつと茹《ゆ》でざるにあげ湯《ゆ》をきりまして金網《かなあみ》か鐵弓《てつきう》の上《うへ》にのせちよつとあぶり燒目《やきめ》をつけましててりをしきて前《まへ》のとほりにつくりますので御《ご》座《ざ》いますが却《かへつ》て此漬方《このつけかた》は魚《さかな》の味《あぢ》を落《おと》す様《やう》なもので御座《ござ》います。どうしても海鰻《あなご》は煮物《にもの》に限《かぎ》るやうでございます。又煮《またに》物《もの》といたしまして一寸燒目《ちよつとやきめ》を入《い》れますと一層味《そうあぢ》もよくなります。

◇照《てり》のこしらへ方《かた》

照《てり》の製法《こしらへかた》は先《ま》づ前《まへ》の煮汁《にしる》に味淋《みりん》砂糖《さとう》及《および》少量《すこし》の葛粉《くずこ》を加《くわ》へ更《さら》に煮詰《につ》め箸《はし》にかゝりて滴《したゝ》る程度《ていど》にして鍋《なべ》をおろす。

此外《このほか》煮《に》切《きり》と申《もう》しまして鮨店《すしみせ》によりましては拵方《こしらへかた》も區々《まち〱》になつておりますが先《ま》つ味淋《みりん》三分《ぶ》醤油《しようゆ》七分《ぶ》をとろ火《び》にかけ氣《き》長《なが》に煮詰《につ》めますのでございます。

注意《ちうい》　強《つよ》い火《ひ》にかけますと鍋《なべ》の縁《ふち》にぶつ〱あはだつてまいりますとモー苦《にが》くなりましておやりそくないになります。

◇烏賊《いか》のお鮨《すし》

烏賊《いか》は種類《しゆるゐ》がいろ〱ございますが適當《てきとう》なものはまいかでございますが其他《そのほか》もんごういか、やりいか、あふりいかでございますが先《ま》づ煮方《にかた》は味淋醤油白砂糖《みりんしようゆしろざとう》よき程《ほど》に味《あぢ》をつけ煮汁《にしる》を調合致《てうがふいた》して鍋《なべ》をかけ汁《しる》がたぎりましたら材料《ざいれう》をいれ、あまり色《いろ》のつきませぬように煮《に》あげますのでございます。それから皿《さら》にうつし風《かぜ》を送《おく》りてさまし肉《み》を縦《たて》に二ツにきり其《その》一片《ひら》を横《よこ》に置《お》き裏《うら》から刺身庖丁《さしみぼうちやう》ではすに致《いた》しましてよきほどにそぎとるのでございます。

◇車《くるま》海《え》老《び》

車海老《くるまえび》は先《ま》づ四五寸のものをえらみ腹《はら》と皮《かは》の間《あひだ》のところに細《ほそ》い竹串《たけぐし》をさしまして湯《ゆ》をたつぷりにいたし鹽《しを》一つまみいれまして鍋《なべ》に串《くし》をさしましたまゝにいれ烈火《れつくわ》でゆで湯《ゆ》のたぎりまして泡《あわ》がふきこぼれますくらゐ二十分間《ぶんかん》ほどたちましたら鍋《なべ》をおろし冷水《ひやみづ》にしばらくひたしさめたら笊《ざる》にあげ水氣《すいき》をきります海老《えび》は一番茹《はんゆ》で加減《かげん》が六つかしいのでございます茹《ゆで》かげんで眞赤《まつか》にもなります又薄赤《またうすあか》くいたして貧《ひん》相《さう》にも、また口繪《くちゑ》の様《やう》にうつくしいものともなります。又《また》ゆで方《かた》が早《はや》すぎましても肉《み》がさゝくれて紅白《こうはく》がまだらになりいかにもまづさうに見《み》えます。職人《しよくにん》の技倆《うで》をためすに車《くるま》海老《えび》をゆで、技倆《うで》の優劣《ゆうれつ》をみたものだそうでございます。

ゆでゝさまし、竹串《たけぐし》を拔《ぬ》き頭《かしら》もとり皮《かわ》もむき尾《を》を殘《のこ》してきれいにつまみとるのでございます。それから俎《まないた》に腹《はら》を右《みぎ》にして左《ひだり》の手《て》でおさへ腹《はら》から庖丁《ほうちよう》を縦《たて》にいれ脊《せ》わたの部《よ》分《ぶん》で庖丁《ほうちよう》をとめ外《ほか》の器《うつわ》に清酢《せいす》をくみ、右《みぎ》の指先《ゆびさき》で脊腸《せわた》の赤《あか》きすじをとりまして頭《かしら》のはじ一二分《よ》きりおとし、裏表《うらおもて》ともに鹽《しを》をふり、二十分《ぶん》ほど平《ひら》ざるにならべておきます。外《ほか》に丼《どんぶり》に新酢《しんず》をくみ前《まへ》の材料《ざいれう》の鹽《しを》を洗《あら》ひおとさずに十五分程《ぶんほど》

ひたし是《これ》をあげて酢《す》をきり丼《どんぶり》に三杯酢《はいず》をこしらへ此丼《このどんぶり》に材料《ざいれう》をいれ、つけ方《かた》は海老《えび》の尾《を》を鮨器《すしき》の外《そと》に出《だ》し、握蓋《にぎりぶた》をはめて抜《ぬき》とります。(口繪《くちゑ》皿盛《さらもり》の圖《づ》參照《さんせう》)

但《たゞ》し三杯酢《はいず》は清酢《せいず》に醤油《しやうゆ》を一割加《わりくは》へましたもの。

◇海苔《のり》飯《めし》の作《つく》りかた

海苔《のり》の燒方《やきかた》は細卷《ほそまき》の條《でう》參照《さんせう》

燒上《やきあが》りました海苔《のり》を乾《かは》いた布巾《ふきん》にいれて布巾《ふきん》の口《くち》をしぼりてよくもみますと細《こま》かな海苔《のり》となります是《これ》を鮨飯《すしめし》に入れて菜箸《さいはし》に酢《す》をつけて交《ま》ぜあわせます。五合《がふ》の御飯《ごはん》に海苔《のり》は三枚位《まいぐらゐ》でよろしゆう御座《ござ》います。

青海苔《あをのり》もおなじ。是《これ》を色《いろ》どり能《よ》くおとりあわせになればお美味《い》しい珍《めづ》らしい數々《かず〱》のお鮨《すし》が出來《でき》ます。又握鮨《またにぎりずし》にも御利《ごり》用《よう》ができます。

◇化粧笹《けしやうさゝ》の切方《きりかた》とお鮨《すし》の盛付方《もりつけかた》

お鮨《すし》の盛付《もりつけ》は化粧笹《けしやうさゝ》の配合《はいがふ》によりましていろ〱の風情《ふぜい》を添《そ》へるものであります。お目出度《めでたい》お祝事《いはひごと》に松《まつ》に鶴《つる》をそい又《また》四季《しき》樣々《さま〲》の色《いろ》どりによりて、其折々《そのをり〱》の景色《けしき》を趣向《しゆかう》にとり

入《い》れますと此上《このうへ》もなき床《ゆか》しきものとなります。此化粧笹《このけしやうざゝ》の切《き》り方《かた》に就《つ》きまして各方面《かくはうめん》の同好《どうかう》の方々《かた〴〵》からいろ〳〵の御《お》問合《といあは》せがありますから今度《こんご》は化粧笹《けしやうざゝ》の切《き》り方《かた》に就《つ》き更《さら》に新《しん》趣向其他《しゆかうそのた》を二三加《くは》へまして寫眞圖入説明《しやしんづいりせつめい》となして増刷《ぞうさつ》いたしまして御答《おこた》へすることゝいたしました。

笹《さゝ》は魚河岸《うをがし》に賣《う》つて居《を》りますが古葉《こは》は破《やぶ》れ易《やす》いものですからお湯《ゆ》につけてやわらかにして切《き》ります。新葉《しんは》を撰《えら》ぶことが必要《ひつえう》であります。また葉蘭《はらん》を用ひますると柔《やはら》かで一層《そう》切《き》りようございます。お鮨屋《すしや》さんによりましては笹《さゝ》を斜《なゝめ》に切《き》りこれを天地《てんち》として三角《かく》の形《かた》ちに斜《なゝめ》に三枚《まい》か五枚《まい》を丈競《せいくら》べにして盛《もつ》てありますが何《なん》の風情《ふぜい》もなきものであります。

◇櫻花形《さくらはながた》の切《き》り方《かた》

笹《さゝ》は同《おな》じ大《おほ》きさの物《もの》三枚重《まいかさ》ね葉節《はのすじ》の芯《しん》に添《そ》ふて二ッに折《を》り櫛形《くしがた》に切《き》り下部《した》を聊《いさゝ》か細目《ほそめ》に

圖《づ》の如《ごと》く切《き》り中《なか》を又《また》

の様《やう》に切《き》り抜《ぬ》きますと三枚《まい》の花瓣《はなびら》が出來《でき》ます。これを扇形《あふぎがた》に開《ひら》きてお鮨《すし》を枕《まくら》に立《た》てかけます而《そ》して其笹《そのさゝ》の下部《した》を前《まへ》へ五分《ぶ》程《ほど》折《を》り曲《ま》げて、其上《そのうへ》に又《また》お鮨《すし》をのせて盛付《もりつけ》ます。

イ

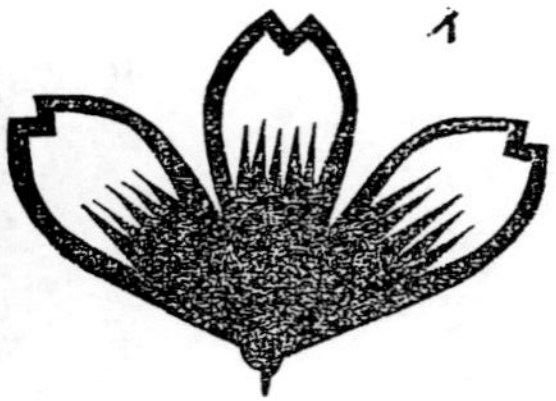

ロ

此切笹《このきりざゝ》は櫻期《はなざき》に用《もち》ひましたら洵《まこと》に氣《き》のきいた取《と》り合《あは》せとなります。

ロ圖《づ》は中隙《なかすき》と申《まう》しましてこれも櫻花《さくら》の樣《やう》に三枚重《まいかさ》ねて中《なか》を切拔《きりぬ》きイ圖の如《ごと》く組《くみ》合《あは》せまして前《まへ》と同《おな》じ立《た》て方《かた》にて盛付《もりつけ》ますが是《これ》は四季《き》ともに季節《きせつ》にかゝはらず用ひます。

◇海老形《えびがた》の切《き》り方《かた》

海老《えび》はお正月《しやうがつ》や其他《そのた》のお祝事《いはひごと》に用《もち》ひますものでありますかゝる席《せき》に出《だ》しますお鮨《すし》の盛付《もりつけ》に、化粧笹《けしやうざゝ》などであしらひますことは誠《まこと》にふさわしいことでせう。先《ま》づ笹《さゝ》を竪《たて》に二枚《まい》に折《を》りまして其周圍《そのまはり》を

圖《づ》の如《ごと》く切《き》りまして

開《ひら》けば圖《づ》の如《ごと》く出來《でき》上《あが》ります。又略《またりやく》してハ圖《づ》の如《ごと》くにも切《き》ります。

ハ

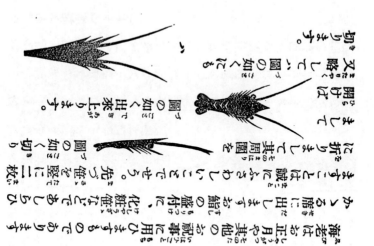

◇花菖蒲《はなしやうぶ》の化粧笹《けしやうざゝ》の切《き》り方《かた》

端午《たんご》のお節句《せつく》に花菖蒲《はなしやうぶ》の切笹《きりざゝ》をあしらひますと、随分《ずゐぶん》と面白《おもしろ》いものです。皆《みな》さん御承知《ごしやうち》のことゝ思《おも》ひますが一寸《ちよつと》申《まうし》上《あげ》て置《を》きますことは花菖蒲《はなしやうぶ》は花《はな》が葉《は》より高《たか》く咲《さ》きます即《すなは》ち菖蒲《しやうぶ》の武者立《むしやだ》ちと申《まう》してスッキリと秀《ひい》でゝ居《を》りますから葉《は》は勢《いきほひ》よく聊《いさゝ》か廣目《ひろめ》に切《き》りピンと立《た》てます。葉《は》の出生《ではえ》は

圖《づ》の様《やう》に中高《なかだか》であります其切《そのき》り方《かた》は矢張笹《やはりざゝ》を二枚《まい》に折《を》りまして此圖《このづ》の様《やう》に切《き》ります。これは花《はな》と葉《は》は各別《かくべつ》に切《き》ります。花《はな》と葉《は》が切《き》れましたら先《ま》づ正面《しやうめん》に一輪《りん》の花《はな》に葉《は》を添《そ》へて前《まへ》の方法《はうほう》で立《た》てお鮨《すし》を其前《そのまへ》に並《なら》べます次《つぎ》に葉《は》ばかりを花《はな》より低《ひく》く立《た》てますと遠近《ゑんきん》がとれて一つの風景《ふうけい》となります。

鮨屋《すしや》では化粧笹《けしやうざゝ》は一かはだけより使《つか》ひませぬが三頁《べいじ》に申上《まうしあげ》ました通《とほ》り遠景中景近景《ゑんけいちうけいきんけい》の此理《このり》から申《もう》しますと花《はな》と葉《は》との遠近《ゑんきん》がとれまして立派《りつぱ》な一つの景色《けしき》となります此《この》お心《こゝろ》得《え》を以《もつ》て天地《てんち》人《じん》の三役《やく》をお定《さ》めになれば是《こ》れぞ風流《ふうりう》の極意《ごくい》の眞理《しんり》で御座います。

◇石菖蒲《せきしやう》の化粧笹《けしやうさゝ》の切《き》り方《かた》

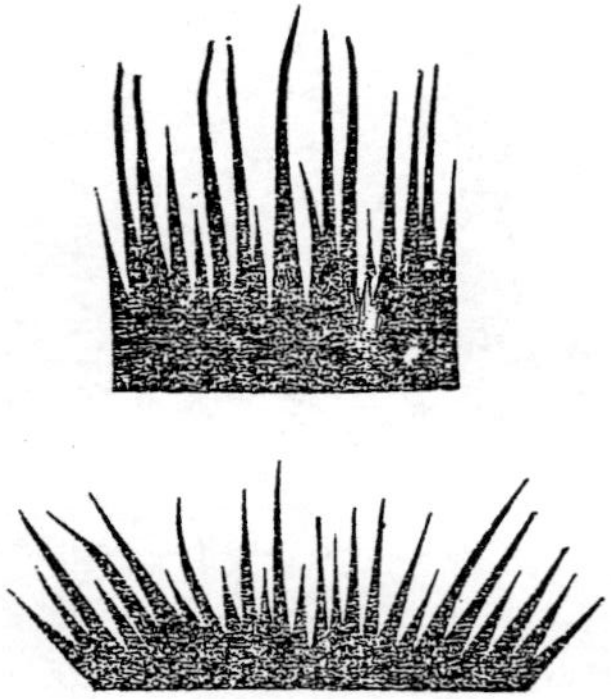

夏向《なつむき》の化粧笹《けしうざゝ》は上圖の様に小葉《こは》に切まして天地《てんち》に立《た》てますと涼《すゞ》しさうな取合《とりあはせ》となります少し廣目《ひろめ》にいたしますと菖蒲《しやうよ》、あやめ、杜若《かきつはた》の根締《ねじめ》に御利用《ごりよう》が出來《でき》ます。

◇網《あみ》目《め》形《がた》の切《き》り方《かた》

これは皿《さら》の下敷《したじき》か又《また》は折詰《おりづめ》、物覆《ものおほ》ひに添《そ》へます。切《き》り方《かた》は葉《は》を二枚《まい》に折《を》り又其《またそ》れを二ッに折《を》れば四ッ折《をり》となりますこれを八ッ折又《をりまた》は十六折《をり》といたしましてニ圖《づ》の一二三の如《ごと》く切《き》りますとホ圖《づ》の如《ごと》く出來上《できあが》ります。

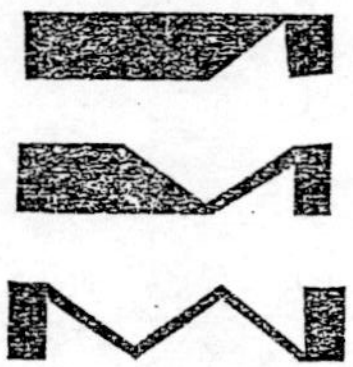

ニ圖　一　二　三

ホ圖

◇束《たば》ね熨斗《のし》の切《き》り方《かた》

お鮨《すし》は勿論《もちろん》お料理《れうり》などを進物《しんもつ》といたしますのに紙《かみ》の熨斗《のし》

では餘《あま》りに平凡《へいぼん》であります。笹《さゝ》を四ッに折《を》りましてへ圖《づ》の如《ごと》く切《き》りますれば

ヘ圖

ト圖《づ》の如《ごと》く出來《でき》上《あが》ります。これを折詰《をりづめ》又《また》は重箱《ぢうばこ》に添《そ》へますと口繪《くちゑ》の果實《くわじつ》の形《かたち》鮨《すし》の進物用《しんもつよう》となりまして隨分思《ずいぶんおも》ひ付《つ》きのもので御進物《ごしんもつ》をお受《う》けになりました方《かた》がいつも御記憶《ごきおく》に殘《のこ》ることでせう。

ト圖

◇矢羽根形《やはねがた》の切《き》り方《かた》

チ圖

七五三などのお祝《いはひ》の時《とき》に盛《も》り付《つ》けに使《つか》ふものであります。笹《さゝ》を二ッに折《を》りましてチ圖《づ》の如《ごと》く切《き》れば易々《やす〳〵》と出來《でき》上《あが》ります。

◇こぼれ松葉《まつは》の切《き》り方《かた》

秋冬《あきふゆ》はからびたる風情《ふぜい》にて、何《な》むとなく物淋《ものさ》みしく此季《このき》節《せつ》は『花《はな》も紅葉《もみぢ》もなかりけり』といふ意味《いみ》にてお鮨《すし》の盛付《もりつけ》にも常盤木《ときはぎ》の松《まつ》を以《もつ》て常住《じやうじゆう》安樂《あんらく》の心《こゝろ》を寫《うつ》し雁《かり》又《また》はこぼれ松葉《まつは》などをあちこちと天地《てんち》に配《はい》せば誠《まこと》に床《ゆか》しきものさな

リ圖

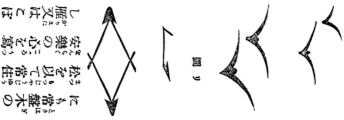

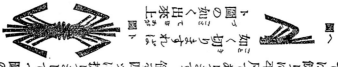

ります。こぼれ松葉《は》は四折《をり》といたしましてリ圖《づ》の如《ごと》く切《き》ればこの如《ごと》く出來《でき》上《あが》ります。

若松《わかまつ》を切《き》りますには笹《さゝ》を二ツに折《を》り又下《またした》を斜《はす》に四つ折《をり》としてヌ圖《づ》の如《ごと》く切《き》ります又兩枝《またりやうえだ》は別《べつ》に切《き》りて添《そ》へます。

又鶴《またつる》や燕《つばめ》は下繪《したゑ》を作《つく》つて切《き》り抜《ぬ》きます。

ヌ圖

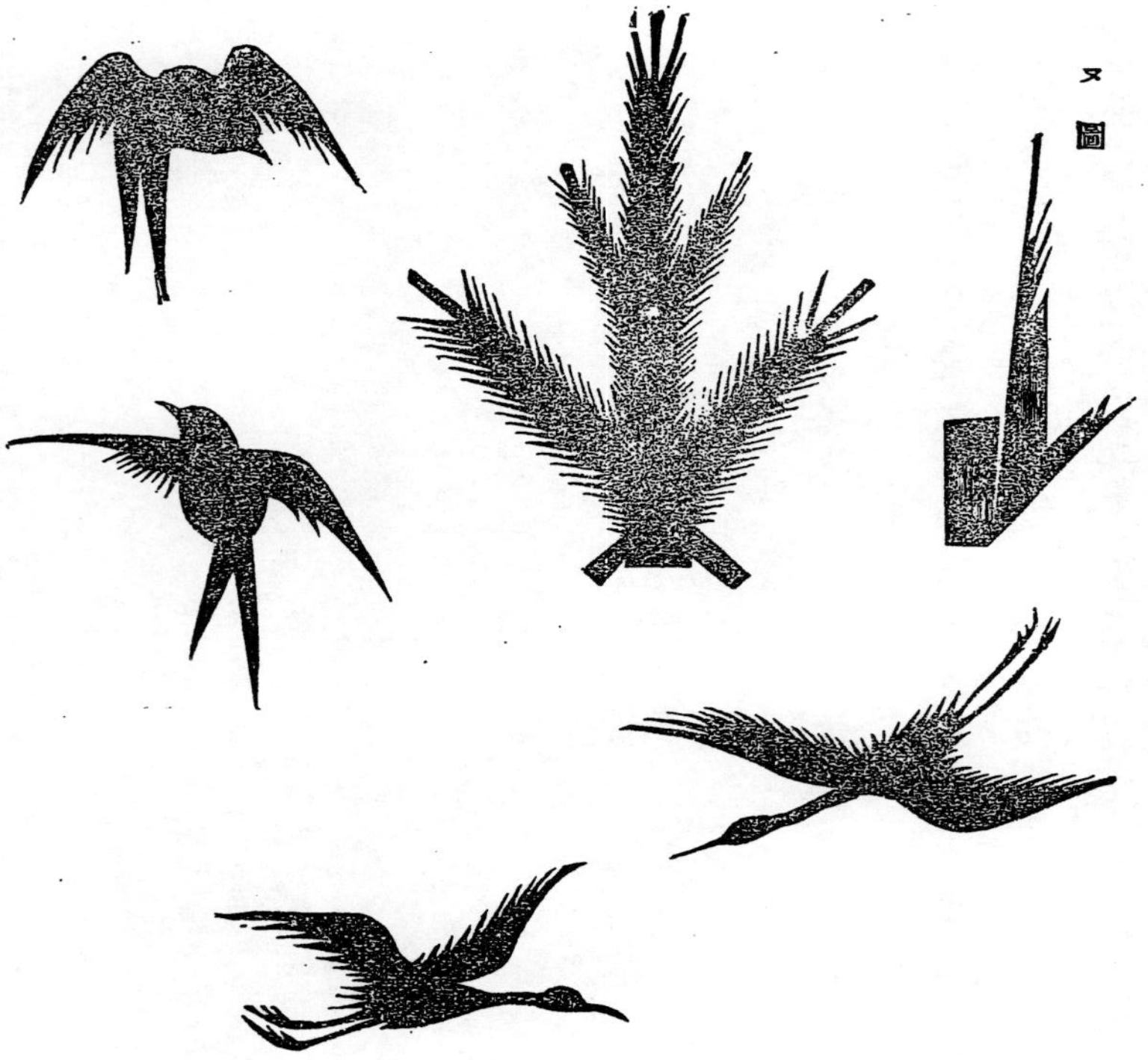

◇皿《さら》の盛《も》付《つ》け方《かた》

一字《じ》盛《もり》、斜引《はすびき》、花盛《はなもり》、流《なが》れ、亂杭《らんぐひ》などあります。(詳細《しやうさい》は皿盛細巻鮨《さらもりほそまきすし》參照《さんしやう》)

先《ま》づ正面《しやうめん》に一字《じ》盛《もり》の山《やま》を積《つ》みましたらば左《ひだり》又《また》は右《みぎ》に斜引《はすびき》とか山《やま》三面《めん》とかを盛《も》ります。次《つぎ》に小鰭《こはだ》、鯵《あぢ》さよりなどは光《ひか》り物《もの》と稱《しやう》して水《みづ》になぞらへますから上《うへ》に重《かさ》ねることはいたしません。

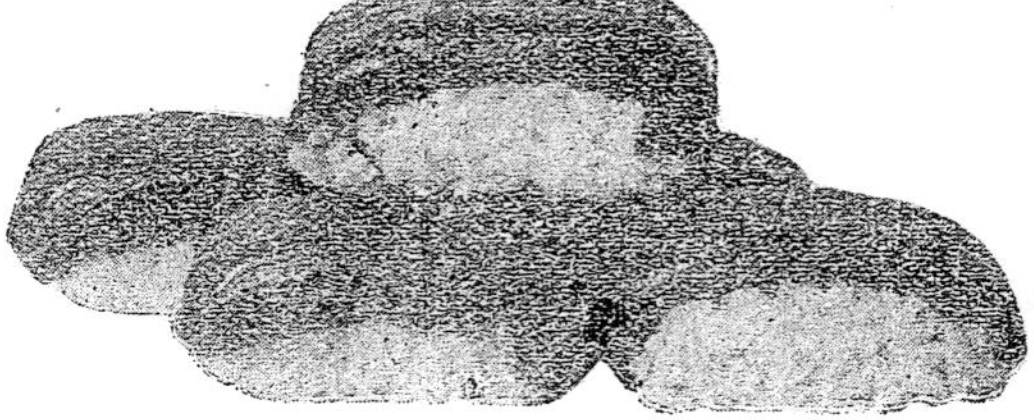

一字盛

一字盛　花盛

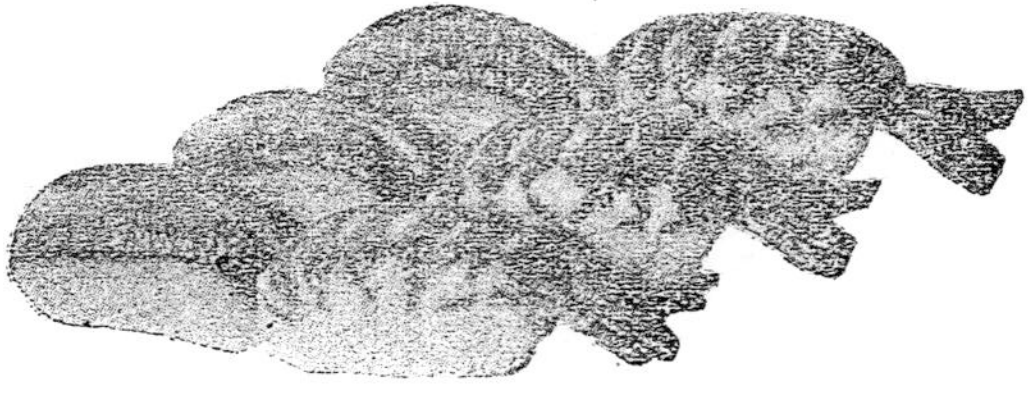

斜引

タ圖《づ》第《だい》三は斜引《はすびき》の流《ながれ》でございます。凡《すべ》て一字《じ》盛《もり》から一字《じ》盛《もり》、斜引《はすびき》から斜引《はすびき》と同種《どうしゆ》のものをつゞけて並《なら》べることは法式《ほうしき》に外《はづ》れるのみならず見《み》惜《にく》く誠《まこと》に不作法《ぶさほう》となります

又《また》赤物《あかもの》から赤物《あかもの》、煮物《にもの》から煮物《にもの》、玉子《たまご》と玉子《たまご》の如《ごと》き積《つ》みかたをいたしますと色切《いろぎ》れと申《まう》しまして忌《い》みますから一種宛《しゆづゝ》交互《かうこ》に盛付《もりつ》けることが肝要《かんえう》であります。先《さき》頃新聞《ころしんぶん》にも無風流《ぶふうりう》な鮨屋《すしや》と題《だい》して盛付《もりつけ》のことが書《か》いてありましたが、『全《ま》るで鯉《こひ》の行《ぎやう》列《れつ》だ』と悪口《わるくち》してありました。

上圖《じやうづ》は五月雨《さみだれ》の折《をり》から來客《らいきやく》に進《すゝ》める作意《さくい》であります。

このお鮨《すし》の盛方《もりかた》は池《いけ》のほとりを見《み》たてまして杜《かきつ》若《はた》の化粧笹《けしやうざゝ》を添《そ》へましたのであります

これも花菖蒲《はなしやうぶ》の盛付《もりつけ》と同《おな》じく正面《しやうめん》に花《はな》を立《た》て冠葉《かむりは》と稱《しやう》する葉《は》を一枚高《まいたか》くとります。これは、杜《かき》若《つばた》の出《で》生《ばえ》であります。葉《は》は中《なか》くぼみと致《いた》します又五月《またさみだれ》雨の季節《きせつ》に水中《すゐちう》に蕾《つぼみ》を見《み》る事《こと》が有《あり》ます。水草物《みづくさもの》は魚道《うをみち》、魚《うを》遊《あそび》、八ッ橋《はし》の作意《さくい》もあります。

魚道《うをみち》は天地《てんち》に隙《すき》をとります上圖《じやうづ》左右《さゆう》の隙《すき》は魚遊《うをあそび》でありますあちこちに立《た》てた株《かぶ》は八ッ橋《はし》の作意《さくい》でありまして此皿《このさら》の盛《もり》付《つけ》は八ッ橋《はし》の趣向《しゆかう》となつて居《をり》ます。海苔巻《のりまき》は亂杭《らくぐひ》の取合《とりあは》せでございます。

◇海苔巻《のりまき》のお鮨《すし》の作《つく》り方《かた》

海苔巻《のりまき》はどこの御家庭《ごかてい》でも皆《みな》さんお作《つく》りになりますが、どうも干瓢《かんぺう》や御飯《ごはん》が海苔《のり》の巻仕舞《まきじまひ》の箇所《ところ》からはみ出《だ》したり又《また》お鮨《すし》やの様《やう》にいろ〳〵の巻鮨《まきずし》を巧妙《こうめう》に巻《ま》けないばかりでなく、握《にぎ》り鮨器《ずしき》が有《あ》つて海苔巻《のりまき》が無《な》いとお鮨《すし》は物足《ものた》りない氣《き》がするといふ事《こと》を奥様方《おくさまがた》からいつもうかゞひますので、先きに私《わたくし》の著作《ちよさく》いたしました「お鮨《すし》のこしらへ方《かた》」の本《ほん》に簾《すだれ》で巻《ま》く拵方《こしらへかた》が載《の》せて有《あり》ますが今度《こんど》はどんな難《むづか》しい巻《まき》

方《かた》でも上手《じやうず》下手《へた》なく唯人《だれ》にも鮨屋《すしや》の様《やう》に美《うつく》しく巧《たくみ》に作《つく》れます新案特許《しんあんとくきよ》海苔《のり》巻鮨器《まきすしき》を考案《かうあん》いたしまして市場《しぢやう》に出現《しゆつげん》することゝなりましたから此本《このほん》には巻鮨器《まきすしき》でいろ〳〵手《て》のこみました巻方《まきかた》を二三の實物寫眞《じつぶつしやしん》を入《い》れて御説明《ごせつめい》を申上《まうしあげ》ることゝ致《いた》します。簾《すだれ》で巻《ま》く作《つく》り方《かた》と重復《ぢうふく》する點《てん》も有《あり》ませうが始《はじ》めてお試《ためし》の方《かた》の爲《ため》に此本《このほん》では數倍《すうばい》も委敷《くはし》く申上《まうしあげ》ることゝ致《いたし》ました。

先《ま》づ順序《じゆんじよ》と致《いたし》まして海苔《のり》の燒方《やきかた》や撰方《えらみかた》又《また》保存法《ほぞんほう》等《とう》より申上《まうしあげ》てみませう。

『海苔《のり》を燒《やく》には秘傳《ひでん》がある』とか『海苔《のり》が燒《や》ければ立派《りつぱ》な一人前《にんまへ》だ』とかいふ事《こと》を鮨屋職人《すしやしよくにん》など能《よ》く申《まうし》ますが事實《じじつ》海苔《のり》の燒方《やきかた》で其鮨屋《そのすしや》の腕《うで》の程度《ていど》がわかると申《まうし》ます位《くらゐ》其《そ》れほどこれは大切《たいせつ》なもので、鮨通《すしつう》は先《ま》づ最初《さいしよ》に海苔巻《のりまき》から味《あぢは》ふのもこれから出《で》たことで有《あり》ます。

海苔巻《のりまき》は、海苔《のり》の香《か》は勿論《もちろん》ですが御飯《ごはん》にお酢《す》の切工合《きりぐあひ》と巻《まき》方《かた》の加減《かげん》の調節《てつせつ》がピッタリと合《あつ》たものが鮨《すし》の名人《めいじん》と申《まうし》ます握鮨《にぎりすし》でも海苔巻《のりまき》でも同《おな》じで有《あり》ますが御飯《ごはん》を堅《かた》く巻《ま》き締《し》めて御飯《ごはん》を潰《つぶ》すのを大變《たいへん》に嫌《きら》ひますが此巻鮨器《このまきすしき》では堅《かた》く巻《ま》くのには骨《ほね》が折《を》れるほどで御座《ござ》いまして丁度《ちやうど》理想的《りさうてき》に獨《ひと》りでに巻《ま》けるのです。

◇海苔《のり》の燒方《やきかた》

海苔《のり》を燒《やき》ますには二枚《まい》の海苔《のり》を表《おもて》と表《おもて》を中《なか》に合《あは》して裏《うら》を兩方《りやうはう》に出《だ》して極《ご》く強《つよ》い火《ひ》にサツトつける樣《やう》に手早《てはや》く兩面《りやうめん》を交互《こうご》に反轉《はんてん》しながら焦《こ》げないやうに燒《や》きます。一寸光線《ちよつとくわうせん》にすかして見《み》ると燒《や》けた箇所《ところ》は青海苔《あをのり》の樣《やう》に青《あを》く色《いろ》が變《かは》りますそして燒《や》けない場所《ばしよ》は黑《くろ》く斑《むら》になつておりますそれで全部《ぜんぶ》が青《あを》くなるまで燒《や》きます。これが海苔《のり》を燒《や》く秘傳《ひでん》でありますその位《くらゐ》の事はどなたも御存知《ごぞんぢ》でせうが大概《たいがい》の御家庭《ごかてい》では海苔《のり》の香《かほり》が出《で》るまでお燒《やき》にならないから專門家《すしや》の樣《やう》にお美味《いし》く出來《でき》ないのでございます。此本《このほん》の樣《やう》にお作《つく》りになれば所謂《いはゆる》一人前《にんまへ》になれた譯《わけ》で有《あり》ます。海苔《のり》をお購《もと》めになるには卷《まき》にする故火《ゆゑひ》のはいつたのをと申《まうし》ますと素人《しろうと》でないと思《おも》ひますから生地《きぢ》の良《よ》いすき切《ぎれ》のない品《しな》を吳《く》れます。

◇海苔《のり》の貯《たくは》ひ方《かた》

海苔《のり》をお購《もと》めになりましたら直《すぐ》に強《つよ》い火《ひ》で燒《や》いて錻力鑵《ぶりきかん》にいれて固《かた》くキツチリ蓋《ふた》を閉《し》めて置《を》きますと一年經《ねんた》つても香《かほり》は失《う》せません。若《もし》も空氣《くうき》が入《いつ》て幾分濕《いくぶんしめ》りましても克《よ》く燒《や》けた海苔《のり》は香《かほり》がぬけません。御進物《ごしんもつ》などで鑵入《かんいり》は大丈夫《だいじやうぶ》さ信《しん》じて居《をり》ますと四五日《にち》も經《た》つうちに露《つゆ》を帶《お》びた樣《やう》に、べと

つきます又其《またその》まゝ仕舞《しま》つて置《を》きますと今度《こんど》は紫色《むらさきいろ》に變色《へんしよく》致《いた》しまして斯《かう》なりましてはもう海苔《のり》の香《かほり》は失《う》せ縮緬《ちりめん》の樣《やう》なしわがよつて駄目《だめ》であります。先方《せんぱう》でこゝろ盡《づく》しも御自分《ごじぶん》の御手置《おてをき》の惡《わる》いのにくれた人《ひと》をうらむことは珍《めづ》らしくはありません。海苔《のり》はお巻《まき》になるとき鑵《かん》から一枚出《まいだ》す毎《ごと》に直《すぐ》に蓋《ふた》をするに限《かぎ》ります又《また》四角《かく》の鑵《かん》は空氣《くうき》が入《い》りやすいから丸《まる》鑵《かん》の蓋《ふた》の完全《かんぜん》なものがよろしうございます。

◇小判海苔《こばんのり》を大判海苔《おほばんのり》に代用《だいよう》する事《こと》

海苔《のり》には大判《おほばん》と小判《こばん》とが有《あ》りまして大判《おほばん》は七寸《すん》五分《ぶ》小判《こばん》は六寸《すん》七八分《ぶ》であります。小判《こばん》は細巻《ほそまき》大判《おほばん》は大巻《おほまき》又《また》は上海《じやうの》苔《り》巻《まき》と申《まうし》ます。大判物《おほばんもの》は大巻《おほまき》の場合《ばあひ》に用《もち》ひるのでありますが普通《ふつう》の海苔屋《のりや》乾物屋《かんぶつや》にはありませんから此場合《このばあひ》小判海苔《こばんのり》を一寸位海苔《すんぐらゐのり》の折目《おりめ》を横《よこ》に切《き》りましてはぎ合《あは》せれば殊更大《ことさらおほ》判《はん》を購《もと》めるにも及《およ》びません。

◇砂糖《さとう》の灰引《あくひき》

お砂糖《さとう》の灰引《あくひき》のことはお料理《れうり》でたいてい御研究《ごけんきう》のことゝ存《ぞん》じまして是迄《これまで》は單《たん》に灰引《あくひき》と申上《もうしあげ》てありましたが各方面《かくはうめん》よりだいぶ御希望《ごきばう》で御座《ござ》いますから極簡單《ごくかんたん》な灰引《あくひき》のとりかた

を申上《もうしあげ》てみませう。

お砂糖《さとう》の灰《あく》を引《ひい》てお使《つか》ひになりますとお料理《れうり》の煮物《にもの》など大《たい》へん味《あぢ》がよろしゆう御座《ごさ》います。一口《くち》に砂糖《さとう》くさいと云《い》ふことが御座《ござ》いません。

料理人《れうりにん》の方々《かたがた》でもいろ〳〵やり方《かた》が違《ちが》ひますが極簡單《ごくかんたん》なやりかたは先《ま》づお鍋《なべ》かお釜《かま》に水《みづ》八合位《がふぐらゐ》いれます。それから玉《たま》子《こ》一つ割《わ》りまして白身《しろみ》をとります(三頁參照《ページさんせう》)白身《しろみ》はお茶碗《ちやわん》の様《やう》なものでよくかきませて鍋《なべ》にいれて火《ひ》にかけ砂糖《さとう》は七八百目位《めぐらゐ》いれます。ぐら〳〵煮《に》たちましたら水《みづ》を五勺位《しやくぐらゐ》さしまして又煮《またに》たちましたら上《うへ》に白《しろ》い泡《あは》が浮《う》き揚《あが》ります。是《おれ》を灰《はい》ふるひですくいとり鍋《なべ》を一寸《ちよつと》おろし又《また》二三勺《しやく》の水《みづ》を加《くは》へ又白《またしろ》い泡《あは》をとり斯《か》く致《いた》しますと四五回《くわい》にして少《すこ》したちまして美濃紙《みのがみ》を鍋《なべ》の上《うへ》にかふせて瓶《びん》の様《やう》な器《うつは》を用意《ようい》して其上《そのうへ》に水嚢《すいのう》をのせて徐《しづか》に流《なが》しこみますと奇麗《きれい》に灰引《あくひき》が出來《でき》上《あが》ります。

◇干瓢《かんぺう》の煮方《にかた》

干瓢《かんぺう》は鹽《しを》一握《にぎ》りいれて兩手《りやうて》にてよくもみながら洗《あら》ひ、鍋《なべ》に移《うつ》してゆで一本《ほん》を兩手《りやうて》にツマミ一寸《ちよつと》ちぎつてみると、ゆだりますとかるくちぎれますを度《ど》として鍋《なべ》をおろしよく絞《しほ》り

干瓢《かんぺう》五十匁《め》、味淋《みりん》五勺《しやく》、醤油《しやうゆ》五勺《しやく》、灰引《あくひき》五勺《しやく》、砂糖《さとう》十五匁《もんめ》を加《くは》へ鍋《なべ》の中《なか》が乾《かは》く頃《ころ》を見《み》て鍋《なべ》をおろし團扇《うちわ》で風《かぜ》をおくりさまします。

◇巻鮨器使用法《まきすしきしようはう》

簾《すだれ》で巻《まき》ますと海苔《のり》の先《さき》の端《はじ》を空《あ》けて御飯《ごはん》を敷《し》き手前《てまへ》から

（第一圖）

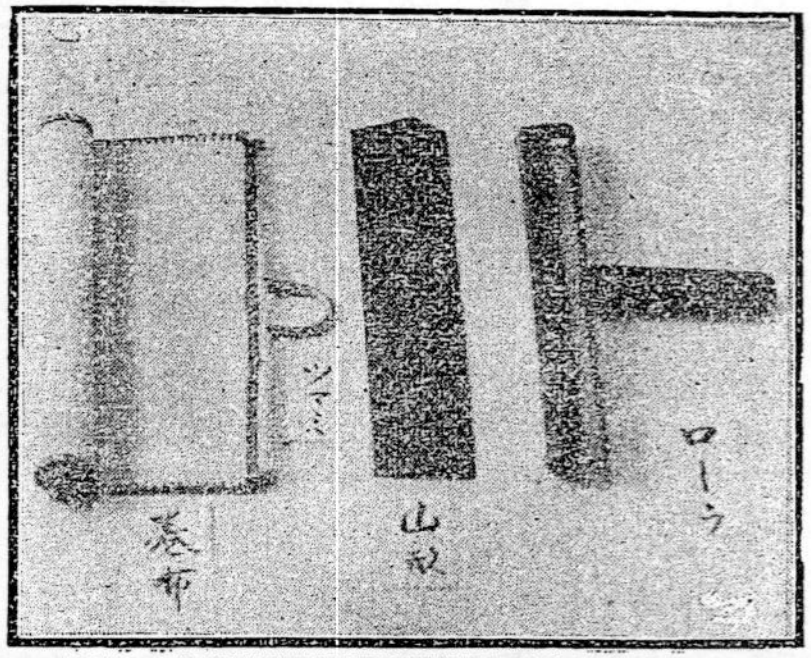

甲

乙

向《むか》ふに巻《ま》き終《をは》るのでございますが此巻鮨器《このまきすしき》では其《そ》れと反對《はんたい》に向《むか》ふから手前《てまへ》に巻上《まきあげ》ますこれが本器使用《ほんきしよう》の第《だい》一歩《ほ》でありまして巻臺《まきだい》、ローラー、巻山《まきやま》、巻布《まきぬの》の四種《しゆ》から組立《くみた》てゝあります。（第一圖甲乙參照）

第二圖

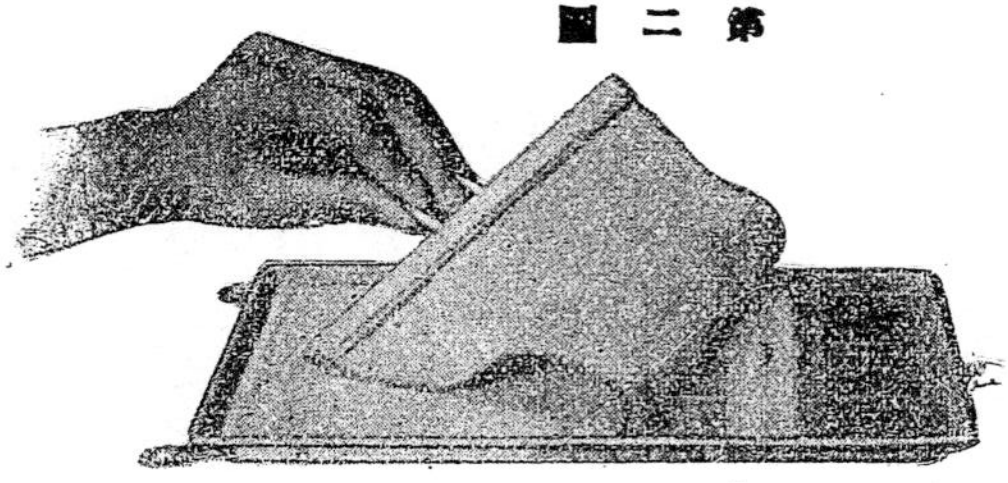

巻臺《まきだい》は第《だい》二圖《づ》の如《ごと》く巻臺《まきだい》にピンで取付《とりつけ》る三ヶ所《しよ》の巻臺留《まきだいどめ》の穴《あな》を其々《それぞれ》外側《そとがは》に向《むけ》てピンで動《うご》かぬ様《やう》に俎板《まないた》に取付《とりつけ》ます巻臺《まきだい》の縁《ふち》に左右《さゆう》二ッの穴《あな》がありますとれに巻布《まきぬの》の根本《ねもと》をはめ込《こ》ます細巻留《ほそまきとめ》の位置《ゐち》(第二圖)に山形《やまがた》を置《を》き其上《そのうへ》から巻布《まきぬの》のツマミを向《むか》ふにして巻臺《まきだい》の上《うへ》を覆《おほ》ひますと細巻留《ほそまきどめ》の山形《やまがた》から先方《せんぽう》に凹《くぼみ》が出來《でき》ます此凹《このくぼみ》に海苔《のり》の折目《おりめ》を横《よこ》に半分《はんぶん》に切《き》り海《の》苔《り》の表《おもて》を下《した》にして巻布《まきぬの》の上《うへ》に敷《し》き手前《てまへ》の所《ところ》に海苔《のり》の巻仕舞《まきじまひ》の餘裕《よゆう》を殘《のこ》して御飯《ごはん》を縁《ふち》一パイに丁度握《ちやうどにぎり》すし一ッ半位《はんぐらゐ》いれまして第五圖《だいづ》の如《ごと》く布巾《ふきん》を堅《かた》く絞《しぼ》り右手《みぎて》の指《ゆび》に巻《ま》きつけ御《ご》飯《はん》を平《たひら》にのしまして第三圖《だいづ》の様《やう》にいたします。次《つぎ》にローラーをお酢《す》に濕《しめ》して御飯《ごはん》の上《うへ》から横《よこ》に一寸押《ちよつとお》せば半丸《はんまる》の溝《みぞ》が出來《でき》ますこれに乾瓢《かんぺう》二三本《ほん》チョット捻《より》をかけて入《い》れます。左手《ひだりて》に巻布《まきぬの》のツマミを持《も》ち徐《しづ》かに手前《てまへ》に引張《ひつは》れば乾瓢《かんぺう》は溝《みぞ》の中《なか》へ完全《かんぜん》に入《い》ります。巻布《まきぬの》の裏《うら》からローラーを輕《かる》くあてヽ山形《やまがた》の上《うへ》まで巻《ま》き上《あ》げて來《き》ましたら今度《こんど》はローラーを山《やま》

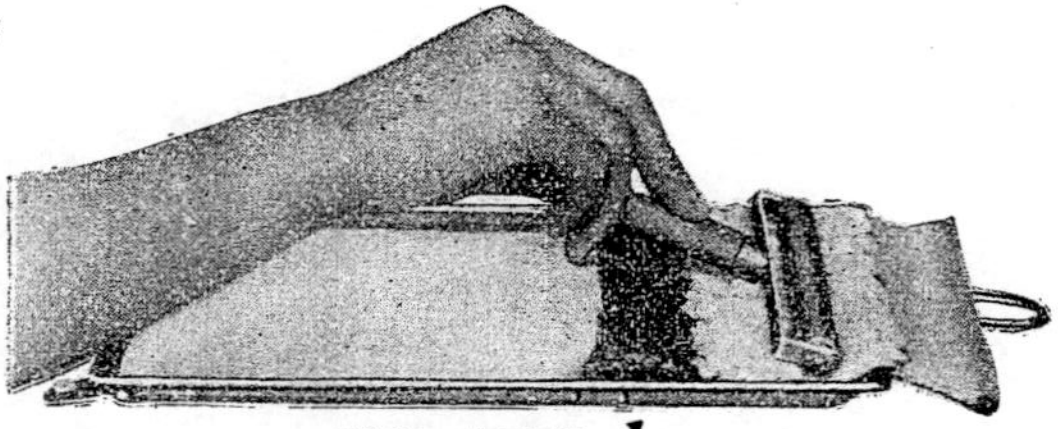

第三圖

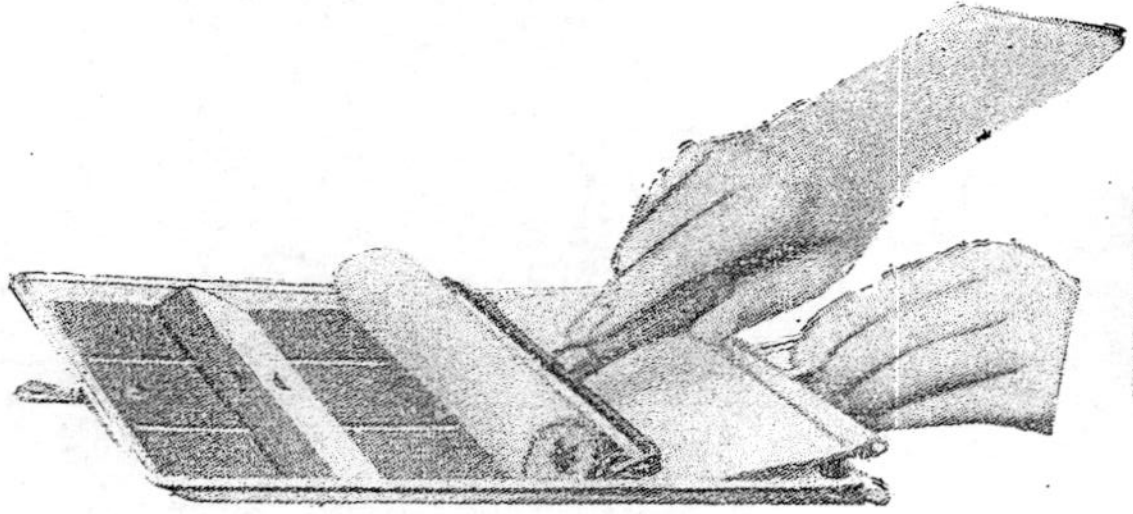

第四圖

形《がた》に向《む》けてウント力《ちから》を入《い》れ左《ひだり》手《て》のツマミを引けば其位置《そのゐち》でローラーがとろ〳〵と廻《まは》り第《だい》四圖《づ》の如《ごと》く細卷《ほそまき》が卷上《まきあが》ります。大卷《おほまき》の卷方《まきかた》も山形《やまがた》を大卷留《おほまきどめ》の所《ところ》に置《を》いて前《まへ》と同《おな》じ呼吸《こきふ》で卷《ま》けば大卷《おほまき》が易《たやす》く出來《でき》ます。

◇五もく卷《まき》の作《つく》り方《かた》

最初細目《さいしよほそめ》に卷《ま》きました細卷《ほそまき》を一本用意《ほんようい》いたします。次《つぎ》に卷《まき》山《やま》を大卷留《おほまきどめ》の位置《ゐち》に置《を》きましたら前《まへ》の通《とほ》りに卷《ま》く用意《ようい》をいたします先《ま》づ海苔《のり》一枚《まい》を折目《おりめ》のあるを竪《たて》に敷《し》き、又半枚《またはんまい》の海苔《のり》を其上《そのうへ》の中程《なかほど》に重《かさ》ねますこれは卷仕舞《まきじまひ》のとき海苔《のり》の破《やぶ》れぬためで都合《つがふ》一枚半《まいはん》の海苔《のり》を敷《し》きます。第《だい》五圖《づ》の如《ごと》く其《その》上《うへ》に御飯《ごはん》を縁《ふち》一パイにのしま

第五圖

太巻の位置

して乾瓢《かんぺう》、椎茸《しひたけ》、きくらげ、三葉《みつは》おぼろなど何《なん》でも有合《ありあは》せのものを平《たひら》に並《なら》べ最初《さいしよ》に用意《ようい》した細巻《ほそまき》を其《その》中央《ちうわう》にのせて徐《おもむ》ろに前《まへ》の如《ごと》く巻き締《し》めるのであります出來上《できあが》りましたものを兩方《りやうほう》のみゝを三四分《ぶ》落《おと》し薄刄庖丁《うすはほうちやう》で七八ツ切《ぎり》といたしまして皿《さら》に盛《も》りすゝめます。

◇夫婦巻《めうとまき》の巻方《まきかた》

先《ま》づ初細巻《はじめほそまき》二本《ほん》を作《つく》ります次《つぎ》に巻鮨器《まきすしき》は大巻留《おほまきとめ》に山形《やまがた》を置《を》きまして第五圖《だいづ》の如《ごと》く御飯《ごはん》をのしますそして第六圖《だいづ》の如《ごと》く捻《より》をかけた乾瓢《かんぺう》三四本《ほん》を御飯《ごはん》の中程《なかほど》より聊《いさゝ》か向《むか》ふに横《よこ》に置《を》きます（但《たゞ》し此捻《このより》をかけると巻上《まきあが》りの時《とき》に乾瓢《かんぺう》が外《そと》に散亂《さんらん》致《いた》しませぬ）そして先《さき》に用意《ようい》した細巻《ほそまき》二本《ほん》を第《だい》七圖《づ》の様《やう》に乾瓢《かんぺう》を挾《はさ》むで置《をき》ますと乾瓢《かんぺう》は二本《ほん》の細巻《ほそまき》の下《した》に入《い》ります更《さら》に第七圖《だいづ》の如《ごと》く其《その》上の二本《ほん》の上の間《あひだ》に下《した》の乾瓢《かんぺう》の如《ごと》くして載《のせ》ます。かくして右手《みぎて》で細巻《ほそまき》二本《ほん》を押《おさ》へつゝ左手《ひだりて》でツマミ

第六圖

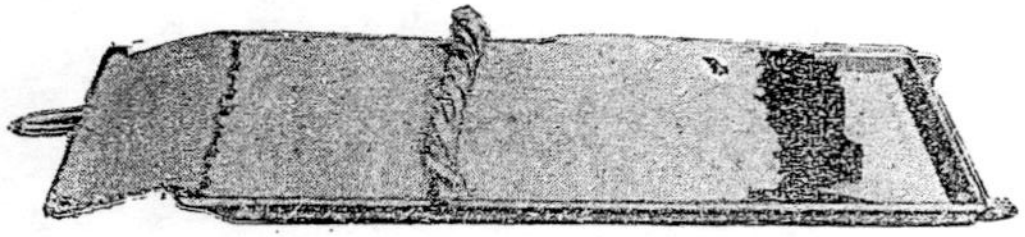

を持《も》つて静《しづか》に巻《ま》き起《おこ》し小口《こぐち》から見《み》て細巻《ほそまき》二本《ほん》の位置《ゐち》が曲《まが》らぬ様《やう》に注《ちう》

第七圖

意《い》し前《まへ》の如《ごと》くローラーを當《あ》て巻締《まきしめ》るのでございますこれを七八切《ぎり》に切《き》り皿《さら》に盛《も》りてすゝめます。

◇桔梗巻《ききやうまき》の巻方《まきかた》

これは夫婦巻《めうとまき》と細巻《ほそまき》の置《を》き方《かた》はおなじでありますが第《だい》八圖《づ》の如《ごと》く細巻《ほそまき》三本《ほん》を重《かさ》ねますと接觸點《せつしよくてん》に添《そ》ふて向前《むかふまへ》に凹《くぼみ》が出來《でき》ます。此處《こゝ》へ捻《よ》りをかけた乾瓢《かんぺう》を添《そ》はせまして第《だい》八圖《づ》の様《やう》に巻方《まきかた》を夫婦巻《めうとまき》の其《そ》れと同《おな》じに巻《ま》き上《あげ》るので御座《ござ》います。

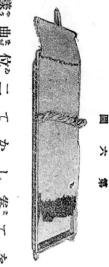

◇梅《うめ》の花形《はながた》の巻方《まきかた》（梅花《はいくわ》巻《まき》の巻方《まきかた》）

、これは餘程熟練《よほどじゆくれん》のお方《かた》にも中々上手《なか〳〵じやうず》に巻《ま》けませんが此巻鮨器《このまきすしき》でなされば誰人《だれ》にも雑作《ざうさ》なく立《た》ち所《どころ》に巻《ま》けます。先《ま》づ小判海苔《こはんのり》を横《よこ》に三ツ切《ぎり》といたしました大《おほ》さの海苔《のり》を五ツ切《ぎ》りこれを御飯《ごはん》ばかりの極細巻《ごくほそまき》として五本《ほん》を作《つく》ります。次《つぎ》に乾瓢《かんぺう》ばかりの海苔巻《のりまき》一本作《ほんつく》ります。

第八圖

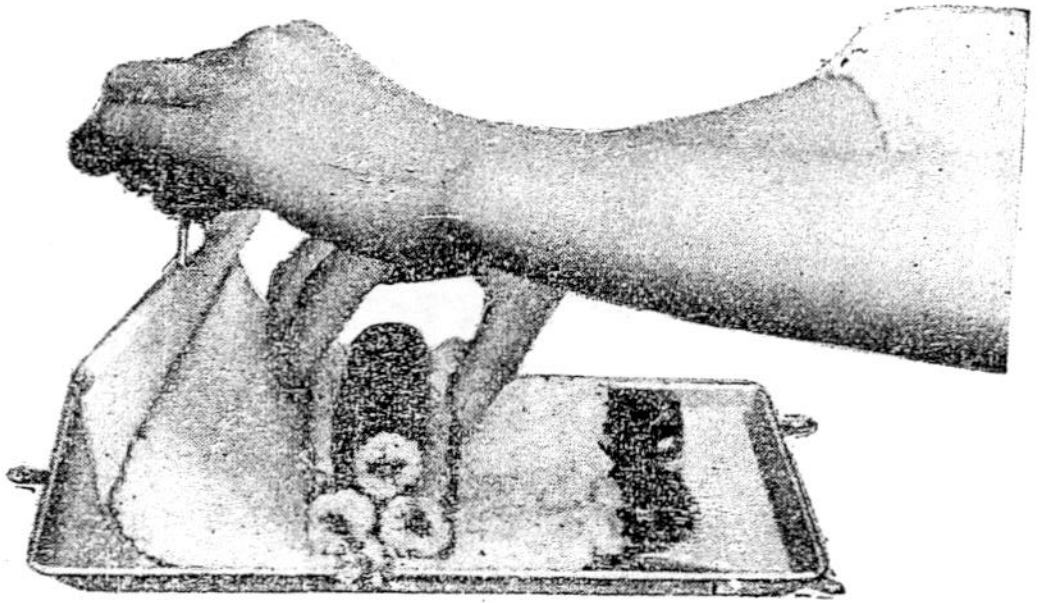

第九圖

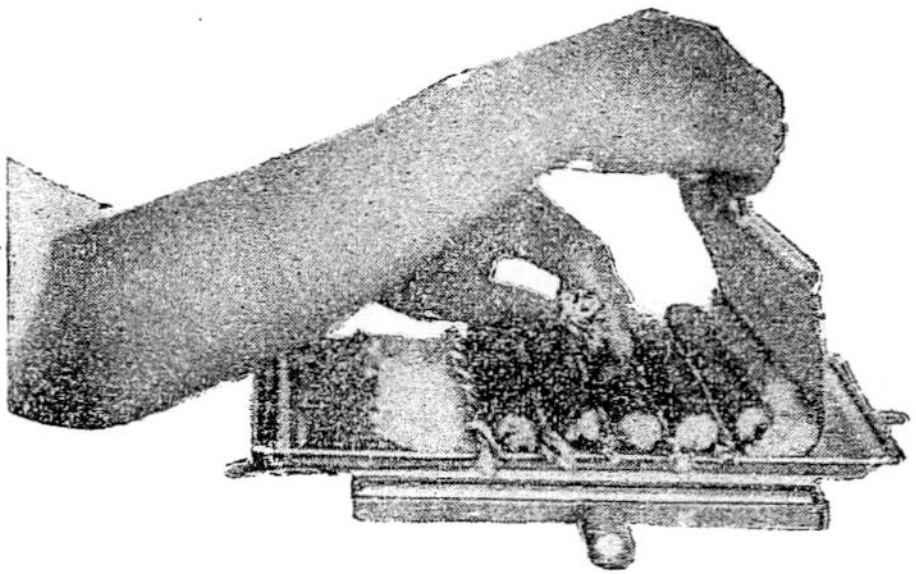

これが巻上《まきあが》ると芯《しん》となりますもので合《あは》せて六本作《ほんつく》ります。次《つぎ》に今度《こんど》は五目巻《もくまき》の時《とき》に申《まう》しました如《ごと》く仕度《したく》をいたしまして一枚《まい》の海苔《のり》の上《うへ》に、又半枚《またはんまい》を重《かさ》ねまして海苔飯《のりめし》（二九頁《ページ》参照《さんせう》）三分位《ぶぐらゐ》の厚《あつ》さにのしまして前《まへ》と同《おな》じに巻《ま》き上《あ》げます

これも七八個《こ》に切《き》りまして皿《さら》に盛《も》りすゝめます。

◇珍《めづ》らしい信田巻《しのだまき》の巻方《まきかた》

油揚《あぶらあ》げのキヅの無《な》いのを撰《えら》びまして三方《はう》の耳《みゝ》を薄刃庖丁《うすははうちやう》で落《おと》し両手《りやうて》で油揚《あぶらあげ》の角《すみ》から二枚《まい》に裂《さ》くやうにはがしますと大《おほ》きく廣《ひろ》がります、これを元《もと》の様《やう》に二ツに重《かさ》ねよくたぎりましたお湯《ゆ》にサット入《い》れて笊《ざる》にあげ湯《ゆ》を切《き》り次《つぎ》に醬油砂糖《しやうゆさとう》味淋《みりん》などで汁《しる》の加減《かげん》を致《いた》しまして再《ふたゝ》び鍋《なべ》に汁《しる》と共《とも》に入《い》れ火《ひ》にかけ煮上《にあ》りましたら其《そ》れを砂鉢《すなはち》の様《やう》な器《うはつ》にうつして團扇《うちは》で風《かぜ》を送《おく》つてさましますと汁《しる》も材料《ざいれう》に克《よ》くしみますばかりでなく材料《ざいれう》にも照《てり》が出《で》て誠《まこと》に奇麗《きれい》になります鮨飯《すしめし》のことは九頁《ページ》に申上《まうしあげ》てありますが若《もし》も御飯《ごはん》の中《なか》に椎茸《しいたけ》や乾瓢《かんぺう》又《また》はあさの實《み》や紫蘇《しそ》の實《み》などを交《ま》ぜ合《あは》せますときは御飯《ごはん》のお酢《ず》をあわせますとき同時《どうじ》に五目鮨《もくすし》の如《ごと》く御飯《ごはん》の熱《あつ》いうちに交《ま》ぜ合《あは》せますそして御飯《ごはん》は幾分《いくぶん》こわめに炊《た》きますに限《かぎ》ります。

さて御飯《ごはん》の仕度《したく》が出來《でき》ましたら前《まへ》の油揚《あぶらあげ》を一枚宛《まいづゝ》鍋蓋《なべふた》の上《うへ》にのせ其の上《うへ》からギユーと押《お》へて汁《しる》を絞《しぼ》り出《だ》し次《つぎ》に布巾《ふきん》を組板《まないた》の上に廣《ひろ》げて一枚宛《まいづゝ》其《そ》の上に並《なら》べて汁氣《しるけ》をふきとります。これは前《まへ》にも申《まう》し上《あげ》てありますが御飯《ごはん》に水氣《みづけ》がありますと鮨種《すしだね》のなじみが惡《わる》いためです。

◇卯《う》の花《はな》巻《まき》鮨《すし》の巻《まき》方《かた》

附《つけたり》　豆腐粕《うのはな》のこしらへ方《かた》

豆腐粕《うのはな》のこしらへ方《かた》は色々《いろ〳〵》ありますが一番手輕《はんてがる》な作《つく》り方《かた》は先《ま》づ擂《す》り鉢《ばち》で卯《う》の花《はな》をよくすりつぶし水《みづ》にはなしてよく晒《さら》します次《つぎ》に布巾《ふきん》の切《き》れで袋《ふくろ》を縫《ぬ》ひこれに前《まへ》の卯《う》の花《はな》を水《みづ》と共《とも》に流《なが》し込《こ》み口《くち》をしめて堅《かた》く絞《しぼ》り出《だ》します又裏《またうら》ごしにかければ更《さら》においしくなりますが大概《たいがい》は此扱《このあつか》ひ方《かた》で充分《じうぶん》であります。

卯《う》の花《はな》に味《あぢ》をつけますには

卯《う》の花《はな》二合《がふ》　極《ごく》こひ煮出《にだし》五勺《しやく》　醤油《しやうゆ》二勺《しやく》
玉子《たまご》一個《こ》　味淋《みりん》五勺《しやく》　砂糖《さとう》十匁　鹽《しを》二勺《しやく》
酢《す》三勺《しやく》

先《ま》づ右《みぎ》の材料《ざいれう》を鍋《なべ》にうつし火《ひ》にかけ杓子《しやくし》でよくかき廻《まは》しながら炒《い》ります。少《すこ》したちまして玉子《たまご》と酢《す》を加《くは》へまして炒《い》り柚子《ゆず》は細《こま》かいおろし金《がね》で廻《まは》しながらすりおろしたものを鍋《なべ》のおろし際《ぎは》に入《い》れかき廻《まは》し鍋《なべ》をおろしさまします。

因《ちなみ》に御飯《ごはん》のかわりに豆腐粕《うのはな》をつかいますので御座《ござ》いますからどうしても腰《こし》が御座《ござ》いませんから御注意《ごちうい》を願《ねが》ひます。

外《ほか》の作《つく》り方《かた》　鍋《なべ》に少《すこ》し胡摩油《ごまあぶら》をいれ火《ひ》にかけると黄《きいろ》い泡《あは》が

立《た》ちます此泡《このあは》の有《あ》るうちに材料《ざいれう》を入《い》れますと油臭《あぶらくさ》くなりましてやりそくないになります。凡《すべ》て油《あぶら》をお使《つか》ひになるときは玉子焼《たまごやき》にしても此《この》お心得《こゝろえ》が大切《たいせつ》で御座います。泡《あは》の消《き》ゆるを待《ま》ちまして前記《ぜんき》の材料《ざいれう》を入《い》れ鹽《しほ》のかわりに醬油《しやうゆ》をいれてよきほどに味《あぢ》をこゝろみ杓子《しやくし》でよくかき交《ま》ぜながら鍋《なべ》そとにこげない様《やう》に炒《い》り上《あ》げます。此拵方《このこしらへかた》といたしましたら砂糖《さたう》の分量《ぶんりやう》は少々《せう〳〵》おほく入れますほうが宜敷《よろし》う御座います。

◇當《あた》り芋《いも》の磯《いそ》まき

つく芋《いも》かじねんじやうの皮《かは》をむき卸金《おろしがね》のこまかいほうで廻《まは》しながらおろします。次《つぎ》にすり鉢《はち》に移《うつ》し一寸《ちよつと》すりまして、海苔《のり》は折目《をりめ》のあるほうを横《よこ》に三つ切《き》りと致《いた》しまして普通《ふつう》の海苔《のり》の細巻《ほそまき》の様《やう》に輕《かる》く巻《ま》きよくきれる庖丁《はうてう》で小口《こぐち》を兩方《りやうはう》とも二三分《ぶ》落《おと》し適度《てきど》に切《き》り山葵醬油《わさびしやうゆ》を添《そへ》て進《すゝ》めます。御酒《さけ》を召《め》し上《あが》る方《かた》にさし上《あげ》ると一寸思《ちよつとおも》ひ付《つ》きのもので御座います。

◇鳴戸《なると》巻《まき》の作《つく》りかた

いちばんお手輕《てがる》と致《いた》ますと、おそばの盛《もり》をお購《もと》めになりま

して海苔《のり》は一枚《まい》を縦《たて》に巻臺《まきだい》の巻布《まきぬの》に海苔《のり》の表《おもて》を下《した》に敷《し》きおそばは極薄《ごくうす》く二分位《ぶぐらゐ》の厚《あつ》みにむらのない樣《よう》にならし巻方《まきかた》は海苔巻《のりまき》の條《でう》とおなじでたゞ眞《しん》のないうづまきの樣《やう》になるのでございます。

もつと上等《じやうとう》と致《いた》しますと茶《ちや》そばなら結構《けつこう》でございますが、是《これ》はおそばを打《う》つとき挽茶《ひきちや》の粉《こな》を交《ま》ぜますのでございますが御家庭《ごかてい》ではお道具《どうぐ》もないので臆劫《おつくふ》になりますから、挽茶《ひきちや》をお購《もと》めになりましてきぬふるいでむらのない樣《やう》に薄《うす》くふりかけてお箸《はし》で交《ま》ぜますと挽茶《ひきちや》の香《かほ》りも致《いた》しまして一寸《ちよつと》おつなものでございます。

進《すゝ》め方《かた》は巻《ま》き上《あが》りましたら小口《こぐち》を兩方《りやうほう》とも二三分《ぶ》切《き》りとり適當《てきとう》に切《き》り進《すゝ》めますのでございます。

◇烏賊《いか》の筒切《つゝぎり》のお鮨《すし》

これも變《かは》り鮨《すし》の一種《しゆ》でございます。寫眞《しやしん》を御覧《ごらん》になれば直《す》ぐにお試《ため》しになれます。

烏賊《いか》はいろ〳〵種類《しゆるゐ》がございますことは二十七頁《ページ》に申《もう》し上《あ》げてありますが、一番奇麗《はんきれい》にお美味《いし》く出來《でき》ますのは眞《ま》烏賊《いか》の肉《にく》の厚《あつ》いのでございます。この寫眞《しやしん》はするめいかで作《つく》りましたものでございます。

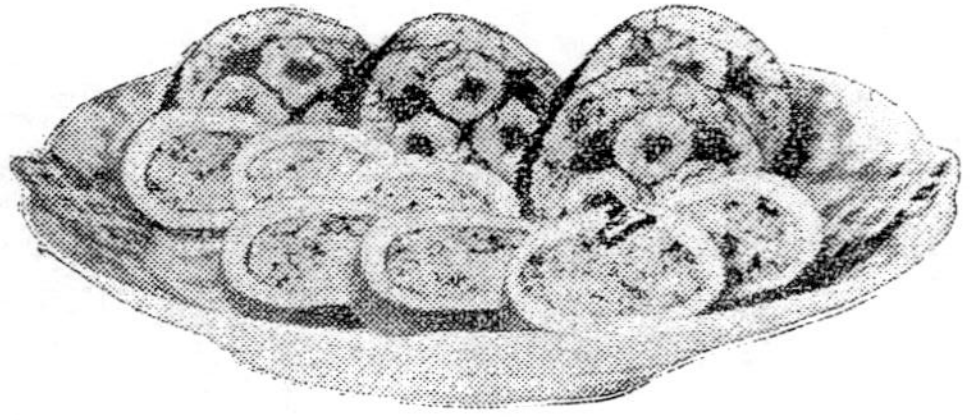

桔梗巻と烏賊の筒切鮨の圖

先《ま》づいかは胴《どう》より上《うへ》を押《お》すとゝろもちにして足《あし》と臟物《ざうもつ》を拔《ぬ》きとり清水《せいすい》で胴《どう》の中《なか》をよく洗《あら》ひ鍋《なべ》に入れ一寸《ちよつと》ゆであげまして俎板《まないた》の上《うへ》に置《お》き濡《ぬ》れ布巾《ふきん》で皮《かは》をこすりますと眞白《まつしろ》な生地《きぢ》になります。

そこで味淋《みりん》三勺、醬油《しやうゆ》三勺、灰《あく》引《ひき》三勺の割合《わりあひ》と致《いた》しまして煮汁《だし》をこしらへまして鍋《なべ》をかけ、よく汁《しる》がたぎりましたら前《まへ》の材料《ざいれう》をいれまして、色《いろ》のつきませぬ程度《ていど》にして煮上《にあげ》ますので御座《ざ》います。煮上《にあ》げました材料《ざいれう》を皿《さら》にうつし扇羽《うちは》で風《かぜ》をおくり、さましましたら海苔飯《のりめし》(二十九頁參照)をいかの胴《どう》に小《こ》口《くち》から詰《つ》め、布巾《ふきん》で卷《ま》き其儘《そのまゝ》一二時間《じかん》置きましたら布巾《ふきん》を外《はつ》し薄刄庖丁《うすははうてう》で適度《てきど》に切《き》ります。皿《さら》の盛方《もりかた》は寫眞《しやしん》を御參照《ごさんせう》願《ねが》ひます。

◇皿《さら》盛《もり》の積方《つみかた》の一例《れい》

最後《さいご》に皿盛《さらもり》の一例《れい》を擧《あ》げて本書《このほん》の完結《くわうけつ》といたします。

皿盛《さらもり》の積方《つみかた》は專門《せんもん》の方《かた》でも一番《ばん》むづかしいことになつて居

ります。中《なか》には「そんな面倒《めんだう》なことをしなくても、お鮨《すし》はお美味《いし》しくさへあればよいさ」といふやうな無風流《ぶふうりう》な方《かた》のあるのは誠《まこと》に遺憾《いかん》に堪《た》えない次第《しだい》でございます。例《たと》へば、人《ひと》が裸身《はだかみ》のまゝで客《きやく》に接《せつ》するのとおなじでありまして、衣《い》服《ふく》をかざりてこそ人前《ひとまへ》に出《で》ても耻《はづか》しくないのでございますそれですから出來《でき》たまゝのお鮨《ずし》を何《なん》の風情《ふぜい》もなく、たゞ積《つ》み重《かさ》ねて客《きやく》に進《すゝ》めますなら、鮨飯《すしめし》と鮨種《すしだね》を別々《べつべつ》に食《た》べても同《おな》じ道理《だうり》でございませう。すべて飲食物《いんしよくぶつ》は耳《みゝ》に聞《き》き、眼《め》を悦《よろこ》ばし、口《くち》に味《あぢは》ふのがほんとのお美味《いし》しいといふのでございます。又《また》お料理《れうり》は「料理屋《れうりや》からとればよいさ」といふ方《かた》も隨分《ずいぶん》ありますが、作法《さほう》から申《まう》しましても金錢《きんせん》でもてなす道理《だうり》となりまして、たゞ義理《ぎり》一とほりに過《す》ぎませんから、お親《したし》みも薄《うす》いばかりでなく、法《ほう》式《しき》から申《まう》しましても、御《ご》自身《じしん》のお手《で》を下《くだ》してお作《つく》りになりましたものこそ眞《しん》の饗應《きやうおう》となるのでございます。

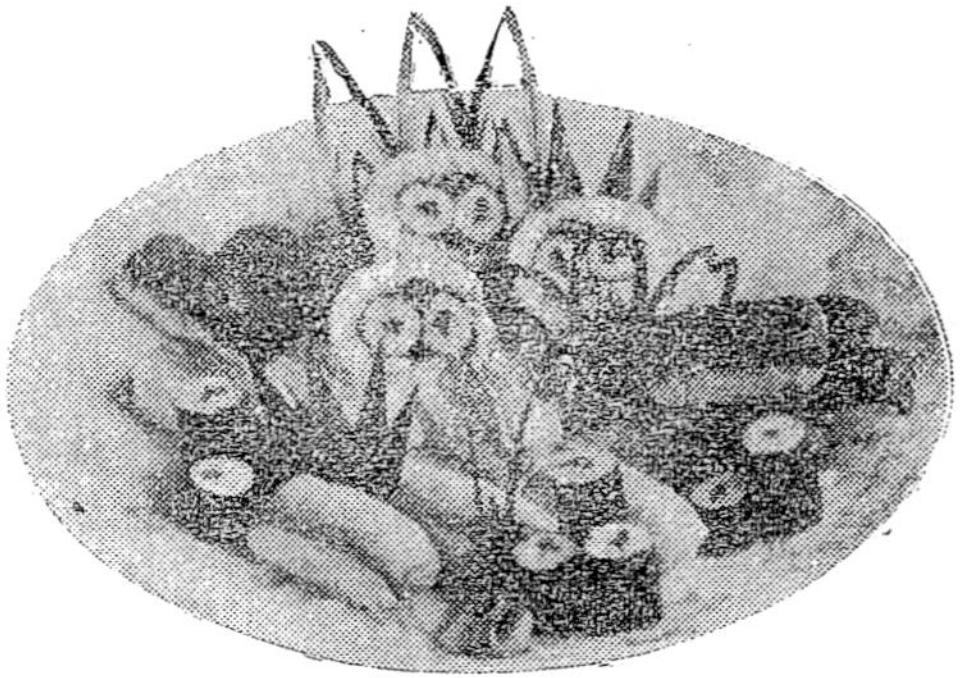

さて皿盛《さらもり》は料理《れうり》と同《おな》じやうに山水《さんすい》に象《かたど》るを法《ほう》としてございます。所謂山《いはゆるやま》に野《の》に水《みづ》を具體化《ぐたいくわ》したものが遠景《えんけい》、中景《ちうけい》、近《きん》景《けい》の天地《てんち》人《じん》となるのでございます。前圖正面《ぜんづしやうめん》の夫婦《めうと》巻《まき》は山《やま》三面《めん》の法《はう》と申《もう》しまして、お鮨《すし》を枕《まくら》に二つ盛《も》ります。次《つぎ》にお鮨《すし》を一かわ盛《も》り、これを枕《まくら》に化粧笹《けしやうざゝ》を立《た》て、更《さら》に又《また》一つの大巻《おほまき》を添《そ》へます。これ即《すなは》ち遠近《ゑんきん》を象《かたど》りましたもので、此《こ》の二種《しゆ》でも天地《てんち》人《じん》の備《そな》へになつてをります。其下《そのした》に光《ひか》り物《もの》と申《もう》しまして小鰭《こはだ》、鯵《あぢ》は斜引《はすびき》の流《なが》れで水《みづ》でございます。右手《みぎて》の中央《ちうおう》は中景《ちうけい》の位置《いち》で又左《またひだり》の海苔《のり》の細巻《ほそまき》は亂杭《らんぐひ》になります此《こ》の作意《さくい》は昔《むかし》、東山義正公《ひがしやまよしまさこう》が和歌《わか》十體《たい》の法式《ほうしき》をお改《あらた》めの砌《みぎ》り「みをつくし」といふ故事《こじ》から始《はじ》まりました由《よし》で、風流《ふうりう》の奥儀《おくぎ》となりますので、限《かぎ》りある小冊子《せうさつし》では一朝《てう》一夕《せき》には云《い》ひつくすことが出來《でき》ません。

しかし、山《やま》の下《した》は野《の》に水《みづ》といふ様《やう》なお考《かんが》へでおみたてになりますれば、さほどむづかしいものではございません。山《やま》の向側《むかふがは》に野《の》や水《みづ》を見《み》せるといふことは法式《はうしき》にないことであります。されば季節《きせつ》に從《したが》ひ、其《そ》の所《ところ》によつて、色々《いろ〳〵》のお取《とり》り合《あは》せの御工夫《ごくふう》をなさることが肝要《かんえう》と存《ぞん》じます。つまり色《いろ》も艶《つや》もあるものとなるのでございます、

又口繪松竹梅《またくちゑしやうちくばい》の皿盛《さらもり》の別《べつ》の積方《つみかた》は次《つぎ》の寫眞《しやしん》の如《ごと》く松《まつ》に海老《えび》

の化粧笹《けしやうざゝ》、梅《うめ》の巻物《まきもの》で、海老《えび》が竹《たけ》の代用《だいよう》になつております

次《つぎ》の圖《づ》は五もく巻《まき》の出來《でき》上《あが》りでございます。

(四五頁參照)

又次《またつぎ》の圖《づ》は夫婦《めうと》巻《まき》の出來《でき》上《あが》りでございます。

(四六頁參照)

三個型

五個型

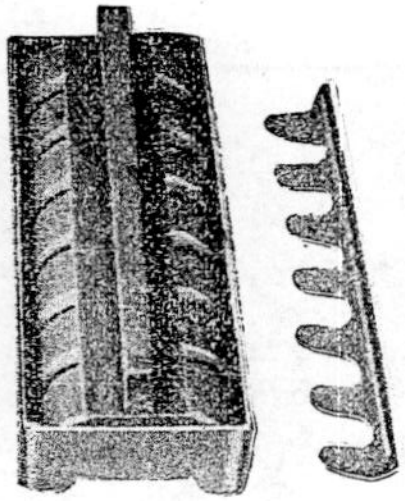

七個型

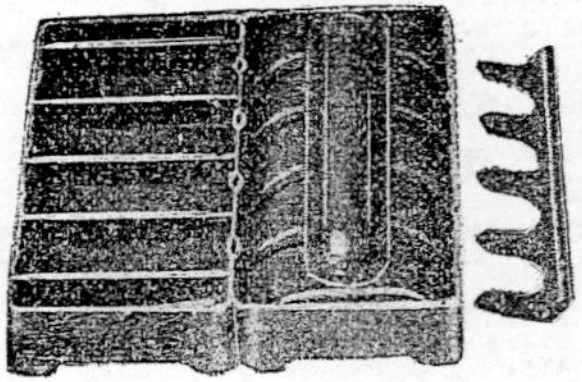

十個型

新案特許第八一八四七號
第五九六三六號

鈴木式握餡器

上圖ノ各握餡器材料ハ端西國ロームノ上等地金ヲ使用シ琺瑯燒特種製品ニテ實ニ高尚優美デ有リマス

色合ハ朱、淺黄、白、紺青、草色ノ五種有リマス

新案特許
鈴木式海苔巻鮨器

營業用同 同家庭用

鈴木式押巻鮨器改正定價表
初第八一六四七
電話五九三六八號

貳拾五個型　四圓五拾錢

拾七個型　參圓貳拾五錢

拾二個型　貳圓五拾錢

營業用　壹圓五拾錢

同　同

同　同　品附屬共

易リ本ニケ先ス
リケニカ生ス｛
ス｛難リ最近ノ
メシテ愛明ノ
難ン卷ヤ品ゾ
カ珍鮨器ト
ヤ珍鮨器ト提
シ卷ヤ珍鮨器
ウイモ柿林ニ
ノ株晶品ゾ
ノ株晶品廿五錢
有容（附屬品共五錢）

昭和四年一月十日印刷
昭和四年一月十五日發行

【定價金參拾錢】

東京市淺草區松葉町一〇四番地
握鮨器發明者
編輯兼發行者　鈴木又吉

東京市本所區北二葉町三十三番地
印刷者　小池善藏

印刷所　合資會社さくら印刷所
電話墨田三七八四番

發行所　東京　古谷商會

寿司と変り御飯の作り方

主婦之友實用百科叢書

第一篇

壽司と變り御飯の作り方

發行所 東京市駿河臺 主婦之友社

正式《せいしき》の晩餐《ばんさん》に招待《せうだい》されるよりも、豫期《よき》せぬときに出《だ》された、一碗《わん》の氣《き》の利《き》いた丼《どんぶり》の方《はう》が、更《さら》に御馳走《ごちそう》のときがあります。正式《せいしき》の食事《しよくじ》には招《まね》げぬ多勢《おほぜい》の客《きやく》も、丼《どんぶり》物一《ものひと》つでなら、いつでも歡《くわん》を分《わか》てます。丼物《どんぶりもの》は、形《かたち》にはまらぬ料《れう》理《り》だけに、一種獨立《しゆどくりつ》した風趣《ふうしゆ》があります。從《したが》つて、これを作《つく》るに、特別《とくべつ》の工夫《くふう》が要《い》ります。この書《しよ》には、東京《とうきやう》、並《ならび》に京阪《けいはん》に於《おい》て、名物《めいぶつ》として好評《かうひやう》を博《はく》してゐるもの八十種《しゆ》を選《えら》び、その作《つく》り方《かた》の祕訣《ひけつ》を公《こう》開《かい》したものであります。各調理法《かくてうりはふ》の指導《しだう》は、直接專門家《ちよくせつせんもんか》に仰《あふ》ぎ、編《へん》輯《しふ》には、『主婦之友《しゆふのとも》』記者《きしや》山賀多喜《やまがたき》子《こ》氏《し》が專《もつぱ》らその衝《しよう》に當《あた》りました。

『主婦之友實用百科叢書』の編輯發行に就て

◇私どもが生きてゆくためには多くの知識を必要とします。その知識を得るためには、どうしても書籍に就かねばなりませぬ。ところが、これまでの書籍は、一つの必要な知識を得るために、多くの不必要なことまで讀まねばなりませぬ。それは忙しい生活の今日、多くの人には許されないことであります。

◇生活上必要な知識を、確實に、そして手取り早く得ろ方法として、『主婦之友實用百科叢書』の編輯發行を企てました。この叢書は、婦人や家庭の生活に、缺くことのできぬ實際的知識を、雜誌『主婦之友』の編輯と同じやうに、確實、親切、簡單を旨として、提供することにつとめました。

◇從來の書籍に、も一つの缺點があるとすれば、それは定價の高いといふことでありました。この叢書は、それらの方面にも幾分の改良を施し、一册六拾錢でわかつことにいたしました。この叢書の一册でも御覽になつた方で、もし私共と御同感の方がございましたら、この叢書を一册でも多く御覽のうへ、この叢書の目的の達成に御盡力のほどを御願ひ申します。

主婦之友社編輯局にて

石川武美

昭和五年九月二十四日

壽司と變り御飯の作り方　目次

おすしの部

變り御飯の部

目次（をはり）

お壽司の上手な作り方

美味さうなにぎり、何と巧みな手つきではありませんか。右圖は、京橋で名高い幸壽司本店の主人が屋臺に坐り、江戸前なすしを握られるところです。『すしは手でなく腹で握る』といはれます。この意氣と、熟諫した腕前があればこそ、名物のすしができるわけです。

近頃、味本位な大阪ずしが、目ざましく流行つてまゐりました。左圖は、東京の草分けとして有名な神樂坂上の大〆の一部で、今しも主人が自分で立たれ、すし作りに餘念のないところです。御飯の詰め方、木枠の壓し方、庖丁の使ひ方などに、御注意くださいませ。

お壽司と變り御飯七種

(1)東京ずし(京橋幸壽司)(2)大阪ずし(神樂坂大〆)(3)笹巻ずし(松屋食堂)(4)ハムずし(松屋食堂)(5)鮎すがたずし(神樂坂大〆)(6)鳥御飯(松屋食堂)(7)赤飯(松屋食堂)

壽司と變り御飯の作り方

主婦之友社編輯局

おすしの部

一、にぎり、けぬきずしの作り方

(1) にぎりずしの上手な拵へ方

にぎりずしのことを、關西《くわんさい》では東京《とうきやう》ずしと申《まを》します。にぎりの味《あぢ》は、握《にぎ》り方《かた》一《ひと》つにあるといふくらゐ、手《て》加減《かげん》の要《い》るものです。しかし近頃《ちかごろ》は、にぎりずし器《き》といふ重寶《ちようはう》なものがありますから、あれをお使《つか》ひになれば、簡單《かんだん》にできます。尤《もつと》も、形《かたち》だけ上手《じやうず》にできても、御飯《ごはん》の加減《かげん》が惡《わる》かつたり、材料《ざいれう》が惡《わる》かつたりしたら、

何《なん》にもなりません。ですから、まず御飯《ごはん》の炊《た》き方《かた》から申《まを》し述《の》べませう。

すし飯の作り方

炊き方＝おすしは御飯《ごはん》が土臺《どだい》ですから、第《だい》一に、それを美味《おい》しく炊《た》かねばなりませぬ。それには、特《とく》に上等《じやうとう》の米《こめ》を選《えら》び、炊《た》く五六時間前《じかんまへ》に洗《あら》つて、笊《ざる》に上《あ》げておき、(洗《あら》ひ立《た》ては、心《しん》がふつくりとできません。)米《こめ》一升《しよう》に水《みづ》一升《しよう》の加減《かげん》にして、最初水《さいしよみづ》を沸騰《ふつとう》させておきます。御飯《ごはん》の水加減《みづかげん》は、米《こめ》により一様《やう》には申《まを》されませんが、普通《ふつう》よりも一割方少《わりかたすくな》くします。充分沸騰《じうぶんふつとう》したところへ米《こめ》を入《い》れ、上下《うへした》にかき廻《まは》して、上面《うへ》を均《なら》し、きつちり蓋《ふた》をして、湯炊《ゆだき》にします。

おねばが噴《ふ》き始《はじ》めましたら、直《す》ぐ火《ひ》を引《ひ》き、(炭火《すみび》ならば七輪《りん》の口《くち》を閉《と》ぢ、瓦斯《ガス》ならば極《ご》く細目《ほそめ》の火口《ひぐち》にしておく。)七分間《ふんかん》そのまゝにおき、次《つぎ》に火《ひ》を消《け》して、八分間《ふんかん》おき、釜《かま》を下《おろ》して十分間《ぷんかん》蒸《む》らします。御飯《ごはん》の出來《でき》は、少々硬目《せうくこはめ》で、光澤《つや》のあるのが理想的《りさうてき》です。

かけ酢＝御飯《ごはん》の火《ひ》を消《け》したら、同時《どうじ》にかけ酢《ず》の支度《したく》をします。まづ上等《じやうとう》の酢《す》を選《えら》び、一升《しよう》の御飯《ごはん》につき、酢《す》一合《がふ》、鹽《しほ》を大匙山盛《おほさじやまも》り一杯《ぱい》の割《わり》に加《くは》へ、よくかき混《ま》ぜて用《もち》ひます。上等《じやうとう》の酢《す》は、酢《す》そのものに甘味《あまみ》があるので、砂糖《さたう》は入《い》れませんが、普通《ふつう》の酢《す》ならば、大匙《おほさじ》一杯《ぱい》くらゐの砂糖《さたう》を加《くは》へて、甘味《あまみ》を補《おぎな》ひます。

混ぜ方＝すし飯《めし》を混《ま》ぜる盤臺《はんだい》は、(半切《はんぎり》ともいふ)大《おほ》き目《め》のものが重寶《ちようはう》です。前《まへ》の御飯《ごはん》をくづしながら、眞《まん》中《なか》をこんもりと高目《たかめ》にして、手早《てはや》く盤臺《はんだい》へ移《うつ》し、かけ酢《ず》を御飯《ごはん》の上《うへ》から一度《ご》にかけます。このとき、右手《みぎて》に

酢《す》の器《うつは》を持《も》つて、左手《ひだりて》に目《め》の細《こまか》い笊《ざる》を持《も》ち、その笊《ざる》を通《とほ》して、萬遍《まんべん》なく酢《す》をふりかけますと、酢《す》が雨《あめ》のやうにかゝり、あまり杓子《しやくし》を使《つか》はないでも、容易《ようい》にかけ酢《ず》が行《ゆ》き渡《わた》ります。これは、また一方《はう》には酢《す》を漉《こ》すことにもなつて、一擧兩得《きよりやうとく》です。

（第一圖）すし飯の混ぜ方

一通《ひととほ》り酢《す》が行《ゆ》き渡《わた》つたところで、大《おほ》きい杓子《しやくし》を横立《よこだて》に使《つか》ひ、第《だい》一圖《づ》のやうに、片端《かたはし》から御飯《ごはん》をほぐすやうに混《ま》ぜ、あとを平《たひら》に均《なら》してゆきます。

本職《ほんしよく》の方《かた》は、すし飯《めし》を混《ま》ぜることをきると申《まを》します。杓子《しやくし》できるやうな心持《こゝろもち》で、御飯《ごはん》と御飯《ごはん》との間《あひだ》を、すつすと同《おな》じ方向《はうかう》に輕《かる》く混《ま》ぜ、盤臺《はんだい》の向《むき》をかへて、全部《ぜんぶ》を二回《くわい》ほど混《ま》ぜ返《かへ》し、すつかり酢《す》の廻《まは》つたところで、團扇《うちは》で強《つよ》く扇《あふ》いで冷《さま》します。

すると見《み》てゐるうちに、御飯《ごはん》に光澤《つや》が出《で》ますから、大體《だいたい》冷《さ》めたところで、お櫃《ひつ》へ移《うつ》しておきます。御飯《ごはん》が冷《さ》め過《す》ぎると、おすしが握《にぎ》りにくゝなります。

すしの御飯《ごはん》は、ふつくりとして光澤《つや》があり、一粒々々《ひとつぶく》が、さらりと離《はな》れるやうでなくてはいけません。御《ご》

飯《はん》がぐちやついたり、粘《ねば》りが出《で》たり、光澤《つや》が惡《わる》かつたりするのは、炊《た》き方《かた》にもよりますが、酢《す》を打《う》つてからの混《ま》ぜ方《かた》が惡《わる》かつたり、扇《あふ》ぎ方《かた》が鈍《にぶ》かつたりする場合《はあひ》に多《おほ》いのです。また、酢《す》をかけると直《す》ぐ扇《あふ》ぐ方《かた》がありますが、それでは酢《す》が御飯《ごはん》に沁《し》みません。

材料の作り方

にぎりの材料《ざいれう》は、季節《きせつ》によつて多少違《たせうちが》ひますが、普通《ふつう》に用《もち》ひられるのは、鮪《まぐろ》、こはだ、針魚《さより》、赤貝《あかがひ》、蛤《はまぐり》、穴子《あなご》、烏賊《いか》、玉子燒《たまごやき》などであります。その中《なか》でも、鮪《まぐろ》や玉子燒《たまごやき》は、殆《ほとん》ど季節《きせつ》なしに用《もち》ひられます。

鮪＝串上《まぐしあ》げるまでもなく、手頃《てごろ》な切身《きりみ》を求《もと》めて、生《なま》のまゝ、刺身《さしみ》のやうに、好《この》みの大《おほ》きさに作《つく》ります。普《ふ》通《つう》は幅《はゞ》一寸《すん》、長《なが》さ二寸《すん》、厚《あつ》み二分《ぶ》くらゐに、すぢと直角《ちよくかく》に庖丁《はうちやう》を入《い》れます。

こはだ＝小振《こぶ》りな鰺《あぢ》、鯖《さば》も同樣《どうやう》に作《つく》ります。まづ鱗《こけ》を拂《はら》ひ、背鰭《せびれ》を除《と》つて、頭《かしら》を落《おと》し、腹《はら》の薄身《うすみ》のところを切《き》り落《おと》し、三枚《まい》におろして、小骨《こぼね》をすつかり拔《ぬ》き除《と》ります。次《つぎ》に鹽《しほ》をばらりとふり、四時間《じかん》くらゐそのままにおいて、さつと水《みづ》で洗《あら》ひ、更《さら》に酢《す》でさつと洗《あら》つて、更《あらた》めて酢《す》に漬《つ》け込《こ》み、そのまゝ二時間《じかん》くらゐおきます。魚《さかな》が大《おほ》きい場合《はあひ》は、身《み》をそぎ切《ぎ》りにして用《もち》ひます。

針魚《さより》も、こはだと同《おな》じ方法《はうはふ》で作《つく》ります。但《たゞ》し、鹽《しほ》の時間《じかん》は二時間《じかん》、酢《す》の時間《じかん》は三四十分《ぷん》で結構《けつこう》です。

赤貝＝貝《かひ》からはがして、周圍《まはり》の紐《ひも》をとり、二枚《まい》に切《き》り開《ひら》いて、（腹部《ふくぶ》の眞中《まんなか》に庖丁《はうちやう》を入《い》れる。）腸《わた》を除《のぞ》き、

紐《ひも》も汚《きたな》いところをこそげ除《と》ります。それを笊《ざる》に入《い》れて、鹽《しほ》をふり、笊《ざる》を強《つよ》くゆり動《うご》かし、ぬめりが出《で》たところで、手早《てはや》く綺麗《きれい》に洗《あら》ひ流《なが》し、充分《じうぶん》に水《みづ》をきつて用《もち》ひます。

蛤＝桶《をけ》に水《みづ》を一杯《はいい》入れ、目笊《めざる》に蛤《はまぐり》を十箇《こ》くらゐづゝ入《い》れて、桶《をけ》の中《なか》で、靜《しづ》かにゆり洗《あら》ひします。洗《あら》へたら、そのまゝ引《ひ》き上《あ》げて水《みづ》をきり、鍋《なべ》に茹湯《ゆでゆ》を煮立《にた》てゝ、よく沸騰《ふつとう》したところへ一度《ど》に入《い》れ、蛤《はまぐり》が浮《う》き上《あが》つたら、直《す》ぐ冷水《れいすゐ》にとつて冷《ひや》します。これは肉《にく》を軟《やは》かくするためです。

蛤《はまぐり》が冷《さ》めましたら、目笊《めざる》に上《あ》げて水《みづ》をきり、赤貝同様《あかがひどうやう》に切《き》り開《ひら》いて、腸《わた》を除《と》り、次《つぎ》の煮汁《にじる》に漬《つ》け込《こ》みます。固《かた》くなりますから、決《けつ》して煮《に》てはいけません。煮汁《にじる》の割合《わりあひ》は、蛤《はまぐり》の大《だい》が二十箇《こ》につき、醤油《しやうゆ》を煎茶々碗《せんちやぐわん》で凡《およ》そ二杯半《はいはん》、砂糖《さたう》を同《おな》じ器《うつは》で二杯《はい》、味醂《みりん》または酒《さけ》を一杯半《はいはん》とし、一度《ど》煮立《にた》てゝ用《もち》ひます。漬《つ》け込《こ》む時間《じかん》は、長《なが》いほどよいのですが、急《いそ》ぐ場合《ばあひ》は、三四十分《ぷん》で結構《けつこう》です。

穴子＝鰻《うなぎ》のやうに背開《せびら》きにして、(六十頁《ページ》參照《さんせう》)頭《かしら》と骨《ほね》とを除《のぞ》き、鹽《しほ》を少々《せうく》ふり、よく洗《あら》つて、水氣《みづけ》をきります。次《つぎ》に、穴子《あなご》二十本《ほん》につき、醤油《しやうゆ》を煎茶々碗《せんちやぐわん》で一杯半《はいはん》、砂糖《さたう》を同《おな》じ器《うつは》で一杯《はい》、味醂《みりん》または酒《さけ》を一杯《はい》、煮出汁《だし》少々《せうく》の割《わり》で合《あは》せ、煮立《にた》つたところで穴子《あなご》を入《い》れ、二三分間煮《ぷんかんに》たら、直《たゞ》ちに笊《ざる》に上《あ》げて、煮汁《にじる》をきります。これも煮過《にす》ぎると固《かた》くなります。

烏賊＝袋《ふくろ》のところだけを用《もち》ひます。皮《かは》を剝《む》いた烏賊《いか》を、沸騰《ふつとう》してゐる湯《ゆ》の中《なか》へ入《い》れ、二三度《ど》かき廻《まは》して、

直《たゞ》ちに引《ひ》き上《あ》げ、水《みづ》にとつて冷《ひや》し、笊《ざる》に上《あ》げて水《みづ》をきります。水《みづ》がきれましたら、煮汁《にじる》の煮立《にた》つたところへ入《い》れ、二分間《ふんかん》くらゐ煮《に》て引《ひ》き上《あ》げ、鮪《まぐろ》の大《おほ》きさにそぎ切《き》ります。烏賊《いか》の煮汁《にじる》は、烏賊《いか》三《みつ》つにつき、醤油《しやうゆ》を煎《せん》茶々碗《ちやぐわん》で凡《およ》そ一杯半《はいはん》、砂糖《さたう》を八分目《ぶんめ》くらゐとします。

たれの作り方＝蛤《はまぐり》、穴子《あなご》、烏賊《いか》のやうな、煮《に》た材料《ざいれう》を使《つか》つたものには、握《にぎ》り上《あ》げてからたれをつけます。たれは蛤《はまぐり》、穴子《あなご》、烏賊《いか》などの煮汁《にじる》の残《のこ》つたものを合《あは》せて、弱火《とろび》にかけ、かき混《ま》ぜながら、どろ〱になるまで煮詰《につ》め、最後《さいご》に、盃《さかづき》に一杯《はい》くらゐの味醂《みりん》を加《くは》へて、さつと煮立《にた》てます。尚《なほ》急《いそ》ぐ場合《ばあひ》には、水溶《みづどき》した片栗粉《かたくりこ》を加《くは》へて、汁《しる》の足《あし》を引《ひ》き、それを代用《だいよう》しても差支《さしつかへ》ありません。

玉子＝大《おほ》きいものを五箇《こ》ほどほぐし、砂糖《さたう》を煎茶々碗《せんちやぐわん》で輕《かる》く一杯《はい》、味醂《みりん》を同《おな》じく八分目《ぶんめ》、鹽《しほ》を茶匙《ちやさじ》で半分《はんぶん》くらゐ加《くは》へ、別《べつ》に魚《さかな》の擂身《すりみ》(なるべく白身《しろみ》のもの)を少々《せう〱》用《もち》ひて、前《まへ》の玉子《たまご》で徐《しづ》かにのばし、玉子《たまご》と魚《さかな》を擂《す》り混《ま》ぜます。次《つぎ》に、焼鍋《やきなべ》を火《ひ》にかけて、胡麻油《ごまのあぶら》を引《ひ》き、煙《けむり》が立《た》つたところで火力《くわりよく》を弱《よわ》め、二分《ぶ》厚《あつ》みくらゐに玉子《たまご》を流《なが》します。表面《へうめん》が白味《しろみ》を帯《お》び、細《こまか》い泡《あわ》が立《た》つて、膨《ふくら》んだときに裏返《うらがへ》しますと、美《うつく》しい狐色《きつねいろ》に焼《や》けてゐます。片側《かたがは》は、ほんのちよつと焼《や》くだけで結構《けつこう》です。これも鮪《まぐろ》くらゐの大《おほ》きさにしておきます。

にぎりの握り方

これは何《なん》といつても熟練《じゆくれん》ですから、度々《たび〱》握《にぎ》つて御覧《ごらん》になるのが何《なに》よりです。軟《やはら》かいと頂《いたゞ》く前《まへ》に形《かたち》がくづれ、固過《かたす》ぎるとお握飯《にぎり》のやうになります。ほどよい固《かた》さに、なるべく迅速《じんそく》に握《にぎ》り上《あ》げ、

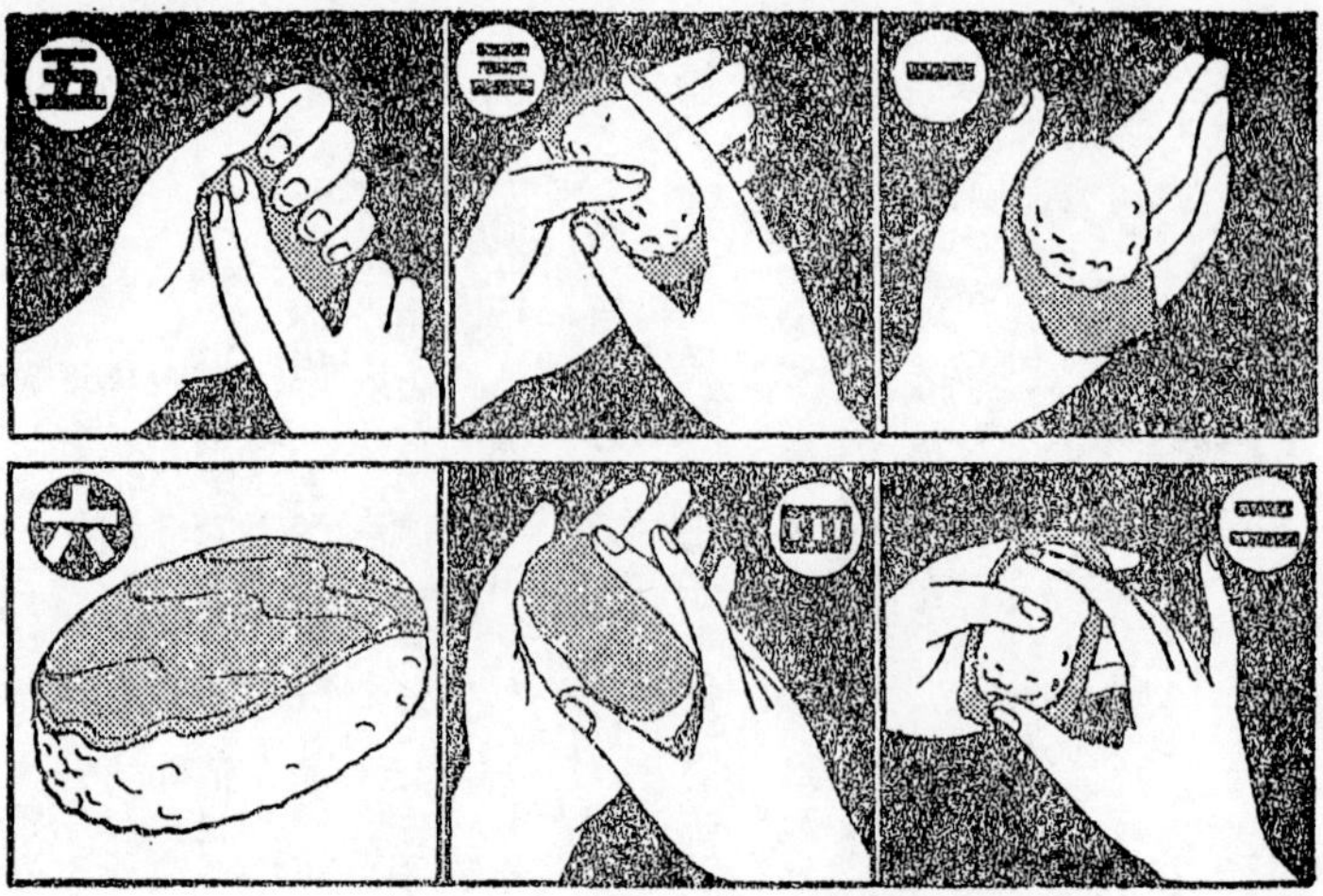

（第二圖）にぎりの握り方順序

形《かたち》をきちんと揃《そろ》へるのが祕訣《ひけつ》です。次《つぎ》に、鮪《まぐろ》の握《にぎ》り方《かた》から申《まを》し述《の》べます。

鮪＝手《て》を綺麗《きれい》に洗《あら》つて、布巾《ふきん》で拭《ふ》き、左手《ひだりて》の指《ゆび》を揃《そろ》へて、四本《ほん》の指《ゆび》の上《うへ》（掌《てのひら》との境《さかひ》のところ）に鮪《まぐろ》を横向《よこむき》に載《の》せ、材料《たね》の眞中《まんなか》に、卸《おろ》し山葵《わさび》を一撮《ひとつま》みおきます。次《つぎ》に右手《みぎて》で輕《かる》く御飯《ごはん》を握《にぎ》つて、第《だい》二圖《づ》（一）のやうに鮪《まぐろ》の上《うへ》に載《の》せ、（二）のやうに左手《ひだりて》の拇指《おやゆび》を横向《よこむき》に曲《ま》げて、御飯《ごはん》の中《なか》ほどを壓《おさ》へ、右手《みぎて》の拇《おや》指《ゆび》と食指《ひとさしゆび》とで、（二）のやうに兩側《りやうがは》、（三）のやうに反對側《はんたいがは》を壓《おさ》へましたら、左《ひだり》の拇指《おやゆび》を離《はな》して、右手《みぎて》の食指《ひとさしゆび》で眞中《まんなか》を縦《たて》向《むき》に壓《おさ》へ、おすしを左手《ひだりて》の上《うへ》で裏返《うらがへ》します。

鮪《まぐろ》が上側《うはかは》になりましたなら、材料《ざいれう》を御飯《ごはん》に擴《ひろ》げ被《かぶ》せる心持《こゝろもち》で、（四）のやうに右手《みぎて》の拇指《おやゆび》と中指《なかゆび》とを、眞上《まうへ》から兩側《りやうがは》へ滑《すべ》らせるやうにあて、左手《ひだりて》の四本《ほん》の指《ゆび》を拇指《おやゆび》と直角《ちよくかく》になるやうに折《を》り曲《ま》げ、右手《みぎて》の食指《ひとさしゆび》と中指《なかゆび》を、（五）のやうに材料《たね》の上《うへ》

からあてゝ、きゆつと一二度《ど》壓《おさ》へて形《かたち》をつけます。次《つぎ》はそれを一度《ど》右手《みぎて》に移《うつ》し、直《す》ぐまた左手《ひだりて》に移《うつ》します。そのとき、前《まへ》に拇指《おやゆび》に當《あた》つてゐた方《はう》が小指側《こゆびがは》へくるやうに、前後《ぜんご》の向《むき》を換《か》へて、一二度《ど》きゆつと壓《お》しますと、(六)のやうなにぎりができます。慣《な》れさへすれば、自然呼吸《しぜんこきふ》がわかります。

こはだ、赤貝＝すべて生物《なまもの》には、前《まへ》のやうな卸《おろ》し山葵《わさび》を入《い》れます。こはだ、鯵《あぢ》、針魚《さより》は周圍《まはり》の酢《す》を拭《ふ》きとり、皮附《かはつ》きの方《はう》を外側《そとがは》にとつて、(左手《ひだりて》に直《おか》に載《の》せます。)身《み》の方《はう》にすし飯《めし》を載《の》せ、前《まへ》のやうにして握《にぎ》り上《あ》げます。赤貝《あかがひ》は握《にぎ》る前《まへ》に、二分《ぶ》おきくらゐに横向《よこむき》に庖丁《はうちやう》を入《い》れ、(兩側《りやうがは》を切《き》り離《はな》さぬこと。)酢《す》にくゞらせて水氣《みづけ》をきり、身《み》は貝附《かひつ》きの方《はう》を外側《そとがは》に、紐《ひも》は適宜《てきぎ》に使《つか》つて、前同様《まへどうやう》に握《にぎ》り上《あ》げます。

蛤、穴子、烏賊、玉子＝煮《に》たり燒《や》いたりした材料《ざいれう》には、山葵《わさび》を入《い》れませぬ。これは握《にぎ》り上《あ》げてから、前《まへ》のたれを塗《ぬ》つてすゝめます。蛤《はまぐり》は充分《じうぶん》に水氣《みづけ》をきり、貝附《かひつ》きの方《はう》を外側《そとがは》にとつて用《もち》ひます。穴子《あなこ》は丸まつてゐますから、庖丁《はうちやう》の背《せ》で輕《かる》く叩《たゝ》き伸《のば》して、二寸《すん》くらゐの長《なが》さに切《き》り揃《そろ》へ、皮附《かはつ》きを外側《そとがは》にして用《もち》ひます。烏賊《いか》は赤貝《あかがひ》の要領《えうりやう》で、斜《はす》に庖丁《はうちやう》目《め》を入《い》れておきます。用意《ようい》ができたところで、いづれも鮪《まぐろ》のやうに握《にぎ》り、黄身刷毛《きみはけ》にたれをつけて、ほどよく材料《たね》の上《うへ》から塗《ぬ》ります。但《たゞ》し玉子《たまご》には普通《ふつう》たれを塗《ぬ》りません。

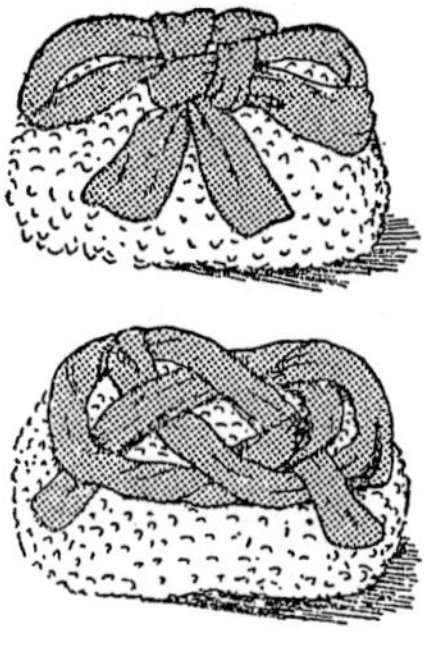

(第三圖)
干瓢のにぎり

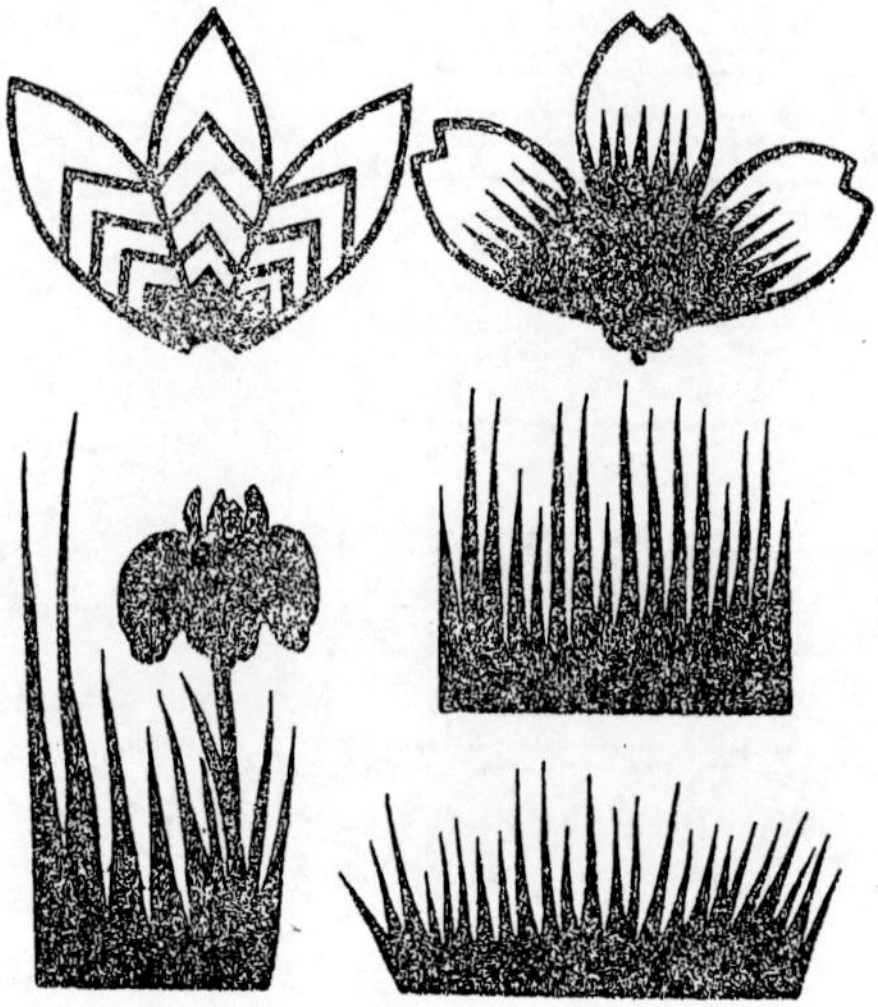

（第四圖）化粧笹のいろいろ

尙《な》ほお彼岸《ひがん》などの精進向《しやうじんむき》には、美味《おい》しくした松茸《まつだけ》、椎茸《しひたけ》、筍《たけのこ》、干瓢《かんぺう》、奈良漬瓜《ならづけうり》（二十八頁參照《ページさんせう》）などを、適宜《てきぎ》の大《おほ》きさにして用《もち》ひますと、氣《き》の利《き》いた配《くば》り物《もの》ができます。第《だい》三圖《づ》は干瓢《かんぺう》のにぎりずしです。

おすしと添へ物＝生姜《しやうが》の皮《かは》を剝《む》いて、小口《こぐち》から極《ご》く薄《うす》く切《き》り、水《みづ》に放《はな》してあくを脫《ぬ》きましたら、笊《ざる》に上《あ》げて水氣《みづけ》をきり、酢《す》に鹽《しほ》と砂糖《さたう》を少量《せうりやう》づゝ混《ま》ぜて、漬《つ》け込《こ》みます。これは一撮《ひとつま》みづゝ酢《す》をきつて、おすしの傍《そば》に盛《も》り附《つ》けます。化粧笹《けしやうざゝ》を用《もち》ひる場合《ばあひ》は、熊笹《くまざゝ》や葉《は》蘭《らん》を綺麗《きれい》に洗《あら》つて、切《き》り紙細工《かみざいく》の要領《えうりやう》で、第《だい》四圖《ず》のやうな形《かたち》にします。東京《とうきやう》ずしには必《かなら》ず醬油《しやうゆ》を添《そ》へます。

にぎりずし器の用ひ方

第《だい》五圖《ず》のやうに（イ）表型《おもてがた》、（ロ）握《にぎ》り蓋《ぶた》、（ハ）拔《ぬ》き篦《べら》といつた、三通《みとほ》りの道《だう》具《ぐ》を用《もち》ひます。

まづ器《うつは》を綺麗《きれい》に洗《あら》ひ、表型《おもてがた》の箱《はこ》の內側《うちがは》を酢《す》で拭《ふ》いて、材料《ざいれう》（裏側《うらがは》を上《うへ》にとること。）を底《そこ》へぴつたり張《は》りつ

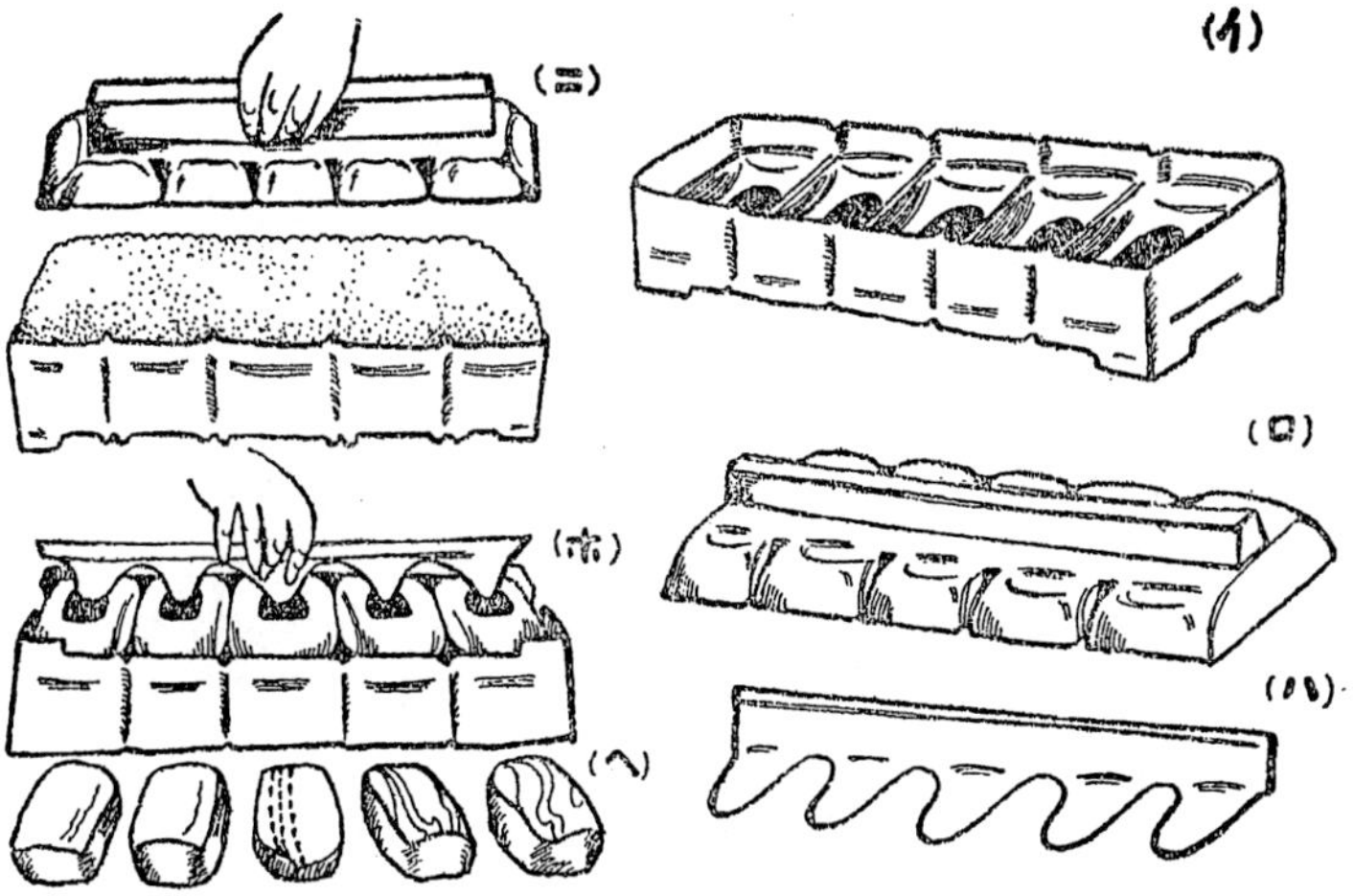

（第五圖）にぎりずし器の用ひ方

けるやうに入《い》れ、生物《なまもの》には卸《おろ》し山葵《わさび》を一撮《ひとつま》みづゝ載《の》せます。

次《つぎ》に御飯《ごはん》を輕《かる》く一杯《はい》に詰《つ》めて均《なら》し、握《にぎ》り蓋《ふた》の内側《うちがは》を酢《す》で拭《ふ》いて、(ニ)のやうに御飯《ごはん》の上《うへ》に被《かぶ》せ、きゆつと壓《お》しつけます。

そのとき、一度に上《うへ》から壓《お》すと、御飯《ごはん》が外《そと》へはみ出《だ》して、恰《かつ》好《かう》が惡《わる》くなりますから、最初《さいしよ》は向側《むかうがは》の緣《ふち》へ蓋《ふた》を差《さ》し込《こ》むやうにして壓《お》し、一旦《たん》蓋《ふた》をとつて、こんどは手前側《てまへがは》を壓《お》し、最後《さいご》に眞上《まうへ》から壓《お》しつけます。そこで蓋《ふた》をとり、俎《まないた》の上《うへ》に倒《さか》さに伏《ふ》せて、拔《ぬ》き篦《べら》で底《そこ》の孔《あな》のところから、(ホ)のやうに材料《ざいれう》を壓《お》し出《だ》しますと、恰好《かつかう》のよいにぎりが、(ヘ)のやうに出來《でき》上《あが》ります。煮《に》た材料《ざいれう》にはたれをつけます。

淺蜊《あさり》や干瓢《かんぺう》のみぢん切《ぎ》り、おぼろ(三十六、八頁《ページ》參照《さんせう》)などのやうな、細《こまか》い材料《ざいれう》を使《つか》ふ場《は》合《あひ》は、表型《おもてがた》の孔《あな》のところへ、笹《さゝ》の葉《は》なり、竹《たけ》の皮《かは》なりの切《き》つたものを敷《し》き、その上《うへ》に材料《ざいれう》を載《の》せて御飯《ごはん》を詰《つ》めますと、外《そと》へ散《ち》らばることもなく、容易《ようい》に

工合《ぐあひ》よくできます。

これなら、子供《こども》さんにでもできます。それに、一度《ど》に幾《いく》つもできますから、御家庭用《ごかていよう》には、何《なに》より重寶《ちようはう》でありませう。

(2) けぬきずしの作り方

けぬきずしは酢《す》を一そう利《き》かせます。俵《たはら》の形《かたち》に握《にぎ》つたすしを、青々《あをあを》とした笹《さゝ》の葉《は》に包《くる》んだもので、見《み》るからに美味《おい》しさうなおすしです。

すし飯の作り方

御飯《ごはん》の作《つく》り方《かた》は、前項《ぜんかう》をよく御參照《ごさんせう》ください。かけ酢《ず》は、一升《しよう》の御飯《ごはん》について、酢《す》一合《がふ》四五勺《しやく》、鹽《しほ》大匙《おほさじ》山《やま》盛《も》り一杯《はい》、砂《さ》糖《たう》同《おな》じく一杯《はい》くらゐの割《わり》にします。尤《もつと》も酢《す》の量《りやう》は、好《この》みによつて加減《かげん》して頂《いたゞ》きます。

材料の作り方

魚の作り方＝小鯛《こだひ》、小鰺《こあぢ》、こはだなどの鱗《こけ》を拂《はら》つて、三枚《まい》におろし、頭《かしら》を落《おと》して腹部《ふくぶ》の薄身《うすみ》をすき取《と》り、小骨《こぼね》を丁寧《ていねい》に拔《ぬ》き、鹽《しほ》をばらつとふつて、暫《しばら》く壓石《おし》をかけておきます。

次《つぎ》に、鹽《しほ》がよく廻《まは》つたところで、生酢《きず》の中《なか》に漬《つ》けて、再《ふたゝ》び壓石《おし》をかけますが、煮出汁《だし》昆布《こぶ》を一段《だん》々々《〳〵》に挾《はさ》みますと、魚《さかな》が非常《ひじやう》に美味《おい》しくなります。漬《つ》ける時間《じかん》は一時間《じかん》でも結構《けつこう》ですが、酢《す》を充分《じうぶん》に利《き》かせたい場合《はあひ》は、五六時間《じかん》くらゐ壓《お》しておきます。魚《さかな》の大《おほ》きいときは、身《み》をそぎ切《き》つて使《つか》ひます。

海苔＝すべ〳〵した方《はう》を外《そと》にとつて、二枚《まい》だけ合《あは》せ、よく熾《おこ》つた炭火《すみび》の上《うへ》で、手早《てはや》くぱつ〳〵と兩面《りやうめん》を焙《あぶ》り、どこも斑《むら》なく、青《あを》くなるやうに燒《や》き上《あ》げます。つまり一枚《まい》の片面《かためん》だけを燒《や》くので、このやうにすれば海苔《のり》の風味《ふうみ》が失《うしな》はれません。

これを幅《はゞ》一寸《すん》二三分《ぶ》、長《なが》さ二寸《すん》くらゐづゝに分《わ》け、ブリキの罐《くわん》に入《い》れておきます。

干瓢＝鹽揉《しほも》みをして洗《あら》ひますと、色《いろ》が大《たい》そう白《しろ》くなります。それを爪《つめ》が通《とほ》るくらゐに茹《ゆ》で、そのまゝ笊《ざる》に上《あ》げて固《かた》く搾《しぼ》り、醬油《しやうゆ》五、煮出汁《だし》三、味醂《みりん》二、砂糖少量《さたうせうりやう》を混《ま》ぜた煮汁《にじる》で、充分《じうぶん》に味《あぢ》が沁《し》みるまで煮込《にこ》み、笊《ざる》に上《あ》げて水氣《みづけ》をきります。これは長《なが》さ一寸《すん》二三分《ぶ》づゝに切《き》り揃《そろ》へます。

玉子＝十二頁《ペーヂ》のやうにして燒《や》き、燒海苔《やきのり》と同《おな》じ大《おほ》きさに切《き》つて用《もち》ひます。

お精進《しやうじん》の材料《ざいれう》でしたら、海苔《のり》、干瓢《かんぺう》の他《ほか》に、油揚《あぶらげ》を美味《おい》しく煮《に》て、海苔《のり》と同《おな》じ大《おほ》きさに切《き》ります。これは最初熱湯《さいしよねつたう》をかけ、油脱《あぶらぬ》きをして三方《はう》を切《き》り開《ひら》き、くる〳〵と卷《ま》いて鍋《なべ》に入《い》れ、干瓢同樣《かんぺうどうやう》の煮汁《にじる》で、少々《せう〳〵》甘味《あまみ》をかたせて煮上《にあ》げます。また香《かう》の物《もの》を使《つか》つたのも、なか〳〵結構《けつこう》です。奈良漬《ならづけ》、味噌漬《みそづけ》、澤庵漬《たくあんづけ》などを薄《うす》く切《き》つて、海苔《のり》くらゐの大《おほ》きさにし、煮切味醂《にきりみりん》に漬《つ》けて用《もち》ひます。（二十八頁參照《ペーヂさんせう》）

笹の葉＝熊笹《くまざゝ》のやうな幅廣《はゞびろ》の大《おほ》きいものを選《えら》び、綺麗《きれい》に洗《あら》つて水氣《みづけ》をきつたところで、兩端《りやうはし》を少々《せう〳〵》落《おと》して用《もち》ひます。

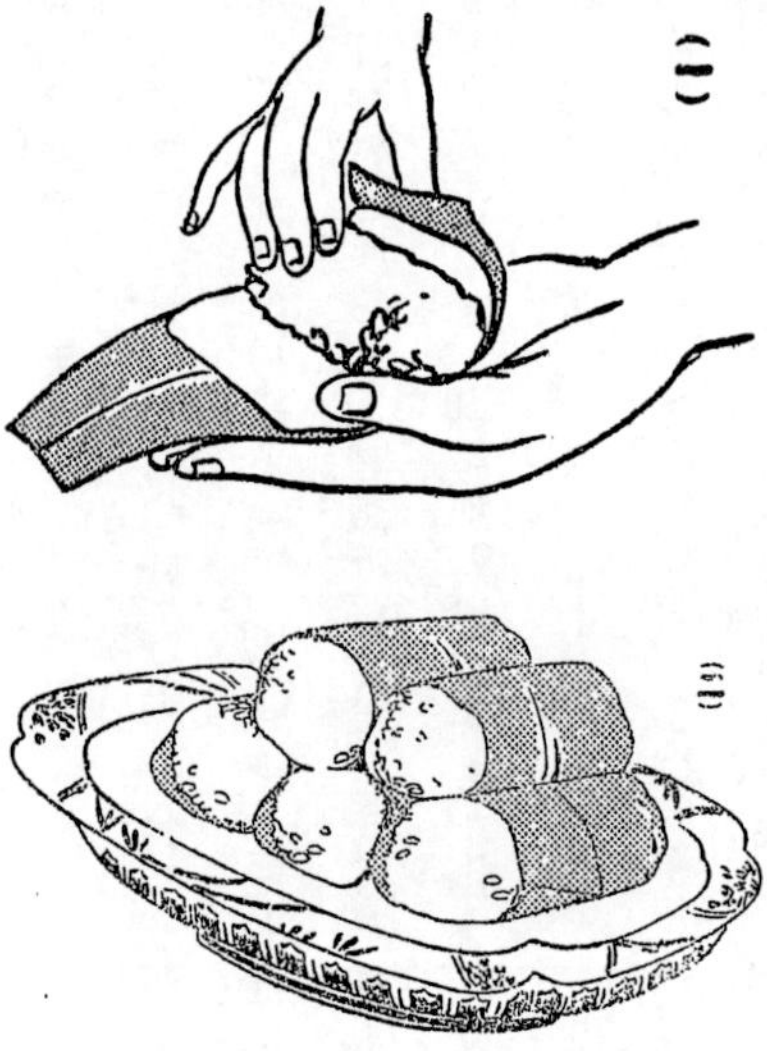

(第六圖) 笹卷の作り方

笹卷の作り方

用意《ようい》ができましたら、すし飯《めし》を長《なが》さ一寸《すん》四五分《ぶ》くらゐの、適宜《てきぎ》の太《ふと》さの俵形《たはらがた》に、それぞれ輕《かる》く握《にぎ》つておきます。次《つぎ》に笹《さゝ》の表《おもて》を外側《そとがは》にとつて、第《だい》六圖《づ》(一)のやうに左掌《ひだりて》の上《うへ》に縱向《たてむき》に載《の》せ、葉《は》の手前側《てまへがは》に魚《さかな》をおいて、(皮附《かはつ》きを下《した》にする。)卸《おろ》し山葵《わさび》を少々《せう〱》塗《ぬ》り、御飯《ごはん》を魚《さかな》の眞中《まんなか》に載《の》せて、手前《てまへ》から向側《むかうがは》へ、笹《さゝ》の葉《は》でぐるりと卷《ま》き込《こ》みます。卷《ま》き終《をは》つたら、端《はし》を輕《かる》く壓《おさ》へて形《かたち》を拵《こしら》へます。

海苔《のり》も玉子《たまご》も、作《つく》り方《かた》はすべて同《おな》じことです。たゞ魚《さかな》と違《ちが》つて、山葵《わさび》を用《もち》ひませぬ。倘《な》ほ海苔《のり》の場合《はあひ》は、干瓢《かんぺう》を三四本《ほん》だけ、御飯《ごはん》と海苔《のり》との間《あひだ》へ挾《はさ》み入《い》れ、前《まへ》通《ごほ》りに笹《さゝ》で卷《ま》き込《こ》みます。全部《ぜんぶ》出來《でき》上《あが》つたところで、おすしを一側《ひとかは》に詰《つ》めて竝《なら》べ、輕《かる》い壓石《おしいし》をかけておきます。すると笹《さゝ》の香《かを》りが沁《し》み移《うつ》りますから、種類《しゆるゐ》を混《ま》ぜて(二)のやうに盛《も》り附《つ》け、生姜《しやうが》を添《そ》へてすゝめます。

(3) 彌次喜多ずしの作り方

すし飯と材料

外見《ぐわいけん》よりも、内容充實《ないようじうじつ》といふ意味《いみ》で考案《かうあん》された、風變《ふうがは》りなおすしです。これは彌次《やじ》喜《き》多《だ》道中《だうちう》に因《ちな》んだ、旅《たび》には相應《ふさは》しい握《にぎ》り飯形《めしがた》のおすしで、見《み》かけはたゞの眞白《まつしろ》い握《にぎ》り飯《めし》ですが、食《た》べるに從《したが》ひ、だんだんすしのうまみが出《で》てくるところに妙味《めうみ》があります。

すし飯の作り方＝まづすし米《まい》一升《しよう》に、糯米《もちごめ》を二勺半《しやくはん》くらゐの割合《わりあひ》に混《ま》ぜ、手早《てはや》く洗《あら》つて笊《ざる》に上《あ》げ、自然《しぜん》に水氣《みづけ》をきつておきます。右《みぎ》の米《こめ》に對《たい》し水《みづ》一升《しよう》の割《わり》で、まづ水《みづ》を煮《に》立《た》て、米《こめ》を入《い》れて湯炊《ゆだき》にいたします。噴《ふ》き上《あが》つたところで火《ひ》を引《ひ》き、餘熱《よねつ》で十四五分間《ふんかん》ばかり蒸《む》らし、釜《かま》を下《おろ》して尙《な》ほ七八分間《ふんかん》蒸《む》らし、盤臺《はんだい》に移《うつ》してかけ酢《ず》をかけます。

かけ酢《ず》は、米《こめ》一升《しよう》について酢《す》を一合《がふ》二三勺《じやく》、砂糖《さたう》を煎茶々碗《せんちやぐわん》で輕《かる》く一杯《はい》、鹽《しほ》を同《おな》じく半杯《はんぱい》、味の素《あぢのもと》少々《せうせう》を加《くは》へて、充分溶《じうぶんと》け終《をは》るまで混《ま》ぜます。それをにぎりの要領《えうりやう》で(八、九頁《ページ》參照《さんせう》)御飯《ごはん》にかけ、手早《てはや》く混《ま》ぜて斑《むら》なく酢《す》を行《ゆ》き渡《わた》らせ、團扇《うちは》で強《つよ》く扇《あふ》ぎます。すしの御飯《ごはん》のむづかしいのは、この酢《す》の混《ま》ぜ方《かた》であります。あまり混《ま》ぜ過《す》ぎると、御飯《ごはん》が碎《くだ》けて粘《ねば》りが出《で》ますから、なるべく杓子《しやくし》を入《い》れる數《すう》を少《すく》なくして、粘《ねば》りを出《だ》さぬやうにすることが大切《たいせつ》です。これは糯米《もちごめ》が混《ま》ぜてありますから、一そうこの注意《ちうい》が必要《ひつえう》です。

中身の材料＝夏分《なつぶん》は鱧《はも》を、冬《ふゆ》は穴子《あなご》を用《もち》ひます。また鯛《たひ》や鯖《さば》なども結構《けつこう》です。鱧《はも》や穴子《あなご》は白燒《しらやき》にして、庖丁《はうちやう》で細《こま》く叩《た》き、次《つぎ》の割醬油《わりしたぢ》を少々《せうせう》混《ま》ぜて、味《あぢ》をつけます。

割醤油《わりした》は、醤油《しやうゆ》、味醂《みりん》、酒《さけ》を等分《とうぶん》に合《あは》せ、それに砂糖《さたう》をほどよく加《くは》へて、煮立《にた》てます。魚《さかな》に入《い》れる分量《ぶんりやう》は、叩《たゝ》き上《あ》げた穴子《あなご》に、割醤油《わりした》の色《いろ》が漸《やうや》く染《し》みるくらゐでよいのです。汁《しる》がぴた〳〵するやうに入《い》れてはなりません。

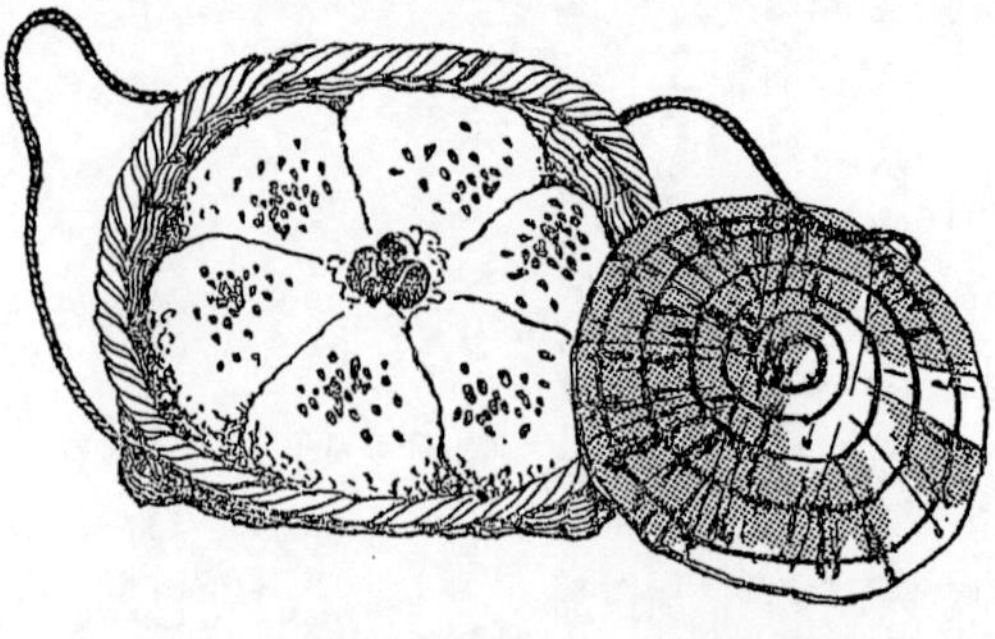

（第七圖）彌次喜多ずし

生魚《なまざかな》を使《つか》ふ場合《ばあひ》は、鯛《たひ》か鯖《さば》を三枚《まい》におろして、小骨《こぼね》を抜《ぬ》き、二三時間《じかん》鹽《しほ》をあてゝから、さつと洗《あら》つて水氣《みづけ》をきり、二三分間酢《ぶんかんす》に漬《つ》けて引《ひ》き上《あ》げ、生姜《しやうが》を少々《せう〳〵》加《くは》へて、よく叩《たゝ》きます。これには、味醂《みりん》を火《ひ》にかけ、煮《に》上《あが》つてから蕃椒《たうがらし》の刻《きざ》んだのを少々《せう〳〵》加《くは》へ、淡口醤油《うすくちじやうゆ》を味醂《みりん》と等分《とうぶん》に加《くは》へて煮立《にた》て、よく冷《さま》したものを少々《せう〳〵》加《くは》へて、混《ま》ぜ合《あは》せます。

おすしの握り方

御飯《ごはん》と中身《なかみ》が充分《じうぶん》に冷《さ》めたところで、まづすし飯《めし》を、小《ちひさ》な握《にぎ》り飯《めし》くらゐの分量《ぶんりやう》に取《と》り、手《て》に酢《す》をつけて一握《ひとにぎ》りしてから、眞中《まんなか》をちよつと指尖《ゆびさき》で壓《お》して穴《あな》を拵《こしら》へ、中身《なかみ》の材料《たね》を、指尖《ゆびさき》三本《ほん》で一撮《ひとつま》み撮《つま》んでその中《なか》へ入《い》れ、中身《なかみ》が見《み》えぬやうに包《つゝ》んで、三角《かく》形《けい》に握《にぎ》り上《あ》げます。握《にぎ》り方《かた》は、固《かた》からず軟《やはら》か過《す》ぎずといふところが上々《じやう〳〵》です。出來上《できあが》りましてから、胡麻鹽《ごましほ》をばらりとふりかけます。これでは、どう見《み》ても普通《ふつう》の握《にぎ》り飯《めし》ですが、召上《めしあが》るとおすしだ

といふところに、面白味《おもしろみ》があるのです。第《だい》七圖《ず》のやうな籠《かご》へ詰《つ》めて、中央《ちうあう》に酢漬《すづ》けの生姜《しやうが》と梅干《うめぼし》二《ふた》つ三《みつ》つを添《そ》へますと、なかく〳〵野趣《やしゆ》があります。

二、おしずし、すがたずしの作り方

(1) おしずしの美味しい作り方

東京《とうきやう》のにぎりに對抗《たいかう》するものは、大阪《おほさか》のおしずしであります。形《かたち》が違《ちが》ふやうに、味加減《あぢかげん》も、かなり違《ちが》ひます。どちらがお氣《き》に召《め》すか？　それは召上《めしあが》る方《かた》にお任《まか》せして、次《つぎ》にその作《つく》り方《かた》を申上《まをしあ》げませう。

すし飯の作り方

御飯の炊き方＝大阪《おほさか》ずしは、御飯《ごはん》の味《あぢ》に非常《ひじやう》に注意《ちうい》いたします。米《こめ》は、朝炊《あさた》く分《ぶん》は前夜《ぜんや》に洗《あら》つて笊《ざる》に上《あ》げおき、御飯《ごはん》を炊《た》く水《みづ》は昆布煮出汁《こぶだし》を使《つか》ひますから、煮出汁昆布《だしこぶ》を水《みづ》に浸《つ》けて一晩《ひとばん》おき、その水《みづ》を布巾《ふきん》で漉《こ》して用《もち》ひます。煮出《にだ》すと、昆布《こぶ》の臭《にほ》ひが出《で》るからいけません。昆布《こぶ》は、一升《しよう》の水《みづ》に十匁《もんめ》(長《なが》さ凡《およ》そ二尺《しやく》)くらゐの割《わり》に用《もち》ひます。水加減《みづかげん》は普通《ふつう》より少目《すくなめ》にし、水《みづ》の代《かは》りに昆布煮出汁《こぶだし》を釜《かま》に入《い》れて湯炊《ゆだき》にし、噴《ふ》き上《あが》つたところで火《ひ》を引《ひ》き。殘火《のこりび》で充分蒸《じうぶんむ》らし、釜《かま》を下《おろ》して十二三分間蒸《ぶんかんむ》らします。

かけ酢＝一升《しよう》の御飯《ごはん》につき、酢《す》一合《がふ》あまりに、砂糖《さたう》を大匙山盛《おほさじやまも》り二杯《はい》。鹽《しほ》を同《おな》じく山盛《やまも》り一杯《はい》の割《わり》に加《くは》

へ、よくかき廻《まは》しておきます。かけ酢《ず》の用《もち》ひ方《かた》その他《た》の注意《ちうい》は、八、九頁《ペーヂ》を御參照《ごさんせう》ください。

おしずしの材料《ざいれう》には、魚《さかな》では小鯛《こだひ》、穴子《あなご》、海老《えび》、赤貝《あかがひ》、その他《た》のものでは、厚燒玉子《あつやきたまご》、椎茸《しひたけ》、海苔《のり》、きくらげなどを使《つか》ひます。

材料の作り方

小鯛=鱗《こけ》を拂《はら》つて腸《わた》を除《と》り、三枚《まい》におろして、頭《かしら》と薄身《うすみ》(腹《はら》のところ)とを切《き》り落《おと》し、小骨《こぼね》を拔《ぬ》き去《さ》つて、鹽《しほ》をばらりとあてます。

三四時間《じかん》の後《のち》、さつと洗《あら》つて水氣《みづけ》をきり、酢《す》に六七分間《ふんかん》くらゐ漬《つ》けて、引《ひ》き上《あ》げます。

穴子=背《せ》を開《ひら》いて串《くし》を打《う》ち、最初白燒《さいしよしらやき》にして、(身《み》の方《はう》から先《さき》に燒《や》く。)一通《ひとゞほ》り燒《や》けたところで、たれを三囘《くわい》くらゐつけて燒《や》き上《あ》げ、肉《にく》を二枚《まい》にそぎ切《き》ります。たれは、味醂《みりん》と醬油《しやうゆ》を等分《とうぶん》に合《あは》せて、その中《なか》へ穴子《あなご》の中落《なかおち》(中骨《なかぼね》)を入《い》れ、一割《わり》くらゐ詰《つま》るまで煮《に》ます。

海老=腹部《ふくぶ》の皮《かは》と身《み》の間《あひだ》へ竹串《たけぐし》を刺《さ》し、鹽《しほ》を少々《せうく》入《い》れた熱湯《ねつたう》で手早《てはや》く茹《ゆ》で、皮《かは》を剝《む》いて、(竹串《たけぐし》も拔《ぬ》き除《と》る。)鹽《しほ》を薄《うす》くあてます。鹽《しほ》の廻《まは》つたところで、ちよつと酢《す》にくゞらせ、腹部《ふくぶ》の方《はう》から庖丁《はうちやう》を入《い》れて、一枚《まい》に開《ひら》きます。身《み》の大《おほ》きい場合《ばあひ》は、そぎ切《き》つて用《もち》ひます。

赤貝=十頁《ペーヂ》に述《の》べた要領《えうりやう》で洗《あら》ひます。但《たゞ》しこれは酢《す》に通《とほ》して用《もち》ひます。

厚燒玉子=玉子《たまご》をほぐして、鹽《しほ》を少々《せうく》加《くは》へ、百匁《もんめ》(七箇《こ》くらゐ)について、砂糖《さたう》、味醂《みりん》を煎茶々碗《せんちやぐわん》で各《かく》一

杯《はい》づゝと、醤油《しやうゆ》少々《せうく》とを加《くは》へ、普通《ふつう》の玉子《たまご》燒《やき》くらゐの味《あぢ》に加減《かげん》します。次《つぎ》に魚《さかな》の擂身《すりみ》（煎茶々碗《せんちやくわん》で輕《かる》く一杯《はい》）に、前《まへ》の玉子《たまご》を加《くは》へながら、丁寧《ていねい》に擂《す》りのばし、それを裏漉《うらごし》します。擂身《すりみ》は、鮃《ひらめ》が一番《ばん》いゝですが、白身《しろみ》の魚《さかな》なら何《なん》でも差支《さしつかへ》ありません。

燒《や》きますには、燒鍋《やきなべ》を火《ひ》にかけて、胡麻油《ごまのあぶら》を薄《うす》く引《ひ》き、よく鍋《なべ》の燒《や》けたところで、五六分《ぶ》の厚《あつ》みに玉子《たまご》を流《なが》し込《こ》み、極《ご》く火《ひ》を弱《よわ》くして燒《や》きます。表面《へうめん》が固《かたま》りかけましたら、鍋《なべ》をテンピに入《い》れ、上《うへ》から火《ひ》を利《き》かせて燒《や》き上《あ》げます。テンピのない場合《はあひ》はブリキを被《かぶ》せ、炭火《すみび》を載《の》せても充分燒《じうぶんや》けます。燒《や》けましたら、溫《ぬく》かいうちに鍋《なべ》から取《こ》り出《だ》し、幅《はゞ》を厚《あつ》みと同《おな》じに切《き》つておきます。

椎茸その他＝椎茸《しひたけ》は、最初水煮《さいしよみづに》にし、軟《やはら》かくなつたところで、砂糖《さたう》、味醂《みりん》、醤油《しやうゆ》で味加減《あぢかげん》して、ゆつくりと煮上《にあ》げます。椎茸《しひたけ》は、長《なが》く煮《に》るほど光澤《つや》も出《で》、味《あぢ》もよくなります。これは細《こまか》く刻《きざ》みます。

海苔《のり》は、豫《あらかじ》め燒《や》いて、枠《わく》の内側《うちがは》と同《おな》じ大《おほ》きさに切《き》ります。これは小鯛《こだひ》のすしに用《もち》ひます。

きくらげは水《みづ》でもどし、軟《やはら》かくなつたところで、手早《てはや》く熱湯《ねつたう》に通《とほ》して水氣《みづけ》をきり、椎茸《しひたけ》と同《おな》じ煮汁《にじる》で、さつと煮上《にあ》げておきます。

割醤油とたれ＝生魚《なまざかな》を使《つか》つたおしずしには、割醤油《わりした》をつけ、穴子《あなご》や海老《えび》のおすしには、たれをつけます。割醤油《わりした》の方《はう》は、醤油《しやうゆ》七、味醂《みりん》三の割《わり》に合《あは》せ、火《ひ》を入《い》れて冷《さま》します。たれの方《はう》は、前《まへ》に穴子《あなご》を燒《や》いたたれを、

更《さら》によく煮詰《につ》めて用《もち》ひます。

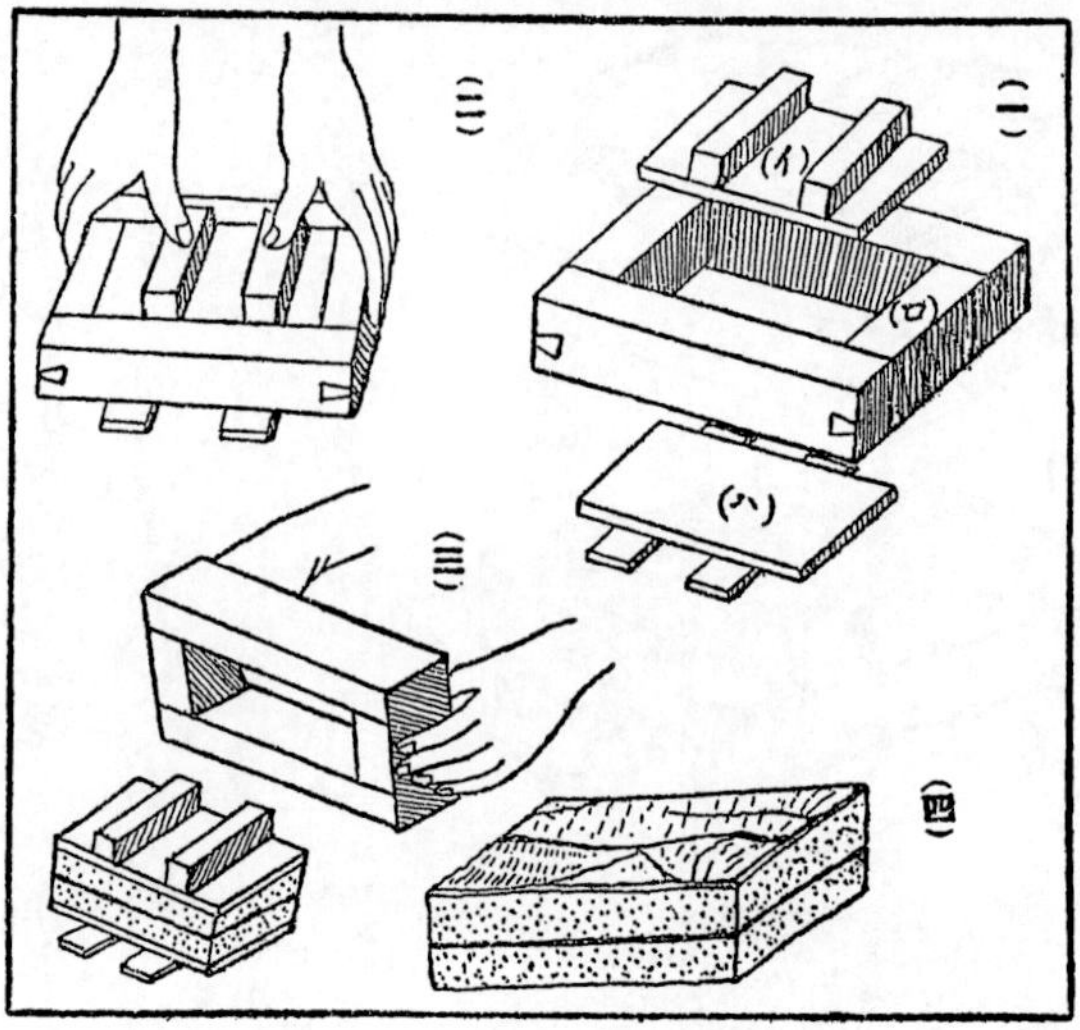

（第八圖）おしずしの作り方

一體《たい》に、夏《なつ》は固目《かため》に、冬《ふゆ》は軟《やはら》か目《め》にするとよいのです。

この他《ほか》、鯖《さば》や蛤《はまぐり》なども結構《けつこう》ですし、精進物《しやうじんもの》でも美《お》味《い》しく頂《いただ》かれます。

おしずしの作り方

大阪《おほさか》のおしずしは、第《だい》八圖《づ》にあるやうな、木枠《きわく》を使《つか》つて作《つく》ります。まづ、（一）の（ハ）底《そこ》の上《うへ》に（ロ）の枠《わく》を重《かさ》ね、酢《す》に浸《ひた》した布巾《ふきん》で内側《うちがは》を拭《ふ》いて、御飯《こはん》と材料《ざいれう》とを各《おの〱》詰《つ》め、（イ）の蓋《ふた》の内側《うちがは》も酢《す》で拭《ふ》いて、（二）のやうに蓋《ふた》をきゆつと、二三度《ど》力《ちから》を入《い》れて両手《りやうて》で壓《お》します。

この壓《お》し方《かた》が加減《かげん》もので、あまり固《かた》く壓《お》してもいけませんし、壓《お》しが足《た》りなくても美味《おい》しくありません。やはりにぎりと同《おな》じで、固《かた》からず、形《かたち》が崩《くづ》れずといふ加減《かげん》に壓《お》します。

壓《お》しが利《き》きましたら、蓋《ふた》を押《お》へたまゝで、枠《わく》だけを上《うへ》の方《はう》へ拔《ぬ》きます。(三)は枠《わく》を拔《ぬ》いたところ、(四)は出來《でき》上《あが》りです。これは後《あと》で、適宜《てきぎ》の大《おほ》きさに庖丁《はうちやう》を入《い》れます。

すゞめずし＝小鯛《こだひ》のすしを特《とく》にすゞめずしと申《まを》します。材料《ざいれう》は小鯛《こだひ》の他《ほか》に、前《まへ》の燒海苔《やきのり》を用《もち》ひます。まづ壓枠《おしわく》の底《そこ》に、竹《たけ》の皮《かは》を敷《し》いて、第《だい》九圖《づ》(一)の要領《えうりやう》で小鯛《こだひ》を張《は》り、御飯《ごはん》を枠《わく》の半分《はんぶん》どころまで詰《つ》め、上《うへ》を平《たひら》に均《なら》して、燒海苔《やきのり》を一枚《まい》だけ被《かぶ》せ、またその上《うへ》に御飯《ごはん》を詰《つ》めて、枠《わく》一杯《はい》になつたところで上《うへ》を均《なら》します。小鯛《こだひ》に限《かぎ》つて材料《ざいれう》を先《さき》に入《い》れ、一方身《はうみ》の方《はう》を上《うへ》にしたら、一方《ぽう》は皮附《かはつ》きを上《うへ》にするといふやうに、身《み》と皮附《かはつ》きの兩方《りやうはう》を見《み》せて並《なら》べます。

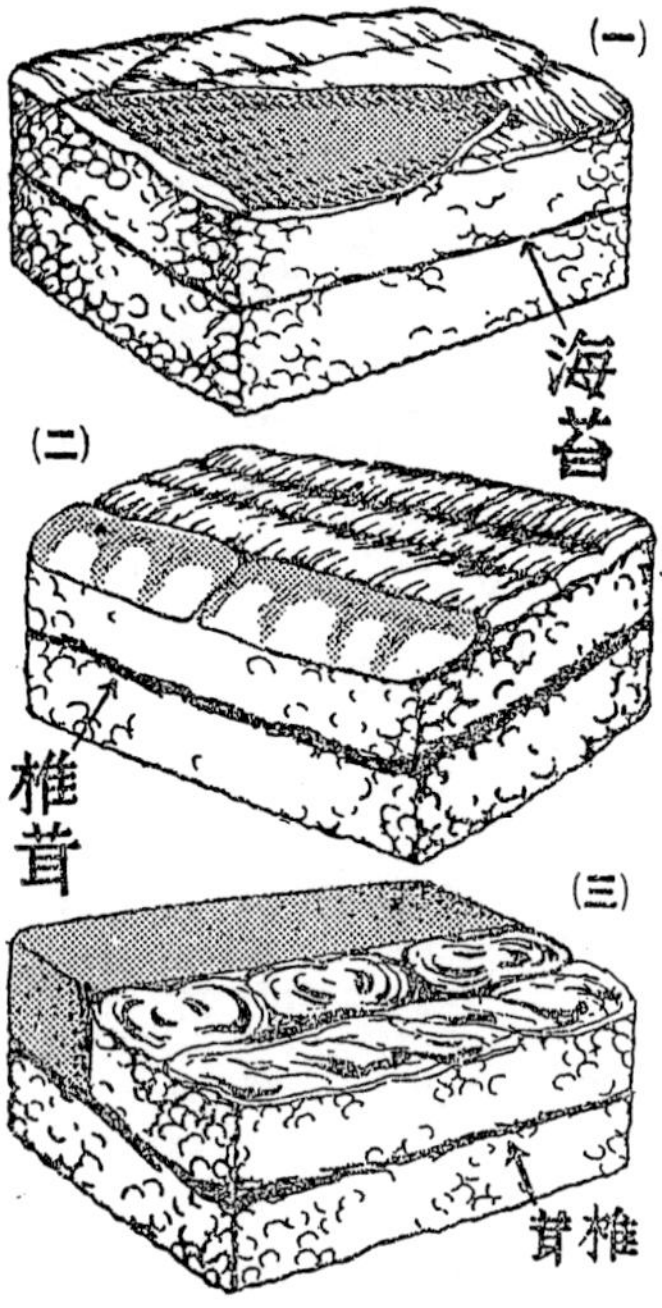

（第九圖）おしずし各種

そして身《み》の厚《あつ》いところはそぎ取《と》つて、薄《うす》い部分《ぶぶん》へ足《た》したり、隙間《すきま》へ詰《つ》めたりして、體裁《ていさい》よく載《の》せます。それを前《まへ》のやうにして壓《お》し、木《き》枠《わく》を外《はづ》して割醤油《わりした》をさつと刷《は》き、適宜《てきぎ》の大《おほ》きさに切《き》り分《わ》けます。

穴子と海老ずし＝穴子《あなご》と海老《えび》を俎《まないた》の上《うへ》に平《たひら》に並《なら》べ、庖丁《はうちやう》の背《せ》で身《み》の方《はう》から輕《かる》く

叩《た》き、肉《にく》を軟《やはら》かくして用《もち》ひます。他《ほか》に椎茸《しひたけ》をみぢんに切《き》つておきます。

御飯《ごはん》を木枠《きわく》の半分《はんぶん》どころまで詰《つ》め、上《うへ》を均《なら》して、椎茸《しひたけ》を一分厚《ぶあつ》みくらゐに載《の》せ、またその上《うへ》に、枠《わく》一杯《はい》に御飯《ごはん》を詰《つ》めて、均《なら》します。次《つぎ》に穴子《あなご》二、海老《えび》一の割合《わりあひ》にして、(反對《はんたい》の分量《ぶんりやう》でも結構《けつこう》。)穴子《あなご》は燒《や》き肌《はだ》の方《はう》を上《うへ》に、海老《えび》は皮《かは》の方《はう》を上《うへ》にとつて、第《だい》九圖《づ》(二)のやうな體裁《ていさい》に並《なら》べ、蓋《ふた》を被《き》せて壓《お》し拔《ぬ》きます。また穴子《あなご》は穴《あな》子《ご》、海老《えび》は海老《えび》と、別々《べつ〱》にすることもあります。

出來上《できあが》りましたら、材料《ざいれう》の上《うへ》にたれを薄《うす》く引《ひ》き、後《あと》で適宜《てきぎ》の大《おほ》きさに切《き》り分《わ》けます。

こけらずし＝これは玉子《たまご》の厚燒《あつやき》に、赤貝《あかがひ》、きくらげ、小鯛《こだひ》などを並《なら》べ、御飯《ごはん》の間《あひだ》には椎茸《しひたけ》を入《い》れます。

御飯《ごはん》を木枠《きわく》の半分《はんぶん》どころまで詰《つ》め、上《うへ》を平《たひら》に均《なら》しましたら、切《き》つてある厚燒玉子《あつやきたまご》一本《ほん》を、箱《はこ》の片側《かたかは》へぴつたりと附《つ》けて入《い》れ、殘《のこ》つた部分《ぶぶん》へは椎茸《しひたけ》を一並《ひとなら》べして、またその上《うへ》に、玉子《たまご》より少々《せう〱》低《ひく》い目《め》に御飯《ごはん》を詰《つ》めます。そして御飯《ごはん》を平《たひら》に均《なら》し、第《だい》九圖《づ》(三)のやうに眞中《まんなか》へ赤貝《あかがひ》を一並《ひとなら》べして、あとの部分《ぶぶん》にきくらげを並《なら》べ、きくらげの上《うへ》に小鯛《こだひ》を被《かぶ》せて、前《まへ》のやうに壓《お》し拔《ぬ》きます。このときは、魚《さかな》は皮《かは》をすき除《と》り、身《み》を薄《うす》くそぎ切《き》つて用《もち》ひます。小鯛《こだひ》の上《うへ》から、黑《くろ》いきくらげが透《す》いて見《み》え、大《たい》そう配色《はいしよく》のよいおすしができます。これに割醤油《わりした》を刷《は》き、適宜《てきぎ》の大《おほ》きさに切《き》り分《わ》けます。尚《な》ほ、赤貝《あかがひ》の代《かは》りに海老《えび》を使《つか》つても差支《さしつかへ》ありません。

大阪《おほさか》ずしは既《すで》に味《あぢ》がつけてありますから、醤油《しやうゆ》を添《そ》へる必要《ひつえう》はありません。

(2)

お香ずしの美味しい作り方

お香《かう》ずしは、名古屋《なごや》が本場《ほんば》といはれてゐます。さつぱりして少《すこ》しも生臭味《なまぐさみ》がなく、精進《しやうじん》の配《くば》り物《もの》などに結構《けつこう》です。

すし飯と材料

すし飯の作り方＝すしは、何《なに》ずしにしても、御飯《ごはん》が美味《おい》しくなければいけません。(八、九頁《ぺーじ》參照《さんせう》)かけ酢《ず》は、一升《しよう》の御飯《ごはん》に對《たい》して、酢《す》を一合《がふ》二三勺《じやく》、砂糖《さたう》を大匙《おほさじ》で山盛《やまも》り二杯《はい》、鹽《しほ》を同《おな》じく山盛《やまも》り一杯《はい》くらゐの割《わり》に、よく混《ま》ぜ合《あは》せて用《もち》ひます。

香の物の作り方＝香《かう》の物《もの》は、澤庵漬《たくあんづけ》、奈良漬《ならづけ》、味噌漬《みそづけ》などを使《つか》ひます。香《かう》の物《もの》の外《ほか》には、海苔巻《のりまき》と昆布《こぶ》巻《まき》をいたします。

特《とく》に美味《おい》しい香《かう》の物《もの》を選《えら》び、一分《ぶ》くらゐの厚《あつ》さに、形《かたち》のまゝを縦《たて》に切《き》つて、煮切味醂《にきりみりん》の中《なか》に、五六時間《じかん》くらゐ漬《つ》けておきます。煮切味醂《にきりみりん》は、味醂《みりん》を火《ひ》にかけ、一煮立《ひとにた》ちしたところで、マッチをすつて火《ひ》をつけます。つまり、味醂中《みりんちう》のアルコール分《ぶん》を、燃《もや》してしまふのです。更《さら》に、これを一二割《わり》くらゐ煮詰《につ》め、充分冷《じうぶんさま》して用《もち》ひます。海苔巻《のりまき》の場合《ばあひ》は、味噌漬《みそづけ》や奈良漬《ならづけ》をせんに切《き》り、前《まへ》のやうに煮切味醂《にきりみりん》に漬《つ》け込《こ》みます。

香《かう》の物《もの》は、違《ちが》ふ種類《しゆるゐ》のものを一緒《しよ》に漬《つ》けず、各別々《かくべつく》に漬《つ》けるやうにします。それでないと、臭《にほ》ひが互《たがひ》に移《うつ》

つて、味《あぢ》を悪《わる》くします。本式《ほんしき》にする場合《ばあひ》は、一度《ど》使《つか》つた味醂《みりん》を、新《あたら》しい香《かう》の物《もの》の鹽出《しほだ》しに用《もち》ひます。これで鹽出《しほだ》しゝてから、新《あたら》しい煮切味醂《にきりみりん》に漬《つ》け込《こ》みますと、味《あぢ》が一そう美味《おい》しくなります。

昆布巻と材料＝これは天井昆布《てんじやうこぶ》を使《つか》ひます。まづ布巾《ふきん》で汚《よご》れを拭《ふ》き、水《みづ》から入《い》れて、弱火《とろび》で約《やく》六時間《じかん》くらゐ煮《に》ます。ぐら〳〵煮立《にた》てると昆布《こぶ》が切《き》れますから、必《かなら》ず弱火《とろび》でなければなりませぬ。

別《べつ》に砂糖蜜《さたうみつ》を作《つく》り、(砂糖《さたう》五十匁《もんめ》に、鹽《しほ》を茶匙《ちやさじ》四分《ぶん》の一ほどの割合《わりあひ》に混《ま》ぜ、水《みづ》をひた〳〵に加《くは》へます。)その中《なか》で三分間《ぷんかん》くらゐ煮立《にた》てます。

尚《な》ほ、昆布巻《こぶまき》にするすし飯《めし》には、淡味《うすあぢ》に煮《に》た椎茸《しひたけ》、紅生姜《べにしやうが》などのみぢん切《ぎ》りを、揉《も》み海苔《のり》と共《とも》に混《ま》ぜ合《あは》せます。(三十五頁參照《ページさんせう》)

香ずしの作り方

おしずし＝これは、大阪《おほさか》ずしと同《おな》じに、木枠《きわく》を使《つか》つて作《つく》ります。(二十五頁參照《ページさんせう》)まづ味醂《みりん》に漬《つ》けた香《かう》の物《もの》を、木枠《きわく》の内側《うちがは》の長《なが》さに切《き》り、枠《わく》の底《そこ》に一枚通《まいどほ》りに、ぴつたりと並《なら》べます。その上《うへ》にすし飯《めし》を一杯詰《ぱいつ》め、上《うへ》から蓋《ふた》をし、きゆつと壓《お》しをかけて、枠《わく》を外《はづ》しましたら、適宜《てきぎ》の大《おほ》きさに切《き》り分《わ》けます。この御飯《ごはん》を詰《つ》めるときに、おしずしの要領《えうりやう》で、間《あひだ》にみぢん切《ぎ》りの材料《ざいれう》を挾《はさ》み入《い》れると、一そう美味《おい》しくなります。

海苔巻＝普通《ふつう》の海苔巻《のりまき》と同《おな》じ拵《こしら》へ方《かた》です。(五十頁參照《ページさんせう》)中《なか》に干瓢《かんぺう》を入《い》れる代《かは》りに、前《まへ》の味噌漬《みそづけ》や奈良漬《ならづけ》を

入《い》れ、小口《こぐち》から卷《ま》いて、適宜《てきぎ》の長《なが》さに切《き》り分《わ》けます。

昆布卷＝昆布《こぶ》一枚《まい》を五つくらゐに切《き》ります。簾《すだれ》の上《うへ》に布巾《ふきん》を敷《し》いて、前《まへ》の昆布《こぶ》を平《ひら》におき、その上《うへ》に、味醂《みりん》に漬《つ》けておいた味噌漬《みそづけ》、奈良漬《ならづけ》などを一枚通《まいどほ》り竝《なら》べ、材料《たね》を混《ま》ぜたすし飯《めし》をほどよく載《の》せ、海苔卷《のりまき》のやうにして卷《ま》き上《あ》げます。

お香《かう》ずしは生物《なまもの》でないから、二三日《にち》はおけますが、香《かう》の物《もの》の味《あぢ》がだれて、美味《おい》しくなくなります。

(3) 鯖ずしの美味しい作り方

鯖《さば》ずしは京名物《きやうめいぶつ》の一《ひと》つであります。

すし飯と材料

すし飯の作り方＝こゝで米《こめ》の淅《と》ぎ方《かた》を、ちよつと申《まを》します。米《こめ》は手早《てはや》く淅《と》ぎ、水《みづ》の澄《す》むまで洗《あら》つて、直《す》ぐ笊《ざる》に打《う》ち上《あ》げます。このとき、山形《やまがた》になつた米《こめ》が、さら／＼と上《うへ》の方《はう》から滑《すべ》り落《お》ちるやうでなければなりませぬ。米《こめ》がふやけて、ぼた／＼してゐるやうでは、決《けつ》して味《あぢ》のいゝ御飯《ごはん》のできるものではありませぬ。

水加減《みづかげん》は、米《こめ》一升《しよう》につき昆布煮出汁《こぶだし》(二十二頁參照《ページさんせう》)一升《しよう》くらゐの割《わり》にして、その中《なか》へ氷砂糖少々《こほりざたうせうせう》を加《くは》へ、煮出汁《だし》がよく沸騰《ふつとう》したところで、米《こめ》を入《い》れて湯炊《ゆだき》にします。尤《もつと》も水加減《みづかげん》は、そのときの米《こめ》によつて多少違《たせうちが》ひます。兎《と》に角普通《かくふつう》の御飯《ごはん》より、幾分硬目《いくぶんこはめ》に炊《た》くことが必要《ひつえう》です。

かけ酢《ず》の分量《ぶんりやう》は、御飯《ごはん》一升《しよう》につき、酢《す》凡《およ》そ一合《がふ》四五勺《しやく》、鹽大匙《しほおほさじ》で山盛《やまも》り一杯《ぱい》、氷砂糖《こほりざたう》三十匁《もんめ》を合《あは》せます。但《たゞ》し氷砂糖《こほりざたう》は前以《まへもつ》て溶《と》かし、それを煮詰《につ》めて用《もち》ひます。

鯖の下拵へ＝鯖《さば》ずしには、何《なに》よりもまづ生《いき》のよい、上等《じやうとう》の鯖《さば》を用《もち》ひねばなりませぬ。大《おほ》きさは二百匁内外《もんめないぐわい》が頃合《ころあひ》で、(眼《め》の下《した》八九寸《すん》くらゐ) それ以下《いか》の小《ちひ》さいものは味《あぢ》が落《お》ちるし、大《おほ》きいのは扱《あつか》ひ難《にく》くなります。この魚《さかな》は秋《あき》がしゆんで、それから冬《ふゆ》を越《こ》して、春《はる》の終《をは》り頃《ごろ》まで美味《おい》しく、六月《ぐわつ》になると味《あぢ》が落《お》ちます。しかし、一年中殆《ねんぢゆうほとん》ど品切《しなぎ》れのない魚《さかな》ですから、便利《べんり》であります。

一たいに痩《や》せたのは脂肪《あぶら》が足《た》らず、從《したが》つて味《あぢ》の惡《わる》いものですから、お求《もと》めになるときは、身《み》のよくしまつた、肥《ふと》つたのを選《えら》びます。

鯖《さば》は頭《かしら》と兩鰭《りやうびれ》を切《き》り落《おと》して、三枚《まい》におろします。そして血《ち》あひのところに庖丁《はうちやう》を入《い》れて、縱《たて》に眞《ま》一文字《もんじ》に庖丁目《はうちやうめ》を入《い》れます。これは鹽廻《しほまは》りをよくするためです。そこで兩面《りやうめん》から鹽《しほ》をばらりとふり、桶《をけ》なり鉢《はち》なりに並《なら》べて、八九時間《じかん》くらゐおきます。但《たゞ》し急《いそ》ぐ場合《ばあひ》は、四五時間《じかん》でも差支《さしつかへ》ありません。この鹽《しほ》は、古《ふる》いほどよいさうで、本職《ほんしよく》の方《かた》は、一年以上貯《ねんいじやうたくは》へたのを使《つか》つてゐます。

ほどよく鹽《しほ》が廻《まは》りましたら、鯖《さば》をさつと洗《あら》つて、腹骨《はらぼね》を薄刄《うすば》ですり除《と》り、背筋《せすぢ》に殘《のこ》つてゐる小骨《こぼね》を、毛拔《けぬ》きで一本《ぽん》づゝ拔《ぬ》き除《と》つてしまひます。すつかり骨《ほね》が拔《ぬ》けたところで、皮《かは》の方《はう》を上《うへ》にとつて 俎《まないた》に平《ひら》に載《の》せ、

薄皮《うすかは》を綺麗《きれい》に剝《は》ぎ除《と》ります。このとき、尾《を》の方《はう》からしますと、下皮《したかは》に傷《きず》がついて、鯖獨特《さばどくとく》の肌色《はだいろ》を損《いた》めますから。必《かなら》ず顎先《あごさき》から尾《を》の方《はう》へ向《むか》つて剝《は》ぎます。また決《けつ》して庖丁《はうちやう》を使《つか》つてはいけません。指先《ゆびさき》で薄皮《うすかは》だけを撮《つま》んで引張《ひつぱ》れば、するすると容易《ようい》に剝《は》がれて、下《した》から美《うつく》しい銀色《ぎんいろ》の肌《はだ》が現《あらは》れます。それを、こんどは酢《す》でよく洗《あら》ひ、滴《しづく》をきつて用《もち》ひます。

鯖ずしの作り方

濡布巾《ぬれぶきん》を俎《まないた》の上《うへ》に一枚敷《まいし》き、酢洗《すあら》ひした鯖《さば》の皮附《かはつ》きを下《した》、肉《にく》を上《うへ》にとつて、横向《よこむき》に平《たひら》に載《の》せ、肉《にく》の厚《あつ》いところをそぎとつて、それを尾《を》の方《はう》へ足《た》し、魚《さかな》を平均《へいきん》の厚《あつ》みにします。

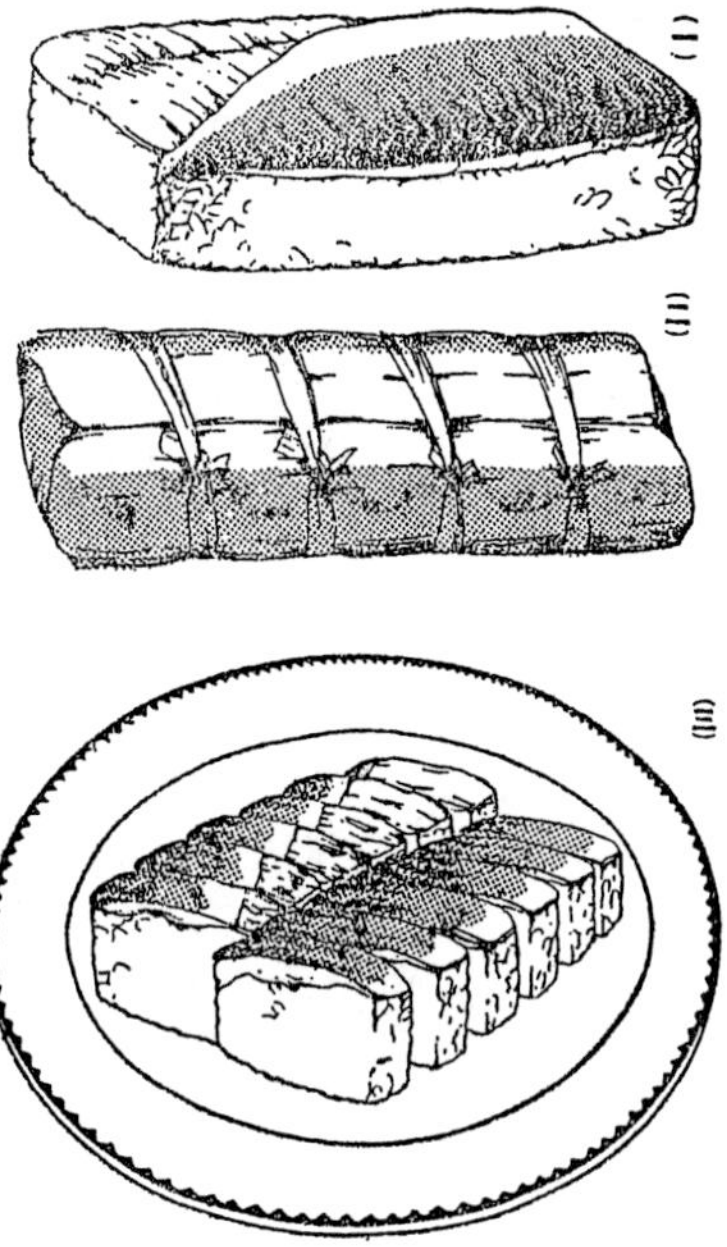

（第十圖）鯖ずし

その上《うへ》へ、御飯《ごはん》を輕《かる》く握《にぎ》つて鯖《さば》一ぱいに載《の》せ、布巾《ふきん》で卷《ま》いて、第十圖《ず》(一)のやうな恰好《かつかう》に作《つく》り、更《さら》に、布巾《ふきん》をとつて、竹《たけ》の皮《かは》で包《つゝ》んで、(二)のやうな形《かたち》に作《つく》ります。尚《な》ほ煮出《だ》汁《し》昆布《こぶ》を卷《ま》きつけ、おすしを昆布《こぶ》じめにしますと、味《あぢ》が一そう引立《ひきた》ちます。

また普通《ふつう》のおすしを作《つく》るやうにして、木《き》枠《わく》に詰《つ》めることもありますが、かうして手《て》で

壓《お》したものゝ方《はう》が、何《なん》となく美味《おい》しいのであります。昔《むかし》の鯖《さば》ずしは、板《いた》に挾《はさ》んで壓《お》石《し》をかけ、二三日《にち》もしてから食《た》べたものださうですが、近頃《ちかごろ》は、すべて新鮮《しんせん》なものが尙《たつと》ばれますから、作《つく》り立《た》てを直《たゞ》ちにお上《あが》り頂《いたゞ》きます。蒲鉾《かまぼこ》を切《き》るやうにして、三四分《ぶ》の厚《あつ》みに庖丁目《はうちやうめ》を入《い》れ、(三)のやうに盛《も》り附《つ》けましたら、醤油《しやうゆ》を添《そ》へてすゝめます。氣《き》の利《き》いた料理屋《れうりや》では、たゞ醤油《じやうゆ》を添《そ》へてすゝめます。

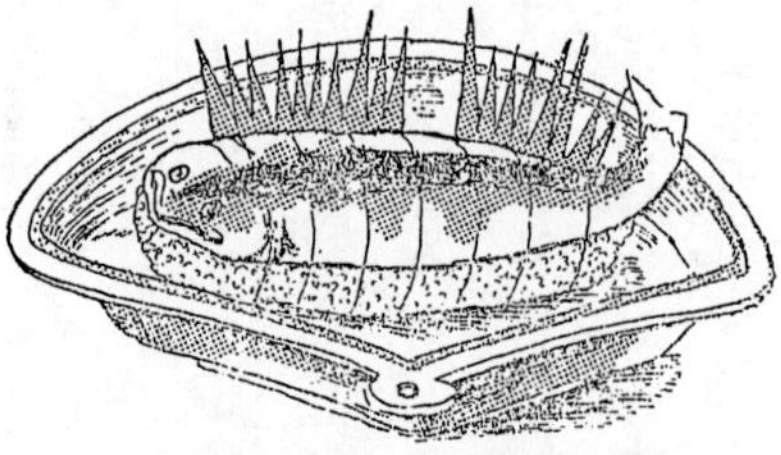

(第十一圖) 鮎ずし

(4) 鮎のすがたずしの作り方

すし飯と材料

御飯＝おしずし、鯖《さば》ずしなどゝ同《おな》じ加減《かげん》に作《つく》つたすし飯《めし》を用《もち》ひます。

鮎＝生《いき》のよいものを選《えら》びます。まづ鱗《こけ》を拂《はら》ひ、尾鰭《をびれ》を殘《のこ》して他《ほか》の鰭全部《ひれぜんぶ》を落《おと》し、鰓《えら》を除《のぞ》き、腹部《ふくぶ》を開《ひら》いて腸《わた》を取《と》り出《だ》しましたら、さつと洗《あら》つて水氣《みづけ》を拭《ふ》きます。つまり頭《かしら》と尾《を》だけを、元《もと》のまゝ殘《のこ》しておくのです。次《つぎ》に鰓蓋《えらぶた》の下部《かぶ》から庖丁《はうちやう》を入《い》れて、頭《かしら》の先《さき》までを一枚《まい》に開《ひら》き、腹部《ふくぶ》から尾《を》の附根《つけね》までを割《さ》き、全體《ぜんたい》を一枚《まい》に開《ひら》いたところで、中骨《なかぼね》と腹部《ふくぶ》の薄身《うすみ》とをすき取《と》り、鹽《しほ》を兩面《りやうめん》から薄《うす》目《め》にあてゝ、そのまゝ三時間《じかん》くらゐおきます。鹽《しほ》が充分廻《じうぶんまは》りましたら、別《べつ》に水《みづ》

洗《あら》ひをせずに、酢《す》に五六分間《ぷんかん》くらゐ漬《つ》けて引《ひ》き上《あ》げ、小半日《こはんにち》くらゐおきます。但《たゞ》し急《いそ》ぐ場合《ばあひ》は七八分間《ふんかん》ほど漬《つ》け、水氣《みづけ》をきつて直《たゞ》ちに用《もち》ひます。

すがたずしの拵へ方　濡布巾《ぬれぶきん》を二重《ふたへ》にして、俎《まないた》の上《うへ》に平《たひら》に敷《し》き、皮附《かはつ》きを下《した》、身《み》の方《はう》を上《うへ》にとつて、前《まへ》の鮎《あゆ》を横向《よこむき》に載《の》せます。次《つぎ》にすし飯《めし》を兩手《りやうて》で掬《すく》ひ、太《ふと》く細長《ほそなが》い握《にぎ》り飯《めし》に作《つく》つて、鮎《あゆ》からはみ出《で》るくらゐにその上《うへ》に載《の》せ、布巾《ふきん》でくるつと卷《ま》き込《こ》みます。

すると鮎《あゆ》の下《した》に御飯《ごはん》が詰《つま》りますから、頭《かしら》と尾《を》の御飯《ごはん》を兩方《りやうはう》から斜《なゝめ》に除《のぞ》いて、山形《やまがた》に恰好《かつかう》を整《とゝの》へ、再《ふたゝ》び布巾《ふきん》を卷《ま》きつけて、こんどは鮎《あゆ》の方《はう》から、兩端《りやうはし》を反身《そりみ》に、中央《ちうあう》を少々《せう〳〵》くぼませて、第《だい》十一圖《づ》の要領《えうりやう》で形《かたち》をつけます。最後《さいご》に尾鰭《をびれ》をぴんと仰向《あふむ》けて勢《いきほひ》を見《み》せ、適宜《てきぎ》に横目《よこめ》に庖丁《はうちやう》を入《い》れて、すがたのまゝを皿《さら》に盛《も》り附《つ》け、生姜《しやうが》、醤油《しやうゆ》などを添《そ》へてすゝめます。

三、ちらし、ひなずしの作り方

(1) ちらしとふきよせずしの作り方

ちらし御飯の作り方　ちらしは、あまりこて〳〵といろ〳〵な材料《ざいれう》を並《なら》べるより、おぼろのやうなも

のを使《つか》つて、あつさりと作《つく》り上《あ》げる方《はう》が上品《じやうひん》です。

まづ御飯《ごはん》の炊《た》き方《かた》から申上《まをしあ》げませう。米《こめ》一升《じよう》につき、昆布煮出汁《こぶだし》一升《しよう》の割《わり》で、まづ煮出汁《だし》を煮立《にた》て、そこへ米《こめ》を入《い》れ、沸騰《ふつとう》しておねばが出始《ではじ》めましたら、火《ひ》を引《ひ》いて十分間《ぷんかん》、火《ひ》を消《け》して七八分間《ふんかん》、釜《かま》を下《おろ》してから十分間《ぷんかん》ほど蒸《む》らし、盤臺《はんだい》に移《うつ》してかけ酢《ず》をかけます。酢《す》を混《ま》ぜる呼吸《こきふ》は皆同《みなおな》じことです。

昆布煮出汁《こぶだし》は一升《しよう》の水《みづ》に昆布《こぶ》十匁《もんめ》（長《なが》さ二尺《しやく》くらゐ）の割《わり》で、一晩水《ひとばんみづ》につけておき、翌日《よくじつ》それを漉《こ》して用《もち》ひます。米《こめ》はやはり前《まへ》の晩《ばん》に洗《あら》つて、笊《ざる》に上《あ》げておきます。米《こめ》一升《しよう》につき酢《す》一合《がふ》、鹽大匙山盛《しほおほさじやまも》り一杯《はい》、砂糖同《さたうおな》じく山盛《やまも》り三杯《はい》くらゐの割《わり》に合《あは》せ、よくかき廻《まは》して用《もち》ひます。

御飯《ごはん》がよく冷《さ》めましたら、椎茸《しひたけ》、筍《たけのこ》、干瓢《かんぺう》、海苔《のり》などを混《ま》ぜて、それを丼《どんぶり》なり重箱《ぢうはこ》なりに詰《つ》め、上《うへ》に黄白《くわうはく》の玉子《たまご》のおぼろを載《の》せ、おぼろの上《うへ》に、赤貝《あかがひ》と針魚《さより》を恰好《かつかう》よく散《ち》らします。

材料と作り方

椎茸＝煮出汁《だし》、（椎茸《しひたけ》をもどした汁《しる》）味醂《みりん》、砂糖《さたう》、醬油《しやうゆ》で美味《おい》しく煮上《にあ》げ、煮汁《にじる》をきり、細《ほそ》くせんに切《き》つて用《もち》ひます。（二十四頁《ページ》參照《さんせう》）

干瓢＝鹽《しほ》で揉《も》んでよく洗《あら》ひ、水煮《みづに》をしてから、椎茸同様《しひたけどうやう》にほどよく味《あぢ》をつけ、水氣《みづけ》をきつて、細《ほそ》くせんに打《う》ちます。（十八頁《ページ》參照《さんせう》）

筍＝白水《しろみづ》で茹《ゆ》でゝから、椀汁《わんじる》に少《すこ》し砂糖《さたう》を利《き》かせたくらゐの味加減《あぢかげん》で、さつと煮上《にあ》げます。これは小《ちひさ》く

短冊形《たんざくがた》に切《き》り揃《そろ》へます。

海苔＝よく燒《や》いて、乾《かわ》いた布巾《ふきん》に包《つゝ》み、細《こまか》く揉《も》みほぐして用《もち》ひます。

赤貝＝紐《ひも》を除《と》り、二枚《まい》に開《ひら》いて腸《わた》を除《のぞ》き、目笊《めざる》に入《い》れて鹽洗《しほあら》ひしてから、充分水氣《じうぶんみづけ》をきつておきます。

針魚＝三枚《まい》におろして薄鹽《うすじほ》をあて、二三時間《じかん》くらゐしてから、さつと洗《あら》つて水氣《みづけ》をきり、暫《しばら》く酢《す》に漬《つ》けたところで（十頁參照《ページさんせう》）引《ひ》き上《あ》げ。一寸《すん》二三分《ぶ》の長《なが》さに切《き》つて、それを更《さら》に細《ほそ》く切《き》り揃《そろ》へます。

玉子のおぼろ＝固《かた》く茹《ゆ》でゝ、黄身《きみ》と白身《しろみ》を分《わ》け、別々《べつ〳〵》に裏漉《うらごし》してから、鹽《しほ》と砂糖《さたう》でちよつと味《あぢ》をつけます。その他《ほか》に罐詰《くわんづめ》のグリーンピースに熱湯《ねつたう》をかけ、水氣《みづけ》をきつて用《もち》ひます。

ちらしの拵へ方

材料《ざいれう》が揃《そろ》ひましたら、前《まへ》に申上《まをしあ》げた通《とほ》りに、椎茸《しひたけ》と干瓢《かんぺう》、筍《たけのこ》、海苔《のり》などを、すし飯《めし》に混《ま》ぜて、丼《どんぶり》に七分目《ぶんめ》ほど盛《も》り附《つ》け、その上《うへ》に玉子《たまご》のおぼろを、黄身《きみ》と白身《しろみ》を半々《はん〳〵》に盛《も》り分《わ》けて、下《した》の御飯《ごはん》が見《み》えぬほどに載《の》せます。

次《つぎ》に第《だい》十二圖《づ》（一）のやうに、白身《しろみ》の方《はう》へは赤貝《あかがひ》を、黄身《きみ》の方《はう》へは針魚《さより》を竝《なら》べます。赤貝《あかがひ》は洗《あら》つて水《みづ》をきつてあるのを、更《さら》に薄《うす》くそぎ切《ぎ》りにして、周圍《まはり》にちよつと切目《きりめ》を入《い》れ、櫻《さくら》の花瓣《はなびら》の感《かん》じに切《き》つたところで、さつと酢《す》をくゞらせて竝《なら》べ、針魚《さより》は細《ほそ》く切《き》つてあるのを一本《ぽん》づゝ、波《なみ》のやうな形《かたち》に少々《せう〳〵》竝《なら》べます。そして黄身《きみ》と白身《しろみ》の境《さかひ》へ、グリーンピースを一列竝《れつなら》べます。

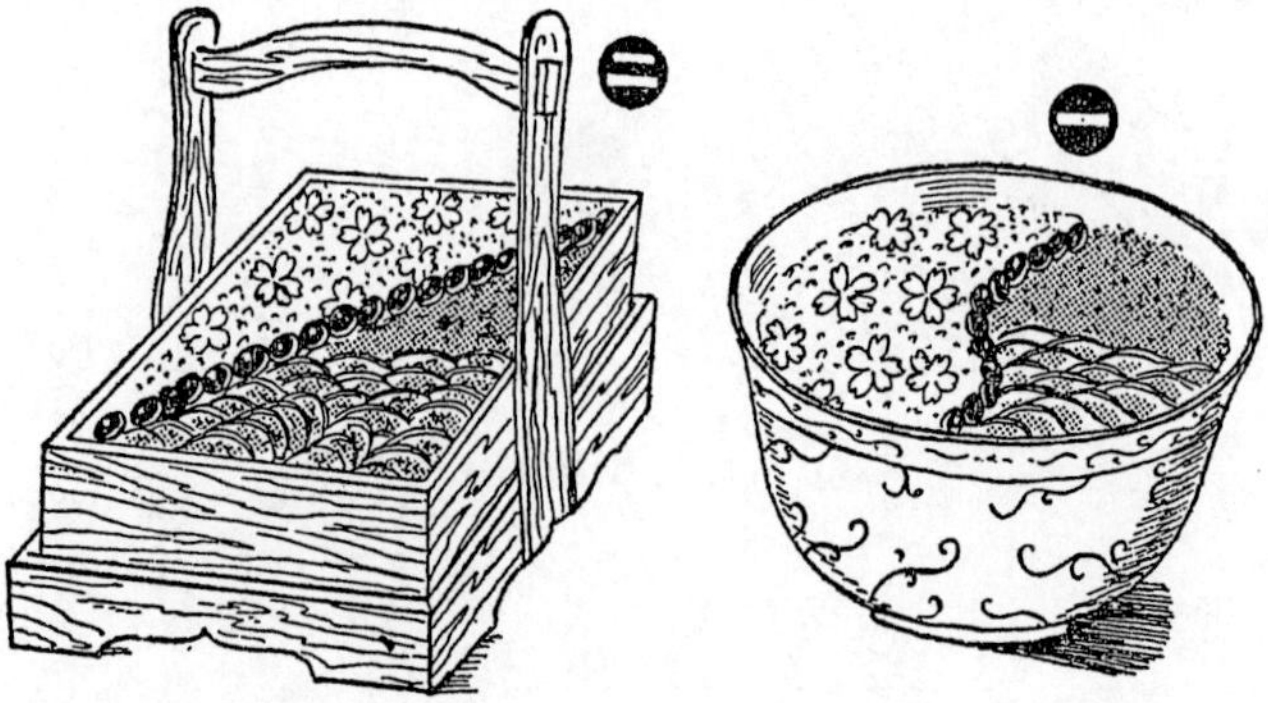

(第十二圖)　ちらしの盛り方二種

重箱《ぢうはこ》や折《をり》へ詰《つ》める場合《ばあひ》は、(二)のやうに、黃《き》と白《しろ》のおぼろを斜半《なゝめはん》分《ぶん》づゝに盛《も》り分《わ》け、一方《はう》に赤貝《あかがひ》、一方《はう》に針魚《さより》を竝《なら》べると、大《たい》へん體《てい》裁《さい》がよくなります。材料《たね》は赤貝《あかがひ》や針魚《さより》に限《かぎ》りませぬ。蛤《はまぐり》、こはだ、小鰺《こあぢ》、小鯛《こだひ》などのやうな、(十、十一、十七頁參照《ページさんせう》)手近《てぢか》に得《え》られるものを適宜《てきぎ》に使《つか》ひます。

ふきよせずしの作り方

作《つく》り方《かた》はちらしと全《まつた》く同《おな》じです。材《ざい》料《れう》は椎茸《しひたけ》、干瓢《かんぺう》、人參《にんじん》、蓮根《れんこん》、魚《さかな》のおぼろ、玉子《たまご》燒《やき》、海苔《のり》などを普《ふ》通《つう》に用《もち》ひます。

椎茸その他＝椎茸《しひたけ》と干瓢《かんぺう》は適宜《てきぎ》に味《あぢ》をつけ、小口《こぐち》からせん切《ぎ》りにしておきます。人參《にんじん》はほどよくせんに切《き》つて、ざつと茹《ゆ》でゝから煮上《にあ》げます。別《べつ》に殘《のこ》りの人參《にんじん》を花形《はながた》に拔《ぬ》き、二分《ぶ》くらゐの厚《あつ》みに人《にん》數前《ずまへ》だけ切《き》つて、ざつと茹《ゆ》で、淡味《うすあぢ》をつけておきます。他《ほか》にグリーンピースを用意《ようい》します。

蓮根＝大《おほ》きいのは、縱《たて》に二《ふた》つまたは四《よ》つに割《わ》つておきます。皮《かは》

を剝《む》いて小口《こぐち》から薄《うす》く切《き》り、鹽《しほ》を入《い》れた水《みづ》で洒《さら》して、酢《す》を少々《せう〳〵》落《おと》した熱湯《ねつたう》で茹《ゆ》で、笊《ざる》に上《あ》げて水氣《みづけ》をきります。次《つぎ》に、酢《す》に砂糖《さたう》と鹽《しほ》を混《ま》ぜて、暫《しばら》く漬《つ》け込《こ》み、充分水氣《じうぶんみづけ》をきつて用《もち》ひます。

魚のおぼろ＝鮃《ひらめ》や鯛《たひ》のやうな、白身《しろみ》の魚《さかな》を用《もち》ひます。魚《さかな》を蒸《む》して骨《ほね》や皮《かは》を除《と》り、身《み》をばら〳〵にほぐしましたら、煮切味醂《にきりみりん》と鹽少々《しほせう〳〵》、食紅《しよくべに》極《ご》く少量《せうりやう》を加《くは》へ、箸《はし》でかき廻《まは》しながら煮詰《につ》めます。そして汁《しる》が煮詰《につま》り、身《み》がばら〳〵となりかけたところで、ほぐしてある玉子《たまご》の黃身《きみ》(切身《きりみ》一《ひと》つに黃身《きみ》一箇《こ》の割《わり》)を入《い》れ、手早《てはや》く混《ま》ぜて、煎《い》り上《あ》げます。

(第十三圖)ふきよせずし

玉子燒＝玉子《たまご》をほぐして、味醂《みりん》、砂糖《さたう》、鹽《しほ》をほどよく加《くは》へ、それに魚《さかな》の擂身《すりみ》を混《ま》ぜて、一分《ぶ》くらゐの厚《あつ》みに燒《や》き上《あ》げます。(十二頁參照《ページさんせう》)これは短册形《たんざくがた》に小《ちひさ》く切《き》り揃《そろ》へます。

海苔＝丁寧《ていねい》に焙《あぶ》り、細《こまか》く揉《も》みほぐして用《もち》ひます。他《ほか》に、紅生姜《べにしやうが》をせん切《ぎ》りにしておきます。

これらの用意《ようい》ができましたら、出來《でき》上《あが》つたすし飯《めし》に、椎茸《しひたけ》、干瓢《かんぺう》、人參《にんじん》などを混《ま》ぜ、これをお皿《さら》に盛《も》り上《あ》げて、海苔《のり》を一面《めん》にふりかけ、その上《うへ》に、第《だい》十三圖《づ》のやうに蓮根《れんこん》、玉子燒《たまごやき》、グリーンピース、おぼろを色分《いろわ》けに盛《も》り附《つ》け、花形《はながた》の人參《にんじん》を

載《の》せて、紅生姜《べにしやうが》をあしらひます。

尚《な》ほ材料《ざいれう》は、季節《きせつ》の野菜《やさい》を適宜《てきぎ》に使《つか》ふに越《こ》したことはありませぬ。海老《えび》、蟹《かに》、烏賊《いか》、蛤《はまぐり》などを用《もち》ひますと、一そう美味《おい》しくなります。精進物《しやうじんもの》の場合《はあひ》は、味醂漬《みりんづけ》の香《かう》の物《もの》、高野豆腐《かうやどうふ》、(五十二頁參照《ページさんせう》)ゆば(玉子燒《たまごやき》の代《かは》り)などを用《もち》ひます。

(2) むしずしの美味しい作り方

すし飯と材料

これは寒《さむ》さ時《どき》に喜《よろこ》ばれるもので、本式《ほんしき》にすれば、他《ほか》のおすしと同《おな》じに拵《こしら》へた御飯《ごはん》を蒸《む》しにかけるのですが、普通《ふつう》の御飯《ごはん》から作《つく》ることもできます。ですから不意《ふい》の來客《らいきやく》の場合《はあひ》など、至《いた》つて重寶《ちようはう》です。また一《ひと》つには、お冷御飯《ひやごはん》の利用法《りようはふ》ともなります。

すし飯の作り方＝御飯《ごはん》の炊《た》き方《かた》は、大阪《おほさか》ずしの場合《はあひ》と同《おな》じで、御飯《ごはん》の水《みづ》は、昆布煮出汁《こぶだし》を用《もち》ひます。(二十二頁參照《ページさんせう》)御飯《ごはん》にかける酢《す》は、一升《しよう》の御飯《ごはん》に對《たい》し、酢《す》一合《がふ》、鹽《しほ》大匙《おほさじ》山盛《やまも》り一杯《はい》、砂糖《さたう》同《おな》じく山盛《やまも》り三杯《はい》の割《わり》です。混《ま》ぜ方《かた》その他《た》は、東京《とうきやう》ずしの場合《はあひ》と異《こと》りませぬ。(八、九頁參照《ページさんせう》)

材料の作り方＝蒸《むし》ずしの材料《ざいれう》は、普通椎茸《ふつうしひたけ》、干瓢《かんぺう》、穴子《あなご》、金絲《きんし》玉子《たまご》、海老《えび》おぼろなどを用《もち》ひますが、そのとき〴〵の都合《つがふ》で、適當《てきたう》なものを選《えら》んで結構《けつこう》です。

椎茸＝軟《やはら》かくもどして、煮出汁《だし》、（椎茸《しひたけ》を漬《つ》けた水《みづ》）味醂《みりん》、醬油《しやうゆ》を各等分《かくとうぶん》に合《あは》せ、砂糖《さたう》を甘《あま》いくらゐに加《くは》へて、中火《ちうび》で氣長《きなが》く煮込《にこ》みます。

小粒《こつぶ》なものなら、一人當《ひとりあた》り四つくらゐづゝ殘《のこ》し、あとをせん切《ぎ》りにしておきます。

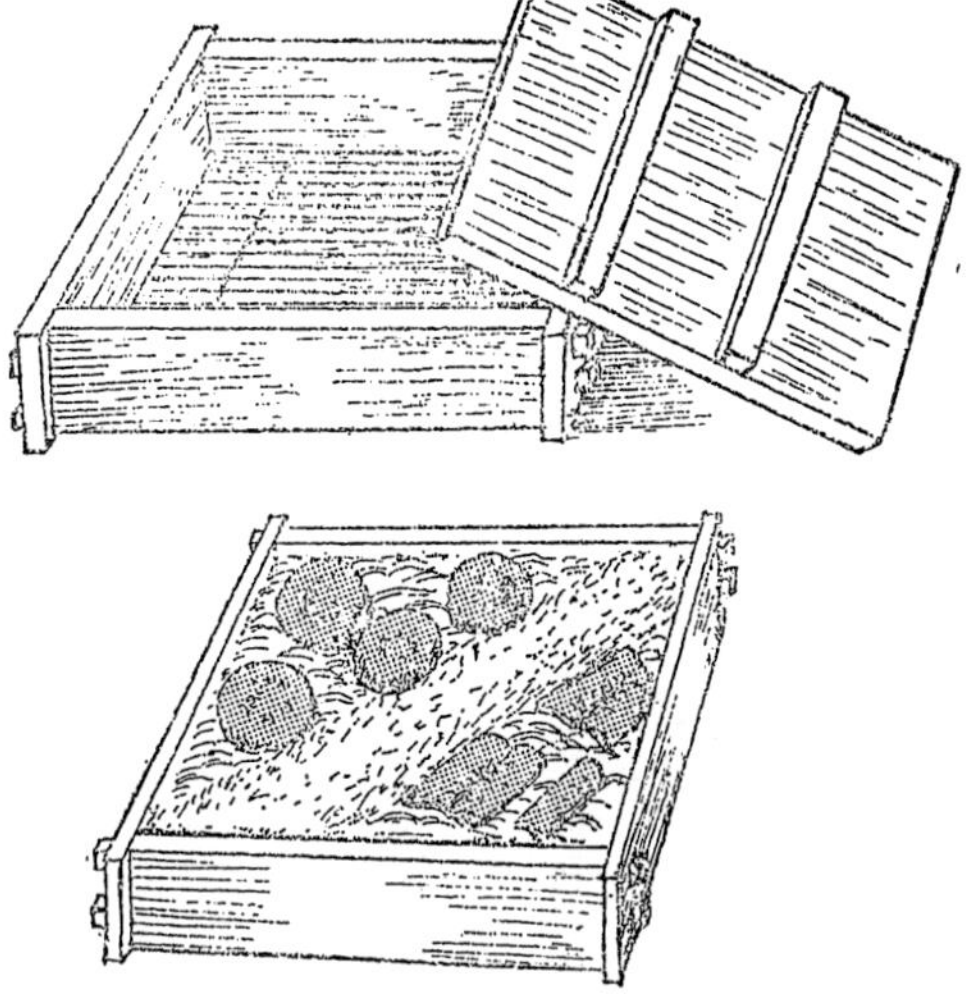

（第十四圖）むしずしと道具

干瓢＝鹽揉《しほも》みをして、ざつと茹《ゆ》で、軟《やはら》かくなつたところで、椎茸《しひたけ》と同《おな》じやうに味《あぢ》をつけます。椎茸《しひたけ》と一緒《しよ》に煮《に》ても結構《けつこう》です。但《たゞ》し干瓢《かんぺう》は、あまり軟《やはら》かく煮《に》ると不味《まづ》くなります。これも小口《こぐち》から、細《ほそ》く刻《きざ》んでおきます。

穴子＝白燒《しらやき》にしましたものを、醬油《しやうゆ》と味醂《みりん》を等分《とうぶん》に合《あは》せ、穴子《あなご》の中骨《なかぼね》を入《い》れて煮詰《につ》めたたれを、二三回《くわい》つけて燒《や》き上《あ》げます。（二十三頁《ページ》參照《さんせう》）これは、三四分《ぶ》くらゐの長《なが》さに切《き》り揃《そろ》へます。

金絲玉子＝玉子《たまご》をほぐして、味醂《みりん》または、煮出汁《だし》少々《せう〱》を割《わ》り込《こ》み、鹽《しほ》、砂糖《さたう》で味《あぢ》をつけましたら、燒《やき》

鍋《なべ》で薄燒《うすやき》にいたします。それを一寸《すん》くらゐの長《なが》さに、絲《いと》のやうに細《ほそ》く刻《きざ》みます。

海老おぼろ＝海老《えび》を、鹽《しほ》を一撮《ひとつま》み入《い》れた熱湯《ねつたう》で茹《ゆ》で、皮《かは》を剝《む》いて細《こまか》く叩《たゝ》き、味醂《みりん》と鹽《しほ》で淡味《うすあぢ》をつけて、ばらりと煎《い》り上《あ》げます。

海老《えび》の代《かは》りに、白身《しろみ》の魚《さかな》を蒸《む》し、肉《にく》をほぐして淡味《うすあぢ》をつけ、食紅《しよくべに》で淡《うす》く色《いろ》をつけても結構《けつこう》です。

むしずしの作り方

蒸《む》すには蒸籠《せいろう》の形《かたち》に作《つく》つた、第《だい》十四圖《づ》のやうなものを用《もち》ひます。しかし茶碗蒸《ちやわんむ》しの茶碗《ちやわん》でも、丼《どんぶり》でも、蓋《ふた》のある器《うつは》でさへあれば、何《なん》でもよろしいのです。

まづすし飯《めし》に、椎茸《しひたけ》と干瓢《かんぺう》の刻《きざ》んだのを混《ま》ぜ、器《うつは》に輕《かる》くふうわりと詰《つ》めます。その上《うへ》に金絲《きんし》玉子《たまこ》を、御飯《こはん》が見《み》えないくらゐに被《かぶ》せ、挿畫《さふぐわ》のやうに椎茸《しひたけ》三四枚《まい》と、穴子《あなご》の蒲燒《かばやき》二三片《きれ》を載《の》せ、よく湯氣《ゆげ》の立《た》つてゐる蒸《せい》籠《ろう》に入《い》れて、十五分間《ふんかん》ほど蒸《む》します。

よく蒸《む》し上《あ》げたところで、海老《えび》おぼろと、酢《す》に漬《つ》けた生姜《しやうが》を、體裁《ていさい》よく載《の》せ、蓋《ふた》をして、溫《あたゝ》かいうちにすすめます。

冷御飯《ひやごはん》でする場合《はあひ》は、溫《あたゝ》かい御飯《ごはん》の場合《はあひ》と同《おな》じ酢《す》を、御飯《ごはん》にふりかけて充分《じうぶん》に混《ま》ぜ、これを蒸《む》し上《あ》げます。

一度《ど》に澤山《たくさん》作《つく》る場合《はあひ》には、蒸籠《せいろう》なり御飯蒸器《ごはんむし》なりへ、直《ぢか》に御飯《ごはん》を入《い》れて蒸《む》します。かうすれば、御飯《ごはん》を蒸《む》し返《かへ》すと同《おな》じ手間《てま》で、美味《おい》しいおすしが出來上《できあが》ります。

(3)

ひなずしの美味しい作り方

東京《とうきやう》ではあまりいたしませんが、關西《くわんさい》ではひなずしといつて、三月《ぐわつ》のお節句《せつく》には、いろ〳〵に細工《さいく》をしたすしを作《つく》ります。材料《ざいれう》は、普通《ふつう》のすしに用《もち》ひるものと變《かは》りませんが、形《かたち》が違《ちが》つてゐますので、子供衆《こどもしゆ》に喜《よろこ》ばれます。またお配物《くばりもの》としても、なか〳〵趣《おもむき》のあるものです。これは桃《もゝ》の花《はな》とか櫻《さくら》とか、蛤《はまぐり》とか、つまり雛祭《ひなまつり》に縁《えん》のあるもの、または春《はる》に因《ちな》んだものなどに模《かたど》つて、美《うつく》しく作《つく》るのであります。

すし飯の作り方

すしは、何《なに》ずしにいたしましても、御飯《ごはん》の出來《でき》がよくなくては、美味《おい》しいものはできません。こゝでも、大阪《おほさか》ずしに倣《なら》つてうまく炊《た》き、酢《す》を混《ま》ぜ合《あは》せておきます。

すしの材料

これに用《もち》ひます材料《ざいれう》は、生《なま》のまゝと、煮《に》るか燒《や》くかして使《つか》ふものとがあります。

生物＝いづれも、おろし身《み》にして鹽《しほ》をあて、暫《しばら》く酢《す》に漬《つ》けておいて用《もち》ひます。漬《つ》ける時間《じかん》は、魚《さかな》の大小《だいせう》によつて違《ちが》ひますが、大《おほ》きなものでは二三十分《ぷん》、小《ちひさ》いものは、ほんのちよつと、酢《す》をくゞらせるくらゐで結《けつ》構《こう》です。赤貝《あかがひ》も、生《なま》で用《もち》ひます。これは貝《かひ》からはがし、二枚《まい》に開《ひら》いて、腸《わた》を除《と》り、鹽水《しほみづ》で綺麗《きれい》に洗《あら》つて、ちよつと酢《す》をくゞらせます。

穴子＝これもすしには附物《つきもの》のやうになつてゐます。白燒《しらやき》にしたものを、おしずし(二十三頁《ページ》)の場合《はあひ》と同《おな》

じに燒《や》き上《あ》げます。

海老＝丸《まる》のまゝ、鹽《しほ》を少々《せうく》加《くは》へた熱湯《ねつたう》に入《い》れ、手《て》早《はや》く茹《ゆ》でゝおきます。

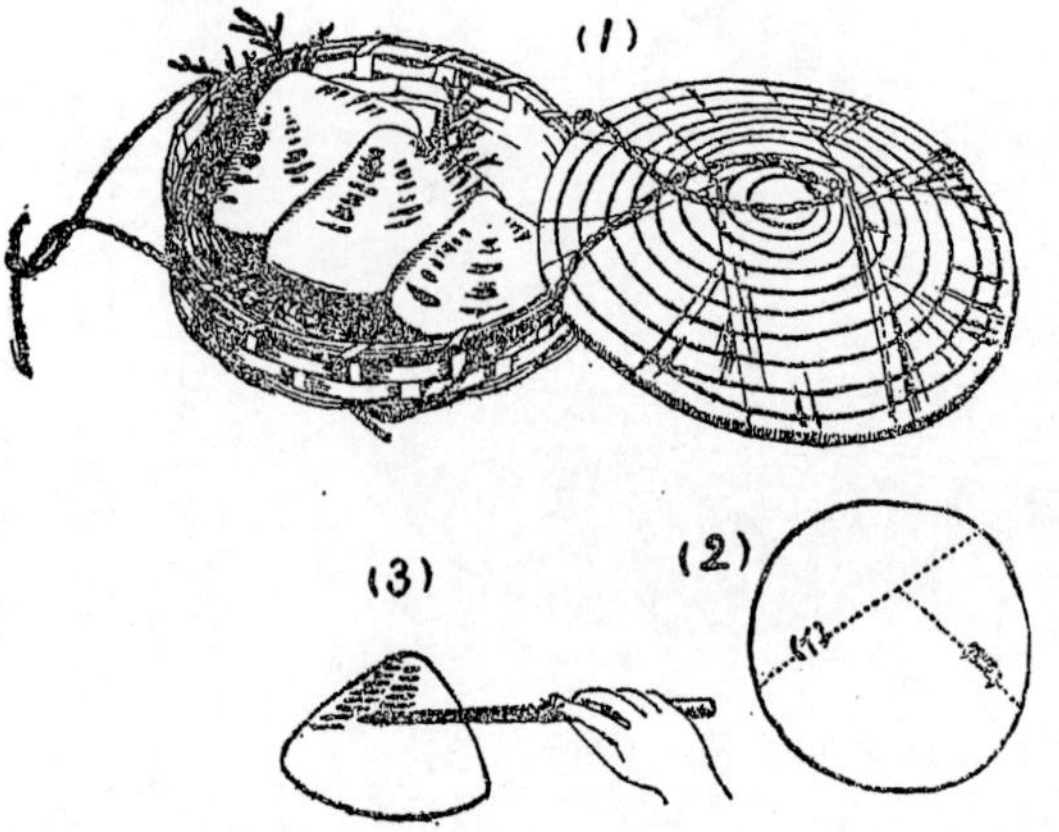

(第十五圖) 蛤ずし作り方

おぼろ＝海老《えび》の茹《ゆ》でたのを、細《こま》く身《み》を叩《たゝ》いて、鹽《しほ》、味醂《みりん》で味《あぢ》をつけ、汁氣《しるけ》のなくなるまで、ぱらりと煎《い》り上《あ》げます。

玉子《たまご》のおぼろは、厚燒《あつやき》にした玉子《たまご》(二十三頁《ペーヂ》參照《さんせう》)を裏漉《うらごし》にかけて用《もち》ひます。

椎茸と干瓢＝水煮《みづに》にして、煮出《だ》汁《し》、(椎茸《しひたけ》をもどした汁《しる》)味《み》醂《りん》、砂糖《さたう》、醤油《しやうゆ》でゆつくりと煮上《にあ》げ、細《こま》く刻《きざ》んで用《もち》ひます。

ひなずしの作り方

蛤ずし＝これは、玉子《たまご》を圓《まる》く燒《や》いて、その中《なか》にすし飯《めし》を包《つゝ》み入《い》れ、第《だい》十五圖《づ》(1)のやうに、蛤《はまぐり》の恰好《かつかう》に拵《こしら》へたものであります。どなたにも造作《ざうさ》なくできて、しかも、なか〳〵氣《き》の利《き》いたものです。

玉子燒《たまごやき》は、玉子《たまご》だけでは固過《かたす》ぎて、自由《じいう》な形《かたち》に扱《あつか》へませんが、魚《さかな》の擂身《すりみ》を少々《せうく》混《ま》ぜると、ほどよい軟《やは》かさになります。擂身《すりみ》のない場合《ばあひ》は、煮出《だ》汁《し》を入《い》れて緩《ゆる》めます。

それに砂《さ》糖《たう》、鹽《しほ》、味《み》醂《りん》、味《あぢ》の素《もと》などを加《くは》へて、ほどよく味《あぢ》を調《とゝの》へます。用意《ようい》ができましたら、まづフライ鍋《パン》へ、厚《あつ》み一分《ぶ》、直徑《ちよくけい》三四寸《すん》くらゐの圓形《ゑんけい》に流《なが》し、色《いろ》よく燒《や》けたところで、溫《あたゝ》かいうちに、（2）圖《づ》（イ）の點線《てんせん》通《とほ》りに。燒目《やきめ》のつかぬ方《はう》を表《おもて》にして裏側《うらがは》へ折《を》り。次《つぎ》に（ロ）の點線《てんせん》を同《おな》じく裏《うら》へ折《を》り曲《ま》げます。すると一方《はう》が山形《やまがた》になりますから、その折山《をりやま》を中心《ちうしん》として、燒火箸《やけひばし》で（3）のやうに燒目《やきめ》をつけます。丁度《ちやうど》蛤《はまぐり》の貝《かひ》のやうになりますから、折《を》りたゝんだまゝ、中《なか》へすし飯《めし》を詰《つ》めます。

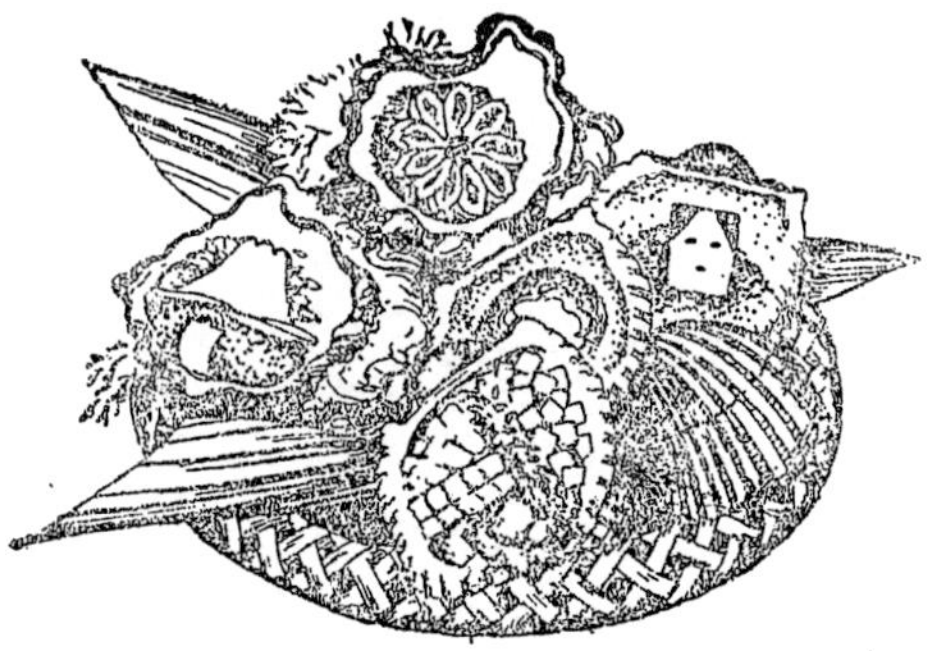

（第十六圖）貝ずしのいろいろ

尚《な》ほすし飯《めし》には、干瓢《かんぺう》や椎茸《しひたけ》の細《こま》く刻《きざ》んだのを混《ま》ぜると、大《たい》そう美味《おい》しく食《た》べられます。

貝ずし＝これはいろ〳〵な貝《かひ》の殼《から》へ、すし飯《めし》を詰《つ》めたもので、貝《かひ》を開《あ》けると、中《なか》からおすしが出《で》るといふ趣向《しゆかう》です。貝《かひ》は蛤《はまぐり》、赤《あか》貝《かひ》、榮螺《さゞえ》等《など》の、なるべく大《おほ》きい貝殼《かひがら》を用《もち》ひます。

まづ貝殼《かひがら》を、內外《うちそと》とも鹽《しほ》をつけて、丁寧《ていねい》に洗《あら》ひ、よく水《みづ》をきつておきます。その貝殼《かひがら》の中《なか》へ、椎茸《しひたけ》と干瓢《かんぺう》を混《ま》ぜたすし飯《めし》を詰《つ》め、その上《うへ》に、金絲《きんし》玉子《たまご》、海苔《のり》、おぼろなどを手際《てぎは》よく盛《も》ります。つまり、ちらしのつもりで作《つく》ればよろしいのです。第《だい》十六圖《づ》のものは、赤貝《あかがひ》

と榮螺《さゞえ》を用《もち》ひました。

赤貝《あかがひ》の一《ひと》つには、二分《ぶ》くらゐの賽《さい》の目《め》に切《き》つた厚燒《あつやき》玉子《たまご》と、揉《も》み海苔《のり》と、海老《えび》のおぼろと、穴子《あなご》の燒《や》いたのとを盛《も》りました。一《ひと》つには、赤貝《あかがひ》のそぎ身《み》と、グリーンピースを裏漉《うらごし》したものと、玉子燒《たまごやき》のおぼろにしたのを、美《うつく》しく盛《も》りました。もう一《ひと》つは、玉子燒《たまごやき》と、海老《えび》おぼろ、グリーンピースなどで、雛《ひな》を模《かたど》つて飾《かざ》りました。

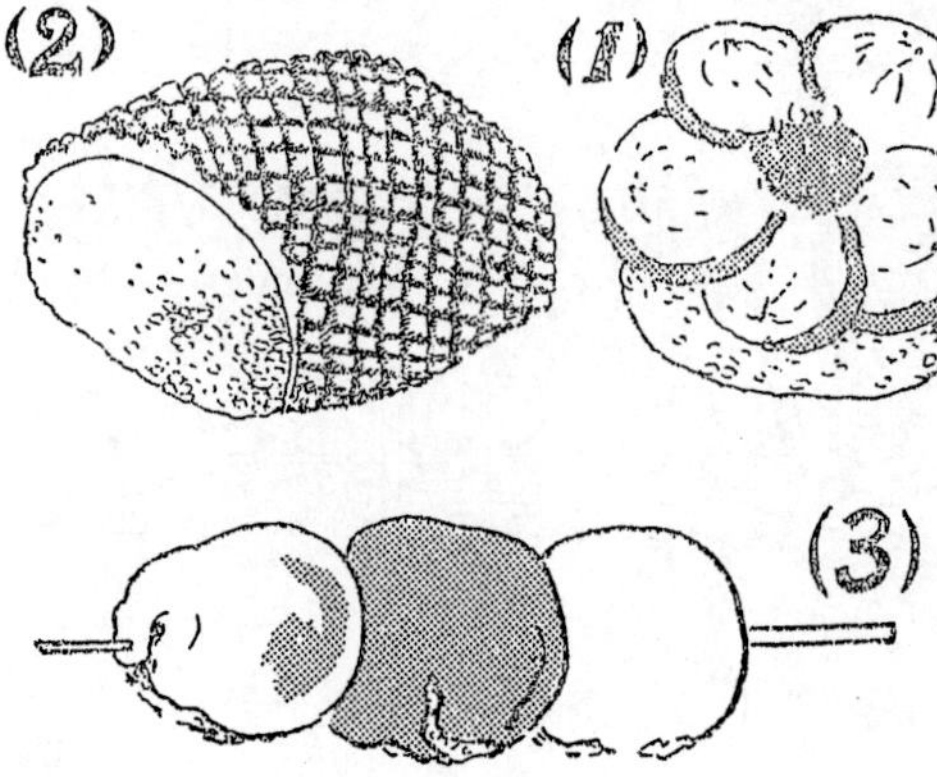

（第十七圖）細工ずし三種（一）

榮螺《さゞえ》の方《はう》は、一《ひと》つには、金絲《きんし》玉子《たまご》を一面《めん》に並《なら》べて、その上《うへ》に、海老《ゑび》を八重櫻《やへざくら》の花《はな》のやうに並《なら》べ、花《はな》の心《しん》に海老《えび》のおぼろをおきました。もう一《ひと》つは、富士山《ふじさん》を寫《うつ》したものです。山《やま》は厚燒《あつやき》玉子《たまご》で作《つく》り、空《そら》は揉《も》み海苔《のり》を用《もち》ひ、針魚《さより》の細作《ほそづく》り、海老《ゑび》おぼろなどで、裾《すそ》野《の》や海原《うなばら》の景色《けしき》を出《だ》しました。

桃花ずし＝すし飯《めし》を丸《まる》く握《にぎ》り、その上《うへ》に、海老《ゑび》で桃《もゝ》の花《はな》を作《つく》ります。

海老《えび》は車海老《くるまえび》を鹽茹《しほゆで》にして皮《かは》を剝《む》き、小口《こぐち》から一分《ぶ》くらゐの厚《あつ》さに切《き》り、第《だい》十七圖《づ》（1）のやうに五つ並《なら》べて、花《はな》にします。花《はな》の

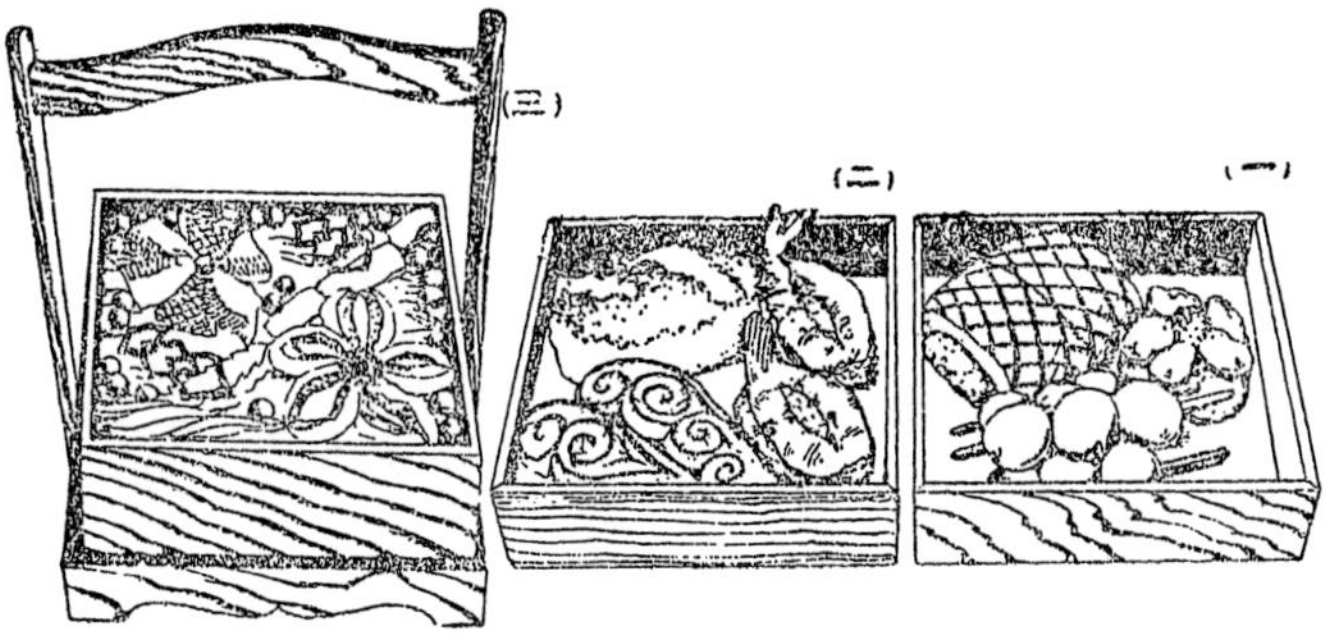

(第十八圖) 細工ずしの盛り方

心《しん》は、玉子《たまご》のおぼろを後《あと》からおきます。これは最初《さいしょ》に、濡布巾《ぬれぶきん》の上《うへ》に海《え》老《び》を花《はな》の形《かたち》に並《なら》べておき、その上《うへ》に輕《かる》く握《にぎ》つたすし飯《めし》を載《の》せて、布巾《ふきん》ごと握《にぎ》ると造作《ざうさ》なく、恰好《かつかう》よく出來《でき》上《あが》ります。

みたらしずし＝團子《だんご》の形《かたち》に作《つく》つた子供《こども》さんに喜《よろこ》ばれるおすしです。色《いろ》を白《しろ》、赤《あか》、青《あを》の三色《しよく》にします。

白《しろ》は鯛《たひ》を用《もち》ひます。まづ鯛《たひ》を三枚《まい》におろし、鹽《しほ》をばらりとふつて、二十分《ぶん》くらゐ酢《す》に漬《つ》けておきます。次《つぎ》に、これを一寸《すん》五六分《ぶ》の方形《はうけい》に薄《うす》くそぎ身《み》に作《つく》り、それを皮《かは》にして、中《なか》にすし飯《めし》を入《い》れ、小《ちひさ》く團子《だんご》の形《かたち》に包《つゝ》み、口《くち》を丁寧《ていねい》に合《あは》せます。

赤《あか》は、赤貝《あかがひ》を薄《うす》くそぎ身《み》にし、それを團子《だんご》の皮《かは》にして握《にぎ》ります。赤貝《あかがひ》は、ちよつと酢《す》にくゞらせて用《もち》ひます。

青《あを》は、白《しろ》と同《おな》じに作《つく》つた鯛《たひ》の作《つく》り身《み》に、グリーンピースの裏漉《うらごし》したのを塗《ぬ》り、青豆《あをまめ》を塗《ぬ》つた方《はう》を中《なか》にとつて、すし飯《めし》を詰《つ》めます。

できましたら、第《だい》十七圖《ず》(3)のやうにして、白《しろ》、赤《あか》、青《あを》と三《みつ》つづゝ並《なら》

べ、青竹《あをだけ》の細《ほそ》い串《くし》に刺《さ》します。

鹿の子ずし＝これは第《だい》十七圖《ず》(2)のやうに烏賊《いか》で作《つく》ります。まづ、烏賊《いか》の足《あし》や腸《わた》を除《と》り、よく水洗《みづあら》ひして皮《かは》を剝《む》き、胴《どう》を一枚《まい》に切《き》り開《ひら》いて、縦横《たてよこ》に一分《ぶ》くらゐの庖丁目《はうちやうめ》を入《い》れます。切《き》り離《はな》してはいけません。さうしましたら、ぐら〳〵と煮立《にた》つてゐる湯《ゆ》の中《なか》をくゞらせ、ざつと茹《ゆ》でゝ引《ひ》き上《あ》げます。

それを味醂《みりん》、醬油《しやうゆ》、煮出汁《だし》で、甘煮《うまに》よりやゝ淡味《うすあぢ》に、さつと煮《に》上《あ》げます。長《なが》く煮《に》ると烏賊《いか》が硬《かた》くなつてしまひます。

かうして煮《に》た烏賊《いか》の汁氣《しるけ》をとり、切目《きりめ》の方《はう》を下《した》にして、布巾《ふきん》の上《うへ》に擴《ひろ》げ、これにすし飯《めし》をほどよく載《の》せて卷《ま》きます。出來上《できあが》りましたら、適宜《てきぎ》の大《おほ》きさに切《き》り分《わ》けます。

第《だい》十八圖《ず》(一)にありますのは、桃《もゝ》の花《はな》とみたらしと、鹿《か》の子《こ》の三種《みいろ》を、小《ちひさ》い雛重《ひなぢう》に盛《も》り合《あは》せたものです。

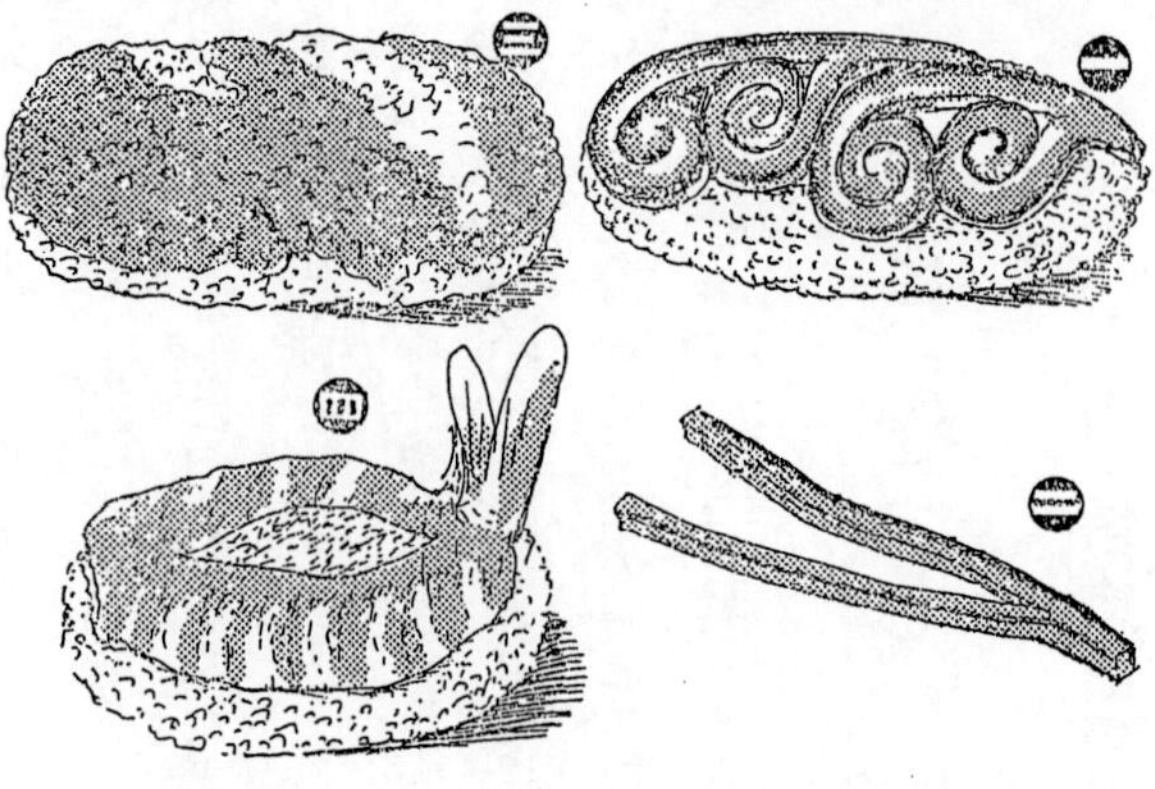

(第十九圖) 細工ずし三種(二)

春海ずし＝第《だい》十九圖《づ》(一)のやうに、魚《さかな》の作《つく》り身《み》で波頭《なみがしら》を見《み》せます。白身《しろみ》の魚《さかな》を三枚《まい》におろし、皮《かは》を除《と》つ

て薄鹽《うすじほ》をあて、充分鹽《じうぶんしほ》が廻《まは》つたところで、手早《てはや》く洗《あら》つて酢《す》にくゞらせ、幅《はゞ》二分《ぶ》、(皮附《かはつ》きの方《はう》)長《なが》さ二寸《すん》五分《ぶ》、厚《あつ》み二三分《ぶ》に切《き》り分《わ》け、(二)のやうに切目《きりめ》を入《い》れます。それを二片《ふたきれ》づゝ使《つか》つて、(一)のやうな恰好《かつかう》に卷《ま》き、細長《ほそなが》いにぎりずしの上《うへ》に並《なら》べます。

かすみずし＝春霞《はるがすみ》のたなびく、遠山《とほやま》の感《かん》じを出《だ》します。濡布巾《ぬれぶきん》の上《うへ》に、海老《えび》と玉子《たまご》のおぼろを(三)の要領《えうりやう》でおき、その上《うへ》に。俵形《たはらがた》にしたすし飯《めし》を載《の》せて、布巾《ふきん》ごと輕《かる》く握《にぎ》ります。形《かたち》ができましたら、上《うへ》からおぼろをかけて仕上《しあ》げます。

磯の香ずし＝車海老《くるまえび》を鹽茹《しほゆで》にし、尾《を》だけ殘《のこ》して皮《かは》を剝《む》きましたら、腹部《ふくぶ》に庖丁《はうちやう》を入《い》れて身《み》を一枚《まい》に開《ひら》き、背中《せなか》にすつと切目《きりめ》をつけます。兩端《りやうはし》を切《き》り離《はな》してはいけません。皮附《かはつ》きを外《そと》にして、(四)のやうな海老《えび》のにぎりを作《つく》り、中央《ちうあう》に玉子《たまご》のおぼろを載《の》せます。三通《みとほ》りとも出來上《できあが》りましたら、第《だい》十八圖《づ》(二)のやうに雛重《ひなぢう》に入《い》れて、前《まへ》の(一)の重《ぢう》、(三)の重《ぢう》のちらしと共《とも》に供《きやう》します。

四、卷ずし、いなりずしの作り方

(1) 東京風の卷ずしの作り方

すし飯と材料

すし飯の作り方＝まづ、いつものやうにして、すし飯《めし》を炊《た》きます。かけ酢《ず》は、一升《しよう》の御飯《ごはん》について、酢《す》凡《およ》そ一合《がふ》、鹽《しほ》と砂糖《さたう》を大匙《おほさじ》各《おのおの》一杯《ぱい》くらゐの割《わり》に混《ま》ぜます。御飯《ごはん》を盤《はん》臺《だい》に移《うつ》しましたら、かけ酢《ず》をかけて手《て》早《はや》く混《ま》ぜ、團扇《うちは》で扇《あふ》いで冷《さま》します。

材料の作り方＝卷《まき》ずしには、干瓢《かんぺう》、穴子《あなご》、鮪《まぐろ》などを多《おほ》く用《もち》ひます。

干瓢＝鹽《しほ》揉《も》みをして洗《あら》ひ、爪《つめ》が通《とほ》るくらゐに茹《ゆ》でゝ水氣《みづけ》をきり、醬油《しやうゆ》、煮出汁《だし》、味醂《みりん》、砂糖《さたう》を合《あは》せて、充分《じうぶん》に味《あぢ》が沁《し》みるまで煮《に》込《こ》みます。（十八頁《ページ》參照《さんせう》）

それを笊《ざる》に上《あ》げて煮汁《にじる》をきり、海苔《のり》の寸法《すんぽふ》通《どほ》りに切《き》り揃《そろ》へます。

穴子＝背開《せびら》きにして鹽《しほ》をふり、よく洗《あら》つて水氣《みづけ》を除《のぞ》いたところで、醬油《しやうゆ》、砂糖《さたう》、味醂《みりん》、煮出汁《だし》少々《せうせう》で手《て》早《はや》く煮《に》上《あ》げ、（十一頁《ページ》參照《さんせう》）縦《たて》に二《ふた》つまたは三《みつ》つに割《わ》ります。

鮪＝肋《あばら》の肉《にく》が、海苔《のり》卷《まき》に一番《ばん》よいといはれてゐますが、普通《ふつう》の肉《にく》でも差支《さしつかへ》ありません。にぎりにとつたあとの切出《きりだ》しなどを、適宜《てきぎ》に應用《おうよう》して頂《いただ》きます。これは三分《ぶ》角《かく》くらゐの拍子《ひやうし》木《ぎ》形《がた》に切《き》つておき、長《なが》さは海苔《のり》に合《あは》せて、ほどよく足《た》し加《くは》へます。

尚《な》ほこの他《ほか》に、玉子《たまご》燒《やき》、おぼろ、椎茸《しひたけ》、（小口《こぐち》からせん切《ぎ》りにする。）なども結構《けつこう》です。

海苔の燒き方

海苔《のり》卷《まき》ずしの味《あぢは》ひは海苔《のり》にあります。海苔《のり》の味《あぢは》ひは、また燒《や》き方《かた》一《ひと》つにあります。

上手《じやうず》に燒《や》けた海苔《のり》なら、御飯《ごはん》を卷《ま》いてから、べと〳〵になるやうなことはありませぬ。（十八頁《ページ》參照《さんせう》）一旦《たん》燒《や》いたものはブリキの罐《くわん》に入《い》れておきます。

太卷《ふとまき》ならば、海苔《のり》一枚《まい》を用《もち》ひますが、細卷《ほそまき》ならば眞中《まんなか》から二枚《まい》に切《き》り分《わ》けます。

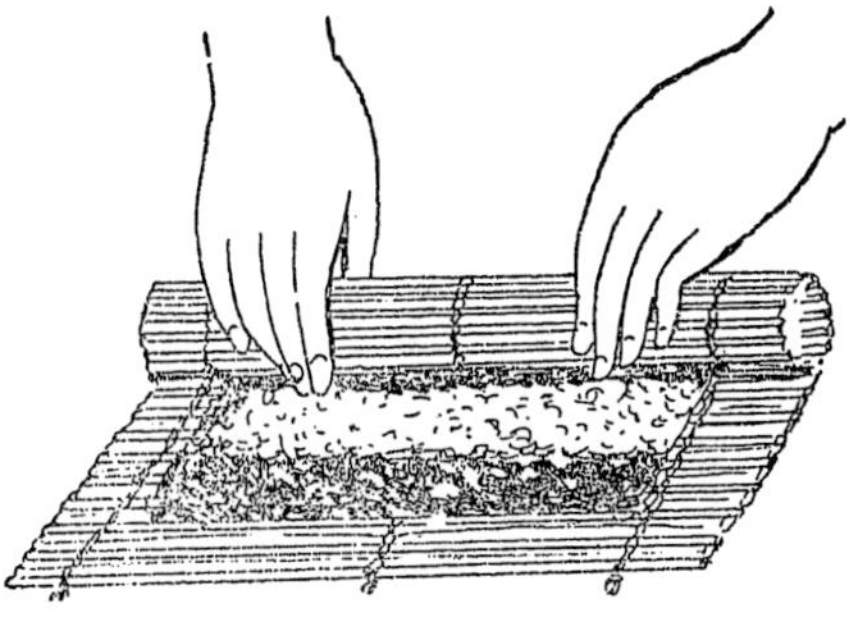

（第二十圖）卷ずしの作り方

海苔卷の作り方

鐵砲卷＝これは細卷《ほそまき》ですから、簾《すだれ》は幅《はゞ》の狹《せま》い方《はう》が卷《ま》き易《やす》いのですが、普通《ふつう》のものでも差支《さしつかへ》ありません。簾《すだれ》は、水氣《みづけ》がないやうにしておきます。海苔《のり》の燒目《やきめ》を上《うへ》にして、簾《すだれ》の上《うへ》に平《たひら》に載《の》せ、（半分《はんぶん》にした方《はう》を縦向《たてむき》にとる。）手前側《てまへがは》を一分《ぶ》、向側《むかうがは》を二三分《ぶ》くらゐ殘《のこ》して。御飯《ごはん》を一分《ぶ》の厚《あつ》みに一面《めん》に擴《ひろ》げます。このとき材料《ざいれう》を入《い》れる眞中《まんなか》どころを、少々《せう〳〵》くぼめるやうにせねばなりませぬ。

次《つぎ》に干瓢《かんぺう》を四本《ほん》くらゐ載《の》せ、海苔《のり》を簾《すだれ》よりも一分《ぶ》ばかり手前《てまへ》に引《ひ》き、兩手《りやうて》で干瓢《かんぺう》のところを押《おさ》へながら、第二十圖《だいづ》のやうに一返《ひとかへ》しゝて簾《すだれ》を外《はづ》し、手前《てまへ》の方《はう》から、くるりと四返《かへ》しで卷《ま》いて、簾《すだれ》できゆつと卷《ま》きしめます。但《たゞ》し無暗《むやみ》に力《ちから》を入《い》れると、御飯《ごはん》が固《かた》く、不味《まづ》くなりますから、兩手《りやうて》で簾《すだれ》の兩端《りやうはし》を持《も》ち、ちよつと弓形《ゆみがた》に、向側《むかうがは》へ曲《ま》げるやうにします。すると材料《ざいれう》が眞中《まんなか》に入《はひ》り、ふつくりした鐵砲卷《てつぱうまき》が出來上《できあが》りますから、一本《ほん》を

三《みつ》つか四《よつ》つに切《き》つて、あとの穴子巻《あなごまき》と共《とも》に、にぎりずしに附《つ》け合《あは》せます。

穴子巻＝簾《すだれ》の上《うへ》に海苔《のり》を載《の》せて、前《まへ》のやうに御飯《ごはん》を一面《めん》に擴《ひろ》げ、穴子《あなご》の頭側《かしらがは》と尾《を》とを交互《かうご》に合《あは》せ、御飯《ごはん》の眞中《まんなか》どころに一列《れつ》に竝《なら》べて、前《まへ》のやうに海苔《のり》でぐるつと巻《ま》き込《こ》み、簾《すだれ》できゆつと巻《ま》きしめます。これは、細巻《ほそまき》ならば三《みつ》つか四《よつ》つ、太巻《ふとまき》ならば五六分《ぶ》の長《なが》さに切《き》り揃《そろ》へます。

てつくわ巻＝鮪《まぐろ》を入《い》れた細巻《ほそまき》ずしのことで、山葵《わさび》を利《き》かした鐵火巻《てつくわまき》はまことに美味《おい》しいものです。作《つく》り方《かた》は鐵砲巻《てつはうまき》と同《おな》じです。しかし生魚《なまざかな》や卸《おろ》し山葵《わさび》を用《もち》ひますので、手早《てはや》く巻《ま》き上《あ》げませんと、海苔《のり》が濕《しめ》つて、香味《かうみ》を失《うしな》ひます。

まづ簾《すだれ》の上《うへ》に海苔《のり》を載《の》せ、前《まへ》のやうに御飯《ごはん》を擴《ひろ》げたところで、その上《うへ》に卸《おろ》し山葵《わさび》を薄《うす》すりと塗《ぬ》り、眞中《まんなか》どころに鮪《まぐろ》を一本《ほん》だけ載《の》せて、前《まへ》のやうにくるりと巻《ま》き込《こ》み、簾《すだれ》できゆつと巻《ま》きしめます。これは、三《みつ》つか四《よつ》つに切《き》つて、他《ほか》のものと盛《も》り合《あは》せにするか、五つか六つ切《ぎ》りにして、第《だい》二十一圖《づ》のやうな恰好《かつかう》に竝《なら》べ、生姜《しやうが》と醬油《しやうゆ》を添《そ》へてすゝめます。

（第二十一圖）てつくわ巻

(2) 上方風の巻ずしの作り方

すし飯と材料

すし飯の作り方＝おしずしやひなずしと同《おな》じやうに、昆布《こぶ》の煮出汁《だし》で炊《た》きます。（二十二頁《ページ》參照《さんせう》）次《つぎ》に御飯《ごはん》を盤臺《はんだい》に移《うつ》し、いつものやうにして酢《す》を混《ま》ぜ合《あは》せます。

材料の作り方＝これは椎茸《しひたけ》、干瓢《かんぺう》、玉子《たまご》燒《やき》、海老《えび》おぼろ、高野《かうや》豆腐《どうふ》、三《み》つ葉《は》などを用《もち》ひます。

椎茸と干瓢＝椎茸《しひたけ》は軟《やはら》かくもどし、干瓢《かんぺう》は鹽揉《しほも》みをして茹《ゆ》で、醬油《しやうゆ》、味醂《みりん》、煮出汁《だし》、（椎茸《しひたけ》をもどした汁《しる》）砂《さ》糖《たう》で煮《に》上《あ》げてから、（十八、二十四頁《ページ》參照《さんせう》）いづれも細《こまか》に刻《きざ》みます。

玉子燒＝薄燒《うすやき》と厚燒《あつやき》を用《もち》ひます。十二頁《ページ》の薄燒《うすやき》、二十三頁《ページ》の厚燒玉子《あつやきたまご》の作《つく》り方《かた》を御參照《ごさんせう》の上《うへ》、それ〲用意《ようい》をして頂《いただ》きます。

尚《な》ほ薄燒玉子《うすやきたまご》は海苔《のり》くらゐの大《おほ》きさに、厚燒玉子《あつやきたまご》は三分《ぶ》角《かく》の、拍子木形《ひやうしぎがた》にしておきます。

海老おぼろ＝鹽茹《しほゆで》にして皮《かは》を剝《む》き、身《み》を細《こまか》く叩《たゝ》いて、味醂《みりん》と鹽《しほ》で味《あぢ》をつけ、食紅《しよくべに》少々《せう〱》を加《くは》へて、ばらつと煎《い》り上《あ》げます。（四十一頁《ページ》參照《さんせう》）

高野豆腐＝鉢《はち》か洗桶《あらひをけ》に高野《かうや》豆腐《どうふ》を一枚《まい》並《なら》べに並《なら》べ、重曹《ぢうさう》をばら〱撒《ま》いて、落《おと》し蓋《ぶた》を被《き》せ、その隙間《すきま》から、煮立《にた》つたお湯《ゆ》をたつぷり入《い》れて、豆腐《とうふ》の浮《う》き上《あが》らぬ程度《ていど》の壓石《おし》をかけ、暫《しばら》くそのまゝにしておきます。

高野豆腐《かうやどうふ》の固《かた》いときは、重曹《ぢうさう》をやゝ多目《おほめ》に入《い》れて、二十分間《ぶんかん》くらゐ、比較的柔《ひかくてきやはら》かいときは、重曹《ぢうさう》を控目《ひかへめ》に入《い》れて十分間《ぶんかん》くらゐ浸《ひた》します。

次《つぎ》に蓋《ふた》を除《のぞ》き、この湯《ゆ》の中《なか》で、(熱《あつ》い場合《はあひ》は水《みづ》を少々《せうく》入《い》れる。)高野豆腐《かうやどうふ》を一《ひと》つづゝ左掌《ひだりて》に載《の》せて、右手《みぎて》の拇《おや》指《ゆび》と小指《こゆび》を除《のぞ》いた三指《みゆび》で、輕《かる》く揉《も》むやうに壓《お》します。そして、新《あたら》しく水《みづ》を取《と》り換《か》へては、三回《くわい》ほど繰返《くりかへ》して洗《あら》ひ、豆腐《とうふ》から白《しろ》い水《みづ》が出《で》なくなるまで洒《さら》しますと、ふつくりと膨《ふく》らんできます。最後《さいご》に、充分壓《じうぶんお》して水氣《みづけ》をきり、煮出汁《だし》をたつぷり注《さ》して、砂糖《さたう》を多目《おほめ》に、醬油《しやうゆ》と鹽《しほ》とで味《あぢ》をつけ、落《おと》し蓋《ぶた》をして中火《ちうび》にかけ、一時間《じかん》くらゐ、ゆつくりと煮上《にあ》げます。すると汁《しる》がよく沁《し》みて甘鹹《あまから》く、大《たい》そう軟《やはら》かくなりますから、水氣《みづけ》を自然《しぜん》にきつて暫《しばら》く冷《さま》し、三四分角《ぶかく》くらゐの拍子木形《ひやうしぎがた》に、縱向《たてむき》に切《き》り揃《そろ》へて用《もち》ひます。

三つ葉＝丈《たけ》を揃《そろ》へて、熱湯《ねつたう》でさつと茹《ゆ》で、水氣《みづけ》をよくきつて用《もち》ひます。手近《てぢか》に得《え》られぬときは、お省《はぶ》きになつても差支《さしつかへ》ありません。

海苔＝東京流《とうきやうりう》にすると燒《や》いて用《もち》ひますが、上方流《かみがたりう》は燒《や》かずに、そのまゝ直《たゞ》ちに使《つか》ひます。

巻ずしの作り方

海苔巻＝これは椎茸《しひたけ》、干瓢《かんぺう》、厚燒玉子《あつやきたまご》、三《み》つ葉《は》などを入《い》れた、太卷《ふとまき》のおすしであります。簾《すだれ》の上《うへ》に海苔《のり》を載《の》せ、手前《てまへ》を一分《ぶ》、先方《せんぽう》を一寸《すん》五六分《ぶ》殘《のこ》して、海苔《のり》の上《うへ》に御飯《ごはん》を二分《ぶ》くらゐの厚《あつ》さに擴《ひろ》げ、眞中《まんなか》よりやゝ手前《てまへ》どころの御飯《ごはん》を減《へら》して、そこだけを少々《せうく》くぼませておきます。

次《つぎ》に椎茸《しひたけ》と干瓢《かんぺう》を薄《うす》く一杯《ぱい》に擴《ひろ》げ、中《なか》ほどに厚燒玉子《あつやきたまご》一本《ほん》を載《の》せて、その上《うへ》に三《み》つ葉《は》をほどよく並《なら》べ、鐵《てつ》砲卷《ほうまき》のやうにして、手前《てまへ》からくるりと卷《ま》き込《こ》み、簾《すだれ》できゆつと卷《ま》きしめます。出來上《できあが》りましたら、三四分《ぶ》くらゐの厚《あつ》みに小口《こぐち》から切《き》り、おしずしなどゝ共《とも》にすゝめます。

伊達卷＝これは玉子《たまご》の薄燒《うすやき》で、海老《えび》のおぼろと椎茸《しひたけ》を入《い》れた海苔《のり》の細卷《ほそまき》を、第《だい》二十二圖《づ》のやうにして卷《ま》き込《こ》みます。

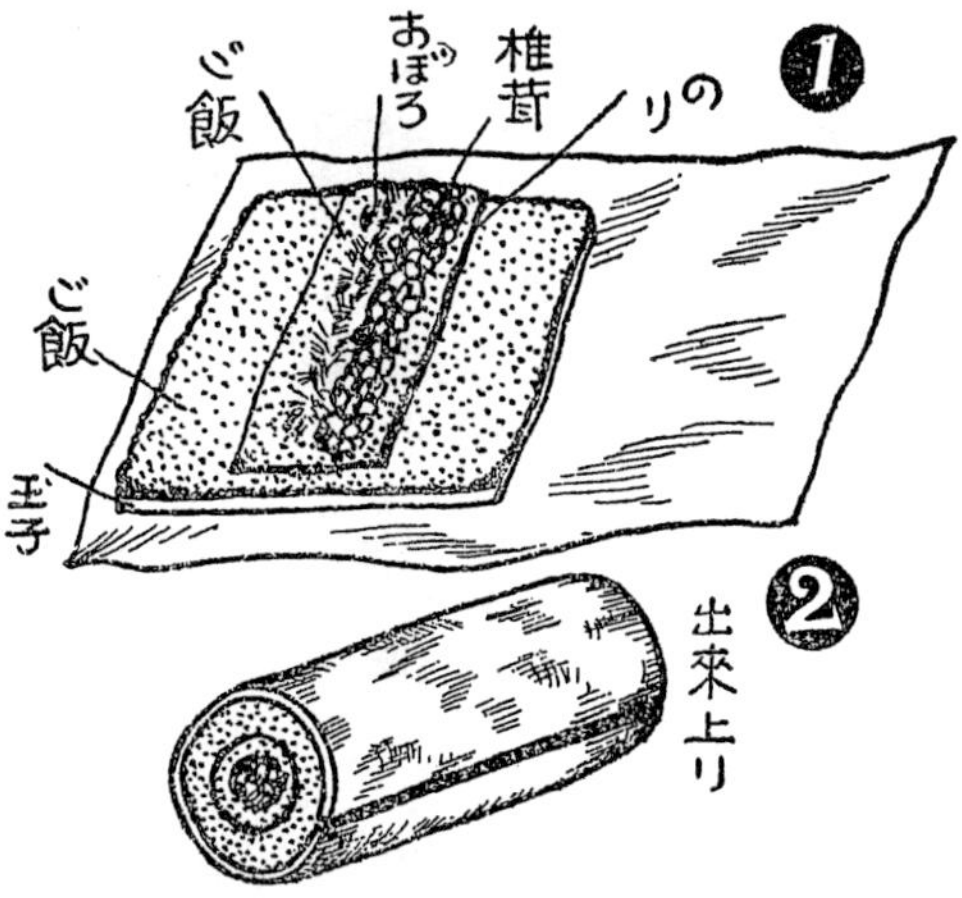

(第二十二圖)　伊達卷の作り方

濡布巾《ぬれぶきん》の上《うへ》に薄燒玉子《うすやきたまご》を載《の》せ、玉子《たまご》の上《うへ》に、御飯《ごはん》を厚《あつ》さ三分《ぶ》くらゐに擴《ひろ》げましたら、その眞中《まんなか》に、半分《はんぶん》に切《き》つた海苔《のり》を(1)のやうに載《の》せて、海苔《のり》の上《うへ》に御飯《ごはん》を、二分《ぶ》厚《あつ》みに擴《ひろ》げます。次《つぎ》に椎茸《しひたけ》とおぼろを圖《づ》のやうに載《の》せ、布巾《ふきん》と共《とも》に玉子《たまご》を持《も》ち上《あ》げて、向側《むかうがは》へくるりと卷《ま》き込《こ》み、(玉子《たまご》の兩端《りやうはし》が突合《つきあは》せになるだけの太《ふと》さに、御飯《ごはん》を厚《あつ》く擴《ひろ》げること。)(2)のやうに合《あは》せ目《め》が眞直《まつすぐ》になつたところで、布巾《ふきん》できゆつと卷《ま》きしめ、三四分《ぶ》の厚《あつ》みに小口《こぐち》から切《き》ります。これは接目《つぎめ》が離《はな》れぬやうに、特《とく》に注意《ちうい》を拂《はら》はねばなりません。

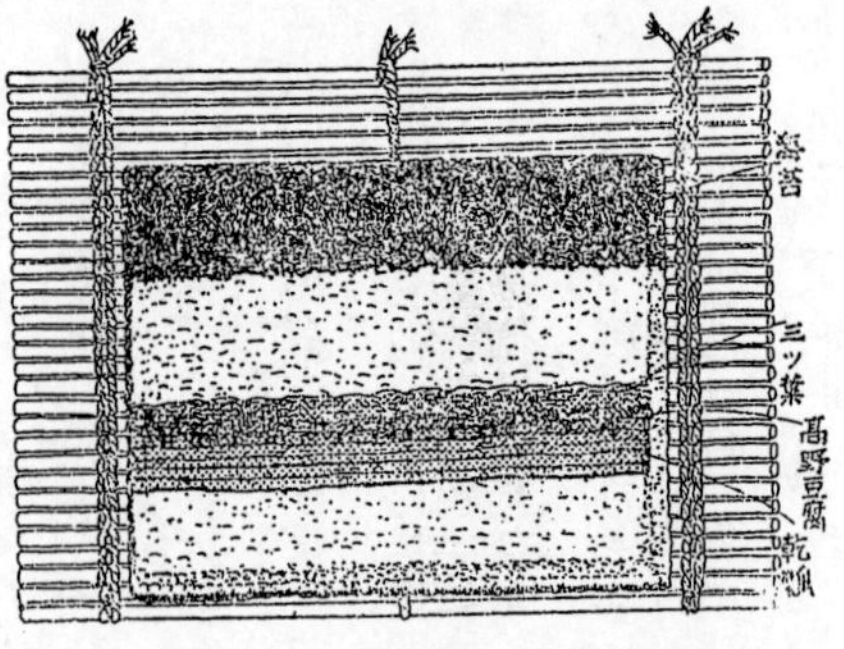

（第二十三圖）精進卷

精進卷＝干瓢《かんぺう》に椎茸《しひたけ》、高野《かうや》豆腐《どうふ》、三《み》つ葉《は》などを入《い》れた太卷《ふとまき》で、お彼《ひ》岸《がん》などの配物《くばりもの》によい、精進向《しやうじんむき》の海苔卷《のりまき》ずしであります。これは高野《かうや》豆腐《どうふ》の味加減《あぢかげん》一《ひと》つで、美味《おい》しくも、不味《まづ》くもなるのですから、前《まへ》のやうに上《じやう》手《ず》に作《つく》つて頂《いただ》きます。

簾《すだれ》を敷《し》いて海苔《のり》を載《の》せ、手前《てまへ》を一分《ぶ》、先方《せんぱう》を一寸《すん》五六分《ぶ》ほど殘《のこ》して、その上《うへ》に御飯《ごはん》を二分《ぶ》くらゐの厚《あつ》さに擴《ひろ》げ、第《だい》二十三圖《づ》のやうに、干瓢《かんぺう》、椎茸《しひたけ》、高野《かうや》豆腐《どうふ》、三《み》つ葉《は》などを、ほどよく並《なら》べます。

卷《ま》き方《かた》は、手前《てまへ》の簾《すだれ》を御飯《ごはん》と海苔《のり》との境目《さかひめ》に持《も》つてゆき、そこでちよつと掌《てのひら》で壓《お》し、海苔《のり》と海苔《のり》をぴつたり合《あは》せましたら、簾《すだれ》を離《はな》して、海《の》苔《り》を向側《むかうがは》へくるりと卷《ま》き込《こ》み、最後《さいご》に簾《すだれ》できゆつと卷《ま》きしめます。これは一本《ほん》を八つくらゐに切《き》り、お重《ぢう》に、切口《きりくち》を斜《はす》に重《かさ》ねて並《なら》べます。

(3) 稻荷ずしの美味しい作り方

すし飯と材料

稻荷《いなり》ずしは精進《しやうじん》にも向《む》き、また誰《だれ》からも喜《よろこ》ばれる手輕《てがる》なおすしであります。

すし飯の作り方＝酢《す》一合《がふ》に、鹽《しほ》を大匙山盛《おほさじやまも》り一杯《ぱい》、砂糖《さたう》を大匙《おほさじ》すり切《き》り三杯《ばい》くらゐの割《わり》に合《あは》せた酢《す》を、一升《しよう》の御飯《ごはん》につき一合《がふ》二三勺《じやく》の割《わり》で用意《ようい》しておき、炊《た》き立《た》ての温《あたゝ》かい御飯《ごはん》にかけて、手早《てはや》く混《ま》ぜ合《あは》せます。このとき、杓子《しやくし》を輕《かる》く使《つか》つて、御飯《ごはん》の粘《ねば》りを出《だ》さないやうにすることは、その他《た》のおすしの場合《ばあひ》と變《かは》りませぬ。酢《す》が斑《むら》なく行渡《ゆきわた》りましたら、團扇《うちは》で強《つよ》く扇《あふ》ぎ冷《さま》します。稲荷《いなり》ずしの御飯《ごはん》に、黑胡麻《くろごま》や麻《あさ》の實《み》の炒《い》つたもの、紫蘇《しそ》の實《み》の鹽漬《しほづけ》などを混《ま》ぜると、風味《ふうみ》が大《たい》そういゝものです。また人參《にんじん》、蓮根《れんこん》、干瓢《かんぺう》、椎茸《しひたけ》などを淡味《うすあぢ》にして細《こま》く刻《きざ》み、海老《えび》や蟹《かに》のおぼろ、グリーンピースなどを混《ま》ぜると、味《あぢ》が一そう引立《ひきた》ちます。

油揚の煮方＝稲荷《いなり》ずしに大切《たいせつ》なものは、油揚《あぶらげ》の煮方《にかた》です。すしに用《もち》ひます油揚《あぶらげ》は、薄《うす》くからりと揚《あが》つたものに限《かぎ》ります。これは少《すこ》しまとめて註文《ちうもん》すれば、豆腐屋《とうふや》で作《つく》つてくれます。

次《つぎ》に油揚《あぶらげ》の煮方《にかた》ですが、まづ煮《に》る前《まへ》に、よく油脱《あぶらぬき》をいたします。第《だい》二十四圖《づ》のやうに油揚《あぶらげ》を適宜《てきぎ》な形《かたち》に切《き》り、皮《かは》を破《やぶ》らぬやうに袋《ふくろ》に開《ひら》いて笊《ざる》に入《い》れ、笊《ざる》ごと桶《をけ》に入《い》れて、水《みづ》をかけ〳〵して、充分《じうぶん》に洒《さら》しておきます。冬《ふゆ》ならば、最初《さいしよ》に熱湯《ねつたう》をかけ、後《のち》に水《みづ》で充分洒《じうぶんさら》します。すつかり洒《さら》せたところで、笊《ざる》を上《あ》げて水《みづ》をきり、次《つぎ》のやうに煮上《にあ》げて用《もち》ひます。

煮汁《にじる》は、醬油《しやうゆ》一合《がふ》、煮出《だ》汁《し》一合《がふ》、砂糖《さたう》を大匙山盛《おほさじやまも》り二杯《はい》の割《わり》に合《あは》せ、それに酒少々《さけせう〳〵》を割《わ》り入《い》れ、煮立《にた》つたところで前《まへ》の油揚《あぶらげ》を入《い》れ、火《ひ》をずつと弱《よわ》くして、一時《じ》間半《かんはん》から二時《じ》間《かん》くらゐ煮込《にこ》みます。味《あぢ》がよく沁《し》みまし

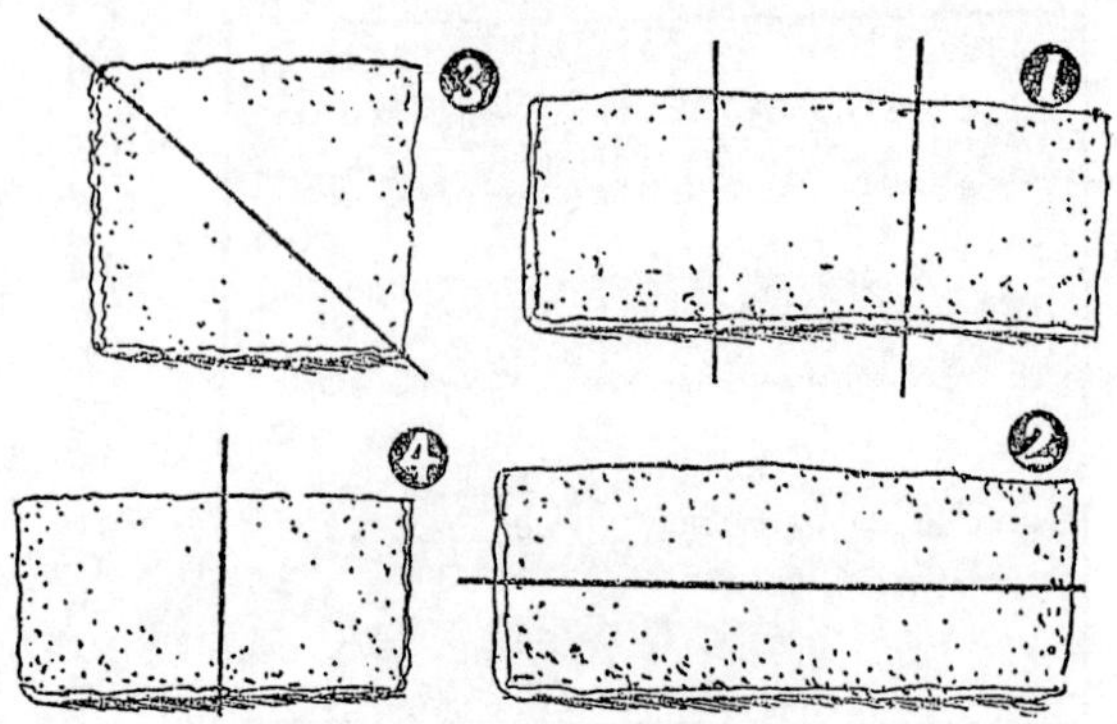

（第二十四圖）油揚の切り方

たら鍋《なべ》を下《おろ》し、冷《さ》めるまで汁《しる》の中《なか》に浸《ひた》しておき、笊《ざる》にとつて、きちんと重《かさ》ね、上《うへ》から輕《かる》い壓蓋《おしぶた》を被《き》せて汁《しる》をきります。この煮汁《にじる》は、鰻《うなぎ》屋《や》のたれと同《おな》じやうに、殘《のこ》つた中《なか》へ、だん〲新《あたら》しく足《た》してゆきますと、味《あぢ》が自然《しぜん》にこなれてまゐります。

稻荷ずしの作り方

袋《ふくろ》にして御飯《ごはん》を詰《つ》めたものと、海苔《のり》の細《ほそ》卷《まき》のやうに、くるつと卷《ま》き込《こ》んだものとを作《つく》ります。

稻荷ずし＝第《だい》二十四圖《す》（1）（3）（4）のやうに切《き》つた油揚《あぶらげ》を、皮《かは》を破《やぶ》らぬやうに側《がは》を離《はな》し、いづれも袋《ふくろ》にして用《もち》ひます。（1）の中央《ちうあう》は、二方《はう》が切目《きれめ》になつてゐますから、底側《そこがは》を二分《ぶ》通《どほ》り殘《のこ》しておかねばなりませぬ。それを前《まへ》のやうに洒《さら》して、美味《おい》しく煮《に》つけ、充分《じうぶん》冷《さま》してから、水氣《みづけ》をきり、一袋《ひとふくろ》づゝ、ほどよい固《かた》さに八分目《ぶんめ》ほどすいし飯《めし》を詰《つ》め、油揚《あぶらげ》の口《くち》を折《を》り返《かへ》して干瓢《かんぺう》（十八頁參照《ページさんせう》）で括《くゝ》り、幾《いく》つも拵《こしら》へたところで、平皿《ひらざら》か俎《まないた》の上《うへ》に竝《なら》べ、輕《かる》い壓石《おし》をかけて形《かたち》を整《とゝの》へます。

信田卷＝干瓢《かんぺう》を入《い》れて細口《ほそぐち》に卷《ま》き、上《うへ》に芥《け》子《し》の實《み》をふりかけます。油揚《あぶらげ》は第《だい》二十四圖《す》（2）のやうに縱《たて》二《ふた》

つに切《き》り、破《やぶ》らぬやうに兩側《りやうがは》を開《ひら》いて洒《さら》し、美味《おい》しく煮上《にあ》げて冷《さま》したものを、丈《たけ》二《ふた》つに折《を》つて、（これは皺《しわ》が寄《よ》らないためです。）輕《かる》い壓石《おし》をかけます。別《べつ》に干瓢《かんぺう》を煮《に》つけておきます。

次《つぎ》に油揚《あぶらげ》の表《おもて》を下《した》にとり、簾《すだれ》の上《うへ》に平《たひら》において、まづ兩角《りやうすみ》に普通《ふつう》のすし飯《めし》を詰《つ》め、それから順々《じゆん〳〵》に眞中《まんなか》へ詰《つ》めます。卷《ま》くのですから、口元《くちもと》まで一杯《はい》に詰《つ》めてはいけません。そして眞中《まんなか》をくぼめ、第《だい》二十五圖《づ》（一）のやうに干瓢《かんぺう》を四五本入《ほんい》れ、油揚《あぶらげ》の切口《きりくち》を兩方《りやうはう》から重《かさ》ね合《あは》せるやうにして、（二）のやうに卷《ま》き込《こ》み、簾《すだれ》できゆつと卷《ま》きしめます。これで丁度《ちやうど》、海苔《のり》の細卷《ほそまき》くらゐのものが出來上《できあが》ります。

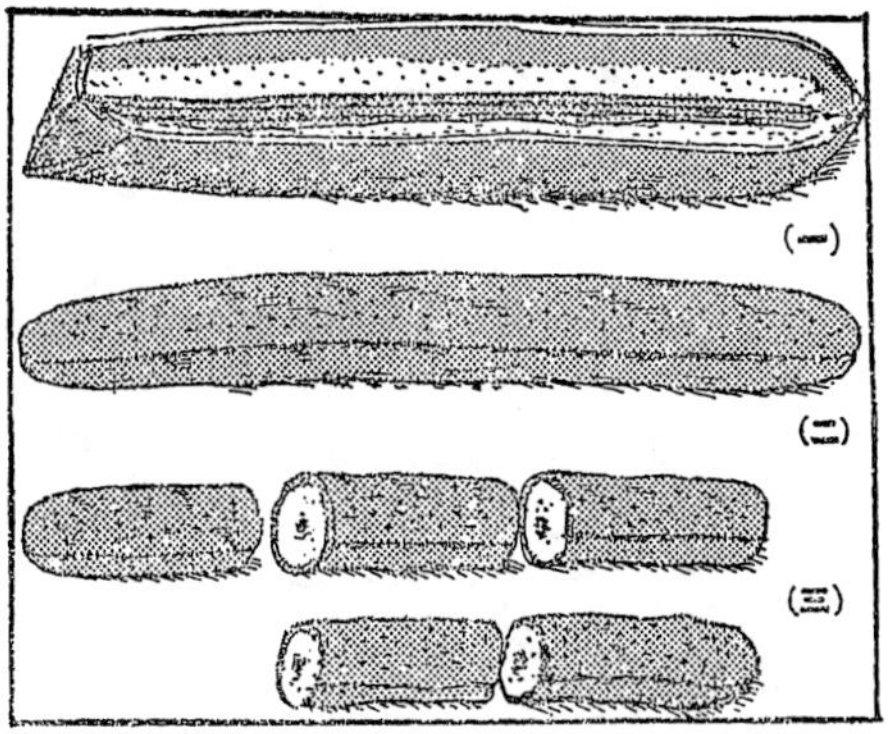

第二十五圖（信田卷）

尤《もつと》も第《だい》二十五圖《づ》のは、油揚《あぶらげ》が特別拵《とくべつごしら》へですから、細長《ほそなが》く恰好《かつかう》よくできるのですが、普通《ふつう》の油揚《あぶらげ》でも、幅《はゞ》を二《ふた》つに切《き》りますと、少々《せう〳〵》短《みじか》くはなりますが、丁度《ちやうど》食《た》べ加減《かげん》のものができます。

もし細過《ほそす》ぎたり、太過《ふとす》ぎたりするやうでしたら、兩耳《りやうみゝ》を切《き》つて一枚《まい》に開《ひら》き、海苔卷《のりまき》を作《つく》るやうにして卷《ま》き込《こ》みますと、自由《じいう》の大《おほ》きさに作《つく》ることができます。

卷《ま》けましたら、俎《まないた》の上《うへ》に並《なら》べて、上《うへ》から輕《かる》い壓石《おし》をして暫《しばら》くお

き、(三)のやうに、一寸《すん》くらゐの長《なが》さに切《き》つて、炒《い》つた芥子《けし》の實《み》をばらりとふりかけます。

尚《な》ほ材料《たね》を混《ま》ぜた御飯《ごはん》を用《もち》ひる場合《はあひ》は、普通《ふつう》中《なか》に干瓢《かんぺう》を入《い》れません。

變り御飯の部

一、丼御飯の美味しい作り方

(1) 鰻丼の上手な作り方

鰻《うなぎ》の蒲焼《かはやき》を御飯《ごはん》に載《の》せ、これにたれをかけたのが、御承知《ごしようち》の鰻丼《うなぎどんぶり》でありまして、東京《とうきやう》と大阪《おほさか》とでは作《つく》り方《かた》が少々《せう〳〵》違《ちが》ひますから、江戸前《えどまへ》なものと、上方流《かみがたりう》とを御紹介《ごせうかい》いたしませう。因《ちな》みに。關西《くわんさい》では鰻丼《うなぎどんぶり》をまむしといつてをります。

鰻の割き方

鰻《うなぎ》には天然産《てんねんさん》と、謂《いは》ゆる養殖《やうしよく》ものと二種《しゆ》ありますから、養殖《やうしよく》ものは、生洲《いけす》に入《い》れて、臭《くさ》味《み》を脱《ぬ》いてあるものを求《もと》めます。鰻《うなぎ》は肥《こ》えて肉《にく》がしまり、(指《ゆび》で撮《つま》めばわかります。)きめが細《こまか》で、もつちりしたのがよいとされてゐます。

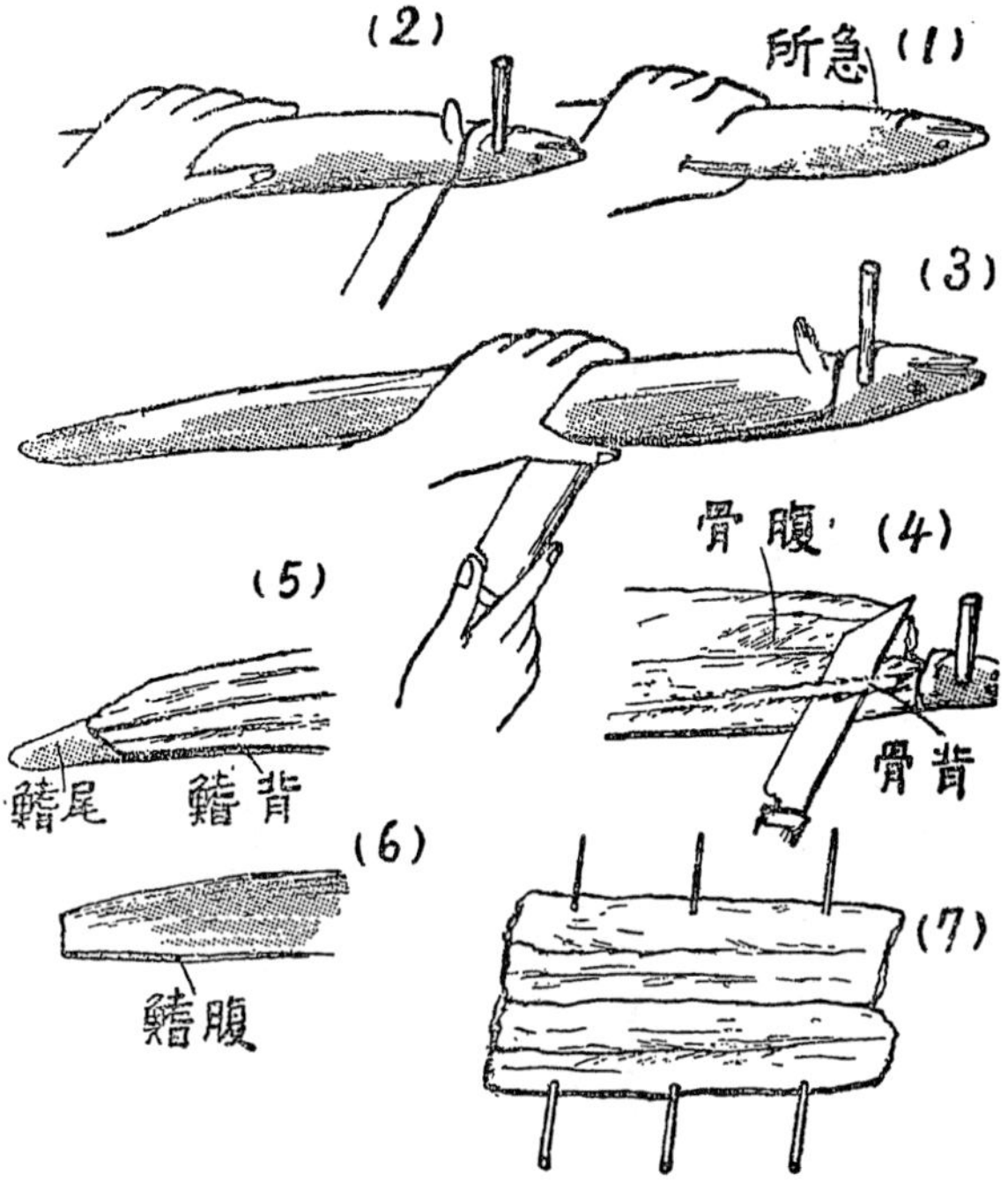

(第二十六圖) 鰻丼の作り方

東京流＝鰻《うなぎ》を第《だい》二十六圖《づ》(1)のやうに、左手《ひだりて》で摑《つか》み、右手《みぎて》に鰻割《うなぎさ》きの切出《きりだ》し庖丁《はうちやう》を持《も》つて、顎鰭《あごひれ》の上《うへ》の急所《きふしよ》にとんと落《おと》し、(2)のやうに手早《てはや》く眼《め》の下《した》に錐《きり》を突立《つきた》てゝ俎《まないた》に止《と》め、庖丁《はうちやう》の先《さき》を急所《きふしよ》の切《き》り口《くち》にあて、脊骨《せぼね》に沿《そ》つて、一文字《もんじ》に尾《を》まで切《き》り開《ひら》きます。このとき左手《ひだりて》の食指《ひとさしゆび》を庖丁《はうちやう》の尖《さき》、拇《おや》指《ゆび》を同《おな》じく背《せ》にあてゝ、(3)のやうに兩手《りやうて》の力《ちから》を合《あは》せます。次《つぎ》にきもを取《と》り、(4)のやうに脊骨《せぼね》をすき取《と》つて、頭《かしら》や顎鰭《あごひれ》を落《おと》し、腸《わた》をこそげ、腹骨《はらぼね》を除《のぞ》いたところで、(5)のやうに、尾鰭《をびれ》と背鰭《せびれ》、(6)のやうに腹鰭《はらびれ》(身《み》を合《あは》せる)を除《のぞ》き、肉《にく》に輕《かる》く縱《たて》に庖丁目《はうちやうめ》を入《い》れて、丈二《たけふた》つに切《き》り分《わ》けます。

鰻《うなぎ》は大《おほ》きければ一片《ひときれ》、普通《ふつう》ならば(7)のやうに竝《なら》べて、身《み》の間《あひだ》に竹串《たけぐし》を横刺《よこざ》しに打《う》ちます。皮肉《ひにく》の間《あひだ》に刺《さ》

しますと、焼《や》くとき身《み》の離《はな》れる虞《おそれ》があります。

上方流＝東京《とうきやう》の背《せ》割《わ》りに對《たい》して、關西《くわんさい》では鰻《うなぎ》を腹割《はらさ》きにします。まづ腹部《ふくぶ》を手前《てまへ》に向《む》け、眼《め》の下《した》に錐《きり》を立《た》て、俎《まないた》に止《と》め、前《まへ》の要領《えうりやう》で尾《を》まで割《さ》きましたら、脊骨《せぼね》、腹骨《はらぼね》をすき取《こ》つて、腸《わた》をこそげ取《こ》り、背鰭《せびれ》や尾鰭《をびれ》、頭《かしら》をつけたまゝで、二三本《ほん》づゝ竝《なら》べ、横刺《よこざ》しに金串《かなぐし》を打《う》つて、長焼《ながやき》にいたします。しかし近頃《ちかごろ》では、背《せ》割《わ》りにして頭《かしら》や鰭《ひれ》を除《のぞ》く風《ふう》が、次第《しだい》に行《おこな》はれるやうになりましたが、この場合《はあひ》でも、金串《かなぐし》を使《つか》つて、長《なが》焼《やき》にしてをります。

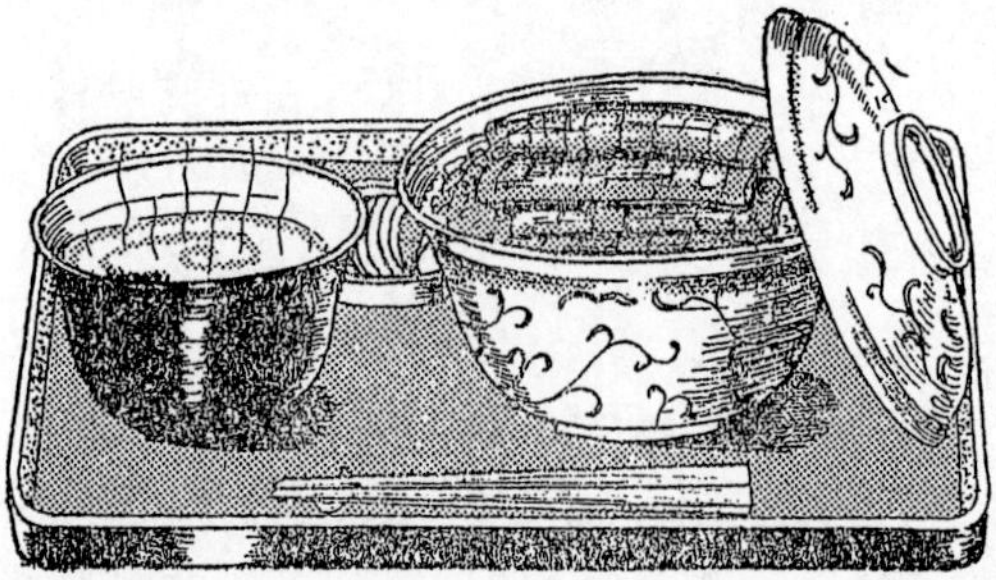

（第二十七圖）　うなどんときも吸

うなどんの作り方

蒲焼の作り方＝鰻屋《うなぎや》では、姥目《うはめ》か備長炭《びんちやうずみ》（いづれも紀州《きしう》から出《で》る最上《さいじやう》の堅炭《かたずみ》）を使《つか》ひます。普通《ふつう》の家庭《かてい》では有合《ありあは》せの堅炭《かたずみ》を充分《じうぶん》に熾《おこ》し、鐵架《てつか》を渡《わた》し、竹串《たけぐし》を打《う》つた前《まへ》の鰻《うなぎ》を載《の》せて、最初《さいしよ》に皮《かは》の方《はう》を焼《や》き、次《つぎ》に身《み》の方《はう》を焼《や》くといふやうに、上下《うへした》に引《ひ》き返《かへ》しながら、焦目《こげめ》のつかぬやうに、充分《じうぶん》にひらを入《い》れます。つまり、白焼《しらやき》にするのです。このとき團扇《うちは》を使《つか》つて火力《くわりよく》を強《つよ》め、焰尖《ほのほ》を横伏《よこぶ》せにしますと、（本職《ほんしよく》の方《かた》は團扇《うちは》の面《めん》を平手《ひらて》で叩《たゝ》きます。）焼上《やきあ》げが大《たい》そう見事《みごと》になります。

幾度《いくど》か上下《うへした》に返《かへ》して、充分《じうぶん》に白燒《しらやき》ができたところで、火《ひ》から下《おろ》して竹串《たけぐし》をひねり、蒸氣《じようき》のよく立《た》つた蒸籠《せいろう》に入《い》れ、暫《しば》く蒸《む》します。時間《じかん》は鰻《うなぎ》の質《しつ》によつて各《おの〳〵》 違《ちが》ひますが、天然産《てんねんさん》が十四五分《ふん》から二十分間《ぷんかん》、養殖《やうしよく》ものが七八分《ふん》から十分間《ぷんかん》くらゐです。すると鰻《うなぎ》のくせが除《と》れ、皮《かは》や身《み》が軟《やはら》かくなつて、餘分《よぶん》な脂肪《しばう》が落《お》ちますから、風味《ふうみ》が一そう上品《じやうひん》になります。

蒸《む》しが終《をは》つたら暫《しば》く冷《さま》し、再《ふたゝ》び火面《くわめん》に載《の》せて燒目《やきめ》をつけ、次《つぎ》のたれをかけて兩面《りやうめん》から燒《や》き、(身《み》の方《はう》を主《おも》にします。)乾《かわ》いたらたれをつけるといふやうに、三四回繰返《くわいくりかへ》して、入念《にふねん》に燒《や》き上《あ》げますと、鰻《うなぎ》に一種《しゆ》のてりがつき、ふつくりした蒲燒《かばやき》が出來《でき》上《あが》ります。燒《や》きの時間《じかん》は、三四十分間《ぷんかん》くらゐであります。

たれの作り方＝蒲燒《かばやき》には、たれの味加減《あぢかげん》が大切《たいせつ》で、關東《くわんとう》は比較的《ひかくてき》に淡泊《たんぱく》で、關西《くわんさい》は一體《たい》に濃厚《のうこう》であります。東京《とうきやう》では醬油《しやうゆ》と味醂《みりん》とを用《もち》ひ、まづ極上《ごくじやう》の醬油《しやうゆ》を煮立《にた》て、九重印《こゝのへじるし》のやうな甘味《あまみ》の強《つよ》い味醂《みりん》を同量《どうりやう》だけ合《あは》せ、一割《わり》くらゐ煮詰《につ》めて用《もち》ひます。このたれは古《ふる》いものゝ上《うへ》に、毎日新《まいにちあたら》しいものを注《つ》ぎ足《た》すので、鰻《うなぎ》にかけるとき、その脂肪《しばう》がしたゝり落《お》ちますから、蒲燒屋《かばやきや》のは特別《とくべつ》の味《あぢ》が出《で》るわけです。

鰻丼《うなぎどんぶり》の御飯《ごはん》にも、このたれをかけてすゝめます。

丼の作り方＝鰻丼《うなぎどんぶり》の御飯《ごはん》は、水引《みづひ》きのよい、光澤《つや》のよい米《こめ》を選《えら》ばねばなりませぬ。水加減《みづかげん》は、どちらかといへば軟《やはら》か目《め》に炊《た》き上《あ》げるので、御飯《ごはん》が硬《こは》いと、御飯《ごはん》とたれとが別々《べつ〳〵》になつて、充分持味《じうぶんもちあぢ》を出《だ》すことが

できません。

軟《やはら》か目《め》に炊《た》いて、しかもよく蒸《む》らした御飯《ごはん》を、釜《かま》から直《たゞ》ちに、溫《あたゝ》めておいた丼《どんぶり》に移《うつ》し、たれをさつと煮《に》立《た》てゝ、盃《さかづき》一杯分《はいぶん》くらゐを御飯《ごはん》にかけ、燒《や》き立《た》ての蒲燒《かはやき》を身《み》の方《はう》を上《うへ》にとつて、御飯《ごはん》の上《うへ》一杯《はい》に二片《ふたきれ》か三《み》片竝《きれなら》べ。竹串《たけぐし》を除《と》り、蓋《ふた》を被《かぶ》せて直《たゞ》ちにすゝめます。

まむしの作り方

蒲燒の作り方＝前《まへ》のやうに金串《かなぐし》を打《う》つた鰻《うなぎ》を、かん〳〵に熾《おこ》つた炭火《すみび》に渡《わた》し、前《まへ》の要領《えうりやう》で、兩面《りやうめん》を白燒《しらやき》にします。この火《ひ》加《か》減《げん》が最《もつと》も大切《たいせつ》で、少《すこ》しでも灰《はひ》が吹《ふ》いてはいけません。いつも眞赤《まつか》で、强弱《きやうじやく》なしに、どこも平均《へいきん》の强《つよ》さにするため、火箸《ひばし》を片手《かたて》に持《も》つて絕《た》えず火《ひ》立《だ》てを行《おこな》ひ、强《つよ》い遠火《とほび》で、ゆつくりと燒《や》きます。

充分《じうぶん》に白燒《しらやき》ができましたら、直《たゞ》ちにたれをかけて炭火《すみび》にかけ、このたれが乾《かわ》きゝらぬうちに、またたれをかけて兩面《りやうめん》から燒《や》き、養殖《やうしよく》ものは三四囘《くわい》、天然產《てんねんさん》の方《はう》は四五囘《くわい》くらゐで、燒《や》き上《あ》げます。何囘《なんくわい》といふのは、たれをかける度數《どすう》です。これは長燒《ながや》きですから、取扱《とりあつか》ひが少々《せうく》手間《てま》取《ど》りませう。

たれの作り方＝最上《さいじやう》のたまり（もろみの中《なか》に籠《かご》をさし入《い》れ、中《なか》に溜《たま》つた液《えき》を汲《く》みとつたもの。）を主《しゆ》として、極上《ごくじやう》の醬油《しやうゆ》を少々《せうく》混《ま》ぜ、味醂《みりん》、酒《さけ》、氷砂《こほりざ》糖《たう》で、ほどよく甘味《あまみ》を調《とゝの》へます。

まづ味醂《みりん》と酒《さけ》を合《あは》せて煮《に》切《き》り、（二十八頁參照《ページさんせう》）たまりと醬油《しやうゆ》、氷砂《こほりざ》糖《たう》（溶《とか》して煮《に》詰《つ》める。）を混《ま》ぜ、鰻《うなぎ》の中落《なかおち》

を入《い》れて、凡《およ》そ一割《わり》くらゐ煮《に》詰《つ》め、汁《しる》を漉《こ》して用《もち》ひます。これは幾度《いくど》も使《つか》つてゐるうちに、自然《しぜん》とよい味《あぢ》がついてまゐります。

丼の作り方＝前《まへ》のやうに軟《やはら》かく、ふつくりと炊《た》き上《あ》げた御飯《ごはん》を、温《あたゝ》めておいた丼《どんぶり》に半分《はんぶん》ほど盛《も》り、蒲《かは》燒《やき》を適宜《てきぎ》の長《なが》さに切《き》つて、身《み》の方《はう》を上《うへ》にして一面《めん》に並《なら》べ、その上《うへ》に御飯《ごはん》をほどよく詰《つ》め、煮《に》立《た》つたたれを、盃《さかづき》一杯分《はいぶん》くらゐかけ、蓋《ふた》を被《かぶ》せて、極《ご》く温《あたゝ》かいうちにすゝめます。上方《かみがた》では蒸《む》しをいたしませんが、このやうに御飯《ごはん》の間《あひだ》に挾《はさ》んで出《だ》しますから、御飯《ごはん》の温《あたゝ》かさで幾分《いくぶん》か蒸《む》され、鰻《うなぎ》が軟《やはら》かくなるのです。まむしは、間《ま》蒸《む》しに通《つう》じるとも申《まを》します。

きも吸の拵へ方

鰻丼《うなぎどんぶり》にきも吸《すひ》は附物《つきもの》になつてゐますから、次《つぎ》にその作《つく》り方《かた》をお話《はなし》いたしませう。これは鰻《うなぎ》の腹《はら》にあるきもを、度々《たび〳〵》水《みづ》を取り替《か》へては綺麗《きれい》に洗《あら》ひ、鹽湯《しほゆ》で茹《ゆ》でゝから水氣《みづけ》を除《と》り、醤油《しやうゆ》を少々《せう〳〵》まぶしておきます。

椀汁《わんじる》は、鰹節《かつをぶし》と昆布《こぶ》で煮出《だ》汁《し》をとります。湯《ゆ》が煮《に》立《た》ちましたら、昆布《こぶ》を入《い》れ、約《やく》三分間《ぷんかん》で引《ひ》き上《あ》げ、鰹節《かつをぶし》を入《い》れて三分間《ぷんかん》で鍋《なべ》を下《おろ》し、鰹節《かつをぶし》の沈《しづ》むのを待《ま》つて、徐《しづ》かに別《べつ》の鍋《なべ》に漉《こ》し取りります。次《つぎ》に淡口醤油《うすくちじやうゆ》と味《あぢ》の素《もと》であつさり味《あぢ》をつけ、下煮《したに》のできたきもを入《い》れ、東京《とうきやう》では薄切《うすぎ》りの蒲鉾《かまぼこ》と、一寸《すん》くらゐに切《き》つた三《み》つ葉《は》、上《かみ》方《がた》では三四分《ぶ》に切《き》つた店内麩《てんないぶ》を加《くは》へて、さつと煮《に》立《た》て、充分《じうぶん》温《あたゝ》まつたところでお椀《わん》に盛《も》り、第《だい》二十七圖《づ》のや

に鰻丼《うなぎどんぶり》に添《そ》へます。

椀種《わんだね》は、一人前《にんまへ》にきいも二三箇《こ》、蒲鉾《かまぼこ》や店内麩《てんないぶ》は二三片《きれ》くらゐ、三《み》つ葉《は》は少々《せうく》づゝを盛《も》り合《あは》せます。

(2) 穴子丼の美味しい作り方

穴子の焼き方

これは鰻丼《うなぎどんぶり》と同《おな》じやうに、穴子《あなご》を蒲燒《かばやき》にして御飯《ごはん》に載《の》せたものであります。鰻《うなぎ》よりずつと淡泊《たんぱく》でありますから、人《ひと》によつては鰻《うなぎ》以上《じやう》に賞味《しやうみ》する向《むき》もあります。また扱《あつか》ひも容易《ようい》なので、どなたにでも、造作《ざうさ》なくお作《つく》りになれます。

割き方と焼き方＝穴子《あなご》は土地《とち》によつても味《あぢ》が違《ちが》ひますが、新《あたら》しい、生《い》きのいゝものを使用《しよう》すれば、間違《まちが》ひはありません。どんなにいゝ穴子《あなご》でも、長時間《ちやうじかん》氷詰《こほりづめ》にして送《おく》られて來《き》たやうなのは、すつかり味《あぢ》がおちてしまひます。大《おほ》きさは、一本《ほん》が二十匁内外《もんめないぐわい》のものが、蒲燒《かばやき》にして一番味《ばんあぢ》が出《で》ます。五人前《にんまへ》として、百二十匁《もんめ》くらゐ用《もち》ひます。これは鰻《うなぎ》と同《おな》じで、何料理《なにれうり》にするにしても、割《さ》かなくてはなりませんが、割《さ》くのがむづかしいと思《おも》はれる方《かた》は、豫《あらかじ》め魚屋《さかなや》にお賴《たの》みになればよいでせう。尤《もつと》も都會《とくわい》では、大抵《たいてい》割《さ》いて賣《う》つてゐますから、便利《べんり》ですが、割《さ》いたのを買《か》ふときは、一そう注意《ちうい》して、生《い》きのいゝのを選《えら》ばねばなりませぬ。

割《さ》けましたら、金串《かなぐし》を打《う》つて、まづ肉《にく》の方《はう》から白燒《しらやき》にします。それを串《くし》のまゝ、板《いた》の上《うへ》に平《たひら》に載《の》せ、上《うへ》か

ら水《みづ》をかけて、手《て》でぴた／＼と叩《た》くやうにして洗《あら》ひます。これは脂肪《あぶら》を脱《ぬ》くためと、肉《にく》を軟《やは》かくするためです。洗《あら》へましたら、そのまゝ更《さら》に火《ひ》にかけ、こんどは割醤油《わりした》をかけながら、焦《こ》がさぬやうに焼《や》き上《あ》げます。割醤油《わりした》は三回《くわい》ほど繰《く》り返《かへ》してかけ、よく焼《や》けたところで、一本《ほん》を四《よつ》つくらゐに切《き》り分《わ》けます。

割醤油の作り方＝蒲焼《かはやき》は割醤油《わりした》の味《あぢ》が大切《たいせつ》です。割合《わりあひ》は、味醂《みりん》三合《がふ》につき醤油《しやうゆ》二合《がふ》の割《わり》に合《あは》せ、それに穴子《あなご》の頭《かしら》（二《ふた》つに割《わ》る）や中落《なかおち》（中骨《なかぼね》）を白焼《しらやき》にして加《くは》へ、中火《ちうび》で二三十分間《ぷんかん》煮詰《につ》めます。

穴子丼の作り方

用意《ようい》ができましたら、温《あたゝ》めておいた丼《どんぶり》に、炊《た》き立《た》ての御飯《ごはん》を八分目《ぶんめ》に盛《も》り、皮附《かはつき》を下《した》にして、前《まへ》の穴子《あなご》を御飯《ごはん》の上《うへ》一杯《ぱい》に並《なら》べます。次《つぎ》に、色彩《いろどり》のためにグリーンピースを散《ち》らし、穴子《あなご》の上《うへ》から、煮立《にた》てた割醤油《わりした》を盃《さかづき》一杯《ぱい》くらゐかけ、蓋《ふた》を被《かぶ》せて直《たゞ》ちにすゝめます。

(3) 親子丼の美味しい作り方

親子《おやこ》丼《どんぶり》は、お嫌《きら》ひの方《かた》のないほど、萬人向《ばんにんむき》の御飯《ごはん》であります。料理法《れうりはふ》としては、極《ご》く造作《ざうさ》ないものですが、それだけに、ちよつとした加減《かげん》で味《あぢ》が大變違《たいへんちが》つてまゐります。

材料と作り方

親子丼の割醤油＝割醤油《わりした》の加減《かげん》が、第一《だい》に大切《たいせつ》であります。割合《わりあひ》は、味醂《みりん》一合《がふ》に醤油《しやうゆ》一合《がふ》、煮出汁《だし》二合《がふ》五勺《しやく》、砂糖《さたう》大匙《おほさじ》山盛《やまも》り三杯《ばい》くらゐとして、まづ砂糖《さたう》と煮出汁《だし》を鍋《なべ》に入《い》れ、煮立《にた》つたところで味醂《みりん》と醤油《しやうゆ》を入《い》

れて、更《さら》にさつと一煮《ひとに》立《た》てします。

材料の煮加減＝材料《ざいれう》は、その名《な》の基《もと》づくところの鶏肉《とり》と玉子《たまご》で、あしらひに三《み》つ葉《は》などを用《もち》ひます。鶏肉《とり》は五人前《にんまへ》につき五十匁《もんめ》、玉子《たまご》は五箇《こ》、三《み》つ葉《は》は適宜《てきぎ》です。鶏肉《とり》は普通《ふつう》にぶつ〳〵に切《き》り、玉子《たまご》はよくほぐし、三《み》つ葉《は》は一寸《すん》くらゐに切《き》つておきます。この他《ほか》グリーンピース、揉《も》み海苔《のり》などを色彩《いろどり》に用《もち》ひます。

用意《ようい》ができましたら、まづ割醤油《わりした》を一人前《にんまへ》五勺《しやく》の割《わり》で鍋《なべ》に入《い》れ、煮《に》立《た》つたところで鶏肉《とり》を入《い》れ、肉《にく》の色《いろ》が變《かは》つたら、三《み》つ葉《は》をばらりと散《ち》らし、グリーンピースを撒《ま》いて、玉子《たまご》をすぐその上《うへ》から一面《めん》に流《なが》します。玉子《たまご》を入《い》れてから煮《に》立《た》てると、玉子《たまご》が固《かた》くなり過《す》ぎますから、少《すこ》し白《しろ》くなつたと思《おも》ふところで鍋《なべ》を下《おろ》し、暫《しばら》く蒸《む》らしておきます。この材料《ざいれう》を煮《に》るには、丼《どんぶり》の直徑大《さしわたしだい》くらゐの小《ちひさ》い鍋《なべ》で、一人前《にんまへ》づゝ煮《に》ますと、手數《てすう》はかゝりますが、大《たい》そう體裁《ていさい》よく煮《に》えます。

（第二十八圖）親子丼

親子丼の作り方

御飯《ごはん》は普通《ふつう》の白飯《はくはん》です。炊《た》き立《た》ての溫《あたゝ》かいのを、溫《あたゝ》めておいた丼《どんぶり》に輕《かる》く八分目《ぶんめ》に盛《も》り、揉《も》み海苔《のり》を一面《めん》にふつて、その上《うへ》に、ほどよく固《かたま》つた玉子《たまご》とぢを第《だい》二十八圖《づ》のやうに載《の》せ、煮汁《にじる》を少々《せうく》かけて、極《ご》く溫《あたゝ》かいところをすゝめます。この玉子《たまご》とぢを移《うつ》す

場《は》合《あひ》は、穴杓子《あなじやくし》やオムレツ返《がへ》しなどを使《つか》つて、形《かたち》の毀《こは》れぬやうに取扱《とりあつか》はねばなりませぬ。

(4) 天丼の美味しい作り方

溫《あた》かい御《ご》飯《はん》に、美《お》味《い》しいお汁《つゆ》をかけ。からつと揚《あが》つた天《てん》ぷらを載《の》せて頂《いただ》く天丼《てんどん》は、どちらでも喜《よろこ》ばれる、内容本位《ないようほんゐ》の變《かは》り御《ご》飯《はん》であります。まづ天《てん》ぷらの揚《あ》げ方《かた》から申《まを》し述《の》べませう。

天ぷらの材料 四季《き》を通《つう》じて海老《ゑび》を第《だい》一とします。次《つぎ》は穴子《あなご》、烏賊《いか》、（但《たゞ》しまいか、あほりいか、墨《すみ》いかに限《かぎ》る。）ぎんぱう、沙魚《はぜ》、鱚《きす》、めごち（小《ちひさ》いこち）、貝《かひ》の柱《はしら》などが、まづ一般《はん》に用《もち》ひられてゐます。これにはそれ〴〵季《き》節《せつ》があつて、ぎんぱうは春《はる》の三四月頃《ぐわつごろ》、沙魚《はぜ》は十月《ぐわつ》から翌年《よくねん》の一月《けつ》一ぱい、貝《かひ》の柱《はしら》は十二月《ぐわつ》から翌年《よくねん》の三月中旬頃《ぐわつちうじゆんごろ》までが、一番美《はんお》味《い》しいと申《まを》されます。

海老＝頭《かしら》を除《と》り、尾鰭《をびれ》だけ殘《のこ》して皮《かは》を剝《む》き、背腸《せわた》を除《と》つて、綺麗《きれい》にしておきます。

穴子、ぎんぱう＝穴子《あなご》は背割《せわ》りにして、中骨《なかぼね》を除《のぞ》き、腸《わた》を除《と》つてさつと洗《あら》ひ、笊《ざる》の縁《ふち》のやうなところへかけて、自然《しぜん》に水《みづ》をきつておきます。ぎんぱうも、穴子《あなご》と同《おな》じく背開《せびら》きに作《つく》ります。

烏賊＝皮《かは》を剝《む》いて腸《わた》を除《と》り、手早《てはや》く水洗《みづあら》ひして笊《ざる》に上《あ》げ、水《みづ》をきつて細《こま》く短册《たんざく》に切《き》ります。主《おも》にかき揚《あげ》に使《つか》ひます。

沙魚その他＝沙魚《はぜ》や鱚《きす》、めごちのやうな小魚《こざかな》は、背開《せびら》きにして、中骨《なかぼね》と腸《わた》とを拔《ぬ》きます。柱《はしら》はさつと鹽《しほ》水《みづ》で洗《あら》ひ、よく水氣《みづけ》をきつて、から揚《あげ》に用《もち》ひます。

天ぷらの揚げ方

衣の溶き方＝天《てん》ぷらの衣《ころも》は、粉《こな》の粘《ねば》りを出《だ》さないといふことが、第《だい》一の條件《でうけん》です。まづ鉢《はち》に玉子《たまご》を割《わ》り、よくほぐしたところで、篩《ふるひ》にかけた固《かた》まりのない粉《こな》を入《い》れ、水《みづ》を注《つ》ぎながら、輕《かる》くかき混《ま》ぜます。粉《こな》と水《みづ》の割合《わりあひ》は、玉子《たまご》二箇《こ》に對《たい》し、篩《ふる》つた粉《こな》一合《がふ》、水《みづ》五勺《しやく》くらゐの見當《けんたう》です。粉《こな》はなるべく古《ふる》いものがよいので、新《あたら》しい粉《こな》は、いくら上等《じやうとう》といつても粘《ねば》りが出《で》ます。素人《しろうと》の方《かた》は、粉《こな》の固《かた》まりを非常《ひじやう》に氣《き》にするやうですが、少々《せう〳〵》はぶつ〳〵があつても差支《さしつかへ》ありません。たゞ粉《こな》と水《みづ》とが混《まじ》り合《あ》へばよいのですから、決《けつ》して力《ちから》を入《い》れないで、さら〳〵と混《ま》ぜ合《あは》せます。澤山揚《たくさんあ》げる場合《ばあひ》も、衣《ころも》は決《けつ》して一度《ど》に澤山溶《たくさんと》いてはいけません。終《をは》つたら、また今《いま》と同《おな》じ方法《はうはふ》で溶《と》きます。

同《おな》じ天《てん》ぷらでも、かき揚《あげ》の衣《ころも》はちよつと違《ちが》ひます。まづ一人前《にんまへ》一箇《こ》のかき揚《あげ》としますと、材料《ざいれう》を丼《どんぶり》に入《い》れ、その中《なか》へ玉子《たまご》一箇《こ》を割《わ》り込《こ》み、玉子《たまご》と材料《ざいれう》をよく〳〵かき混《ま》ぜて、そこへ前《まへ》のやうにして溶《と》いた普通《ふつう》の衣《ころも》を、大匙《おほさじ》一杯《ぱい》ほど加《くは》へ、斑《むら》なく行渡《ゆきわた》るやうに混《ま》ぜ合《あは》せます。ですから粉《こな》は、ほんの僅《わづ》かしか要《い》りません。かき揚《あげ》がべと〳〵として、油《あぶら》つぽいのは、粉《こな》が多過《おほす》ぎるからです。

天ぷらの揚げ方＝油《あぶら》は、上等《じやうとう》の胡麻油《ごまのあぶら》を用《もち》ひます。一度《ど》使《つか》つた殘《のこ》り油《あぶら》は溫《あたゝ》かいうちに油漉《あぶらこし》で漉《こ》し、壜《びん》に

入《い》れて貯《たくは》へておき、新《あたら》しい油《あぶら》に混《ま》ぜて用《もち》ひます。

天《てん》ぷらを揚《あ》げますには、火《ひ》加《か》減《げん》が最《もつと》も大事《だいじ》です。火《ひ》が弱《よわ》いと衣《ころも》がべとくして食《た》べられませんし、強《つよ》すぎると、衣《ころも》が固《かた》くなつて美味《おい》しくありません。その加《か》減《げん》を見《み》るには、溶《と》いた衣《ころも》を箸《はし》につけて、ちよつと油《あぶら》の中《なか》へ落《おと》して見《み》ます。それが丁度《ちやうど》線香花火《せんかうはなび》のやうに、しゆーッと音《おと》を立《た》てゝ、すぐ上《あが》つてくるやうならいゝのですが、落《おと》したのが、暫《しば》くそのまゝ沈《しづ》んでゐるやうでは、火《ひ》が弱《よわ》いのですし、落《おと》したのがすぐ眞黒《まつくろ》になるやうなら、火《ひ》が強《つよ》すぎるのですから、よく油《あぶら》の立《た》ち工合《ぐあひ》を見《み》て、材料《ざいれう》を入《い》れなくてはなりませぬ。揚《あ》げる時間《じかん》は、材料《ざいれう》によつて多少《たせう》加減《かげん》いたします。例《たと》へば烏賊《いか》や柱《はしら》は、火《ひ》を強《つよ》くして極《ご》く手早《てはや》く揚《あ》げますし、海老《ゑび》は反對《はんたい》に、あまり強《つよ》くない火《ひ》で少々《せうく》氣長《きなが》に揚《あ》げます。沙魚《はぜ》やめごちのやうなものは、やゝ強火《つよび》でさつと揚《あ》げます。穴子《あなご》やぎんぽうは、長《なが》いまゝで衣《ころも》をつけ、眞直《まつすぐ》に伸《のば》したところで、すーッと油《あぶら》の中《なか》へ入《い》れ、充《じう》分《ぶん》に揚《あ》げて油《あぶら》をきり、穴子《あなご》は箸《はし》で剪《はさ》み切《き》つて用《もち》ひます。つまり肉《にく》の厚《あつ》い、火《ひ》通《どほ》りの悪《わる》いものは、やゝ火《ひ》を弱《よわ》くして長《なが》く揚《あ》げ、肉《にく》の薄《うす》いものは、さつと手早《てはや》く揚《あ》げるのです。しかし火《ひ》を弱《よわ》くといつても、始《はじ》めと終《をは》りは強《つよ》くしませんと、油《あぶら》が充分《じうぶん》にきれません。

材料《ざいれう》を油《あぶら》に入《い》れた後《あと》は、度々《たびく》箸《はし》で上下《うへした》に返《かへ》し、衣《ころも》がからつとなつたら引《ひ》き上《あ》げて、新聞紙《しんぶんし》の上《うへ》にでも取《と》り、油《あぶら》を充分《じうぶん》にきつて用《もち》ひます。

かき揚《あげ》の方《はう》は、衣《ころも》と材料《ざいれう》とを混《ま》ぜ合《あは》せたものを、一度《ど》に油《あぶら》の中《なか》へ流《なが》し込《こ》んで揚《あ》げます。こゝで大切《たいせつ》なことは、一度《ど》に材料《ざいれう》を澤山《たくさん》入《い》れないことです。材料《ざいれう》を入《い》れると、油《あぶら》の熱度《ねつど》が一時《じ》ずつと下《さが》ります。一《ひと》つ二《ふた》つならそれもすぐ囘復《くわいふく》しますが、澤山《たくさん》だと容易《ようい》に元《もと》に還《かへ》りません。そのために、衣《ころも》がべつとりしてしまふのです。もう一《ひと》つは揚玉《あげだま》(衣《ころも》が散《ち》つて油《あぶら》の中《なか》へ落《お》ちたもの)を注意《ちうい》して、網杓子《あみじやくし》で掬《すく》ひ除《と》ることです。それを抛《はふ》つておくと、油《あぶら》までが黒《くろ》くなつてしまひます。

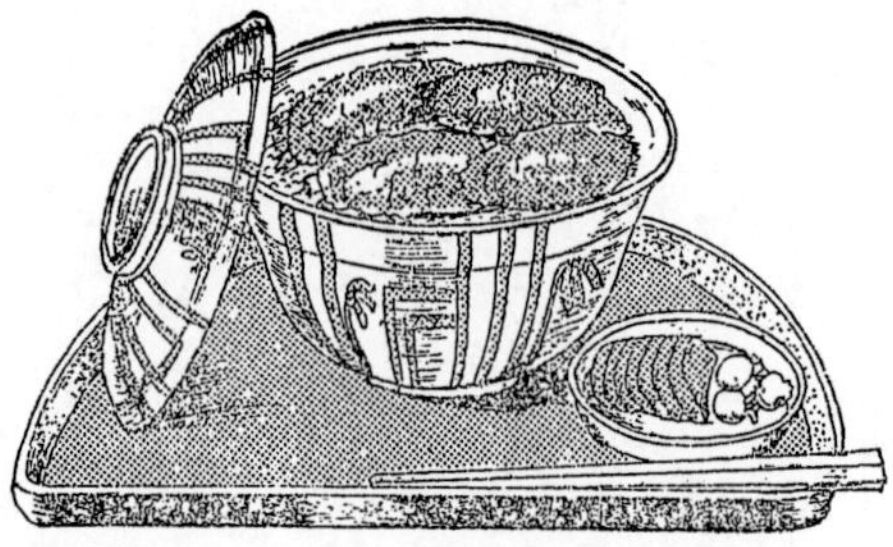

(第二十九圖)天丼

割醤油の拵へ方

上等《じやうとう》の鰹節《かつをぶし》を、できるだけ薄《うす》く削《けづ》り、その削《けづ》つたもの十匁《もんめ》に對《たい》して、水《みづ》を六合《がふ》の割《わり》に煮《に》立《た》て、削節《けづりぶし》を一度《ど》に投《な》げ込《こ》み、同時《どうじ》に水《みづ》を二三勺《じやく》入《い》れます。この水《みづ》を入《い》れるのが謂《いは》ゆる祕傳《ひでん》であります。そこで二三十分間《ぶんかん》煮《に》立《た》て、鍋《なべ》を下《おろ》して煮《だ》出汁《し》滓《がら》の沈《しづ》むのを待《ま》ち、他《ほか》の鉢《はち》なり鍋《なべ》なりに漉《こ》し移《うつ》します。これで大抵《たいてい》五合《がふ》くらゐの煮《だ》出汁《し》がとれます。

次《つぎ》に、別《べつ》の鍋《なべ》に醤油《しやうゆ》を一合《がふ》五勺《しやく》くらゐ入《い》れて、五六分間《ぶんかん》ほど煮《に》立《た》て、(その間上《あひだうへ》に浮《う》く泡《あわ》を丁寧《ていねい》に掬《すく》ひ取《と》ること。)砂糖《さたう》を大匙《おほさじ》で山盛《やまも》り一杯《はい》くらゐ入《い》れ、更《さら》に二三分間《ぶんかん》煮《に》立《た》てゝ、最後《さいご》に味醂《みりん》を四勺《しやく》くらゐ入《い》れ、それが煮《に》立《た》つと同時《どうじ》に、鍋《なべ》を下《おろ》します。そして前《まへ》にとつた煮《だ》出汁《し》と合《あは》せるのですが、甘《あま》

い鹹《から》いがあるといけませんから、全部《ぜんぶ》を一度に混《ま》ぜないで、兩方《りやうはう》とも少《すこ》しづゝ殘《のこ》しておき、味加減《あぢかげん》を見《み》ながら、混《ま》ぜ合《あは》せるやうにします。このとき注意《ちうい》すべきことは、冷《さ》めた煮出《だ》汁《し》へ熱《あつ》い醬油《しやうゆ》を混《ま》ぜないことです。兩方熱《りやうはうあつ》ければ熱《あつ》く、冷《つめた》いなら冷《つめた》いので結構《けつこう》です。冷《つめた》いところへ熱《あつ》いものを混《ま》ぜると、夏《なつ》はそのためにすぐ味《あぢ》が變《かは》ります。

天丼の作り方

美味《おい》しい天《てん》ぷらと、割醬油《わりした》の用意《ようい》ができましたら、極《ご》く溫《あたゝ》かい御飯《ごはん》を丼《どんぶり》に盛《も》り、割醬油《わりした》をさつと煮立《にた》てたところで、大匙《おほさじ》一杯《はい》づゝを御飯《ごはん》の上《うへ》からかけ、その上《うへ》に天《てん》ぷらを載《の》せます。この天《てん》ぷらは、御飯《ごはん》に載《の》せる前《まへ》に、煮立《にた》てた割醬油《わりした》の中《なか》をさつとくゞらせます。これに香《かう》のものを添《そ》へ、第《だい》二十九圖《づ》のやうにしてすゝめます。

二、鯛飯、魚飯、鳥御飯の作り方

(1) 鯛飯の美味しい作り方

鯛飯《たひめし》といへば、直《たゞ》ちに靜岡《しづをか》の驛辨當《ゑきべんたう》を思《おも》ひ出《だ》すくらゐ、これは靜岡《しづをか》の名物《めいぶつ》になつてゐます。次《つぎ》に申《まを》し述《の》べますものは、その鯛飯《たひめし》の作《つく》り方《かた》であります。

材料の作り方 鯛《たひ》は生《い》きのよい、なるべく大《おほ》きいものを選《えら》びます。まづ丁寧《ていねい》に鱗《こけ》を拂《はら》つて腸《わた》を拔《ぬ》き、三枚《まい》におろして金串《かなぐし》を打《う》ち、よく熾《おこ》つた炭火《すみび》に渡《わた》して、燒《や》きながら皮《かは》を剝《は》ぎ取《と》ります。充分火《じうぶんひ》が通《とほ》つたら、溫《あたゝ》かいうちに細《こまか》くむしり、擂鉢《すりはち》に入《い》れて手早《てはや》く擂《す》り混《ま》ぜ、充分身《じうぶんみ》がほぐれたところで、味《あぢ》をつけてばらくに煎《い》り上《あ》げます。つまり鯛《たひ》のいゝおぼろを作《つく》るのです。

いゝおぼろの作り方＝味醂《みりん》と鹽《しほ》、砂糖《さたう》で味《あぢ》をつけた煮出汁《だし》を煮立《にた》て、前《まへ》の擂身《すりみ》を入《い》れて暫《しばら》く煮詰《につ》め、火《ひ》をずつと弱《よわ》めておきます。次《つぎ》に玉子《たまご》の白身《しろみ》をほぐして流《なが》し込《こ》み、杓子《しやくし》で絕《た》えずかき廻《まは》しながら、すつかり汁《しる》がなくなつて、魚《さかな》の身《み》がばらりとほぐれるまで煎《い》り上《あ》げます。玉子《たまご》の白身《しろみ》を入《い》れるのは、いゝおぼろの乾《かわ》きをよくする一《ひと》つの祕訣《ひけつ》で、魚《さかな》だけでは、どうしても充分《じうぶん》に汁氣《しるけ》がきれません。味加減《あぢかげん》は、鯛《たひ》の擂身《すりみ》が一升《しよう》あるとすれば、味醂《みりん》一合《がふ》三四勺《しやく》に煮出汁《だし》八勺《しやく》ほど、鹽大匙《しほおほさじ》すりきり二杯《はい》、砂糖大匙山盛《さたうおほさじやまも》り五杯《はい》、玉子《たまご》の白身《しろみ》二箇《こ》くらゐの割合《わりあひ》にします。この分量《ぶんりやう》を參照《さんせう》の上《うへ》、擂身《すりみ》の量《りやう》によつて、適宜《てきぎ》に加減《かげん》して頂《いたゞ》きます。

尙《な》ほ骨《ほね》は擂身《すりみ》にする前《まへ》にすつかり除《のぞ》きますが、その後《ご》も注意《ちうい》して、擂《す》るときにも、煎《い》り上《あ》げるときにも、見《み》當《あた》り次第《しだい》、拾《ひろ》ひ取《ご》るやうにせねばなりません。

いゝおぼろにする鯛《たひ》は、なるべく大《おほ》きい方《はう》が德用《とくよう》ですが、それは人數《にんず》によつて、適宜《てきぎ》に加減《かげん》して頂《いたゞ》きませう。

若《も》し小鯛《こだひ》でしたら、燒《や》かずに水《みづ》から入《い》れて骨《ほね》ごと茹《ゆ》で、（鱗《こけ》を拂《はら》つて頭《かしら》を落《おと》し、腸《わた》を拔《ぬ》いて用《もち》ひます。）火《ひ》が

通《とほ》つたところで引《ひ》き上《あ》げ、皮《かは》や骨《ほね》をすつかり取《と》り除《のぞ》きます。それを晒布《さらし》の袋《ふくろ》に入《い》れて水《みづ》に晒《さら》し、固《かた》く搾《しぼ》つて播鉢《すりばち》で播《す》り、前同樣《まへどうやう》に味《あぢ》をつけて煎《い》り上《あ》げます。

鯛飯の作り方

鯛飯《たひめし》の御飯《ごはん》は櫻飯《さくらめし》にいたします。米《こめ》三升《じやう》につき、醬油《しやうゆ》一合《がふ》五勺《しやく》、味醂《みりん》五勺《しやく》、鹽大匙《しほおほさじ》すりきり二杯《はい》、水《みづ》三升《じやう》三合《がふ》の割《わり》に合《あは》せた汁《しる》を釜《かま》に入《い》れ、沸騰《ふつとう》したところで手早《てはや》く米《こめ》を入《い》れ、普通《ふつう》の御飯《ごはん》のやうに湯炊《ゆだ》きにします。米《こめ》は炊《た》く二三時間前《じかんまへ》に洗《あら》ひ、笊《ざる》に上《あ》げて自然《しぜん》に水氣《みづけ》をきります。

御飯《ごはん》ができましたら、溫《あたゝ》かいうちに折箱《をりはこ》に詰《つ》めて、御飯《ごはん》の上《うへ》一面《めん》におぼろを載《の》せます。御家庭《ごかてい》でしたら、折箱《をりはこ》の代《かは》りに、丼《どんぶり》か皿《さら》をお用《もち》ひになればよろしいのです。またおぼろを御飯《ごはん》に混《ま》ぜ、これに三《み》つ葉《は》などのみぢん切《ぎり》を藥味《やくみ》に入《い》れても結構《けつこう》です。冷《さ》めたものは、御飯蒸器《ごはんむし》で蒸《む》し返《かへ》しますと、炊《た》き立《た》て同樣《どうやう》に美味《おい》しく頂《いたゞ》かれます。

料理法《れうりはふ》としては極《ご》く簡單《かんたん》なもので、生《い》きのよいお魚《さかな》さへあれば、どなたにでも美味《おい》しく作《つく》れます。

(2) 魚飯の美味しい作り方

魚飯《ぎよはん》といふのは、元支那《もとしな》の料理《れうり》であつて、ほんたうは精進料理《しやうじんれうり》でありますが、日本《にほん》に入《はひ》つてから、いろいろに變化《へんくわ》したものです。尤《もつと》も、日本《にほん》では山口縣《やまぐちけん》が本場《ほんば》で、そこでは主《おも》に精進《しやうじん》に使《つか》はれてゐます。東京《とうきやう》でいふ

魚飯《ぎよはん》は、魚《さかな》、鳥《とり》、野菜《やさい》などを、普通《ふつう》の白《しろ》い御飯《ごはん》に載《の》せ、かけ汁《じる》をかけて食《た》べるもので、極《ご》くあつさりした、美味《おい》しい變《かは》り御飯《ごはん》であります。

魚飯の材料

魚《さかな》または鶏肉《とり》のおぼろ、海老《ゑび》おぼろ、金絲玉子《きんしたまご》に揉《も》み海苔《のり》、青味《あをみ》の五種《いろ》を用《もち》ひることにいたしませう。

鶏肉と魚のおぼろ＝鶏肉《とり》の方《はう》は、笹身《さゝみ》のところを細《こまか》く叩《た》いて裏漉《うらごし》にかけ、煮出汁《だし》と少量《せうりやう》の醤油《しやうゆ》を落《おと》して手早《てはや》く煎《い》り上《あ》げます。しかしから〳〵に煎《い》り上《あ》げてはいけません。といつて汁氣《しるけ》が滲《し》み出《で》るやうでもいけませんから、そこの加減《かげん》をほどよくせねばなりませぬ。(七十八頁《ページ》參照《さんせう》)

魚《さかな》の方《はう》は、白身《しろみ》のものなら何《なん》でも結構《けつこう》ですが、こちが一番上等《ばんじやうとう》とされてゐます。魚《さかな》を三枚《まい》におろし、皮《かは》を引《ひ》いて小《ちひさ》い切身《きりみ》にしてから、ばらつと鹽《しほ》をあて、よく鹽《しほ》の利《き》いたところで、蒸籠《せいろう》なり、御飯蒸器《ごはんむし》なりに入《い》れて充分《じうぶん》に蒸《む》し、布巾《ふきん》に包《つゝ》んで丁寧《ていねい》に揉《も》み、身《み》をばら〳〵にほぐしておきます。このとき、注意《ちうい》して小骨《こぼね》を拾《ひろ》ひ取《と》ります。かうして布巾《ふきん》で揉《も》むうちに、魚《さかな》に含《ふく》まれてゐる汁氣《しるけ》もすつかり除《と》れて、身《み》が綺麗《きれい》にぱらりとほぐれます。但《たゞ》し鹽《しほ》が利《き》かないと身《み》はほぐれませんから、鹽《しほ》をあてることを忘《わす》れてはなりませぬ。

海老おぼろ＝海老《えび》を鹽湯《しほゆ》で茹《ゆ》で、皮《かは》を剝《む》いて腸《わた》を除《と》り、身《み》を細《こまか》く叩《た》けばよろしいのです。

金絲玉子＝玉子《たまご》に食鹽《しよくえん》を少々《せう〳〵》加《くは》へて、充分《じうぶん》にかき混《ま》ぜ、一箇《こ》一枚《まい》くらゐの見當《けんたう》で、玉子《たまご》を薄《うす》く流《なが》して燒《や》

きます。それを一寸《すん》二三分《ぶ》の長《なが》さに、できるだけ細《ほそ》く刻《きざ》みます。

揉み海苔＝海苔《のり》をよく炙《あぶ》つて、乾《かわ》いた布巾《ふきん》に包《つゝ》み、細《こま》く揉《も》みほぐして用《もち》ひます。

青味＝莢隱元《さやいんげん》や莢豌豆《さやゑんどう》を用《もち》ひます。これはなるべく若《わか》いのを選《えら》び、鹽《しほ》を落《おと》した熱湯《ねつたう》で、さつと色《いろ》よく茹《ゆ》で、斜《はす》に細《ほそ》く刻《きざ》んでおきます。

右《みぎ》の五品《いつしな》を第《だい》三十圖《づ》のやうに、一人前《にんまへ》づゝ皿《さら》に美《うつく》しく盛《も》り分《わ》け、次《つぎ》のかけ汁《じる》をお椀《わん》に盛《も》り、溫《あたゝ》かい御飯《ごはん》と一緒《しよ》にすゝめます。

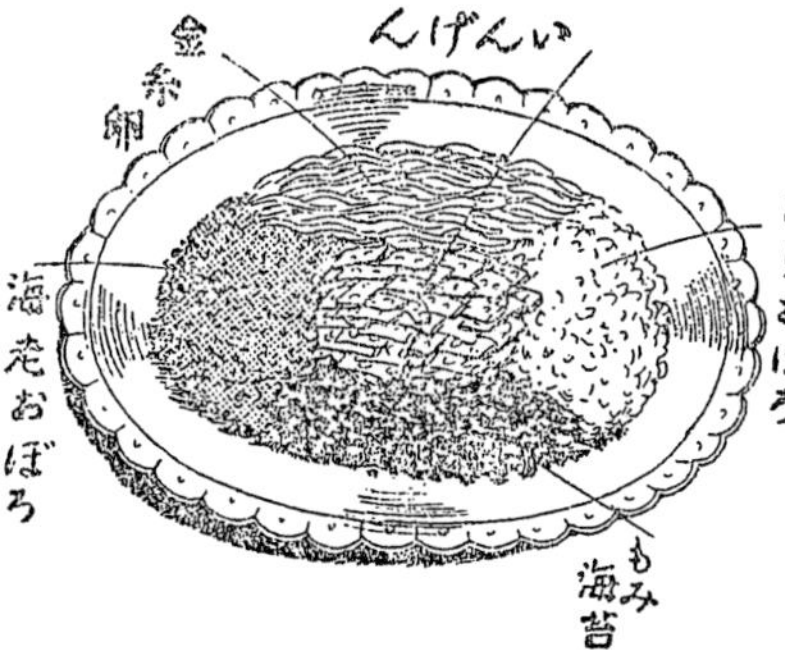

(第三十圖) 魚飯の材料

精進《しやうじん》にする場合《ばあひ》は、椎茸《しひたけ》、干瓢《かんぺう》、海苔《のり》、莢隱元《さやいんげん》、ゆばなどを主《おも》に使《つか》ひます。椎茸《しひたけ》やゆばはせん切《ぎり》に、干瓢《かんぺう》は細《ほそ》く切《き》り、いづれも淡味《うすあぢ》をつけて用《もち》ひます。

かけ汁と食べ方

かけ汁＝これは蕎麥《そば》のかけ汁《じる》よりも少《すこ》し甘加《あまか》減《げん》、つまり椀汁《わんづゆ》の少《すこ》し鹹《から》いものにすればよろしいので、なるべく雜多《ざつた》な味《あぢ》が入《はひ》るやうにします。雜多《ざつた》な味《あぢ》と申《まを》しますのは、まづ大體《だいたい》は鰹節《かつをぶし》と昆布《こぶ》の煮出汁《だし》で、それに鷄《とり》のスープも入《はひ》れば海老《えび》の茹汁《ゆでじる》も入《はひ》る、椎《しひ》茸《たけ》の煮出《にだ》し汁《じる》も、野菜《やさい》を煮《に》た汁《しる》もといふやうに、いろ〳〵な料理《れうり》に使《つか》

つた殘《のこ》り汁《じる》や煮汁《にじる》などを、みんな合《あは》せてしまふことです。殘《のこ》り汁《じる》といふと、氣味惡《きみわる》く思召《おぼしめ》すかも知《し》れませぬが、食《た》べ殘《のこ》りといふわけではなく、他《ほか》の料理《れうり》を作《つく》るとき、三人前《にんまへ》なら五人前《にんまへ》、五人前《にんまへ》なら七人前《にんまへ》といふやうに、煮汁《にじる》の分量《ぶんりやう》を人數《にんず》より多《おほ》く作《つく》つておき、それをみな一緖《しよ》にするのですから、料理屋《れうりや》などのかけ汁《じる》には、何《なん》ともいへぬ風味《ふうみ》があるわけです。

かけ汁《じる》の分量《ぶんりやう》は、一人前《にんまへ》につき、一合《がふ》は充分用意《じうぶんようい》しなくてはなりません。味《あぢ》は醬油《しやうゆ》だけでつけます。最上《さいじやう》の淡口醬油《うすぐちじやうゆ》を使《つか》ひ、汁《つゆ》の充分煮《じうぶんに》立《た》つたところで適宜《てきぎ》に落《おと》して味《あぢ》を調《とゝの》へます。

魚飯の食べ方＝魚飯《ぎよはん》を頂《いたゞ》きますには、飯碗《めしわん》に三分《ぶん》の一と思《おも》ふほど御飯《ごはん》を盛《も》り、皿《さら》に盛《も》つてある材料《ざいれう》をほどよく載《の》せ、その上《うへ》からかけ汁《じる》をかけて、混《ま》ぜ合《あは》せながら頂《いたゞ》くのです。材料《ざいれう》は、最初《さいしよ》に全部《ぜんぶ》を混《ま》ぜ合《あは》せ、但《たゞ》し嫌《きら》ひなものがあつたら、それだけ除《の》けておいて、御飯《ごはん》を三杯召上《はいめしあが》るつもりなら材料《ざいれう》を三分《ぶん》し、四杯召上《はいめしあが》るつもりなら四分《ぶん》しておき、その一《ひと》つ分《ぶん》を一杯《ぱい》の御飯《ごはん》に載《の》せます。飯碗《めしわん》はなるべく大《おほ》きいものがよろしく、御《ご》飯《はん》は、材料《ざいれう》を載《の》せたりお汁《つゆ》をかけたりしますから。決《けつ》して澤山《たくさん》つけてはいけませぬ。

(3)　鳥御飯四種の作り方

(イ)　鳥御飯の美味しい作り方

鳥御飯《とりごはん》といふのは、鷄《とり》の挽肉《ひきにく》と、煎《い》り玉子《たまご》を御飯《ごはん》の上《うへ》に盛《も》り分《わけ》に載《の》せ、グリーンピースを五六粒《つぶ》あしらつた、極《ご》くさつぱりした美味《おい》しい御飯《ごはん》です。見《み》たところも綺麗《きれい》なので、お子様方《こさまがた》に大《たい》そう喜《よろこ》ばれます。

材料の拵へ方

一升《しよう》の御飯《ごはん》に對《たい》し、鷄肉《けいにく》百匁《もんめ》、玉子《たまご》十箇《こ》、(目方《めかた》にして百五十匁《もんめ》くらゐ) グリーンピース大匙《おほさじ》二杯《はい》くらゐの割《わり》で用意《ようい》しますと、約《やく》十人前《にんまへ》の材料《ざいれう》ができます。

鷄肉＝細目《ほそめ》の挽肉《ひきにく》(二度《ど》繰返《くりかへ》して挽《ひ》く)にしておき、百匁《もんめ》の肉《にく》に對《たい》して味醂《みりん》一勺《しやく》、酒《さけ》一勺《しやく》、砂糖大匙山《さたうおほさじやま》盛《も》り一杯《はい》、醬油《しやうゆ》一勺半《しやくはん》くらゐの割《わり》に合《あは》せます。次《つぎ》に調味料《てうみれう》だけを鍋《なべ》に入《い》れ、煮立《にた》つたところで挽肉《ひきにく》を少《すこ》しづつ落《おと》し、手早《てはや》くかき廻《まは》して、ばらつと煎《い》り上《あ》げます。このとき、一度《ど》に入《い》れると固《かた》まつてしまひますから、必《かなら》ず少《すこ》しづゝ分《わ》けて入《い》れなくてはなりませぬ。

この煎《い》り加減《かげん》には呼吸《こきふ》があるので、煎《い》りながら、肉《にく》を鍋《なべ》の端《はし》の方《はう》へぐるりと寄《よ》せ、眞中《まんなか》へ少々《せう〳〵》汁氣《しるけ》が殘《のこ》るくらゐのところで鍋《なべ》を下《おろ》し、尙《な》ほ幾度《いくど》もかき混《ま》ぜますと、丁度《ちやうど》加減《かげん》よく煎《い》り上《あが》ります。かき混《ま》ぜても〳〵、汁氣《しるけ》が鍋底《なべそこ》に溜《たま》るやうでは、まだ火《ひ》の通《とほ》し方《かた》が足《た》りないのです。

玉子＝全部《ぜんぶ》を一度《ど》に割《わ》つて、充分《じうぶん》にかき混《ま》ぜ、十箇《こ》の玉子《たまご》に對《たい》して、砂糖大匙山盛《さたうおほさじやまも》り二杯《はい》、味醂《みりん》一勺《しやく》、酒《さけ》一勺《しやく》、鹽茶匙山盛《しほちやさじやまも》り一杯《はい》くらゐの割《わり》で合《あは》せ、なほ充分《じうぶん》にかき廻《まは》します。

それをフライ鍋《パン》に流《なが》し込《こ》んで、盛《も》り箸《はし》の太《ふと》いのを五六本《ほん》一緒《しよ》に持《も》ち、萬遍《まんべん》なくかき廻《まは》しながら、細《こま》くぼろ

ぼろになるまで、煎《い》り上《あ》げます。しかし、あまりから〱になつては美味《おい》しくありませんから、ほどよく汁《しる》氣《け》のある程度《ていど》で止《や》めることです。火加減《ひかげん》は、最初玉子《さいしよたまご》が熱《あつ》くなるまでは強《つよ》くともよろしいですが、後《あと》はずつと弱火《とろび》にしておきます。

グリーンピースは、罐《くわん》から出《だ》して熱湯《ねつたう》をかけ、よく水氣《みづけ》をきつて用《もち》ひます。

鳥御飯の作り方

御飯《ごはん》は、茶飯《ちやめし》くらゐにあつさりと味《あぢ》をつけて炊《た》きます。その割合《わりあひ》は、米《こめ》一升《しよう》について酒《さけ》五勺《しやく》、醤油《しやうゆ》三勺《じやく》くらゐ、味《あぢ》の素《もと》少々《せうく》を加《くは》へ、普通《ふつう》の水加減《みづかげん》にして炊《た》き上《あ》げます。

材料《ざいれう》と御飯《ごはん》の用意《ようい》ができましたら、丼《どんぶり》を溫《あたゝ》めて御飯《ごはん》を八分目《ぶんめ》ほど盛《も》り、その上《うへ》に、第《だい》三十一圖《づ》のやうに鷄肉《とり》と玉子《たまご》を眞中《まんなか》から綺麗《きれい》に盛《も》り分《わ》けに載《の》せ、中央《ちうあう》にグリーンピース少《せう》少《せう》を載《の》せてすゝめます。

（第三十一圖）鳥御飯

（ロ）スペイン名物鷄飯の作り方

鷄飯《けいはん》と申《まを》しますのは、スペインのバレンチャの名物料理《めいぶつれうり》です。スペインは、非常《ひじやう》に米《こめ》のいゝところで、まるで水晶《すゐしやう》のやうなのが出來《でき》ますから、從《したが》つて、米料理《こめれうり》が名物《めいぶつ》になつてをります。その中《なか》でも、鷄飯《けいはん》が一番《ばん》美味《おい》

しいといはれます。

鶏飯の材料

五人前《にんまへ》として、三百匁《もんめ》から三百三十匁《もんめ》までの若鶏《わかどり》一羽《は》、米《こめ》五合《がふ》、スープ五合《がふ》、パプリッカ(辛《から》くない蕃椒粉《たうがらしこ》)小瓶《こびん》一壜《びん》、カインピイパー(辛《から》い蕃椒粉《たうがらしこ》)少々《せうく》、生《なま》の西洋蕃椒《せいやうたうがらし》(肉《にく》の厚《あつ》い、辛《から》くないもの。)十箇《こ》、ハム四分《ぶん》の一斤《きん》、オレーフ油《ゆ》五勺《しやく》、玉葱《たまねぎ》小一箇《こ》、グリーンピース一合《がふ》、食鹽《しよくえん》少々《せうく》を用意《ようい》します。

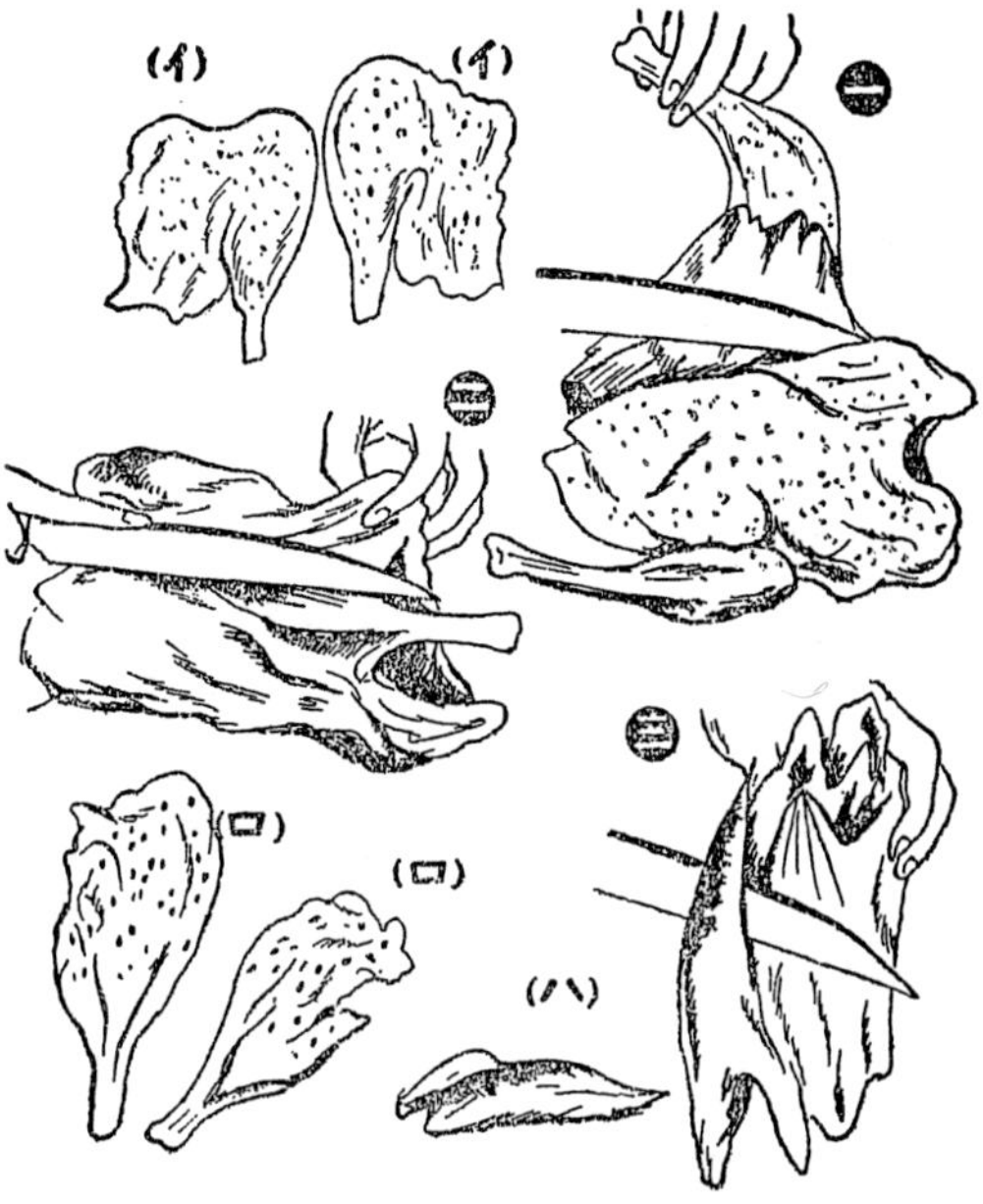

(第三十二圖) 鶏のおろし方

圖の(一)、(二)、(三)は、おろし方順序。(イ)は腿、(ロ)は手羽、(ハ)は胸の肉です。

鶏＝羽毛《はね》を除《と》つて毛焼《けや》きをし、第《だい》三十二圖《づ》のやうに、腿《もゝ》二《ふた》つ、手羽《ては》二《ふた》つ、胸《むね》一《ひと》つと都合《つがふ》五つに割《さ》き、割《さ》けたところで、兩面《りやうめん》から鹽《しほ》を少々《せうく》まぶしておきます。

スープ＝水《みづ》一升《しよう》に、牛《うし》の脛肉《はぎにく》三百匁《もんめ》を一寸《すん》角《かく》に切《き》つて入《い》れ、最初《さいしよ》は强火《つよび》にかけます。あくが上《あが》つたら掬《すく》ひ取《と》り、玉葱《たまねぎ》、(一箇《こ》)人參《にんじん》、(二本《ほん》)パセリの莖《くき》などの切《き》つたものを入《い》れ、

これに鹽一撮《しほひとつま》みを加《くは》へて、こんどは弱火《とろび》で三時間《じかん》ばかり煮出《にだ》し、布巾《ふきん》で漉《こ》しておきます。

米その他＝米《こめ》は洗《あら》つて水氣《みづけ》をきり、西洋蕃椒《せいやうたうがらし》は縦横四《たてよこよつ》つに割《わ》つて、中《なか》の種子《たね》を出《だ》し、ざつと洗《あら》つておきます。玉葱《たまねぎ》はみぢんに切《き》り、ハムは一寸角《すんかく》、二分《ぶ》厚《あつ》みくらゐの大《おほ》きさに、それ〳〵切《さ》つておきます。グリーンピースは熱湯《ねつたう》に通《とほ》して用《もち》ひます。

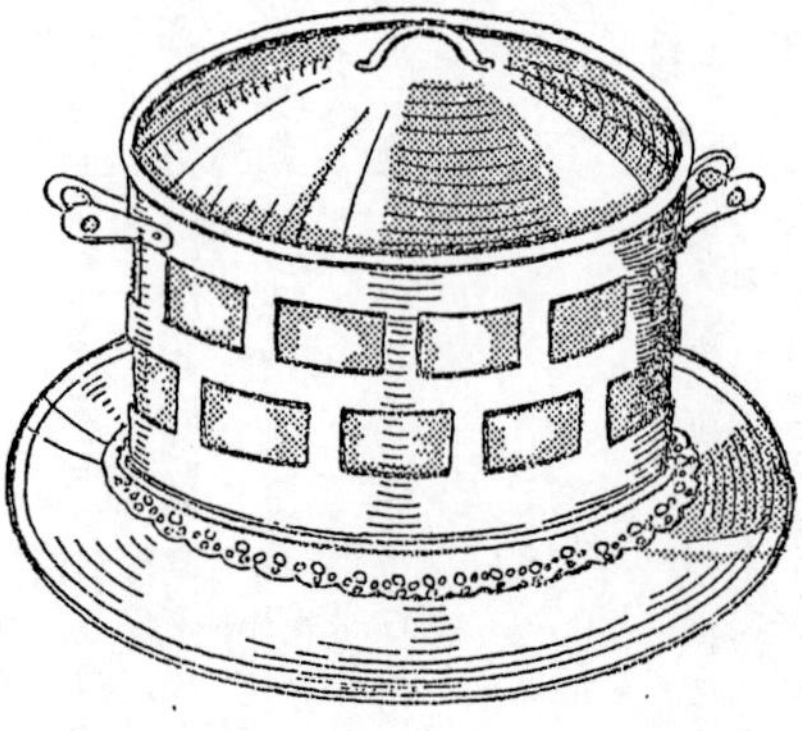

第三十三圖　鷄飯

鷄飯の作り方

以上《いじやう》の用意《ようい》ができましたら、オレーフ油《ゆ》を鍋《なべ》に入《い》れて熱《ねつ》し、鷄肉《とり》を入《い》れて、兩面《りやうめん》をさつといためたところで、皿《さら》に取《と》り上《あ》げておきます。その後《あと》に玉葱《たまねぎ》を入《い》れて、ちよつといため、次《つぎ》に米《こめ》を入《い》れ、杓子《しやくし》でかき廻《まは》しながら、更《さら》に三四分間《ふんかん》くらゐいためます。

米《こめ》に火《ひ》が通《とほ》つたら、グリーンピースを入《い》れ、次《つぎ》にパプリッカを入《い》れて、だまのできぬやうに混《ま》ぜ合《あは》せます。これは、色《いろ》と香《かを》りをつけるために用《もち》ひるので、辛味《からみ》はありません。そこで西洋蕃椒《せいやうたうがらし》とハムを入《い》れ、鷄肉《とり》のいためたのを入《い》れ、米《こめ》と同量《どうりやう》(五合《がふ》)のスープを注《さ》して、味加減《あぢかげん》を見《み》ながら食鹽《しよくえん》を加《くは》へ、最後《さいこ》にカインピイパーを少々《せう〳〵》入れて辛味《からみ》をつけ、加減《かげん》のいゝところで鍋《なべ》の蓋《ふた》をし、普通《ふつう》の御飯《ごはん》を炊《た》くや

うにして、炊《た》き上《あ》げます。但《たゞ》し葱《ねぎ》が入《はひ》つてゐるため、焦《こ》げつき易《やす》いですから、中途《ちうと》で一度《ど》かき混《ま》ぜます。出來《でき》上《あが》つたところで、第《だい》三十三圖《づ》のやうに鍋《なべ》のまゝ食卓《しよくたく》へ出《だ》し、お皿《さら》を人數《にんず》前《まへ》だけ添《そ》へます。これをお客《きやく》様《さま》が、自由《じいう》に盛《も》り分《わ》けて召上《めしあが》るわけです。

この御飯《ごはん》の特長《とくちやう》は、ハムや鷄肉《けいにく》、その他《た》いろ〳〵な野菜《やさい》の味《あぢ》が融《と》け合《あ》ひ、それに適宜《てきぎ》の辛味《からみ》がついて、御《ご》飯《はん》の味《あぢ》を非常《ひじやう》によくし、且《か》つ食欲《しよくよく》を増進《ぞうしん》させることです。

(ハ) 變り鷄飯と雉飯の作り方

變つた鷄飯

材料と作り方＝この鷄飯《とりめし》は、鷄肉《けいにく》と御飯《ごはん》を一緒《しよ》に炊《た》き込《こ》まず、別々《べつべつ》にして頂《いたゞ》きますから、大變《たいへん》さつぱりして美味《おい》しうございます。鷄《にはとり》の羽毛《はね》をむしつて毛燒《けやき》をし、頭《あたま》、手羽《ては》、足《あし》を落《おと》して、臟物《ざうもつ》を抜《ぬ》き取《と》り、ローストにするやうに作《つく》りましたら、鹽《しほ》を落《おと》した熱湯《ねつたう》の中《なか》に入《い》れて、充分《じうぶん》火《ひ》が通《とほ》るまで氣《き》長《なが》く茹《ゆ》で、肉《にく》が軟《やはら》かくなつたところで細《こまか》く割《さ》き、大皿《おほざら》に全部《ぜんぶ》を盛《も》り上《あ》げておきます。尙《な》ほ、あとの茹汁《ゆでじる》で御《ご》飯《はん》のかけ汁《じる》を作《つく》ります。

別《べつ》に、玉子《たまご》の薄燒《うすやき》(十二頁《ページ》參照《さんせう》)を細《ほそ》くせんに切《き》り、莢豌豆《さやゑんどう》、隱元《いんげん》などを色《いろ》よく茹《ゆ》でゝ、同《おな》じくせんに刻《きざ》んでおきます。その他《ほか》に福神漬《ふくじんづけ》、揉《も》み海苔《のり》、紅生姜《べにしやうが》に澤庵漬《たくあんづけ》(細《ほそ》くせんに刻《きざ》む。)などを、大皿《おほざら》に體裁《ていさい》よく盛《も》り

分《わ》け、どれでも、好《す》きな品《しな》が食《た》べられるやうにしておきます。

前《まへ》に鶏《とり》を茹《ゆ》でた汁《しる》は、美味《おい》しいスープですから、一度《ど》漉《こ》してあくを除《のぞ》き、充分《じうぶん》煮《に》立《た》てゝ、鹽《しほ》と醤油《しやうゆ》でほどよく味《あぢ》を調《とゝの》へます。お汁《しる》が冷《さ》めては美味《おい》しくありませんから、焜爐《こんろ》にかけてお鍋《なべ》ごと食卓《しよくたく》へ出《だ》し、極《ご》く熱《あつ》いところを用《もち》ひます。そして炊《た》き立《た》ての御飯《ごはん》を輕《かる》く盛《も》りつけ、大皿《おほざら》に盛《も》つた鶏《とり》肉、その他《た》好《この》みの品《しな》を御飯《ごはん》に載《の》せ、上《うへ》からかけ汁《じる》を注《つ》いで頂《いたゞ》きます。これは炊《た》き込《こ》みと違《ちが》つて、あつさりしてゐますし、好《す》きなものが自由《じいう》に食《た》べられますので、お子《こ》様方《さまがた》に大《たい》そう喜《よろこ》ばれます。

雉飯の炊き方

材料と作り方＝雉《きじ》は、年《とし》の暮《くれ》は雄《をす》が美味《おい》しうございますが、三月《ぐわつ》から四月《ぐわつ》にかけては、卵《たまご》を持《も》つので、雌《めす》の方《はう》が非常《ひじやう》に美味《おい》しくなります。

雉《きじ》一羽《は》に對《たい》して米《こめ》一升《しよう》の割《わり》に用意《ようい》します。米《こめ》は炊《た》く二三時間《じかん》くらゐ前《まへ》に洗《あら》ひ、笊《ざる》に上《あ》げて水氣《みづけ》をきつておきます。雉《きじ》は羽毛《はね》をむしつて、毛《け》焼《やき》をし、鶏《にはとり》のやうにおろし、（第《だい》三十二圖《づ》參照《さんせう》）骨《ほね》を除《のぞ》き、肉《にく》だけを適宜《てきぎ》の大《おほ》きさにぶつ切《ぎ》りにし、あとの骨《ほね》でたつぷりスープをとつて、（八十頁《ページ》參照《さんせう》）充分《じうぶん》煮《に》立《た》つたところで前《まへ》の肉《にく》（晒布《さらし》の袋《ふくろ》に入《い》れる。）を投《とう》じ、霜降《しもふり》にさつと茹《ゆ》でゝ、引《ひ》き上《あ》げます。スープは更《さら》に漉《こ》し、砂《さ》糖《たう》、醤油《しやうゆ》で淡味《うすあぢ》をつけて、肉《にく》や野菜《やさい》を煮《に》る分《ぶん》を一合《がふ》くらゐ殘《のこ》し、あとの分《ぶん》でお米《こめ》を湯炊《ゆだ》きにします。

野菜《やさい》は、芹《せり》、牛蒡《ごばう》などを取《と》り合《あは》せます。牛蒡《ごばう》はさゝがきにしてざつと茹《ゆ》で、肉《にく》と共《とも》に初《はじ》めは淡味《うすあぢ》にし、最《さい》

後《ご》は煎《い》りつけるやうにして、甘煮《うまに》より少々鹹目《せうくからめ》な味加減《あぢかげん》に煮上《にあ》げます。そして下《おろ》し際《ぎは》に、七八分《ぶ》に切《き》つた芹《せり》を投《な》げ込《こ》みます。

御飯《ごはん》が噴《ふ》き出《だ》しましたら、前《まへ》の具《ぐ》を入《い》れて充分《じうぶん》に蒸《む》らし、お櫃《ひつ》に移《うつ》すときに混《ま》ぜ合《あは》せます。雉《きじ》のない場合《ばあひ》は、卵《たまご》を生《う》み始《はじ》めた頃《ころ》の鶏《にはとり》でも結構《けつこう》です。鶏《にはとり》もあまり雛《ひな》では却《かへつ》て美味《おい》しくありませぬ。

(4) 炒飯と加里飯の作り方

炒飯《チヤーハン》といふのは支那《しな》の御飯料理《ごはんれうり》で、丁度《ちやうど》日本《にほん》の五目飯《もくめし》のやうに、いろ〳〵な材料《ざいれう》を入《い》れた、美味《おい》しい炒《い》り飯《めし》であります。加里飯《カリハン》の方《はう》は臺灣《たいわん》の變《かは》り御飯《ごはん》で、糯米《もちごめ》を使《つか》つた、いはゞお握《にぎ》りでございます。いづれも、日《に》本人向《ほんじんむき》の美味《おい》しい御飯《ごはん》です。

炒飯の材料

五人前《にんまへ》として、焼豚肉《やきぶた》三十匁《もんめ》、玉葱《たまねぎ》一箇《こ》、長葱《ながねぎ》二三本《ぼん》、筍《たけのこ》(罐詰《くわんづめ》)一本《ほん》、玉子《たまご》五箇《こ》、蟹《かに》(罐詰《くわんづめ》)小罐半分《せうくわんはんぶん》くらゐ、グリーンピース大匙《おほさじ》二杯《はい》くらゐの割《わり》で用意《ようい》します。

焼豚肉＝豚肉《ぶた》は、腿肉《もゝにく》または肩肉《かたにく》(赤身《あかみ》のところ)を大切《おほぎ》りのまゝ用《もち》ひます。醤油《しやうゆ》の中《なか》へ、肉《にく》が赤《あか》くなる程《てい》度《ど》に食紅《しよくべに》を溶《と》き込《こ》み、それに砂糖《さたう》を混《ま》ぜて、かなり甘加減《あまかげん》の砂糖醤油《さたうじやうゆ》を作《つく》り、前《まへ》の肉《にく》を漬《つ》け込《こ》んで五時間《じかん》くらゐおき、テンピに入《い》れて蒸《む》し焼《やき》にします。テンピがなければ、串《くし》に刺《さ》して遠火《とほび》で焼《や》いても、鍋《なべ》で煮《に》ても差《さし》

支《つかへ》ありません。細《ほそ》い串《くし》を刺《さ》して見《み》て、容易《ようい》にすーつと通《とほ》るやうになれば、充分焼《じうぶんや》けたのですから、二分角《ぶかく》くらゐの賽《さい》の目《め》に切《き》つておきます。

玉葱その他＝玉葱《たまねぎ》はみぢんに。長葱《ながねぎ》は小口《こぐち》から細《こまか》く刻《きざ》み、筍《たけのこ》は焼豚肉《やきぶた》くらゐの賽《さい》の目《め》に切《き》ります。蟹《かに》は罐《くわん》から出《だ》し、身《み》を細《こまか》くほぐしておきます。

炒飯の味つけ

材料《ざいれう》が揃《そろ》ひましたら、御飯《ごはん》を一人前御飯茶碗《にんまへごはんぢやわん》二杯《はい》の割《わり》にして、まづ上等《じやうとう》のラードを少々熔《せうくとか》し、その中《なか》へ、よくほぐした御飯《ごはん》を入《い》れていため、溫《あたゝ》かくなつたところで、豚肉《ぶた》、葱《ねぎ》、筍《たけのこ》を入《い》れて更《さら》によくいため、鹽《しほ》、胡椒《こせう》、味《あぢ》の素《もと》と、前《まへ》に豚肉《ぶた》を漬《つ》けた醬油少々《しやうゆせうく》を加《くは》へて、極《ご》くあつさりと味加減《あぢかげん》します。かうしてほゞ出來上《できあが》る頃《ころ》に、蟹《かに》と生《なま》のまゝよくほぐした玉子《たまご》を入《い》れて、手早《てばや》くかき混《ま》ぜ、玉子《たまご》に充分火《じうぶんひ》が通《とほ》つたところで、熱湯《ねつたう》をかけたグリーンピースを混《ま》ぜ合《あは》せます。

これですつかり出來上《できあが》りました。皿《さら》なり丼《どんぶり》なりに、第三十四圖《だいづ》のやうにこんもりと盛《も》り上《あ》げ、溫《あたゝ》かいところをおすゝめします。ラードは、材料《ざいれう》がいためられるだけで充分《じうぶん》です。ラードが多過《おほす》ぎると御飯《ごはん》が軟《やは》かくなり、見《み》たところも、味《あぢ》も感心《かんしん》されませぬ。尙《な》ほ御飯《ごはん》は、普通《ふつう》の御飯《ごはん》より硬目《こはめ》に炊《た》くことです。お惣菜《そうざい》などには冷御飯《ひやごはん》を使《つか》つて作《つく》りますと、何《なに》より結構《けつこう》な利用法《りようはふ》になります。

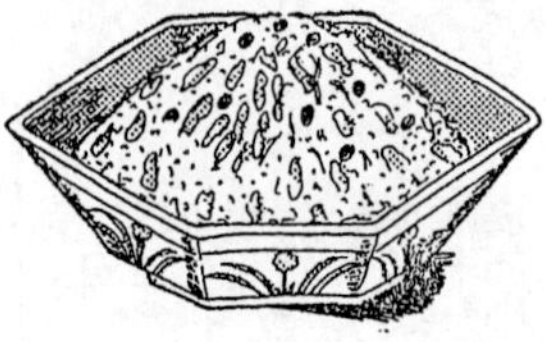

（第三十四圖）炒飯

加里飯の作り方

材料と作り方＝糯米《もちごめ》をよく洗《あら》ひ、笊《ざる》に上《あ》げて水氣《みづけ》をきり、醬油《しやうゆ》の中《なか》に約《やく》三十分間《ぷんかん》ほど漬《つ》け、ほどよく醬油《しやうゆ》が沁《し》みたところで、再《ふたゝ》び笊《ざる》に上《あ》げて水氣《みづけ》をきります。次《つぎ》に前《まへ》と同《おな》じ豚《ぶた》肉を挽肉《ひきにく》（二度繰《さく》り返《かへ》して挽《ひ》く。）にして、玉葱《たまねぎ》と軟《やはら》かくもどした椎茸《しひたけ》のみぢん切《ぎ》りを混《ま》ぜ、つなぎにメリケン粉《こ》を少々《せう〱》入《い》れ、鹽《しほ》、胡椒《こせう》で、あつさりと味《あぢ》を調《とゝの》へます。

以《い》上《じやう》の準備《じゆんび》ができましたら、肉《にく》を燒賣《シユウマイ》にするくらゐの大《おほ》きさに丸《まる》め、その周圍《まはり》に、前《まへ》の糯米《もちごめ》を平《たひら》にまぶしつけて、濡布巾《ぬれぶきん》を敷《し》いた蒸籠《せいろう》の中《なか》に、附《つ》き合《あ》はないやうに一側《ひとかは》に並《なら》べ、糯米《もちごめ》によく火《ひ》の通《とほ》るまで、約《やく》四十分《ぷん》間《かん》くらゐ蒸《む》します。そして皿《さら》か丼《どんぶり》に一人前《にんまへ》五つくらゐづゝ盛《も》り、別《べつ》に芥子《からし》醬油《じやうゆ》、葱《ねぎ》の藥味《やくみ》などを添《そ》へて溫《あたゝ》かいうちにすゝめます。人數《にんず》の多《おほ》い場合《ばあひ》は大皿《おほざら》に一緒《しよ》に盛《も》つて出《だ》し、各自《かくじ》が小皿《こざら》に分《わ》けて頂《いたゞ》きます。

三、變り御飯三十二種の作り方

筑前釜飯

一種《しゆ》の五目飯《もくめし》ですが、第《だい》三十五圖《づ》のやうに、お釜《かま》のまゝすゝめるところに面白味《おもしろみ》があります。お釜《かま》はアルミニウム、今戸燒《いまどやき》などを用《もち》ひ、人數《にんず》によつて大小《だいせう》を加減《かげん》いたします。

材料＝五人前《にんまへ》として、米《こめ》五合《がふ》、椎茸《しひたけ》、牛蒡《ごばう》、人參《にんじん》、白瀧《しらたき》少々《せう〱》、鷄肉《とり》三十匁《もんめ》くらゐの割《わり》に用意《ようい》します。米《こめ》は前《まへ》もつて洗《あら》つておき、椎茸《しひたけ》は軟《やはら》かくもどしてせんに切《き》り、牛蒡《ごばう》と人參《にんじん》は細《こまか》く賽《さい》の目《め》に切《き》つてざつと茹《ゆ》で、笊《ざる》

に上《あ》げて水氣《みづけ》をきります。白瀧《しらたき》は五分《ぶ》くらゐの長《なが》さに、鶏肉《とり》は細《こまか》く切《き》つておきます。その他《ほか》に、スープ、（鶏《とり》の骨《ほね》でとる。）または鰹節《かつをぶし》と昆布《こぶ》の煮出汁《だし》を、七合《がふ》ばかり用意《ようい》しておきます。

炊き方＝準備《じゆんび》ができましたら、米《こめ》を釜《かま》に移《うつ》して、前《まへ》のお汁《しる》と、醤油《しやうゆ》凡《およ》そ五勺《しやく》ほどを入《い》れ、材料《ざいれう》を全部《ぜんぶ》一緒《しよ》に混《ま》ぜ、普通《ふつう》の御飯《ごはん》より一割方《わりがた》水加減《みづかげん》を多《おほ》くして、炊《た》き込《こ》みます。御飯《ごはん》が噴《ふ》き始《はじ》めたら、杓子《しやくし》で手早《てはや》く上下《じやうげ》にかき混《ま》ぜ、火《ひ》を弱《よわ》めて、いいおねばを噴《ふ》きこぼさぬやう、氣長《きなが》に炊《た》き込《こ》むのです。この御飯《ごはん》は硬《こは》くては美味《おい》しくありません。御飯《ごはん》と雑炊《ざふすゐ》の間《あひ》の子《こ》くらゐの程度《ていど》がよろしいのです。

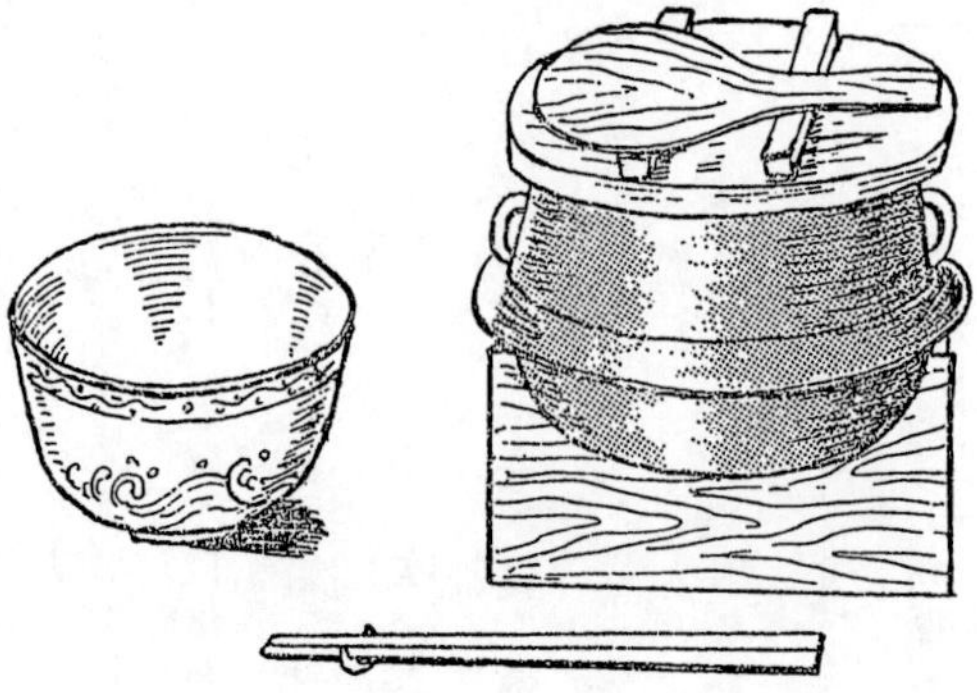

（第三十五圖）筑前釜飯

出來《でき》上《あが》つたところで、豫《あらかじ》め熱湯《ねつたう》をかけておいたグリーンピースを盃《さかづき》一杯《はい》ほど混《ま》ぜ、極《ご》く熱《あつ》いうちにすゝめます。別《べつ》に、揉《も》み海苔《のり》を藥味《やくみ》として添《そ》へます。

尚《な》ほ取《と》り合《あは》せの野菜《やさい》、乾物《かんぶつ》などは、その時々《ときどき》の有合《ありあは》せでよいのですが、牛蒡《ごばう》と白瀧《しらたき》だけは、是非《ぜひ》入《い》れて頂《いたゞ》きます。

梔子飯

梔子《くちなし》の、色《いろ》と香《かを》りがほんのりと出《で》て、なか

なか趣《おもむき》のある御飯《ごはん》です。豐後《ぶんご》の國《くに》の料理《れうり》と申《まを》します。

材料と炊き方＝取《と》り合《あは》せには、大根《だいこん》、人參《にんじん》、葱《ねぎ》、牛蒡《ごばう》、豆腐《とうふ》、魚《さかな》などをいろ〳〵用《もち》ひます。大根《だいこん》と人參《にんじん》はせん切りにし、葱《ねぎ》は小口《こぐち》から細《こまか》く刻《きざ》み、牛蒡《ごばう》はさゝがきにして洒《さら》し、笊《ざる》に上《あ》げて水氣《みづけ》をきります。豆腐《とうふ》はほぐして、布巾《ふきん》で搾《しぼ》り、魚《さかな》は身《み》を白燒《しらやき》にし、細《こまか》くむしつて用《もち》ひます。用意《ようい》ができましたら、少量《せうりやう》の胡麻油《ごまのあぶら》を煮立《にた》てゝ牛蒡《ごばう》をいため、次《つぎ》に大根《だいこん》と人參《にんじん》、豆腐《とうふ》をいため、最後《さいご》に魚《さかな》をいためて、醤油《しやうゆ》、煮出汁《だし》、味醂《みりん》、砂糖《さたう》で淡味《うすあぢ》をつけ、そのまゝ暫《しばら》く煮込《にこ》みます。

別《べつ》に御飯《ごはん》を炊《た》きますとき、米《こめ》一升《しよう》に對《たい》して、梔子《くちなし》の粉《こな》を茶匙《ちやさじ》二杯《はい》くらゐ混《ま》ぜ、普通《ふつう》の水加減《みづかげん》に炊《た》き上《あ》げます。すると淡黄色《たんくわうしよく》の、風味《ふうみ》のよい御飯《ごはん》ができますから、溫《あたゝ》かいところを茶碗《ちやわん》に盛《も》り、その上《うへ》に前《まへ》の材料《たね》を載《の》せ、煮汁《にじる》をかけてすゝめます。梔子《くちなし》は實《み》を煎《せん》じても結構《けつこう》です。

筍御飯

材料と炊き方＝筍《たけのこ》の他《ほか》に肉《にく》を入《い》れます。筍《たけのこ》は白水《しろみづ》で軟《やはら》かく茹《ゆ》で、ほどよい大《おほ》きさに薄《うす》く短册形《たんざくがた》に切《き》ります。次《つぎ》に牛肉《ぎうにく》か豚《ぶた》肉の脂身《あぶらみ》でないところを選《えら》び、丸《まる》のまゝ水《みづ》から茹《ゆ》でゝ、箸《はし》が通《とほ》るやうになつたら細《こまか》く刻《きざ》み、筍《たけのこ》と共《とも》に、醤油《しやうゆ》、煮出汁《だし》、(肉《にく》の茹汁《ゆでじる》を漉《こ》しとる。)味醂《みりん》、砂糖《さたう》で甘鹹《あまから》く、ばらつと煎《い》り上《あ》げます。豚《ぶた》肉の場合《ばあひ》は生姜《しやうが》の小口切《こぐちぎ》りを入《い》れます。他《ほか》にグリーンピースを少々《せう〳〵》用意《ようい》しておきます。

御飯《ごはん》は米《こめ》一升《しよう》について、醤油《しやうゆ》七勺《しやく》、酒《さけ》三勺《じやく》の割合《わりあひ》にし、普通《ふつう》の水加減《みづかげん》で炊《た》きます。材料《ざいれう》はお櫃《ひつ》へ移《うつ》すとき

混《ま》ぜ合《あは》せます。そして御飯《ごはん》の粘《ねば》りを出《だ》さぬやう、大《おほ》きな菜箸《さいばし》のやうなもので、ふうわりかき混《ま》ぜるとよろしいのです。

松露飯

材料と炊き方＝新《あたら》しい松露《しようろ》を求《もと》めて、砂《すな》をよく落《おと》し、小《ちひさ》ければそのまゝ、大《おほ》きければ縦横《たてよこ》に割《わ》り、鹽水《しほみづ》で洗《あら》つて水氣《みづけ》をとり、砂糖《さたう》を少々《せう》加《くは》へた醤油《しやうゆ》をまぶして、暫《しばら》くおきます。
別《べつ》に御飯《ごはん》を、米《こめ》一升《しよう》につき醤油《しやうゆ》七勺《しやく》、酒《さけ》三勺《じやく》の割《わり》に混《ま》ぜて、普通《ふつう》の水加減《みづかげん》よりやゝ硬目《こはめ》に炊《た》き、噴《ふ》き上《あが》つたところで、手早《てはや》く松露《しようろ》を入《い》れて蒸《む》らし、お櫃《ひつ》に移《うつ》すとき、菜箸《さいばし》か杓子《しやくし》で輕《かる》くかき混《ま》ぜます。まことに春《はる》らしい御飯《ごはん》であります。

蕗飯

材料と炊き方＝蕗《ふき》は皮《かは》を剝《む》いて暫《しばら》く水《みづ》に放《はな》し、あくが脱《ぬ》けたところで、三分《ぶ》くらゐの長《なが》さに刻《きざ》みます。次《つぎ》に米《こめ》一升《しよう》につき、蕗《ふき》の刻《きざ》んだもの三合《がふ》の割《わり》に混《ま》ぜ、鹽《しほ》ぬきにして、少々《せうく》硬目《こはめ》に御飯《ごはん》を炊《た》き上《あ》げます。
別《べつ》に鰹節《かつをぶし》と昆布《こぶ》で煮出《だ》汁《し》をとり、充分《じうぶん》に煮《に》立《た》てゝ、醤油《しやうゆ》だけで普通《ふつう》に吸味《すひあぢ》をつけ、御飯《ごはん》を茶碗《ちやわん》に盛《も》つた上《うへ》から、極《ご》く熱《あつ》い汁《しる》をかけて頂《いただ》きます。これは非常《ひじやう》に、その特有《とくいう》の香氣《かうき》が人《ひと》に喜《よろこ》ばれます。尙《な》ほ揉《も》み海苔《のり》を藥《やく》味《み》に入《い》れると、一そう風味《ふうみ》が出《で》ます。

葱玉子飯

これは殘飯《ざんはん》の利《り》用《よう》といふところに値《ね》打《うち》があります。

材料＝葱《ねぎ》少々《せう〱》、玉子《たまご》は一人前《にんまへ》一箇《こ》の割《わり》で澤山《たくさん》、五人《にん》に三《み》つくらゐでも結構《けつこう》です。葱《ねぎ》を細《こまか》く刻《きざ》んで丼《どんぶり》に入《い》れ、鰹節《かつをぶし》をほどよく削《けづ》り込《こ》んで、玉子《たまご》を割《わ》り落《おと》し、揉《も》み海苔《のり》を適宜《てきぎ》に加《くは》へて、醤油《しやうゆ》をたつぷりかけ、芥子粉《からしこ》と味《あぢ》の素《もと》を少々《せう〱》加《くは》へて、よくかき廻《まは》しておきます。

拵へ方＝冷御飯《ひやごはん》を御飯蒸器《ごはんむし》に仕《し》かけ、もう充分蒸《じうぶんむ》せ上《あが》らうとするところへ、手早《てはや》く前《まへ》の材料《ざいれう》を御飯《ごはん》の上《うへ》一面《めん》に行渡《ゆきわた》るやうに流《なが》し込《こ》み、急《いそ》いで蓋《ふた》をして、そのまゝ三分《ぷん》か五分間《ふんかん》くらゐ蒸《む》らし、火《ひ》から下《おろ》して、四五分《ふん》間《かん》そのまゝにおき、茶碗《ちやわん》に盛《も》るときに、充分《じうぶん》にかき混《ま》ぜます。かうして出來上《できあが》つたものは、冷御飯《ひやごはん》などゝ思《おも》ふ方《かた》は恐《おそ》らくございませんでせう。炊《た》き立《た》ての御飯《ごはん》ならば一そう結構《けつこう》です。

葱御飯

材料と炊き方＝葱《ねぎ》と油揚《あぶらげ》を用《もち》ひます。葱《ねぎ》は七八分《ぶ》くらゐの長《なが》さに、ほどよくせんに打《う》ち、油揚《あぶらげ》は幅《はゞ》二《ふた》つか三《み》つに庖丁《はうちやう》を入《い》れて、小口《こぐち》から細《ほそ》く刻《きざ》んでおきます。これを御飯《ごはん》と一緒《しよ》に炊《た》き込《こ》みますが、米《こめ》一升《しよう》に對《たい》して、酒《さけ》二勺《しやく》、醤油《しやうゆ》五勺《しやく》、それにほどよく水加減《みづかげん》して、普通《ふつう》の御飯《ごはん》のやうに炊《た》き上《あ》げます。

葱《ねぎ》と油揚《あぶらげ》の分量《ぶんりやう》は適宜《てきぎ》にして頂《いたゞ》きます。他《ほか》に大根《だいこん》を用意《ようい》します。

御飯《ごはん》が出來上《できあが》りましたら、お櫃《ひつ》に移《うつ》さずに釜《かま》の中《なか》でかき混《ま》ぜ、食卓《しよくたく》の近《ちか》くに運《はこ》んで、お釜《かま》から直《たゞ》ちにお茶《ちや》碗《わん》に盛《も》り附《つ》け、醤油《しやうゆ》をかけた大根卸《だいこんおろ》しを載《の》せて、極《ご》く熱《あつ》いうちにすゝめます。簡單《かんたん》ですが、なか〱捨《す》て難《がた》い味《あぢ》のあるもので、お年寄《としより》には特《とく》に喜《よろこ》ばれます。

玉子ライス

材料と作り方＝これも簡單《かんたん》にできます。玉子《たまご》三箇《こ》を鍋《なべ》に割《わ》り込《こ》み、煮出汁《だし》を大匙《おほさに》三杯《はい》の割《わり》に加《くは》へて、充分《じうぶん》にほぐしましたら、鹽《しほ》、胡椒《こせう》でほどよく味《あぢ》を調《とゝの》へ、湯煎《ゆせん》にかけておきます。他《ほか》に有《あり》合《あは》せの青菜《あをな》を茹《ゆ》でゝ、水氣《みづけ》をきり、みぢんに刻《きざ》んでおきます。生《なま》のパセリでも結構《けつこう》です。

次《つぎ》に大匙《おほさじ》一杯《はい》くらゐのバタを煮《に》熔《とか》し、四合分《がふぶん》くらゐの御飯《ごはん》をいためて、トマトソースを大匙《おほさじ》三杯《はい》くらゐ入《い》れ、充分《じうぶん》いためたところで、鹽《しほ》、胡椒《こせう》で、ほどよく味《あぢ》をつけます。この御飯《ごはん》を皿《さら》に盛《も》り、湯煎《ゆせん》にした玉子《たまご》をかけて、その上《うへ》から青菜《あをな》をふりかけ、冷《さ》めないうちに頂《いたゞ》きます。

トマト飯

材料と炊き方＝トマトの汁《しる》を混《ま》ぜて炊《た》きます。材料《ざいれう》は、米《こめ》一升《しよう》としますと、トマト二百匁《もんめ》くらゐ、鷄肉《とり》か豚肉《ぶた》の脂肪《しはう》のないところを少々《せうく》、別《べつ》にグリーンピース少々《せうく》を用意《ようい》します。米《こめ》は三四時《じ》間《かん》くらゐ前《まへ》に洗《あら》つて、水氣《みづけ》をきり、トマトは熱湯《ねつたう》をかけて裏漉《うらごし》にし、鷄肉《とり》はせい〴〵細《こまか》に切《き》つておきます。

尚《な》ほ豚肉《ぶた》の場《は》合《あひ》は、さつと湯煮《ゆに》をした方《はう》があつさりします。

　トマトの漉汁《こしじる》に鹽《しほ》を輕《かる》く一摑《ひとつか》み、酒《さけ》を小《こ》盃《さかづき》に二三杯《はい》、胡椒少々《こせうせうく》を加《くは》へて味加減《あぢかげん》をし、肉《にく》の方《はう》へも鹽《しほ》、胡《こ》椒《せう》を少々《せうく》ふりかけます。次《つぎ》にトマトの汁《しる》に水《みづ》を足《た》し、普通《ふつう》の水加減《みづかげん》に御飯《ごはん》を仕《し》かけて、水《みづ》の引《ひ》き際《ぎは》に肉《にく》を入《い》れ、充分《じうぶん》に蒸《む》らし、火《ひ》から下《おろ》して、青味《あをみ》にグリーンピースを混《ま》ぜます。これは見《み》た目《め》も大《たい》そう綺麗《きれい》で、榮養《えいやう》價《か》もたつぷりございます。

トマト・ライス

不時《ふじ》の來客《らいきやく》のおもてなしに冷御飯《ひやごはん》でも直《たゞ》ちにできる、さつぱりして美味《おい》しい、經濟《けいざい》的《てき》な變《かは》り御飯《ごはん》であります。

材料＝肉《にく》は豚《ぶた》肉でも牛肉《ぎうにく》でも、または鷄肉《とり》でもハムでも、或《あるひ》は魚《さかな》でも、何《なん》なりと有合《ありあは》せのものを用《もち》ひます。肉類《にくるゐ》の分量《ぶんりやう》は、御飯《ごはん》四合《がふ》につき、四五十匁《もんめ》くらゐで結構《けつこう》です。豚肉《ぶた》、牛肉《ぎうにく》、鷄肉《とり》はぶつ、切《ぎ》りにして、鹽《しほ》、胡椒《こせう》を薄《うつ》すりとあて、ハムは賽《さい》の目《め》か拍子木形《ひやうしぎがた》に細《こま》く切《き》り、魚《さかな》は身《み》を白燒《しらやき》にし、細《こま》くむしります。他《ほか》に玉葱《たまねぎ》をみぢんに刻《きざ》み、松茸《まつだけ》や、椎茸《しひたけ》などを入《い》れる場合《ばあひ》は、細《こま》く賽《さい》の目《め》に切《き》つておきます。グリーンピースは熱湯《ねつたう》をかけて用《もち》ひます。

作り方＝バタを大匙《おほさじ》一杯分《ぱいぶん》くらゐ熔《とか》し、先《さき》に肉《にく》をいためて、玉葱《たまねぎ》と松茸《まつだけ》を加《くは》へ、玉葱《たまねぎ》が軟《やはら》かくなつたところで、ほぐしておいた御飯《ごはん》を入《い》れ、絶《た》えずかき混《ま》ぜながら、焦《こ》げつかぬやうにいためます。次《つぎ》にトマトソースを大匙《おほさじ》三杯《ばい》くらゐ入《い》れて、更《さら》によくいため、ソースが全體《ぜんたい》に行渡《ゆきわた》つたところで、鹽《しほ》、胡椒《こせう》、味《あぢ》の素《もと》でほどよく味《あぢ》を調《とゝの》へ、下《おろ》し際《ぎは》にグリーンピースを少々《せう〳〵》加《くは》へます。トマトのある場合《ばあひ》は前《まへ》のやうにして裏漉《うらごし》し、少々《せう〳〵》煮詰《につ》めてから用《もち》ひます。

御飯《ごはん》は型《かた》で拔《ぬ》いても、グラタン皿《ざら》に入《い》れて食皿《しよくざら》に載《の》せても、直《ぢか》に皿《さら》に盛《も》つても結構《けつこう》です。

カレー・ライス

材料と作り方＝普通《ふつう》のカレー・ライスとはちよつと違《ちが》つた、手輕《てがる》な作《つく》り方《かた》を御紹介《ごせうかい》

いたします。

コーンビーフか牛肉《ぎうにく》、豚《ぶた》の挽肉《ひきにく》、カレー粉《こ》、トマトケチャップなどを揃《そろ》へましたら、まづコーンビーフか挽《ひき》肉《にく》を細《こまか》にほぐし、ラードを使《つか》つてフライ鍋《パン》でいため、油《あぶら》が出《で》てきたら、御飯《ごはん》を入《い》れて一緒《しよ》にいためます。これに一人前茶匙《にんまへちやさじ》一杯《はい》のカレー粉《こ》を入《い》れ、熱湯《ねつたう》を少々《せうくつ》注いで急《いそ》いでかき廻《まは》し、粉《こな》が全體《ぜんたい》に行渡《ゆきわた》つたところで、最後《さいご》にトマトケチャップを、ほんのり色《いろ》のつくほど入《い》れ、鹽《しほ》、胡椒《こせう》でほどよく味《あぢ》を調《とゝの》へます。ケチャップの代《かは》りに、トマトを裏漉《うらごし》しても結構《けつこう》です。できましたら、平皿《ひらざら》に盛《も》り、福神漬《ふくじんづけ》、せん切《ぎ》りの紅生姜《べにしやうが》、賽《さい》の目《め》に切《き》つた茹玉子《ゆでたまご》などを添《そ》へてすゝめます。

チキン・ライス

材料と拵へ方＝五人前《にんまへ》として、骨附《ほねつ》きの鶏肉《とり》七八十匁《もんめ》、玉葱《たまねぎ》、胡桃《くるみ》（十箇《こ》くらゐ）を用意《ようい》します。鶏肉《とり》は骨《ほね》ごとぶつ切《ぎ》りにし、水《みづ》をたつぷり注《さ》して、浮《う》き上《あが》るあくを掬《すく》ひながら、肉《にく》が軟《やはら》かくなるまで氣長《きなが》く茹《ゆ》で、網杓子《あみじやくし》で掬《すく》つて、骨《ほね》をすつかり除《のぞ》きます。茹汁《ゆでじる》は布巾《ふきん》で漉《こ》して用《もち》ひます。その間《あひだ》に汁《しる》が少《すく》なくなつたら、適宜《てきぎ》にお湯《ゆ》を注《つ》いで頂《いただ》きませう。

次《つぎ》に玉葱《たまねぎ》を小口《こぐち》から薄《うす》く切《き》り、バタでいためて、メリケン粉《こ》を少々《せうく》ふり込《こ》み、狐色《きつねいろ》になつたところで、前《まへ》の茹汁《ゆでじる》を注《さ》して徐《しづ》かにのばし、鹽《しほ》、胡椒《こせう》、味《あぢ》の素《もと》でほどよく味《あぢ》をつけ、鶏肉《とり》を入《い》れて、汁《しる》がどろりとなるまで煮込《にこ》みます。胡桃《くるみ》は薄皮《うすかは》を綺麗《きれい》に除《と》つて、ラードでからつと揚《あ》げ、細《こまか》く叩《たゝ》き潰《つぶ》して用《もち》ひます。

用意《ようい》ができましたら、溫《あたゝ》かい御飯《ごはん》を平皿《ひらざら》に盛《も》り、鶏肉《とり》の煮込《にこ》みを汁《しる》ごとかけ、その上《うへ》に胡椒《こせう》をふつてすゝめます。トマトのチキン・ライスと違《ちが》つて、また一種《しゆ》の風味《ふうみ》があります。

ルシャン・ライス

材料と作り方＝ロシア風《ふう》の變《かは》り御飯《ごはん》です。五人分《にんぶん》として、鶏《にはとり》のきも三四箇《こ》、馬《じや》鈴《が》薯《いも》七八箇《こ》、人參《にんじん》、グリーンピース、ソーセージまたはハムなどを用意《ようい》します。

野菜《やさい》を丸《まる》のまゝ茹《ゆ》で、馬鈴《じやが》薯《いも》は半分《はんぶん》だけを裏漉《うらごし》して、殘《のこ》りの分《ぶん》と人參《にんじん》を細《こまか》に賽《さい》の目《め》に切《き》ります。ソーセージは極《ご》く薄《うす》く切《き》つておきます。きもは綺麗《きれい》に洗《あら》つて、水《みづ》二合《がふ》で充分《じうぶん》に茹《ゆ》で、スープと共《とも》に裏漉《うらごし》したところで、漉《こ》した薯《いも》を加《くは》へてどろみをつけ、鹽《しほ》、胡椒《こせう》でほどよく味《あぢ》を調《とゝの》へます。次《つぎ》に野菜《やさい》と御飯《ごはん》を一緒《しよ》にラードでいためて、鹽《しほ》、胡椒《こせう》であつさりと味《あぢ》をつけ、型《かた》で拔《ぬ》いたものを平皿《ひらざら》に載《の》せ、第《だい》三十六圖《づ》のやうに二片《ふたきれ》のソーセージを竝《なら》べ、その上《うへ》から前《まへ》のお汁《しる》をかけてすゝめます。

（第三十六圖）ルシャン・ライス

青　豆　飯

材料と炊き方＝むき豌豆《ゑんどう》に蠶豆《そらまめ》、はじき枝豆《えだまめ》など、季《き》節《せつ》々〱の青豆《あをまめ》を用《もち》ひます。米《こめ》一升《しよう》に豆《まめ》三合《がふ》の割《わり》に用意《ようい》し、鍋《なべ》に食鹽水《しよくえんすゐ》(淡味《うすあぢ》)をたつぷり作《つく》つて、水《みづ》から青豆《あをまめ》を入《い》れて、蓋《ふた》をせずに色《いろ》よく茹《ゆ》で、笊《ざる》にはじき出《だ》して、ぱら〱と鹽《しほ》をふりかけます。

御飯《ごはん》は食鹽《しよくえん》一摑《ひとつか》みに、小《こ》盃《さかづき》四五杯《はい》の酒《さけ》を加《くは》へて、普通《ふつう》よりやゝ硬目《こはめ》に仕《し》かけ、上等《じやうとう》の煮出汁《だし》昆布《こぶ》を、米《こめ》全體《ぜんたい》を掩《おほ》ふくらゐの大《おほ》きさに切《き》つて、上面《じやうめん》一杯《はい》に載《の》せ、御飯《ごはん》が噴《ふ》いて殆《ほとん》ど水《みづ》の引《ひ》いたところで、手早《てはや》く昆布《こぶ》を引《ひ》き出《だ》し、代《かは》りに青豆《あをまめ》を入《い》れて、そのまゝ暫《しばら》く蒸《む》らし、お櫃《ひつ》に移《うつ》すときにかき混《ま》ぜます。

お菜《かず》には、豆腐《とうふ》の清汁《すまし》に、三《み》つ葉《は》または葱《ねぎ》のみぢん切《ぎ》りなどをふり込《こ》んだのが一等《とう》です。

菱の實飯

材料と炊き方＝菱《ひし》の實《み》は、眞夏《まなつ》の頃《ころ》に、池《いけ》や沼《ぬま》にぴつしり繁《しげ》つてゐます。生《なま》のままで、棘《とげ》のところを鋏《はさみ》かナイフかで切《き》り、そこから皮《かは》を剝《む》くと、造作《ざうさ》なく剝《む》けますから、その實《み》を二三時間《じかん》くらゐ水《みづ》に放《はな》ち、あくを脫《ぬ》いてから用《もち》ひます。

米《こめ》一升《しよう》に菱《ひし》の實《み》三合《がふ》くらゐ、酒《さけ》を小《こ》盃《さかづき》に四五杯《はい》、食鹽《しよくえん》一摑《ひとつか》みを入《い》れて、よく混《ま》ぜ合《あは》せ、普通《ふつう》の水加減《みづかげん》にして、上《うへ》に煮出汁《だし》昆布《こぶ》を載《の》せて仕《し》かけ、水《みづ》が引《ひ》いたら昆布《こぶ》を引《ひ》き上《あ》げて、充分《じうぶん》に蒸《む》らします。いかにも夏《なつ》らしい、清新《せいしん》な風味《ふうみ》の御飯《ごはん》で、お子様方《こさまがた》には何《なに》よりも喜《よろこ》ばれます。

炒麥飯

材料と炊き方＝精白麥《せいはくむぎ》（丸麥《まるむぎ》）三合《がふ》、新蠶豆《しんそらまめ》二合《がふ》、白米《はくまい》一升《しよう》くらゐの割合《わりあひ》にいたします。麥《むぎ》と豆《まめ》とは別々《べつく》に炒《い》り、豆《まめ》は炒《い》つたら直《す》ぐ水《みづ》に放《はな》ち、皮《かは》の軟《やは》かくなつたところで、笊《ざる》にとつて掌《てのひら》で揉《も》むと、造作《ざうさ》なく皮《かは》がとれます。これを麥《むぎ》と一緒《しよ》に米《こめ》に混《ま》ぜます。水加減《みづかげん》は普通《ふつう》より少々《せうく》多《おほ》い目《め》に仕《し》かけ、食鹽《しよくえん》一握《ひとにぎ》り、酒《さけ》少々《せうく》を加《くは》へ、昆布《こぶ》を上《うへ》に載《の》せて炊《た》きます。

噴《ふ》いてきたら昆布《こぶ》を引《ひ》き上《あ》げ、竹箸《たけはし》の太《ふと》いので、釜底《かまそこ》まで通《とほ》るやうに、ところ〴〵を突《つ》き通《とほ》し、手早《てはや》く蓋《ふた》をし、少《すこ》し焦目《こげめ》のつくゝらゐ炊《た》き込《こ》んで火《ひ》を止《と》め、よく蒸《む》らしてお櫃《ひつ》に移《うつ》します。香《かう》ばしいので、大《たい》そう味《み》覺《かく》をそゝります。

紫蘇飯

材料と炊き方＝紫蘇飯《しそめし》はさつぱりとした、夏向《なつむき》の變《かは》り御飯《ごはん》です。これは青紫蘇《あをじそ》に限《かぎ》ります。紫蘇《しそ》の葉《は》をむしつて綺麗《きれい》に洗《あら》ひ、さつと熱湯《ねつたう》をくゞらせてから、なるべく細《こまか》く刻《きざ》んで、ぱら〳〵と鹽《しほ》をふりかけておきます。

御飯《ごはん》は少々《せう〳〵》硬目《こはめ》に水加減《みづかげん》し、酒《さけ》少々《せう〳〵》を加《くは》へて、淡《うす》く鹽味《しほあぢ》をつけ、昆布《こぶ》を載《の》せて炊《た》き、水《みづ》の引《ひ》き際《ぎは》に手早《てはや》く昆布《こぶ》を引《ひ》き上《あ》げ、代《かは》りに紫蘇《しそ》を入《い》れて炊《た》き上《あ》げます。もつと風味《ふうみ》よくするには、平生《ふだん》から心《こゝろ》がけて、紫蘇《しそ》の莖《くき》を捨《す》てずに、陰乾《かげぼし》にして蓄《たくは》へておき、その莖《くき》を煮出《にだ》した汁《しる》で、御飯《ごはん》を炊《た》くのです。葉《は》の方《はう》は刻《きざ》んだのをよく搾《しぼ》り、さつと天日《てんぴ》に當《あ》てゝ生乾《なまぼし》にしたところを、焙烙《はうろく》または鍋《なべ》で、からりと乾《かわ》く程度《ていど》に炒《い》り、鹽《しほ》を少々《せう〳〵》加《くは》へ、細《こまか》く揉《も》みこなしたのを、炊《た》き上《あ》げた御飯《ごはん》に、ふりかけて頂《いたゞ》きます。御飯《ごはん》の炊《た》き加減《かげん》は前《まへ》と同《おな》じですが、風味《ふうみ》はこの方《はう》が遙《はるか》にまさつてをります。

蓮飯

材料と炊き方＝蓮飯《はすめし》は香《かを》りのよい、大《たい》そう趣《おもむき》のあるものです。蓮《はす》の葉《は》は、なるべく若《わか》い卷葉《まきは》を用《もち》ひます。開《ひら》いてしまつたのは硬《こは》くていけません。葉《は》の筋《すぢ》を丁寧《ていねい》に除《のぞ》いて、細《こまか》く刻《きざ》み、布袋《ぬのぶくろ》

に入《い》れ、そのまゝ熱湯《ねつたう》に投《とう》じて茹《ゆ》でます。煮立《にた》つてから、十分《ぷん》ほど茹《ゆ》でましたら、引《ひ》き上《あ》げて袋《ふくろ》のまゝ、濁《にご》りが出《で》なくなるまで洒《さら》し、固《かた》く搾《しぼ》つて袋《ふくろ》から出《だ》し、手《て》で揉《も》んでばら〱にほぐし、葉《は》の量《りやう》の四分《ぶん》の一くらゐの鹽《しほ》を加《くは》へて、よくかき混《ま》ぜます。

御飯《ごはん》は、普通《ふつう》の白飯《はくはん》よりも、心持硬目《こゝろもちこはめ》に、鹽《しほ》を少々《せう〱》入《い》れて炊《た》き、よく蒸《む》らしてから、移《うつ》すときに、蓮《はす》の葉《は》を混《ま》ぜ合《あは》せます。

魚 酢 飯

暑《あつ》いときに喜《よろこ》ばれる、酢飯《すめし》を一《ひと》つ申上《まをしあ》げませう。

材料＝魚《さかな》は鯛《たひ》、鱸《すゞき》、鮃《ひらめ》、鰺《あぢ》といつた、なるべく白身《しろみ》のものを選《えら》びます。まづ魚《さかな》を三枚《まい》におろし、鯛《たひ》や鱸《すゞき》は皮附《かはつ》きのまゝ、他《ほか》の魚《さかな》は皮《かは》をすいて、薄目《うすめ》の刺身《さしみ》くらゐに作《つく》り、鹽《しほ》をぱらりとふり、酢《す》をたつぷりかけて、一片《ひときれ》づゝ離《はな》しておきます。すると、直《ぢき》に身《み》が眞白《まつしろ》になつてはぜます。

作り方＝御飯《ごはん》は少々硬目《せう〱こはめ》に炊《た》いて、なるべく口《くち》の廣《ひろ》い、盤臺《はんだい》のやうなものに移《うつ》し、一升《しよう》の御飯《ごはん》に食鹽半握《しよくえんはんにぎ》り、砂《さ》糖同量《たうどうりやう》、味《あぢ》の素小匙《もとこさじ》一杯《はい》に、魚《さかな》を漬《つ》けた酢《す》七八勺《しやく》ほどを加《くは》へ、手早《てはや》く御飯《ごはん》の上《うへ》からかけて混《ま》ぜ合《あは》せ、全體《ぜんたい》に酢《す》が行渡《ゆきわた》つたところで、團扇《うちは》で扇《あふ》いで冷《さま》します。すしにするには、これにいろ〱の具《ぐ》を混《ま》ぜるのですが、御飯《ごはん》だけでも大《たい》へん美味《おい》しいのです。

前《まへ》の御飯《ごはん》をよく混《ま》ぜ返《かへ》し、すつかり冷《さ》めたところで、酢《す》に漬《つ》けてはぜた魚《さかな》を加《くは》へ、御飯《ごはん》に固《かた》まりのないや

うに、手《て》を入《い》れてよくかき混《ま》ぜ、掌《てのひら》に酢《す》をつけながら、力《ちから》を入《い》れてぎう〱壓《お》しつけておくと、眞夏《まなつ》でも二日《ふつか》くらゐは大丈夫《だいぢやうぶ》保《も》ちます。器《うつは》に盛《も》つたとき、紅生姜《べにしやうが》の刻《きざ》んだのをふりかけると、一そう結構《けつこう》です。

松茸飯（一）

材料＝五人前《にんまへ》として、米《こめ》五合《がふ》、松茸《まつだけ》三四十匁《もんめ》、鷄肉《とり》三四十匁《もんめ》、ハム二三十匁《もんめ》、グリーンピース大匙《おほさじ》二杯《はい》くらゐを用意《ようい》します。松茸《まつだけ》は軸《ぢく》の固《かた》い、新鮮《しんせん》なものを選《えら》び、石突《いしづき》を除《と》つて鹽水《しほみづ》で洗《あら》ひ、傘《かさ》も軸《ぢく》も一緒《しよ》に、薄《うす》く細《こまか》に切《き》つておきます。次《つぎ》に鷄肉《とり》とハムを切《き》りますが、ハムは味取《あぢこ》りに入《い》れるのですから、鷄肉《とり》よりも一そう細《こまか》く切《き》ります。グリーンピースは、熱湯《ねつたう》をかけて水氣《みづけ》をきり、米《こめ》は炊《た》く二三時間《じかん》くらゐ前《まへ》に洗《あら》ひ、笊《ざる》に上《あ》げて水氣《みづけ》をきります。

炊き方＝これは西洋風《せいやうふう》の松茸御飯《まつだけごはん》であります。松茸《まつだけ》、鷄肉《とり》、ハムを一緒《しよ》にして、酒《さけ》、醤油《しやうゆ》、砂糖《さたう》、味《あぢ》の素《もと》で淡味《うすあぢ》に加減《かげん》し、煮汁《にじる》の殘《のこ》る程度《ていど》に手早《てはや》く煮上《にあ》げ、笊《ざる》に上《あ》げて煮汁《にじる》をきります。あとの汁《しる》に水《みづ》を割《わ》つて、普通《ふつう》の水加減《みづかげん》にして、それで御飯《ごはん》を炊《た》き、火《ひ》を引《ひ》くとき煮上《にあ》げた材料全部《ざいれうぜんぶ》を入《い》れ、そのまゝ十二三分間《ぷんかん》くらゐ蒸《ひ》らし、出來上《できあ》つてお櫃《ひつ》に移《うつ》すとき、前《まへ》のグリーンピースを加《くは》へて、他《ほか》の材料《ざいれう》と一緒《しよ》に混《ま》ぜ合《あは》せます。この御飯《ごはん》を皿《さら》に恰好《かつかう》よく盛《も》り、別《べつ》にトマト・スープを添《そ》へてすゝめます。

トマト・スープは、潰《つぶ》したトマトをコップ一杯《はい》に、茶匙《ちやさじ》一杯《はい》くらゐの玉葱《たまねぎ》のみぢん切《ぎ》りを加《くは》へ、軟《やはら》かく煮《に》たところで裏漉《うらごし》にかけ、スープで徐《しづ》かにのばして、鹽《しほ》、胡椒《こせう》でほどよく味《あぢ》をつけ、ほんの少々《せう〱》重曹《ぢうさう》を落《おと》したも

のです。これはすゝめる前《まへ》に、牛乳《ぎうにう》または白《ホワイト》ソースを加《くは》へます。早《はや》くから混《ま》ぜると、酸《さん》のために牛乳《ぎうにう》が固《かた》まることがあります。尚《な》ほチーズ・トースト、ソーダ・ビスケットなどを浮《う》かせると非常《ひじやう》に美味《おい》しくなります。

松茸飯(二)

材料と炊き方＝米《こめ》一升《しよう》五合《がふ》につき、松茸《まつだけ》百匁《もんめ》、鰹節《かつをぶし》と昆布《こぶ》でとつた煮出汁《だし》一升《しよう》五合《がふ》、醬油《しやうゆ》一合《がふ》、酒《さけ》五勺《しやく》の割《わり》に用意《ようい》します。

松茸《まつだけ》はよく洗《あら》ひ、鹽水《しほみづ》に暫《しばら》く漬《つ》けたところで、賽《さい》の目《め》なり短册形《たんざくがた》なりに切《き》つて鉢《はち》に入《い》れ、前《まへ》の醬油《しやうゆ》少々《せう〱》をかけて、よくまぶしておきます。御承知《ごしようち》のやうに、松茸《まつだけ》は、下煮《したに》をして御飯《ごはん》に加《くは》へる方法《はうはふ》や、米《こめ》と一緒《しよ》に炊《た》き込《こ》む方法《はうはふ》などありますが、下煮《したに》をしないで、御飯《ごはん》の噴《ふ》き上《あが》る頃《ころ》に入《い》れるのが、一番風味《ばんふうみ》がよろしいやうです。釜《かま》に煮出汁《だし》と酒《さけ》、松茸《まつだけ》にかけた殘《のこ》りの醬油《しやうゆ》などを入《い》れ、煮立《にた》つたところで、洗《あら》ひ上《あ》げてある米《こめ》を入《い》れ、噴《ふ》き上《あが》つて火《ひ》を引《ひ》く頃《ころ》に、松茸《まつだけ》を御飯《ごはん》の上《うへ》に入《い》れて均《なら》し、きつちり蓋《ふた》を被《さ》せて蒸《む》しを充分《じうぶん》にし、お櫃《ひつ》に移《うつ》すときよく混《ま》ぜ合《あは》せます。

これに鷄《にはとり》の笹身《さゝみ》、蒲鉾《かまぼこ》、鯛《たひ》やこちなどのやうな魚《さかな》の作《つく》り身《み》を加《くは》へると、一そう美味《おい》しうございます。用《もち》ひ方《かた》は、適宜《てきぎ》に切《き》つて、松茸《まつだけ》と共《とも》に醬油《しやうゆ》をまぶし、火《ひ》を引《ひ》く間際《まぎは》に入《い》れゝばよいのです。

栗御飯

材料と炊き方＝ちよつと風變《ふうがは》りな、五目風《もくふう》の栗飯《くりめし》です。材料《ざいれう》は五人前《にんまへ》として、米《こめ》四合《がふ》、皮《かは》を剝《む》いた栗《くり》一合《がふ》、松茸《まつだけ》一二本《ほん》、紫蘇《しそ》の實《み》煎茶々碗《せんちやぐわん》に一杯《ぱい》、ゆば五枚《まい》、柚子《ゆず》一箇《こ》などを用《もち》ひます。

栗《くり》は薄皮《うすかは》を綺麗《きれい》に剝《む》き、ほどよい大《おほ》きさに割《わ》つて洒《さら》し、かぶるほどの水《みづ》と、鹽《しほ》小匙《こさじ》半杯《はんはい》、味醂《みりん》凡《およ》そ二勺《しやく》ほどを加《くは》へ、栗《くり》がをどらぬ程度《ていど》の火力《くわりよく》で、軟《やはら》かくなるまで煮込《にこ》みます。松茸《まつだけ》は前《まへ》のやうに洗《あら》つて薄《うす》く切《き》り、ゆばは水《みづ》にちよつと浸《ひた》してから、細《ほそ》くせんに切《き》つて、醬油《しやうゆ》、味醂《みりん》、煮出汁《だし》で淡味《うすあぢ》に下煮《したに》をします。紫蘇《しそ》の實《み》は洗《あら》つて水氣《みづけ》をきり、醬油《しやうゆ》だけで、からつと煎《い》り上《あ》げます。

材料《ざいれう》の下拵《したごしら》へができましたら、洗《あら》つておいた米《こめ》を仕《し》かけて、栗《くり》と松茸《まつだけ》の汁《しる》を加《くは》へ、醬油《しやうゆ》と酒《さけ》少々《せうく》を注《さ》して、普通《ふつう》の水加減《みづかげん》で櫻飯《さくらめし》を炊《た》き、お櫃《ひつ》に移《うつ》すとき、前《まへ》の材料《ざいれう》を混《ま》ぜ合《あは》せます。そして平皿《ひらざら》にこんもりと盛《も》り、柚《ゆ》子《ず》(皮《かは》)のせん切《ぎ》りを少々《せうく》ふつて、風味《ふうみ》のよいところをすゝめます。

菊　飯

材料と炊き方＝香味《かうみ》のよい菊《きく》の葉《は》を使《つか》ひ、海老《えび》を色《いろ》どりよくあしらつた、見《み》るからに美味《おい》しさうな御飯《ごはん》です。白飯《はくはん》五合《がふ》について、大《おほ》き目《め》の厚《あつ》い菊《きく》の葉《は》十五枚《まい》、むき海老《えび》一合《がふ》、葱《ねぎ》少々《せうく》、蕃椒《たうがらし》粉《こ》などを用意《ようい》します。

菊《きく》の葉《は》は鹽水《しほみづ》で洗《あら》ひ、よく水氣《みづけ》をきつたところで、ラードでからりと揚《あ》げ、油《あぶら》をきつてみぢんに刻《きざ》みます。海老《えび》はさつと洗《あら》つて水氣《みづけ》をきり、葱《ねぎ》は小口《こぐち》から細《こまか》く刻《きざ》んでおきます。まづ葱《ねぎ》をラードでいため、次《つぎ》に海老《えび》を入《い》れ、御飯《ごはん》を入《い》れて充分《じうぶん》にいためましたら、鹽《しほ》、味《あぢ》の素《もと》、醬油《しやうゆ》でほどよく味《あぢ》をつけ、下《おろ》し際《ぎは》に蕃椒《たうがらし》粉《こ》を少々《せうく》ふり込《こ》み、お皿《さら》に盛《も》つて、その上《うへ》に菊《きく》の葉《は》をふりかけ、極《ご》く溫《あたゝ》かいうちにすゝめます。

御飯《ごはん》は冷御飯《ひやごはん》でも結構《けつこう》です。尚《な》ほ御飯《ごはん》を花形《はながた》に打《う》ち抜《ぬ》き、これに揚《あ》げた丸葉《まるは》を一二枚《まい》添《そ》へても結構《けつこう》です。

大根飯

材料と炊き方＝米《こめ》五合《がふ》につき、切干大根《きりぼしだいこん》四五本《ほん》、大根葉《だいこんは》少々《せうく》、海苔《のり》などを用《もち》ひます。大根《だいこん》は生干《なまぼし》のものを軟《やはら》かく茹《ゆ》で、水氣《みづけ》をきつて細《ほそ》くせんに刻《きざ》み、胡麻油《ごまのあぶら》でいためてから、醬油《しやうゆ》、味醂《みりん》、味《あぢ》の素《もと》で普通《ふつう》に味《あぢ》をつけ、充分火《じうぶんひ》を通《とほ》して、ばらりと煎《い》り上《あ》げます。次《つぎ》に色《いろ》のよい新《あたら》しい大根葉《だいこんば》を、強《つよ》い鹽《しほ》水《みづ》に二十分間《ぷんかん》ほど漬《つ》け、充分《じうぶん》に洒《さら》してから水氣《みづけ》を搾《しぼ》り、みぢんに刻《きざ》んだもの二握《ふたにぎ》り分《ぶん》を、胡麻油《ごまのあぶら》でいため、大根同様《だいこんどうやう》に味《あぢ》をつけて、からつと煎《い》り上《あ》げます。

別《べつ》に醬油《しやうゆ》と酒少々《さけせうく》を加《くは》へて、御飯《ごはん》を櫻飯《さくらめし》に炊《た》き、お櫃《ひつ》に移《うつ》すとき大根《だいこん》を混《ま》ぜ、お皿《さら》に盛《も》つたところで、大《だい》根葉《こんは》をぱらりとふりかけ、その上《うへ》から揉《も》み海苔《のり》をほどよくかけて、冷《さ》めないうちにすゝめます。尚《な》ほ大根《だいこん》の他《ほか》に、油揚《あぶらげ》を煮《に》つけて加《くは》へますと、一そう美味《おい》しくなります。

うづみ飯

材料と炊き方＝廣島地《ひろしまち》方《はう》の名物《めいぶつ》だといひます。材料《ざいれう》は多《おほ》いほど結構《けつこう》で、里芋《さといも》、人《にん》參《じん》、茸類《たけるゐ》、竹輪《ちくわ》、肉《にく》、(牛肉《ぎうにく》、豚《ぶた》肉、鷄肉《けいにく》など)または魚《さかな》、青味《あをみ》(芹《せり》、三《み》つ葉《は》、春菊《しゆんぎく》)など有合《ありあは》せのものをいろいろ用《もち》ひます。中《なか》でも里芋《さといも》は、うづみ飯《めし》の附物《つきもの》になつてをります。

肉類《にくるゐ》は普通《ふつう》に細《こまか》く切《き》り、竹輪《ちくわ》は輪《わ》切《ぎ》り、里芋《さといも》、人參《にんじん》は、ざつと茹《ゆ》でゝ亂切《らんぎ》りにします。茸類《たけるゐ》は適宜《てきぎ》に小《ちひさ》く切《き》つて、いづれも醬油《しやうゆ》、煮《だ》出汁《し》、砂糖《さたう》で淡味《うすあぢ》をつけ、魚《さかな》は白燒《しらやき》にしてからむしり、青味《あをみ》は指《ゆび》で摘《つ》み切《き》つてお

きます。次《つぎ》に鰹節《かつをぶし》と昆布《こぶ》の煮出汁《だし》をとり、魚《さかな》を入《い》れて一噴《ひとふ》き煮立《にた》てたところで、醤油《しやうゆ》、砂糖《さたう》で、蕎麥《そば》のかけ汁《じる》くらゐの吸味《すひあぢ》をつけ、最後《さいご》に青味《あをみ》をふり込《こ》みます。

準備《じゆんび》ができましたら、炊《た》き立《た》ての御飯《ごはん》を茶碗《ちやわん》に半分《はんぶん》くらゐ盛《も》り、下煮《したに》をした材料《ざいれう》をほどよく載《の》せて、その上《うへ》に御飯《ごはん》を一杯《ぱい》に盛《も》り附《つ》け、御飯《ごはん》の上《うへ》からお汁《しる》と中身《なかみ》をかけ、蓋《ふた》を被《き》せて二三分間蒸《ぷんかんむ》らし、極《ご》く熱《あつ》いうちに頂《いただ》きます。御飯《ごはん》に材料《ざいれう》の味《あぢ》が沁《し》みて、何《なん》ともいへぬ風味《ふうみ》が加《くは》ります。

かき飯

材料と炊き方＝これはいろ〱な炊《た》き方《かた》がありますが、一番簡單《はんかんたん》なのは炊《た》き込《こ》みです。牡蠣《かき》は、新鮮《しんせん》なものを殼《から》のまゝ買《か》ひ、家《うち》で剝《む》いて料理《れうり》をするに限《かぎ》ります。それのできぬ場合《はあひ》は、なるべく生《いき》のよいものを求《もと》め、目笊《めざる》に入《い》れて、鹽水《しほみづ》の中《なか》でふり洗《あら》ひにし、充分水《じゆうぶんみづ》をきつて、緣《ふち》の黑《くろ》いところを除《のぞ》き、味醂《みりん》と醤油《しやうゆ》を半々《はんく》に合《あは》せ、その中《なか》に暫《しばら》く漬《つ》けておきます。

御飯《ごはん》は今戸燒《いまどやき》の小《ちひさ》い釜《かま》で、一人分《にんぶん》づゝを炊《た》き、そのまゝお客《きやく》にすゝめますから、一人前《にんまへ》の分量《ぶんりやう》を申上《まをしあ》げませう。普通《ふつう》の釜《かま》で炊《た》く場合《ばあひ》は、その割《わり》で分量《ぶんりやう》を増《ま》してゆけばよろしいのです。釜《かま》に洗《あら》ひ上《あ》げた米《こめ》を一合《がふ》づゝ入《い》れ、水《みづ》を一合餘《がふあま》り加《くは》へ、牡蠣《かき》を漬《つ》けておいた醤油《しやうゆ》と酒少々《さけせうく》とを入《い》れ、櫻飯《さくらめし》くらゐの味《あぢ》に、少々軟《せうくやはら》か目《め》に仕《し》かけ、噴《ふ》き上《あが》つたところで、十箇《ご》ばかりの牡蠣《かき》を手早《てはや》く入《い》れ、火《ひ》を止《と》めて充分《じゆうぶん》に蒸《む》らします。これは釜《かま》の中《なか》でよく混《ま》ぜ、極《ご》く熱《あつ》いうちに茶碗《ちやわん》に盛《も》り、揉《も》み海苔《のり》をふり込《こ》んで頂《いただ》きます。

あさり飯

材料と炊き方＝一升《しよう》のお米《こめ》なら、むきみにした淺蜊《あさり》を二合《がふ》くらゐの割《わり》に用意《ようい》します。淺蜊《あさり》に限《かぎ》りませんが、むきみは、剝《む》き立《た》ての新《あたら》しいものでなくては美味《おい》しくありませぬ。鹽水《しほみづ》で手早《てはや》く洗《あら》ひ、笊《ざる》にはじき出《だ》し、充分水氣《じうぶんみづけ》をきつて用《もち》ひます。

御飯《ごはん》の水加減《みづかげん》は、普通《ふつう》で結構《けつこう》です。一升《しよう》の米《こめ》に、醤油《しやうゆ》三勺《じやく》くらゐの割《わり》に混《ま》ぜ、（その分《ぶん》だけ水《みづ》を控《ひか》へます。）尚《な》ほ酒《さけ》を少々《せう〳〵》割《わ》り入《い》れ、むきみを生《なま》のまゝ混《ま》ぜて、炊《た》き込《こ》みにします。出來上《できあが》つてお櫃《ひつ》に移《うつ》すとき、更《さら》によくかき混《ま》ぜます。

これに豆腐《とうふ》のお汁《しる》でも添《そ》へれば、申分《まをしぶん》のないお惣菜《そうざい》になります。

鰯　飯

材料と作り方＝鰯《いわし》を三枚《まい》におろし、頭《かしら》を落《おと》してさつと洗《あら》ひ、砂糖醤油《さたうじやうゆ》に暫《しばら》く漬《つ》けます。それを金網《かなあみ》に載《の》せ、前《まへ》の醤油《しやうゆ》をつけながら、こんがりと焼《や》き上《あ》げましたら、別《べつ》に炊《た》き立《た》ての御飯《ごはん》を茶《ちや》碗《わん》に半分《はんぶん》ほど盛《も》り、その上《うへ》に鰯《いわし》を竝《なら》べ、また御飯《ごはん》を一杯《ぱい》に盛《も》り、御飯《ごはん》の上《うへ》に鰯《いわし》を竝《なら》べて、かけ汁《じる》を適宜《てきぎ》にふりかけ、極《ご》く熱《あつ》いうちに頂《いたゞ》きます。

かけ汁《じる》は、鰯《いわし》を漬《つ》けた醤油《しやうゆ》に煮出《だ》汁《し》少々《せう〳〵》を割《わ》り、さつと煮立《にた》てゝ用《もち》ひます。

肉　飯

材料と作り方＝牛肉《ぎうにく》か豚《ぶた》肉を大切《おほぎ》りのまゝで求《もと》め、すぢと直角《ちよくかく》に薄《うす》くそぎ切《き》り、味《あぢ》の素《もと》をまぶして、味醂《みりん》を少々《せう〳〵》ふりかけます。次《つぎ》に味醂《みりん》と醤油《しやうゆ》を半々《はん〳〵》に合《あは》せ、少量《せうりやう》づゝフライ鍋《パン》に煮立《にた》てゝ、

前《まへ》の肉《にく》を兩面《りやうめん》からいため、生姜《しやうが》の搾汁《しる》をかけて燒《や》き上《あ》げます。あとの汁《しる》は煮出汁《だし》少々《せうく》を割《わ》り、一度《ど》煮《に》立《た》てゝ、かけ汁《じる》を作《つく》ります。

用意《ようい》ができましたら、炊《た》き立《た》ての御飯《ごはん》を皿《さら》に盛《も》つて、その上《うへ》に肉《にく》を一面《めん》に竝《なら》べ、前《まへ》の汁《しる》を適宜《てきぎ》にかけて、極《ご》く溫《あた》かいうちにすゝめます。作《つく》り方《かた》は至《いた》つて簡單《かんたん》ですが、すき燒《やき》などゝはまた變《かは》つた味《あぢ》があります。

茶　飯

材料と炊き方＝茶飯《ちやめし》はおでんに附物《つきもの》で、所《ところ》によつては精進《しやうじん》に用《もち》ひられます。まづ番茶《はんちや》を焦《こ》げないやうに、香《かう》ばしく焙《はう》じましたら、土瓶《どびん》に入《い》れて熱湯《ねつたう》を注《つ》ぎ、ちよつとの間《あひだ》だけ火《ひ》にかけ、お茶《ちや》を漉《こ》しておきます。次《つぎ》に米《こめ》を淅《と》いで、米《こめ》一升《しよう》に對《たい》して、酒《さけ》と醬油《しやうゆ》を五勺《しやく》づゝ、あとは番茶《はんちや》を入《い》れて、普通《ふつう》の水加減《みづかげん》に炊《た》きます。醬油《しやうゆ》の代《かは》りに鹽《しほ》を入《い》れても結構《けつこう》です。番茶《はんちや》は、丁度《ちやうど》飲《の》み加減《かげん》の味《あぢ》がよいので、濃過《こす》ぎた場合《ばあひ》は水《みづ》を割《わ》つて用《もち》ひます。

奈良茶飯

材料と炊き方＝炒《い》り大豆《だいづ》を俎《まないた》の上《うへ》に載《の》せ、皿《さら》の底《そこ》で壓《お》し割《わ》つて皮《かは》を除《のぞ》き、前《まへ》の茶飯《ちやめし》に炊《た》き込《こ》んだものです。大《たい》そう香《かう》ばしくて、美味《おい》しい御飯《ごはん》であります。これは水《みづ》を強《つよ》く引《ひ》きますから、一割《わり》くらゐ水《みづ》を増《ま》さねばなりませぬ。

とろゝ飯

材料と作り方＝五人前《にんまへ》として、自然薯《じねんじよ》百匁《もんめ》、玉子《たまご》一箇《こ》の割《わり》に用意《ようい》します。まづ薯《いも》の皮《かは》を剝《む》き、擂鉢《すりはち》に擂《す》りおろして、擂木《すりこぎ》で擂《す》りながら、玉子《たまご》をほぐし加《くは》へ、よく粘《ねば》りの出《で》るまで擂《す》ります。

別《べつ》に味醂《みりん》二勺《しやく》を煮切《にき》り、(二十八頁《ぺーぢ》參照《さんせう》)醬油《しやうゆ》を二勺《しやく》くらゐ加《くは》へて、煮立《にた》てた濃《こ》い煮出汁《だし》二合《がふ》ほどを入《い》れ、普通《ふつう》よりやゝ鹹目《からめ》の清汁《すまし》に仕立《した》てます。それを暫《しばら》く冷《さま》して、前《まへ》の薯《いも》を擂《す》りながら徐々《じよ〳〵》に注《つ》ぎ入《い》れ、どろりとするほどに擂《ず》りのばします。清汁《すまし》があまり熱《あつ》いと、足《あし》が切《き》れるといつて、ぷつ〳〵の泡《あわ》が立《た》ちますから、湯《ゆ》氣《げ》の立《た》たない、ぬるい加減《かげん》のところを用《もち》ひます。

(第三十七圖)　とろゝ飯と藥味

とろゝは、麥《むぎ》とろと申《まを》すやうに、温《あたゝ》かい麥飯《むぎめし》にかけて頂《いたゞ》くのが一番《ばん》です。ふつくりした、少々《せう〳〵》軟《やはら》か目《め》の御飯《ごはん》を茶碗《ちやわん》に盛《も》り、その上《うへ》からとろゝ汁《じる》をかけ、藥味《やくみ》を添《そ》へて、第《だい》三十七圖《づ》のやうにすゝめます。藥味《やくみ》には洒《さら》し葱《ねぎ》、卸《おろ》し山葵《わさび》、揉《も》み海苔《のり》、七味《み》蕃椒《たうがらし》、陳皮《ちんぴ》などが結構《けつこう》です。

赤　飯

材料と蒸し方＝お目出度《めでた》い赤飯《せきはん》の上手《じやうず》な作《つく》り方《かた》を申上《まをしあ》げます。糯米《もちごめ》を一晝夜《ちうや》前《まへ》に洗《あら》ひ、水《みづ》にひやして小半日《こはんにち》ほどおきます。次《つぎ》に米《こめ》一升《しよう》につき小豆《あづき》一合《がふ》の割《わり》にして、小豆《あづき》を水《みづ》から入《い》れて茹《ゆ》で、少々《せう〳〵》煮《に》え足《た》らぬくらゐのときに掬《すく》つて、なるべく空氣《くうき》にふれぬやうに貯《たくは》へておきます。風《かぜ》にあてると小豆《あづき》の腹《はら》がきれます。

そこで糯米《もちごめ》を笊《ざる》に上《あ》げ、充分《じうぶん》水氣《みづけ》をきつたところで、兜鉢《かぶとはち》などに入《い》

れて、冷《つめた》い小豆《あづき》の茹汁《ゆでじる》をひた〳〵にかけ、そのまゝ更《さら》に小半日《こはんにち》ほどひやしておきます。

これを蒸《ふか》しますには、蒸籠《せいろう》の簾《すだれ》の上《うへ》に小豆《あづき》を敷《し》いて、その上《うへ》に、小豆汁《あづきじる》をきつた糯米《もちごめ》を一面《めん》に入《い》れ、湯氣《ゆげ》が上《あが》つてから三十分《ぷん》ほど蒸《む》したところで、盤臺《はんだい》に移《うつ》して手早《てばや》く小豆《あづき》を混《ま》ぜ、再《ふたゝ》び蒸籠《せいろう》に入《い》れて十五分間《ふんかん》くらゐ蒸《ふか》しますと、ふつくりして心《しん》まで軟《やはら》かい、美味《おい》しい赤飯《せきはん》が出來《でき》上《あが》ります。極《ご》く溫《あたゝ》かいうちに食器《しよくき》に盛《も》り、胡麻鹽《ごましほ》をかけてすゝめます。

四、茶漬御飯、雜炊の拵へ方

(1) 茶漬御飯の美味しい拵へ方

(イ) 鰻、鯰、松茸茶漬の拵へ方

鰻《うなぎ》の蒲燒《かはやき》はちよつと手數《てすう》がかゝりますが、これなら誰方《どなた》にも簡單《かんたん》にできます。そして蒲燒《かはやき》よりさつぱりして、なか〳〵結構《けつこう》です。

うなぎ茶漬

材料と作り方＝鰻《うなぎ》を割《さ》いて、串《くし》を打《う》ち、生醬油《きじやうゆ》を二三回《くわい》かけて、焦《こが》さぬやうに充分《じうぶん》に燒《や》き、一寸《すん》くらゐに切《き》つておきます。次《つぎ》に、炊《た》き立《た》ての溫《あたゝ》かい御飯《ごはん》を茶碗《ちやわん》に盛《も》り、鰻《うなぎ》を三片《みきれ》か四片《よきれ》おいて、その上《うへ》から、燒《や》く

ときに使《つか》つた醤油《しやうゆ》を少々《せうく》かけ、木《き》の芽《め》を二三枚《まい》おいて、その上《うへ》から、香《かを》りよく出《だ》した番茶《ばんちや》をたつぷりかけ、第《だい》三十八圖《づ》のやうにしてすゝめます。

（第三十八圖）茶漬御飯のすゝめ方

木《き》の芽《め》のないときは、實山椒《みざんせう》の煮《に》たのを使《つか》ひます。また鰻《うなぎ》は生《なま》のがないときは、食料品店《しよくれうひんてん》で賣《う》つてゐる佃《つくだ》煮《に》にしたのを使《つか》つても、相當美味《さうたうおい》しく頂《いたゞ》かれます。また穴子《あなご》も、鰻《うなぎ》と同樣蒲燒《どうやうかばやき》にして、お茶漬《ちやづけ》にすると結構《けつこう》です。淡泊《たんぱく》なのを好《この》む方《かた》には鰻《うなぎ》よりも喜《よろこ》ばれます。

かういふ茶漬料理《ちやづけれうり》をするときは、材料全部《ざいれうぜんぶ》を食卓《しよくたく》に出《だ》しておき、その場《ば》で作《つく》つて直《す》ぐ頂《いたゞ》くやうにします。

お茶の出し方＝お茶《ちや》は、普通莖茶《ふつうくきちや》といふ上等《じやうとう》の番《ばん》茶《ちや》を、よく焙《はう》じて土瓶《どびん》に入《い》れ、一度《ど》使《つか》ふ分《ぶん》だけの熱湯《ねつたう》を注《つ》ぎ、さつと香《かを》りの出《で》たところを用《もち》ひます。決《けつ》して苦《にが》味《み》の出《で》るほどおいてはいけません。お代《かは》りをするときは、必《かなら》ずお茶《ちや》を入《い》れ替《か》へます。人數《にんず》の多《おほ》いときは、注《ちう》意《い》してもお茶《ちや》が出過《です》ぎますから、土瓶《どびん》を二《ふた》つ用意《ようい》して

おき、香《かな》りよく出《で》たところで、空《から》の土瓶《どびん》へ移《うつ》しとり、冷《さ》めないやうに火《ひ》の傍《そば》へおきます。さうすれば、いつまでおいても出過《です》ぎる心配《しんぱい》がありません。

なまづ茶漬

材料と作り方＝お茶漬《ちやづけ》にするには、まづ鯰《なまづ》を開《ひら》いて、骨附《ほねつ》きのまゝ炭火《すみび》にかけ、こんがりと焦《こ》げるくらゐに燒《や》きます。よく燒《や》けましたら、生《き》醬油《じやうゆ》を二三回《くわい》かけて、更《さら》に燒《や》きます。これを骨《ほね》のまゝ、小《ちひさ》く切《き》つて、茶碗《ちやわん》にほどよく入《い》れ、その上《うへ》に、炊《た》き立《た》ての御飯《ごはん》を盛《も》り、附《つ》け燒《やき》に使《つか》つた殘《のこ》りの醬油《しやうゆ》を少々《せうく》かけ、熱《あつ》い番茶《ばんちや》をたつぷり注《つ》ぎ、蓋《ふた》を被《き》せてすゝめます。

これは、是非《ぜひ》骨附《ほねつ》きでなくてはいけません。お茶《ちや》をかけた瞬間《しゆんかん》、骨《ほね》から出《で》る味《あぢ》で、非常《ひじやう》に御飯《ごはん》を美味《おい》しくするのです。

松茸茶漬

材料と作り方＝松茸《まつだけ》、初茸《はつだけ》、またはしめぢ茸《だけ》を、鹽水《しほみづ》で洗《あら》ひ、食《た》べよいだけの大《おほ》きさに手《て》で割《さ》き、(庖丁《はうちやう》を使《つか》ふと味《あぢ》がよくないといはれてゐます。)鰹節《かつをぶし》の煮出汁《だし》と醬油《しやうゆ》、味醂《みりん》、砂糖《さたう》少々《せうく》を混《ま》ぜた汁《しる》で、うんと鹹目《からめ》に煮上《にあ》げます。これを炊《た》き立《た》ての御飯《ごはん》に載《の》せ、上等《じやうとう》の煎茶《せんちや》をかけて、揉《も》み海苔《のり》を少々《せうく》ふり込《こ》み、極《ご》く熱《あつ》いうちに頂《いただ》きます。松茸《まつだけ》は保存《ほぞん》が利《き》きますから、大《たい》そう便利《べんり》です。

(ロ) 鯛茶漬二種の拵へ方

鯛《たひ》は生《なま》のまゝで用《もち》ひる場合《ばあひ》と、照焼《てりやき》にして使《つか》ふ場合《ばあひ》とあります。次《つぎ》に二通《ふたとほ》りの作《つく》り方《かた》を申上《まをしあ》げませう。

鯛の茶漬(一)

材料＝生《いき》のよい鯛《たひ》を三枚《まい》におろし、皮《かは》をすき取《と》り、刺身《さしみ》よりやゝ厚目《あつめ》に切《き》つて、胡《ご》麻《ま》を入《い》れた割醤油《わりした》の中《なか》に、三四時間《じかん》くらゐ漬《つ》けてから用《もち》ひます。

割醤油《わりした》は、醤油《しやうゆ》七分《ぶ》に、いゝあらを煮出《にだ》した煮出汁《だし》と煮切味醂《にきりみりん》を三分《ぶ》の割《わり》に合《あは》せ、胡麻《ごま》を少《すこ》しどろりとするくらゐに混《ま》ぜ、裏漉《うらごし》にかけて滓《かす》を漉《こ》したところで、前《まへ》の鯛《たひ》を漬《つ》け込《こ》みます。胡麻《ごま》は、白胡麻《しろごま》を焦《こが》さぬやうに炒《い》り、油《あぶら》の出《で》ない程度《ていど》に、擂鉢《すりばち》で擂《す》つたものです。

他《ほか》に、卸《おろ》し山葵《わさび》を用意《ようい》しておきます。

作り方＝温《あたゝ》かい御飯《ごはん》を茶碗《ちやわん》に輕《かる》く、眞中《まんなか》を少々低目《せうくひくめ》に盛《も》りましたら、その上《うへ》に刺身《さしみ》を七片《なゝきれ》か八片《やきれ》載《の》せて、胡麻醤油《こまじやうゆ》を少々《せうく》かけ、その上《うへ》から熱《あつ》い番茶《はんちや》をたつぷりかけて、卸《おろ》し山葵《わさび》を一撮《ひとつま》み載《の》せます。このとき、先《さき》に山葵《わさび》を入《い》れてから番茶《はんちや》を注《つ》ぎますと、山葵《わさび》の臭《にほ》ひがすつかり消《き》えて、折角《せつかく》の香味《かうみ》が臺《だい》なしになりますから、必《かなら》ず、お茶《ちや》を注《つ》いでから入《い》れます。これは直《す》ぐ召上《めしあが》つたのでは、ほんたうの味《あぢ》が出《で》ません。茶碗《ちやわん》に蓋《ふた》を被《き》せて、四五分間《ふんかん》蒸《む》らしてから頂《いたゞ》きますと、鯛《たひ》の身《み》もほどよく蒸《む》れ、胡麻《こま》と山葵《わさび》の香《かを》りが融《と》け合《あ》つて、何《なん》ともいへぬ香《かう》ばしい、すーッとした味《あぢ》になります。

鮪の茶漬＝お茶漬《ちやづけ》の魚《さかな》は、鯛《たひ》の他《ほか》にいろ〱のものが用《もち》ひられます。味《あぢ》は鯛《たひ》には及《およ》びませんが、鮃《ひらめ》や鰈《かれひ》、

鮪《まぐろ》、その他《た》刺身《さしみ》として美味《おい》しい魚《さかな》なら、何《なん》でも結構《けつこう》であります。鮪《まぐろ》や鰤《ぶり》のやうなものは、賽《さい》の目《め》か刺身《さしみ》に作《つく》つて、胡麻《ごま》ぬきの割醤油《わりした》に三四時間《じかん》くらゐ漬《つ》け、前《まへ》のやうに御飯《ごはん》に載《の》せて、割醤油《わりした》をかけ、揉《も》み海苔《のり》、洒《さら》し葱《ねぎ》などを藥味《やくみ》として、極《ご》く熱《あつ》い番茶《はんちや》を注《つ》ぎ、山葵《わさび》を一撮《ひとつま》み入《い》れ、四五分間蒸《ふんかんむ》らしてから頂《いたゞ》きます。

鯛の茶漬(二)

材料と作り方＝焼魚《やきざかな》を用《もち》ひます方《はう》は、生《いき》のよい鯛《たひ》を三枚《まい》におろし、普通《ふつう》の切身《きりみ》を照焼《てりやき》にするやうに、醤油《しやうゆ》、味醂《みりん》、酒《さけ》を等分《とうぶん》にしたものをかけながら、焼《や》き上《あ》げます。焼《や》けましたら、冷《さ》めないうちに手早《てはや》く肉《にく》をむしり、溫《あたゝ》かい御飯《ごはん》の上《うへ》一面《めん》に載《の》せて、木《き》の芽《め》か實山椒《みざんせう》を少々《せう〳〵》載《の》せ、前同様《まへどうやう》の胡麻《ごま》醤油《じやうゆ》をかけ、上《うへ》から熱《あつ》い番茶《はんちや》をかけてすゝめます。鯛《たひ》は、あまり焼《や》き過《す》ぎてはいけません。胡麻《ごま》の風味《ふうみ》と鯛《たひ》の味《あぢ》が融《と》け合《あ》つて、まことに結構《けつこう》です。

(八) 茶漬豆腐の拵へ方

茶漬豆腐《ちやづけどうふ》と申《まを》しますのは、豆腐《とうふ》と焼《や》き穴子《あなご》を御飯《ごはん》に載《の》せ、番茶《はんちや》の代《かは》りに、熱《あつ》いかけ汁《じる》をかけて頂《いたゞ》きますが、番茶《はんちや》のお茶漬《ちやづけ》同様《どうやう》に、極《ご》くさつぱりして美味《おい》しいものです。

茶漬豆腐

材料＝絹漉《きぬご》し豆腐《どうふ》と、焼《や》き穴子《あなご》、揉《も》み海苔《のり》、卸《おろ》し山葵《わさび》、洒《さら》し葱《ねぎ》などを用《もち》ひます。かけ汁《じる》は五人前《にんまへ》として、煮出汁《だし》二合《がふ》五勺《しやく》、味醂《みりん》盃《さかづき》半分《はんぶん》くらゐの割《わり》に仕立《した》て、普通《ふつう》の椀汁《わんじる》より少々《せう〳〵》鹹目《かうめ》に醤油《しやうゆ》

を注《さ》します。但《たゞ》し二合五勺《がふしやく》といふのは、お代《かは》りなしの分量《ぶんりやう》ですから、召上《めしあが》る方《かた》を見《み》て、適宜《てきぎ》に増《ま》して頂《いたゞ》きます。尚《な》ほかけ汁《じる》は、ぐら〳〵と煮立《にた》つてゐるのを用《もち》ひねばなりませぬ。

作り方＝穴子《あなご》は蒲燒《かはやき》にして、(百六頁參照《ペーヂさんせう》)小口《こぐち》から小《ちひさ》く刻《きざ》んでおきます。豆腐《とうふ》は三分角《ぶかく》くらゐに切《き》つて、湯《ゆ》の沸騰《ふつとう》したところへ入《い》れます。鍋《なべ》には昆布《こぶ》を敷《し》いておきます。豆腐《とうふ》の浮《う》き上《あが》るのを度《ど》として、孔杓子《あなじやくし》で掬《すく》ひ上《あ》げ、湯《ゆ》をきつて、茶碗《ちやわん》に六七箇《こ》づゝ入《い》れ、前《まへ》の穴子《あなご》をほどよく加《くは》へます。次《つぎ》に藥味《やくみ》として、揉《も》み海苔《のり》、卸《おろ》し山葵《わさび》、晒《さら》し葱《ねぎ》などを少《すこ》しづゝ入《い》れ、その上《うへ》に溫《あたゝ》かい御飯《ごはん》を盛《も》り、御飯《ごはん》の上《うへ》から、かけ汁《じる》をたつぷりとかけ、よくかき混《ま》ぜてから頂《いたゞ》きます。

少《すこ》し生臭《なまぐさ》くはなりますが、穴子《あなご》の代《かは》りに、鰤《ぶり》や鮪《まぐろ》を賽《さい》の目《め》に切《き》つて、豆腐《とうふ》と一緒《しよ》に入《い》れ、かうして頂《いたゞ》くのも、なか〳〵結構《けつこう》です。

(2) 雜炊五種の美味しい拵へ方

鶉雜炊の炊き方

材料＝白米《はくまい》、鶉《うづら》、白味噌《しろみそ》、鰹節《かつぶし》、煮出《だ》汁《し》昆布《こぶ》、醬油《しやうゆ》などを用《もち》ひます。

米《こめ》は、一晩《ひとばん》くらゐ前《まへ》に洗《あら》つておきます。分量《ぶんりやう》は、三人前《にんまへ》に二合《がふ》が適當《てきたう》でせう。鶉《うづら》は三人前《にんまへ》で約《やく》二羽《は》づゝに用意《ようい》し、綺麗《きれい》に羽毛《はね》をむしり、骨《ほね》を離《はな》したところで、肉《にく》を細《こま》かく賽《さい》の目《め》に切《き》り、醬油《しやうゆ》をかけて暫《しばら》くおきます。

醬油《しやうゆ》は、肉《にく》にまぶさるだけでよいのです。

鶉《うづら》の骨《ほね》は、水《みづ》を加《くは》へて、弱火《とろび》でよく煮出《にだ》します。この煮出《にだ》したスープでお雑炊《ざふすゐ》を炊《た》くのですが、これだけでは味《あぢ》が足《た》りませんから、別《べつ》に鰹節《かつをぶし》と昆布《こぶ》で煮出汁《だし》をとり、(昆布《こぶ》をかたせて) スープに混《ま》ぜて用《もち》ひます。

白味噌《しろみそ》は、風味《ふうみ》をつけるだけですから、極《ご》く少《すこ》しでよろしいのです。よく擂《す》つて、裏漉《うらごし》しておきます。

(第三十九圖) 雑炊のすゝめ方

炊き方＝雑炊《ざふすゐ》を作《つく》る釜《かま》は、土釜《どがま》が一番《はん》です。まづ釜《かま》に米《こめ》を入《い》れ、スープと煮出汁《だし》を加《くは》へて、尚《な》ほ不足《ふそく》の場合《ばあひ》は水《みづ》を足《た》し、普通《ふつう》の倍《ばい》くらゐの水《みづ》加減《かげん》にします。火加減《ひかげん》は、あまり強《つよ》くなく、ゆつくりと焚《た》きます。噴《ふ》いたならば、白味噌《しろみそ》を煮出汁《だし》で少々《せう〳〵》のばして、釜《かま》に入《い》れ、お米《こめ》がふつくり煮《に》えて、もうそろ〳〵火《ひ》を止《と》めようとするとき、鶉《うづら》の肉《にく》を醬油《しやうゆ》ごと抛《はふ》り込《こ》み、杓子《しやくし》で輕《かる》く上下《うへした》にかき廻《まは》し、味《あぢ》を見《み》て、若《も》し鹽氣《しほけ》が足《た》りなければ醬油《しやうゆ》を注《さ》します。肉《にく》を入《い》れて長《なが》く煮《に》ると、味《あぢ》が脱《ぬ》けますから、一煮立《ひとにたち》したら直《す》ぐに火《ひ》を止《と》め、蓋《ふた》を被《き》せて、暫《しばら》く蒸《む》らしてからすゝめます。

専門《せんもん》の店《みせ》では、この雑炊《ざふすゐ》を、一人前《にんまへ》づゝ鐵鉢《てつぱつ》(坊《ばう》さんの持《も》つ鐵鉢《てつぱつ》の形《かたち》に

作《つく》つた瀬戸《せと》の器《うつは》に入《い》れて、茶碗《ちやわん》とお玉杓子《たまじやくし》を添《そ》へ、第《だい》三十九圖《づ》のやうにして出《だ》しますが、器《うつは》は丼《どんぶり》でも、鉢《はち》でも、深目《ふかめ》の蓋《ふた》のあるものなら、何《なん》でも結構《けつこう》であります。これは申《まを》すまでもなく、鐵鉢《てつはつ》の雑炊《ざふすゐ》を、お玉杓子《たまじやくし》で茶碗《ちやわん》にとつて頂《いただ》きます。雑炊《ざふすゐ》の菜《さい》には、美味《おい》しいお香《かう》の物《もの》を添《そ》へます。

尚《な》ほ雑炊《ざふすゐ》に入《い》れる肉《にく》は、鶉《うづら》でなくとも、つぐみや小鴨《こがも》、その他《た》小鳥類《ことりるゐ》は何《なん》によらず結構《けつこう》ですし、また鶏《にはとり》でもよろしいのです。

海老雑炊の炊き方

材料と炊き方＝海老《えび》を少《すこ》し生煮《なまに》えくらゐに茹《ゆ》で、皮《かは》を剝《む》き、細《こまか》く割《さ》いたところで、鶉《うづら》と同《おな》じく醤油《しやうゆ》を少々《せうく》かけておきます。

米《こめ》は鰹節《かつをぶし》と昆布《こぶ》の煮出汁《だし》で炊《た》き、煮上《にあが》る少《すこ》し前《まへ》に海老《えび》を入《い》れます。味《あぢ》はやはり白味噌《しろみそ》と醤油《しやうゆ》でいたしますが、醤油《しやうゆ》の色《いろ》が濃《こ》いときは、醤油《しやうゆ》を控《ひか》へて、食鹽《しよくえん》を少々《せうく》加《くは》へ、前《まへ》のやうにして炊《た》き上《あ》げます。

はしら雑炊の炊き方

材料と炊き方＝貝柱《かひばしら》を、綺麗《きれい》に洗《あら》つて細《こまか》く切《き》り、醤油《しやうゆ》をまぶしておきます。

海老《えび》と同《おな》じく、鰹節《かつをぶし》と昆布《こぶ》の煮出汁《だし》で雑炊《ざふすゐ》を仕《し》かけ、出來上《できあが》る少《すこ》し前《まへ》に、貝柱《かひばしら》を入《い》れます。乾物《かんぶつ》を使《つか》ふ場合《ばあひ》は、前《まへ》に軟《やはら》かくもどしておきます。貝柱《かひばしら》の代《かは》りに、蛤《はまぐり》や牡蠣《かき》のむきみも結構《けつこう》です。

取《と》り合《あは》せに、三《み》つ葉《は》、または葱《ねぎ》の細切《こまざ》りを入《い》れると、一そう結構《けつこう》です。

親子雑炊の炊き方

材料と炊き方＝鶏《とり》肉を細《こまか》く切《き》り、醤油《しやうゆ》をまぶしておきます。一方《はう》に鶏《とり》の骨《ほね》を煮《に》

出《だ》して、スープをとり、それで雑炊《ざふすゐ》を仕《し》かけ、鶉《うづら》と同《おな》じく、出來上《できあが》る少《すこ》し前《まへ》に鷄肉《とり》を入《い》れ、火《ひ》を止《と》める間際《まぎは》に、玉子《たまご》を三人《にん》に二箇《こ》くらゐの割《わり》に溶《と》いて流《なが》し込《こ》み、直《す》ぐ火《ひ》を消《け》して、暫《しばら》く蒸《む》らしておきます。これには野《や》菜《さい》を適宜《てきぎ》に取《こ》り合《あは》せます。

尚《な》ほ、雑炊《ざふすゐ》の中《なか》へ、お餅《もち》を入《い》れたのも美味《おい》しいものです。大根《だいこん》、人參《にんじん》、葱《ねぎ》、韮《にら》などをせん切《ぎ》りにして、澤《たく》山《さん》入《い》れたのも、またなか〳〵結構《けつこう》です。

玄米雑炊の炊き方

材料と炊き方＝玄米《げんまい》大匙《おほさじ》山盛《やまも》り四杯《はい》、バタ茶匙《ちやさじ》一杯《はい》、醤油《しやうゆ》、鹽《しほ》などを用《もち》ひます。

玄米《げんまい》を洗《あら》ひ、水氣《みづけ》をよく去《さ》つて、フライ鍋《パン》にバタを熔《と》かし、その中《なか》へ入《い》れて、杓子《しやくし》でよくかき廻《まは》しながら、狐色《きつねいろ》にこんがりといため、醤油《しやうゆ》を少々《せう〳〵》落《おと》してかき廻《まは》します。これは、玄米《げんまい》に香《かう》ばしい風味《ふうみ》をつけるのが目的《もくてき》ですから、苦《にが》くなるほど焦《こが》してはいけません。ぷーんとよい香《かを》りがしてきたら、手早《てはや》く他《ほか》の鍋《なべ》に移《うつ》し、水《みづ》を米《こめ》の五倍《ばい》ほど加《くは》へて、充分《じうぶん》軟《やはら》かくなるまで煮込《にこ》み、最後《さいご》に醤油《しやうゆ》と鹽《しほ》で輕《かる》く味《あぢ》をつけます。

また好《この》みによつて、玉子《たまご》なり、或《あるひ》はタピオカ、セーゴなどを加《くは》へますと、一そう味《あぢ》が引《ひ》き立《た》ちます。醤油《しやうゆ》を焦《こが》したものは、非常《ひじやう》に香《かう》ばしく、食欲《しよくよく》のない病人《びやうにん》などには、殊《こと》に喜《よろこ》ばれます。

壽司と變り御飯の作り方（をはり）

昭和五年九月二十五日印刷
昭和五年九月二十八日發行

定價六拾錢

主婦之友實用百科叢書
――(1)――
壽司と變り御飯の作り方

編纂者 東京市神田區駿河臺南甲賀町十四番地 主婦之友社編輯局

發行者 東京市神田區駿河臺南甲賀町十四番地 石川武美

印刷者 東京市牛込區榎町七番地 竹内喜太郎

日清印刷株式會社印刷

發行所 東京市神田區駿河臺 株式會社 主婦之友社
振替東京一八〇番

第一巻　米・麦の料理

江原絢子

一　近代料理書の特徴

料理書が初めて出版物となり、不特定多数の人により読まれるのは、江戸時代、『料理物語』（寛永二〇／一六四三年）が嚆矢とされている。以来、種々の料理書が出版されたが、明治以降の料理書は、これらと異なる性格を持つものであった。

その一つは、欧米文化を積極的に導入した国の政策により、西洋料理やその食材が幕末から移入され、西洋料理を紹介する料理書が刊行されたことである。明治以降の翻訳料理書は、一八七二年（明治五）に刊行された『西洋料理指南』及び『西洋料理通』が初めてである。西洋料理は、剛健な体を作るために富国強兵につながると考えられたことも西洋料理書が積極的に出版された要因ともなった。

また、もう一つの特徴は、江戸時代の料理書は、幕末に刊行されたものを除けば、家庭向ではなかったが、明治後期には、家庭向料理書の刊行が急増し、和洋折衷料理が紹介されたことである。

食材別の料理書は江戸時代に原点があり、豆腐料理を百種集めた『豆腐百珍』（一七八二）をはじめ、大根、鯛、卵・鶏肉、蒟蒻料理などの「百珍もの」が、その後も相次いで刊行された。近代以降もこれらに西洋料理とその食材を加えた料理書が刊行されるが、多くが家庭向として出版された。

二　米・麦の料理書

米や麦など穀類の主食に関する食材別料理書は、本書に収載されたもののほか、代表的なものをあげると、秋穂益実『簡易百珍 御飯のたき方』（一九一九）があげられる。同書は四〇〇頁に近いために今回は収載を見送った。秋穂は、一九〇七年（明治四〇）に私立東京割烹女学校を設立し、家庭料理書を数多く刊行している。米の歴史、栄養価など体系的に記され、玄米食、麦飯などのほか冷や飯利用料理、一週間の献立例なども見られる。さらに、大正期の米不足の頃以降に出版されたものに、食養研究会編『美味しくて徳用 御飯の炊き方百種』（一九一八）、食料研究会編『家庭経済 米の調理法百種』（一九一九）、生活改善同盟会『お米と御飯のいろいろ』（一九二八）などがある。

三　所収料理書解題

（各本の大きさは底本による）

家庭 鮓のつけかた

小泉清三郎著　大倉書店　明治43年（一九一〇）　味の素食の文化センター所蔵
縦二二・三×横一五・〇　一七五頁

家庭で出来るすしの製法を図入りなどでまとめたものである。米の選び方、炊き方、調味料の合わせ方から、酢の種類と塩、醤油、みりん、砂糖など調味料の選択方法などに加えて副品として生姜、わさび、笹の扱い方を最初に述べている。さらに、道具類までも細かく述べたうえで、海苔巻きの部から紹介し、にぎりずし、押ずしについてつくり方があるが、中心は握りずしに置かれている。

それは、著者の背景とも関わっている。著者小泉清三郎は、與兵衛とも称し、別名小泉迂外とも呼ばれ、俳人でもあったとされる。

にぎりずしは、江戸時代の文化文政期に生まれたとされ、その生みの親が江戸両国の華屋與兵衛（初代小泉與兵衛）といわれているが、本書の著者は、その三代目にあたる。にぎりずしは、江戸時代、屋台で売られた庶民的な食べ物であった。

しかし、すし飯は、米二升に対し、酢一合、塩一合弱と、塩が多く現在のような甘味料を加えていない。この点は、江戸時代のすし飯と同様である。また、附録に鮓の変遷があり、にぎりずしの誕生と流行の様子を史料をあげて詳細に説明している。さらに、稲荷ずしや発酵したなれずしなど各種のすしについてもふれている。

家庭応用　飯百珍料理

赤堀峯吉・菊子著　朝香屋書店　大正2年（一九一三）

一部、味の素食の文化センター所蔵書による　縦二二・五×横一五・五　二〇八頁

各種の飯、粥、雑炊、すしを含めて作り方を紹介したもの。「百珍」のタイトルは、江戸時代に刊行された『豆腐百珍』をはじめ、食材別料理書につけられた名称である。江戸時代にも飯類を掲載した『名飯部類』が出されている。本書でも、半麦めし、粟飯、小豆飯、きらず飯、だいこん飯、海苔飯、蕎麦飯、豆腐飯など重なるものが多く、江戸時代の本を参考にしているといえよう。

しかし、飯に組み合わせる汁やおかずを同時に紹介している点は、新しい形である。例えば、蓮飯に炒り

豆腐、豆腐飯に茄子の鍋鴫焼などの組み合わせである。さらに、江戸時代では、おから入りのきらず飯は、汁かけ飯であるが、本書では、おから入り塩味飯で、これに馬鈴薯の含め煮を組み合わせている。親子丼、牛肉と卵を使ったまま子丼、カレーライス、牛乳入り滋養粥の煮方、オートミールの粥など江戸の料理書にはないものも多い。すしでは五目ずしの作り方が詳細に書かれているが、にぎりずしはみられない。

本書の著者は赤堀峯吉と菊子とある。初代の峯吉（一八一六〜一九〇四）は、幕末に遠江から江戸に出て料理店で修業した。一八八二（明治一五）年には、日本で最初の女性のための料理学校「赤堀割烹教場」を開校し、多数の料理書を刊行した。本書の刊行年から見ると初代とは考えにくい。二代峯吉は、初代と同じ年に他界しているので、三代目と思われる。また、菊子は三代目峯吉の伯母にあたる。

家庭で出来る 珍らしいお鮨の拵へ方 弐百種

服部茂一著　服部式茶菓割烹講習会　大正8年（一九一九）縦一九・〇×横一三・〇　一七五頁

家庭で出来るとあるように、家庭向各種のすしを紹介しているが、珍しいすしも多い。干し柿の入った「鯖の八方巻」、するめを入れた「するめの細巻き」のほか、「ハムの細巻き」でハムとサラダ菜を使ったすしがある。カリフォニアロールなどにもつながる試みともいえる。

また、松竹梅、牡丹、蝶々、いちご、枇杷、蓮華、紅葉など、自然を想起させる名称の細工鮨は、二七種もあり、さらに口絵にもカラーで盛り付け図が描かれ、力を入れていたといえよう。ばら鮨は三三種あり、珍しいものでは「牛肉のばら鮨」がある。箱鮨にも豚肉の箱鮨、干し柿の箱鮨、林檎の箱鮨などそれまでのすしとは異なる。

本書のすし飯は、炊飯の際に出汁昆布を入れて炊く方法を紹介し、合わせ酢には、みりん、砂糖、酢、塩を合わせている。前書では甘味料を入れないすし飯であったが、かなり甘さのきいたすし飯といえよう。

著者の服部は、「日本営養医学会病人用食物料理研究会」の割烹講師も務め、『病人用食物料理法』（一九一九）なども刊行している。

本書は、一九二二年第六版を底本としているが、初版の表紙とはやや異なり、初版は蛤の絵が描かれている。

お寿司のこしらへかた

鈴木又吉著　古谷商会　昭和4年（一九二九）　縦一二・七×横一九・〇　五六頁

本書は、横長の五六頁の小冊子である。本書の大きな特徴は、鈴木又吉が考案したという衛生的で家庭でも作りやすい「鈴木式握鮨器」を利用した握りずしの作り方を中心としていることである。さらに、「鈴木式海苔巻鮨器」による海苔巻きも紹介している。

序によれば、学校教育などで料理は発達しているが、江戸名物を誇る握りずしは、なかなか難しく形だけでなく、口に入れるとはらりと崩れる握り方は、素人には難しいだけでなく手で握ることが、衛生上の問題になっていると述べている。そこで、衛生的、能率的にできる器具を使い家庭でも握り飯ができる方法を記し、器具の普及に寄与するためにまとめたという。

小冊子だが、口絵にカラーで握りずしと海苔巻きずしの盛り合わせ図に加え、干瓢を使ったすし、果実の形をした珍しいすしの絵をのせている。

握りずしの器具は写真入りで紹介され、その使用法が記されており、さらにすし飯の作り方や添え物の作り方もあり、酢飯を器具に詰めて具をのせるだけで簡単に衛生的にできることがうかがえる。しかし、巻鮨器は、かなり複雑で単純に巻きすを用いるほうが簡単ではないかと思われるほどである。

また、米の合わせ酢の調味料を前書二冊と比較してみると、米に、酢、塩のみで甘みは加えていないので、小泉のすし飯と同様である。この時代は、甘味料を加えるものと加えないものがあったといえようが、酢の種類により、変えていたともいえる。すなわち、酢の品質により甘さのある酢とそうでないものとがあったことが、最後の書からうかがえる。酢については尾州半田の「山吹」をあげている点は、前の二書とも共通している。この酢は、江戸時代につくられた粕酢であり、褐色で赤酢とも呼ばれる。江戸の握りずしが、江戸後期に考案され広がった際にも使われた酢であるが、米酢も発酵をすすめると甘く赤くなることが最近の研究で分かってきた。

著者鈴木一舟の背景ははっきりしない。発明者、印刷社とも鈴木姓であり、親族で出したものかもしれない。本書の刊行前に、『お鮨のこしらへかた—一名虎の巻』（一九二四）二一頁の小冊子が出されている。

寿司と変り御飯の作り方

主婦之友社編輯局編　主婦之友社　昭和5年（一九三〇）　国立国会図書館WEBより転載

縦一七・二×横一〇・四　一一四頁

すしの部と変り御飯の部の二つに分けて解説した料理書。本書は、主婦之友社「主婦之友実用百科叢書」の第一篇として刊行されたものである。おすしの部は、にぎり・けぬきずし、おしずし・すがたずし、ちら

し・ひなずし、巻きずし・いなりずしの作り方があるが、すし飯の合わせ酢を前書と同様に見ると、酢と塩を混合して用いるとある。ただ、上等の酢は、酢そのものに甘味があるので、砂糖は入れないが、普通の酢なら砂糖を加えて甘みを補うと記している。この記述からみると江戸時代の酢飯に砂糖やみりんなどが使われなかったのは、酢が熟成され甘みを持っていたのではないかとも考えられる。

握りずしについては、手で直接握る方法のほか、にぎりずし器を使う方法も示している。その使い方はわかりやすく図示してあるが、前書の「鈴木式握鮨器」と同じものと思われる。そこには、鈴木式の名はないが、化粧笹やかんぴょうのにぎりずしの図は、前書とほぼ同じ図なので、そこから引用していると思われる。

けぬきずしは、他の類書にみられないようだが、江戸時代後期からあるすしで、すしを俵型にして酢漬けの魚をおき、笹で巻いたのちに桶に積み上げ、重しをかける一種の押しずしともいえる。笹の葉に抗菌作用があり、保存性を利用した知恵でもある。一七八七（天明七）年成立の『七十五日』という江戸の食べもの屋などを紹介した史料に、笹屋喜右衛門が店を出しており、幕末の喜田川守貞『守貞謾稿』でも同じ店を紹介している。この店は後に移転したが、今でも東京御茶ノ水駅近くにある。そこの由来によれば、元禄時代に創業とある。

変り御飯では、まず鰻丼で、東京風と上方風の両者を紹介している。しかし、江戸時代のたれは、江戸では醤油とみりん、京坂では醤油と酒のみを用いており甘みをつけていないが、本書では、東京では甘みの強いみりんを醤油と合わせると記しながらも関東は比較的たんぱく、関西は濃厚であると記しているのはやや疑問である。

ほかにも穴子丼、親子丼、天丼などがある。この時期以降、飯とおかずを一つの食器に盛りつける丼物が

一般化する。

洋風のご飯料理として、カレーライス、チキンライスはもとより玉子ライス、トマト飯、トマトライスなどがある。トマト飯とトマトライスの違いは、前者はトマトの漉し汁を入れて炊いたもの、後者は炒めたご飯にトマトソースを加えるというもののようだ。

参考文献

江原絢子・東四柳祥子著『近代料理書の世界』ドメス出版、二〇〇八
喜田川守貞『近世風俗志』一・五巻、岩波書店、一九九六・二〇〇二
吉井始子編『翻刻 江戸時代料理本集成』第七巻、臨川書店、一九八〇

（東京家政学院大学名誉教授）

食材別 料理書集成
第一巻　米・麦の料理
2017年1月25日　発行
編集者　江　原　絢　子
発行者　椛　沢　英　二
発行所　株式会社 クレス出版
東京都中央区日本橋小伝馬町 14-5-704
☎ 03-3808-1821　FAX03-3808-1822
印刷所　互恵印刷株式会社
製本所　有限会社 佐久間紙工製本所
落丁・乱丁本はお取り替えいたします。
ISBN978-4-87733-944-9　C3377　¥21000E

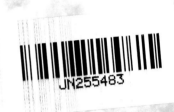